JN430610

주역의 과학성과 도

주역의 과학성과 도

2025년 9월 12일 처음 찍음

지은이   이성환·김기현
펴낸이   김영호
펴낸곳   도서출판 동연
등 록   제1-1383호(1992. 6. 12.)
주 소   서울시 마포구 월드컵로 163-3
전화/팩스   02-335-2630 / 02-335-2640
이메일   yh4321@gmail.com
인스타   https://www.instagram.com/dongyeon_press

ISBN 978-89-6447-422-8 93150

주역의 과학성과 도

이성환 · 김기현 지음

동연

　　동양과 서양의 사고방식에서 가장 큰 차이를 든다면 서양은 정(靜)의 관점에서 세상을 들여다보는 데 비해 동양은 동(動)의 관점에서 세상을 본다는 점이다. 정(靜)의 관점에서는 이 세상을 기계장치와 같은 구조체로 보기 때문에 집을 구성하는 벽돌과 같은 기본 건축 요소를 찾는다. 이것이 오늘날 물리학에서 소립자를 탐구하는 것으로 나타나고 있다. 소립자(素粒子)는 말 그대로 바탕이 되는 입자를 의미한다. 그러나 동양에서는 동(動)적으로 나타나는 현상 자체를 실상이라고 보기 때문에 구성요소보다도 변화의 원리를 중시하였다. 삼라만상(森羅萬象)이 모두 변화에 의해 나타나는 상(象, image)이며, 여기에 숨겨진 변화의 원리를 탐구하여 이를 음양의 이진법으로 나타낸 것이 역경(易經)이다. 이 때문에 서양에서 역경을 '변화에 대한 책(Book of Change)'이라고 번역한 것이다. 따라서 역경은 자연현상을 바탕으로 쓰인 것이며 동양의 대표적인 훌륭한 과학서라고 하여도 모자람이 없다.

　　최근에는 서양의 학문적 지식과 동양의 지혜를 결합하는 양상이 전개되고 있다. 전에는 한쪽의 지식이 전달되는 양상이었다면 이번에는 그동안 쌓은 지식을 어떻게 재해석하여 동양적 사유를 통해 세상을 보고 이해하는가 하는 차원에서 전개되고 있는 것이다. 말하자면 기계적 장치의 구조적 지식은 얼추 쌓였고, 이제는 그것을 바탕으로 작동 방식의 근원은 무엇인가 하는 것에 대한 답을 구하고 있는 것이다. 이와 같은 과학기술계의 추세를 보면 우리 스스로가 우리의 것을 제대로 알지 못하여 너무나도 소홀히 여기고 있다는 생각을 지우지 못하게 된다.

필자가 동양의 지혜에 대해 다시 인식하게 된 것은 역설적으로 미국에서 유학하던 시절에 책방에서 동양철학과 관련된 책들이 즐비하게 꽂혀 있는 것을 보고 나서부터이다. 동양의 깊은 정신세계를 서양이 따라오지 못한다는 막연한 우월감이 허물어지는 순간이기도 하였으나, 동시에 저들이 무엇 때문에 동양의 낡은 가르침을 파고드는지 궁금했다. 특히 현대과학 지식을 바탕으로 동양의 경전을 해석한 책들을 읽으면서 신선한 충격을 받았다.

오늘날 출간되고 있는 수많은 과학 서적이 맞게 되는 비운(悲運) 중의 하나가 철학서나 예술 작품과 달리 시대가 바뀌면 그 내용이 낡은 지식이 되어 역사의 뒤 안길로 사라진다는 점이다. 과학자로서 많은 공을 들여 책을 서술하거나 논문을 썼다고 하여도 극히 일부만이 남고 대부분 시간이 지나면 용도폐기가 된다. 그러나 역경은 놀랍게도 시대를 건너뛰어 살아 있는 책인데, 그 이유는 만고불변의 우주 변화 원리를 논한 책이기 때문이다. 이 때문에 역경은 시대에 따라 축적된 과학지식을 바탕으로 항상 새롭게 해석되어야 하는 책이기도 하다. 따라서 현대적 과학 지식을 갖춘 저자와 같은 분들이 이를 공부하고 가치를 다시 밝혀내어 실생활에서 다시 활용할 수 있게끔 하는 작업, 즉 다시 숨을 불어넣는 일이 필요하며 여기에 저자의 노력이 큰 의미를 지닌다.

이제 세계화의 문턱에서 우리의 문화적 고유성을 지키고 또 실제적인 응용의 측면에서도 그 가치가 있음을 다시금 인식하면서 옛 경전을 돌아보아야 하는 시대가 오고 있다. 그러나 고전을 옛 글 그대로 가르치려 든다면 그 의미가 제대로 전달될 리 만무하다. 현대 교육을 받은 세대들이 옛 경전을 쉽게 이해할 수 있도록 오늘날의 지식을 동원하여 이해하기 쉽게 풀이하고 실제적인 응용의 예를 설명하는 것이 필요하며, 이렇게 하여야 고전에 실린 지혜가 전수될 수 있을 것이다. 이러한 측면에서 역경을 현대적 과학지식으로 해석하고자 한 저자의 노력은 매우 귀중한 가치를 지닌다. 특히 많은 사진들을 동원하여 이해를 도운 것은 시각적 교육을 주로 받고 자란 세대에게 크게 도움이 될 것이다. 앞으로 저자 외에도 많은 분들이 이러한 부류의 책을 펴내게 되기를 바라는 마음 또한 크다. 더불어 동양의 고전들이 오늘날에도 활용할 수 있는 내용인 것으로 밝혀지고 있는 마당에 이를 다시 과학의 일부로 도입하여 가르치는 일을 주저하지 말아야 할 것이다. 특히 고등학교 교육 과정에서 이러한 내용을 깊이 있게 다루는 시대가 오기를 기원하는 바이다.

대덕연구단지에서

방건웅

역경은 오랜 세월 동안 우리 문화와 사고방식의 틀로 자리 잡아 오고 있습니다. 그런데도 역경에 대한 이해가 이에 못 미치는 실정입니다. 역경을 어렵게 여긴 까닭이요, 격동하는 시류에 거슬리는 것처럼 여긴 까닭이요, 과학적이지 못한 것으로 여긴 까닭입니다. 그러나 기초과학이나 의학을 포함한 응용 과학에서 비중을 차지하는 양자역학적인 관점이 바로 역학적 관점과 같다는 것을 알게 된다면 결코 역경을 비과학적으로 치부할 수는 없을 것입니다.

스티븐 호킹 박사는 "양자역학이 지금까지 해 놓은 것은 동양철학의 기본 개념 '음양, 태극, 색즉시공'을 과학적으로 증명한 것에 지나지 않는다"고 실토했으며, 양자역학의 아버지라 불리는 닐스 보어는 역경을 읽고 양성자(+), 전자(-)로 이루어진 원자모델을 발표했습니다. 또한 아인슈타인은 역경의 음양적·상대적 관점으로 물질을 이해한 이론인 상대성 이론을 발표했고, 이진법의 디지털 이론 역시 역경의 그것과 같습니다. 최근에 많은 학자들이 역경 속에서 프랙탈 구조나 유전자 코드 등 첨단과학을 발견하면서, 이를 계기로 보다 심도 있는 과학적 연구가 진행되고 있습니다.

따라서 우리 문화와 사고의 틀을 이루고 있으면서 한의학, 특히 사상의학을 비롯해서 기초과학이나 공학 등 광범위한 응용 과학의 바탕이 되는 역경을 올바로 이해할 필요가 있습니다. 이 책은 바로 이러한 올바른 이해를 위해 쓰였기에, 역경의 올바른 이해를 위한 기초지식을 초심자라도 쉽게 접할 수 있도록 알기 쉬우면서도 상세하게 설명되어 있습니다.

예를 들어 문화 속의 역경을 서술하여 흥미롭게 이해할 수 있도록 배려했습니다. 그러면서도 역경의 과학성을 입증하고 있으며, 역경의 원리가 철저하게 반영된 사상의학에 대해서도 이해를 돕고 있습니다.

易에는 간역(簡易), 변역(變易), 불역(不易)의 세 가지 뜻이 있다고 하는데, 이 책은 역경을 그야말로 쉽게 풀이하면서 변화무쌍하게 동서고금의 과학과 문화를 넘나드는 해박한 지식이 번뜩이고 있으며, 아울러 이런 모든 설명이 일목요연하고 질서정연한 것이 특징입니다. 그야말로 簡易, 變易, 不易의 세 가지 특징을 겸비한 독창적인 불후의 명저가 아닐 수 없습니다.

이런 명저를 엮어낼 수 있었던 것은 저자 이성환·김기현 두 선생의 천재적 재능과 뛰어난 안목과 투혼의 노력 덕이라고 봅니다. 이성환 선생은 권태훈 옹과 이재형 선생께 사사한 분입니다. 『황제내경 오운육기』, 『주역 참동계』 등을 통달한 분이며, 한의학과 함께 미국 의과대학에서 의학을 배워 동서 의학에 두루 밝은 분입니다. 또 경희대 동서의학대학원 교수를 역임한 비범한 학자이자 도인(道人)입니다.

김기현 선생은 전통 동양의학의 요람인 LA 황제대학에서 동양의학을 이끌어 가는 핵심 교수로, 조헌영 선생의 『통속한의학원론』을 영역 출판하여 미국 의학계에 한국 한의학의 우수성을 알린 분이며, 사상의학에 대한 영어 저술도 출판한 참된 학자입니다.

이성환·김기현 두 선생은 캘리포니아 대학에서 생각을 촬영할 수 있는 기계인 functional MRI를 연구하면서 뇌에 미치는 침의 효과에 관심을 갖고 있던 중 서로 의기투합 되어 이 책을 공동 저술하게 된 것입니다. 이런 두 분의 포부를 들은 적이 있습니다. "역에는 연산역(連山易), 귀장역(歸藏易), 주역(周易)이 있다. 그러나 이제는 현대의 과학 용어로 해석하고 응용할 수 있는 과학역(科學易)이 요구되는 시점이다"라고 하면서….

이제 역경이 과학역(科學易)으로 새롭게 태어나기 위해 이 책이 태동의 역할을 다할 것으로 믿어 의심하지 않기에, 제현께 일독을 꼭 권하는 바이며, 두 분의 노고에 진심으로 존경을 바치면서 세계적으로 한의학 발전에 큰 몫을 다 하는 귀한 보석으로 더욱 갈고 닦으며 정진하기를 당부합니다.

素兀軒에서

신재용

머리말

주역에 관한 책은 많다. 3,000권이 넘는 주역에 관한 원전을 그대로 번역하거나 이리저리 뜯어 맞추어 놓은 책들이다. 주역을 가르치는 정식 학교도 없고 한의학을 가르치는 교수가 주역의 몇 구절을 인용해서 말하거나 동양철학을 가르치는 교수가 주역의 대강을 짚고 넘어가는 정도에 머물고 있다.

주역은 대충 알고 지나가는 흥미로운 책도 아니고 뜻도 모르고 점을 치는 데 이용되는 책도 아니다. 철저히 연구, 분석되어 실생활이나 학문 연구의 길잡이로 사용되어야 한다. 이 책은 독자에게 주역을 더 깊이 연구하기 위한 기초를 다질 수 있도록 주역의 이치를 상세하게 풀어주고, 생활 속의 실례를 들어 실생활에 주역을 활용할 수 있게 하였다.

저자가 그 뜻도 모르고 쓴 앞뒤 문맥도 맞지 않는 옛날 책의 번역은 피하였고, 역경을 가르치는 학교가 없으므로 거의 비슷한 내용도 경우에 따라 중요한 내용은 여러 번 반복 기술함으로써 학교에서 시험을 통해 익히는 효과를 도모했다.

같은 사물에 대해서도「음양」장에서는 음양의 관점에서 말하였고 「사상」장에서는 사상의 관점으로 세분해서 다루었다. 여느 동양철학 책처럼 근엄한 문어체를 쓰지 않고 될 수 있는 대로 쉬운 구어체를 골라 써서 문장이 졸렬하나 역경의 주요 개념을 독자의 머릿속에 새겨주는 데는 더 효과적이니 너무 탓하지 말기를 바란다.

역경의 글자를 해석해보면 역(易)은 '바뀐다'라는 뜻이고, 경(經)은 '신의 가르침을 기록한 책'이란 뜻이다. 즉 역경은 변화의 법칙에 대하여 신이 가르친 내용을 기록한 책이다. 동양에는 신의 가르침을 기록한 수많은 경전이 있다. 일반적으로 경전은 글로 기록되어 있지만 역경은 음과 양이라는 이진법 부호로 기록되어 있다. 우리가 상상할 수도 없는 우주 한 구석의 미물에도 공통적으로 적용되는 우주의 변화 법칙은 글로 제대로 표현할 수 없기 때문이다.

역경은 우주의 지도라 할 수 있다. 역경의 경(經)은 본래 베를 짤 때 씨줄(세로줄), 날줄(가로줄) 중에 씨줄이란 뜻으로, 지도의 경도(經度), 위도(緯度)라는 뜻도 된다. 대강 그려진 동네 지도가 지구상의 동네의 위치를 알려주는 것처럼 역경은 나의 상황이 전체 상황 중에 어디에 있는지를 알려준다.

역경을 보면 우주 속의 자연현상을 대략 알 수 있다. 주역을 연구하여 도(道)가 좀 더 통하면 우주의 변화 원리를 철학적으로 대충 아는 것이 아니라 로켓을 만들 수 있을 정도로 자세히 알 수도 있다.

역경으로 자연현상을 이해하는 것은 지도를 보는 것과 같고 물리, 화학으로 자연현상을 이해하는 것은 우체부가 발로 걸어 다니면서 그 동네에 대해서 자세히 알고 있는 것과 같다. 지도를 보면 어느 한 곳을 자세히 알기 어렵고 그곳을 걸어 다녀보면 전체를 알기 어렵다. 지도를 보고 전체를 파악하고 원하는 곳으로 가서 걸어 다녀보아야 완전히 그 동네를 알 수 있다.

현대과학은 너무 세밀하여 전체를 잃어버리고 있기 때문에 역경을 이해하는 것은 각 분야의 전문가 누구에게도 필요하다. 역경을 모르고 인생을 사는 것은 지도 없이 여행하는 것과 같고 등불 없이 밤길을 가는 것과 같다.

역경은 우주 변화의 기본 패턴을 부호로써 보여준다. 도사들은 우주 변화의 법칙(도)을 깨닫고자 하는 사람들이라 역경을 열심히 공부했다. 공자도 역경의 가죽끈이 세 번 닳아서 끊어지도록 역경을 읽었고, 인생이 짧아 역경을 더 이상 연구하지 못하고 죽는 것을 한탄하였다고 한다.

현대의 물리학자들은 우주 변화의 기본 패턴을 방정식으로 나타내려고 하는 사람들이다. 물리학자들은 만물에 적용되는 우주 변화의 기본 패턴에 대한 화두(話頭)를 들고 있다는 점에 있어서는 어느 고승(高僧) 못지 않고 그들의 깊은 명상은 어느 도사 못지 않다. 우주의 공통 패턴을 찾기 위해 끝없이 고민해 온 그들은 결국 역경 속에 그려진 괘들의 패턴을 발견함으로써 자신들이 원하는 것의 모든 해답을 찾기에 이르렀다.

라이프니츠는 그 속에서 이진법을 발견하여 디지털 혁명의 기초를 닦았고, 양자역학의 아버지인 닐스 보어는 원자의 모델을 만들었고, 아인슈타인은 상대성 이론을 만들고 말년에는 태극의 원리인 통일장 이론에 매달렸다.

역경은 이처럼 우리 생활에 중요한 책이지만 서양식 교육이 들어온 이후로 우리의 관심에서 멀어지게 되었다. 사서삼경 중에서도 역경은 난해하기로 정평이 나있기 때문이다. 역경의 내용은 보통 사람은 알 수 없는 부호와 3천여 년 전, 주나라 때의 글로 쓰여 있다. 우리 글로 쓰인 조선시대의 송강가사도 어려운데 3천여 년 전의 한문으로 쓰인 글이니 난해하기 이를 데 없다.

더욱이 서양의 책들은 그 이론을 알리려고 노력한 책이지만 역경은 진실을 밝히려고 무진 애를 쓰지 않는 자에게는 그 이론을 감추려고 노력한 책이다. 서양의 문화 속에서 자란 사람들은 이해가 가지 않을 것이다. 역경은 우주 변화의 법칙을 쓴 책이라 동양에서는 옛날부터 비서(秘書)에 속했다.

우주 변화의 법칙을 도라 하는데 도는 알기도 어렵지만 쉬운 경로로 알게 되면 정당하지 않은 초능력이 생기게 된다. 주체할 수 없는 사람에게 초능력이 생기면 큰 재앙이 올 수 있다. 우주의 만물은 자연스러운 법칙에 따라 움직여야 하는데 악한 사람이 도를 알게 되면 자기의 욕심대로 우주를 움직이려 하기 때문이다.

도를 닦는 사람에게는 '천기누설(天機漏泄) 죄'라는 것이 있다. 우주는 하나의 유기체(有機體)로 마치 시계의 톱니바퀴처럼 맞물려 돌아간다. 그래서 우주의 삼라만상을 하나의 기계에 비유하여 천기(天機)라 부른다. 도를 닦다 보면 이 기계의 뚜껑을 열고 기계가 돌아가는 것을 가끔 볼 수 있다.

아직 도를 통하지 못하여 자신이 이 기계의 한 부분으로 느껴지지 않는 사람은 이 기계를 자신에게만 유리하게 움직이도록 하거나, 당연히 그렇게 할 사람들에게 뚜껑을 열고 보여준다. 이것이 천기누설이다. 기계를 개조하면 기계가 결국 망가져서 기계의 일부분인 그 사람도 화를 입게 된다.

원자폭탄을 만들고 말년에 정신병원에서 죽은 오펜하이머도 천기누설의 죗값을 치른 것이다. 역경은 천기의 뚜껑을 들어 보여주는 책이라 정신의 수양을 쌓지 않은 사람은 자기의 힘으로 굳게 닫힌 뚜껑을 열 수 없도록 어렵게 쓴 책이다.

확실한 것은 알 수 없으나 추정하건대, 역경은 원래 괘라는 부호만 있고 설명이 없었거나 괘상(卦象)에 우주 변화의 법칙을 대입시킨 설명이 있었을 것이다.

후에 주나라 문왕이 괘상에 해당하는 그 시대의 관심사와 역사적 사실을 적어 넣어 우주 변화의 법칙을 알기 어렵게 했고 공자는 우주의 법칙

대신에 인간사의 법칙인 유교의 이론을 전하는 책으로 변형시켰다. 실생활과 거리가 먼 우주 변화의 법칙을 실용적인 역사와 윤리로 바꾸었으나 역경의 본 뜻을 이해하기는 어려워졌다.

역경은 매우 읽기 어려운 책이다. 서양식 학교 체제가 들어오기 전의 전통학교의 교과서로서 대학교 수준의 책이다. 역경을 읽기 전에 배워야 하는 기본서가 많은데 그 과정을 거치지 않고 바로 역경을 읽는 것은 초등학생이 아인슈타인의 상대성 원리를 읽는 것과 같다.

이 책은 대학의 전문 서적에 해당하는 주역 책을 보기 전에 알아야 하는 초등, 중등, 고등과정의 기초지식인 도, 태극, 음양, 사상, 오행, 팔괘의 개념을 현대 용어로 설명하고 실제 생활에 적용시키는 예를 많이 들었다. 이 기초지식은 수학, 물리처럼 초등, 중등, 고등학교의 세월 동안 밤새워 공부하면서 고민해야 터득되는 내용이다. 따라서 애써 쉽게 썼다고는 해도 어느 정도의 숙지하는 시간이 필요하다. 시간을 두고 몇 번 정독하기를 바란다.

차 례

추천의 글 _ 방건웅, 신재용   5
머리말   11

서장 _ 과학이 발견한 역경의 원리

I. 역경 연구의 필요성   23
II. 역경 속의 현대과학   29
III. 역경 창안자에 대한 의문   57

1장 _ 도[道]와 태극[太極]

I. 도(道)   63
II. 태극   78

2장 _ 음양[陰陽]

I. 음양의 일반적 개념   99
II. 음양이론의 여섯 가지 기본 원리   101
III. 우주의 음양   107
IV. 파동의 음양   117
V. 율려(律呂)와 황종(黃鍾)   120

VI. 두뇌의 음양   128

VII. 사람의 음양   131

VIII. 정치의 음양   153

IX. 경제의 음양   157

X. 음식의 음양   159

XI. 맛의 음양   170

3장 _ 삼위일체(우주 · 지구 · 나)

I. 역경은 2와 3의 조합   211

II. 삼태극   213

III. 우주의 3   215

IV. 우주의 코드 역경과 생명의 코드 유전자   217

V. 양자컴퓨터의 3   219

VI. 물질의 3   219

VII. 상수학(象數學)에서 3의 의미   223

VIII. 인체 구조와 작용의 3   224

IX. 심리의 3   227

X. 판단의 3   229

XI. 정치의 3   230

XII. 연금술의 음악과 3   231

XIII. 피라미드의 3   233

XIV. 종교와 철학에서의 3   234

XV. 3의 중요성   258

4장 _ 사상(四象)

I. 사상의 종류   263

II. 사상의 상호관계   273

III. 만물의 사상 분류   275

IV. 사상의학   305

5장 _ 오행(五行)

I. 음양 사상과 오행   367
II. 오행의 종류와 성질   370
III. 오행의 법칙   378
IV. 하도와 낙서   383
V. 색깔의 오행   390
VI. 소리의 오행   399
VII. 냄새의 오행   401
VIII. 맛의 오행   403
IX. 인체 생리의 오행   406
X. 병리와 치료의 오행   418
XI. 진단의 오행   425
XII. 오행에 의한 약효 추정법   441

6장 _ 팔괘(八卦)

I. 팔괘   483
II. 팔괘의 뜻   486
III. 복희 팔괘와 문왕 팔괘   509
IV. 사대 원소와 팔괘   518
V. 가족과 팔괘   518
VI. 직업의 팔괘   522
VII. 인체의 팔괘   530
VIII. 동물과 팔괘   538
IX. 자연환경의 팔괘   543
X. 음악의 팔괘   547
XI. 64괘   550
XII. 군주괘   576

7장 _ 천부경(天符經)과 역경

I. 천부경과 역경   585
II. 천부경은 부적이며 주문   589
III. 천부경의 핵심 숫자는 3   591
IV. 천부경은 중(中)의 사상   593
V. 천부경은 기본 수학   596
VI. 수와 우리 민족   599
VII. 천부경의 기하학   600
VIII. 기본수 1, 2, 3이 만들어내는 변화   607
IX. 수도법으로서의 천부경   611

8장 _ 삶 속의 주역

I. 주역과 피라미드   617
II. 주역과 가톨릭의 묵주   621
III. 성소와 주역   623
IV. 바둑과 팔괘   628
V. 윷놀이   633
VI. 도리도리 짝짜꿍   634
VII. 주역과 여러 문명의 태극   638

    보태는 글   641
        주역의 道人, 나의 스승님들   643
        인터넷 주역 상담   653

과학이 발견한 역경의 원리

I. 역경 연구의 필요성

서양은 시대에 따라 환경을 이해하는 관점이 달라져 왔다. 합리주의 정신에 의해서 물질적 진실을 추구하던 서양에서는 시대의 관점을 주도하는 물리학적 진리가 있었다. 뉴턴 시대의 물리 법칙으로 모든 현상을 이해하려 하였고 그 법칙으로 유추한 실제 상황이 진실임이 밝혀졌다. 여기에서 파생된 이론들이 일사불란하게 우리 생활에 적용되었고 사람들은 과학의 정확성과 위대함에 감탄했다.

같은 시대의 동양은 전통적으로 내려오는 서양의 물리학적 관점과는 다른 관점을 가지고 있었고 그 관점의 신빙성이 점점 없어져 갔다. 서양의 제국주의가 동양을 침범하면서 물질문명에 기가 죽은 동양인들은 자기의 관점을 버리고 물질문명의 기본인 고전역학이 주도하는 과학적 관점을 수용하게 되었다.

동양에서 주위 환경을 이해하던 관점인 역학(易學 · 음양오행론)은 교육에서 제외되고 서양 과학만 교육받게 되었다. 동양철학을 가르치는 일부 대학에서 잠깐 뜻풀이 정도의 교육을 받기도 하지만 대학에 들어갈 때까지 과외수업을 받으면서 무수한 연습문제를 풀어보는 서양식 과학교육과는 비교가 되지 않았다.

그러나 과학이 더욱 발전하여 우리의 관심이 양자와 같은 미시의 세계와 은하계 밖의 거시 세계에도 미치기 시작하면서 뉴턴의 고전역학이 적용되지 않는 영역이 있다는 것을 알게 되었다. 불확정성의 원리로 고전역학이 옳지 않은 경우도 있다는 것이 증명되었다. 새로운 양자역학이 등장하면서 양자역학적 관점이 동양의 역학적 관점과 같다는 것을 알게 되었다. 금세기 최고의 물리학자인 스티븐 호킹 교수는 "양자역학이 지금까지 해놓은 것은 동양철학의 기본 개념 '음양, 태극, 색즉시공'을 과학적으로 증명한 것에 지나지 않지만 우리는 포기하지 않고 보다 많은 과학적 연구를 할 것"이라고 말했다.

패러다임이 양자역학으로 바뀌면서 세계의 학문을 주도하던 각 분야의 전문가들은 지금까지 고전 역학적 관점에서 정립되어 있는 자기의 학문을 양자역학적 관점으로 재정립하기 시작했고 동양철학의 진수인 『역경(易經)』에 관심을 갖기 시작했다. 기초과학인 물리, 화학, 생물 등은 빠르게 새로운 관점에서 학문 정립이 시도되고, 응용 과학인 공학, 의학에서도 이제 양자역학적인 관점이 도입되고 있다. 이런 변화가 미국에서는 동양학 붐을 일으켰다.

미국 국립보건원은 한의학을 비롯한 대체의학을 1991년부터 수용하기 시작했으며 이 연구에 매년 큰 폭으로 연구비를 증가시켜 2023년에는 1억 8천만 불로 연구비를 책정했다. 또한 『하버드에서 화계사까지』라는 책을 쓴 스님과 같은 벽 안의 스님들이 한국의 절로 몰리고 있다.

물리학자들과 동양 수도사들의 관심은 같다. 그것은 우주 만물의 공통적인 패턴을 찾는 것이다. 물리학자들은 이것을 찾기 위해 식음을 전폐할 때도 있고 동양의 수도사들은 이것을 화두로 삼아 수도에 정진한다. 이들의 다른 점은 자신이 발견한 패턴을 전자는 수식으로, 후자는 음양오행이라는 부호로 표현하는 차이뿐이다.

역경은 득도한 수도사들이 도(道)의 패턴을 디지털 코드로 도시(圖示)한 책인데, 같은 화두를 들고 진리를 찾아 헤매고 있던 서양의 물리학자나 수학자들의 눈에 띄지 않을 리 없다.

이진법을 발표하여 지금의 디지털 혁명을 일으킨 라이프니츠는 당시(18세기)에 역경을 보고 5천 년 전에 동양에서 이진법적 디지털 이론으로 쓰인 것에 놀라워했다. 양자역학의 아버지라 불리는 닐스 보어는 역경을 보고 양성자(+), 전자(-)로 이루어진 원자모델을 발표했다. 그는 역경을 숭상한 나머지 귀족 작위를 받는 식장에 태극 휘장을 붙인 예복을 입고 나타났다.

아인슈타인은 절대적인 법칙만을 찾던 고전 역학적 관점에서 탈피해 역경의 음양적, 상대적 관점으로 물질을 이해한 이론인 상대성 이론을 발표했다. 즉, 물질(음)은 언제든지 에너지(양)로 변하고 에너지는 언제든지 집약되어 물질화할 수 있다는 음양 법칙을 $E=mc^2$이라는 수식으로 표현했다. 이 이론으로 곧 원자폭탄이 만들어졌다.

역경은 아이디어의 광산과 같은 책이다. 고민하면 고민한 만큼 아이디어를 역경에서 캘 수 있다. 서양에서는 미래를 내다볼 수 있는 안목을 가진 학자들이 역경을 연구하고 있다. 필자가 알고 있는 영어 역경 연구서만 해도 120여 권이나 된다. 최근에 나와 있는 책들은 과학자들이 역경 속에서 프랙탈 구조, 유전자 코드 등 첨단과학 이론을 발견하고 감탄해서 쓴 책들이다.

역경이 동양의 학문이라고는 하지만 역경에서 표현하고자 하는 뜻에 대해 깊이 알고 있는 동양 사람은 매우 적다. 이것은 전통적인 역경 교육을 받을 기회가 없어서이기도 하지만 역경의 큰 뜻을 찾아내려는 시도를 동양에서는 주나라 때의 한문 해석에 매달려 역경 공부를 하고 있기 때문이다.

역경은 경(經)자를 쓴 만큼 경전으로서 권위가 있는 책이다. 역경의 가치가 다른 경전과 다른 것은 글이 아니라 부호로 쓰여 있다는 점이다. 역경은 우리 주위에서 흔히 볼 수 있는 사물이나 현상의 변화 패턴만을 도시(圖示)한 책이 아니다. 우리가 육안으로 볼 수 없는 소립자의 세계나 은하계 밖의 몇 억 광년 떨어진 별에 사는 미물에게도 적용되는 공통 패턴을 도시하고 있다. 이 만물의 공통 패턴을 가리켜 '도(道)'라 하는데, 역경은 음양이라는 디지털 부호로 그 도를 도시한 책이다.

글은 우리 주위의 흔한 사물이나 현상을 연상할 수 있는 부호이기 때문에 우주 만물의 공통 패턴을 표현하는 데는 적당하지 않다. 또 글은 읽는 이에게 시대와 지역에 따라, 본인의 사고 경향에 따라 조금씩 다른 의미를 연상케 한다. 그래서 노자(老子)는 "도를 도라 부르면 이미 진정한 의미의 도가 아니다"라고 했다.

우주 만물의 공통 패턴인 도를 정확히 표현하기 위해서는 부적합한 말로 쓰지 않고 상대적인 음양이라는 코드로 그 패턴을 도시한 것이 역경이다.

후에 주나라 문왕이나 공자가 이 괘들에 글로써 설명을 붙여 유교적인 경전(經典)으로 만들었다. 역경 코드의 패턴이 난해하다 하여 유교적 글귀 해석에 많은 시간을 낭비하니 역경에서 만물 공통 패턴인 도를 찾아내는 데 소홀할 수밖에 없다. 고대 글귀에 매달리지 않고 진리를 찾기 위해 끝없는 노력과 많은 고민을 한 서양의 과학자들이 보다 많은 것을 찾아낼 수 있었던 이유가 여기에 있다.

그러나 우리는 역경을 잘 모르더라도 조상들이 역경에서 발견한 창조 패턴으로 만들어 놓은 건축물, 음악과 미술, 풍습과 놀이에 자주 부딪히면서 역경의 패턴이 그냥 몸에 배어 있다. 따라서 역경의 가치를 인식하고, 기본적인 패턴을 익히고, 주위의 전통적인 문화유산들을 살펴보면 역경의 패턴을 서양인들보다 쉽게 이해하고 응용할 수 있다.

역경을 연구한 과학자들이 현대과학을 주도해 나갔듯이 앞으로 동양인들이 역경의 관점에서 이루어진 미래의 과학, 양자역학을 주도할 수 있을 것이다.

역경을 연구하던 동양 삼국 중 한국에는 역경의 패턴을 한 장의 그림으로 표현한 태극이 유난히 많이 그려져 있다. 사서삼경 중 가장 높은 단계인 역경을 교육하기 위해 향교의 정문마다 태극이 그려져 있고, 선왕을 신으로 모시는 종묘의 홍살문에는 신과 우주의 상징인 태극이 있고, 역경의 패턴을 적용하는 파동학인 율려(律呂)에 의해 제작된 음악이 연주된다.

율려에 의하면 인체에 가장 가까운 파동을 생성하는 악기는 동물의 가죽으로 만든 북인데 북에 태극이 그려져 있다[그림1]. 역경은 우리 한민족이 가장 존중하던 학문이었기 때문에 역경의 상징인 괘와 태극이 한민족의 상징으로 국기에 그려지게 되었다.

[그림 1] 주역을 가르치던 성균관에 걸린 북
©저자

역경의 괘는 중국 전설시대 황제인 복희가 그린 것으로 전해진다. 중국인들은 복희를 비하하여 황제임에도 불구하고 복희씨라고 하대한다. 역경에 복희는 진방(震方) 출신이라 말하고 있다. 진은 팔괘 중의 하나로서 중국의 황하 유역 동쪽을 말한다. 『회남자(淮南子)』라는 중국의 유명한 책에 의하면 복희는 동방의 신으로, 갈석산과 그 동쪽, 즉 지금의 조선과 일본을 다스렸다고 한다.

그리고 『맹자(孟子)』에 순임금이 동이(東夷)족이고 『주역(周易)』을 쓴 주나라 문왕은 서이(西夷)족이라고 쓰여 있다. 문왕이 중국의 한족(漢)이 아니라 이족(夷)란 말이다. 역경의 64괘 중에 명이(明夷)괘가 있다. 이 괘는 땅을 나타내는 곤괘와 불 혹은 큰 불인 태양을 나타내는 이괘가 합쳐진 모습이다.

명이괘는 태양이 뜨기 전에 잠시 지평선 너머에 있는 형상으로, 이족의 밝은 앞날을 말해 주고 있다. 문왕이 한족이라면 하기 힘든 말이다. 이처럼 『역경』과 『주역』은 우리 종족의 기본 사상을 담은 책이다. 그래서 우리에게는 더욱 친근해 오래도록 우리 문화 속에 남아있다. 우리의 사고 구조가 역경을 이해하기 쉽게 돼 있다.

복희는 상체는 인간이고 하체는 뱀의 형상을 하고 있었다고 한다. 역경의 과학성으로 미루어 볼 때 외계인일 가능성도 부인하기 어렵다. 역경의 괘는 복희가 만들었지만, 시대에 따라 그 괘들을 달리 배열하고 설명을 붙인 『연산역(連山易)』, 『귀장역(歸藏易)』 등의 다른 역경이 있었다고 한다. 그 시대 천문지리의 변화에 따른 사조(思潮), 독특한 환경과 관심사에 따라 역경의 해석을 달리하여 실생활에 응용하기 쉽게 했던 것이다.

지금의 역경은 주나라 때의 역경이니 너무 오래돼서 이해하기도 어렵고 응용하기도 어렵다. 역경을 현대의 과학 용어로 해석하고 응용할 수 있는 과학역(科學易)으로 만들어야 한다. 그래야만 우리는 조상의 문화유산인 역경을 연구하여 현대과학을 주도할 수 있고 조상들의 뜻을 기릴 수 있다.

II. 역경 속의 현대과학

1. 코드 이론

코드는 일정한 법칙이 있는 부호들의 시스템에서 한 가지 부호를 골라 어떤 사물이나 현상을 대표하는 방법이다. 이런 방법이 철수, 영희 등 그저 말로 이름을 붙이는 방법보다 좋은 이유는 코드로 이름 붙여진 사물이나 현상들은 서로의 연관 관계를 쉽게 알 수 있어 그 변화를 파악·관리하기 쉽기 때문이다.

코드를 쓰는 것 중에 가장 잘 알려진 것은 바코드와 유전자 코드이다. 슈퍼마켓의 물건들에 바코드를 붙여놓으면 그 물건에 대한 정보를 컴퓨터에 입력하기 쉽고, 일단 컴퓨터에 그 정보들이 입력되면 물건의 입고와 출고 등 그 변화를 한눈에 알 수 있다. 어느 물건이 잘 팔리는가, 어느 물건을 더 주문할 것 인가 하는 등의 중요한 정보를 쉽게 알 수 있다.

코드를 사용하면 이런 장점이 있는데도 불구하고 컴퓨터가 나오기 전에 서양에서는 이런 코드의 중요성이 인식되지 않았다. 단지 암호화하기 위한 코드가 간간이 사용되었을 뿐이다. 그러나 동양의 성인들은 코드의 중요성을 인식했고 역경에서는 이미 5천여 년 전부터 코드를 사용했다.

[그림 2]는 바코드를 괘로 전환한 것이다. 바코드는 빨간 레이저를 쏘

일 때 빛이 반사되는가, 흡수되는가를 코드화한 시스템이다. 디지털 부호인 1이 컴퓨터에 입력될 때는 양, 0이 입력될 때는 음의 부호로 전환되면 바코드가 바로 괘가 된다. 바코드도 이진법의 디지털 부호이고 괘도 이진법의 디지털 부호이니 서로 전환될 수 있다.

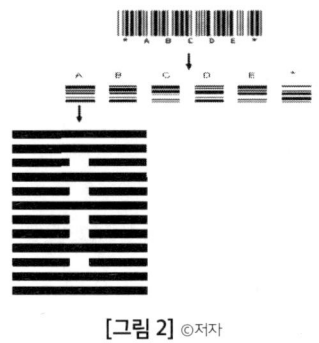

[그림 2] ⓒ저자

역경도 사물의 특징을 여러 각도에서 관찰하여 그 사물의 음양을 정해 음양을 나타내는 괘로 표현한다. 그 다음에 변화하는 것은 주역 책 속에 있으니 그 변화하는 상황을 한눈에 볼 수가 있다.

2. 유전자 코드

만물의 유전자는 피리미딘과 퓨린이라는 두 가지 성분에 의해 결정된다. 이 두 성분은 네 가지 염기로 나눌 수 있는데, 피리미딘에는 시토신과 티아민이, 퓨린에는 아데닌과 구아닌이 있다. 이 네 가지 염기의 배열순서가 다름에 따라 수많은 종류의 동물과 식물이 생겨난다.

이것은 주역에서 만물을 음양으로 보고, 음을 다시 음 중의 음, 음 중의 양, 양을 다시 양 중의 양, 양 중의 음 네 가지로 나누는 것과 닮았다. 5천 년 전의 코드와 최근에 발견된 만물 생성의 원리인 유전자 코드가 같은 원리를 담고 있다.

두 가닥으로 된 DNA는 나선형 띠를 형성하고 있다. 그 한 가닥 속에는 네 개의 염기 종류가 배열되어 있다. 네 개의 염기는 역경의 사상에 해당한다. 네 개의 염기를 둘로 나누는 것은 음양에 해당한다. 또한 DNA는 한 쌍을 이루고 있으니 이것은 8괘에 해당한다. 8괘도 네 개의 음양이 쌍을 이루고 있다[그림 3]. DNA는 세워 놓고 옆에서 보면 나선형 사다리 구조이지만 위에서 보면 태극 모양의 나선형 구조이다.

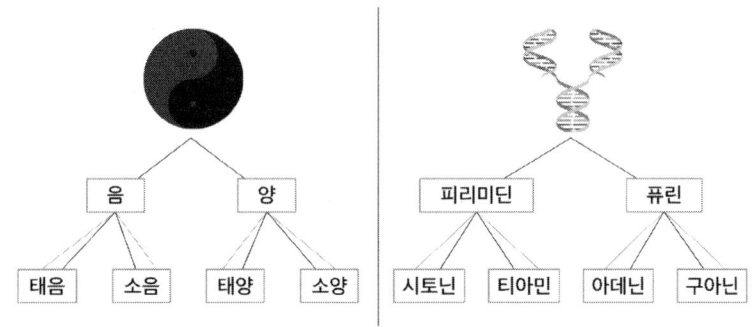

[그림 3] ⓒ저자

DNA 한 개의 띠에 배열된 세 개의 뉴클레오티드(염기)를 코돈이라고 한다. 이 코돈의 정보에 의해 아미노산이 결합하여 단백질이 합성된다. 단백질로 구성된 효소는 생명체마다 차이가 있어 생물의 특이성에 중요한 의미를 갖는다.

뉴클레오티드는 네 가지가 있고 그중 셋이 코돈을 형성하므로 코돈은

4 x 4 X 4 = 64가지 경우가 생긴다. 우주의 수없이 많은 생명체들의 코돈은 64가지 정보를 가질 따름이다.

이와 같이 DNA는 역경의 기본 구조인 태극, 음양, 사상, 8괘, 64괘를 구비하고 있다. 우연의 일치라고 하기는 힘들다. 또 유전자 코드나 주역의 코드는 똑같이 코딩 시스템이고, 만물 생성의 원리이다.

[그림 4]를 보면 유전자 코드와 주역 코드의 유사성에 대해 더욱 신비감을 갖게 된다. 그림의 왼쪽을 보면 역경의 괘를 처음 그린 것으로 알려진 복희와 여와가 하체를 DNA처럼 감고 있다.

복희와 여와의 상체는 사람이고 하체는 뱀으로 알려져 있다. 복희는 최초의 남자로서 만물 창조에 필요한 직각자를 들고 있고, 여와는 최초의 여자로서 각도기를 들고 있다. 주위에는 별들이 그려져 있고 상하 중심에는 수레바퀴들이 그려져 있다. 이런 그림은 천에 그려졌거나 돌에 새겨진 형태로 자주 출토된다.

이 그림은 글자 한 자 없지만 너무나 많은 것을 시사하고 있다. 복희는 양을 상징하고 여와는 음을 상징한다. 서로 꼬여진 하체는 음양의 화합, 태극을 상징한다.

주위의 별들, 복희와 여와가 들고 있는 직각자(양)와 각도기(음)는 복희와 여와가 태극, 음양의 원리로 우주 만물을 창조했음을 뜻한다. 상하에 그려진 수레바퀴는 무엇을 의미하는지 확실하지 않으나 태양과 달의 궤도까지 그렸을 가능성도 있고 주역의 괘를 원으로 배열한 것일 수도 있다. 불교에서는 법륜에 해당한다.

우주 만물 창조의 코드로서 괘를 만든 복희가 유전자 코드를 인식하고 있었던 것 같은 생각이 들게 하는 그림이다. 복희와 여와가 서로 꼬여 있는 것은 인간 세포의 DNA를 이루는 두 가닥의 폴리뉴클레오타이드 사슬이 꼬여 이중 나선형 모양을 만들고 있는 것과 비슷하다. 복희가 DNA를 의식하고 역경을 만들었을까?

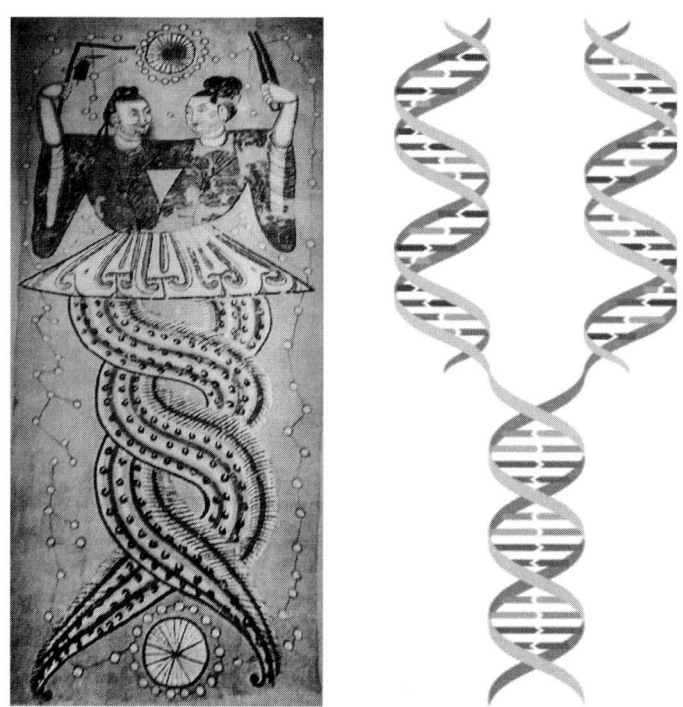

[그림 4] 복희와 여와를 그린 고분벽화 — DNA의 2중 나선구조
©국립중앙박물관에서 촬영 / 저자

3. 디지털 이론

실제 세계에서 발하는 소리, 빛, 냄새, 맛, 감촉 등의 자극은 감각기의 아날로그-디지털 변환 작용에 의해 디지털 신호로 바뀌어 뇌에 전달된다. 우리의 두뇌에 의해서 인식되기 이전의 실제 세계는 단계별로 끊어지지

않고 연속되어 있다. 연속된 실제 세계는 아날로그 세계라 하고 두뇌를 비롯한 신경계의 인식 작용으로 단계별로 끊어서 인식된 세계는 디지털 세계라 한다.

숫자로 시간을 나타내는 시계는 디지털 시계이고 바늘로 시간을 나타내는 시계는 아날로그 시계이다. 디지털 시계는 소수점 시간이 없어 단계별로 끊어져 있고 아날로그 시계는 소수점 시간이 있어 시간이 연속되어 있는 것을 알 수 있다.

음악가들은 단발의 소리를 듣고 그 음이 음계 중의 도에 해당하는지 미에 해당하는지 구별할 수 있다. 그 소리를 악보에 옮겨 적어보면 소리는 음계별로 끊어져 있지만 사실은 음표로 나타난 사이에도 무수한 음이 있으며 소리는 끊어져 있지 않고 곡선으로 부드럽게 연결되어 있다.

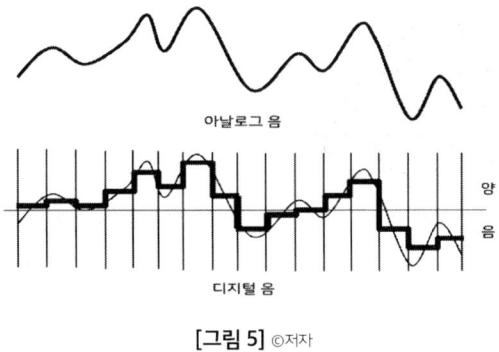

[그림 5] ©저자

재래식 레코드 판은 소리가 만드는 진동으로 플라스틱 판을 깎아 소리를 기록하고, 전축의 바늘은 그 진동을 그대로 재생하여 소리를 낸다. 콤팩트디스크는 소리의 진동을 [그림 5]처럼 짧고 일정한 시간 동안 끊어 그

마디마다의 평균 음을 기록한다. 콤팩트디스크의 음은 두뇌가 인식하는 방식의 뚜렷한 음이 나오기 때문에 그 소리의 구별이 명확하지만 레코드 판의 음은 잔음이 남아 있어 명확하게 들리지는 않으나 실제의 음을 들을 수 있다.

재래식 레코드 판은 아날로그 장치라 하고 콤팩트디스크는 디지털 장치라 한다. 디지털 장치를 운용하는 데는 숫자로 표시를 할 수 있는데 십진법을 쓰는 것보다 이진법을 쓰는 것이 '예, 아니오'를 대신할 수 있어 그 숫자나 숫자의 집합이 나타내는 의미가 분명해진다. 전에는 아날로그 세계의 디지털 계측에 십진법이 사용되었지만 라이프니츠가 1679년에 이진법을 창안하면서 컴퓨터를 비롯한 디지털 장치의 발명을 가능케 했다.

이진법을 쓰면 그 개념이 '예, 아니오'로 명확히 구분될 수 있고 사물이나 명령을 인식하는 데 두 가지 개념만 사용하기 때문에 인식구조가 간단하여 그 사물과 명령에 대한 인식을 스위치로 기계화할 수 있다. 상하로 중복된 단계에 위치해 있는 스위치가 각 단계마다 켜지거나 꺼짐으로써 여러 스위치의 조합이 한 가지 경우를 나타낼 수 있다. 이 한 가지 경우의 스위치 조합은 어떤 사물이나 작용의 단계를 기계가 인식하거나 기록할 수 있다.

이진법을 표시하는 스위치 조합이 곧 컴퓨터가 만들어진 원리이다. 인간만이 할 수 있던 두뇌의 작용을 컴퓨터가 할 수 있어서 약간의 돈만 있으면 명석한 두뇌를 가지고 명령에 절대 복종하며 밤새도록 일하는 사무원을 원하는 대로 둘 수 있게 되었다. 그로 인해 그동안 인간의 두뇌만으로 이루어지던 정보산업에 혁명을 가져오게 되었다.

귓속을 보면 세반고리관이라는 것이 있다. 수평으로 놓인 반고리, 수직으로 놓인 반고리, 좌우로 놓인 반고리로 구성되어 자신의 위치정보를 알아낸다. 이 정보는 전후, 좌우, 상하의 균형감각을 잡아주는 것으로 x, y, z 좌표로 표시할 수 있다. 자신의 몸이 어느 쪽으로 쏠렸느냐를 이 기관을 통해 알 수 있다.

이것은 먼저 상하를 구분한다. 위로 갔느냐 아래로 갔느냐, 또는 앞으로 갔느냐 뒤로 갔느냐, 좌측이냐 우측이냐를 알 수 있다. 이것이 음양에 해당한다. 그 다음 단계는 사상(四象)이다. 즉 앞으로 갔을 때 그것을 둘로 나누어서 더 많이 앞으로 갔느냐, 덜 앞으로 갔느냐, 또 뒤로 갔으면 더 뒤로 갔느냐, 덜 뒤로 갔느냐를 파악하는 것이 사상(태양, 소양, 태음, 소음)이다.

그 다음 단계에서는 사상 각각의 음, 양을 구분하여 음음음(陰陰陰)인지, 음음양(陰陰陽)인지를 구분해 파악한다. 이것은 팔괘에 해당한다. 우리 신경의 원리, 감각기의 원리는 다 이렇게 디지털적으로 작용한다. 곧 음양으로 작용한다고 할 수 있다. x, y, z 좌표는 [그림 6]처럼 괘의 세 효로 표현되고 그 각각은 음양으로 나타낼 수 있다.

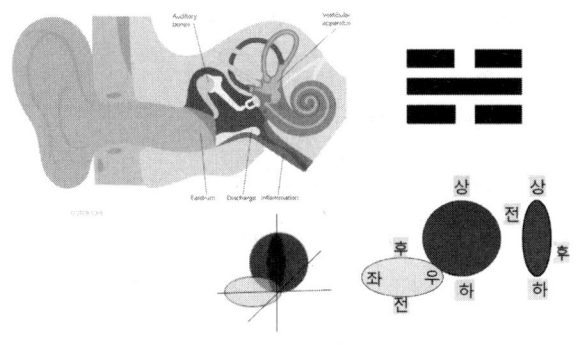

[그림 6] ©Shutterstock

디지털은 명확하다. 디지털 소리는 있다·없다, 음·양 이렇게 분명하게 갈린다. 음반 속의 아날로그라는 소리는 실제의 음이다. 아날로그의 높고 낮은 연속선을 디지털화하려면 영역을 일정한 간격으로 나눈 다음 그 한 영역의 평균 음을 잡아 사용한다. 그렇게 되면 아날로그의 연속된 음이 아니라 사실은 계단과 같이 끊어진 음이 들리게 된다.

실제 소리는 아니지만 우리 감각기의 디지털적 인식 방법에 적합한 방식이며, 사물을 인식하는 데 있어 음양적 인식은 요점만 간단하게 전체적으로 인식할 수 있는 방식이다. 음(0), 양(1)으로 끊는 디지털 소리는 신경이 디지털적으로 작동하기 때문에 우리의 귀에는 더 명확하게 들린다.

[그림 7]은 라이프니츠가 이진법을 발표했을 때 중국의 선교사로 가 있던 그의 친구 부베가 그에게 보낸 것이다. 이 도해는 역경의 64괘를 원(동적인 배열―양)과 정사각형(정적인 배열―음)으로 배열한 그림으로, 주희가 쓴 『주역본의(周易本義)』 앞부분에 나오는 도해이다.

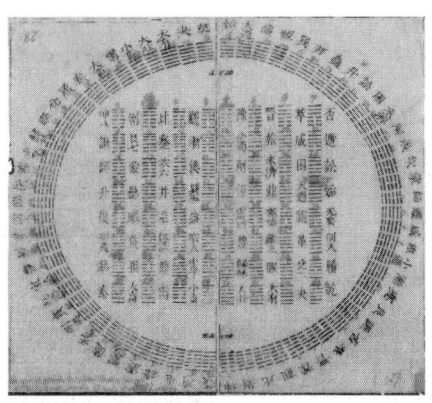

[그림 7] 『주역본의』에 나오는 64괘의 배열 도해
©Wikimedia Commons

라이프니츠는 이 도해를 받아보고 5천여 년 전부터 동양에 이진법이 있었다는 것에 놀라워했다. 그 이후로 그는 역경 공부에 정진했고 중국도 몇 번 방문했다. 그리고 이 도해에 번호를 적어 놓았다.

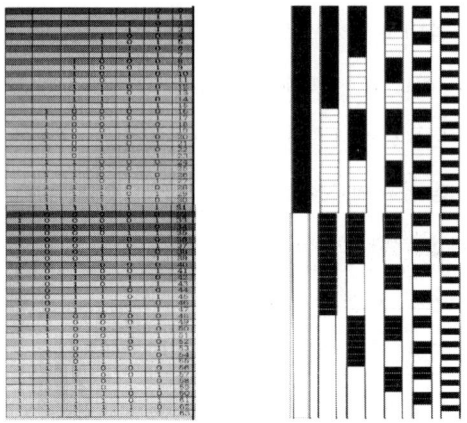

[그림 8] 라이프니츠의 2진법 도해와 주역의 64괘 도해
좌의 도해 상하 1, 0이 우의 도해 상하 양(백), 음(흑)과 정확히
일치하고 좌의 좌우 1, 0이 우의 양, 음과 정확히 일치한다. 좌의
라이프니츠 이진법 도해 1열-64열은 우의 주역 도해 64 괘의
음양 효와 정확히 일치한다. ⓒ저자

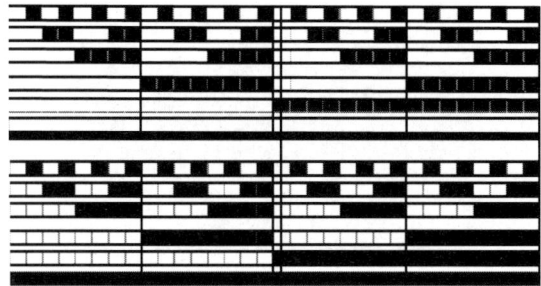

[그림 9] 역경의 64괘 도해 ⓒ저자

컴퓨터의 역사를 기록한 책에서는 컴퓨터의 디지털 이론이 라이프니
츠로부터 시작한 것으로 적고 있다. 그래서 라이프니츠는 '디지털 혁명의

아버지'라 불린다. [그림 8]은 라이프니츠가 발표한 이진법을 도해한 것이고 [그림 9]는 역경의 64괘를 도해한 것이다. [그림 8]은 음·양이라는 부호 대신에 0·1이라는 숫자를 썼을 뿐 [그림 9]와 차이가 없다.

[그림 10]의 위쪽은 역경의 디지털 부호이고 아래는 컴퓨터 칩이 만들어진 원리이다. 위는 음양이라는 대립적 이진법 디지털 부호로서 만물의 공통 패턴인 분화와 통일을 보여준다. 아래는 스위치의 켜짐(on)과 꺼짐(off)을 도시하여 3비트의 컴퓨터 칩을 보여주고 있다. 역경의 디지털 부호 맨 위 음효 위에 스위치를 만들었다고 생각하고 떨어진 음효를 붙이면 스위치가 켜지고(on) 떨어뜨리면 스위치가 꺼진다(off). 이것은 디지털의 전기가 있는 1과 전기가 없는 0에 해당한다.

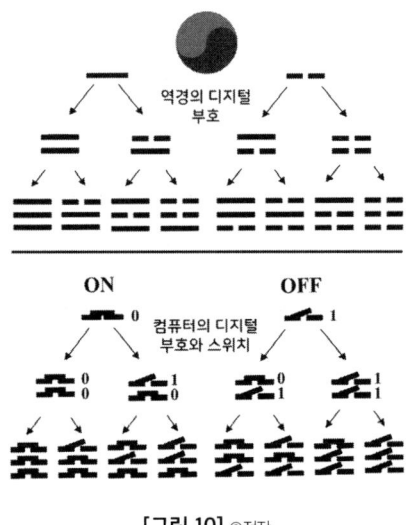

[그림 10] ©저자

아래쪽 컴퓨터의 디지털 부호를 보면 세 단계로 되어 있다. 스위치

세 개를 중첩시켜 8가지 다른 경우를 기억할 수 있는 3비트 컴퓨터 칩을 보여주고 있다. 이 도해는 컴퓨터의 핵심 원리를 보여준다.

이처럼 디지털 부호를 쓰면 사물이나 현상의 차이점을 명확하게 구분할 수 있고 기계화할 수 있는 것 외에 필요 없는 것은 생략할 수 있다. 만화가가 초상화를 그릴 때 그 사람의 특징을 잡아 단지 몇 개의 선으로 표현하는 것처럼 우주 만물의 특징을 잡아 그린 선이 역경의 디지털 부호이다.

이것은 아날로그의 넓은 세계를 압축시키는 장점이 있다. 콤팩트디스크는 책꽂이 전체의 책을 한 장의 CD에 압축할 수 있고 역경은 한 권의 책에 우주 삼라만상의 변화를 압축할 수 있다.

4. 양자역학

고전물리학은 우리가 눈으로 볼 수 있는 물질의 세계는 아주 잘 설명할 수 있으나 몇 억 광년이나 떨어진 별들의 현상과, 원자 속에서 일어나는 현상, 생명의 현상들을 설명하는 데는 명확하지 않다. 양자물리학은 고전물리학이 설명할 수 없던 이런 현상들을 잘 설명하는데, 이 양자역학 개념들이 역경의 태극, 음양, 사상의 개념과 비슷하다.

양자물리학에서는 물질의 가장 최소 단위를 양자로 보는데 이 양자들은 빛, 전자, 핵의 기본 요소로서 파동성과 입자성의 양면성을 가지고 있다. 우주가 거시적으로는 양에 해당하는 에너지와 음에 해당하는 물질, 두 가지로 나눌 수 있는 것처럼 물질을 이루는 최소 단위인 양자도 양에 해당하는 파동성과 음에 해당하는 입자성의 양면적인 성질을 가지고 있다.

수정란이라는 하나의 세포가 2로 분화하고 4로, "8, 16, 32, 64…"로 분화해 DNA에 인체 전체의 정보를 가진 수많은 세포가 되고 그 세포들이 모여 인체를 이룬다. 마찬가지로 파동성과 입자성의 세력 편차에 의한 음양의 성질을 달리하는 양자들이 모인 것이 우주를 이룬다.

우주도 역경의 분화 방식대로 블랙홀 속의 에너지와 물질의 구분이 없던 무극 상태에서 시작되어 에너지와 물질의 분별이 나타나기 시작하는 태극이 된다. 에너지와 물질로 완전히 갈라져서 음양이 되고 에너지의 물질화가 많이 일어난 쪽(소음)과 덜 일어난 쪽(태음), 물질에서 에너지화가 많이 일어난 쪽(소양), 에너지화가 덜 일어난 쪽(태양)의 사상으로 나뉜다.

이렇게 분화를 거듭하여 수없이 많은 양자로 분화되고 그 양자들이 모여 우주가 된다. 그 양자는 역시 음양의 양면성(wave-particle duality)과 함께 인체의 세포들처럼 전체의 패턴을 가지고 있다.

[그림 11] 양자역학의 아버지 닐스 보어의 휘장
— 음과 양을 구비한 태극에 해당
©Wikimedia Commons

양자물리학의 기초를 이룬 사람 중 닐스 보어는 역경의 음양·사상론과 흡사한 이론을 많이 발표하고 증명했다. [그림 11]은 닐스 보어가 예복에 붙인 휘장이다. 그는 역경의 가장 기본적인 패턴을 본떠서 그 당시 만물의 최소 단위로 여겨지는 원자의 모델을 만들었다.

역경에서 만물의 전체이자 부분인 단위는 태극인데 태극은 음과 양, 음양을 모두 포함하여 중성의 성질을 띤 원(圓)으로 구성된다. 닐스 보어는 양전기를 띤 양성자와 음전기를 띤 전자로 원자 모델을 만들었고 닐스 보어가 간과한 중성자는 후에 발견되었다.

닐스 보어는 양자역학에 기여한 공로로 덴마크 정부로부터 작위를 받게 되었는데 역경을 숭상한 나머지 역경의 심볼인 태극 마크를 붙이고 작위를 수여받았다. 그는 또한 상보성 원리를 발표했는데 "일반적인 진리는 그 반대가 거짓인 진술이다. 그러나 위대한 진리는 그 반대가 또한 위대한 진리인 진술이다"라고 했다. 곧 그가 말하는 진리란 음과 양을 구비한 태극에 해당한다.

라이프니츠가 역경에 감탄한 이후, 독일에서는 과학자들 간에 암암리에 역경에 대한 연구가 유행했다. 아인슈타인도 예외는 아니었다. 아인슈타인이 상대성이론을 발표하기 이전에는 자연계를 물질과 에너지로 나누고 서로의 상관관계를 제대로 인식하지 못했다.

그러나 그는 음은 항상 양으로 변하고 양은 항상 음으로 변한다는 역경의 기본 법칙에 착안하여 [그림 12]처럼 에너지와 물질의 상관관계를 공식화하고 과학적인 방법으로 이를 증명했다. 물질이 붕괴될 때 나오는 에너지는 물질의 질량에 빛의 속도를 제곱한 만큼의 엄청난 에너지를 생산한다. 오펜하이머는 이 원리를 바탕으로 원자탄을 만들었다.

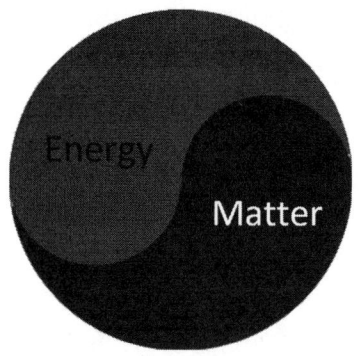

[그림 12] 상대성 원리 E=mc² ⓒ저자

물리, 화학, 생물 등 과학의 각 분야에는 상호 연관관계가 아직 밝혀지지 않은 수많은 법칙이 존재한다. 양자물리학에 의하면, 우주에는 네 가지 힘이 있어 그 작용으로 물질을 변화시키고 운동시킨다.

역경의 음양론을 만물 생성원리에 구체적으로 적용시킨 이기론(理氣論)에 따르면 기가 모이면 형이 되고 형이 흩어지면 기가 된다. 우주는 일기(一氣)*로 되어 있는데 이(理)의 세력을 따라 기가 모이고 흩어지면서 만물이 각자의 형상을 하고 있다가 내재된 기의 움직임에 의하여 변한다고 생각했다. 마치 바닷물이 바람 부는 대로 각양각색의 파도가 만들어졌다가 사라지는 것과 같다.

바닷물이 一氣이고 바람이 理인데 이 理에 해당하는 것이 양자물리학의 4력이다. 4력에는 거시의 세계에서 주로 작용하는 전자기력과 중력, 미시의 세계(원자의 세계)에서 주로 작용하는 강력(强)과 미력(微)이 있다. 순식간에 퍼져나가는 전자기력은 태양에 속하고 구심력이 있는 중력은

---

* 一氣 : 우주가 하나로 이루어졌다는 뜻으로, 고서에서 흔히 쓰는 표현이다.

태음에 속하고 중성자와 양성자를 결합시키는 강력은 소음에 속하고 핵을 붕괴시키는 미력은 소양에 속한다.

우주의 4력이 영향을 미치는 영역을 장(field)이라고 하는데 각 힘은 하나의 법칙이 아닌 각기 다른 법칙에 따라 작용하는 것으로 알고 있다. 역경에는 우주 만물에 공통적으로 적용되는 하나의 통일된 법칙이 있다. 아인슈타인은 이를 본받아 말년에 우주에 존재하는 가장 기본적인 힘인 우주 4력을 통괄하는 법칙인 통일장 이론을 펼쳤다.

이 통일장 이론은 태극의 통일이론으로서, 역경의 이론을 보다 깊이 다루려는 시도였으나 도를 깨우치지 못한 아인슈타인으로서는 무리여서 실패로 끝났다. 지금도 많은 학자들이 이 이론을 연구 중인데 결국 시간이 가면 역경의 이론이 통일장 이론으로 밝혀지리라 생각한다.

최근에 역경의 핵심사상인 음양이 다시 한번 과학적으로 표현된 예가 있다. 바로 아인슈타인이 지적한 '먼 거리에서 일어나는 유령 같아 보이는 작용'(spooky action at a distance) 즉 양자 얽힘(quantum entanglement)이다. 이 이론에 따르면 서로 얽힌 두 광자는 불가분한 관계에 있어 아무리 먼 거리에 있어도 시간과 공간을 초월해 서로 영향을 준다.

광자 하나가 시계 방향으로 돌면 다른 것은 그 반대 방향으로 돈다. 이것은 하나가 음이면 다른 곳에 상대적인 양이 존재하여 태극의 균형을 이루는 역경의 이론을 '양자의 얽힘' 현상이 잘 증명해주고 있다.

과학자들은 이 현상을 이중광자 디지털 홀로그래피(biphoton digital holography)를 사용해 이차원 간섭 패턴에 얽힌 광자의 특성으로 재구성하였더니 다음과 같이 음양이 조화를 이루는 태극이 그려졌다[그림 13]. 양자 얽힘이 이렇게 표현되는 것은 음양의 이중성과 태극의 조화와 균형이 우주의 가장 기본 단위인 양자의 현상에도 적용된다는 사실을 말해 주고 있다.

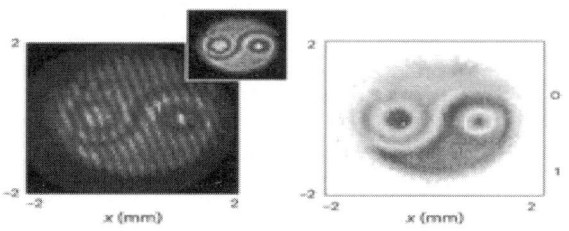

[그림 13] 두 개의 얽힌 광자의 홀로그램 이미지 재구성
©Nature Photonics, Zia et al.

5. 역경 속의 프랙탈 패턴

서태지가 미국에서 돌아와 낸 앨범 재킷을 본 사람은 [그림 14]와 비슷한 그림을 기억할 것이다. 이것은 미국의 과학계와 예술계에 통하는 최신 이론의 상징물이다. 서태지는 대중들 생각의 흐름을 간파하는 재주를 가졌고 현재 세계를 주도하는 생각의 흐름을 그의 앨범 재킷에 담은 것 같다.

[그림 14] 프랙탈 패턴 도해 ©Shutterstock

[그림 14]를 자세히 보면, 전체의 패턴으로서 큰 골뱅이 주위에 작은

골뱅이가 계속되고 있는 것을 알 수 있다. 오른쪽 상단 사각형 속의 그림은 작은 골뱅이를 확대시킨 것이다. 그 골뱅이 속을 자세히 보면 잘 보이지는 않지만 작은 골뱅이가 또 계속된다. 이렇게 무한하게 부분이 전체의 패턴을 계속 반복하는 것을 '프랙탈(fractal)'이라 한다.

프랙탈이란 말은 부분으로 나누어진다는 뜻으로, 예일 대학교 수학과 석좌 교수로 있던 만델브로트(Benoit B. Mandelbrot)가 1975년에 처음 사용한 말이다. 자연계에 존재하는 모든 것은 이런 패턴을 가진 것으로 여겨지고 많은 현대 과학자들이 이에 동의하고 있어 우주의 법칙을 표현하는 구조로서 매우 각광을 받고 있다.

옛날 뉴턴 시대에는 몇 가지 법칙과 그 법칙에 주어지는 몇 가지 요소만 알면 우주의 만물을 다 알 수 있다고 했다. 그리고 우주는 자동차처럼 바퀴 네 개, 엔진 한 개, 범퍼 두 개 등 부속품들을 끼워 맞추면 된다고 생각했다. 생성 패턴이 다른 부속(구성성분)들이 여러 개 모여서 우주가 된다고 했다. 그러나 이제 양자역학같이 미세한 세계를 다루다 보니 "우주는 완전히 혼돈이다. 일정한 원리가 있는 것이 아니니 카오스(혼돈), 그 자체이다"라고 한다.

아인슈타인은 "우주가 이렇게 질서가 없다니 … 땅이 꺼지는 것 같다"라고 했다. 그런데 그것을 가만히 들여다보니 프랙탈 원리가 있더라는 것이다. 혼돈의 우주를 잘 관찰해 보니 그 혼돈 속에도 법칙이 들어 있었다. 그것이 "부분이 전체의 패턴을 반복한다"는 프랙탈 원리이다.

우주, 그것을 구성하는 별들, 그 별들을 구성하는 구성 물질들(지구라면 각 동물·식물·광물들), 그 개체들을 구성하는 구성 물질들(인간이라면 오장, 오장을 구성하는 조직들, 그 조직을 구성하는 세포들, 그 세포를 구성하는 구조물들, 핵이라면 DNA 등)의 각 차원을 이루는 개체들은 개체마다 공통적인 패턴이 있고 이 패턴은 개체들이 합하여 이루는 상위 단계의 패턴과 같다. 다시 말하면, 부분은 전체의 패턴을 되풀이하고 있다. [그림 14]는 이런 우주의 프랙탈 구조를 잘 표현해 준다.

우주 만물은 이런 프랙탈 구조로 되어 있지 않은 것이 없다. 정원에 물을 주고 물이 흘러내린 지형을 가만히 살펴보면 그 안에 풀도 있고 언덕도 있고 개울도 있고 연못도 있다. 크게 생각해 보면 그 안에 나무도 있고 산도 있고 강도 있고 바다도 있다.

모래 한 알갱이는 바위의 패턴을 반복하고 바위는 산의 패턴을 반복한다. 마음의 확대경을 어느 위치에 대느냐에 따라서 그 구조물이 이름을 달리하고 있을 뿐 구조 패턴은 같다는 것을 알 수 있다.

지도에서 보는 남해의 해안선이나, 비행기를 타고 보는 남해의 해안선이나, 남해군에 있는 금산에서 보는 해안선이나, 해변 모래밭에서 보는 모래 해안선이나, 돋보기를 들고 볼 때 모래와 바닷물이 이루는 해안선이나, 모래를 가루 내고 바닷물을 한 방울 슬라이드에 떨어뜨려 현미경으로 보는 해안선의 구불구불한 패턴은 모두 같다. 부분이 전체의 패턴을 반복하고 있기 때문이다.

물방울 하나, 눈 한 송이도 생명체의 패턴을 가지고 있다. 가장 원시적인 생명체와 유사한 무생물은 물이라고 할 수 있다. 어느 혹성에 생명체가 있을 가능성은 물의 존재 여부로 추정되고, 최초의 생명체는 물 속에서 탄생한 것으로 알려져 있어 물과 생명체의 관계는 밀접하다.

동양의 경전에서는 "하늘이 제일 먼저 물을 만들었다(天一生水)."라고 적고 있다. 그래서 물은 철저한 프랙탈 구조를 하고 있다. 고체로 보이는 생물체처럼 물의 고체 상태인 눈의 결정구조는 더욱 그러하다[그림 15].

[그림 15]의 두 번째 도형은 다윗의 별이다. 이스라엘 사람들이 국가의

상징으로 국기에 그려 넣은 문양이다. 우리나라 국기의 태극에 해당한다. 위로 올라가는 정삼각형은 양, 아래로 내려오는 역삼각형은 음이다.

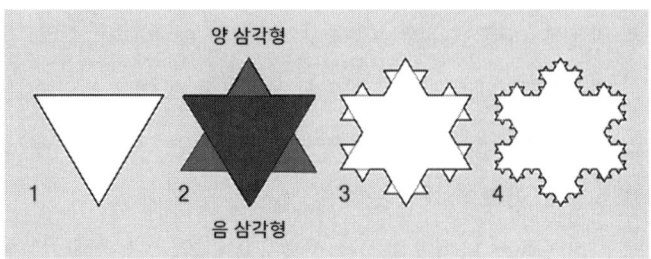

[그림 15] 눈 결정의 프랙탈 구조 ⓒ저자

이 다윗의 별 여섯 끝 부분, 정삼각형마다 역삼각형 넣기를 반복하면 프랙탈 구조를 가진 눈의 결정이 된다. 실제 모습은 조금씩 다르지만 눈의 결정체의 패턴은 이 모양이다. 가장 안정되고 잘 만들어진 모습이다. 눈 한 송이는 무수한 다윗의 별(태극)들이 모여서 큰 다윗의 별(태극)을 만드는 프랙탈 구조인 셈이다.

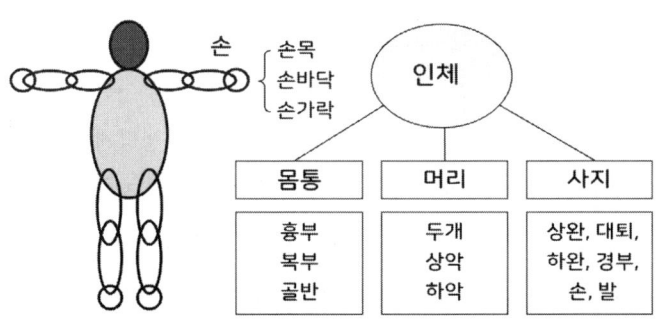

[그림 16] 인체의 프랙탈 구조 ⓒ저자

지구상에서 가장 진화한 생명체인 인간도 이런 프랙탈 구조를 가지고 있다[그림 16]. 인간만 아니라 우주 만물이 이런 구조를 가지고 있는 것이다. 그 중에서 신(神), 즉 전체와 가장 닮은 인간은 더욱 프랙탈적이다.

사람 몸은 머리, 몸통, 사지의 셋으로 되어 있다. 머리는 두개부(cranium), 상악(maxilla), 하악(mandible) 세 부분으로 나뉘어 있고 몸통은 흉부(thorax), 복부(abdomen), 골반(pelvis) 세 부분으로 나뉘어 있다. 척추는 크게 경추(cervical vertebrae), 흉추(thoracic vertebrae), 요추(lumbar vertebrae)로 나뉘어 있다.

팔은 주관절과 완관절에 의해서 상완, 전완, 손의 세 부분으로 나누어져 있고 다리는 슬관절과 족관절에 의해 대퇴와 경골부, 발로 나뉘어 있다. 손가락 발가락 역시 세 마디로 되어 있다. 손가락, 발가락뼈의 끝마디를 자세히 보면 소두, 몸체, 대두 세 부분으로 되어 있다. 각 부분 역시 3의 구조를 볼 수 있다. 이렇게 3의 마디 구조가 영원히 반복하여 세포, 분자, 양자에까지 무한히 계속된다.

프랙탈 이론으로 부분에 영향을 주면 전체가 영향을 받는다. 프랙탈 각 부분 각 차원 간에 공명하는 것이다. 배가 아프면 가운데 손가락 가운데 마디에 침을 놓으면 낫는다. 침의 원리도 바로 프랙탈 원리이다. 손가락 침 자극이 배에 영향을 주기 때문이다. 이것이 귀를 인체의 태아로 보고 치료하는 이침(耳鍼), 인체 표면 경락에 침을 놓아 내부의 병을 치료하는 전통 체침(體鍼)의 원리가 된다.

작은 골뱅이에 영향을 주면 큰 골뱅이에도 영향을 주게 되며, 작은 차원에 영향을 미치면 다른 모든 차원에도 영향을 미치는 프랙탈 이론을 이용한 것이다. 차원은 다르지만 전체의 음양 패턴을 구비하고 있는 귀나 손의 음 부분이나 양 부분을 자극하면 전체에 해당하는 인체의 음장(陰臟—신장)이나 양장(陽臟—심장)을 치료할 수 있다.

프랙탈 원리에 의한 치료법이 발달하다 보면 인체의 세포 하나를 떼어 내어 그것을 치료하면 몸을 다 치료할 수도 있을 것이다. 이런 치료법은 실험 단계이지만 선천적으로 유전자에 이상이 있을 때 그 유전자를 바로잡는 방법으로 사용된다. 바이러스는 유전자만 가지고 있는 생물이다. 즉, 생명체의 공통 패턴만 구비하고 있다.

바이러스가 인체에 침투하면 자기 유전자를 인간의 유전자들 속에 심는다. 그러면 인간이 바이러스를 생산하게 된다. 감기 바이러스를 선택해, 치료하고자 하는 유전병 환자의 부족한 유전자를 바이러스에 심어 놓고 그 바이러스를 환자에게 감염시킨다. 그러면 바이러스에 감염된 환자의 몇몇 세포가 부족한 유전자를 복구하게 된다.

개개의 세포로 이루어진 전체로서 그 환자의 유전병이 치료될 뿐 아니라 정상적인 자식을 갖게 된다. 물론 인간도 프랙탈 구조로 되어 있기 때문에 인간의 세포 한 개는 인간 전체의 모든 패턴(유전정보)을 가지고 있어 인간 전체로 복제될 수 있다.

[그림 17] 나무의 프랙탈 구조
(좌) 실제 나무 (우) 컴퓨터 생성 이미지
©저자 / Pixabay

[그림 17]을 보면 연상되는 것이 많다. 왼쪽은 실제 나무이며 오른쪽은 컴퓨터 생성 이미지이다. 무한으로 나누어지는 나무와 줄기와 가지들이다. 전체의 패턴의 부분 반복으로서 한 줄기가 두 줄기로 갈라지고 각 줄기가 또 두 줄기씩 갈라지는 것이 계속되어 생긴 모양이다. 부분 잔가지의 모양이 전체 나무 모양을 하고 있다.

기관지도 이런 패턴으로 분화되어 있고 사람의 몸통에서 둘로 갈라져 나간 팔다리도 이런 모습이다. 몸통에서 양팔로 분화하다가 양팔은 팔꿈치 이후에 척골과 요골, 두 뼈로 분화하고 손목관절 이후에는 두 마디, 혹은 세 마디씩으로 갈라져 이 그림의 패턴과 유사하게 분화한다. 혈관이나 신경도 이런 분화 패턴을 보여주고 있으며 식물이나 동물도 유사한 패턴을 보여준다.

[그림 18]도 프랙탈 수식을 컴퓨터 프로그램에 넣어서 그려낸 프랙탈 도형으로, 고사리를 꼭 닮았다. 잎 하나가 잔가지의 패턴을 하고 있고, 잔가지의 패턴은 줄기의 패턴을 하고 있다.

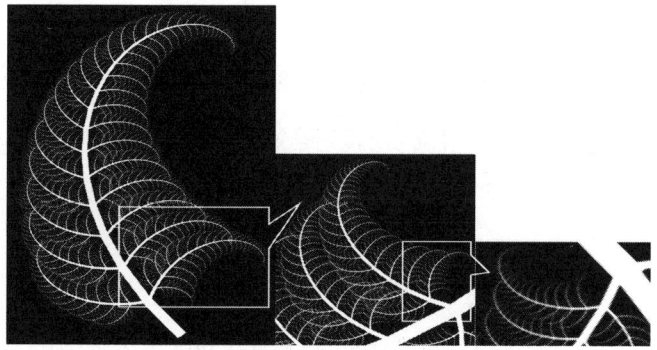

[그림 18] 고사리 잎의 프랙탈 구조 ©Shutterstock

[그림 18]은 수학적인 규칙을 가진 패턴이지만 실제적인 자연산물은 [그림 19]의 브로클리라는 야채에서 보듯이 대부분 입체적이고 약간 불규칙적이다. 그러나 이런 패턴의 인식은 혼돈의 세계를 단순화시켜 전체를 파악할 수 있게 해준다.

역경을 만든 우리 조상들은 5천여 년 전에 자연계의 이런 패턴을 인식하고 프랙탈 이론보다 진보된 음양 디지털 코딩 시스템으로 우주 모델을 만들어냈다.

[그림 19] 브로콜리의 프랙탈 ©Pixabay

[그림 20]은 역경의 기본 구조를 하나의 원 속에 표현한 도해이다. 가운데 가장 큰 차원인 태극(음양), 그 다음이 사상, 팔괘, 64괘가 차례로 동심원을 만들고 있다. 각 동심원은 분화의 단계를 나타내고 단계적으로 서로 다른 차원을 뜻한다.

사상은 아래 효(음양 부호)와 위의 효, 두 효로 되어 있는 네 개의 괘로 이루어져 있는데 각 괘의 아래 효는 본(本)이고 위의 효는 표(表)로서 우주 전체를 이 네 그룹으로 나누어 본다. 근본이 되는 아래 효를 기본으로 해서 음양괘를 구분지어 보면 결국 사상은 두 개의 음괘와 두 개의 양괘로 이루어져 있다.

아래 효가 음이나 양으로서 같은 두 괘는 표가 되는 위 효의 음양이
서로 다르다. 전체적으로 보면 사상 차원의 합은 결국 음과 양이니 음과
양을 구성요소로 하는 태극의 패턴이다.

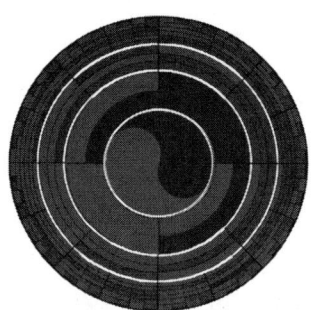

[그림 20] 역경의 기본 구조를
하나의 원 속에 표현한 도해
ⓒ저자

팔괘는 세 개의 효가 모여서 된 괘들로서 우주 전체를 8가지 그룹으로
나누어 본다. 하·중·상괘로 되어 있는데 근본이 되는 하나부터 살펴보면 4
개의 하효가 양인 양괘와 4개의 하효가 음인 음괘로 이루어진 것을 알 수
있다. 중효를 살펴보면 4개의 음괘가 2개의 음괘와 2개의 양괘로 되어 있다.
상효를 살펴보면 2개의 음괘는 다시 음과 양괘로 나누어진다. 8괘 차원에서
도 각 단계마다 음과 양으로 분화하는 태극 패턴을 되풀이하고 있다.

또한 팔괘 안에 태극은 기본적으로 들어 있고 음양과 사상도 들어 있
다. 동심원이 한 차원이라 하면 각 차원에서 음과 양으로 나누어지는 공통
패턴을 계속 반복하고 있는 것을 볼 수 있다. 64괘도 마찬가지로 음과
양으로 나누어지는 공통 패턴을 6차원 반복한 것이다. 역경은 무한 차원

으로 반복되는 우주의 프랙탈 패턴을 음양이라는 부호로써 6차원만 도시하여 우주 만물의 구조와 운동을 일례로 도시해 본 프랙탈 이론이다.

현대의 프랙탈 이론은 단지 불확정성의 원리로 무너진 뉴턴 역학의 규칙적인 우주 모델이 혼몽 속에 빠져 있을 때 그래도 부분이 전체 패턴을 반복하는 유사 구조를 가지고 있다는 규칙적인 패턴을 발견했다는 것 외에는 더 진보된 것이 없다. 그러나 역경은 그 공통적인 패턴이 어떤 것인가도 제시하고 있다. 그것은 서로 반대되는 두 요소가 있고, 이 두 요소 사이에 끊임없이 상호전화가 일어나며 그것이 그 물질과 작용으로 나타난다는 것이다.

이 공통 패턴을 태극이라 불러, 음과 양이 돌아가는 도형으로 나타냈다. 이 태극은 항상 돌아가고 있는 것을 표현하고 있어 상반되는 두 요소가 있다는 공간적인 것뿐만 아니라 그 공간을 차지하는 두 요소가 시각에 따라 상호 전화하고 있다는 시간적 요소도 포함시켰다. 그 회전의 동(動)과 정(靜) 사이에 시시각각으로 일어나는 음양 두 요소 간의 세력 변화도 표현하고 있다.

역경은 프랙탈 구조처럼 형체의 구조뿐 아니라 우주 만물의 시간에 따라 변하는 작용의 프랙탈 구조까지 설명하는 진보된 이론이다.

사실 프랙탈을 연구하는 학자들도 우주의 전체적인 구조를 프랙탈 구조로 나타내려는 시도가 없었다. 프랙탈 구조를 어렴풋이 파악하고 있으나 이 이론이 50년이 지났음에도 불구하고 아직 불완전하고 그 응용이 미숙하다.

역경은 프랙탈 구조를 기본 구조로 가지고 있으면서 보다 진보된 이론을 많이 포함하고 있고, 5천여 년 동안 자연과학뿐만 아니라 정치, 경제, 윤리, 심리학 등의 사회과학과 정신 수련법(단학, 참선, 명상)에도 널리 이용되던 이론이라 그 적용이 자유로워 우주 전체나 가장 하위 구조로 여겨지는 양자의 구조와 작용을 설명하는 데 막힘이 없다.

역경은 양자의 파동성(양)과 입자성(음)을 설명하고 양자의 중첩(무극의 음양 부정)과 얽힘(음양의 상보성)을 음양이 무극, 태극, 음양, 사상, 팔괘, 64괘로 분화하고 다시 귀납을 반복하는 것으로 도시하고 있다.

6. 홀로그래피 이론

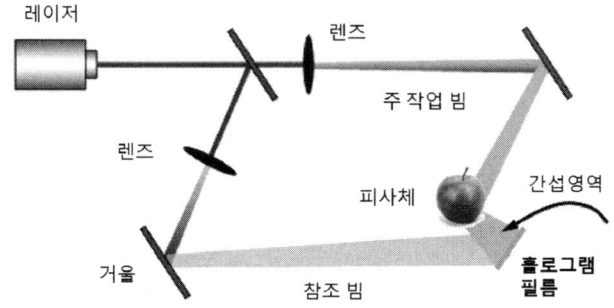

[그림 21] 홀로그램의 생성 원리 ⓒ저자

홀로그램은 빛(주로 레이저)을 비추었을 때 3차원 영상이 생기는 사진이다. 레이저 광선을 반투명 거울에 통과시키거나 반사시켜 빛을 둘로 나눈다음 하나는 피사체에 비추어 특별한 필름을 감광시키고 또 하나는 피사체를 비추지 않고 필름을 감광시킨다. 이렇게 하면 두 레이저 광선이 간섭을 일으키면서 피사체 모양을 알 수 없는 홀로그래피 음영이 필름에 나타난다. 이 필름을 허공에 대고 빛을 비추면 허공에 피사체의 3D 모양이 나타난다[그림 21].

홀로그램이란 피사체를 거쳐 가지 않는 레이저 광선(음)과 피사체를 거쳐 가는 또 다른 광선(양)이 서로 음양적인 간섭을 일으키면서 만들어내는 상이다. 서로 다른 음양적 관점의 정보를 취합해서 만드는 상이기 때문에 입체적인 영상을 가질 수 있다. 음 광선과 양 광선이 서로 간섭하여 만들어진 상은 태극 상을 만들고 그 태극 상은 부분이 전체의 패턴을 반복하여 프랙탈 상을 만든다.

그렇게 만든 홀로그램 필름은 잘라도 잘라도 조각 하나가 전체의 정보를 다 가지고 있어 전체의 영상을 맺을 수 있다. 선명도만 떨어질 뿐이다.

뇌의 청각을 맡고 있는 부분이나 시각을 맡고 있는 부분이 손상되어도 청각과 시각을 느낄 수 있는 것은 뇌가 몸 밖에서 들어오는 정보를 홀로그램 방식으로 저장하고 있기 때문이라는 견해도 있다. 세포 하나가 인체 전체의 정보를 DNA 속에 저장하는 방식도 홀로그램과 같은 저장 방식이다.

괘를 읽을 때 그 괘 하나만 알아서는 읽을 수 없다. 같은 차원의 다른 괘를 알아야 한다. 음효를 볼 때는 양효를 알아야 하고 소양괘를 읽을 때는 횡적으로는 나머지 태양, 소음, 태음의 괘를 알아야 하며 종적으로는 그것의 모(母)괘와 자(子)괘를 알아야 한다. 8괘, 64괘도 마찬가지이다.

64괘 중의 한 괘는 6개의 음이나 양이 겹쳐 있다. 가장 아래 효는 음양, 두 번째 효는 4상, 세 번째 효는 8괘, 네 번째 효부터는 16, 32, 64괘가 들어 있다. 한 괘의 종적, 횡적인 구조가 역경 시스템의 공간적, 시간적 전체 정보를 내포하고 있다. 그러면서 64괘 중의 하나로서 다른 성질을 표현하고 있다.

64괘 중의 한 괘는 그 자체가 태극이고 홀로그램 필름의 1/64의 조각으로 우주 전체의 홀로그램 영상을 보여주면서도 1/64의 하나로서 다른 면을 보여준다고 할 수 있다.

양자 하나는 입자성이 있어 보이는 물체로 특정 위치를 가지고 존재하면서도 파동성이 있어 그 부분에 있으면서 또 우주 전체에 퍼져있다. 이 속성이 구현되는 것이 홀로그래피 필름 속의 영상이고 어느 한 부분을 잘라도 그 부분에 전체 프랙탈 패턴이 있어 전체 영상을 보여준다. 이것을 음양 부호로 도시한 것이 역경이다.

III. 역경 창안자에 대한 의문

기록에 의하면 복희는 황하에서 나온 용마에 그려진 하도를 보고 처음 괘를 그렸고 신농은 64괘를 만들었는데 사람들이 이를 보고 집도 짓고 농기구도 만들었다고 한다. 복희는 앞의 그림에서 본 것처럼 상체는 사람이고 하체는 뱀이다.

신농은 모든 약초를 맛보고 약효를 알아내어 동양 최초의 약물학 책인 『신농본초경(神農本草經)』을 만든 황제로도 유명하다. 그는 머리에 뿔이 달려 있고 유리처럼 반투명한 신체 조직을 가지고 있었다고 한다.

하루에 백 가지의 약초를 먹었으며 반투명한 조직을 통해서 들여다보면 약이 인체의 어느 부위로 들어가서 무슨 작용을 하는지 알 수 있었다고 한다. 독을 먹어도 얼른 뿔을 잡으면 해독이 되었다고 한다. 한번은 너무 강한 독초를 먹었는데 미처 뿔을 잡지 못해 죽었다고 하는 믿지 못할 전설이 전해진다.

복희의 하체가 뱀이었고 신농의 머리가 소의 머리를 가졌다는 것은 꽤 신빙성 있는 여러 책과 비석 등의 그림이나 무덤 속의 벽화로 다양하게 나타난다. 그러나 그들의 창안물인 역경의 놀라운 과학성에 비추어 볼 때 우주인이 아닐까 하는 생각이 든다.

그들의 반인반수(半人半獸)인 모습도 우주인일 수 있다는 생각을 갖게 한다. 신농, 복희 시절에는 괘를 보고 집을 짓고 농기구도 만들었다면 괘의 디지털 원리를 찾아내어 컴퓨터를 만들어 사용했다고 볼 수도 있다.

동양에서는 신농, 복희 이후로 퇴보를 인정해 왔다. 신농, 복희의 창작물 이상 가는 책이 나온 적이 없고 단지 이들 창작물의 일부분을 해설해 놓은 책이 있을 뿐이기 때문이다.

이런 사실로 미루어 볼 때 이들이 우주인이었다는 가설은 꽤 신빙성이 있다. 그것을 뒷받침해 주는 두 사진을 발견했다.

巽손괘-풍

[그림 22] 이집트 사원 대들보의 음각 ©Adobestock

[그림 22]는 피라미드 옆에 있는 이집트 사원 대들보에 음각된 그림을 어떤 여행가가 촬영한 사진이다. 하부의 그림은 확대한 사진인데 여러 가지 비행물체가 보인다. 그 주위를 보면 팔괘 중에 바람을 나타내는 손괘가

그려져 있다. 팔괘는 우주의 만물을 8가지 그룹으로 나누는 것이니 바람처럼 떠다니는 비행물체는 손괘(바람을 상징)에 해당한다. 그래서 주위에 손괘가 있는 것 같다.

피라미드는 2(4)와 3의 수로 이루어진 역경적 구조물로서, 수평으로 자르면 항상 피라미드의 형태가 나오는 프랙탈 구조물이다. 이집트에서도 역경의 괘를 사용했다고 추정할 수 있다. 피라미드를 쌓아 올릴 수 있었고 과학적 이론인 괘를 사용했으며 비행물체를 가까이했던 고대인들이 원시인이 아닌 것은 분명하다. 그때 벌써 현대과학적인 역경을 가지고 있었고 비행기를 타고 다녔다면 우주인의 문명이 아닌가 생각된다.

[그림 23] 이집트 사원 대들보의 음각 ©저자

[그림 23]은 은나라 때 갑골문자의 원형이다. 좌측에 있는 글자는 하늘을 뜻하는 천(天)인데 헬멧을 쓴 것 같은 사람을 그려 놓았다. 우주인을 하늘에서 온 신으로 생각하지 않았나 하는 생각이 든다. 보다 우측에 있는 그림은 빛난다는 뜻의 광(光)자인데 귀가 크고 머리 형태가 고깔처럼 생긴 흡사 우주인을 그려 놓았다. 마치 「스타트랙」이라는 공상과학 영화에 나오는 '스포키'라는 우주인을 닮았다.

대기권 진입 때 신체를 보호하기 위해 금속성의 우주복을 입었거나 우주인 신체에 충분한 에너지가 차 있어 빛을 발하고 있었는지 모른다. 그래서 빛과 빛나는 우주인을 동일시한 것이 아닌가 추정된다. 빛의 상징으로 빛이 나는 우주인을 그린 것 같다. 갑골문자를 만든 사람들이 우주인이었거나 우주인의 문명을 전해 받은 사람들로 여겨지게 하는 그림문자들이다.

1장

도(道)와 태극(太極)

I. 도(道)

한번은 음, 한번은 양, 번갈아 구불구불 가는 것이 도다. 陰陽之謂道
— 공자, 『역경』, 계사전(繫辭傳)

도라 부를 수 있는 도는 진정한 도가 아니요, 이름 붙일 수 있는 이름은 진정한 이름이
아니다. 道可道 非常道, 名可名 非常名 — 노자『도덕경(道德經)』

道 Tao   德 Virtue

도 (道) — 덕(德) ©저자

　　동양의 모든 예술과 학문의 궁극적인 목표는 도를 통하는 것이다. 우리는 태권도, 유도, 검도, 다도, 화도, 서도라는 말을 흔히 듣는다. 여기서 '도'란 길이라는 뜻으로, 우주의 만물이 가야 하는 길을 의미한다. 태권도는 주먹이 가야 할 길이고 검도는 검이 가야 할 길이며 서도는 글이 가야 할 길이다.

　　그 배움의 시작이 어느 것이건(주먹이 됐건, 칼이 됐건, 글이 됐건) 궁극적인 목표는 도를 얻는 것이다. 꽃을 아름답게 장식하기 위해서, 주먹을 잘 쓰기 위해서, 글을 잘 쓰기 위해서 도를 알아야 한다.

　　『장자(莊子)』에 나오는 말처럼 도를 아는 백정은 칼을 안 갈아도 되지만 도를 모르는 백정은 매일 칼을 갈아야 한다. 도를 아는 백정은 뼈와

살, 힘줄의 배치를 보고 도를 발견하여 어디에 칼을 대야 하는지 알아서 힘 안 들이고 살을 뼈에서 발라낼 수 있으나 도를 모르는 백정은 그저 칼의 날카로움만 믿고 도를 발견할 생각은 없이 제멋대로 칼을 대기 때문이다.

동양의 모든 종교의 궁극적인 목표도 물론 도를 깨닫는 것이다. 이 도를 닦는 과정은 등산에 비유된다. 산에 오르는 길은 여럿이지만, 사람들은 자기 집에서 가깝거나 자기가 좋아하는 길을 하나 택해서 올라간다. 종교의 선택이 이와 같다.

사람들은 정상에 도달하기 위해 힘든 것을 참고 올라간다. 도를 닦는 것이 이와 같다. 정상에 도달하면 자기가 올라온 길과 사는 집이 보이고 길을 알지 못해 헤매는 사람들도 보인다. 도를 깨닫게 되면 이와 같다. 길을 몰라 헤매는 사람들이나 험한 길을 오르는 사람들에게 쉽게 오르는 길을 가르쳐 주고자 한다. 이것은 선교, 혹은 포교에 해당한다.

동양사상의 정수인 유불선(儒佛仙) 3교는 각기 가는 길은 다르지만 목적지는 동일하다. 그 목표란 도를 깨닫는 것이며 각각의 깨달음은 결국 일치한다. 단지 수행하는 방법이 다를 뿐이다.

기독교가 처음 동양에 들어왔을 때 역경 속에서 기독교의 원리를 발견한 선교사들은 성경이 역경과 같다고 중국의 강희(康熙) 황제에게 주장했다고 한다. 이 내용은 라이프니츠가 중국의 선교사들과 주고받은 편지 속에 기록되어 있다.

동양의 종교 지도자들이 차츰 기독교를 이해하게 되면서 기독교 또한 도에 이르는 또 하나의 길이라고 믿게 되었고, 기독교에서 말하는 하느님을 인격화된 도로 여기게 되었다. 예수를 부처나 노자, 공자처럼 깨달음을 얻은 '사람의 아들'로 받아들인 것이다. 그러기에 바이블에 경(經)자를 붙여 성경이라고 불렀다.

신의 계시(天垂象)를 받아쓰거나 깨달은 자가 쓴 책이 경인데 모두 도에 대해 쓴 책이다. 이들 종교의 경전들은 언어를 통해 도를 깨닫는 방법과, 도란 어떤 것인가와, 도를 통한 사람이 설파한 인간이 가야 할 길을 기록했지만, 역경은 언어 대신에 도의 패턴을 직접 코드의 변화로 표시했다.

언어는 많은 오해를 불러일으키므로 같은 종교라도 성전의 해석을 달리하는 지파(支派)가 있고 각 지파들 간의 숱한 갈등이 있다. 역경은 부호로써 도를 표시했기 때문에 여러 지파가 생기지 않았고, 소속된 종교를 초월하여 도사도, 유학자도, 스님도 역경을 연구한다.

역경의 이론에 의하면 진리는 항상 변(易)하는 것이기 때문에 자신이 역경 속에서 발견해 낸 진리의 절대성을 내세우며 전쟁을 일으키지 않았다.

도는 우주 만물의 공통적인 변화의 패턴이다. 우리는 이 도를 볼 수 없고 만질 수 없으며 느낄 수도 없고 설명할 수도 없다. 그래서 이름을 붙일 수도 없다. 노자는 "도라 이름 붙인 것은 이미 도가 아니다"라고 했다. 도라 이름 붙여 말하면 그 '도'라는 말을 들은 이들은 실제 도와는 다른 것을 연상한다.

언어로는 인간의 경험 너머의 것을 제대로 표현할 수 없다. 직접 경험하지 않아도 상상할 수 있는 것을 표현할 수는 있으나 인간의 경험과 상상이라는 것이 극히 제한되어 있어 우주 저 한 구석에 있는 이름 모를 물체에까지 적용되는 우주 변화의 패턴을 경험하거나 상상할 수는 없다. 그래서 도라 이름 붙여진 도를 우리 인간은 상상할 수 없다.

역경은 도를 표현하는 데 있어, 인간의 제한된 경험으로 인해 오해를 불러일으키는 언어를 사용하지 않는다. 단지 음양이라는 코드를 사용한다. 심지어 음양이라는 언어를 사용해도 오해를 불러일으킬까 봐 음(- -)과 양(—)이라는 코드를 사용하여 도를 표현한다. 이로써 현실 세계 너머에 존재하는, 볼 수 없고 만질 수 없고 느낄 수 없는 도를 설명한다.

노자는 우리의 인지능력이 미치지 못하는 곳에 존재하여 언어로 설명할 수 없는 도의 존재와 도를 깨우쳐야 하는 당위성에 관하여 5천여 자를 사용해 도덕경에서 설명하고 있다. 물론 도의 실제 내용을 언어로 표현할 수 없으므로 도의 실제 모습에 대해서는 언급한 바 없다. 그러나 역경에서는 도의 전개 패턴을 부호를 사용하여 실제로 보여주고 있다.

역경이 도의 전개 패턴을 보여주었다고 실제로 도에 관한 모든 것이 밝혀진 것은 아니다. 또한 단지 역경을 이해한다고 도를 깨닫는 것도 아니다. 역경은 도를 추정하고 도의 개념을 이해해서 실생활에 도를 적용시키는 데 도움을 줄 뿐, 도를 완벽하게 깨닫게 해주지는 않는다.

코드는 사물을 대표하는 것이므로 역경은 코드의 패턴 전개라 완전한 도의 실체가 아니다. 디지털 코드가 완전한 아날로그가 아니기 때문이다.

우리는 신이 전지전능(全知全能)하다고 한다. 도는 우주 변화의 패턴이기 때문에 도를 통하면 신처럼 전지전능해질 수 있다. 우주의 모든 것을 알면 모든 것이 가능하다. 도를 통하여 신처럼 전지전능한 인간을 도가에서는 신선 혹은 진인(眞人)이라고 부른다. 역경은 개괄적인 도를 부호로 표시했다. 그래서 경선(經線)을 의미하는 경이라는 이름을 붙였다.

도가 우주 변화 원리의 아날로그적 이해라면 역경은 디지털적 이해이다. 아날로그는 서로 이어지는 전체를 말하지만, 디지털은 끊어진 대강을 말한다. 디지털은 대강만을 말하니 전체를 유추할 수는 있으나 진정한 전체를 알 수는 없다.

도를 통하기 위해 많은 종교들이 각기 다른 방법을 쓴다. 그 방법들의 공통점은 우리가 집착하고 있는 망상을 깨뜨려 버리는 과정을 우선적으로 행한다는 것이다. 이 세상에는 절대적으로 옳은 것도, 절대적으로 그른 것도 없다. 역경의 원리가 고려되지 않은 인간의 옳고 그름에 대한 판단은 가치가 없다.

인간은 몇 억 광년이나 되는 우주의 작은 한 부분에 불과한 지구라는 한 구석에서 100년 남짓 산다. 인간의 제한된 경험으로부터 내려진 판단은 우물 안의 개구리가 내리는 판단이고 불을 향해 뛰어드는 나방의 판단일 수 있다.

'촉구폐일(蜀狗吠日)'이라는 말이 있다. "촉나라 개는 해를 보고 짖는다"는 말이다. 촉나라는 산이 높고 많아 해가 잠시 하늘에 뜬다. 촉나라 개는 이 잠시 뜨는 해가 이상해서 도둑인 줄 알고 짖는다. 식견이 좁은 사람들이 분명한 진리를 보고 말이 많을 때 쓰는 표현이다. 인간의 판단은 그 경험이 편협해서 우주 전체의 경험에서 오는 판단을 내릴 수 없다.

우리는 자연수 만큼이나 넓은 빛의 파장 영역 중에 고작 4,000~7,000 옹스트롬의 파장에 속하는 빛만을 볼 수 있다. 우리의 귀는 단지 20~20,000헤르츠의 소리만 들을 수 있다. 우리가 볼 수 없고 들을 수 없는 파장의 빛과 소리를 가진 물체나 현상은 감지하지 못한다.

우리의 귀가 제한된 범위 내의 소리만 듣지 않고 모든 소리를 들을 수 있다면 지구 돌아가는 소리도 매우 크다고 한다. 그래서 우리의 판단은 장님 코끼리 만지는 듯한 판단이 될 수밖에 없다.

현미경, 망원경, 라디오 등이 우리의 감각 영역을 넓혔다. 자동차, 비행기, 로켓 등의 교통수단의 발전이 우리 경험의 범주를 넓혔다고는 해도 고작해야 4, 5억 광년이나 하는 우주의 한 구석에 위치한 달에 가서 볼 수 있는 정도의 경험을 가지고 있을 뿐이다.

또한 개나 벌이 볼 수 있는 빛의 파장과 소리의 주파수는 우리와 다르다고 한다. 그들의 눈에는 우주의 만물이 우리와 달리 보이며 우리가 듣지 못하는 주파수의 진동을 감지하기도 한다. 우리 눈에는 보이지 않는 것을 보고 개가 짖거나 동물들이 지진을 미리 예측하는 것은 그들이 우주 만물의 다른 면을 보고 들을 수 있기 때문이다.

동물들이 물리와 화학을 안다면 그들은 우리와 다른 법칙을 끌어내고 실험을 통해서 실증할 것이다. 외계인들도 우리와 같은 우주에 살면서 다른 소리와 빛을 보며 다른 물리, 화학 법칙을 적용하고 있을 것이다.

우리는 자연 현상에서 어떤 법칙을 발견하고 실험하고 증명하기를 끊임없이 반복하고 있다. 제한된 감각을 가지고 장님 코끼리 만지듯이 우주 만물의 실체를 상상하고 있다. 사람들은 키가 코끼리보다 작으니 다리 쪽을 만지면 코끼리는 기둥 같다고 할 것이고 그것은 불변의 진리가 되어 교과서에 실릴 것이다.

사다리를 타고 올라간 장님이 있어 머리를 만져보고 반론을 제기할 것이고 다른 장님들도 사다리를 타고 올라가 확인하여 지금까지 알고 있던 코끼리의 형상을 번복할 것이다. 나중에는 코끼리의 실체가 밝혀지겠지만 시간은 끊임없이 흘러간다.

우리가 아직 갈 수 없는 우주 한 구석에 있는, 우리가 보지도 듣지도 못하던 물질의 실체까지 언제 파악할 수 있겠는가? 이것이 제한된 감각기를 가진 인간들의 판단의 실상이다.

과연 우리가 전체를 파악하지 못한 상태에서 옳고 그름을 판단할 수 있겠는가? 우리가 쉽게 접할 수 있는 세계에서 통용되는 옳은 판단이 불을 향해 돌진하는 불나비들 세계에서 통용되는 잘못된 판단이 아닌지 알 수 없다.

우주 만물의 실체를 바로 볼 수 없는 이유가 또 한 가지 있다. 우리가 사물을 볼 때 관심 있는 것만을 보기 때문에 잘못된 판단을 할 수 있다. 예를 들어 A, B 두 사람이 싸움을 했다고 하자. 그것을 지켜본 C, D가 있었다. C는 A의 편이고 D는 B의 편이라고 하고 C와 D는 자신이 믿는 진실만을 말한다고 하자.

C의 말을 들은 사람은 B의 나쁜 면만을 들었으니 B가 나쁜 사람이라고 판단할 것이고 D의 말을 들은 사람은 A의 나쁜 면만을 들었으니 A가 나쁜 사람이라고 판단할 것이다.

그래서 옛말에 마음이 없으면 봐도 보이지 않고 들어도 들리지 않는다고 했다. 사람은 욕심 때문에 사물을 그대로 보지 않고 자기에게 이로운 쪽만 골라서 본다. 이로운 쪽만 골라서 보면 그릇된 판단이 내려지는 것은 당연하다.

이 그릇된 판단으로 삶의 중요한 가치인 행복을 결정짓는다. 진정한 행복을 누리기 위해 중요한 판단이 욕심에 가려져 오도되고, 이 그릇된 판단이 모든 고뇌의 출발이 된다.

옛날에 어느 할머니가 우산 장사를 하는 큰아들과 염전을 하는 작은아들을 두고 있었다. 날이 맑아서 햇빛이 나면 우산 장사가 안 되니 큰아들 걱정으로 슬퍼하고, 비가 오면 염전이 망가져서 걱정하며 슬퍼했다. 그것을 본 스님이 딱하게 여겨 햇빛이 나면 염전이 잘 되어서 기뻐하고 비가 오면 우산 장사가 잘 되니 기뻐하라고 일러주었다. 그 후로는 늘 기뻐하면서 살았다고 한다.

동양의 종교는 고뇌의 근본이 우물 안 개구리 식의 그릇된 판단과 욕심에 있다고 한다. 우리의 판단기준은 제한된 감각기와 개체로서의 생을 유지하기 위한 동물적 욕심에 의해 만들어진 허상임을 설명한다. 우리에게 투영된 우주의 만물은 제한된 감각기와 인간적 욕심으로 변형된 허상이므로 이것을 깨지 않고는 진정한 만물의 실체를 볼 수 없다고 주장한다.

제한된 감각기와 욕심의 여과 없이 투영된 우주 만물의 변화 법칙인

도를 깨닫기 위하여 도교에서는 '허심(虛心)'과 '무(無)'에 도달해야 함을 강조하며, 불교에서는 '공(空)'을 깨달아야 한다고 주장한다.

이들은 모두 '없다', '비었다'라는 뜻으로 사물이나 현상을 보고 판단하는 기준과 욕심을 없애고 비우면 사물이나 현상이 있는 그대로 투영되고 그것의 관찰에 의해 공통되는 법칙인 도를 발견할 수 있음을 제시하고 있다.

도를 닦는 것을 거울 닦는 것에 비유한다. 보통 사람들은 마음의 거울이 욕심과 그릇된 판단기준으로 흐려져서 도가 거울에 비추어지지 않는다. 도를 닦는 것은 마음의 거울에 낀 흐림을 없애는 것과 같아서 맑은 거울에 우주의 만물이 또렷하게 나타나고 거기서 변화의 법칙을 발견할 수 있다.

그러나 그릇된 판단기준과 욕심은 버리려고 해서 버려지는 것이 아니다. 역경을 읽고 우주 변화의 법칙을 대강 알고 도를 통하기 위해서 끝없는 노력으로 몸을 변형시켜 그릇된 판단기준과 욕심이 몸에서 스스로 사라지게 해야 한다고 도가에서는 주장하고 있다.

우주에 어떤 물질이 있으면 그 물질을 통제하는 것이 있다. 인체에 신경계가 있어서 인체의 모든 조직을 통제하듯이 우주의 모든 물질은 신경계에 해당하는 체계에 연결되어 통제되고 있다.

마치 전기가 집집마다 들어오고 바다에서 비롯된 물이 강과 시냇물, 샘, 식물의 뿌리, 각 세포로 연결되어 있는 것과 같다. 만물에 연결된 이 우주 신경계의 중추가 기독교에서 말하는 하느님에 해당한다.

전기가 집집마다 들어오듯이 하느님의 말단이 사람 개개인의 마음에 연결되어 있는 상태를 기독교에서는 하느님이 누구에게나 임해 있다고 한다(고린도 전서 3:16 — 너희는 너희가 하나님의 성전인 것과 하나님의 성령이 너희 안에 계시는 것을 알지 못하냐).

신경계의 한 말단이 한 남자의 정자세포로 물질화하여 정자가 되고

또 하나의 말단은 난자세포로 되어 둘이 결합해서 수정란이 된다. 이 수정
란이 주역의 변화 법칙에 따라 둘로 분화되고 다시 4로 분화되고, 또다시
8로, 또 "16, 32, 64"로 분화되고 거듭 분화되어 인체 내의 모든 세포로
변하고 이 세포들이 비슷한 세포들끼리 모여 심, 간장 등 각 장기가 되어
인체를 형성한다[그림 1.1].

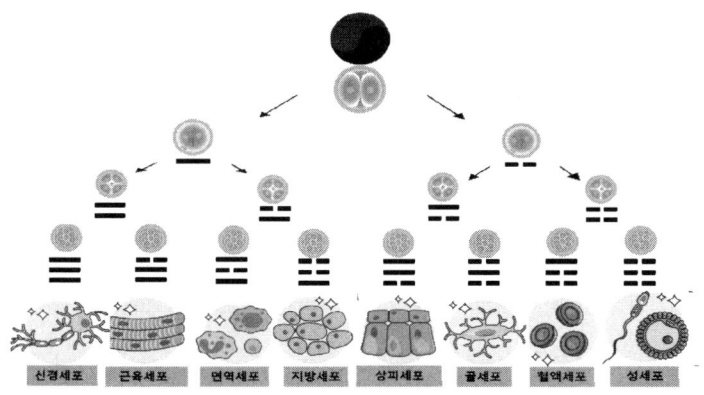

[그림 1.1] 수정란의 역경적 분화
©Shutterstock / 태극·괘·글 ― 저자

수정란이 분화되어 인체의 세포로 변했지만, 그것은 복제된 것이라 수
정란이 가지고 있는 모든 성질을 가지고 있다. 수정란에 우주 신경계의
말단이 연결되듯이 각 세포에는 그것의 통제 시스템이 있으며 그 통제
시스템은 인체의 전체 통제 시스템에 연결되어 있고 더 나아가서 우주
전체의 통제 시스템에까지 연결되어 있다.

각 세포의 통제 시스템은 각 사람이나 동물, 및 우주에 존재하는 모든
물질의 통제 시스템에 연결되어서 하나의 통제 시스템을 이루고 있다. 그
것은 전선처럼 직접 연결되지 않더라도 파동으로 서로 원거리 교신을 할

수 있게 되어 있다.

도 닦는 것을 역(逆) 공부라고 한다. 인간은 수정란에서 분화를 거듭하여 수를 헤아릴 수 없는 많은 세포가 되어 인체를 구성하고 죽고 새로 생기기를 무수히 반복하다 결국에는 파괴되어 죽고 만다.

그러나 그 분화를 거꾸로 할 수 있으면 수정란의 발원지인 우주 신경계로 돌아갈 수 있다. 예수님은 도마복음에서 "자신이 존재하게 되기 전에 존재하게 된 자 복이 있도다" 하셨다. 분화를 거듭하다 죽는 것은 순(順)이고 통합을 거듭해서 수정란 이전으로 돌아가는 것이 역(逆)이다.

우주 신경계로 돌아가면 우물 안의 개구리가 우물 밖으로 나온 것처럼 우주의 모든 상황을 알 수 있다. 이것이 도를 통한 것이다. 한 개체인 인간이라는 작은 세계를 통제하도록 설계된 신경계가 수도(修道)를 통해서 발전되어 우주의 신경계와 공명할 수 있도록 조율되는 것이다.

예수님은 도마복음에서 이렇게 말씀하셨다. '너희가 둘을 하나로 만들면 너희가 사람의 아들(그리스도)이 될 것이요 너희가 산이여 사라져라 하면 산이 사라지리라.' 또 말씀하셨다. '나는 나뉘어지지 않는 분에게 나와서 존재하는 자이니라. 그러므로 만일 그가 나뉘지 않았다면 빛으로 충만할 것이나 나뉘었다면 어둠으로 가득하리라.' 이는 자연적으로 분화되어 사라지는 상태를 역으로 돌려 근원인 수정란, 더 나아가 우주의 신경계 즉, 신과 합일하여 신과 같은 초능력이 생기는 것을 말하고 있다.

우주의 신경계는 물질화 활동(음)과 기화 활동(양)을 반반씩 하도록 완전하게 되어 있다. 우주 전체는 물질화 활동과 기화 활동의 적절한 균형으로 영원할 수 있으나 우주를 구성하는 개체는 그 균형을 이루지 못하고 사라지고 다른 개체의 생성을 만든다.

우주상의 물질화 활동은 에너지를 소모하여 물질을 생성, 발전시키는 방향의 활동이고 기화 활동은 물질을 파괴하여 에너지화시키는 방향의 활동이다. 어떤 개체도 그 두 활동이 완전한 균형을 이룬 것은 없다. 그중에 인간이 가장 균형이 잘 이루어져 있으나 음과 양이 50:50은 아니라 예를 들면 51:49 정도로 편차가 있다.

보통 양보다 음이 많아 물질을 쓰지 않고 쌓아두려는 욕심이 있다. 욕심은 또한 죄악을 낳는 것이다. 동물들은 그 편차가 크고 식물은 더욱 크고 광물은 더더욱 심하다[그림 1.2].

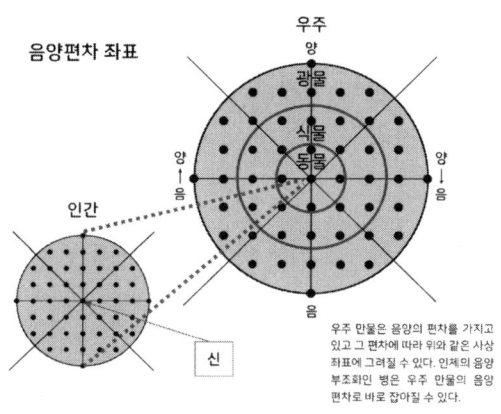

음양편차 좌표

우주 만물은 음양의 편차를 가지고 있고 그 편차에 따라 위와 같은 사상 좌표에 그려질 수 있다. 인체의 음양 부조화인 병은 우주 만물의 음양 편차로 바로잡힐 수 있다.

[그림 1.2] 음양편차의 좌표 ©저자

[그림 1.2] 우주 만물은 음양의 편차를 가지고 있고 그 편차에 따라 위와 같은 사상 좌표가 그려질 수 있다. 인체의 음양 부조화인 병은 우주 만물의 음양 편차로 바로잡을 수 있다.

편차에 의해 각 물질의 성질이 결정되며 서로 다른 활동이 일어난다. 인간도 에덴동산에 살 때는 음양이 50:50으로 조화되어 있어서 하느님과 같았으나 음양의 편차가 큰 선악과를 따먹고 음양의 편차가 생겨 악을 행하기 시작했으며 수명도 짧아지게 되었다. 이 정해진 음양의 편차를 없애기 위하여 도를 깨달은 성인들이 제시한 방법들이 수도하는 방법들이다.

예수님은 도마복음에서 또 말씀하셨다. '너희가 너희 자신을 알게 될 때 너희는 알려질 것이며 너희가 살아계신 아버지의 아들이 너희 자신임을 깨달을 것이다.' 스스로의 음양 편차를 알고, 태어나기 전 신경계와 같이 음양 편차를 50:50으로 만들면 그 사람이 하느님의 아들이란 말이다.

수도는 음양의 편차가 있는 물질을 복용하여 음양의 균형을 꾀하기도 하고 음양이 조화된 소리인 주문을 외워 몸을 음양이 조화된 주파수의 파동으로 진동시켜서 우주 신경계의 주파수에 쉽게 공명하도록 한다.

불교의 참선은 어려운 문제를 풀려고 노력하면서 정신을 극도로 집중시킨다. 이런 인위적인 기화 작용으로 선천적인 기화 작용(양)의 부족을 보충하여 음양의 편차를 바로잡고자 한다.

도교의 정좌법은 인체에서 본래 부족한 기화 작용을 극대화한다. 조용하고 깊은 호흡으로 산소 공급을 극대화하여 물질을 기화시키고(연정화기[煉精化氣], 정신을 아랫배에서 상복부, 뇌에 이르는 순서로 집중시켜 그동안 모아온 에너지를 뇌에 집중시킨다(연기화신[煉氣化神].

결국 인체의 신경계를 최대한 계발하여 우주의 신경계와 교통할 수 있게 한다. 도가의 경서에서는 다음과 같이 고식적으로 설명하고 있다.

여자의 자궁에 해당하는 아랫배 깊숙한 곳(단전[丹田]: 빨간 씨앗을 심어 키우는 밭)에 의식을 집중하면 인체의 모든 요소를 함축하고 있는 정(精)이 만들어지고 그것을 잘 키우면 기(氣)를 거쳐 신(神)이 되어 몸 밖으로 나간다. 그 神은 나의 의식을 가지고 있으나 내 몸 밖으로 나가면 자유로워서 시간과 공간을 초월한다. 시공을 초월했기 때문에 원하는 곳이 있으면 생각과 동시에 갈 수 있으며 원하면 우주의 어느 구석에 있는 것도 생각과 동시에 볼 수 있고 들을 수 있다. 무당이 데리고 있는 동자 귀신은 어려서 죽어 아무것도 모르지만, 귀신이라 시공을 초월했다는 단지 그 능력만으로 점 보러 온 사람의 집안 사정을 알 수 있는 것도 이런 이유이다.

필자의 스승인 권태훈 옹은 소설 『단』의 실제 주인공인데 원상법을 가르쳐 주셨다. 고요하게 앉아서 흔히 제삼의 눈이라고 하는 양미간의 깊숙한 곳에 의식을 집중하고 그곳에 마음으로 『주역』의 서문에 해당하는 원상문을 쓴다.

보통 초보자가 처음 시작할 때는 한 획을 그은 뒤 다음 획을 쓸 때면 첫 획이 사라진다. 그 첫 획이 사라지지 않게 마음으로 잡아놓고 다음 획을 그으면서 완전한 글자를 새겨놓는 것이 여간 어렵지 않다.

열심히 노력하여 서문을 비석에 비문 새기듯이 모두 적을 수 있을 때가 되면 글자를 새겨놓던 그곳에 글자가 없어지고 영화 스크린 같은 것이 나온다. 이 스크린은 서양 점쟁이의 수정구와 같아서 원하는 것이 영화처럼 보인다.

선생님이 젊었을 때는 한국이 일본에 강점당했던 시기로, 일본의 동남아 침략이 한창일 때이다. 일본이 어디까지 영토를 늘리고 망하는지 궁금하여 들여다봤더니 환히 보이더란다. 그래서 지도에 표시해서 별로 뜻 없이 두었다.

후에 독립 자금을 댄 것이 탄로 나서 체포됐는데 가택수색을 한 일본 형사가 그 지도를 찾아내었다. 그 지도가 그들의 비밀 지도와 똑같아서 스파이 혐의가 추가되어 모진 고문을 받고 종신형을 살다가 일본의 패망으로 풀려났다고 한다.

또, 일본이 왜 망하나 하고 정신을 집중했을 때는 비행기 두 대가 날아와서 폭탄을 떨어뜨리는데 버섯구름이 올라왔단다. 그래서 그 폭탄이 무엇인가 하고 들여다봤더니 돌연 원자폭탄을 만든 사람이 나타나 한국말로 설명을 해주었다고 한다.

선생님이 알아들을 수 있는 쉬운 말로 설명했는데, 선생님 머릿속에 핵물리학 지식이 가득하게 되면 원자폭탄도 곧 만들 수 있을 정도로 가르쳐 줄 수 있다고 했다 한다.

이 현상을 역경과 뇌과학의 이론으로 설명할 수 있다. 우주도 태극이고 수정란도 태극이며 수정란을 복제한 체세포도 태극이고 인체도 태극이다. 이 태극들은 위치만 달리하고 있을 뿐 작용 원리는 같다.

수정란이나 체세포의 핵은 인체의 머리에 해당한다. 핵 속에 있는 유전자는 생명이 존재하기 시작한 때부터의 모든 주위 환경의 정보를 가지고 있고, 머릿속의 뇌도 그와 같으나 보다 세밀한 주위 환경에 대한 정보를 가지고 있다. 수억, 수천 년의 과거에 대한 정보는 주로 원시 뇌에 기억되어 있고 현재나 미래에 대한 정보는 후발 뇌에 있다.

수정란으로부터 뇌가 만들어질 때 주위 환경에 대한 기억은 발생되는 순서에 따르게 된다. 뇌는 척추에 연결되어 있는데 척추에서 가까운 쪽부터 발생되어 앞이마 쪽으로 간다.

척추에 가까운 쪽의 뇌 부분들은 신체 균형과 근육 활동에 대한 통제, 음식의 섭취, 산소의 공급, 성욕, 외부 자극에 대한 반사 등에 관련된 동물적인 생명 유지를 위한 정보를 기억하고 있고 이마 쪽에 있는 후발 뇌는 사고와 판단을 내리기 위한 작용을 한다.

역경에서 말하는 우주도 태극이고 인간도 태극이라는 말과 성경에서 인간이 하느님과 똑같이 만들어졌다는 말을 받아들인다면 이마 쪽의 전뇌

(前腦)에는 분명히 하느님처럼 외부의 환경에서 오는 모든 파장의 파동을 받아들여 분석하는 장치가 있을 것이라고 생각한다.

우주를 통제하는 우주 신경계는 이 장치가 활발하게 활동하고 있지만 우주 전체를 통제할 필요가 없는 인간의 신경계는 이것이 녹슬어 있을 것이다. 이 부분은 점점 진화되고 있으며 원숭이들은 사람의 것에 비해서 거의 없거나 아주 작다.

이곳에 의식을 집중시키면서 단전 호흡을 하면 혈액순환이 활발해지고 산소와 영양분이 충분히 공급된다. 또한 기능을 회복시키기 위한 글자쓰기 뇌 훈련을 하면 녹슨 그 기능이 회복되어 하느님이 우주의 구석구석을 들여다보듯이 인간도 제삼의 눈을 통해 원하는 것을 볼 수 있을 것이다.

선생님은 이 능력으로 전생의 자기를 보고 전생의 집에 찾아가서 전생의 자손들과 이야기를 나눈 이야기를 아주 재미있게 하셨다(자세한 것은 뒤의 부록에서 보충하겠다). 이 능력은 천리안이라는 간단한 술법일 뿐 도를 통한 것은 아니다. 하느님 능력 일부분만을 사람이 사용하는 것을 술법이라 한다.

이 능력은 정식으로 도를 닦는 과정 중에 부수적으로 얻어지는 것인데 이 능력만을 위한 훈련으로 얻으면 어린아이가 칼을 가지고 있는 것처럼 위험하다. 독자들은 절대 따라 하지 말기를 바란다. 필자는 이런 종류의 행법을 알고 있고 이 행법에 성공한 사람들의 불행을 수도 없이 보았다.

역경은 이렇게 인간의 제한된 감각을 훈련을 통해서 초월한 사람들이 우주의 만물을 있는 그대로 보고 그것들의 공통된 원리인 도를 코드로 써놓은 책이다. 도는 그 원리이기도 하고 그 원리에 의해서 움직여지는 우주 만물 자체이기도 하다.

II. 태극

도는 一을 낳고 一은 二를 낳고 二는 三을 낳고 三은 만물을 낳는다. _ 노자, 『도덕경』

역에는 태극이 있는데 이것은 곧 음양이며 음양은 사상을 낳고 사상은 팔괘를 낳는다. _ 공자, 『역경』

한국의 국기를 태극기라 한다. 한국 사람은 어렸을 때부터 태극을 그리는 데 익숙하며 늘 보고 자라났으나 태극의 의미를 이해하는 사람은 드물다. 그 뜻이 너무 깊기 때문이다. 태극은 도(道)를 그림으로 표현한 것이다. 역경은 도를 괘라는 부호로 표시한 책이니 책이 말하고자 하는 모든 원리가 태극도(太極圖)에 들어 있다.

태극이 음양을 낳았다는 구절을 가지고 태극을 태초의 우주 생성 원리로만 생각하는 사람들이 많다. 실제로 주역을 영어로 소개하고 번역한 책에 그렇게 되어 있다. 그러나 태극은 역경에서 도와 정확히 일치되는 단어로서, 우주의 전체이자 부분이고 시작이자 끝이다.

1. 태극도 해설

빨간색은 불의 색깔이다. 활동적인 양을 상징한다. 불은 위로 오르는 성질이 있어 위쪽에 그려 넣었다. 파란색은 물의 색깔이다. 고요하게 고여 있는 물로서 음을 상징한다. 물은 아래로 흐르는 성질이 있어서 아래쪽에 그려 넣었다. 음양은 서로 대립되기 때문에 원을 반반씩 차지하고 마주하고 있다. 서로 반대되는 세력이 맞부딪치면 도는데 돌아가는 형상을 하고 있다.

반대 방향에서 오던 바람이 부딪히면 회오리바람을 만들고 찬물과 더운물이 만나면 소용돌이를 만든다. 전기 모터가 도는 이유도 서로 대립되는 자석의 극이 바뀌기 때문이다. 원자도, 지구도, 우주도 도는데 도는 이유는 서로 대립되는 힘이 밀고 당기기 때문이다. 어떤 사물이나 운동도 음양의 대립적인 구조로 되어 있지 않은 것이 없다.

그 움직임은 갑자기 오는 것이 아니다. 해가 서서히 떠오르면서 땅은 점점 달궈지고 정오에 가장 뜨거워지기 시작하다가 서서히 기울어지면서 차차 식어 밤이 오기 시작한다. 자정, 한밤중에는 가장 차가워지기 시작하고 새벽에 동이 튼다.

이렇게 차가움(음)과 뜨거움(양)이 번갈아 가면서 세력을 발휘한다. 이것을 역경에서는 '일음일양지위도(一陰一陽之謂道)'라 한다. 한 번은 음이 되었다가 한 번은 양이 되는 것이 만물이 가는 길(道)이란 뜻이다.

태극도에서 원의 중심을 축으로 돌려 보면 음과 양이 번갈아 왕성해진다. 양이 서서히 쇠약해지기 시작할 때 음이 서서히 왕성해지고 음이 쇠약해지기 시작할 때 양이 서서히 왕성해지는 것을 볼 수 있다.

서로 꼬리와 머리를 맞대고 번갈아 가면서 왕성해지는 것이 하루 중에 시시각각으로 일어나는 뜨거움과 차가움의 변화를 나타내고 1년 중의 뜨거움과 차가움의 변화를 나타낸다. 기후는 태극의 움직임이 현상화된 것이다.

지구상에서 계절은 해가 내려 쪼이는 시간의 변화에 의해서 일어난다. 이 일조량의 변화에 의해서 식물과 동물, 광물까지도 변화한다.

일조시간이 길어지기 시작하는 봄에는 식물들이 싹을 틔워 자라기 시작하고, 일조시간이 가장 길어지는 여름에는 식물이 가장 크게 자란다. 일조시간이 짧아지기 시작하는 가을에는 지금까지 성장에 쓰이던 에너지가 수렴되어 열매를 맺고, 일조시간이 가장 짧은 겨울에는 에너지를 뿌리에 저장하고 죽은 듯이 쉬게 된다.

또한, 하루 기온의 온열 변화는 식물과 동물의 생리 변화의 완급을 일으킨다. 이렇게 하루의 변화 패턴은 일 년의 변화 패턴을 되풀이하고 있다. 일 년 일조시간의 장단도 음양의 성쇠이고 하루 온열의 변화도 음양의 성쇠이니 우주 만물의 변화가 태극 운동의 영향이 아닌 것이 없다.

2. 한국의 태극도와 중국의 태극도

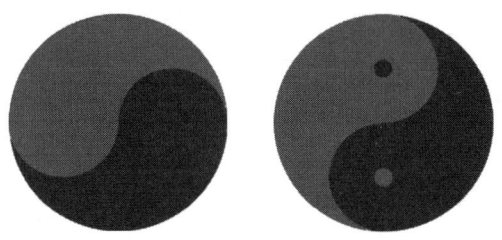

[그림 1.3] 한국의 태극도 — 중국의 태극도 ©저자

한국의 태극도는 우주를 하늘과 땅의 관점에서 표현하고, 중국의 태극도 우주를 수화(水火)의 관점에서 표현하고 있다. 중국의 태극도는 한국의 태극도를 시계 방향으로 90도 돌리고 좌우로 도치했으며 음과 양이 극한 머리에 반대되는 점을 찍었다[그림 1.3]. 이 점은 음양의 씨앗에 해당한다.

한국의 태극도는 하늘과 땅이 상하로 배치되어 서로 교류하고 있는 상태를 잘 표현하고 있다. 중국의 태극도는 화와 수가 좌우로 배치되어 불은 내려가고 물은 올라가는 현상인 수승화강(水升火降)의 역동적인 상태를 잘 표현해 주고 있다.

한국의 태극도에는 점이 없다. 태극도를 돌려가면서 보면 양의 머리는 음의 꼬리와 맞물려 있고 음의 머리는 양의 꼬리와 맞물려 있다. 양이 극하면 음이 생긴다는 것을 점을 찍지 않아도 자연스럽게 알 수 있다.

원래 중국 사람들은 한국 사람들에 비해 실용적이다. 그래서 양에서 음이 시작되는 것과 음에서 양이 시작되는 것을 확실히 하기 위해 점을 찍어놓은 것 같다.

원래 불은 올라가고 물은 내려오는 속성이 있다. 불이 올라가기만 하고 내려오지 않고 물이 내려오기만 하고 올라가지 않는다면 불과 물의 교류는 더 이상 일어나지 않고 지구는 없어질 것이다.

지구에서 큰 물에 해당하는 바닷물은 증발하여 올라가고 큰 불에 해당하는 태양은 빛을 내려 쪼인다. 그래서 지구는 계속 존재하며 지구상의 만물은 자양을 받는다. 이 현상이 수승화강 현상이며 태극도는 이것을 잘 표현해 준다.

한국의 태극도가 우주의 형체를 나타낸다면 중국의 태극도는 우주의 작용을 나타낸다. 한국의 태극도가 음적이라면 중국의 태극도는 양적이다. 한국의 태극과 중국의 태극이 다르다고 다른 뜻을 나타내고 있는 것은 아니다. 우주 변화 원리(도)의 다른 버전일 뿐이다.

3. 태극은 전체이다

우리가 우주를 여행하다 지구상에서는 볼 수 없는 이상한 동물을 만났다고 하자. 우리는 그 동물을 다음과 같이 기술할 것이다.

그것은 매우 크고 아주 무거워 보였다. 붉은 몸에 세 개의 다리를 가졌고 머리는 몸보다 컸다. 머리카락은 없었고 눈이 세 개였고 동작이 매우 빨랐다.

크다고 하려면 작은 것을 알아야 하고 무겁다고 말하려면 가벼운 것을 알아야 한다. 색이 붉다고 말하려면 파란색과 노란색을 알아야 한다. 세 개의 눈을 가졌다고 말하려면 열까지 셀 줄 알아야 한다. 머리가 몸보다 크다고 말하려면 몸과 머리를 구분할 줄 알아야 한다. 동작이 빠르다고 하려면 느린 것이 어떤 것인지 알아야 한다.

어떤 형체나 현상을 이해하려면 그것에 반대되는 것을 떠올려 전체 중에 한 부분으로 비교해 보아야 한다. 이때의 상대적인 두 가지를 포함하는 전체가 태극이 된다. 이 전체 중에 가장 큰 것은 우주 전체이고 가장 작은 것은 소립자가 된다.

어떤 사물의 성질을 이해하기 위해서 그 사물의 두 가지 대립되는 성질을 봤다면 그것이 태극이 된다. 예를 들어, "저 사람은 남자야"라고 한다면 여자가 아닌 남자라는 뜻이고 남자와 여자라는 대립적인 부분을 포함하는 '사람'은 태극이 된다.

역경의 용어로 말하면, 남자는 활동적이므로 양이고 여자는 비활동적이므로 음이다. 음과 양의 대립적인 성질이 있는 남녀로 구성되는 사람은 태극이 된다.

동물도 또 하나의 예가 된다. 동물이라 하면 생물 중에 식물이 아니라는 뜻이다. 생물 중에 동물은 활동적이라 양이고 식물은 비활동적이라 음이다. 이때 음양 속성을 가진 식물과 동물이 속하며 그 둘이 전체를 이루는 생물은 태극이 된다.

생물이라 할 때 생물은 무생물이 아니라는 뜻이다. 생물은 양이고 무생물은 음이라 이 대립적인 두 개를 포함하는 물체는 태극이 된다. 어떤 형체나 현상을 이해하려면 그것에 반대되는 것을 떠올려야 하고 이 둘을 부분으로 포함시키는 전체 물질은 태극이 된다.

우주 만물 전체만 태극이라 생각하는 것은 잘못된 것이다. 음양의 대립적인 부분을 포함한 개체는 무엇이든지 태극이 될 수 있고 태극과 똑같은 패턴으로 작용한다. 성인들은 도가 우주 만물 어디든지 있다고 하는데 그 말은 태극이 우주 만물 어디든지 있다는 말과 같다. 태극 속에 태극이 있고 그 태극 속에 태극이 있다.

우주에는 화이트홀과 블랙홀이 있고, 지구에는 물과 불이 있고, 사람에게는 육체와 정신이 있고, 원자에는 양성자와 전자가 있고, 소립자에는 파동적인 면과 입자적인 면이 있다. 이것을 도해하면 [그림 1.4]와 같다.

[그림 1.4] 프랙탈 태극도 ©저자

부분은 전체의 패턴을 가지고 있는데 각 부분은 음양의 요소를 구비하고 있으니 전체의 패턴인 하나의 태극임을 도시한 태극이다. 부분으로 분화된 음양이 부분에서 작은 태극을 이루면서 궁극에는 통일되어 하나의 전체 태극을 이루는 우주 프랙탈 태극이다.

분화된 음양이 16-8-4-2-1로 통일되는 태극도에서 음 속에 태극을 그려 넣고 양 속에 또 태극을 그리고 그 태극의 음 속에 태극을, 양 속에 태극을 그리기를 무한히 반복한 것이다.

이것을 인체에 적용해 보자. 동양의학에서 인체는 소우주라고 한다. 인체도 태극이고 우주도 태극이기 때문에 같은 원리로 이루어져 있다는 것이다. 우주가 물질(음)과 에너지(양)로 이루어져 있는 것처럼 인체도 형체(形:음)와 기(氣:양)로 이루어져 있다. 과학적인 용어로 말한다면 구조와 기능으로 이루어져 있다.

우주가 빅뱅(양)에 의해서 생겨나 시간이 흘러 블랙홀(음)에 의해서 끝난다면, 인간도 탄생(양)하고 시간이 흘러 죽음(음)에 이른다.

지구 위의 생물들이 양의 상징인 불로 대표되는 태양과 음의 상징인 물의 상호 교류작용에 의해서 영향을 받는 것처럼 인체의 각 세포들도 태양 에너지가 탄소동화작용에 의해서 결집된 음식물(태양 에너지가 본질인 양)과 물(음)의 영향을 받고 있다.

우주도 음양의 두 요소가 있고, 그 속에 있는 인간을 비롯한 생물들도 음양의 두 요소가 있으며, 생물을 구성하는 세포들도 음양의 두 요소로 이루어져 있다. 크든 작든 개체를 이루는 우주의 만물은 음양의 두 요소로 이루어져 있고 그것을 도해하고 있는 것이 태극도(太極圖)이다. 지금은 이해가 어려울 테지만 2장 「음양」과 5장 「오행」을 읽으면 차차 이해가 될 것이다.

소립자, 세포, 인체, 동물, 우주의 각 개체들, 지구, 우주 전체를 태극으로 볼 수 있다. 거의 같은 원리로 운용되고 있으나 전체가 아닌 부분을 이루는 태극은 우주 전체의 태극과는 약간 다르다. 그들의 음양 비율 때문이다. 우주의 음양 비율이 50:50이라면 지구는 그보다 편차가 있으며 생명이 있는 것은 그 편차가 적고 생명이 없는 것은 더 많다.

동양철학에서는 동물계의 편차를 12가지 동물로 대표해서 분류하고 있다. 중국음식점에서 식판으로 쓰고 있는 12가지 동물은 그 음양 편차에 의해서 분류된 것이다. 가장 음이 왕성한 쥐의 음양이 60:40이라면 양이

가장 강한 말의 음양 비율은 40:60 정도이다. 그림으로 표시하면 다음과
같다[그림 1.5].

[그림 1.5] 12가지 동물의 음양 편차
©태극 — 저자 / 동물 — Shutterstock

　인체의 세포 하나하나도 태극인데 음양 비율이 모두 다르다. 비슷한
음양 비율을 가진 세포들이 모여서 가장 양적인 심장을 만들고 가장 음적
인 신장도 만든다. 수정란은 사람의 세포 중에는 음양이 가장 잘 조화되어
있고 더 분화된 세포들은 음양의 편차가 심하고 다양하다.
　그 편차에 따라 비슷한 음양 편차를 가진 세포들이 모여 한 조직을
이루고 비슷한 기능을 발휘한다. 이렇게 비슷한 세포들이 헤쳐 모여 인체
전체가 구성되는 것이다. 한 세포 내의 분자들도 하나의 태극으로서 이런
방식으로 모여 세포를 이룬다.
　이 음양의 편차에 의해 사람의 성질이 결정되고 그 사람 특유의 기호
(좋아하는 경향)가 결정되며 사람은 그 기호를 좇아 활동하면서 각계각층의
인간세계를 형성한다. 인간세계가 태극이라면 음양의 편차를 달리하는 작

은 태극인 사람들이 각계각층을 이루어 인간 사회를 구성한다.

음양의 편차가 돈을 좋아하게 되어 있으면(보통 음이 많다) 실업계에 있으면서 부자가 되는 것이고, 음양의 편차가 돈을 싫어하면(보통 양이 많다) 학계에 있으면서 돈과는 별로 무관하게 산다.

성공에 대한 욕심이 없고 하루하루를 즐기는 것을 좋아하면(보통 음이 많다) 경쟁이 적고 별로 신경 안 쓰는 직업을 갖고 살고(노동자, 단순직 종사자), 성공을 위해서 작은 즐거움을 희생시킬 수 있는 사람은(보통 양이 많다) 경쟁이 많고 신경을 많이 쓰는 직업(회사 경영자, 정치인)을 가지게 된다.

음양의 편차가 심하면 그 좋아하는 정도가 심해서 회사 경영자 중에서도 보다 큰 회사의 회장이 되고, 음양의 편차가 그보다 조금 작으면 그 회사보다 조금 작은 회사의 사장이 되거나 큰 회사의 부사장이 된다. 그렇게 해서 성공한 사람들의 서열이 결정되고 인간 사회의 모든 위치를 채우게 된다.

개인의 음양 편차를 알면 몇 사람이 모인 회사나 그룹의 편차를 유추할 수 있고 다른 그룹의 음양 편차와의 세력 변화를 계산해서 두 그룹이 부딪히며 앞으로 어떤 일이 벌어질지 예상할 수 있다.

개인의 음양 편차의 정도는 모두 다르므로 각 개인에게 수를 지정해 줄 수 있다. 예를 들어 한 사람의 음양이 41:59 면 1이라는 숫자를 주고 다른 사람이 41.5:58.5라면 2라는 수를 주고 38:62처럼 큰 차이가 있다면 8을 준다.

지구상에 있는 모든 사람들을 하나의 태극으로 볼 때 각 사람의 성질에 따른 음양의 편차를 계산하여 다른 수를 주면 각자는 다른 수를 갖게 된다. 3을 가진 사람과 4를 가진 사람은 비슷한 성향을 가지고 비슷한 삶을 살아가나 2를 가진 사람과 44억 5,700만 9136을 가진 사람은 성향이 판이하게 달라 전혀 다른 삶을 살게 된다.

이 수를 신이 배분한 수라는 의미에서 분수(分數)라 한다. 한국에서는 어떤 사람이 과욕을 부리다 실패하면 "사람이 분수를 알아야지"라고 질책을 한다. 소크라테스는 "너 자신을 알라!"라고 했는데 이는 곧 자신의 음양 편차를 알라는 말이 된다. 불교에서는 견성(見性)이라 한다.

초견성(初見性)은 수도(修道)의 시작인데 자신의 음양 편차를 알아야 그 중심에 해당하는 본래의 자리로 갈 수 있다는 것이다. 유교에서 말하는 중용 혹은 중(中)을 얻는 것이다.

이렇게 사람의 음양 편차의 정도에 의해서 각계각층의 위아래, 좌우의 질서가 형성되고 서로 간의 음양 상호작용으로 위아래, 좌우의 질서가 시시각각으로 변화해 나간다. 음양의 세력균형에 의한 변화 법칙이 기술되어 있는 역경을 더욱 깊이 이해하면 컴퓨터가 계산을 해내듯이 서로 간의 변화를 알 수 있다. 이것이 동양의 점(占)이다.

각계각층에 있는 사람이 자기 직업의 음양적 성질을 파악하면 직업의 미래 방향을 예측할 수 있다. 증권회사의 펀드매니저라면 그 사람의 관심은 주식값이 오르내리는 것에 있다.

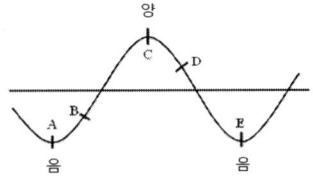

[그림 1.6] ⓒ저자

주식값이 오르는 것은 양이고 주식값이 내리는 것은 음이다. 주식값이 오르는 것 중에는 주식값이 내리던 중 오르는 것(A~B)과 한창 잘 오르는 것(B-C)으로 나눌 수 있다. 주식값이 내리는 것 중에는 주식값이 오르다가 내려가는 것(C-D)이 있고, 주식값이 한창 내리고 있는 것(D-E)으로 나눌 수 있다[그림 1.6].

최대 관심사인 주식값이 오르고 내리는 것은 태극이고 주식값이 오르는 것은 양이며 주식값이 내리는 것은 음이 된다. 언제 오를까를 알고자 한다면 그 알고자 하는 것이 태극이 되고 내리던 것이 오르는 것은 음이 되며 한창 오르고 있는 것이 양이 된다. 언제 내릴지를 알고자 하면 그 알고자 하는 것이 태극이 되고 오르다가 내리는 것은 양이 되며 한창 내리고 있는 것은 음이 된다.

그 주식 시세에 작용하는 요소를 음양으로 구분하여 분류할 수 있다. 주식시세가 오르도록 작용하는 요소들을 양, 내리도록 작용하는 요소들을 음으로 놓고 양을 태극으로 보아 지금 바로 주식값을 올리는 것은 양, 조금 시간이 지나서 주식값을 올리는 것은 음으로 분류한다.

또 음을 태극으로 보고 주식값을 지금 바로 내리는 요소들을 음, 시간이 지나서 주식값을 내리는 것은 양으로 분류한다.

주식시세의 음양과 주식시세에 영향을 끼치는 요소들의 세력 변화를 역경의 변화 패턴에 적용시키면 그 주식시세의 변화를 예측할 수 있다. 또, 개별 주식 주가의 오르내림을 그린 차트를 보면 각 주식의 음양 속성을 알 수 있어 음양 편차로 나타낼 수 있다. 지금 이 시점의 가격 추이를 과거와 비교해 보면 이 시점의 그 주식의 가격 추세의 음양 속성을 알 수 있다.

자기가 가지고 있는 주식의 음양 속성과 현 시점, 현 상황의 음양 편차를 알면 앞으로 소유 주가가 오를 것(양)인지 내릴 것(음)인지를 판단하는 데 큰 도움이 된다.

이런 판단은 그저 안다고 되는 것이 아니라 음양에 대한 깊은 이해와 사물에 대한 음양 속성과 현 상황의 음양적 속성을 판단하는 연습을 많이 해야 된다. 그 음양 편차를 음양뿐 아니라 더 나가서 4상, 8괘, 64괘로 나누면 정확하게 주식가격의 추이를 예측할 수 있다.

옛날 동양에서는 항해사들이 이렇게 음양을 이용하여 기후변화를 예측했고 한의사들은 전염병의 발생을 예측했다.

4. 태극은 통일이며 전체이다

태극은 통일이다. 태극은 분화의 시점이자 통일의 완성이다. 어떤 일이나 물건의 성질을 알기 위해서 세밀히 분석하다 보면 부분만을 알고 전체를 잃어버리기 쉽다. 나무를 보다 보면 숲을 보기 어렵고 숲을 보다 보면 나무를 보기 어렵다.

역경과 과학을 비교할 때 과학은 직접 걸어 다녀서 그 동네를 속속들이 아는 학문이고, 역경은 지도를 보고 그 동네를 대충 아는 학문이라 한다. 과학은 그 동네를 자세히 알 수는 있으나 발길이 닿지 않는 다른 동네는 깜깜하게 모른다. 역경은 그 동네를 자세하게는 알 수 없지만 대충 알고 다른 동네도 대충 안다.

1) 동양의학과 서양의학 : 나무와 숲

동양의학과 서양의학이 다 같이 사람을 연구하고 약을 연구하여 질병을 치료하는 학문이나 아주 다르게 느껴진다. 똑같이 사람과 약이라는 대상을 다루지만, 어떻게 그처럼 다른지 보통 사람은 이해가 가지 않는다.

그렇게 달라진 이유는 서양의학은 과학이라는 자로 사람과 질병을 쟀으며 동양의학은 역경의 원리인 음양이라는 자로 사람과 질병을 쟀기 때문이다. 똑같은 사람의 키를 인치 자로 재어 인치로 표기한 것과 센티미터 자로 재어 센티미터로 표기해서 다른 것과 같다.

사이언스(science)를 한자로 번역할 때 과학(科學)이라고 번역한다. '科'는 분석한다는 뜻이고 '學'은 학문이라는 뜻이다. 동양의 학자들이 그들의 학문에 비해서 서양의 과학이 분석하는 데 장점이 있는 것을 보고 붙인 이름이다.

나무를 보다 보면 숲을 못 보는 것처럼 분석을 하다 보면 전체를 보기 어렵다. 과학자가 원자에 대해서 깊이 연구하다가 원자폭탄을 만들고, 의학자가 발기불능의 고통을 덜어주기 위해서 파고들다가 비아그라(viagra)를 만들고, 유전공학자가 유전자를 연구하다 양을 복제해 낸다. 실로 놀라운 업적이다.

그러나 원자폭탄을 만들어 전쟁에 이긴 이들은 지구 전체를 멸망시킬지도 모르는 위기를 몰고 왔다. 비아그라의 발명은 많은 이들의 말할 수 없는 고통을 해결해 주었다. 그러나 비아그라는 어떤 약인가?

생식(生殖)은 하느님에게 아주 중요하다. 인간 개개인에게는 죽음이 끝이지만 하느님에게는 생식이 있기 때문에 개개인의 죽음이 끝이 아니다. 죽음으로 그 세대가 끝나고 생식으로 다음 세대가 다시 이어져 간다.

그래서 동물 세계에서는 생식 후에 수컷이 쓸모 없어져 죽음을 맞는 경우가 있다. 사마귀의 수컷은 생식 후에 암놈에게 잡아 먹힌다. 그 외에 생식 후에 죽어 가는 동물들이 많다.

수컷이 정액을 암컷에 주입하고 나면 그다음 일은 암컷이 하는 것이라 수컷은 별로 쓸모가 없어져 사정 후의 다음 세대를 위한 암컷의 영양 보충용으로 제공될 수 있다. 수컷의 사정은 큰 희생이 따른다.

어떤 학자가 올림픽 운동선수들을 상대로 섹스가 기록에 미치는 영향을 조사한 적이 있다. 남자 선수들은 섹스 후에 기록이 저조해졌고 여자 선수들은 기록이 향상됐다는 결과가 나왔다. 남자의 사정은 남자의 기운을 떨어뜨리게 만들고 여자의 수정은 잉태와 2세 양육을 위해서 기운이 더욱 좋아지게 하는 것이다.

남자에게는 사정 후에 다시 사정을 할 수 없도록 발기 기능을 차단하는 효소가 나온다. 남성의 성기는 막대형 고무풍선 같아서 평상시에는 축 늘어져 있다가 성욕이 일어나면 고무풍선에 바람구멍이 열리듯 음경의 구멍이 열리면서 피가 채워지고 발기를 한다.

남자가 사정을 하면 어떤 효소가 나와 다시 그 구멍이 열리지 않도록 한다. 튼튼한 정자를 생산할 때까지 다시 쓰지 못하도록 하는 것이다. 사람이 몸이 약해서 회복이 필요하면 그 효소는 더욱 더 그 기능에 충실하다.

그 효소가 많거나 그 능력이 강하다는 것은 그 사람의 몸이 약해서 정자의 생산과 섹스에서 오는 에너지 소모를 감당하지 못할 때 일어나는 현상으로, 그 사람을 보호하기 위한 경우가 대부분이다.

병후 회복기나 심신이 피로하거나, 늙어서 기운이 없고 좋은 정자를 생산할 수 없을 때 발기가 되지 않는 것은 그 사람의 건강을 보호하거나 튼튼한 정자 생산을 위한 하느님의 배려이다. 그 사람이나 정자의 보호를 위해 피가 들어가는 구멍을 닫아 발기를 못 하게 하는 효소를 차단하는 것이 비아그라라는 약이다.

몸이 약해서 발기가 안 되는 사람이 비아그라를 먹고 발기가 돼서 사정을 한다면 그 사람의 몸은 어떻게 되겠는가? 정자 생산에 필요한 물자와 시간이 부족한 상태에서 급히 만들어진 정자가 사정된다면 어떻게 되겠는가? 큰 병을 앓고 난 후 발기가 안 되던 사람이 비아그라를 먹고 사정을 하면 또 어떻게 되겠는가?

건강한 사람도 사정을 하면 희생이 따르게 되어 있는 것이 자연의 섭리인데 몸이 약한 사람이 욕심 때문에 비아그라를 먹고 사정을 한다면 결국 수컷 사마귀처럼 죽음을 맞을 뿐인 것이다. 이것이 비아그라를 복용한 많은 남자들이 복상사하는 원인이다.

역경의 원리가 전체적으로 깔려 있는 한의학을 공부한 사람은 항상 전체적인 이해득실을 따지기 때문에 이런 약을 만들지 않는다. 과학은 나무를 보다가 숲을 보지 못하는 경향이 있다.

과학은 세밀하고 정확하여 확실한 결과를 얻을 수 있으나 그 반면에 세밀함에 치중하여 전체적으로 미치는 영향을 따져 보는 데는 둔할 수밖에 없다. 이것이 과학의 단점이자 장점이다.

2) 태극과 중의 원리

역경의 원리를 적용시킬 때는 분화시켜 64괘의 한 효의 성질에 집착할 때도 있지만 항상 태극으로 통일시켜 태극을 구성하는 모든 다른 효와의 연관관계를 잊지 않는다. 전체와 부분을 고르게 참조해 보는 중(中)의 원리이다. 이런 원리에 의해서 동양에서는 지나침과 부족함이 없는 中을 매우 중요시한다.

역경을 중요시하는 한국 사람들은 국기에 음양의 중간을 상징하는 태극을 그려 넣었지만, 中을 중요시하는 중국 사람들은 그들의 국가 이름에 中 자를 넣었다. 세계의 가운데에 있는 국가라는 의미도 있지만 지나침과 부족함이 없는 中을 숭상하는 국가라는 의미도 있다.

전통 체계의 학교에서 학생들이 꼭 읽어야 되는 고전인 『중용(中庸)』은 『역경』보다는 낮은 단계에서 읽는 책이지만 태극의 통일 원리인 中을 처세의 원리로 잘 설명해 놓은 책이다. 역경은 음양이라는 양 극단을 참조해 中을 찾는 책이다.

공산주의 이론에 영향을 끼친 헤겔은 중국의 선교사였던 할아버지로부터 역경을 배웠다고 한다. 그는 정반합의 원리를 주장했는데 이 중에 합이 태극의 원리이다. 물질적으로 고요한 중에 어느 한 방향의 작용이 일어나면 그 반대되는 작용이 일어나고 그 대립되는 작용이 합쳐져서 그 중간 작용이 일어난다는 학설이다.

남자 재킷의 카라가 넓은 것이 오래 유행하다 보면 좁은 것이 멋있어 보이고 좁은 것이 유행하여 오래가다 보면 넓은 것이 멋있어 보이다가 그 중간이 유행하는 것이 자연의 이치이다. 여자 치마의 길이도 이런 이치로 길어졌다 짧아졌다 한다. 이것은 역경의 기본 이론으로, 헤겔 시대에 각광을 받은 적이 있으나 역경에 대한 보다 깊은 이론을 전개하지는 못했다.

정은 양이고 반은 음이며 합은 태극이다. 태극은 음과 양을 모두 포함한 것으로, 음양의 통일을 의미하며 전체이고 중심이다.

5. 도와 태극의 운동성

이 세상에는 영원히 정(靜)하는 것도 없고 영원히 동(動)하는 것도 없다. 영원히 올라가는 것도 없고 영원히 내려가는 것도 없다. 만약 그런 것이 있다면 우주는 없어질 것이다. 정(靜)하던 것이 움직이기 시작하고 움직이던 것이 멈추기 시작하며 올라가던 것이 내려오기 시작하고 내려가던 것이 올라가기 시작하여 그 운동이 방향을 바꾸면서 질서를 가지고 영원히 계속된다.

　우주는 빅뱅 이후에 계속 팽창하고 있지만 그 팽창의 끝에서는 블랙홀로 압축되고 있다. 압축의 끝은 폭발로 팽창을 시작하고 있다. 이렇게 운동의 방향을 계속해서 반대로 바꿀 때 우주는 영원한 것이다. 지구도 만유인력의 하나인 중력으로 만물을 지구 중심으로 끌어들이고 있지만 그 압축의 끝은 폭발로 화산을 통해 다시 지구 중심의 반대 방향으로 날려 보낸다. 날려 보낸 물질들은 또 지구 중심을 향해서 낙하한다.

　어떤 작용이 생겨나서 그 작용을 계속하다가 그 반작용이 일어나 두 작용이 중화된 상태와 그 중화시키는 작용을 태극이라 한다. 태극은 음이나 양, 한 쪽으로 치우치지 않은 중화 상태(neutral)를 말하며 그 중화를 시키는 작용을 말한다.

　중화된 상태를 볼 때 거기에는 두 개의 상반된 작용이나 물질이 있다. 물질은 에너지가 되고(작용) 에너지는 물질로 끊임없이 변화한다. 이렇게 상반된 작용이나 물질이 조화를 이룬 것이 중(中)이며 태극이다. 중(中)이나 태극은 음양의 세력들이 조화를 이루고 있는 상태로 존재하나 실은 팽팽한 대립 상태로 있다. 진공은 대립된 에너지가 균형을 이루는 상태이고 에너지의 값이 가장 크고 블랙홀처럼 새로운 물질 생성의 원동력이 된다. 역경에서는 태극의 이 상태를 무극이라 한다.

　구심력은 중심으로부터 멀어져 가는 원심운동을 중심으로 돌아가게 하는 작용을 한다. 이런 작용이 태극이다. 구심력은 한 방향으로 진행하는 운동을 반대 방향으로 향하게 하는 힘이다. 어떤 운동이 방향을 바꾸지 않고 한 쪽 방향으로만 일어나게 된다면 우주의 조화와 균형은 있을 수 없다. 조화와 균형을 이루기 위하여 중심으로 방향을 바꾸는 작용이 태극의 통합원리이다. [그림 1.7]은 이것을 잘 나타내고 있다.

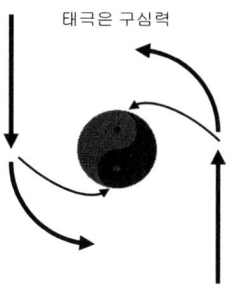
태극은 구심력

[그림 1.7] 태극의 구심력
©저자

    우주만물의 작용은 반대방향으로 계속 방향을 바꾸면서 영원히 계속되고 있다. 태극도는 이 운동을 아주 잘 도해하고 있고 방향을 바꾸게 하는 균형과 통합이 태극의 주된 작용이다.

2장

음양(陰陽)

I. 음양의 일반적 개념

태극이 양의(兩義), 곧 음(陰)과 양(陽)을 낳고, 태극이 움직이면 양이 되고 고요해지면 음이 된다. _『주역(周易)』

음양이란 천지의 도이며, 만물의 근본이며, 변화의 모체이며, 생살(生殺)의 본시(本始)며, 신명(神明)의 창고다. _『황제내경(皇帝內經)』, 음양응상대론(陰陽應象大論)편

컴퓨터를 모니터링하고 명령을 주려면 컴퓨터의 언어로 프로그램을 해야 한다. 이 명령은 0과 1, 즉 모든 컴퓨터의 기본 언어인 이진법으로 시행해야 한다. 이것과 마찬가지로 역경을 이용하여 인생을 모니터링하고 적절한 조치를 취하려면 주위의 모든 변화 인자들을 모두 음양, 즉 우주의 이진법으로 번역해야 한다.

그렇게 해야만 자신의 현 상황이 주역에서 설명하고 있는 괘 중에 어디에 해당하는지 알 수 있고 자신의 인생의 목표를 달성하기 위한 명확하고 적절한 판단을 내릴 수 있을 것이다.

음양을 이해하려면 그것들이 짝을 짓고 대립하는 특징에 대한 일반 개념을 알아야 한다. 다음 도표는 음양의 일반 개념, 작용, 방향을 나타낸 것이다.

	음	양
일반적 속성	비활동적이다 어둡다 차다	활동적이다 밝다 뜨겁다

	음	양
	무겁다	가볍다
	두껍다	얇다
	탁하다	맑다
	소극적이다	적극적이다
	농후하다	희박하다

	음	양
일반적 속성	보이지 않는다	보인다
	단단하다	유연하다
	휴식	행동
	파괴	창조
	흡입	폭발
	억압	흥분
	퇴화	진화
	완성	개시
	불연속	연속
	유지	변화
	후퇴	전진
	반응	명령
	쇠퇴	번영
	제지	촉진
방향	하강	상승
	내	외
	구심력	원심력
	전	후
	내부	외부
	북	남
	서	동

다음의 도표는 여러 우주의 현상에 대한 다른 음양의 쌍을 나타낸다.

	음	양
우주의 구성물	물질	에너지
양자물리학	입자성	파동성
우주	블랙홀	화이트홀(빅뱅)
인간	육체	정신
영(靈)	백(魄)	혼(魂)
생물	식물	동물
자동차	제어장치	가속장치
주식시장	약세	활황
컴퓨터	기억	계산 작용

II. 음양이론의 여섯 가지 기본 원리

음양은 그냥 고정되어 있는 쌍이 아니다. 만약 그렇다면 그것들은 별 가치나 의미가 없다. 음양론의 진가는 음양이 다방면으로 서로 연관성을 가지고 변화를 표현하는 데 있다. 음양론은 여섯 가지의 기본 원리라고 부르는 그런 관계를 설명하고 있다. 그것들은 상호대립, 상호의존, 상호소장, 상호전화, 분화법칙 그리고 체용법칙이다.

1. 상호대립

가장 기본적이라고 할 수 있는 이 원리는 우주에 있는 모든 것에는 반대되는 것이 있다는 것이다. 모든 것은 높거나 낮거나, 순수하거나 불순하거나, 거대하거나 미소하거나, 그 반대로 간주되는 우주에 있는 다른 것하고 연관되어야 한다. 이렇게 짝을 짓는 데 제외되는 것은 아무것도 없다. 이 사실은 양자역학에서 '양자의 얽힘'이란 현상으로 증명되었다.

개개의 양자는 우주 반대되는 위치에 반대되는 속성으로 존재한다.

그러므로 우주의 모든 현상은 음이나 양으로 볼 수 있다. 모든 것은 양성이나 음성, 남자나 여자, 위나 아래, 열림이나 닫힘, 바깥에 있거나 안에 있거나, 낮이나 밤, 산성이나 알칼리성, 사랑이나 증오, 기쁨이나 슬픔, 선과 악 등등으로 서로 대립되어 있다.

2. 상호의존

음양은 서로 의존한다. 그러므로 모든 것이 반대되는 것만 있는 것으로 끝나는 게 아니라 그 반대되는 것에 의존하고 있다. 반대되는 것 없이는 아무것도 존재할 수 없다. 우리는 이것을 여러 음양의 짝에서 비교적 명백히 볼 수 있다. 예를 들자면 뒤가 없이는 앞이 있을 수 없고, 아래가 없이는 위가 있을 수 없으며, 바깥이 없이는 안이 있을 수 없다.

각 개념은 그 반대되는 것에 의해 분명히 정의된다. 어떤 음양의 짝에서는 서로의 의존이 간접적이지만 간과할 수 없다. 예를 들면 동물(양)은 식물(음)에게 산소를 의존하며 식물은 동물에게 이산화탄소를 의존한다. 남자와 여자는 인류의 종족 보존에 그들 각자의 역할을 하며 서로 의존한다.

3. 상호소장(相互消長)

음양의 상호의존에서는 서로 어떻게 영향을 주는지 표현하지 않고 있지만, 이 세 번째 원리는 음과 양이 서로 소모하며 도와주고 있다고 설명한다. 음양의 상대적인 힘은 그 반대되는 것의 힘에 의존된다. 이 관계는 서로 상반된다. 음이 강해지면 양이 소모되고 약해진다. 그 반대도 마찬가지다. 달리 보면 음과 양은 서로 도와주고 있다고 말할 수 있다. 음이 소모되면 양이 솟구쳐 오르며 그 반대도 마찬가지다.

이 관계를 설명하는 좋은 예로 등(燈)을 들 수 있 다. 등(태극)에서 기름은 실체적인 성질을 가지고 있으므로 음적인 면이고 불길은 양이다. 왜냐하면 그것은 활동하고, 뜨겁고, 그리고 형체가 없는 빛이기 때문이다. 불길은 기름을 소모하며 커지고 기름은 태양의 불길을 소모하여 만들어진다.

식물의 기름은 큰 불인 태양 에너지를 소모하는 탄소동화작용의 산물이며 동물의 기름은 그것을 체내에 쌓아놓은 것뿐이다. 동물의 기름은 등을 만드는 데 쓰이고 그 기름은 태워져 다시 불길을 만든다. 이것이 음(기름)이 소모되어 양이 커지고 양(태양)이 소모되어 음이 커지는 일례이다.

4. 상호전화(相互轉化)

음과 양은 서로 규정하고 소모하며 도와주는 것뿐만 아니라 서로 변화하고 있다. 음양의 관계는 소모와 교환, 즉 '이것으로 저것'을 이라고 말할 수 있다. 음은 항상 양으로 변화하고 양은 음으로 변화한다. 예를 들자면 아인슈타인은 에너지(양)와 물질(음)은 서로 변화할 수 있다는 것을 발견했다.

양자물리학자들은 나중에 전자에 대해 흥미 있는 것을 발견했다. 전자가 어느 때는 입자(음)로 행동하고 또 다른 때는 파동(양)으로 행동하는 듯했다. 물리학자들이 전자의 위치를 측정하려고 시도하면 전자의 속도를 결정할 수 없었다. 마찬가지로 전자의 속도를 측정하면, 그것의 위치를 확정 지을 수 없었다. 그 이유는 양은 항상 음으로 변하고 음은 항상 양으로 변하기 때문이다.

관찰하는 순간 변화가 일어나고 있으므로 위치와 속도를 동시에 확정

짓기는 불가능하다. 무한정으로 작은 양자물리학의 세계에서는 음과 양이 고정될 수 없다. 그들의 변화는 너무 빠르다. 이것이 바로 주역에서 말하는 변화의 원리이다.

그러나 일상생활에서 이 변화는 서서히 이루어진다. 변화의 속도는 변화되어야 하는 것의 본질에 의존한다. 하나의 전자가 입자에서 파동으로 변화하는 데는 측정할 수 없는 아주 짧은 시간이 걸리지만 낮이 밤으로(양에서 음으로) 변화하고 밤이 다시 낮으로 변화하는 데는 24시간이 필요하다. 달이 차고지는 것과 계절이 변화하는 것은 이 변화의 다른 예들이다.

이 변화의 원리는 보존을 위한 것이다. 만약 음과 양이 서로 변화하지 않고 그들의 관계에서 소모만 일어난다면 그 하나는 결국 고갈되고 따라서 양쪽은 다 사라지게 된다. 음양의 상호전화가 이것을 방지한다. 음에서 양으로 또, 양에서 음으로 바뀜으로써(원으로나 시계추 형식으로) 동적인 균형이 유지된다.

5. 분화법칙

이 원리는 어느 무엇이든 얼마나 크게 음이나 양으로 보이든 간에 항상 음과 양은 계속해서 더 나눌 수 있다는 것이다. 우주의 모든 것은 순수한 음이나 양이 없다. 모든 것이 음양의 성분을 같이 가지고 있다. 낮과 밤을 예로 들어서 보자. 낮은 양이지만 두 기간(일출에서 정오, 정오에서 황혼)으로 나눌 수 있다.

일출에서 정오는 하루 중에서 가장 밝은 때이므로 양 중의 양으로 간주된다. 정오에서 황혼은 밝음이 서서히 어두움으로 변하므로 양 중의 음으로 간주된다. 밤도 이와 비슷하게 나눌 수 있으며 또 이들 부분은 더 세분된다. 이렇게 세분하다 보면 어느 시간, 분, 초도 어두움과 밝음의 관점으로 음과 양을 배정시킬 수 있다.

지구상에 존재하는 어느 것이든 이 방식으로 작게 나누면 결국 입자성과 파동성을 가진, 음과 양 사이에서 서로 빠르게 변화하고 있는 가장 작은 입자에 도달하게 된다. 이 현상은 상태가 음양으로 다른 양자의 중첩으로 나타나게 된다. 이 상태를 역경에서는 무극이면서 태극이라고 한다.

무극은 음양으로 갈라지지도 않은 상태이고 태극은 갈라지기 시작하여 혼재한 상태를 말한다. 그러나 이 둘은 찰나의 차이라 무극이나 태극을 가릴 수 없다. 그러니 무극이 태극이다. 이것은 양자의 중첩을 아주 잘 설명하고 있다.

6. 체용법칙(體用法則)

어떤 물체가 음인지 양인지는 관찰자의 기준에 따라 달라진다. 여자를 음이라고 하고 남자를 양이라고 하는 것은 남녀의 성질과 성기의 생김새를 보고 판별한 것이다. 밖으로 튀어나온 것은 양이고 속으로 들어간 것은 음인데 남녀 성기의 생김새로 보면 분명히 여자는 음이고 남자는 양이다. 인체의 상부는 활동적이므로 양이고 인체의 하부는 덜 활동적이므로 음이다.

음에 해당하는 하부의 생김새로 음양을 판별할 때 남자는 성기가 튀어나와 있으니 분명 양이고 여자는 성기가 들어가 있으니 분명 음이다. 그러나 양에 해당하는 상부의 생김새로 음양을 판별할 때는 여자는 유방이 튀어나왔으므로 양이고 남자는 가슴이 밋밋하므로 음이 된다.

지구에서 북반구는 음이고 남반구는 양이라 할 수 있다. 북반구에는 형체가 고정돼 있는 육지가 더 많고, 남반구에는 형체가 고정되어 있지 않은 바다가 더 많기 때문이다. 북반구의 7, 8월은 더워서 양이고 12월은 추워서 음이지만 남반구의 7, 8월은 추워서 음이고 12, 1월은 더워서 양이 된다. 한 가지 물체를 음의 위치에서 보면 양이 되었다가 양의 위치에서 보면 음이 된다.

이것을 체용론이라 한다. 체용론이란 형체와 작용이 음양을 달리하는 법칙이란 뜻이다. 형체는 움직이지 않고 눈에 잘 보이기 때문에 음이지만 작용은 움직이고 형체보다는 눈에 잘 보이지 않기 때문에 양이다.

형체는 크면 클수록 양이고 작으면 작을수록 음이다. 그러나 형체가 크면 클수록 작용은 느리기 때문에 형체가 큰 것의 용(用)은 음이 된다. 형체가 작으면 작을수록 작용이 빠르기 때문에 형체가 작은 것의 작용은 양이 된다.

한 가지 형체가 형체적 관점으로 보면 양이 되고 그 반대되는 작용적 관점으로 보았을 때는 음이 되는 것이 체용론이다. 그래서 어느 형체가 양이라고 하고 음이라고 할 때는 반드시 형체적 관점으로 보았는지 작용 의 관점에서 보았는지를 알아야 한다.

양자의 세계에서 물질은 파동성(양)과 입자성(음)이 있다. 물질의 입자 적 질량을 측정하려면 파동적 속도를 측정할 수가 없고 속도를 측정하려 면 질량을 측정할 수가 없다('불확정성의 원리', 이것이 절대적인 개념에서 상대적 개념으로 물리현상을 관찰하는 양자역학의 출발점이 되었다).

이런 고전물리학으로 불변의 진리를 얻고자 하는 것이 불가능한 것은 음을 음으로 고정시키고 양을 양으로 고정시키려 하기 때문이다. 양은 언 제든지 음으로 변하고 음은 언제든지 양으로 변하기 때문에 관찰하는 순 간 벌써 변해 있다. 무한대로 큰 우주 속(블랙홀/화이트홀)이나 무한대로 작은 양자의 세계에서는 음양 간의 전화 속도가 빨라서 어느 한 가지 절대적 법칙으로 고정시킬 수 없다. 역경처럼 변화하는 그 자체를 법칙으로 해야 한다.

III. 우주의 음양

우주에 존재하는 모든 것은 두 가지로 이루어져 있다. 눈에 보이고 만질 수 있는 물질(음)과 눈에 보이지 않고 만질 수 없는 에너지(양)가 그것이다. 에너지는 항상 물질로 변화하고 물질은 항상 에너지로 변화한다.

1. 에너지와 물질

바위를 쪼개보자. 화강암이라면 운모, 장석, 석영으로 쪼개진다. 석영을 잘게 부수면 석영 분자가 되고, 석영 분자는 규소 원자 하나와 산소 원자 두 개로 이루어져 있다. 규소 원자는 딱딱한 물질인 핵과 그 주위를 도는 전자로 이루어져 있다. 핵은 양전기를 띠고 있고 전자는 음전기를 띠고 있다. 음양의 법칙에 따라, 중심에 있으며 딱딱한 핵은 음이고 바깥에 있고 활동적인 전자는 양이다.

원자가 운동장만 하다고 한다면 핵은 정구공만 하다. 우리 생각에 돌덩어리는 원자라는 벽돌로 단단하게 만들어진 것 같은데 가벼운 전자가 허공을 돌고 있으니 바위에 구멍이 솜처럼 숭숭 뚫려 있는 모습이다. 그래서 엑스레이처럼 파장이 짧은 광선이 마음대로 뚫고 다닐 수 있다. 핵을 다시 쪼개보면 소립자들이 되는데 그것도 결국 진동하고 있는 에너지 덩어리이다.

마치 회전하는 바람개비가 단단해 보이는 것처럼, 그것들이 고체 입자처럼 보일 정도로 빠른 속도로 진동하기 때문에 우리는 그것들을 볼 수 있다[그림 2.1].

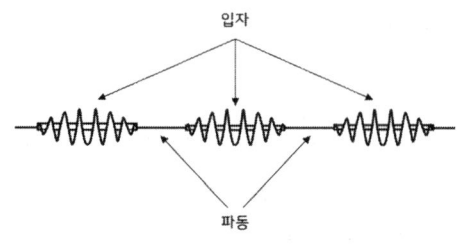

[그림 2.1] 파동과 입자 ©저자

물질을 구성하고 있는 소립자가 진동하고 있는 에너지 덩어리라면 물질과 에너지의 차이는 없다. 에너지가 물질이고 물질이 에너지이다. 한 가지 물질이 시간에 따라 잠시 다른 형상을 하고 있는 것이다. 우주 만물의 형상은 마치 바닷물에 바람이 불어 온갖 파도의 형태가 나왔다가 사라지는 형상과 같다.

2. 氣와 理

우주에 존재하는 모든 것은 바닷물처럼 한 가지 물질로 되어 있는데 주위의 세력에 의해서 잠시 형체를 이루고 있을 뿐이다. 바위는 태양 에너지와 전·자기장, 지구의 인력, 우주선 등 바위의 주위에 있는 세력의 영향 등이 진동하고 있는 에너지를 바위의 형태로 잠시 붙잡아 두고 있는 것이다.

진동하고 있는 에너지가 물이라면 주위의 세력은 컵이 된다. 주위의 세력이 커피잔이라면 커피잔 모양의 물을 만들고, 콜라병이라면 콜라병 모양의 물의 형태를 만든다. 주역을 연구한 동양의 학자들은 이 진동하고 있는 에너지를 기(氣―에너지라는뜻)라 했고 기가 잠시 형체를 구성하게 하는 세력을 이(理―이치라는 뜻)라 했다.

왕조 시대에 우리나라에서는 고급 관리를 시험 하나로 뽑았다. 시의 제목을 문제로 출제했고 시를 잘 지은 사람이 고급 관리로 뽑혔다. 채점하는 사람들은 그 시를 읽고 주역을 비롯한 경전을 공부하여 얼마나 올바른 우주관과 인생관을 형성했는지 판단하였다. 이렇게 해서 등용된 관리들이 당파싸움을 하는데 얼마 전 한국의 정치에서 보듯 계엄이 내란이다 아니다 하여 싸우는 것이 아니다.

기와 이가 본래 같은 것인가, 아니면 아주 별개의 것인가 하는 것을 가지고 싸웠다. 왕에게 가장 납득할만한 이론을 펼친 세력이 정권을 잡았다. 우주의 본질에 관한 동양학자들의 연구는 지금의 소립자를 연구하는 물리학자들만큼이나 진지했다.

그러나 이것은 유학자들 이야기고 역경을 쓴 도사들이나 스님들은 명상 수련을 통한 직관으로 우주의 본질을 알아냈다.

3. 색즉시공, 공즉시색(色卽是空, 空卽是色)

불교에서는 색으로 보이는 형체는 형체가 없는 것이고, 즉 존재하는 모든 것은 없는 것과 같고(色卽是空), 형체가 없는 것도 색으로 보이는 형체(空卽是色)라고 했다.

각양각색의 색깔과 형체를 가지고 있는 물질이 결국 진동하고 있는 에너지이니 형체가 없는 것이고, 색깔이 없고 형체가 없어서 비어 있는 것도 그 안에는 우리가 감지 못하는 에너지가 진동하고 있는 것이니 그 형체와 색깔이 있다는 뜻이다.

색과 형체가 있어 눈에 보이는 색은 음이고 색과 형체가 없어 눈에 보이지 않는 공은 양이다. 불교의 색즉시공은 음즉시양(陰卽是陽)이고 공즉시색은 양즉시음(陽卽是陰)이라 할 수 있다.

음은 양이 변한 것이니 음은 곧 양이고 양은 음이 변한 것이니 양은 곧 음이다. 음과 양을 모두 갖추고 있는 것은 태극이니 우주의 본질은 태극이며 음이라고 할 수 있고 양이라고도 할 수 있다.

4. 정신과 육체: 음양의 징후

에너지는 물질을 움직이고 물질은 에너지를 생산한다. 여기서 말하는 에너지는 사람을 정신(양)과 육체(음)로 나누었을 때는 정신에 해당하는 것이다. 정신은 항상 육체를 움직이고 육체는 정신을 키운다.

모든 생명체에는 육체를 통제하는 정신이 있다. 무생물에도 원시적인 정신이 있다. 왜냐하면 어떤 사물이나 음적인 면과 양적인 면이 있으며 물질(음)이 있으면 그것을 통제하는 부분(양)이 있다. 소립자에도 정신과 육체가 있고 원자에도 정신과 육체가 있고 분자에도 정신과 육체가 있고 우주에 존재하는 어느 개체에도 정신과 육체의 두 가지가 있다.

단지 다른 점은 그 정신과 육체가 복잡한가 단순한가의 차이일 뿐이다. 생명체는 정신이 복잡하고 발전되어 있고 무생물은 단순하고 원시적일 뿐이다. 그리고 그 정신은 우주 전체의 정신과 서로 교통하고 있다. 마치 지구 만물 속의 물이(동물이라면 혈액과 세포, 식물이라면 수관과 세포) 서로 바다와 연결되어 있는 것과 같다.

소립자는 파동적인 성질과 입자적인 성질이 있다. 파동적인 성질은 양적인 성질이고 입자적인 성질은 음적인 성질이다. 구멍을 두 개 뚫어놓고 소립자를 한 개씩 튀어나오게 하면 각각의 소립자들이 구멍에서 나오면서 선택해서 간섭무늬를 일으킨다고 한다. 소립자에 생각이 있다는 말이다. 역경의 음양이론으로 생각하면 당연하다.

이렇게 이런 한 개의 소립자에는 정신(양)과 육체(음)가 있으며 이들이 여러 개 모여서 원자가 되고 이런 한 개의 원자에는 정신과 육체가 있다. 원자가 여러 개 모여서 분자가 되고 분자가 여러 개 모여 세포가 되는데 한 개의 세포에는 정신과 육체가 있다. 여러 개의 세포가 모여 한 개의 조직이 되고 한 개의 조직에는 정신과 육체가 있으며 이 조직의 정신은 신경계를 통해서 뇌에 연결되고 조직의 육체는 혈관계를 통하여 심장에 연결된다.

각 단위의 정신과 육체는 바다에 모이는 물줄기처럼 서로 연결된다. 인체의 순환계, 소화기계, 생식기계, 신경계 등도 똑같다. 이런 각 구성성분의 정신적인 면의 통합체가 마음이고 육체적인, 물질적인 면의 통합체가 육체이다.

동물, 식물, 광물의 정신적인 면과 물질적인 면이 모여 지구를 만들고 각 별들의 정신적인 면과 물질적인 면들이 모여 우주의 정신과 육체를 만든다. 이 우주의 정신이 하느님인 것은 지금쯤 여러분들이 잘 알 것이다.

5. 블랙홀과 화이트홀

우주의 운동은 생성(양)과 죽음(음)의 끝없는 연속이다. 생명은 화이트홀(양)이 주도하고 죽음은 블랙홀(음)이 주도한다. 화이트홀의 작용은 폭발

(빅뱅)이고 블랙홀의 작용은 빛까지도 빨아들이는 흡인이다. 블랙홀의 끝은 화이트홀의 시작과 연결되어 있다.

블랙홀로 빨려 들어온 별들은 압축되다가 결국은 화이트홀에서 폭발하게 된다. 이것을 빅뱅이라 하는 데 이 폭발로 팽창되던 물질들은 점점 속도가 떨어지다가 블랙홀로 서서히 빨려 들어가게 된다. 블랙홀로 빨려 들어간 물질들은 압축되어 다시 폭발하게 된다. 이것을 그림으로 그려보면 [그림 2.2]와 같다. 블랙홀과 화이트홀을 크게 그려보면 [그림 2.3]와 같다.

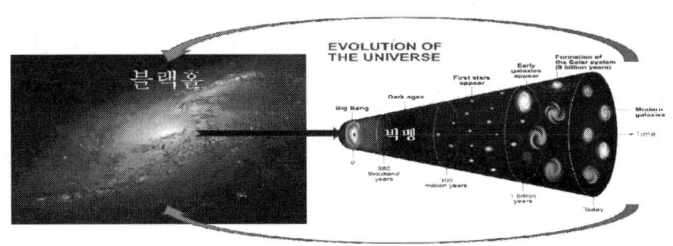

[그림 2.2] 빅뱅(Big Bang) ©123RF

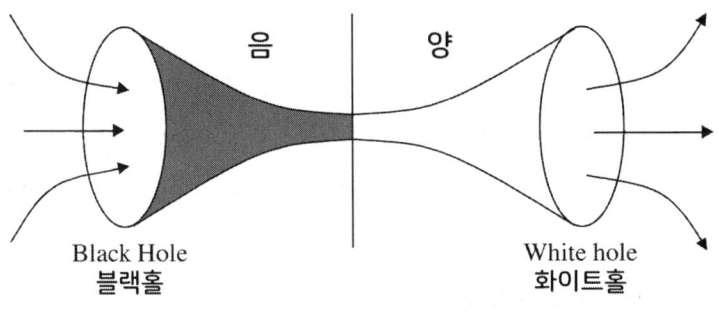

[그림 2.3] ©저자

블랙홀로 물질이 빨려 들어갈 때는 깔때기에 떨어진 쇠구슬이나 하수도의 물이 소용돌이치면서 내려가듯이 돌면서 들어가고 화이트홀에서 폭발될 때도 돌면서 폭발한다. 이것이 별들을 공전시키고 자전시킨다.

지구에도 N·S의 자극이 있다[그림 2.4]. 그 자장은 블랙홀과 화이트홀로 이루어진 우주의 모양을 하고 있다.

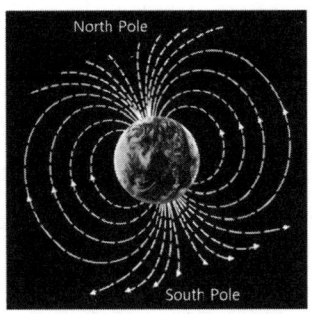

[그림 2.4] 지구의 자기장
©Clipart.com — © 2010 Jupiter Images
Corporation / 화살표 — Sammy Silberstein

우주에 블랙홀과 화이트홀이라는 양극이 있고 지구에도 N·S의 자극이 있듯이 우주 만물에는 대립하는 양극이 있다. 계란의 장축 양 끝에서는 전압을 측정할 수가 있다[그림 2.5]. 옥수수알의 양 끝에도 미약한 전류를 측정할 수 있다[그림 2.6].

사과를 비롯한 과일을 유심히 보면 양극이 있다. 사과나무의 모든 기운을 사과 꼭지에서 빨아들여서 그 반대쪽으로 폭발시키는 형상이다. 블랙홀과 화이트홀을 중심으로 형성된 우주의 모양과 유사하다. 사과씨는 영양을 빨아들이는 반대쪽으로 싹을 낸다[그림 2.7]. 곧 이것이 폭발이다.

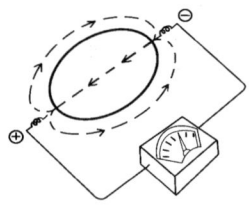

[그림 2.5] 계란의 전압 측정
©김수안

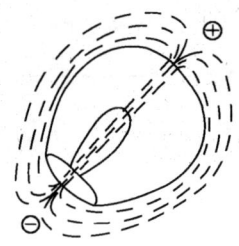

[그림 2.6] 옥수수알의 전류
©김수안

[그림 2.7] 사과씨의 기운 폭발
©김수안

사람의 자궁에는 난자를 빨아들이는 나팔관과 난자를 길러서(폭발시켜) 밖으로 내보내는 자궁경부가 있다[그림 2.8]. 그 모양이 우주 모형과 비슷하다. 단지 나팔관이 있을 뿐이다. 나팔관이나 자궁경부가 블랙홀과 화이트홀처럼 깔때기같이 생겼다.

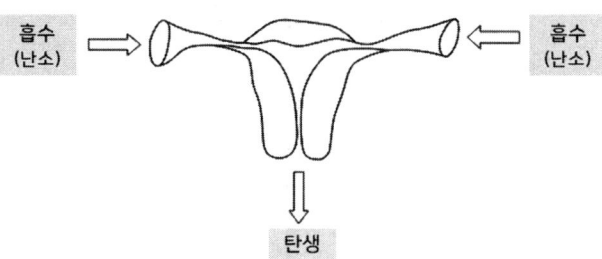

[그림 2.8] 나팔관과 자궁경부 ⓒ김수안

씨앗은 나무가 가지고 있는 시간과 공간을 가지고 있다. 나무의 형체와 그 형체가 시간에 따라 변화하는 모든 정보를 가지고 있다. 나무 한 그루가 가지고 있는 모든 것을 축소해서 가지고 있다고 할 수 있다.

씨앗 하나에 나무가 있고 나무 하나에 지구가 있고, 지구 하나에 우주가 있다. 소립자 하나에도, 세포 하나에도 우주가 있다. 음극과 양극이 있고 음적 작용인 흡인과 양적 작용인 폭발이 있기 때문에 그렇게 말할 수 있다.

6. 경맥의 음양

사람도 우주와 같은 형체와 작용을 가지고 있다[그림 2.9]. 코에서는 우주의 대기(양)를 빨아들이고 입에서는 우주의 형체(음)를 빨아들인다. 그런 다음 그것을 압축시켜 사람에게 필요한 에너지로 만들어 경맥을 통해 유통시킨다. 경맥은 음경이 6개, 양경이 6개 있으나 양경을 통제하는 경락은 독맥이고 음경을 통제하는 경락은 임맥이다.

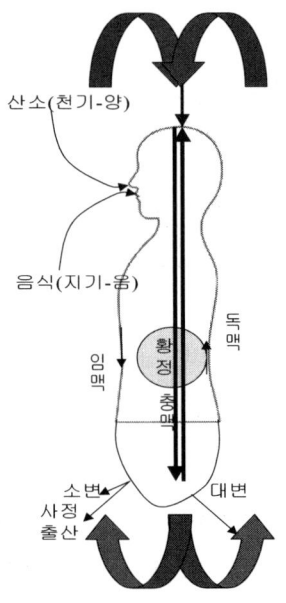

[그림 2.9] 인간의 경맥 ©저자

임맥과 독맥이 흐르는 방향이 빅뱅이 일어났을 때 별들이 흐르는 방향과 같고 사람 몸속의 중심 장축으로는 충맥이 흐르고 있는데 이것도 블랙홀과 화이트홀이 있는 우주의 중심 장축과 같다.

충맥의 한가운데는 황정(黃庭)이라는 신비한 곳이 있는데 인간의 생과 사가 시작되는 곳이다. 인간은 태어나서 죽어가는 쪽으로 프로그램 되어 있는데 그것을 돌려놓을 수 있는 곳이다.

우주의 생성은 화이트홀에서 시작되고 멸망은 블랙홀에서 끝나는데 블랙홀과 화이트홀이 같이 붙어 있는 곳에 해당하는 것이 황정이다. 역경 이론으로는 음과 양을 모두 포함하고 있는 태극에 해당한다. 사람에게 필요 없는 음적인 물질들은 항문(음)과 요도(양)로 발사되어 식물에 영양을 주고 우주의 생성에 쓰인다.

IV. 파동의 음양

우주의 만물은 형체가 있는 물질과 형체가 없는 에너지로 구성되어 있다. 형체가 있는 물질을 아무리 작게 잘라도 물질과 에너지로 양분된다. 물질은 질량으로 측정할 수 있지만 에너지는 파동으로 알 수 있다.

음이 양으로 변하고 양이 음으로 변하듯이 음인 물질은 에너지로 변하고 양인 에너지는 물질로 변한다. 물질은 에너지화하는 경향을 띠고 있고 에너지는 물질화하는 경향을 띠고 있다.

물질이 에너지로 변하면 파동으로 나타난다. 우주 만물의 구성이 음과 양 두 가지 성분으로 되어 있고 우주 만물의 움직임 역시 음과 양으로 되어 있다. 에너지의 강한 방출과 약한 방출이 번갈아서 나타난다. 그것을 도식화하면 [그림 2.10]과 같다.

결국 파동은 음과 양이 번갈아 나타나는 것이다. 에너지의 강함(양)과 약함(음)을 나타내는 y 좌표에 시간이라는 x 좌표를 합치면 파동을 이렇게 도표화할 수 있다. 움직이는 것은 이런 파동의 형태를 가지고 있지 않은 것이 없다.

우선 지구를 보면 자전과 공전을 한다. 자전하면서 낮과 밤의 음양을 시간에 따라 오르락내리락한다. 공전을 하면서 겨울과 여름을 시간의 흐름에 따라 번갈아 반복한다.

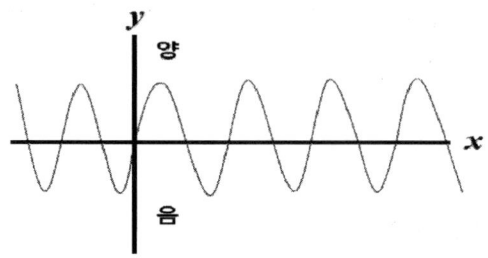

[그림 2.10] 우주 만물의 움직임 ©저자

인간은 이 음양의 반복에 따라 맥을 변화시키며 살아간다. 양에 속하는 낮과 여름에는 맥이 빠르고 음에 속하는 밤과 겨울에는 맥이 느리다. 이 세 가지의 음양 변화를 도표로 나타내면 [그림 2.11]과 같다.

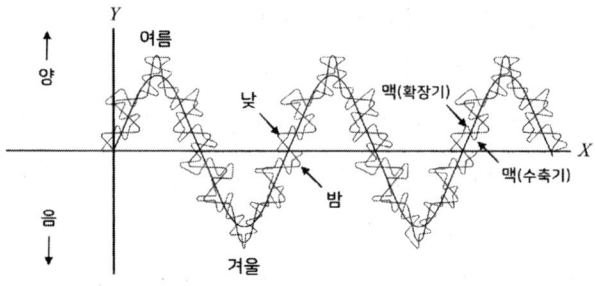

[그림 2.11] 계절에 따른 맥의 변화 ©저자

우주 만물의 구성이 음 중에 음과 양이 있고 양 중에 음과 양이 있듯이 움직임 속에도 음 중에 음과 양이 있고 양 중에 음과 양이 있는 것을 한눈에 나타내는 그림이다. 우주 만물의 물질을 음양 편차에 의해서 나타내듯이 에너지 흐름의 음양을 음양 편차에 의해서 나타낸 것이 파동이다.

우주에 존재하는 만물의 물질적 측면인 구성 물질도 음양의 편차에 의해서 분류하듯이 그 구성 물질의 에너지적 측면인 파동도 음양 편차에 의해서 분류할 수 있다.

파동은 1초 안에 음양의 변화가 몇 번 있느냐에 따라 분류한다. 음양의 변화가 많을수록 음의 파동이고 음양의 변화가 적을수록 양의 파동이다. 빠른 변화의 파동이 음이 되고 느린 변화의 파동이 양이 되는 것은 물질의 음양을 분류하는 것이 아니라 에너지의 음양을 분류하는 것이기 때문이다. 관점이 180도로 달라져서 음양의 기준이 바뀌게 된다.

정적인 구성 물질을 분류할 때는 움직임이 빠를수록 양이었지만 동적인 에너지를 분류할 때는 움직임이 빠를수록 음이 된다. 주파수가 높은 파동의 에너지는 음이 되고 주파수가 낮은 파동의 에너지는 양이 된다.

우주상의 만물은 물질적인 요소와 에너지적인 요소를 가지고 있기 때문에 인간이 그것을 물질적인 측면이나 에너지적인 측면으로 인식할 수 있다. 개체들은 그 특유의 소리나 색깔이 있으며 소리나 색깔은 에너지적인 파동으로 인식될 수 있다.

소리나 색깔로 나타나지 않는 초음파나 적외선, 자외선, 엑스레이 등 우리 감각기의 측정 범위를 벗어난 에너지의 파동도 측정기기를 사용하면 인식할 수 있다.

소리나 색깔로 인식되는 파동들은 인간의 두뇌가 귀나 눈 등의 감각기에서 측정된 파동을 뇌에서 분석했기 때문에 소리나 색깔로서 인식된다. 감각기의 측정 범위를 벗어나서 측정기기가 측정해야 하는 파동들은 사람의 뇌에 해당하는 컴퓨터가 분석해야 그 파동의 특징을 인식할 수 있다.

이때 컴퓨터의 분석 기준으로 파동의 음양을 사용한다면 그 물질의 음양 정보를 알 수 있다. 음양 분석 프로그램이 들어 있는 파동 측정기기로 그 물질의 파동을 측정하여 물질의 특성이 음인지 양인지 알 수 있다는 말이다.

V. 율려(律呂)와 황종(黃鍾)

1. 음악의 영향력

소리는 사람의 마음을 움직인다. 높고 빠른 템포의 음악을 들으면 사람은 흥분하고, 낮고 느린 템포의 음악을 들으면 사람이 조용해진다.

음의 높고 낮음, 빠르고 느림을 역경의 이론에 맞추어 한 번은 높고 한 번은 빠르게, 한 번은 낮고 한 번은 느리게, 혹은 한 번은 낮고 빠르게, 한 번은 높고 느리게 하는 식으로 우주의 변화 원리에 맞추면 아름다운 음악이 되고 그 높고 낮음, 빠르고 느림의 질서가 없으면 시끄러운 소리가 된다.

앞에 기술했듯이 인체의 생리는 우주의 원리에 순응하기 때문에, 인체의 생리가 본래 방향대로 일어나는 것을 방해하는 시끄러운 소리를 들으면 그 소리가 사람에게 해롭기 때문에 사람들은 귀를 막고 도망간다. 아름다운 음악을 들으면 그것이 생리를 순조롭게 일으키기 때문에 사람들은 입장료를 내고도 달려와서 들으려 한다.

아름다운 소리는 인간의 생리 파동과 비슷해서 사람의 생리 활동을 촉진시키는 생명의 소리(陽)이고, 시끄러운 소리는 사람의 생리 활동을 거꾸로 일어나게 하는 죽음(陰)의 소리이다.

식물도 음악의 영향을 받아서 아름다운 음악을 들려주면 잘 큰다는 보고가 있다. 시끄러운 소리를 들려주면서 화초를 키우면 잘 자라지도 못하고 꽃도 잘 피우지 못하며 열매도 제대로 맺지 못할 것이다. 번화한 거리의 가로수가 시들시들한 것은 매연의 영향도 있겠지만 소음의 영향일 수도 있다.

태아에게 아름다운 음악을 들려주었더니 그들의 IQ가 음악을 들려주지 않은 아이들에 비해서 높게 나왔다는 보고도 있다. 6세 이전의 아이들 역시 모차르트 음악을 들려주었더니 IQ가 높아졌다는 보고서가 얼마 전 중국에서 발표됐다.

2. 음악요법

소리가 인체에 미치는 영향을 잘 연구해서 약을 만들 듯이 음악을 만들면 정신질환은 물론 어떤 기질적인 질환까지 치료할 수 있다. 실제로 아직 미흡하기는 하지만 우리나라에서는 두통이 있을 때 듣는 음악, 통증이 있을 때 듣는 음악 등 질병을 치료하는 음악이 제품으로 팔리고 있다. 필자와 같은 선생님 밑에서 배운 친구가 한 음악가와 합작해서 만든 음악이다.

질병은 음양의 밸런스가 깨져서 생긴다. 인체의 생리는 어느 한도 내에서 한 번은 음이 양보다 많았다가, 한 번은 양이 음보다 많았다 하면서 계속 밸런스를 유지한다. 이러는 중에 음만 계속되고 양이 회복되지 않거나 양만 계속되고 음이 회복되지 않으면 병이 되는 것이다.

양이 회복되지 않을 때 양의 속성을 가진 음악을 들려주고 음이 회복되지 않을 때 음의 속성을 가진 음악을 들려주면 음양의 균형이 회복되면서 치료될 수 있다.

그 치료 방법은 귀의 고막을 진동시켜 귀에 자극을 주거나 병에 직접 관계를 하는 인체의 분자나 세포의 진동을 공명시켜 생리작용을 촉진시키는 것이다. 음악이 고막을 진동시키면 전기적인 신호로 바뀌어 뇌에 전달되고, 뇌는 그것을 해독하여 감정을 일으키고 신경과 내분비 계통을 통해 신체에 반응을 일으킨다.

음의 속성을 지닌 음악은 인체 생리의 음의 작용을 발동시켜 병이 낫게 한다. 열이 나고 머리가 아프고 맥박이 빠르고 혈압이 높은, 정신적으로 흥분된 양적인 병이 생기면(교감신경이 흥분) 음적인 작용(부교감신경이 흥분)을 일으켜 음양의 균형을 이루어야 한다.

음적 작용이 약할 때 음적인 음악을 들려주면 음이 회복되면서 병이 낫게 되는 것이다. 몸이 차가워지고, 배가 차갑게 아프고, 맥박이 느리고, 혈압이 낮고, 정신적으로 억압된 음적인 병도 양적인 음악으로 치료할 수 있다.

3. 사회의 소리

질병 치료뿐만 아니라 사회의 질병도 음악으로 치료할 수 있다. 음양이 조화된 음악을 들려주면 사람들의 마음이 조화되고 안정되게 된다. 성당에서 들려오는 파이프오르간의 신성한 음악을 들으면 도둑질할 마음이 생기지 않는다.

영화를 보면, 평화로운 마을에 무슨 나쁜 일이 생길 때는 사람들의 마음을 불안하게 하는, 음정과 리듬이 조화되지 않은 음악이 흘러나온다.

높은 음과 낮은 음이 급격하게 변하며 템포가 급격하게 변한다. 이런 음악은 음양의 균형이 깨진 음악으로, 사람들을 불안정하게 하여 어찌할 바를 모르고 갈팡질팡하게 한다. 이런 음악이 유행한다면 사회가 병들고 혼란 속으로 빠지게 되며, 음양이 조화된 음악이 유행하면 사회가 안정되고 질서가 있게 된다.

지금 현대사회의 음악을 살펴보자. 젊은이들은 강한 비트의 갱 음악인 랩을 좋아한다. 이 소리는 많은 사람에게 있어 병을 만드는, 시끄러운 소리의 범주에서 벗어나지 못한다. 음양의 조화가 없고 양이 많아 전쟁에 나가는 사람을 독려하는 듯한 음악이다. 양적인 젊은 사람을 극한적으로 공명시키기 쉬운 양적인 음악이다. 이런 음악이 유행하면 정신문화의 황폐를 가져온다.

요즘 유행하는 랩에서도 전쟁터를 방불케 하는 긴장감(양)을 주다가 갑자기 여성적인 목소리(음)가 튀어나와 음양의 조화를 이루는 곡들이 종종 등장하는 것을 보았다. 이런 음악은 극도로 양으로 치닫는 음악의 추이 속에서도 음적의 차분한 멜로디가 섞여 들어오면 음양의 조화를 이루려는 태극의 항상성이 작용한다.

양자역학, 카오스 이론이 등장한 이후에 전체와 조화를 강조하는 사조가 생기기 시작했는데 음악은 이것을 자연스럽게 반영하고 있다.

나이가 든 사람은 일반적으로 고전음악이나 트로트를 좋아한다. 고전음악은 음양이 조화된 음악이고 트로트는 일반적으로 슬프거나 안정적인 음악이다. 빠른 템포의 트로트도 있으나 잔잔한 즐거움을 주는 음악으로 사람을 흥분시키는 양적인 음악은 아니다.

교회에 다니는 사람은 느낌이 무거운 음적인 종교음악을 듣는다. 이런 음악에 끌리는 것은 자신의 차분한 생리 상태가 음악에 반영되는 것이다.

4. 악기의 음양

각 악기들이 각자가 가지고 있는 음(音)의 성질에 따라 음양으로 구분된다. 악기들은 저음을 내는 데 능할수록 음이고 고음을 내는 데 능할수록 양이다. 타악기 중에 더블 베이스 북은 가장 음적인 소리를 내며 글로켄슈필은 가장 양적인 소리를 낸다. 일반 북소리는 음이고 심벌즈와 트라이앵글은 양이다.

소리가 다양해서 음과 양 소리를 모두 가지고 있는 피아노는 중심 악기가 된다. 특히 피아노 건반의 앞줄에 가장 가운데 있는 건반을 칠 때 나는 소리는 아기가 태어나서 내는 울음소리와 같은 음을 낸다고 한다.

관악기 중에 가장 음적인 소리를 내는 것은 튜바이며 가장 양적인 소리는 피콜로이다. 호른은 음이고 트럼펫은 양에 해당한다. 현악기 중에 더블 베이스는 가장 음이고 첼로는 그다음 음이며 비올라는 양이며 바이올린은 가장 양이다.

각자의 악기에는 음에 속하는 저음과 양에 속하는 고음이 있어 음의 높고(양) 낮음(음)과 리듬의 길고(음) 짧음(양)의 조합인 음악을 연주한다. 음이나 양적인 악기에 음과 양적인 음정과 리듬이 있는 것은 음에 음양이 있고 양에 음양이 있는 한 예이다.

서로 다른 음양의 편차를 가진 만물이 모여서 하나의 우주를 이루고 서로 다른 음양의 편차를 가진 세포들이 한 인간이 되듯이 서로 다른 음양의 편차를 가진 악기들이 모여서 오케스트라에서 연주되는 하나의 음악이 된다.

지금 이 순간에 연주된 음(音)들을 모두 종합할 수만 있다면 음(陰)에 속한 음(音)과 양(陽)에 속한 음(音)의 비율은 40:60 정도가 될 수 있다.

랩 음악과 힙합이 우세한 것으로 보아 양의 속성을 가진 음이 음의 속성을 가진 음보다 많을 것이다.

양의 파동이 음의 파동보다 많은 것에서 우리 사회가 좀 더 활동적이라는 것을 알 수 있다. 또한 음양이 조화되지 않은 불안한 사회이기도 하다.

주역을 잘 이해하고 음악을 잘 아는 사람은 어느 시대, 어느 지역의 음악을 들어보면 그 시대 그곳의 사회상을 한눈에 알 수 있다. 음양이 사회와 그 사회의 인간에 미치는 영향은 실로 크다. 이것을 간파한 동양의 도사들은 음악을 매우 중요시했다.

음악을 주역의 원리로 해석하는 학문을 율려(律呂)라고 하여 가장 높은 학문으로 쳤다. 율려는 현대말로 해석하면 파동학이다.

동양의 경전들도 현대의 학교 시스템에서 사용하는 교과서처럼 보는 순서가 정해져 있다. 대학, 논어, 맹자, 중용, 사서를 먼저 보고 다음 역경을 포함한 삼경을 본 후 거의 마지막으로 보는 책이 율려에 관한 책이다.

율려를 잘 알면 음악의 파동을 통해서 나의 파동을 우주의 파동과 동조시키고(주문이 이런 목적) 다른 사람의 마음을 움직일 수 있고 나와 다른 사람의 병을 고칠 수 있고 왕은 백성들을 착하게 만들어 국가를 잘 다스릴 수 있다.

5. 황종

동양에서는 왕조가 서면 제일 먼저 하는 일이 황종을 만드는 일이다. 황종은 피아노의 중심 건반처럼 음악의 중심 음을 내는 종이다. 악사들은 모든 악기의 음을 이 황종 음에 맞추어 조율한다. 황종은 음과 양이 정확하게 50:50의 조화된 음을 낼 수 있어야 한다. 이 황종의 음이 음이나 양쪽으로 조금이라도 치우치면 국가가 중심을 잃고 혼란스러워져 결국은 망하게 된다.

'피리 부는 사나이'라는 독일 동화가 있다. 올바른 황종 음에 조율된 사나이의 피리 소리에는 모든 동물이 따라다닐 것이고 그렇지 않으면 동물들이 하나 둘 떨어져 나갈 것이다. 고대 왕들의 황종은 피리 부는 사나이의 피리와 같은 것이다.

『주역』은 주나라 때 만들어진 역경이다. 흔히 역경이라 하면 『주역』을 말한다. 그 당시는 음악이 통치 수단으로 쓰였기 때문에 음악을 역경의 이론으로 해석한 율려와 황종이 매우 중시되었다.

주나라의 제후국 중 하나인 증나라 제후의 무덤에서 거대한 종들이 출토되었다. 원래의 모습대로 복원해 보니 역경의 괘처럼 3단으로 되어 있고 그 숫자는 괘의 숫자와 같은 64개였다[그림 2.12].

[그림 2.12] 증나라의 종 ©Keitma@123RF.com

주나라 때 종들에 새겨진 문양을 자세히 보면 괘 모양과 태극 문양이다. 주나라 때의 황종과 주역이 얼마나 관계가 깊었는지를 알 수 있다[그림

2.13]. 그 종을 한국에서는 국악에서 아직도 쓰고 있으나 율려와 황종의 심오한 뜻이 축소된 것만큼이나 그 크기가 축소되고 단순화됐다.

황종은 파동의 중심으로서 파동으로 이루어진 모든 만물의 측정 기준이 되었다. 부피를 재는 되나 말은 황종 속에 들어가는 곡식의 양을 기준으로 제작되고, 자는 종의 길이를 기준으로 제작되었다. 그래서 우리나라 고대의 자[그림 2.14] 중에는 황종척(黃鍾尺)이 있다[그림 2.15].

[그림 2.13] 주나라의 종(동경 국립 박물관)
©저자

[그림 2.14] 황종척을 기준으로 만든 자들(강릉 향토박물관 오죽헌)
©저자

[그림 2.15] 황종척(黃鐘尺). 국립고궁박물관
ⓒ저자

VI. 두뇌의 음양

일반적으로 사람이 남쪽을 바라보고 섰을 때 좌측은 동쪽으로 양이 되고 우측은 서쪽으로 음이 된다. 뇌의 좌반구는 언어와 계산을 담당하고 빠른 작용이 일어나는 곳이므로 양에 속하고 우반구는 기억과 감정을 맡는 곳으로 느린 작용이 일어나고 직감과 창조가 주로 일어나는 곳이므로 음에 속한다.

뇌를 위에서 바라보고 중심점을 따라 전후로 선을 그으면 전반부는 운동피질이 있어 활동적인 일을 담당하고 있으므로 양에 속하고 후반부는 지각을 주로 담당하고 있는데 지각은 근육의 활동을 정지한 상태에서 주로 일어나므로 음에 속한다.

전반부는 주로 신생 피질이 있는 곳이므로 양에 속하고 후반부는 구피질이 있는 곳이므로 음에 속한다. 전반부는 사고와 판단 등 진화된 기능 (양)이 주된 임무이며 후반부는 후뇌가 있으며 신체의 위치와 균형 유지 등 원초적인 기능(음)을 담당한다[그림 2.16].

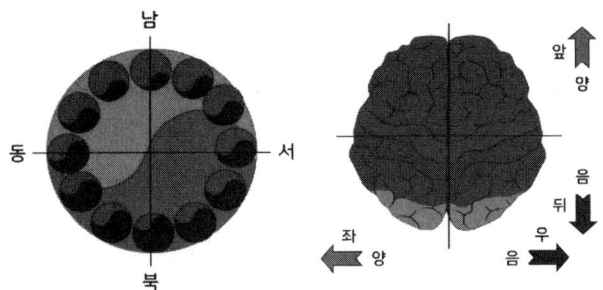

[그림 2.16] 두뇌의 음양 ©저자 / Shutterstock

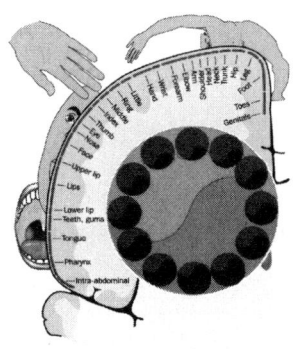

[그림 2.17] 두뇌 기능 왜인(矮人)과 음양
©그림 — Shutterstock / 태극 — 저자

기억은 저장되는 것으로 음적인 기능인데 기억이 되는 해마체(hippocampus) 는 측두엽이 안으로 깊숙이 접혀 들어가는 음적인 곳에 있다.

인체에 상응하는 지각과 운동 영역을 인체 모양으로 그린 두뇌 기능 왜인(homunculus)에서 음에 해당하는 다리와 생식기는 접혀 들어가 있고 양에 해당하는 얼굴과 손은 가장 바깥쪽에 있고 팔다리에 비해 음에 해당하는 몸통 부분(복강 내 장기)도 밑에서 접혀 들어가 있다[그림 2.17]. 다른 것과 마찬가지로 두뇌 형체의 음양은 작용의 음양을 결정할 수 있다.

우리가 어떤 물체를 볼 때 그것에 관한 정보는 뇌의 시각피질에 도달하는 동안 세 번 교차된다. 첫 번째, 물체의 좌우가 눈의 렌즈를 통하면서 교차되어 물체의 좌측은 망막의 우측에 가서 상을 맺고 우측은 좌측에 가서 상을 맺는다. 양 눈의 이 좌우 비교로 전후에 관한 정보를 얻는다.

두 번째, 상은 신호로 바뀌어 신경을 타고 전달되는데 양 눈의 코 쪽에 맺힌 상은 시신경교(optic chiasm)라는 곳에서 교차된다. 좌측은 우측으로 가고 우측은 좌측으로 간다. 양 눈의 바깥쪽에 맺힌 상은 교차하지 않고 바로 전달된다. 이렇게 코 쪽에 맺힌 상이 교차되는 이유는 뇌의 한쪽에 양 눈에서 본 정보를 전달하기 위한 것이다. 이로써 좌우로 정보가 교환된다.

세 번째, 시신경교에서 교차된 신호는 다시 시상(thalamus)의 슬상체(geniculate body)에서 다시 상하로 교차되어 전달된다. 이로써 상하로 정보가 교환된다. 결국 한쪽 뇌에서 감지되는 물체의 신호는 그 물체의 상하, 좌우, 전후, 즉 상중하 이진법 3효를 중첩하는 역경에서처럼 8(2×2×2)가지의 정보가 전달된다[그림 2.18]. 이것은 주역의 팔괘가 어느 한 개체 변화의 부분 패턴이나 우주 변화의 전체 패턴을 공통적으로 도시하는 것의 중요한 일례이다.

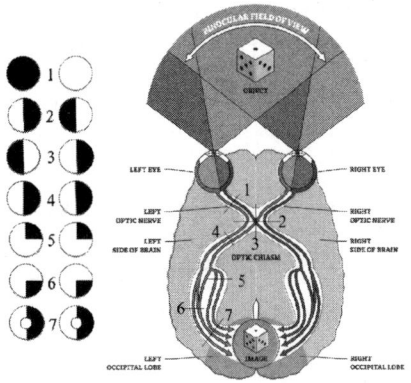

[그림 2.18] 망막에서 대뇌 피질에 이르는 시각 경로
©Shutterstock

VII. 사람의 음양

1. 음인(陰人)과 양인(陽人)

우주 전체는 음과 양이 50:50으로 완전한 조화를 이루고 있다. 우주 만물 중에 인간이 가장 음양 조화를 잘 이루고 있으나 그래도 약간의 편차가 있어 각양각색의 사람들이 있다. 사람들이 각기 다른 성질을 가지고 있고 약간의 다른 생리 활동을 하는 것은 타고난 음양의 편차 때문이다.

인간을 두 그룹으로 나누어 보면 음이 양보다 많은 음인과 양이 음보다 많은 양인이 있다. 음인 중에서도 음이 양보다 많은 정도가 모두 다르고 양인 중에서도 양이 음보다 많은 정도가 모두 다르다. 그러나 음인 그룹에 속한 사람들의 성질은 각기 다르나 음이 많다는 공통점이 있다.

하느님이 인간하고 다른 점은 하느님은 음과 양이 완전하게 조화되어 있고 인간은 음과 양 한쪽으로 치우쳐 있다는 것이다. 하느님은 음과 양이 조화되어 있어 병이 없고 영원히 살 수 있으나 인간은 음과 양 중에 한 가지가 적어 이가 빠진 원판처럼 비척거리며 굴러가면서 살다가 병을 얻어 100살도 못 넘기고 죽게 된다.

그 병은 양인인 경우 부족한 음과 넘치는 양 때문에 오고, 음인인 경우는 부족한 양과 넘치는 음 때문에 온다. 살아 있는 동안 양인은 부족한 음을, 음을 많이 가진 음식을 먹음으로 보충하고 넘치는 양으로 인한 불같은 성격을 차분하게 누르고 살면 병을 예방할 수 있으나 결국은 타고난 음양의 편차를 극복할 수 없어 병에 걸려 죽게 된다.

그 음양의 편차 정도에 따른 질병은 유전인자에 따른 병처럼 모두 예정되어 있다. 양인이 음을 보충하는 음식을 많이 먹고 마음을 고요하게 한다고 음인으로 변할 수 없고, 음인이 양을 보충하는 음식을 많이 먹고 마음을 너그럽게 한다고 양인으로 변할 수는 없다. 이것이 인간의 한계이다.

1) 음인

음인은 한눈에 보면 단정하고 안정되어 있다는 느낌이 온다. 앉아 있는 모습이 안정감이 있고 고요하다. 둔부는 크다는 느낌이 들고 어깨는 작다는 느낌이 든다. 살이 적당하거나 비만한 편이다. 뼈가 크고 단단해 보인다.

손발은 차고 추위를 싫어해서 창문을 주로 닫는다. 추위를 많이 타서 늘 집안의 온도 조절 장치를 높여 놓는다. 평상시에 따뜻한 물과 국을 먹기 좋아한다. 색깔은 따뜻한 색인 붉은 색이나 황색 계통을 좋아한다.

말을 신중하게 하며 실수하지 않으려고 노력한다. 처음 보는 사람에게는 자기 단점을 감추려고 매우 애를 쓴다. 그래서 차갑고 냉정하다는 느낌을 받는다.

행동은 느리고 생각을 많이 해서 우유부단하다는 소리를 듣는다. 극단적인 경우를 싫어해서 지금 이루어 놓은 상태에 안주하려고 한다. 너무 앞서가는 것을 불안해하며 남들과 비교를 많이 하고 수동적이다.

한의사가 진단을 해보면 얼굴색이 창백한 경향이 있고 핏기가 없다. 혓바닥을 보면 핏기가 없어 창백하고 맥은 약하다. 혈압을 재보면 청진기를 통해서 들리는 맥박 소리가 약하게 들린다.

2) 양인

양인은 음인과 반대적인 특징이 있다. 한눈에 동작이 날쌔고 가벼워 보인다. 앉아 있는 모습이 고요하지 않고 불안정하고 자꾸 움직인다. 어깨는 힘이 있어 보이고 엉덩이는 작고 약해 보인다. 음식을 잘 먹으나 살이 찌지 않는다. 마르고 뼈도 가늘어 보인다. 걸음이 빠르고 몸을 흔들면서 걷는다.

손발은 따뜻하고 더위를 못 견뎌 하며 창문을 활짝 연다. 방 안의 온도 조절기를 주로 내리는 편이다. 음인이 이런 사람 방에 가면 춥다고 느낄 때가 많다. 좋아하는 색은 푸른색 계통이다. 따뜻한 물은 싫어하고 양식당에서 수프보다는 샐러드를 시킨다.

처음 보는 사람 앞에서도 이런 말 저런 말을 늘어놓으며 오래 사귄 사람처럼 대한다. 자기의 약점도 서슴없이 말하면서 자기의 속을 다 보여준다. 남의 실수를 잘 용서해 주고 인정이 많다.

동작이 빠르고 판단이 빨라서 결단력이 좋다. 동작이 느리고 판단이 느린 사람을 보면 답답해 한다. 꿈이 커서 자기의 현 상태에 만족하지 못하고 직업을 자주 바꾼다. 항상 주위 사람들을 리드해 나가야 하고 간섭받기를 싫어한다.

한의사가 진단해 보면 얼굴색이 붉은 경향이 있다. 혓바닥을 보면 붉고 맥은 강하다. 혈압을 잴 때 맥박 소리가 강하게 들린다. 음인과 양인의 차이점을 도표로 정리해 보면 다음과 같다.

음인	양인
침착해 보인다.	날쌔 보인다.
창백한 얼굴	불그스름한 얼굴
창백한 혀	붉은 혀
보다 깊고 보다 약한 맥	보다 얕고 보다 강한 맥
혈압을 잴 때 약한 맥박 소리가 들린다.	혈압을 잴 때 강한 맥박 소리가 들린다.
악수할 때 상대방이 차게 느낀다.	악수할 때 상대방이 따뜻하게 느낀다.
온도 조절기의 온도를 높이는 경향	온도 조절기의 온도를 낮추는 경향
평상시 따뜻한 물을 좋아한다.	평상시 찬물을 좋아한다.
수프와 샐러드 중에 수프를 시킨다.	수프와 샐러드 중에 샐러드를 시킨다.
따뜻한 색깔(황색·적색 계통)	차가운 색깔(녹색·청색 계통)
느린 걸음	빠른 걸음
느린 결정	빠른 결정
낯선 사람 만나기를 싫어한다.	낯선 사람 만나기를 좋아한다.
작은 어깨, 큰 궁둥이	큰 어깨, 작은 궁둥이

3) 음인과 양인의 차이점

양인과 음인의 성격은 심장병학과 심리학에서 말하는 성격 패턴 중 A 타입·B 타입과 일치한다. 양인은 A 타입에 해당하고 음인은 B 타입에 해당한다. 단지 다른 것은 A 타입·B 타입은 성격과 심장병과의 관계만을 설명하고 있고, 성격의 교정만을 치료법으로 알고 있다는 것이다. 심장병에 잘 걸리는 개인적인 형태만을 규정한 것이기 때문에 불완전하다.

음인의 모든 심리적·생리적 현상의 원인은 에너지가 수렴되어 물질화하는 작용만 주로 일어나기 때문이다. 에너지가 물질화하여 뼈와 살집은 (육체는 발달되었으나 에너지의 활동이 미약하여) 혈액순환을 비롯한 생리 활동이 둔하고 몸이 차고 행동이 느리다.

양인의 모든 심리적, 생리적 현상의 원인은 물질이 분해되어 에너지로 변하는 작용만 주로 일어나기 때문이다. 물질이 분해되어 에너지화하기 때문에 뼈가 가늘고 몸이 수척하다. 에너지의 활동이 활발하여 혈액순환을 비롯한 생리 활동이 활발하고 열이 나고 행동이 빠르다.

음인은 양이 많은 음식을 많이 섭취해 모자라는 양을 보충하고 너그러운 마음과 적극적인 사고와 빠른 행동을 하려고 노력하면 병을 예방할 수 있고 치료할 수 있다.

양인은 음이 많은 음식을 많이 섭취해 모자라는 음을 보충하고 감정을 억누르고 꿈에서 깨어나 헛된 망상을 버리고 현실 세계로 돌아와야 한다. 몸과 마음을 고요하게 하는 명상을 통해서 음을 보충할 수 있다.

음인과 양인은 음양에 따라 다시 둘로 나뉠 수 있다. 음 중에 양인 태음인과 음 중에 음인 소음인이 있다. 양인은 양 중에 음인 태양인과 양 중에 양인 소양인으로 나뉜다. 음 중에 양인 태음인은 음인이면서 양의 성질이 있기 때문에 양인의 성질도 같이 가지고 있고 양 중의 음인 태양인은 양인이면서 음인의 성질을 가지고 있다.

A 타입·B 타입과 A·B 성격유형이 심장병 발병률과 잘 맞아 들어가지 않는 것은 A 타입 속에 서로 다른 두 가지 체질이 있는 것을 몰랐기 때문이다. A 타입 속에는 성질만 A 타입이고 형체는 B 타입인 태음인이 있고

형체와 성질이 모두 A 타입인 소양인이 있는데 소양인은 심장병이 좀처럼 생기지 않는다. 여기서 심장병이 좀처럼 생기지 않는다는 것은 혈액이 막혀서 오는 심근경색이 잘 생기지 않는다는 것으로 소양인은 빠른 심박으로 오는 부정맥은 오히려 잘 생길 수 있다.

음인과 양인을 다시 둘로 나눈 사상인(四象人)으로 보면 거의 정확히 심장병 체질인 태음인을 가려낼 수 있다. 태음인의 심장을 미리 진단해내고 튼튼하게 할 수 있는 음식과 양생법이 이미 100년 전에 주역의 이론으로 연구되었다. 자세한 것은 사상장에서 다루겠다.

2. 인체 생리의 음양

인체의 생리기능은 크게 둘로 나눌 수 있다. 음에 해당하는 물질화 작용과 양에 해당하는 에너지화 작용이다. 이 두 상대적인 생리작용 줄다리기의 연속이 생명이다. 물질화 작용의 궁극의 목표는 세포를 만드는 것이고 에너지화 작용의 궁극의 목표는 근육의 운동이나 정신의 활동이다.

음인은 물질화 작용에 더 힘이 가도록 음양 생리 조절기의 눈금이 맞추어진 체질이며 양인은 에너지화 작용에 더 힘이 가도록 맞추어진 체질이다. 그래서 음인은 골격이 굵고 살집이 좋은 반면, 양인은 동작이 빠르고 신진대사가 활발하다.

양적인 자극과 음적인 자극이 시각, 청각, 후각, 미각, 체표의 감각(촉각)이라는 인체의 다섯 가지 감각을 통해서 뇌로 들어온다. 파장이 긴 적색 계통은 양적인 자극이고 파장이 짧은 청색 계통은 음적인 자극으로 시각을 통해 뇌로 들어온다. 파장이 짧은 높은 음은 양적 자극이고 파장이 긴 낮은 음은 음적 자극으로 청각을 통해서 뇌로 들어온다.

냄새 맡기 좋은 향기는 양적 자극이고 냄새 맡기 싫은 악취는 음적 자극으로 후각을 통해 뇌로 들어온다. 단맛과 매운맛, 짠맛은 양적 자극이고 쓴맛과 신맛은 음적 자극으로 미각을 통해서 뇌로 들어온다.

기분 좋은 촉감과 따뜻한 감각과 기분 좋게 느껴지는 압박감은 양적인 체표의 감각으로 피부의 감각기를 통해 뇌로 전달되고, 차가운 촉감과 불로 지지는 뜨거움과 칼이나 바늘로 찌르는 통증은 음적인 체표의 감각으로 뇌에 전달된다.

뇌는 모든 감각을 종합해 음양의 크고 작음을 판별하여 물질화 작용을 더 많이 일으킬 것인가, 에너지화 작용을 더 많이 일으킬 것인가를 정한다. 그 결정 후에는 신경이나 호르몬을 통해서 신체 각부에 명령을 내린다. 물질화와 에너지화의 변화는 주로 간에서 일어나므로 간에 명령을 내린다.

자극에 의해서 교감신경에 명령이 떨어지거나 교감신경이 흥분하면 네오에피네프린(norepinephrine), 에피네프린(epinephrine), 아드레날린(adrenaline), 부신피질호르몬(cortisone), 갑상선호르몬(thyroxin), 남성호르몬(testosterone) 등의 호르몬이 분비되어 글리코제놀리스(glycogenolysis)가 일어난다.

간에 녹말의 형태로 저장되었던 글리코겐이 분해되어 포도당이 되고 포도당은 혈액을 통해서 근육세포로 공급된다. 여기서 다시 포도당은 다시 단순한 형태인 아세틸코에이(acetyl-CoA)가 되고 또 구연산 회로(TCA 사이클)에 투입되어 에너지의 형태인 ATP를 형성한다. ATP의 에너지는 근육운동이 일어나는 데 쓰인다.

자극에 의해 부교감신경에 명령이 떨어지거나 부교감신경이 흥분하면 인슐린(insulin), 성장호르몬(growth hormone), 부갑상선호르몬(parathyroid hormone), 여성호르몬(에스트로겐estrogen, 프로게스테론progesterone), 멜라토닌(melatonin) 등이 분비된다.

포도당이 녹말의 형태로 저장되는 글리코제네시스(glycogenesis)가 일어나거나 아세틸코에이는 구연산 회로로 가서 태워지지 않고 대신에 지방으로 형성되거나 단백질로 형성되면서 세포가 만들어져 인체의 형체를 이루는 구성 물질로 쓰인다. 이 생리작용을 도표화하면 [그림 2.19]와 같다.

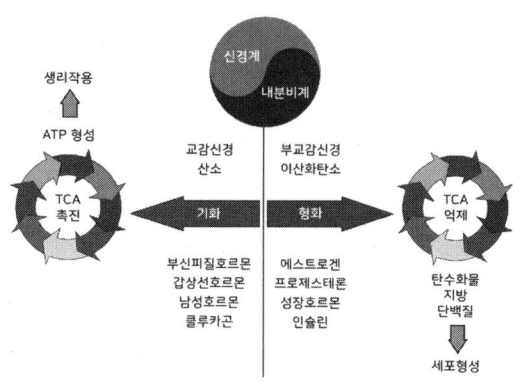

[그림 2.19] 인체 생리의 음양 ⓒ저자

어둡고 조용해지는 밤에는(음) 부교감신경이 흥분되고 성장호르몬, 멜라토닌이 나오면서 에너지화 작용은 거의 없어지고 물질화 작용만 일어난다. 근육의 운동은 적어져 심장의 박동이 감소되며 혈압도 내리고 숨도 천천히 쉰다.

이런 음적 물질화 작용의 끝은 사람이 죽은 거와 같은 잠을 자게 되고 근육과 정신 활동은 최소화한다. 최소화한 근육 활동은 욕창이 생기지 않을 만큼 필요하고 최소화한 정신 활동이 꿈으로 나타난다. 꿈은 의식이 전혀 없는 죽음(음)과 의식이 명료한 삶(양)의 경계로 잠이 깰 때 잠깐 나타나는 희미한 정신 활동이다. 죽음과 삶의 경계에 나오는 귀신과 같은 것이다.

물질화 작용인 음의 작용이 강한 밤에는 양에 해당하는 심폐의 활동은 제한되어 천식 발작이 잘 일어나고 혈액순환이 안돼서 오는 신경통의 통증이 심해진다.

포도당이 녹말의 형태로 저장되는 글리코제네시스가 일어나고 구연산 회로는 느려지면서 아세틸코에이는 단백질과 지방의 형성에 쓰인다. 단백질과 지방은 세포로 형성되면서 늙은 세포는 새 세포로 대체되고 지방 축적으로 살이 찌고 아이들은 키가 큰다. 키가 크려면 잠을 많이 자라는 말이 그래서 나온 말이다.

생식기(음)는 부교감신경(음)의 분포 영역에 있기 때문에 부교감신경이 흥분하는 밤에 남자는 성적 자극 없이도 발기하고 여자도 성욕이 생긴다.

밝고 시끄러운 낮에는(양) 교감신경이 흥분되고 부신피질호르몬이 나오면서 물질화 작용은 거의 없어지고 에너지화 작용이 일어난다. 따라서 근육의 운동이 활발해지고 양 부위인 흉격막 위에 있는 심폐의 운동이 활발해져 심장박동이 늘어나고 혈압도 올라가고 폐활량이 커지고 숨 쉬는 횟수도 많아진다.

글리코겐의 분해도 빨리 일어나고 심, 폐의 순환 기능에 의해서 포도당과 산소가 각 세포에 분포되고 세포 속에서는 포도당을 태워 에너지를 생산하는 구연산 회로가 팽팽 돌아간다. 그래서 낮에는 에너지 공급이 잘 되어 분주하게 운동할 수 있다.

양의 계절인 봄과 여름에는 에너지화 작용이 활발하여 살이 빠지고 음의 계절인 가을과 겨울에는 물질화 작용이 일어나서 살이 찐다. 음의 방위인 북쪽에 사는 사람은 물질화 작용이 많이 일어나 몸집이 크고 양의 방위인 남쪽 열대지방에 사는 사람들은 에너지화 작용이 많아서 몸집이 작다.

사람은 40대 이후에 음화 하는 현상이 극심하게 나타나서 몸과 마음에 변화를 가져오며 중년기의 위기를 맞게 된다. 호르몬이 그 변화의 주된 역할을 하는데 남자가 남자다운 것(양적인 것)은 남성 호르몬이 나오기 때문이다.

남성 호르몬이 풍부할 때 남자는 포부도 크고 큰소리도 잘 치고 활발하게 활동하며 마음도 넓어서 여자 리드도 잘하고 부인에게 위대해 보인다. 그러나 50대 이후에 남성 호르몬 분비가 적어지면 여성화(음화)되어 꿈도 작아지고 실리적으로 되며 마음도 좁아지고 관심이 사회에서 가정으로 돌아와 부인에게 사소한 일에 간섭한다.

여자가 여자다운 것(음적인 것)은 여성호르몬인 에스트로겐, 프로게스테론이 많이 나오기 때문이다. 여성호르몬이 풍부할 때 여성은 수줍고 수동적이며 마음이 좁아 오해도 잘하고 포부가 적고 비활동적이다. 그러나 50대 이후에는 여성호르몬의 분비가 적어지면서 남성화(양화)되어 마음이 호탕해지고 사회적으로 활동적이 되며 가정 밖의 일에 더 신경을 쓴다.

양적인 기운이 없어져 가정으로 돌아와 내 영역에 아마추어적인 간섭이나 하는 남편이 상대적으로 한심해 보인다. '내가 지금까지 저런 옹졸한 사람을 하늘처럼 떠받들고 살았나' 하는 회의가 든다. 이것이 음은 양으로 변하고 양은 음으로 변하는 좋은 예이다.

시간이 좀 지나면 모두 음이 되면서 서로 의지하여서 살게 되니, 그 음양이 변화된 상태를 이해해야 중년의 위기를 잘 건널 수 있다. 이때 남성은 남성적인 것을 잃고 여성은 여성적인 것을 잃으면서 허탈감이 생기며 우울증에 빠지기 쉽다.

갓난아기는 실제로 순수한 양은 없지만 순양지체(純陽之體)라고 한다. 맥도 빨리 뛰고 열도 많고 빛이 난다. 사람은 음인 무생물에서 시작되어 태어날 때 양이 극에 달했다가 서서히 음으로 변해서 50세 전후에서부터 물질화 현상이 나타나다가 죽으면 완전히 무생물이 되는 것이다. 이렇게 볼 때 안됐지만 사람은 태어난 이후에 서서히 죽어간다고 할 수 있다.

아이들의 성향(양)과 노인들의 성향(음)을 비교해 보면 음양의 차이점을 알 수 있다. 아이들은 쉴 새 없이 움직인다. 올라갈 수만 있으면 어디든지 올라가려고 한다. 노인들은 될 수 있는 대로 몸을 움직이지 않으려고 한다. 누울 수만 있으면 누우려고 한다. 아이들은 말과 생각이 빠르다. 노인들은 말과 생각이 느리다.

아이들은 더위를 많이 타고 찬 것을 먹으려 한다. 노인들은 추위를 많이 타고 따뜻한 것을 먹으려 한다. 아이들은 매운 것을 싫어하고 신 것을 좋아한다. 노인들은 매운 것을 좋아하고 신 것을 싫어한다. 아이들은 양이 많고 음이 항상 모자란다. 노인들은 음이 많아서 양이 항상 모자란다.

한의사들은 어린이 환자가 오면 우선 음이 부족한 병증을 찾으려 노력하고 음이 풍부한 음식물을 권하고 음이 풍부한 약을 처방한다. 반면 노인 환자가 오면 우선 양이 부족한 병증을 찾으려 하고 양이 많은 음식을 권하며 양이 풍부한 한약을 처방한다.

양이 풍부한 한약의 왕은 인삼이고 양이 많은 음식의 여왕은 마늘이다. 그러나 그것도 체질에 따라 다르게 써야 한다. 음적인 노인이 음이라고 해서 양적인 약이 모두 좋은 것은 아니다. 노인들도 인삼을 먹어서는 안 되는 체질이 있다. 「사상」장에서 자세히 다루겠다.

3. 남녀의 음양

남성과 여성이 가장 뚜렷이 구분되는 것은 성기의 생김새이다. 주역의 음(--), 양(─) 심벌이 이 성기 모습을 본 뜬 것일 수도 있다. 남자의 성기는 돌출하여 양의 모습을 하고 있고 여성의 성기는 함입되어 음의 모습을 하고 있다.

독자들은 발정한 수캉아지가 사람의 다리에 대고 피스톤 운동을 하는 것을 봤을 것이다. 동물의 수컷은 발기됐을 때 누가 가르쳐 주지 않아도 그것을 함몰된 곳에 넣으려고 하고 암컷은 자기의 빈 곳을 채우려고 한다. 이런 본능적인 현상은 하느님이 종족 번식을 위하여 자연적으로 시키는 것이다.

음의 성질을 가진 것은 흡인력이 있고 양의 성질을 가진 것은 밀어 넣는 힘이 있다. 이렇게 음양이 결합한 것을 주역의 음양 심벌로 도식화하면 십자가가 되는데 이것은 음양의 편차가 없고 중화된 것을 뜻한다. 우주 만물 중에서 음양이 완전히 조화되어 있는 것은 신이기 때문에 십자가는 신을 상징한다. 십자가의 가로선은 음의 대표이고 세로선은 양의 대표이고 그 중심점은 핵심인 신을 상징한다.

남자와 여자는 형태로나 성질로나 뚜렷이 다르기 때문에 음양으로 구분하기가 좋다. 어떤 물질이나 현상을 음양으로 나눌 때 남녀의 차이가 표준이 되어 사물과 비교해 볼 수 있다.

우선 형태적으로 볼 때 남자는 체구가 크고 성기가 돌출되었으므로 양이라 할 수 있고 여자는 체구가 작고 성기가 함입되어 있으므로 음이라 할 수 있다. 양의 작용은 위로 올라가는 법인데 남자는 상체인 어깨가 발달하고 커서 양이라 하고, 음의 작용은 아래로 내려오는 법인데 여자는 하체인 엉덩이가 발달하고 커서 음이라 할 수 있다.

남녀의 성질로 볼 때도 음양 구분은 명확하다. 남자는 활동적이라 양이고 여자는 남자보다는 비활동적이라 음이다. 올림픽에서 남자의 기록이 여자보다 좋은 것은 그 활동성의 좋은 예이다.

남녀의 음양 구별은 섹스할 때 보면 더욱 명확해진다. 남자는 활발히 움직이지만 여자는 가만히 있는다. 여자도 움직이긴 한다. 그러나 남자가 활동을 하면 그 반응으로 움직이는 것이므로 이것은 능동적인 양의 활동이 아니라 수동적인 음의 활동이다[그림 2.20].

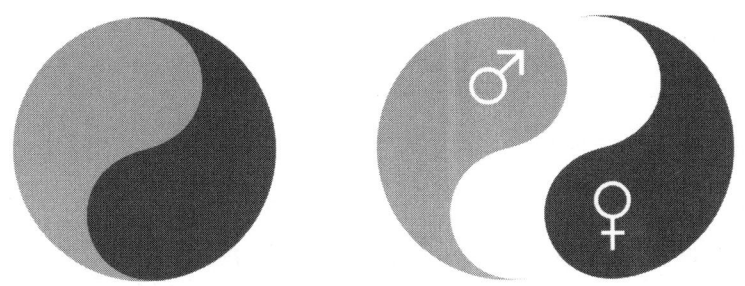

[그림 2.20] 태극으로 그려본 남녀 ⓒ저자

　　여자는 섹스할 때 성기의 운동은 활발하지 않지만 신음을 내는 성대의 운동은 활발하다. 이것은 음이 극에 달하면 양이 생기기 시작하는 음극생양(陰極生陽)의 법칙이다. 음이 극해서 양이 시작될 때는 음의 부위가 아닌 상부부터 시작된다. 그래서 여자는 상부의 운동에 해당하는 신음 소리를 내는 것이다.

　　한의학에서는 사람의 소리도 음양으로 나누는데 웃는 소리는 심장에서 나오는 소리로 양에 속하고 우는 소리의 일종인 신음 소리는 신장(腎臟)에서 나오는 소리로 음에 속한다고 본다.

　　한의학에서 신장은 생식기를 지배한다고 한다. 실제로 신장에 붙어 있는 부신(腎)은 성호르몬을 생산하여 생식기의 활동을 조절하는데, 역경의 음양론으로 짐작은 할 수 있지만 5천 년 전에 그 이치를 어떻게 알았는지 모르겠다.

　나중에 「오행」 장에서 자세히 말하겠지만 심장은 적색이고 겉으로 움직임이 보일 정도로 매우 활동적인 기관이고 체간의 상부에 있으므로 양의 대표적인 장이다. 신장은 색깔이 검고 가장 아래 깊숙이 있으므로 음의 대표적인 장이다. 그래서 음의 기관인 신장이 왕성할 때는 음의 소리인 신음 소리가 난다.

　여자는 섹스를 할 때 눈을 감는다. 눈을 감는 것은 느낌을 더하기 위해서 하는 행동이다. 모든 것을 맡기고 수동적으로 받아들이겠다는 것이므로 음에 속한다. 남자는 성적 충동에 금세 양물(성기)을 돌출시킨다. 팽창은 양의 활동이라 남성의 성기는 팽창이 잘 되니 양의 대표적인 물질이다.

　발기는 금방 되지만 짧은 오르가슴을 느끼고 더 이상 섹스 활동을 하기 싫어한다. 발기하는 것은 양이고 오르가슴은 양이 극한 것이므로 절정 후에 섹스 활동을 갑자기 중단하는 것은 양에서 음으로 빠르게 변한 것이다. 양극생음의 전형적인 모습이다.

　이 행동에 음양의 활동이 다 들어 있지만 그 변화가 빠르다는 것으로 양이라 구분할 수 있다. 양적 성질을 가진 물체가 보여주는 활동의 전형적 패턴이다.

　여자는 은근히 흥분하기 시작하여 긴 오르가슴을 느끼고 느리게 흥분이 가라앉는다. 이 느린 변화가 음이라 할 수 있다. 음 물질 활동의 전형적인 패턴이다. 새삼 강조하지만 일단 어떤 사물을 음인지 양인지 가려내면 그것의 변화 과정을 남성과 여성의 흥분 패턴처럼 예측할 수 있다.

　독자들이 무슨 일을 하건 매달려 있는 일을 음양으로 구분하여 보면 그 변화를 예측할 수 있으니 자꾸 구분 지어 보려고 노력해야 한다.

　세계의 삼대 성전(性典) 중의 하나인 『소녀경(素女經)』에는 성생활을 즐기는 방법과 섹스로 인한 건강의 손상과 그 치료법이 잘 나와 있다. 『소녀경』의 특징을 한마디로 말한다면 섹스하는 법의 역경적 해석이다. 전에 말했듯이 역경은 우주의 만물과 현상에 공통적으로 적용되는 원리를 써놓은 책이다. 이 성전에는 역경의 원리대로 섹스하는 법이 적혀 있다.

남자는 사정을 하고 나면 교미 후에 암컷의 먹이가 되는 수컷 거미처럼 필요 없어지는 것이 자연의 법칙이라 큰 손실을 입게 되어 있다. 이 손실을 가능한 한 줄이는 방법과 손실을 입었을 때 회복하는 섹스 테크닉이 자세하게 기술되어 있다.

인간은 우주, 혹은 하느님과 똑같이 만들어졌다. 우주는 크게 보면 빅뱅에 의한 팽창과 블랙홀에 의한 수축으로 이루어졌다. 음양이 조화되지 않은 인간은 남녀가 떨어져 있을 때는 음양이 잘 조화된 우주와 약간 다르나 섹스를 하느라고 합쳐져 있을 때는 우주와 똑같은 빅뱅도 생기고 블랙홀도 생긴다.

태극은 우주를 상징화한 그림이다. 음과 양이 머리와 꼬리를 맞대고 있는 그림이다. 이것은 남자는 머리 쪽이 중요하고 발달해서 머리(양의 부위)를 크게 그리고 하체는 작게 그린 것이고 여자는 자궁이 중요하며 발달해서 아랫부분(음의 부위)을 크게 그린 것이라 말할 수 있다[그림 2.21].

[그림 2.21] 음과 양이 머리와 꼬리를 맞대고 있는 태극 ⓒ저자

동양에서는 남자는 머리로 생각해서 논리적이나 직관이 없고, 여자는 자궁으로 생각해서 비논리적이나 직관적이라 했다. 논리는 양 작용의 소산물이라 남성이 우세하고 직관은 음 작용의 소산물이라 여성이 우세하다.

몸과 마음을 고요히 하여 극도의 음의 상태를 만들면 음극생양(陰極生陽)하여 직관이 생긴다. 명상은 이렇게 직관력을 기른다.

남녀가 섹스할 때 흥분이 점차 고조되면서 심장도 빨리 뛰고 호흡수도 많아지는 것은 태어나서 지금까지 길러온 에너지 혹은 기가 팽창을 하고 있기 때문이다. 그것이 오르가슴에 달하면 극하여 남자는 사정을 하며 물질을 쏟아놓는다. 이때 블랙홀에 해당하는 자궁은 수축이 일어나면서 정액 주위에 있는 기와 기의 결정체인 정액을 빨아들이게 되고 270일 후에는 새 우주를 탄생시킨다(빅뱅).

1) 원기

한의학에서는 여러 가지 기를 말하고 있다. 그중에 대표적인 것으로 음식의 에너지인 곡기와 태어날 때부터 받아 나오는 에너지인 원기가 있다. 이 원기는 섹스할 때 소모가 된다. 원기는 자동차의 배터리와 같아서 곡기로 계속 충전되나 결국 모두 다 나간다. 이를 명(命)이라 하고 원기가 나오는 문을 명문(命門)이라 한다. 자동차의 배터리는 다시 갈아 넣을 수 있으나 사람의 원기는 다 소모되면 갈아 넣을 수 없어 죽게 된다.

원기는 사람이 태어나서 음식에서 에너지를 얻기 전에 필요한 모든 에너지로 작용하고, 음식의 에너지인 곡기를 얻은 후에도 그 곡기가 생산되는 것을 조절한다. 인체에 곡기가 많이 필요하면 사람은 많이 먹어 빨리 에너지를 생성하고, 곡기가 별로 필요 없으면 적게 먹어 느리게 생성한다.

몸에 지방이 많이 쌓여 뚱뚱하면 식욕을 억제하고, 몸이 수척하면 식욕이 생겨 많이 먹게 한다. 원기가 부족하면 이 작용을 하지 못해서 뚱뚱한 사람이 배부른 것을 못 느끼고 식욕이 계속 좋아 많이 먹으려 하고, 수척한 사람은 밥을 먹지 않고도 배고픈 것을 모르고 일만 하다가 에너지가 없어 쓰러진다.

곡기 중에 양적인 기는 주로 몸의 바깥쪽을 순환하면서 몸에 해를 끼치는 세균이나 바이러스가 들어오면 염증반응을 일으켜 이들을 몰아낸다. 이런 작용도 원기가 따라다니며 보고를 받고 명령을 내리는데, 원기가 부족하면 이 양적인 기가 위해한 물질이 아닌데도 공격하여 염증을 일으켜 알레르기성 비염이나 천식, 피부염을 만든다.

또 아군인지 적군인지 구분하지 못해서 자기 몸에 필요한 세포를 균으로 오인해 공격하여 당뇨병이나 루프스, 류마티스성 관절염을 만든다. 당뇨병은 인슐린을 생산하는 랑거한스섬의 베타세포(B-cell)를 공격하는 것이고 루프스는 체내의 모든 결체조직을 공격하는 것이며 류마티스성 관절염은 관절 주위의 결체조직을 공격하는 것이다.

원기는 체내의 음적인 생리작용과 양적인 생리작용이 균형을 이루게 한다. 생리학에서는 이것을 항상성(homeostasis)이라 한다. 집 벽에 붙어 있는 온도 조절기처럼 추우면 열을 올리고 더우면 열을 내리는 작용을 한다.

원기는 주위의 환경과 DNA가 프로그램된 대로 인체 시계의 시간에 따라 온도 조절기의 바늘을 맞추어 놓는다. 그러면 음적인 작용과 양적인 작용이 번갈아 일어나면서 일생 동안의 생리작용이 일어난다. 원기가 부족하면 음양 작용의 균형이 깨져 병이 난다.

2) 건강, 장수와 깨달음

원기는 점점 소모되면서 결국에는 다 없어져서 노년에는 많은 병에 시달리다 죽게 된다. 태어날 때부터 원기를 적게 받아서 일찍부터 병에 걸리는 사람도 있고 원기가 부족해지는 노년에 병에 걸리는 사람도 있다. 타고난 원기의 많고 적음을 명(命)이라 한다. 원기는 타고날 때 받는 음양이 조화된 기로서 분수(배분된 수)만큼에 의한 음양의 편차로 음양 조절 기능의 상실을 가져온다.

건강하게 오래 사는 것은 원기의 보전에 달려 있다. 원기는 우주 신경계의 말단으로서 태어날 때 받아오는 것이기 때문에 잘 보전하고 충분히 충전시키면 신경의 각성을 일으켜 깨달음을 얻을 수 있고 건강하고 오래 살 수 있다. 그래서 깨달음과 불로불사를 연구하는 선도(仙道)에서는 아주 깊이 연구되어 있다.

황제(黃帝)는 전설시대의 황제로서 중국에 道를 전해준 사람이자 신이다. 신선들의 왕이며 중국의 시조로 여겨지기도 한다. 의학의 바이블인 『황제내경』과 섹스의 바이블인 『소녀경』을 편찬했다고 전해진다. 의학과 섹스를 역경의 관점으로 서술한 책들이다. 이들 책에서도 그렇고 단전호흡, 방중술 등의 도가의 행법에서는 원기를 보물처럼 다루고 있다.

명상도 곧 몸과 마음을 고요히 하여 음이 극(極)한 데서 나오는 원기를 보충하기 위한 한 가지 길이다. 명상을 하지 않는 사람은 서서히 원기가 소모만 되지만 명상을 하는 사람은 명상으로 어느 정도 보충되다가 결국 모두 소모된다. 명상에 성공하여 깨달음을 얻으면 원기의 본고장으로 환원하여 신처럼 살 수도 있으나 성공한 사람은 많지 않다.

4. 남남북녀(南男北女)

한국에는 남남북녀라는 말이 있다. 남자는 남쪽의 남자가 좋고 여자는 북쪽의 여자가 좋다는 말이다. 남쪽은 태양의 조사량이 많아 밝고 양기가 많은 곳이다. 사람으로 하여금 활동적으로 만든다. 남쪽에 사는 사람은 활동적이고 마음이 열려 있고 낭만적이다. 그 기운이 양이므로 남성적이라 할 수 있다.

북쪽은 태양의 조사량이 적어 어둡고 양적인 기운이 적다. 양이 적다는 것은 음이라고 할 수 있다. 북쪽은 음기가 많아 사람으로 하여금 비활동적으로 만든다. 그래서 북쪽 사람들은 비활동적이고 마음이 닫혀 있어 비사교적이다. 남자는 양이 많아야 남성적인 매력이 있고 여성은 음이 많아야 여성적인 매력이 있다.

남쪽에 있는 남자는 양기를 많이 받아 활동적이며 사교적이라 여성들에게 인기가 있고 북쪽에 있는 여자는 음기를 많이 받아 정적이고 얌전하고 부끄러워하여 여성적이라 남자를 은근히 끌어들이는 매력이 있다. 그래서 남남북녀라는 말이 생겼다.

스웨덴에 살던 분이 유럽의 북쪽 사람들과 남쪽 사람들의 차이점을 말해 준 적이 있다. 비행기에서 이탈리아 중년 남자와 같이 앉게 됐는데 그 남자는 처음에 앉자마자 이야기를 시작하여 비행기가 도착할 때쯤에는 아주 오랜 친구처럼 됐다고 한다. 그래서 자기 집과 그의 아버지 집에 초대를 받았다고 한다.

만약 스웨덴 남자가 옆에 탔다면 "헬로(hello)!"라는 인사 한마디 나누고 비행기에서 내릴 때까지 말이 없었을 것이라 했다. 이탈리아 남자가 이처럼 남자답고 사교적이라 스웨덴 여자들에게 인기가 많아 스웨덴 남자들은 스웨덴 여자들을 이탈리아 남자들에게 모두 빼앗길까 봐 질투한다고 했다. 이것이 남남북녀의 단적인 예이다.

그러나 사교적인 관점으로 봤을 때 남남북녀이고 돈 버는 일에 관점을 두고 봤을 때는 그 반대의 경우가 생긴다(남녀북남). 양기가 많은 남자는 신진대사가 빠르므로 몸 안으로는 에너지를 거두어들여 지방으로 만들어 놓지 못해 북쪽 사람들보다 몸도 작고 말라 있다. 몸 밖으로는 묵묵히 일하여 돈으로 바꾸어 놓지 못하기 때문에 돈을 많이 모아놓지 못한다.

남쪽은 양이 왕성한 곳이기 때문에 신진대사가 활발해 돈을 거두어들이는 능력이 적고, 먹고 마시고 노는 일에 돈을 쓰느라 이탈리아, 스페인, 포르투갈 등은 국민소득이 적다. 반면에, 유럽의 북쪽 국가 남자들은 음이 많은 사람들이라 저장하는 것이 탁월하다.

그래서 유럽의 북쪽 국가들은 국민소득이 높고 네덜란드를 비롯해 은행이 발달했다. 남자란 돈이 많아야 가치가 있으므로 북쪽의 남자들이 남쪽의 남자들보다 더 좋다. 이렇게 음양의 좋고 나쁨은 관점에 따라서 바뀐다.

음의 성질이 있는 사람은 양의 성질이 있는 사람을 좋아한다. 그러나 그 성질의 차이가 크지 않을 때는 그렇고 음적인 성질이 심한 사람과 양적인 성질이 심한 사람은 오히려 서로를 배척한다. 그래서 부부는 서로 비슷한 사람이 된다고 한다. 거울에 비추어 보던 자기의 얼굴이나 어머니나 아버지를 닮은 이성을 보면 어디서 많이 본 사람처럼 서로 끌려 부부가 된다.

성질이 극과 극이면 친구가 될 수 없다. 남남북녀가 끌리는 것은 선천적인 것이 아니라 후천적으로 생기는 환경의 영향이므로 그 정도가 약해서 서로 끌리는 것이다. 하나는 양이고 하나는 음이라도 그 편차가 적으므로 서로 끌린다.

남쪽 사람들의 양적인 성질과 북쪽 사람들의 음적인 성질을 단적으로 드러내는 예가 있다. 미국의 남북전쟁 당시에 남쪽의 장군들은 3명(잭슨, 롱우드, 리)이나 남군의 총에 맞은 사건이 있었다. 남군의 장군들이 선봉에 서서 너무 앞서 가다가 돌아오는 길에 적으로 오인받아 아군의 총에 맞은 것이다.

남쪽의 장군들은 양적이라 성질이 급해서 휘하의 군사들을 선두에서 지휘한다. 반면에 북군의 장군들은 음적이라 군사들을 뒤에서 지휘하기 때문에 그런 일이 일어나지 않았다.

5. 동양인과 서양인

동양인(음인)과 서양인(양인)이 다른 동물과 비교될 때는 같은 사람이라는 공통성이 있으나 가만히 관찰해 보면 많은 차이점이 있다. 우선 활동성에서 보면, 서양인이 동양인보다 활동적이다. 얼굴의 표정에 변화가 많고 움직임이 재빠르다.

서양인들은 동양인의 무표정을 보고 불친절하다 불쾌하게 생각할 때도 있다. 동양인은 음인이기 때문에 물질화 작용이 많이 일어나 에너지의 소모가 적기 때문에 표정이나 동작이 느리다. 동양인들은 서양인의 호들갑(변화가 심한 표정)을 보고 점잖지 못하다고 생각한다.

한국 사람들은 'gentle'을 '점잖다'라고 하는데 그 말을 풀어보면 'not young'(젊지 않다)이라는 뜻이다. 동양 사람들은 'the young'(젊은이)이 되는 것을 싫어한다. 노인들이 대우받기 때문에 누가 나이를 물으면 자기의 나이를 불려서 말하는 경향이 있다.

서양인들은 머리가 몸집의 1/8이다. 동양 사람들의 머리는 몸집의 1/7이다. 동양철학 중에 관상학이라는 것이 있다. 이목구비의 생김새를 주역의 원리로 분석하여 그 사람의 성질을 찾아내고 앞으로의 운명을 예견하는 학문으로, 수상(手相)과 비슷하다.

관상학에서 머리가 작으면 생각이 실질적이고 결단력이 빠르고 쉽게 행동에 옮긴다. 머리가 크면 생각이 이상적이고 신중해 우유부단하며 실천력이 없다. 하여튼 작은 것은 빨리 움직인다는 법칙에서 서양인들의 두뇌 기능은 양적이다. 그것에 비하여 머리가 큰 동양 사람들의 두뇌 기능은 음적이다.

서양 사람들은 톱질을 할 때 미는 힘을 더 쓴다. 톱 자체가 밀 때 나무가 잘리도록 되어 있다. 동양 사람들은 톱질을 할 때 잡아당기는 힘을 더 쓴다. 톱 자체가 잡아 당길때 나무가 잘라지도록 되어 있다.

서양 사람들은 비질을 할 때도 몸 밖으로 쓸어낸다. 동양 사람들은 비질을 할 때 몸쪽을 향해서 쓴다. 서양 사람들은 양인이라 추력(推力—미는힘)이 발달되어 있고 동양 사람들은 음인이라 인력(引力—끄는힘)이 발달되어 있다.

서양 사람들의 성격은 외향적이고 사교적이나 동양 사람들의 성격은 내성적이고 수줍음을 잘 탄다. 수줍음을 탈 때는 몸이 웅크려진다. 에너지가 수렴되기 때문이다. 이게 끌어들이는 인력이고 이것으로도 서양인들은 양이고 동양인들은 음인 것을 알 수 있다.

동양인이 서양 사람들이 사는 실내에 들어가면 몹시 추워한다. 서양 사람들과 같이 일하는 동양인은 여름에 실내에서 스웨터를 입고 일을 하는 경우가 많다. 동양 사람들은 열이 적기 때문이다. 열이 많다는 것은 물질이 에너지화 한다는 것으로 양적인 현상이다.

VIII. 정치의 음양

정당은 양대 정당이 바람직하다. 어떤 정치 이슈를 바라볼 때 상반되는 관점에서 바라볼 수 있기 때문이다. 이 세상에 항상 좋기만 하고 항상 나쁘기만 한 결정은 없다. 어떤 결정의 장점은 다른 각도에서 보면 단점이 되고 어떤 결정의 단점은 상반되는 각도에서 보면 장점이 된다.

어떤 정치적 이슈에 대한 주장을 어느 당의 진보적인 관점에서 보면 좋고, 다른 당의 안정성에서 보면 틀리는 경우가 많다. 그 시대가 필요로 하는 국가적 요구의 음양 편차가 국가가 나아갈 방향을 결정한다.

1. 좌파 정당과 우파 정당

우주의 질서를 따르지 않는 독재정권이 아니라면 정치에는 좌파 정당이 있고 우파 정당이 있다. 이 역시 음양으로 나뉘어진다. 좌파는 균등 보수를 우선한다. 우파는 능력 보수를 우선한다.

경제적 관점에서 음양을 판별할 수 있는데 균등 보수를 하면 자연히 경제는 둔화가 된다. 사람들이 열심히 일하려 하지 않는다. 활동이 침체되니 좌파는 음이다. 능력 보수를 하면 사람들이 열심히 일한다. 활동이 많으니 우파는 양이다.

균등 분배를 하려면 정부가 커지고 규제가 많아진다. 규제는 움직임을 둔하게 하므로 음이다. 능력 보수를 하려면 규제가 별로 없어 정부가 작아진다. 대기업의 지방 이전 금지, 대규모 마트의 일요일 영업 중지 등 규제를 풀면 활동이 많아지니 양이다.

역경에서 양은 좋고 음은 나쁜 것은 아니다. 반대로 음은 좋고 양은 나쁜 것도 아니다. 음양 모두 자기의 역할이 있고 장단점이 있다.

균등 보수는 다 같이 잘 살아서 좋고 능력 보수는 열심히 일할 수 있게 동기를 부여해서 좋다. 좌파 정책은 능력 없는 소외계층을 잘 돌봐서 좋고 우파 정책은 경제가 활성화되어 소외계층도 일자리가 많아져 좋다.

음양의 가치를 안다면 음양의 상호보완성·상호전화성을 이해하기 때문에 좌파와 우파가 서로 존중하는 사회가 될 수 있다. 단, 좌파는 정부가 커지고 권력이 일인에 집중되는 현상이 발생할 수 있으니 경계해야 한다. 좌우의 균형이 음양의 조화를 이루어야 영원히 지속되는 태극과 같은 사회가 될 수 있다.

보수적 도덕의 중요성이 강조되면 사람들의 활동이 위축되고 경제활동이 둔화되기 시작한다. 여자들의 치마가 짧아지면 경제가 활성화되어 주식값이 올라가고 치마가 길어지면 경제가 침체되어 주식값이 내려간다는 말이 있다.

활동이 자유로울 때는 경제가 활성화되고, 도덕이 중요시되어 활동에 제약이 있을 때는 경제가 침체되는 징조가 여자들의 치마 길이로 나타난다. 이런 징조를 주역에서는 상(象)이라 하는데 만물을 세심히 관찰하여 이 상을 발견하고 역경의 괘상으로 바꾸어 놓으면 다음의 변화는 역경에서 읽으면 된다.

옳고 그름의 판단기준은 시대에 따라 변하게 된다. 재킷의 넓은 것이 구식이 돼서 그 옷을 입은 처녀들이 부끄러워하다가 시간이 흘러, 그것이 신식이 돼서 그 옷을 입은 처녀들이 콧대가 높아지는 옷차림의 유행이 옳고 그름의 판단기준과 같다.

정치를 하는 사람은 그 시대의 흐름이 음이 주도하는 시대인지, 양이 주도하는 시대인지 파악하고 자기의 성질이 음에 해당하는지 양에 해당하는지 분별하고 국민들이 양의 성향인지 음의 성향인지를 알면 정치를 잘할 수 있다. 그래서 지금도 일본이나 중국에서는 역경을 모르는 사람은 정치 세계에서 어린아이로 취급한다.

2. 자본주의와 공산주의

국가의 형태는 정치 이념에 따라 자본주의와 공산주의의 두 개로 나누어진다. 자본주의는 개인의 사유재산을 인정하고 공산주의는 개인의 사유재산을 인정하지 않는다.

자본주의는 사유재산을 인정하므로 개인의 경제활동이 활발하나 개인의 취향에 따라 그 방향이 분산되어 통제가 어렵다. 이런 자본주의의 활동 양상은 양에 속한다. 공산주의는 개인의 경제활동이 억제되고 전체의 이익을 위해서 통제된 경제활동을 하므로 그 방향이 하나의 구심점을 향하고 있다. 이런 공산주의의 활동 양상은 음에 해당한다.

음은 항상 양으로 전화(轉化)하고 양은 항상 음으로 전화하는 법칙이 있어, 자본주의는 그 단점이며 공산주의의 장점인 계획된 국가 경제를 위하여 사회주의로 변해 가고, 공산주의는 개인의 활발한 경제활동을 촉진하기 위하여 자본주의의 장점인 사유재산을 인정하는 수정자본주의로 변했다.

냉전시대에 첨예하게 음과 양으로 대립하던 자본주의와 공산주의가 지금은 공산주의인지 자본주의인지 모르게 비슷한 형태로 통일되어 간다.

한국의 국기는 중앙에 태극이 있어 분단된 한국의 공산주의와 자본주의의 대립 상태를 잘 표현해 주고 있다. 피로 물들은 혁명을 표현하는 태극의 붉은 색은 공산주의 국가인 북한을 표시하고 안정과 평화를 상징하는 파란 색은 자본주의 국가인 남한을 나타낸다고 할 수 있다.

음적인 공산주의 국가가 음적인 방위인 북쪽에 있고 양적인 자본주의 국가가 양적인 방위인 남쪽에 있는 것은 음양에 합당한 배치이나 양이 위에 있고 음이 아래에 있는 태극의 모양과는 반대의 배치가 되는 것처럼 보인다. 그러나 태극은 빙글빙글 돌면서 음양이 변화하는 상태를 나타내므로 음양의 위치가 바뀌어도 상관이 없다.

중국의 태극은 음양이 동서로 대립되어 있는데 중국은 자본주의(타이완)와 공산주의(중국)가 동서로 대립되어 있으니 참으로 신기하다. 역경을 기본적으로 잘 알고 있던 태극기 제작자나 중국의 태극 도안자가 미래를 예측하고 만들었을 것이라는 생각이 든다.

3. 미국의 정부

미국의 정치형태는 3권이 분립되어 있다. 법을 집행하는 행정부와 법을 만드는 입법부, 법을 지키는 사법부로 나뉘어 있어 독재를 견제하며 음양의 조화를 이루고 있다.

행정부는 근무자도 많고 활발한 활동을 하므로 양에 해당한다. 사법부는 근무자도 적고 활동도 행정부에 비해서 눈에 띄지 않으므로 음에 속한다. 사법부의 역할인 법의 수호는 법을 고치려 하지 않고 고수하는 것으로 음에 속하는 행동이다.

입법부는 국민의 대표들이 모인 곳으로 국가 전체에 해당한다. 이 전체는 음과 양을 모두 가진 태극이라 할 수 있다. 입법부는 법을 고치려는 경향이 있는 행정부와 법을 수호하려는 사법부의 음양 대립을 중재하는 역할도 한다. 음과 양을 모두 가지고 있어 양쪽을 모두 이해하기 때문이다.

IX. 경제의 음양

값을 결정하는 데도 대립되는 두 가지 요소가 있다. 수요와 공급이다. 수요는 물건을 받아들이므로 음에 해당하고 공급은 물건을 밖으로 내므로 양에 해당한다. 공급이 많아지면 값이 줄어들고 수요가 많아지면 값은 늘어난다.

값이 줄어드는 것은 수축이므로 음이고 값이 늘어나는 것은 팽창이므로 양이 된다. 공급이 많아지면 값이 줄어든다는 것은 양이 많아지면 음이 줄어드는 것과 같고, 수요가 많아지면 값이 늘어난다는 것은 음이 많아지면 양이 줄어드는 이치와 같다.

경제하면 생각나는 것이 돈이다. 돈의 속성을 음양론으로 이해하면 경제가 알기 쉽다. 돈은 에너지로 생각할 수 있다. 사람은 잉여의 에너지를 안으로는 지방으로 바꾸어서 쌓아놓고 밖으로는 돈으로 바꾸어 쌓아놓는다.

지방은 필요할 때 탄수화물로 바뀌고 다시 ATP로 바뀌어 근육을 수축시키는 일을 한다. 돈이 있으면 필요할 때 사람을 시켜 일을 할 수 있다. 자기가 일을 한 만큼 돈으로 바꾸어 놓고 필요할 때 돈을 주어 일을 시킬 수 있다. 한마디로 자신의 일을 돈에 저장해 놓았다가 남에게 주어 저장된 그 일을 찾아가는 것이다.

앞에서 말한 것처럼 우주는 에너지와 물질로 나뉘어 있고 에너지는 물질로 변화하고 물질은 에너지로 항상 변한다고 했다. 에너지는 물질로 변하여 형태만 달리할 뿐 그 양은 변하지 않는 것이 에너지 불변의 법칙이다.

에너지는 집중되어 물질의 형태로 있다가 다시 물질이 에너지로 되듯이 일도 잠시 돈의 형태로 저장되었다가 다시 일로 변한다. 양이 음으로 되었다가 다시 양으로 되는 것과 같다.

일은 활동성이 강하니 양이라 할 수 있고 돈은 활동성이 일보다는 못하고 일보다는 눈에 덜 보이고 저장의 기능이 있으므로 음이라 할 수 있다. 일이 돈이 되었다가 다시 일이 되는 것은 양이 음이 되었다가 음이 다시 양으로 되는 것과 같다.

마약을 팔아서 돈을 쉽게 벌었다 해도 일을 조금한 것이 아니다. 경찰에 잡히지 않기 위해서 극도로 긴장했고(쉬운 일을 오랫동안 하는 가벼운 긴장 대신 단시일 내에 몰아서 한 것이고), 남에게 욕을 먹으면서 자기의 고귀함을 비싼 값에 팔았고, 감옥에 가서 고생해야 하는 위험에 대한 대가를 받은 것이니 결코 쉽게 번 돈이 아니다.

창녀가 몸을 팔아서 버는 돈도 일을 별로 하지 않고 버는 것 같지만 그녀가 느끼는 수치감은 청소를 해서 돈을 벌 때 느끼는 싫음의 몇 십 배로 강한 싫음의 대가이다. 돈을 벌 때의 인내가 힘든 것일수록 짧은 시간 내에 돈을 벌 수 있다.

사람을 치료하는 의사는 하수도 고치는 사람보다 시간당 많은 돈을 받지만, 하수도 고치는 사람보다 의과대학에 다니면서 밤을 새우며 고생했다는 점을 생각한다면 의사가 받는 돈이 하수도 고치는 사람이 받는 돈보다 많은 게 아니다.

그러므로 다른 사람이 돈을 쉽게 번다고 부러워할 필요가 없다. 돈은 일을 하면서 고통스러운 만큼 돈으로 정확히 환산되는 것이다. 사장은 종업원보다 몇 배 혹은 몇 십 배 벌지만 종업원보다 정확히 몇 배 혹은 몇 십 배 정신노동을 한다. 그러지 않으면 망한다.

이것이 돈에 대한 음양론적인 관점이며 이 음양론적 관점을 가지면 인간이 갖고 있는 고뇌가 많이 해소된다. 많은 사람이 돈을 많이 갖지 못해서 불행해한다. 자기가 일한 만큼 돈이 벌리지 않는다고 슬퍼한다.

돈이 많지 않은 것은 육체적으로나 정신적으로나 일을 덜 한 것이다.

한 순간의 실패로 잃었다는 것은 그만큼 주의하는 일을 덜 한 것이다. 다음에 일을 더 하면 또 돈으로 저장해 놓을 수 있다.

돈을 벌고자 하는 사람은 육체적으로 부지런히 일하고 정신적으로 항상 나아갈 바를 살펴 닥쳐올 변화에 적절히 대처해야 한다. 사업의 미래를 예측하는 것은 많은 노력을 경주해 얻어진 넓은 지식과 계속적인 시행착오로 얻어진 교훈이 바탕이 된다.

책도 보고 경험자들에게 묻고 실패도 해보아야 한다. 준비 안 한 상태에서 갑자기 밀어닥친 변화를 불행의 탓으로만 돌릴 수 없는 것이다.

동전을 천 번 던지면 약 500번은 앞면이 나오고 약 500번은 뒷면이 나오듯이 불운과 행운은 반반씩 주어진다. 행운이 주어졌을 때 육체적으로나 정신적으로 기회를 잡아 일하는 자만이 그 일을 돈으로 저장해 놓는다.

불행이 던져졌다면 통계 법칙으로 반드시 그만큼의 행운이 주어진다. 행운과 불행을 따질 필요 없이 육체적으로나 정신적으로 일을 많이 해서 돈으로 저장해 놓으면 된다.

돈을 쓰지 않고 모아놓는 것에 가치를 두는 사람은 돈을 쓰는 것보다 모아놓는 것으로 마음의 만족을 얻는다. 이 만족은 돈을 써서 생기는 만족이나 마찬가지이다. 이렇게 일(양)과 돈(음)을 상대적 음양론으로 바라보면 돈이 모이지 않을 수 없다.

X. 음식의 음양

이 세상에는 사람이 먹을 수 있는 것과 먹을 수 없는 것이 있다. 인간을 구성하는 물질과 비슷한 것은 먹을 수 있고 전혀 다른 것은 먹을 수 없어 음식이 될 수 없다.

원소로 말하자면 탄소(carbon), 수소(hydrogen), 산소(oxygen), 질소(nitrogen)의 비율이 인간을 구성하는 비율과 비슷하게 구성된 것은 음식이 된다. 당질(CHO), 단백질(CHON), 지질(CHOCOOH)로 구성되어 있는 동물과 식물은 음식이 될 수 있다.

인체는 주로 단백질과 당질, 지질의 유기물질로 되어 있고 칼륨(K), 나트륨(Na), 염소(Cl), 철(Fe), 구리(Cu), 칼슘(Ca) 등 약간의 무기물질이 인체의 생리 활동에 관여한다. 따라서 인체를 구성하는 각 원소의 함량을 측정하고 각 원소의 비율을 정해 보면 어떤 음식이 가장 좋은 음식인지 알 수 있다.

인간은 인체 구성 물질의 세대교체와 그 구성 물질을 작동시키는 에너지를 얻기 위해서 음식을 먹는다. 생명 유지를 위한 기초 물질과 기초 에너지를 유지하기 위해 배고픔과 갈증을 느낀다. 정신적으로나 육체적으로 에너지 소모가 많아지거나 구성 물질의 세대교체가 많아지면 보다 많이 먹는다.

식욕이나 갈증은 생명 유지에 필요한 인체 구성성분과 에너지의 공급을 담당하고 있다. 각 구성성분의 부족과 에너지의 부족은 신경의 말단을 통해 감지되고 그 신호는 뇌로 올라가 종합되어 뇌의 시상하부(hypothalamus)에 있는 식욕과 갈증 중추를 자극한다. 이렇게 해서 들어올 음식물과 음료수는 맛에 의해서 필요한 것만 선택된다.

예를 들어 비타민C가 필요하다면 비타민C가 들어 있는 과일과 야채는 맛이 있는데 비타민C가 거의 없는 고기는 맛이 없어진다. 일을 많이 해서 배가 고픈 사람은 에너지원이 되는 당분이 별로 없는 야채보다 당분이 많은 빵이나 칼로리가 많은 고기가 더 맛있다.

땀을 많이 흘리고 운동을 많이 하여 갈증이 나고 에너지가 급히 필요한 사람은 소화가 필요 없는 설탕물인 탄산음료가 음식보다 먼저 먹히고 맛이 있다. 땀을 많이 흘려 나트륨, 염소, 칼륨 등의 전해질이 많이 소모되면 보다 짠 음식이 맛있다.

가난한 사람들은 짠 음식을 좋아한다는 말이 있다. 그들이 땀을 흘리는 육체노동을 주로 하기 때문이다. 열대지방 사람들의 음식도 짜다는 것을 독자들은 잘 알고 있을 것이다. 음식을 아끼기 위해서 혹은 식품 보존을 위해 짜게 할 수도 있지만 땀을 많이 흘려 소금(NaCl) 성분이 부족하기 때문에 짠 것이 맛이 있다.

나트륨, 염소, 칼륨 등의 전해질이 많이 함유된 스포츠 음료를 겨울에 땀을 흘리지 않은 상태에서 먹으면 짜고 맛이 없으나 운동을 하여 땀을 흠뻑 흘리고 나서 마시면 그렇게 고소하고 맛있을 수가 없다.

고기는 빵보다 맛이 있다. 구성 원소의 비율이 인체와 비슷하기 때문이다. 맛이 좋다는 것은 인체가 필요로 하는 물질을 많이 가지고 있다는 것이다.

맛은 수시로 변한다. 인체가 필요로 하는 것이 시시각각으로 변하기 때문이다. 고기가 아주 맛이 있다가 인체에 필요한 성분이 다 들어왔다 싶으면 과일이 맛있어 보인다. 급한 것은 충족됐으니 그것의 소화 흡수에 필요한 촉매가 되는 무기물과 비타민이 필요하기 때문이다.

고기를 먹은 지 한 시간 정도 지나면 갈증이 생긴다. 고기를 소화시키는 데는 많은 소화액이 필요한데 이 소화액의 분비로 물의 보충이 필요해졌기 때문에 갈증이 난다.

1. 입맛과 건강

아이들은 햄버거, 프라이드 치킨 같은 기름진 음식과 사탕 같은 단 것을 매우 좋아한다. 자라나기 위해서 세포 생성이 많아져 농축된 영양분이 필요하기 때문이다. 아이들은 신 것도 좋아한다. 신맛은 에너지를 수렴하여 물질화시키는 작용을 하여 세포 생성에 기여하기 때문이다.

노인들은 기름진 것과 단 것을 즐기지 않을뿐더러 신맛을 싫어한다. 소화력이 약하기 때문일 수 있지만 세포의 생성 필요가 적어져 에너지를 물질화하기 위해 수렴할 필요가 없기 때문이다.

이처럼 맛은 사람이 그때그때 필요한 것을 골라 먹게 한다. 맛은 사람에 따라 다르고 시간에 따라 다르다. 사람에 따라 다른 것은 사람 성질에 음양의 편차가 있듯이 각자가 구성성분도 다르고 생리 활동의 경향이 다르기 때문이다.

단 것을 좋아하거나 매운 것을 좋아하는 것은 본래 그 사람의 성격이 정(靜)적이기 때문에 활동을 촉진시키는 단 것과 매운 것을 좋아하는 것이다. 단 것은 생리 활동에 필요한 에너지원이 되고 매운맛을 가진 식품은 위액분비와 혈액순환을 촉진한다.

아이들이 단 것은 좋아하지만 매운 것을 싫어하는 것은 위액 분비가 잘 되고 혈액순환이 빨라서 매운 것이 필요하지 않고 오히려 해가 될 수 있기 때문이다.

일반적으로 식물성 음식을 좋아해 고기(高氣[high energy])를 안 먹는 사람이 있다. 해부학 실습을 하고 나서 고기가 시체의 살점 같아 안 먹는 다든지, 어렸을 때 집에서 기르던 가축을 도살하는 장면을 본 후 안 먹는 다든지, 종교적인 이유로 안 먹는 등 특별한 정신적인 이유가 있는 경우도 있다.

그러나 그 사람의 생리 활동의 균형을 맞추기 위한 경우가 대부분이다. 양이 많아 물질의 에너지화가 불같이 일어나고 있을 때 열량이 많은 고기를 먹으면 몸에 휘발유를 끼얹는 것 같기 때문에 고기를 먹지 않는다.

인간의 음양 편차로 음이 많은 사람은 모든 생리기능이 약하다. 특히 위장 기능이 약하다. 동물의 분류에 따르자면 초식동물에 해당된다. 동물을 음양으로 분류하면 유순하고 순간의 동작이 느린 초식동물은 음이고, 사납고 순간의 동작이 빠른 육식동물은 양이다.

음이 많은 사람은 초식동물에 해당하므로 고기를 소화시킬 만한 효소도 덜 나오고, 육식동물과 달리 사냥을 위해 오랫동안 먹지 않고 견딜 수 있도록 인체에 저장되는 고기가 별로 필요 없다.

탄수화물은 대체로 바로 쓰이지만 고기는 저장이 쉽게 된다는 것이 고기에 있는 탄소의 방사능 추적으로 밝혀졌다. 그래서 살이 찌지 않기 위해서는 같은 칼로리를 가진 고기와 탄수화물 중에서 탄수화물을 먹어야 한다.

일반적으로 채식만 하는 사람은 성격이 차분하고 조용하다. 야채와 곡식은 고기에 비해 음이다. 그 사람이 본래 음이 많기 때문에 차분하고 조용하기도 하지만 음적 음식이 그 사람을 음으로 만들 수도 있다.

2. 초식 동물(동양인)과 육식 동물(서양인)

서양 사람들은 동양 사람들에 비해 활동적이고 외향적이고 공격적이고 평상시 동작이 빠르다. 동양 사람들은 비활동적이고 내성적이고 공격적이지 않고 평상시 동작이 느리다. 서양 사람들은 양이 많은 사람들이라 육식 동물에 비유할 수 있고 동양 사람들은 음이 많은 사람들이라 채식 동물에 비유할 수 있다.

실제로 동양 사람들은 채식을 즐겨 먹고 서양 사람들은 육식을 즐겨 먹는다. 중국음식점에 가면 주로 나오는 것이 고기인데 무슨 소리냐고 할

지 모른다. 그것은 음식점에 있는 메뉴이고 어쩌다 한번 먹는 고기 요리들이다. 집에서는 늘 그렇게 고기를 많이 먹는 것은 아니다.

어쩌다 고기를 먹을 때에도 동양 사람들은 쌀을 주로 많이 먹고 고기는 조금씩 곁들여 먹는다. 고기도 일단 양념에 재서 어느 정도 소화시켜 놓은 고기를 먹는다. 그들에게는 그래야만 고기가 맛이 있다. 그러나 고기의 성분이 많이 필요하고 위액분비가 좋고 고기를 소화시키는 효소가 많은 서양 사람들은 동양의 고기 요리가 양념을 별로 쓰지 않는 스테이크보다 맛이 덜하다.

3. 입맛과 보약

맛은 각 개인이 필요한 성분을 선택적으로 섭취하기 위해서 아주 중요하다. 영양학자들은 탄수화물은 몇 % 먹고, 지방은 몇 %, 단백질은 몇 %, 소금은 몇 g, 비타민은 몇 mg 먹는 게 이상적이라고 규정하지만, 그것은 병이 들어 맛의 기능이 발휘되지 못하는 환자들을 위한 것이고, 건강한 사람은 그 숫자에 구애될 필요가 없다.

비타민C가 필요할 때는 비타민C가 많이 들은 귤이 아주 맛있어 비타민C가 충족될 때까지 먹고 싶어진다. 세포가 빨리 형성돼야 하는 어린이들은 지방이 많은 고기가 맛이 있어 자꾸 먹으려 하며 세포막 형성에 필요한 지방을 충족시킨다. 땀을 많이 흘려 전해질이 부족한 사람은 소금이 많이 들은 김치가 유난히 맛있다.

순대는 돼지 창자에 돼지 피와 밥, 당면, 여러 가지 양념을 넣은 것인데 처녀들은 그것을 먹기 싫어하는 경우도 있다. 그러나 처녀가 결혼해서 임신을 하게 되면 순대가 먹고 싶으니 사달라고 할 때가 많다.

임신을 하면 혈류량이 20~30% 정도 많아진다. 태아를 양육하기 위해 단시일 내에 피를 많이 만들어야 하는데 보통 음식에는 적혈구 형성에 필요한 철이나 구리가 많지 않다. 돼지 피에는 적혈구 형성에 필요한 모든 성분이 풍부하게 들어 있다.

또한 태아의 뼈를 형성하는 데는 칼슘이 많이 필요하다. 옛날 사람들은 우유를 안 먹고 대신 멸치를 삭혀서 야채에 넣어 만든 김치를 늘 먹었다. 칼슘이 풍부한 음식을 많이 먹어주지 않으면 산모의 이가 빠진다. 잇속에 있는 칼슘 성분이 태아로 가기 때문이다.

여자가 남자보다 골다공증이 많은 것은 호르몬의 영향도 있겠지만 임신 중에 충분한 칼슘 섭취가 안 됐기 때문일 수도 있다.

우리 속담에 "임신한 사람이 먹고 싶은 것을 안 먹으면 눈이 하나밖에 없는 아기가 나온다"는 말이 있다. 임신 중 영양공급이 중요하다는 것을 간파한 한의사들이 만들어낸 말일 것이다. 그래서 임신부의 부모들은 장애인 손자 두는 것이 두려워 돈이 없어 자기들은 굶더라도 임신부가 먹고 싶어 하는 이상한 음식을 공급해 주었다.

건강해지려면 건강에 관한 지식도 많아야 되지만 맛에 귀를 기울여야 한다. 필요한 영양분이 공급되지 않아서 건강에 심각한 해가 될 때는 무엇이 먹고 싶다는 생각이 떠오르지만, 그 정도가 약할 때는 보거나 냄새를 맡으면 먹고 싶어진다.

건강을 위해서 적어도 한 달에 한 번은 음식 종류가 다양한 뷔페식당에 가는 것이 좋다. 평소에 먹어 보지 않은 외국 음식이 있는 뷔페가 더욱 좋다. 음식을 보고 냄새 맡고 맛이 있어 보이는 것을 골라 먹는다. 그것이 맛이 있으면 그 음식에 들어 있는 그 성분이 부족한 것이니 맛이 없어질 때까지 먹어야 한다.

맛이 없어졌다는 것은 필요한 성분이 이미 충족됐고 더 이상 들어오면 해가 된다는 것이다. 그리고 나서 또다시 한 바퀴 돈다. 또 맛이 있는 것이 보이면 먹어보고 정말로 맛이 있으면 더 먹는다.

4. 요리의 음양

요리의 주된 목적은 음식을 맛있게 처리하는 것이다. 음양이 조화된 음식은 맛이 있으므로 요리는 음양을 조화시키는 처리법이라 할 수 있다. 어떤 집은 똑같은 재료로 만들었는데 음식이 맛있고 어떤 집은 없다.

이것은 재료의 배합 비율이 다르고 조리 방법이 다르기 때문이다. 같은 성분이라도 같이 먹어주는 다른 성분의 영향으로 인체 내에 들어와서 그것이 작용하는 방향이 달라진다.

고기를 소금이나 양념을 넣지 않고 먹으면 맛이 없다. 생명이 없는 고기는 너무 음적이기 때문에 위장에 부담만 되고 소화·흡수가 되지 않는다. 그래서 양적인 양념에 재어 삭혀서 부분적으로 소화시켜 놓으면 위장이 부담이 덜 되어 바로 구워 먹는 것보다 맛이 있다.

중국요리에는 고기를 땅콩과 캐슈(cashew) 등의 견과류와 함께 볶는 것이 많다. 고기를 먹다가 땅콩, 아몬드, 캐슈 등 견과류를 같이 먹어보면 아주 맛이 있다.

고기에는 콜레스테롤도 많고 체내에서 LDL(저밀도 콜레스테롤)로 변해서 동맥 벽에 부착되게 하지만 견과류는 불포화지방이 많아 체내에서 HDL(고밀도 콜레스테롤)로 변해 동맥 벽에 붙은 지방질을 떼어내는 작용을 한다. 그래서 같은 고기 요리라도 견과류가 들은 요리는 맛이 있다.

같은 고기라도 싱싱하지 않고 약간 상한 고기는 역겨운 맛이 난다.

음이 더욱 강해져서 인체에 들어오면 해를 입히기 때문이다. 그러나 생강이나 마늘 같은 양이 들어가면 다시 맛이 난다.

생강이나 마늘이 실제로 세균을 죽이는 효과도 있다. 세균을 배양해서 생강이나 마늘 추출물을 뿌려 놓으면 세균이 죽는다. 양념은 위액 분비를 촉진시키기도 하지만 살균하는 효과도 있다. 조리법이 중요한 이유는 그 조리법이 살균도 하고 위액분비를 촉진시키기 때문이다.

중국 사람들은 중국식 프라이팬인 웍(wok)을 써서 아주 강한 불로 요리를 한다. 고깔 모양의 웍이 강한 불을 격리시키지 않아 실제로 불이 음식에 옮겨 붙었다가 웍을 살짝 흔들면 꺼진다. 불을 붙여 탄 냄새가 나는 것은 음식을 살균하여 불쾌한 맛을 없애기도 하고 베이컨의 스모크처럼 불맛이 일종의 양념으로 작용한다.

이 탄내는 양으로서, 음인 고기를 중화시키고 음인 세균을 죽인다. 그러나 너무 많이 태우면 맛이 써지고 덜 태우면 맛이 있어진다. 너무 탄 것은 먹기 역겨워지는데 페놀이라는 성분이 형성되어 발암제가 된다. 먹기 역겨운 것은 입맛이 발암제 유입을 막는 것이다.

프랑스 사람들은 고기를 구울 때 포도주를 넣고 불을 붙이기도 한다. 알코올에 의한 살균과 불에 탄 냄새를 이용하는 조리법이다. 햄이나 소시지처럼 음식을 훈제하는 것도 이 두 가지 효과가 있다. 돼지고기는 소고기보다 더 음적이기 때문에 소고기를 훈제한 것보다 돼지고기를 훈제한 것이 더 맛있다.

같은 성분의 재료라도 그 신선도와 재료의 좋고 나쁨에 따라 인체에 미치는 영향이 달라지고 맛이 달라진다. 또 같이 들어가는 재료의 종류와 양에 따라서, 조리법에 따라서 인체에 다른 영향을 미치고 맛이 달라진다.

물질은 에너지로 변한다. 즉, 존재하는 모든 물질은 그 특유의 작용이 있다. 한 음식의 수많은 구성성분들은 인체에 들어와 각기 다른 작용을 한다. 작용하는 방향이 서로 상충되어 효과가 약해지기도 하고 서로 도와 폭발적인 상승 작용을 하기도 한다.

구성성분들이 함께 이루어 내는 종합적인 작용은 그 구성성분들의 비율에 따라서도 달라진다. 그래서 같은 재료가 들어간 음식이라도 성분의 비율에 따라 인체 내에서 작용이 달라지므로 맛이 달라진다.

5. 화학 조미료의 가짜 맛

화학 조미료(monosodium glutamic acid)가 들어간 음식은 맛있다. 화학 조미료는 아미노산이 약간 변형된 것으로, 고기 맛을 강하게 낸다. 고기를 구성하는 단백질에는 아미노산들이 있는데 그중에서 가장 고기 맛을 내는 것이 글루타민산이라는 아미노산이다.

여러 가지 아미노산이 섞이면 서로 상충돼서 맛이 그렇게 강하지 않으나 글루타민산만 따로 추출해 나트륨과 화합시키면 강렬한 고기 맛을 내게 된다.

자연 상태로 있는 물질은 그것이 유기물질일 경우에는 구성성분들의 작용이 상충되어 그 작용이 극렬하게 일어나지 않는다.

우주를 구성하는 각 물질은 음, 양의 성질을 각기 다르게 가지고 있어 결국은 음적 물질과 양적 물질들이 조화를 이루고 있다. 원자에서도 양성자와 전자의 극성이 조화를 이루고 있는 것처럼 어떤 유기체의 세포들도 음과 양의 성질이 골고루 분포되어 어느 정도의 조화를 이루고 있다. 그러나 그 조화도 종합적으로는 어느 정도의 음양의 편차가 있다는 것은 앞에서 말했다.

유기물질일수록 그 편차가 적고 무기물일수록 편차가 많다. 우주 전체가 음양이 50:50으로 조화된 것처럼 어느 정도 음양이 비슷하게 조화된 인간에게는 음양의 편차가 적은 것이 들어와야 인간의 생리를 해치지 않는다. 그래서 사람만큼은 아니나 음양이 조화되어 있는 고기가 식물이나 광물보다 맛이 있다.

고기 맛을 내는 어느 특정한 아미노산만 분리시켜서 먹으면 그것은 다른 성분의 제어를 받지 않기 때문에 부작용을 일으킬 수 있다. 어떤 약초가 어느 질병에 효과가 있어서 그 주된 성분을 분리해서 써보면 다른 성분의 견제를 받지 않아서 효과는 강해지지만 그 작용이 한쪽으로 치우쳐 일어나기 때문에 부작용이 생긴다.

유기체 속에서 어느 성분이 양의 성질을 가지고 있어서 양의 작용이 강하게 일어나면 음의 성질을 가진 물질이 생겨나 그 유기체에 해를 줄지 모르는 양의 작용을 견제한다. 이것이 태극의 음양 조화 능력이다.

많은 양약들이 원래는 약초에서 시작되었으나 지금은 유효성분을 추출하여 합성해서 쓰는데 그러면 적은 양으로 큰 효과를 낼 수는 있으나 부작용이 크다.

유기체에서 일부분의 성분만 추출해서 먹었을 때의 맛은 가면을 쓰고 있는 것이라 자연 상태에서 그 맛을 가진 음식물의 작용과는 다르다. 따라서 미각의 착각을 일으키는 화학 조미료는 맛과 그 맛이 인체에 미치는 작용이 다르게 나타나서 부작용이 있다.

사카린도 탄수화물의 맛을 가지고 있지만 유기물질인 탄수화물과 달리 무기물질이기 때문에 그 작용이 전혀 다르다.

인공조미료는 가면을 쓰고 있는 것과 같아서 맛이 인체에 미치는 영향의 일반적인 이론에서 제외되어야 한다.

XI. 맛의 음양

동양의학에서는 맛과 그 맛을 가진 음식물이나 약의 치료 효과를 몇 천년 동안 연구해 왔다. 한의학에서는 음식과 약의 구분이 따로 없다. 인체와 성분이 비슷하고 매일 먹어도 별 부작용이 나오지 않는 것은 음식이고 부작용이 나타나나 치료를 위해 잠시 쓰는 것이 약이다. 음식도 치료 효과가 있으면 약이라 부른다.

우리가 매일 먹는 음식도 약간의 음양의 편차가 있기 때문에 음양의 편차로 인한 질병을 치료할 수 있다. 그래서 한의학 약물학 책에서는 매일 먹는 음식도 치료 효과를 적고 있다. 이 음식들의 치료 효과를 결정짓는 데는 맛이 중요한 역할을 한다. 서양의학에서 화학으로 약의 효과를 분석하듯이 동양의학에서는 맛으로 음식이나 약의 효과를 분석한다.

화학으로는 어느 음식물 하나도 수 억의 성분들이 있는데 그 성분들을 완전히 분석한 것은 없다. 그 성분들을 도저히 과학으로 모두 찾아낼 수 없기 때문이다. 존재하는 것은 모두 다른 작용을 하기 때문에 제대로 분석하려면 양자적 차원(quantum level)에서 분석해야 하니 음식물을 과학으로 분석하는 것은 거의 불가능하다.

그러나 음식은 어느 한 성분만을 먹는 것이 아니라 전체를 먹는 것이기 때문에 부분들이 한데 어울려 나타내는 맛으로 그 종합적인 음양의 편차를 알아낼 수 있다.

1. 양적인 맛: 매운맛, 단맛, 짠맛

1) 매운맛

매운맛은 양에 속하고 에너지를 발산한다. 매운 고추를 먹으면 정신이 번쩍 들고 흥분이 돼서 어쩔 줄 모르고 땀이 난다. 호기가 흡기보다 많아지고 호흡이 빨라지며 차가운 물을 찾게 된다.

위액분비가 많아지고 위장관의 활동이 빨라져서 침이 나와 소화가 잘되고 급격한 장운동으로 설사가 난다. 매운맛이 움직임을 활발히 하는 양의 작용을 촉발시키는 것이다. 차가운 물은 음에 속하는데 매운 것을 먹고 물을 찾는 것은 양의 불을 음의 상징인 물로 중화시키고자 하는 것이다. 매운맛을 가진 음식들은 양에 속한다.

고추가 대표적이고 마늘, 생강, 양파, 파, 계피, 후추, 카레 속의 많은 향료들, 겨자가 매운맛을 가진 식품들이다. 이들은 모두 양에 속하는데 주된 맛이 매운맛이고 다른 맛이 섞여 있어서 서로 다른 특유의 맛을 가지고 있어 작용이 조금씩 다르다.

이들은 매운맛을 공통적으로 가지고 있어 인체의 생리기능, 특히 소화기능을 촉진시키는 공통적인 작용이 있다. 그래서 모두 양념으로 사용한다.

(1) 탄수화물, 단백질과 지방의 음양
탄수화물, 단백질, 지방, 세 그룹을 음양으로 분류하면 지방이 가장 음적이고 탄수화물이 가장 양적이다. 영양학에서는 단백질과 지방을 분리하지만, 음양론적 관점에서 쏠 때는 단백질과 지방은 크게 차이가 없다. 둘 다 음에 속하나 지방이 보다 음적일 뿐이다.

칼로리는 바로 일을 할 수 있는 에너지이기 때문에 양이다. 지방이 1g당 9kcal의 열량이 있다는 것은 에너지가 매우 농축되어 있다는 것이다. 농축된 것은 분자운동이 활발하지 않다는 것으로 음에 속한다. 단백질은 1g당 4kcal의 열량이 발생하므로 지방보다는 양적이나 탄수화물보다는 음에 속한다.

지방과 단백질은 주로 에너지를 함유한 상태로 저장되거나 인체의 세포를 이루는 데 사용되니 그 작용이 음이라 할 수 있다. 이들에 비해 탄수화물은 주로 활동 에너지로 사용되니 양이라 할 수 있다. 지방질이 많을수록 음적이라 그것을 중화시키기 위해 양인 양념이 더 많이 들어가야 맛이 있다.

(2) 매운맛을 가진 양념과 야채

고기가 섭취되려면 분해되어 재구성돼야 한다. 음인 고기를 분해시키려면 양으로 변해야 한다. 양으로 변화시키기 위해서 음인 고기와 함께 양인 양념을 먹으면 분해가 쉽게 일어난다. 또 분해작용의 일환인 소화액 분비와 위장의 활동을 촉진시키는 양적인 양념을 같이 먹어야 맛이 있다.

고기는 상하기 쉽다. 즉, 세균이 살기 쉬운데 세균은 어둡고 습한 곳을 좋아한다. 음을 좋아하는 것이다. 그래서 양이 많은 양념을 뿌리면 세균들이 죽는다.

드라큘라는 어둡고 습한 곳을 좋아하는 음물이고 신은 상대적으로 밝고 건조한 곳을 좋아하는 양물이다. 따라서 음물인 드라큘라는 양물인 마늘과 빛, 그리고 양적인 신의 상징물인 십자가를 싫어한다. 이처럼 음물인 세균들은 양물인 양념을 싫어해 죽게 된다.

세균이 번식하면 고기 맛이 나빠지고 양념으로 세균이 죽으면 고기

맛은 좋아진다. 열대지방의 음식은 양념이 풍부하다. 여름에는 인체의 에너지가 팔, 다리 등의 활동 기관으로 가고 위장 등의 소화기관에는 덜 가서 소화력이 약해진다. 또한 덥고 습기가 많아서 음식이 상하기 쉽다. 그래서 소화기관의 활동을 촉진시키고 세균을 죽이는 양념을 많이 쓴다.

카레는 복합 향료로서 위에 열거한 양념들을 모두 갈아서 만든 것과 비슷하다. 이 양념들은 양에 속해서 분자운동이 활발하므로 냄새가 난다. 고기는 분자운동이 활발하지 않아서 상하지 않는 이상 별로 냄새가 없다. 있더라도 역겨운 비린내가 난다.

역겨운 냄새는 음이기 때문에 인체 기능을 침체시킨다. 양념은 고기의 이런 부작용을 상쇄시킨다. 양념은 양념으로서 공통 작용이 있지만 섞인 맛에 의해서 각자의 독특한 맛이 있고 독특한 작용이 있다.

2) 단맛

단맛은 탄수화물의 맛이다. 실제로 인체에 에너지를 공급해 준다. 양념은 그의 양적인 성질로 생리 활동을 촉진시키기는 하나 실제로 에너지를 공급해 주지는 않는다. 그러나 양파와 계피는 단맛의 함량이 많다. 음식의 역할도 하기 때문에 다른 양념보다 많은 양이 사용된다. 실제로 에너지를 공급해 주기 때문이다.

(1) 단맛의 약효

음식물과 음식물이 아닌 것의 차이점은 단맛에 달려 있다. 단맛이라고 꼭 설탕처럼 단맛만을 의미하지는 않는다. 한 컵의 물에 설탕을 1/4g 정도 넣었을 때 느끼는 맛도 단맛이지만 물맛보다 조금 단맛이 있어도 단 것이다. 쌀밥에 단맛이 있고 설탕을 넣지 않은 빵도 물론 단맛이 있고 고기도 약간의 단맛이 있다. 야채인 무나 양배추, 양파, 홍당무에도 단맛이 있다. 과일은 말할 것도 없다.

음식은 생물 중에 우리가 늘 먹는 것으로, 단맛이 많은 것들만 골라 놓은 것이다. 음식물에는 기본적으로 단맛이 있고, 그 섞인 성분에 따라 특유한 맛이 나며 독특한 작용이 있다.

① 진통·진경 작용

단맛이 가장 강한 것은 꿀이다. 단맛은 음과 양이 조화된 맛이다. 단맛을 가진 물질은 음양이 조화된 인체를 생양할 수 있기 때문에 음식은 모두 단맛이 있다.

꿀은 복통에 먹는다. 복통 중에 주로 위경련을 완화시키는 효과가 있다. 에너지는 음양의 법칙에 따라 집중됐다가 분산되는 것을 반복해야 하나 경련은 집중만 되는 것으로, 근육이 이완되지는 않고 수축만 계속되어 통증을 일으킨다.

단맛은 음양이 조화된 맛으로 음양의 한쪽 방향의 작용이 극렬하게 일어나는 것을 반대 방향의 작용으로 변하게 한다. 이것은 태극의 통일 작용이고 이 작용을 어머니와 하느님의 마음에 비유할 수 있다.

어머니나 하느님은 못난 사람은 못난 대로 장점을 찾으려고 하고 잘난 사람은 잘난 사람대로 단점을 찾아내어 충고해 준다. 잘나나 못나나 자기의 자식이므로 항상 전체에 고르게 사랑을 펼치고 있다.

근육 경련처럼 양의 작용만 있고 그 작용이 음으로 변하지 않을 때 음으로 변화시켜 근육의 경련을 푼다. 위경련이 있을 때는 뜨거운 물에 꿀을 타서 먹으면 얼음이 뜨거운 물에 녹듯이 통증이 사라진다. 딸꾹질은 횡격막의 경련이 주기적으로 일어나는 것인데 이럴 때는 설탕을 한 숟가락 입에 넣고 서서히 녹여서 먹으면 딸꾹질이 사라진다.

② 해독 작용

단맛은 무엇이든 극렬한 작용을 완화시킨다. 요리를 하다 소금이나 고춧가루를 너무 많이 넣어서 음식 맛을 망쳐 놓았을 때 설탕을 넣으면 그 짜거나 매운맛이 적어진다. 이런 작용이 독을 해독한다. 독이란 극렬한 생리작용을 일으키는 것으로, 단맛은 그 한쪽으로 치우친 극렬함을 완화시킨다.

중간에서 양쪽의 성질을 조화시키는 단맛을 중재 역할을 한다고 해서 중개인에 비유하기도 한다. 그래서 단 풀이라는 뜻을 가진 감초는 다른 약의 극렬함(독)을 중간에서 다독거려 해독한다. 이것이 어느 처방이나 들어가는 약방의 감초가 하는 일이다.

③ 보(補)하는 작용

단맛은 에너지원의 맛으로 에너지 소모가 많은 사람들은 단맛을 가진 음식물을 많이 먹는 것이 좋다. 특히 여러 가지 음식 중에 단맛을 가진 것들은 소화가 잘 된다. 소화 기능이 약한 노약자, 병후 회복기에 있는 환자는 단맛을 많이 먹는 것이 좋다. 특히 꿀이 좋다. 꿀은 에너지 공급 외에 장기의 기능을 강화하는 능력을 가지고 있다.

설탕은 먹다가 중단하면 설탕을 먹을 때의 효력이 없어지지만, 꿀은 몇 주간 먹다가 중단해도 효과가 지속된다. 에너지의 축적은 활발한 작용을 일으키기 때문에 단맛을 음양론으로 구분하면 약한 양에 속한다.

(2) 곡식들의 단맛

단맛이 많은 곡식과 과일들은 양에 속한다. 모두 인체의 생리작용을 활발하게 한다. 곡식과 과일을 음양으로 분류한다면 곡식이 보다 양이고 과일은 보다 음이다. 그러니까 곡식은 양 중에 양이고 과일은 양 중에 음이다.

곡식은 음의 요소인 수분이 적고 과일은 수분이 많기 때문이다. 그리고 과일은 신맛이 있어 생리기능을 수렴시킨다. 따라서 음적인 맛인 신맛을 어느 정도 가지고 있어 양 중에 음이 된다. 곡식 가운데 보리, 밀, 귀리 등은 음에 속하고 쌀, 찹쌀 등은 양에 속한다.

지금은 식품 가공 기계가 발달하여 곡식의 겉껍질을 완전히 벗기고 그것도 모자라 알곡의 겉을 깎아서 나오기 때문에 곡식들의 맛이 비슷하고 성질도 별 차이가 없다.

알곡의 겉을 깎지 않은 상태에서는 맛과 성질이 확실히 달라 곡식들의 음양을 구분하기가 쉽다. 그러나 겉을 깎았다고 구분하지 못하는 것은 아니다. 백인이 피부를 검게 물들였다고 흑인이 되는 것은 아니기 때문이다.

보리, 밀, 귀리 등은 소화가 덜 된다. 소화 기능이 약한 사람들은 배에 가스가 많이 찬다. 오트밀이 변비에 좋은 것은 소화가 덜 되기 때문이다. 소화가 덜 되는 음식은 분자운동이 둔하다는 것이고 그것은 음이 된다. 그리고 이들 음적인 곡식은 약간의 역겨운 맛이 숨어 있다. 역겨운 맛은 쓴맛이 대표적인 데 쓴맛은 음적인 맛의 대표이다.

3) 짠맛

짠 것을 먹으면 물을 마신다. 음과 양이 서로 끌리고 남녀가 서로 합치려고 하듯이 소금과 물은 항상 섞이기 원한다. 그래서 소금은 항상 물로써 촉촉해져 있고 물이 오래된 것은 짜다(바닷물). 인체에 소금이 필요한 이유는 일정량의 물을 인체 내에 함유하기 위해서이다.

물이 음의 대표적인 물질이라는 것은 지금쯤 누구나 알 것이고 그 반대인 짠 것은 양이다. 물은 만물을 씻어내고 깎아내서 바닷속에 감추어 두려고 하지만 그것의 결정체인 소금은 폭발하려고 한다. 프라이팬에 소금을 올려놓고 볶으면 소금이 터진다. 예전에는 짠맛을 가진 초석과 소금이 폭탄의 재료로 쓰였다.

다이너마이트의 원료가 되는 니트로글리세린은 협심증에 관상동맥 확장제로 쓰인다. 암벽을 뚫는 양적 작용으로 혈관을 확장시키는 것이다. 비아그라도 협심증의 치료제 비슷한 성분으로 심장의 혈관보다는 성기의 혈관을 확장할 수 있어 발기 촉진제가 되었다.

짠맛을 가진 것은 양의 성질이 있어 체외에서는 밀폐된 공간을 뚫고 팽창하여 폭탄의 원료가 되고 체내에서는 혈관을 확장시켜 혈액순환을 원활케 한다.

고기에 소금이 들어가야 맛이 있는 이유는 두 가지가 있다. 고기는 소화가 어렵다. 그래서 폭탄의 원료로 쓰이는 소금의 양적 작용을 빌어야 분해가 잘 된다. 고기는 본래 살아 있을 때는 혈관을 통해서 소금을 공급 받았다. 이것이 생명체에 들어가서 생명체의 일부분으로 작용하려면 다시 소금이 필요하기 때문이다.

2. 음적인 맛: 신맛, 쓴맛

음식으로 쓰이는 것들은 공통적으로 단맛을 가지고 있지만 신맛, 쓴맛, 짠맛, 매운맛을 곁들여 가지고 있다. 이중에서 신맛과 쓴맛은 음에 속하고 매운 맛과 짠맛은 양에 속한다.

1) 신맛

신 것을 먹으면 몸이 오그라들고 갑자기 추워지는 느낌이 든다. 운동을 많이 하여 땀을 흘린 후에는 신 것이 먹고 싶어진다. 신 것은 활발한 생리 활동을 수렴시키고자 하는 방향으로 작용한다. 그래서 음에 속한다.

과일은 우선 달다. 그리고 신맛이 조금 섞여 있다. 달기 때문에 인체에 필요한 에너지를 공급해 줄 수 있고, 물기가 많아 수분을 공급해 주며 신맛이 있어 에너지를 수렴해 준다. 과일이 신맛이 나는 것은 과일이 나무의 에너지를 가을에 거두었기 때문이다. 과일은 달아서 양이고 물기와 신맛이 있어 양 중에 음이 섞인 물질이다.

2) 쓴맛

쓴맛을 가진 음식물은 드물다. 쓴맛을 먹으면 강한 거부감이 일어나면서 뱉어 버리고 싶다. 생명을 정지시키는 죽음의 맛이기 때문이다. 쓴맛은 강한 음이므로 항상 움직여야 하는 생명체의 활동을 정지시킨다.

일단 살아 있는 것은 음보다 양적 성분이 좀 더 필요하다. 그래서 쓴맛을 가진 물질은 음식으로 쓰이지 않고 약으로 쓰인다. 양이 과해서 오는 열을 식히는 약으로 쓰인다. 음식물에도 쓴맛이 있는 경우가 있는데 주된 맛이 아니라 다른 강한 양적인 맛과 조금 섞여 있다.

대변은 맛이 쓰다고 한다. 음양이 어느 정도 조화된 음식에서 생명체에 필요한 양을 모두 빼내고 나면 남는 것은 음적인 것뿐이라서 대변 맛은 쓰다. 열이 나고 맥박이 빠른 상태의 양적인 병을 치료하는 키니네와 항생제, 부신피질호르몬 같은 살균, 해열, 소염제는 그 맛이 쓰고 아스피린은 시다.

3. 곡류

1) 쌀

쌀은 소화가 잘 되고 역겨운 맛이 거의 없다. 그래서 인종을 막론하고 곡식 중에 쌀을 제일 좋아한다. 쌀 중에도 찰진 우리 쌀보다 불면 날아갈 것처럼 끈기가 없는 안남미가 보다 소화가 잘 되고 양적이다.

북반구의 서쪽은 동쪽보다 음성이 많은 지역이다. 같은 위도라면 서쪽은 춥고 습한 것이 특징이다. 그 지역에 사는 사람들은 에너지가 내부인 위장으로 수렴해 있기 때문에 소화력이 좋다. 위액 분비가 많으므로 곡식은 금방 소화가 되어서 고기 먹기를 좋아한다. 그래서 서양 사람들이 동양 사람보다 고기를 많이 먹는다.

동양 사람들은 서양 사람보다 소화력이 약하다. 따뜻한 곳은 사람의 에너지가 겉으로 나가 운동하는 데 쓰이기 때문에 내부의 소화력이 약해진다. 따라서 동양 사람들은 소화 안 되는 고기보다는 곡식을 즐기고, 곡식 중에서도 가장 양적인 쌀을 주식으로 한다.

동양 사람 중에서도 북쪽 사람들인 한국, 일본 사람들은 남쪽 사람들보다 소화력이 나아서 보다 음적이고 찰진 쌀을 즐기고, 남쪽에 있는 태국, 월남, 필리핀 사람들은 소화력이 약해서 안남미를 즐긴다. 찰진 것은 물기가 많은 것이므로 음적이라 할 수 있고 찰지지 않은 것은 건조한 것으로 양이 많다는 것을 알 수 있다.

안남미를 영어로 긴 쌀(long grain rice)이라 부른다. 둥근 것은 에너지가 내부에 뭉쳐 있는 형상으로, 이런 물체는 음에 속한다. 긴 것은 에너지가 밖으로 뻗어 나가는 형상으로, 이런 물체는 양에 속한다. 안남미는 찰진 쌀과 형체만 비교해 봐도 양의 성질을 가지고 있는 것을 알 수 있다.

2) 현미(玄米)

현미는 찰진 쌀과 똑같은 종류의 쌀이나 쌀의 겉을 깎아내지 않은 것이다. 벼의 껍질을 벗겨내면 현미가 나온다. 이것을 그냥 먹으면 소화가 안 되고 밥맛이 없어서 깎아내고 먹는다. 그 깎아내는 정도에 따라서 5분도 쌀, 7분도 쌀이라 부른다.

많이 깎아낼수록 밥맛이 좋아 전에는 7분도 쌀은 값이 비싸 부자들이 먹고, 현미는 가난한 사람들이 먹었다. 그러나 건강에 관심이 많아지면서 지금은 7분도 쌀 먹는 사람은 야만인 취급을 받는 때가 되었다.

쌀은 양에 속하는 곡식이라고 했다. 많이 먹으면 몸에 양을 더해 준다. 음식 중에 씨는 음양의 분포가 잘 조화되어 있다. 속이 양이라면 양이 강할수록 겉의 음성도 강하다. 음양을 조화시키려는 생명의 작용이다.

생명을 가진 것은 음양의 편차가 크면 생명을 잃기 때문이다. 씨와 같은 생명체의 겉을 제거하고 속만 먹는다면 그 성질이 한쪽으로 치우쳐서 인체에 해를 줄 수 있다.

생명체인 동물이나 식물은 생명을 유지하기 위하여 음양이 조화되어 있다. 양에 해당하는 부분이 한쪽 방향으로 작용을 하면 음에 해당하는 부분이 그 반대 방향으로 작용한다. 한 번씩 그 작용이 번갈아서 일어나서 한쪽으로만 치우치지 않게 항상 견제한다.

쌀의 속은 에너지가 저장되어 있는 부분으로 싹을 틔우기 위하여 밖으로 뚫고 나가려는 양의 성질이 있다. 그래서 흰쌀은 밝은 색깔을 가지고 있다. 겉은 속에 있는 에너지를 수렴시켜 저장시켜 놓으려는 음적인 성질을 가지고 있다. 그래서 현미는 쌀의 본래 모습인 흑색(어두운 색깔)을 띠고 있다.

에너지가 농축된 부분은 맛이 있다. 생명을 유지하기 위해서 에너지가 많이 필요하기 때문이다. 과학 문명이 발달해서 근육의 힘 대신 기계를 사용하면서 힘이 들지 않고 맛있는 부분만 도려내서 먹게 되었다. 한마디로 말해서 양만을 먹게 되었다. 음양이 가장 잘 조화된 인간이 양만을 먹게 되니 음양의 조화가 깨져서 이것저것 병이 생기게 된다.

세포들이 양적인 영양을 과도하게 공급받고 음적인 성분의 견제는 받지 않아서 고삐 풀린 망아지처럼 음적인 통제에서 벗어나 제멋대로 증식하는 것이 암이다. 쌀을 주식으로 하는 한국이나 일본에서는 겉을 깎은 쌀을 먹어서 여러 가지 음이 부족해서 오는 병들이 발생할 수 있다. 그래서 겉을 깎지 않은 현미를 먹었더니 암이 나았다는 보고가 자주 나온다.

현미를 먹음으로써 부족한 음을 채워 주었기 때문이다. 이런 이유로 쌀을 주식으로 하는 사람들에게는 현미가 좋고 밀을 주식으로 하는 사람들에게는 통밀이 좋다.

(1) 현미와 당뇨병

현대인은 당뇨병이 많다. 그 이유는 현대 사람은 칼로리가 고도로 농축된 정제된 음식만 먹고 기계의 발달로 육체노동을 안 해서 그 칼로리를 쌓아놓고 소모는 하지 않기 때문이다.

인슐린이 잘 분비되지 않는 것이 당뇨병인데 인슐린은 혈액 속에 흐르는 당을 세포 안으로 들어가게 한다. 혈액 속에 당이 많아지면 그것을 세포 속으로 어떻게 해서든지 들어가게 하는 것이 인슐린의 일이다.

육체노동을 많이 하면 세포가 활발하게 움직이느라고 탄수화물을 많이 소모하여 세포 속이 빈다. 그러면 인슐린이 혈액 속에 흐르는 당을 세포 안으로 끌어들이기가 좋다. 그러나 현대인은 당분을 많이 먹으나 소모는 하지 않아 인슐린이 난감하다. 혈액 속의 당분은 처리해야 되고 세포 속에는 이미 당분이 꽉 차 있으니 인슐린이 일을 할 수 없다.

인슐린이 일을 못하고 정체되면 췌장에서 인슐린을 만들어 내는 랑게르한스섬의 베타세포가 인슐린이 이제 필요 없다는 신호를 받는다. 이런 신호를 받고 더 이상 인슐린을 만들지 않아 인슐린 공장이 문을 닫은 것이 당뇨병이다. 확실하게 밝혀지진 않았지만, 역경 이론으로 끌어낸 당뇨병의 기전이다.

옛날 사람들에게는 당뇨병이 적었다. 고기 한 점을 얻기 위해서는 극도로 긴장한 상태에서 당분을 소모시키는 호르몬(아드레날린)이 많이 분비된 상태로 사냥터를 오르락내리락해야 했다. 쌀밥을 먹기 위해서는 논에 나가 열심히 일해야 했고, 벼 껍질을 벗기고 쌀의 겉 부분을 깎아 흰쌀밥을 먹기 위해서는 발로 방아를 오랫동안 찧어야 했다.

음식을 통해서 섭취되는 열량을 소모할 수 있는 만큼 일을 했으니 필요한 양의 인슐린이 나와 주어서 당뇨병이 없었다.

3) 밀

밀은 북유럽과 같은 서늘한 기후에서 잘 자란다. 주로 베트남, 태국 같은 열대지방에서 잘 자라는 쌀보다 타고난 성질이 음적이라는 것을 알 수 있다. 쌀보다 약간 쓴맛이 있어 이것 또한 음에 속한다. 살찌는 원인이 많지만 이러한 음적 성질이 밀을 주식으로 하는 유럽 사람들을 살찌게(음) 만든다. 이런 음적 성질을 이용하면 양적 작용이 지나쳐서 오는 질환들을 치료할 수 있다.

정신은 육체에 비해서 양이라 조용한 것(음)을 좋아한다. 본래 가지고 있는 성질(체질)이 양에 치우친 사람들이나 자극을 많이 받는 사람들은 양이 많아서 정신의 안정을 얻지 못한다.

이럴 때는 가슴이 두근거리고, 잠이 안 오고, 불안·초조가 생기는데 밀을 많이 먹으면 밀의 음적 작용의 도움을 받아 이런 증상들이 없어진다. 밀은 속보다는 껍질에 음적 성분이 많으므로 껍질을 덜 벗긴 통밀을 먹으면 보다 효과가 있다.

월경 전 증후군(PMS)은 인체의 음 부위인 생식기 기능이 신통치 않아 생긴다. 통밀을 먹으면 생식기가 강화되면서 월경 전 증후군이 사라진다. 밀은 약이 아니라 음식이므로 그 작용이 약해서 오랫동안 먹어야 한다.

4) 옥수수

옥수수는 쌀, 보리, 밀 등 다른 곡식들보다 원시적(음)이다. 몸집이 크고(음) 잎도 덜 뾰족뾰족하고(음) 곡식을 싸고 있는 껍질은 끝이 보리나 밀처럼 날카롭지 않아 찌르지 않는다. 보리나 밀의 이삭을 살에 대보면 가시처럼 따갑게 찌르는데 옥수수는 이삭의 끝이 옥수수 술로 되어 있어 부드럽다(음).

이런 옥수수의 성질은 옥수수가 다른 곡식들보다 음적인 성질을 가지고 있다는 것을 뜻한다. 그래서 옥수수는 곡식보다는 보다 음적인 야채를 닮아 야채와의 경계에 있는 곡식이다.

고기를 많이 먹은 후에(특히 프라이드 치킨) 옥수수가 잘 먹히는 것은 옥수수가 야채와 같은 음적 성질이 있어 양인 고기와 조화를 이루기 때문이다. 우리 환경 중에 가장 강한 양인 태양(陽)에 옥수수를 말리면 강한 응축력(음)이 있어 아주 딱딱하게 된다. 이것이 다시 열(양)을 받으면 폭발하여 팝콘이 된다.

옥수수의 알갱이 속에는 식물의 싹이 되는 배아(胚芽)가 크고 뚜렷하게 보인다. 배아는 옥수수의 껍질을 뚫고 자라나는 싹이므로 대표적인 양성 물질이다. 이렇게 옥수수는 알갱이 껍질 부분의 강한 음과 배아의 강한 양이 극적인 조화를 이루고 있다.

신장은 오장 중에 음에 속하면서 근본적인 음과 양을 응축하고 있는데 옥수수는 신장을 닮았다. 그래서 옥수수는 신장을 보하여 신장의 기능을 도와 이뇨에 효과가 있다. 옥수수 알갱이의 겉껍질만 골라 쓰면 전체를 쓰는 것보다 이뇨 효과가 좋고 옥수수 술을 쓰면 더욱 음이므로 이뇨 효과가 더 강하다.

이런 효과로 임질, 양이 폭발해서 오는 고혈압, 부종, 신결석을 치료할 수 있다. 양에 해당하는 전분이 적은 어린 옥수수를 쓰면 보다 음적인 철분, 칼륨, 마그네슘 등의 미네랄 성분을 더 많이 취할 수 있다.

옥수수와 우유의 배합은 맛을 좋게 하고 따라서 인체에 이로운 성분을 조화롭게 공급해 준다. 동물의 상부에서 공급되며 음양이 조화된 음식인 우유와 식물의 상부(동물의 관점으로 볼 때는 생식기 속의 씨에 해당하므로 하부에 속한다)에서 공급되는 음양이 조화된 옥수수의 결합은 그야말로 원초적인 음양이 조화된 태극과 같은 음식이 된다.

잠을 자고 나서 외부의 자극이 없어 인체의 음양이 흐트러지지 않았을 때 먹고 싶은 음식이 우유에 말아 먹는 옥수수 칩인 이유가 역경 속에 있다.

4. 육류

고기들은 본래 소금기를 가지고 있다. 모두 짠맛을 가지고 있어 음식 중에 양에 속한다. 닭고기, 소고기, 돼지고기, 생선 중에 닭고기는 가장 양에 속하고 생선은 가장 음에 속한다. 하늘을 나는 새는 상향하고 빠른 속도로 나르기 때문에 들에 있는 동물보다 양적이고 생선은 땅보다 아래의 찬물에 살아 음적이다.

1) 소고기

소는 성질이 온순하다. 인자한 어머니와 같은 성질을 가지고 있다. '음 메~'하는 소의 울음소리가 우주의 '중심 파동'과 일치한다는 말이 있다. 우주의 '중심 파동'은 중앙 핵심이니 음양이 조화되어 있다.

인도의 요기들은 소의 울음소리와 비슷한 음인 '옴(aum)' 주문을 외워 자기 몸을 공명시켜 음양의 조화를 꾀하고 나아가서 자기의 파동을 우주의 파동에 공명시키고자 한다.

소는 동물 중에서는 상당히 음양이 조화되어 있다. 거의 사람과 같지만 약간 음쪽으로 치우친다. 그러나 그 음도 양으로 변화하고 있는 상태의 기운이다. 방위로 말하면 북북동쪽(丑方)에 해당하고 계절로 말하면 겨울에서 봄으로 넘어 가는 중간의 기운이다. 몸이 둔해서 음이지만 뿔이 있어 양화하고 있다. 음에서 양(동쪽의 기운)이 발동하는 단계이다.

소고기는 음양이 거의 조화된 기운으로 체질을 구분하지 않고 누구나 먹어도 별 문제가 없다. 어느 한쪽으로 치우친 작용이 일어나지 않고 조화된 에너지와 인체의 구성성분을 더해 준다. 맛에 특별한 잡미가 섞이지 않아 어느 민족이나 잘 먹는다.

뚱뚱한 사람이 고기를 먹고 싶으면 될 수 있는 대로 소고기를 먹으면 좋다. 물질을 에너지로 변화시키는 힘이 있다. 겨울 동안 저장되어 있던 에너지를 소모시키기 시작하는 그런 기운이다.

과학적으로 아직 밝혀지지는 않았지만 다른 고기를 먹지 않고 소고기만 먹는다면 소고기의 영양이 지방으로 저장되지 않고 오히려 이미 저장되어 있던 지방을 소모시키는 것으로 추정된다.

필요 이상으로 많은 양을 먹지 않고 하루에 필요한 칼로리만큼만 소고기를 먹으면 지방으로 쌓이지 않고 모두 소모될 것으로 여겨진다. 그 작용(약효)이 느리고 작으나 늘 먹는 음식이기 때문에 작용의 합은 커서 약으로도 가치가 있다.

2) 돼지고기

돼지고기는 들짐승 고기 중에는 상당히 음적인 고기이다. 돼지는 비만한데 비만한 사람처럼 성질이 느긋하다. 이런 돼지고기를 먹으면 성격이 느긋해진다. 중국 사람들은 돼지고기를 즐겨서 성격이 느긋하여 '만만띠' 정신을 만들어냈다.

돼지고기는 음적인 성질이 있어 인체의 음 부위인 생식기를 영양할 수 있다. 살아있는 동물이 아니고 생명을 잃은 고기는 음이기 때문에 음의 부위인 생식기에 들어가 생식기의 기능을 촉진해서 정력을 좋게 할 수 있다.

(1) 돼지고기와 백주

돼지고기는 음이라 음부인 생식기에 영양을 주나 그 영양분은 활성화가 느리다. 중국의 명주인 마오타이 같은 56도짜리 백주를 같이 먹으면 기름에 불을 붙이는 것처럼 에너지가 활성화되어 정력이 좋아진다.

우리가 흔히 고급 중국음식점에서 먹는 요리들은 궁녀를 3,000명씩 거느린 중국의 왕들을 위하여 역경의 대가들이 고안해 낸 요리들이다. 어떻게 하면 왕의 정력을 충족시킬까를 생각한 사람들이 만든 것이다.

음에 속하여 성 에너지가 많은 돼지고기, 해삼, 굴, 오리고기, 자라, 뱀을 최음제에 해당하는 양념으로 요리한 중국 음식을 먹고 그 음적으로 응축된 에너지를 활성화시킬 수 있는 마오타이 같은 백주를 먹으면 노인도 회춘할 수 있다. 노인이 중국에서 일주일 머무르면서 음식 대접을 받다 보니 발기불능이 치료되었다는 말이 흔히 들린다.

5. 조류(家禽)

1) 닭고기

닭은 새이면서 하늘을 날지 못하므로 다른 새보다는 음의 성질을 가지고 있다. 닭고기를 다른 고기보다 좋아하는 사람은 성질이 차분하고 꼼꼼하고 소화력이 좋지 않다. 음적 성질을 많이 가진 사람들이 그 기능을 보상받기 위해서 닭고기를 좋아한다.

미국에서 "흑인들 움직이는 곳에는 닭 뼈가 남는다"는 말이 있다. 검고 엉덩이가 발달한 흑인들은 음인이라 닭이라는 양적인 음식을 좋아하기 때문이다.

2) 오리

오리는 날지 못하여 새 중에서는 음에 속한다. 오리는 물가에서 산다
(음). 오리 하면 연상되는 것이 궁둥이이다. 궁둥이는 신체의 부위 중에
아래에(음) 있고 혈관분포가 가장 적고(한국어의 고어인 일본어에서 궁둥이를
차가워 '시리'라 한다) 활동이 둔한 부위다. 그래서 궁둥이가 발달된 동물은
음이 매우 강한 동물이다.

또 아래가 발달된 동물을 먹으면 그 기운이 아래로 간다. 아래에 있는
생식기로 영양이 간다. 오리도 음을 활성화시키는 백주(배갈, 소주, 고량주)
와 함께 먹으면 좋은 정력제가 된다.

6. 어류

1) 생선

생선은 물속, 차갑고 어두운 곳에서 산다. 때로 빨리 움직이기도 하지
만 보통 때는 그 움직임이 느리다(도도하다). 생선은 움직일 때 팔다리에
해당하는 지느러미보다는 몸통을 쓴다. 몸통은 활동성이 팔다리에 비해서
음이니 음이 잘 발달된 동물이다. 생선은 음적 작용이 강해서 현대사회에
서 각광을 받는다.

기계가 발달하면서 정제된 양적인 부분만을 먹어서 당뇨병, 고혈압,
암의 원인이 되는데 생선은 고기이면서도 음적 성질이 포함되어 있기 때
문에 이런 병에는 다른 고기의 대용품으로 쓸 수 있다. 고기의 맛을 지니
고 있으면서 그 단점이 적기 때문이다.

그러나 척추동물인 생선과 미개한 바다 동물인 오징어, 조개류, 새우, 바닷가재, 게 등은 그 성질이 다르다. 미개한 것은 단순한 것이다. 단순한 것은 분화가 덜 된 원초적인 것이라 음에 속한다.

이들은 콜레스테롤을 많이 함유하고 있는데 콜레스테롤은 지방의 일종으로, 세포벽의 원료가 되고 동맥벽에 쌓이는 음적인 물질이다. 콜레스테롤이 많다는 사실도 이들이 음이라는 것을 말해 준다. 엉기는 물질화 작용이 많기 때문이다.

2) 해삼

해삼은 바다에서 나는 삼이다. 인삼은 정력제로 유명한데 해삼이란 바다에서 나는 정력제라는 뜻이다. 해삼은 바다에 살고(음) 검고(음) 징그럽고(음) 퇴화되어(음) 있다.

인체에서 색깔이 주위보다 어둡고 징그럽고 퇴화된 상태로 있는 것은 생식기이다. 유유상종(類類相從)이라 하여 비슷한 것은 비슷한 것끼리 기운을 주고받을 수 있다. 음은 음을 더해 준다는 말이다. 그래서 해삼은 생식기를 강하게 할 수 있다. 음을 활성화하기 위해서는 양성을 가진 백주를 곁들여야 한다는 것도 잊지 말아야 한다.

3) 자라

자라는 파충류로서 징그럽고 덜 분화되어 있다. 자라는 딱딱한 껍데기를 가지고 있다. 단단하다는 것은 에너지보다는 물질이 발달된 것으로, 음이다. 자라는 위험에 처했을 때 팔다리와 목을 껍데기 속에 숨긴다. 움츠러드는 성질이 강한 음적인 동물이다.

자라만 먹으면 음적 작용만 일어나 에너지가 수렴된다. 에너지가 수렴만 되고 발기가 되지 않는다. 에너지가 음부에 솟구쳐 나오는 것이 발기이다. 자라의 음적 성질에 양기를 가하여야 정력을 만들어 낼 수 있다.

그래서 자라(용)에 양의 에너지를 많이 가지고 있는 닭(봉)을 같이 넣고 오랫동안 다려서 요리한다. 이것을 용봉탕(龍鳳湯)이라 한다. 오랫동안 다려서 불기운을 가하는 것도 양을 더하는 것이다. 물론 불이 붙는 백주와 함께 먹으면 음적 에너지를 더욱 활성화시킨다.

4) 뱀장어

뱀장어는 물가에 살고 우선 색깔이 검어서 음이다. 척추가 길게 발달되어 있다. 한의학에서 척추와 생식기는 발생원이 같다. 성적 흥분을 시키는 부교감신경은 천골(sacrum) 쪽에 분포되어 있는데 뱀장어는 사람의 천골에 해당하는 곳이 잘 발달되어 있다. 사람의 천골처럼 퇴화되어 척추골이 융합되어 있지 않고 분리되어 있어 발달된 형태를 하고 있다.

척추가 발달된 동물은 부교감신경이 발달되어 있으니 생식기가 강하다. 뱀장어는 민물로 돌아오는데 폭포를 거슬러 올라갈 정도로 척추의 힘이 강하다. 뱀장어의 생김새는 남자의 생식기와 닮았다. 유유상종의 법칙으로, 뱀장어를 먹으면 척추가 강해져 요통이 치료되고 정력이 좋아진다.

7. 유제품

1) 우유

우유는 음양이 조화로운 음식이다. 음양이 조화롭다는 것은 사람이 성장하고 활동하는 데 필요한 에너지와 물질들이 골고루 갖추어져 있다는 것이다.

2) 계란

우유는 액체로 되어 있는 데 반해서 달걀은 반고체로 되어 있다. 우유는 인체의 상부인 유방에서 나오면서 동물들에게 물을 주는 형상을 연상할 수 있고 달걀은 응축력이 강한 딱딱한 껍질을 깨고 나와 퍼덕이는 병아리를 연상할 수 있다. 우유의 작용이 하향한다면 달걀의 작용은 상향한다.

우유와 달걀은 다 같이 음양이 조화되어 있지만 50:50의 비율은 아니고 우유가 약간 음이 많다면 달걀은 약간 양이 많다. 여기서 달걀이 양이 많다는 것은 껍질을 제외한 흰자와 노른자만을 말할 때 음양의 편차를 말한다. 흰자와 노른자를 다시 음양으로 나누어 보면 흰자는 양이 되고 노른자는 음이 된다.

흰자는 바깥에 있으면서 활동성이 강한 병아리로 변하니 양이고 노른자는 안에 있으면서 흰자가 병아리로 성장하는 데 필요한 영양물질이니 음이다. 노른자가 콜레스테롤의 함유량이 많은 것은 에너지의 물질적 저장 형태인 음이기 때문이다. 흰자를 같이 먹으면 섭취된 콜레스테롤을 녹일 수 있다.

8. 견과류

1) 견과류

[그림 2.22] 두꺼운 껍질을 뚫고 나오는 씨의 발생력
©Shutterstock

땅콩, 호도, 밤, 잣, 개암, 가래, 은행이나 피스타치오(서양 은행) 등의 견과류들은 체표의 혈액순환을 활발케 하고 신진대사를 촉진시키며 콜레스테롤을 낮춘다. 견과류의 특징은 두꺼운 껍질에 둘러싸인 지방질의 씨라는 것이다. 껍질은 에너지를 수렴시키는 음적인 작용이 있다.

씨에는 두꺼운 껍질을 뚫고 나오는 발생력이 있어 그 힘이 싹을 틔운다. 그래서 씨는 뚫는 양적인 작용이 있다. 껍질이 두꺼우면 두꺼울수록 음의 작용이 강하고 음의 작용이 강하면 강할수록 속에서 뚫고 나오려는 양적인 작용이 강해진다[그림 2.22].

고혈압은 음의 작용이 강한 음인에게 생긴다. 음인은 에너지를 수렴하여 물질로 만들어 놓고자 하는 힘이 강하다. 지방이나 콜레스테롤을 분해하여 에너지로 쓰려하지는 않고 에너지를 아껴서 지방이나 콜레스테롤 상태로 쌓아 두려고만 한다.

음인들은 행동이 느리고 흥분을 잘 하지 않는다. 시간이 있으면 여행하면서 새로운 것을 보는 것보다는 편안하게 누워서 감자칩을 먹으며 텔레비전 보는 것을 최고의 낙으로 여긴다. 몸에서 에너지를 쓰지 않고 저장만 해놓겠다는 것이다.

이런 생활이 계속되면 몸에 지방이 늘고, 땀 흘려 운동을 하지 않기 때문에 모세혈관이 퇴화되어 콜레스테롤로 꽉 차게 된다. 모세혈관이 좁아 혈액의 공급이 되지 않으면 세포들이 영양공급을 받지 못해 뇌를 향해서 아우성친다.

뇌는 혈액을 빨리 공급하라고 심장에 명령을 내려서 심장이 강하게 펌프질을 하나 모세혈관이 좁아져 혈액은 세포들로 가지는 못 하고 압력만 높아지니 혈압만 오른다.

이런 상태가 계속되면서 심장 자체의 혈액을 공급하는 관상동맥도 콜레스테롤이 쌓여서 협심증이 되고 결국 아주 막혀 심장마비(심근경색)가 일어난다. 심장도 영양공급을 제대로 못 받은 상태에서 강한 펌프질을 하다 지치면 포기하고 심부전(심기능 불능)이 된다.

이 모두가 음의 작용은 강하고 양의 작용이 약해서 일어나는 현상이다. 견과류는 두꺼운 껍데기를 뚫고 싹을 틔우기에 그 뚫는 힘이 강렬하다. 그래서 견과류를 먹으면 모세혈관이 뚫려 에너지가 체표의 세포들에 공급이 잘 되고 말초 혈액순환이 잘 되어 혈압이 떨어진다.

양적 작용이 많아져서 쌓여 있던 지방이나 혈액 중의 콜레스테롤이 에너지화하여 분해되니 콜레스테롤과 중성지방의 수치도 떨어진다. 관상동맥 벽에 붙어 있던 콜레스테롤도 분해되어 관상동맥이 시원하게 뚫리면서 협심증도 없어지고 심장마비도 방지될 수 있다.

실제로 견과류에 들어 있는 식물성 기름은 불포화지방(액체 기름)이기 때문에 혈관 벽에 엉겨 붙는 포화지방(고체 기름)을 녹여 엉겨 붙지 않는 불포화지방으로 만든다. 휘발유가 진득한 기름기를 녹여 닦아내는 것처럼 기름이 기름을 녹인다. 또 견과류에는 HDL(고밀도 콜레스테롤) 콜레스테롤이 많아서 혈관 벽에 붙어 있는 콜레스테롤을 떼어 낸다.

이런 과학적 근거로 미국의 로마린다 의과대학에서 호도가 실제로 콜레스테롤을 낮추는가 실험했다. 콜레스테롤을 낮추고 혈압을 내리는지에 대한 한 달 동안의 실험에서 호도를 하루에 두 개씩 먹은 그룹이 호도를 먹지 않은 비교그룹보다 확실한 콜레스테롤과 혈압강하의 효과가 있었다.

견과류는 겉껍데기에 떫은맛을 내는 갈색의 피막이 붙어 있다. 떫은맛과 갈색은 어두운 색으로 음에 속한다. 이 피막은 감의 떫은맛을 내는 탄닌을 많이 포함하고 수렴작용이 있다. 만약 오래된 기침이나 오래된 설사로 에너지가 탈진 상태에 있다면 이 피막만 다려서 먹으면 기침과 설사를 그치게 할 수 있다. 에너지의 수렴작용이 강하기 때문이다.

양인으로 잠시 동안도 가만히 있지 못해 부지런하고 빼빼 마르고 혈액순환이 잘 되는 사람이 견과류를 먹으려면 껍질을 같이 먹어야 한다. 이게 양의 과다로 인한 음의 부족 현상을 막아 준다.

같은 종류의 물질도 음식으로 먹으려면 통째로 먹는 것이 음양의 불균형을 초래하지 않아 좋고, 약으로 먹으려면 부분을 먹는 것이 치우친 부분의 음양 편차로 음양이 불균형한 병을 바로잡아 치료할 수 있다. 이 껍질의 존재 이유는 견과류 속에 있는 씨의 지나친 양 작용을 음 작용으로써 상쇄시키기 위한 것이다.

양약은 헤아릴 수도 없는 성분 중에 딱 한 가지만 추출해서 쓰는 것이니 견제 성분이 없어서 그 작용의 치우침이 심한 것을 짐작할 수 있다. 독이란 별것이 아니고 음양이 한쪽으로 극렬하게 치우친 것이다. 그래서 양약은 모두 독이라 할 수 있다.

9. 과일

1) 레몬, 라임, 칼라만시, 귤

레몬은 단맛보다는 신맛이 강해 많이 먹을 수 없다. 신맛이 더 들어온다면 몸에 해롭기 때문에 더 이상 먹을 수 없는 것이다. 레몬에는 신맛도 있지만 강한 향기가 있다. 강한 향기는 분자운동이 활발하여 분자가 떨어져 나와 코에 있는 후각신경을 자극하는 것이다.

냄새도 음양으로 나눌 수가 있다. 사람들이 자꾸 맡으려고 다가가는 향기는 양이고 도망가는 악취는 음이다. 향기는 생리작용을 촉진하고 악취는 생리작용을 억제한다. 향기는 위장의 작용을 촉진하여 소화를 잘 시키며 속이 메슥거린 것을 그치게 한다.

레몬의 신맛은 소모되는 에너지를 수렴하고 그 향기는 메슥거린 것을 그치게 한다. 생선의 비린내는 음의 냄새로 소화작용을 억제한다. 이때 레몬즙을 떨어뜨리면 음양이 중화되어 비린 냄새가 없어지고 소화가 촉진된다.

귤은 레몬과 거의 작용이 같으나 신맛은 덜하고 단맛은 더 많다. 보다 양적이라 할 수 있다. 소고기 요리에 귤껍질을 넣으면 소고기의 모자라는 양기를 보충하여 맛이 좋아진다. 그것이 진피 소고기라는 중국요리이다.

앞에서 보드카처럼 아주 양적인 술은 레몬과 잘 어울린다고 했다. 보드카의 지나친 에너지 소모를 레몬이 수렴시켜 주기 때문이다. 술이 너무 취해서 가슴이 심하게 두근거리고 속이 울렁거릴 때는 레몬즙을 먹으면 취기도 가라앉고 속도 편해진다. 덜 익어서 새파란 망고도 이런 효과가 있고 라임(파랗고 작은 레몬)이나 필리핀 라임인 칼라만시는 구토를 그치게 하는 데 더욱 좋다. 한의학에서는 귤껍질을 다려서 다른 약과 섞어 술로 인한 모든 증상을 치료한다.

임신을 하면 혈류량이 20~30% 많아진다. 쉽게 말해서 혈액순환이 술 취한 상태처럼 된다. 양의 작용이 심하게 일어나면 에너지가 밖으로 나가고 안은 돌보지 않아 위장이 약해진다. 그래서 음식을 못 먹고 토하게 된다.

위장이 약해서 소화시킬 능력이 없으니 들어오지 못하게 하는 것이 입덧이다. 이럴 때는 소다수에 라임을 섞어 먹는 것이 좋다. 라임즙을 먹을 수 있는 한도 내에서 많이, 적어도 하루 3번 며칠 동안 계속해서 먹는 것이 좋다. 레몬을 가져다 놓고 냄새를 자주 맡는 것도 좋다.

임신 초기에는 갑작스러운 혈류량 변화에 입덧을 하지만 차차 적응되면서 없어진다. 잠에서 깨어나면 더한다고 해서 아침병(morning sickness)이라 하는데 새벽에는 양기가 발동하는 시기라 혈류량이 더욱 많아지거나 더욱 많아지게 느껴지기 때문이다.

정상적인 사람도 잠에서 바로 깬 다음 맥을 짚어보면 맥이 강하다. 임신한 사람은 아침에 더욱 술에 취한 사람처럼 혈액순환이 빠르다. 한의학에서는 맥이 술 취한 사람처럼 미끄러워지면 임신했다고 판단한다.

2) 사과

사과는 추운 지방에서 생산된다. 맛은 시고 약간 차가운 성질이 있어 소화가 안 된다. 과일 중 음에 속한다. 소화가 안 되는 사람은 익혀 먹는 것이 좋다. 그래서 사과는 사과 소스나 애플파이처럼 익혀 먹는 요리법이 많다. 불(양)을 가하면 사과의 음적인 성질이 적어져서 맛이 있기 때문이다.

소화가 안 되는 사람은 될 수 있는 대로 사과를 적게 먹는 것이 좋고 먹더라도 익혀 먹는 것이 좋다. 사과 종류 중에 후지 사과는 양에 속하고 위장이 약한 동양 사람들의 입맛에 맞추어 개발된 사과이다. 이것은 다른 사과보다 달고 신맛이 적다. 음이 적어 소화가 잘 된다.

3) 배

배는 물이 많고 아주 단단한 입자가 섞여 있다. 입자가 많이 섞여 있을수록 음성이 강하다. 일반적인 서양 배보다 한국 배가 물이 많고 입자가 크며 보다 음적이다. 배는 기관지를 튼튼하게 하여 만성기침을 그치게 한다.

폐, 기관지 계통은 양 중에 음이다. 그래서 횡격막 상부에 있고 산소를 빨아들이는 작용이 주된 작용이다. 만성기침을 하는 사람은 음의 수렴하는 기운도 부족하고 양의 온열 기운도 함께 손상되어 있기 때문에 배를 껍질째 도기에 넣고 양적인 꿀을 넣어 오래 다린 후 숟가락으로 떠먹으면 좋다. 감기 후로 기침을 오래 할 때 며칠을 먹는다.

4) 복숭아

복숭아는 끝이 뾰족하고 털이 있다. 끝이 뾰족하고 털이 있는 것은 에너지가 발산되는 형상이다. 다른 과일보다 복숭아는 양이 많다. 성격이 차분하고 소화가 안 되는 음인이 과일을 먹고 싶을 때는 복숭아가 좋다.

복숭아가 맛이 시어서 싫으면 복숭아 통조림을 먹으면 된다. 통조림에 있는 복숭아는 익혀 놓았고 단 것을 보충해 놓아 쇠약한 환자에 좋다. 복숭아는 뾰족한 양의 작용으로 체표에 혈액순환을 촉진시켜 정체된 피인 죽은 피를 제거한다.

복숭아는 귀신을 쫓아낸다 하여 제사상에 놓지 않는다. 양성인 복숭아가 음성인 귀신을 배척하기 때문이다.

5) 포도

포도는 성질이 차다. 특히 색깔이 어두운 포도일수록 성질이 음적이다. 포도는 넝쿨나무의 열매이다. 넝쿨은 척척 감기는 성질이 있다. 끌어당기는 음적 성질이 있어 옆에 있는 물질을 휘어 감고 잡아당긴다. 포도는 잎사귀도 맛이 시다.

포도는 줄기, 잎, 열매가 모두 수렴하는 기운으로 똘똘 뭉친 식물이다. 에너지가 퍼져나가기만 하고 수렴될 줄 몰라서 성질이 불과 같은 태양인의 에너지를 수렴할 수 있다.

무릎이 약하고 허리가 약한 사람들은 포도를 많이 먹는 것이 좋다. 허리와 무릎은 음의 부위라서 음이 부족하면 약해지고 병이 생긴다. 체리와 키위도 에너지를 수렴시키는 대표적인 과일로, 위의 세 가지 과일을 즐겨 먹으면 양인에게 생기는 병들을 예방하고 치료할 수 있다.

6) 오이, 수박, 참외

넝쿨나무의 열매 중에 오이, 수박, 참외가 있다. 이것들은 나무의 열매가 아니라도 과일이다. 나무보다 풀은 미분화된 식물로서 음이고 그중에서 넝쿨 풀은 더욱 음이다.

오이와 참외는 비슷한 과일로서 꼭지 쪽으로는 쓴맛이 있다. 신맛이 거의 없어 수렴작용은 강하지 않지만, 이들은 음을 보충해 주는 작용이 있다. 많이 먹는데 살이 찌지 않고 성질은 급하고 실속이 없고 허리와 다리가 약한 양인들이 많이 먹으면 음이 적어 생기는 질병에 도움을 준다. 음이 많은 과일들이라 많이 먹으면 속이 거북하고 설사하기가 쉽다.

수박은 음이 많은 과일이지만 속만 먹기 때문에 경우가 다르다. 두꺼운 껍질에 둘러싸여 있어서 속은 발산하는 성질이 있다. 그 색깔도 불의 색깔인 적색이고 그 질이 푸석푸석하다. 질이 푸석푸석하다는 것은 분자운동이 활발하다는 것으로 양인 것을 알 수 있다. 그래서 수박은 심장의 기능을 도와서 혈액순환을 좋게 하고 신장에 혈액을 많이 공급하여 소변이 잘 나오게 한다.

뚱뚱하고 신진대사가 안 되고 심장병, 고혈압, 당뇨병이 있는 사람들에게는 수박이 아주 좋다. 두꺼운 껍질의 수박은 두꺼운 껍질의 견과류처럼 에너지를 발산하기 때문이다.

10. 야채

1) 상추

상추는 잎이 넓고 수분을 많이 함유하고 있으며 맛이 약간 쓰다. 야채는 곡식, 고기 등 다른 음식에 비해서 음인데 상추는 야채들 중에서도 음에 속한다. 그래서 양이 왕성해서 오는 불면증, 불안, 초조에 좋은 신경안정제(음)가 된다.

상추쌈을 먹고 나면 졸음이 오는데 이것이 상추의 신경안정 효과이다. 사람이 잠이 오는 것은 멜라토닌이 뇌에서 분비되기 때문인데 이 멜라토닌이 상추에 실제로 함유되어 있다.

상추의 쓴맛을 없애기 위해서 품종을 개량했기 때문에 미국에서 흔히 볼 수 있는 상추들은 신경안정제로서 효과는 약하다. 음성 식품은 인체의 아래에 있어 음에 해당하는 신장 기능, 대장 기능, 여성 생식기능을 강하게 하므로 부종, 소변 불통, 변비, 칸디다증 질염, 치질 등 음에 속하는 신장과 생식기 질병에 효과가 있다.

2) 감자

감자의 잎은 넓고 부드러워 음적인 형태를 하고 있다. 날감자는 고기를 날로 먹는 것 같은 역겨운 맛이 있다. 감자의 싹은 청산가리 성분의 독이 있는데 이 독이 인체에 들어오면 해가 되므로 그것의 섭취를 방지하기 위하여 있는 맛이 이 역겨운 맛이다.

감자는 본질이 양 덩어리인 기름에 튀겨 내야 맛이 있다. 감자의 음을 기름과 열을 가한 양으로 중화시켜야 비로소 맛이 있어진다. 위산이 많이 분비되는 양적인 체질이 소화성 궤양으로 고생할 때 매일 아침 감자를 갈아 먹으면 이것을 치료할 수 있다.

3) 당근

당근의 색깔은 붉다. 붉은색은 태극에서 양의 상징인 것과 같이 그 물체가 양의 성질이 있음을 나타내니 당근은 양이 많은 야채이다.

식물의 뿌리는 보통 몇 가닥으로 갈라져 있는데 당근은 뿌리가 갈라지지 않고 아래로만 곧게 뻗어 있다. 뿌리의 역삼각형 형태는 위로 타오르는 불을 상징하는데 당근은 불이 연상된다. 잎이 넓은 식물은 음이고 당근처럼 잎이 좁고 여러 갈래로 갈라져 있는 것은 양이다.

인체에서 가장 밝아서 불에 해당하는 곳은 눈인데 당근은 불같은 양으로 눈의 기능을 좋게 해준다. 눈 기능의 약화는 어두울 때 먼저 나타난다. 밤에 시력이 떨어지는 야맹증에 당근이 특히 효과가 있다. 당근의 양이 밤의 음을 이겨내기 때문이다.

인체에서 간도 역삼각형의 구조를 가지고 있으며 양에 속하는 기관이다. 간과 비슷한 형태의 당근은 간을 튼튼히 하는 작용이 있다. 당근은 섬유질이 많은데 섬유질은 피부와 건, 근막에 해당하는 것으로 당근은 피부병을 치료하고 운동기관의 피로를 풀어준다.

4) 생강과 마늘

생강은 특히 돼지고기와 어울리지만, 마늘은 소고기와 잘 어울린다. 양에는 에너지가 퍼지는 태양과 에너지가 올라가는 소양이 있다. 음에는 에너지가 수렴되는 태음과 에너지가 내려가는 소음이 있다.

돼지고기는 소음에 속해 에너지가 내려가기 때문에 그 기운을 중화시키기 위해서 에너지가 올라가는 생강을 써야 하고 소는 에너지가 발산되는 성질은 있지만 죽은 고기라 양적 능력은 부족하여 음에 속하기 때문에 에너지가 발산하여 태양에 속하는 마늘을 써야 한다. 뒤에 사상편을 읽으면 이해가 쉽다.

5) 계피

계피는 색깔이 붉어 심장의 기운과 같은 기운을 가지고 있어 혈액순환을 촉진하는 작용이 있다. 만성 류마티스 관절염을 앓고 있는 사람은 춥고 흐린 음의 날씨에 통증이 더 심하다. 이런 퇴행성 관절염에는 계피가 좋다.

차로 해서 먹어도 좋고 수정과를 해 먹어도, 계피 빵을 먹어도 좋다. 차갑게 느껴지는 생리통이 있는 여성도 계피의 도움을 받을 수 있다. 계피는 한의학에서 혈액순환을 좋게 하는 치료 약으로 자주 쓰인다.

6) 무

무는 뿌리이고 맛이 달면서 약간의 매운맛이 있다. 뿌리는 기운을 상승시키고 약간의 매운맛은 위장의 소화 기능을 촉진시킨다. 모두가 양적인 작용이다. 생선을 조리할 때는 무를 넣어야 맛이 좋다. 생선회를 먹을 때는 무채 위에 올려 놓아야 먹음직스럽게 보인다.

생선은 물속에 살아서 음성이다. 이 음성이 인체에 해를 주므로 양성인 무가 들어가야 음양이 조화된다. 날것은 익힌 것보다 음성인데 생선회는 음성이 지나쳐 무 종류이면서 양성이 보다 강한 와사비를 찍어 먹어야 지독한 음성을 제거할 수 있다.

메밀도 색깔이 검어 음성이라 냉면이나 메밀국수를 먹을 때는 무김치를 먹거나 무를 소스에 갈아 넣어야 메밀의 음성을 제거할 수 있다.

11. 탄산음료

탄산음료는 물(음)과 설탕(양)을 더해 주는 식품이다. 음양이 조화되어 있어 맛이 좋아 누구나 즐겨 마신다. 운동을 많이 해 땀을 흘리고 기운이 탈진 됐을 때 특히 마시고 싶다. 복잡한 소화과정 없이 빠르게 에너지로 변하는 설탕과 물을 공급해 주기 때문이다.

운동을 많이 하면 양에 해당하는 팔, 다리 등 운동기관에만 에너지가 몰려 있어 음에 해당하는 내부의 소화기관은 기능이 떨어진다. 탄산수에 들어 있는 소다의 쏘는 맛은 양이기 때문에 소화 기능을 촉진시킬 수 있다. 그래서 설탕물보다 탄산음료인 소다가 더 맛있다.

1) 콜라

콜라는 탄산수에 콜라 콩(kola bean)의 추출물을 첨가한 음료수이다. 콜라 콩은 일종의 초콜릿의 원료가 되는 카카오 콩 종류이다. 이들은 두꺼운 껍질에 싸여 있는 견과류이다.

견과류는 에너지가 발산되는 힘(양 에너지)이 강한데 콜라나 초콜릿에 들어가는 콜라 콩이나 카카오 콩은, 액체라서 음에 해당하는 기름을 뺌으로써 에너지가 발산되는 힘이 더욱 강해진다.

콜라 콩에 들어 있는 주된 물질의 양 작용은 에너지를 저장해 두려고 하는 지방의 음 작용과 대립하다가 식품을 가공하는 중에 지방을 빼면서 양 작용이 음 작용의 견제를 벗어나 더욱 왕성해진다.

콜라 콩에는 이런 양 작용을 하는 카페인이 들어 있다. 날씨가 덥거나 운동을 하면 저장된 에너지를 녹여서 빨리 쓰고자 한다. 콜라가 맛있는 것은 저장된 에너지를 활성화 하는 콜라 콩의 성분이 필요하기 때문이다. 콜라는 이러한 양 작용으로 인체의 에너지 중에 음에 해당하는 지방을 녹여 에너지로 사용한다.

콜라는 인체의 물질 중 음에 해당하는 뼈도 녹일 정도로 양성 작용이 강하다. 콜라를 오랫동안 물었다가 아래윗니를 갈아 보면 이가 약간 녹아 뻑뻑함을 느낄 것이다.

기름진 고기를 먹고 나서 콜라가 땡기고 맛이 있는 것은 콜라가 지방을 분해시키는 작용을 하기 때문이다. 위 속에 지방이 없는 상태에서 콜라를 많이 마시면 위나 십이지장 자체를 녹여 궤양을 일으킨다. 그래서 이른 아침에 위장이 빈 상태로는 콜라가 맛이 없다.

콜라는 색이 약간 검고 약간 시고 약간 떫은맛이 있다. 이것은 모두 콜라의 음적인 상태를 나타낸다. 콜라가 양의 작용을 하는데 너무 강렬하면 독성을 띠게 되어 음식으로는 맛이 없어 음적인 맛으로 음양을 조화롭게 하기 위함이다. 콜라 내의 음적 성질이 콜라의 양의 성질을 제어하고 있는 것이다. 또한 이런 음성이 에너지원을 수렴하고 공급하는 작용을 한다.

2) 투명한 탄산음료(사이다, 진저에일, 토닉워터)

찬 음료는 궁극적으로 소화 기능을 약화시킨다. 찬 것은 음식물을 쪄서 분해하는 소화 기능을 방해하니 이것을 견제하기 위해 찬 음료에 탄산을 넣었다. 이 탄산수들은 차게 먹어야 맛이 있다. 탄산수 기포의 자극(양)이 소화기관을 혹사하는데 찬(음) 것이 이를 저지시켜 음양이 조화되니 맛이 있다.

콜라는 그 기포 작용이 너무 강해서 소화기관이 약한 사람이 먹으면 복통, 설사를 일으키는 경우가 있다. 소화기관의 관점에서 보면 콜라는 음이고 투명한 소다는 양이 된다. 그중에서도 진저에일은 양에 해당하는 생강(ginger)이 들어 있어 양(陽) 쪽으로 더 기울어져 있다.

12. 술

술은 양에 속한다. 술을 먹으면 맥박이 빨라지고 얼굴이 붉어진다. 양적 작용이 있는 것이다. 술은 휘발성이 있다. 휘발성은 분자운동이 매우 활발하다는 것으로, 그 물질은 매우 양적이다. 다른 양적 음식은 효과가 느리나 술은 효과가 빠르게 나타난다.

술에는 맥주, 포도주, 진, 럼, 보드카, 위스키, 코냑 등이 있다. 이 중에서 증류주는 열을 가했을 때 위로 증발하는 술을 모은 것으로 보다 양적이다. 알코올 도수가 높을수록 양적이라고 할 수 있다. 증류주는 강렬하고 빠르게 위액분비를 촉진시키고 혈액순환을 촉진하여 치즈나 고기 등의 에너지원인 안주와 같이 먹어야 좋다. 빈속에 증류주를 먹으면 별로 좋지 않다.

1) 맥주

맥주는 이 중에서 가장 음적이다. 맥주의 주원료인 보리는 겨울에 싹을 낸다. 음의 성질이 강해서 가장 음적인 계절에 싹을 내는 것이다. 맥주에 쓴맛을 주기 위해서 보리 종류의 홉을 같이 넣어 발효시킨다. 홉은 맛이 쓰고 졸음이 오게 하여 진정제로 쓰인다. 음의 작용이 일어나는 것이다.

그래서 맥주는 술 중에 음이나 기포가 들어 있어 소화 활동을 촉진시키므로 소화에 별로 부담이 되지 않는다. 맥주를 먹으면 잠깐 동안 흥분이 되나 그 본질이 음이기 때문에 졸음이 온다. 그래서 어떤 사람들은 수면제 대용으로 쓴다.

2) 포도주

포도주는 맥주보다는 양이지만 다른 술에 비해서는 음이다. 백포도주는 밝은색이라 양이고 붉은 포도주는 음이다. 적포도주는 색이 붉은색이라 양일 것 같지만 본래 검은 색의 포도로 만든 술이기 때문에 음이다. 생선은 소고기보다 음이므로 음양의 균형을 위해서 양인 백포도주와 함께 먹고, 소고기는 생선보다 양이라 음인 적포도주와 같이 먹는다.

포도는 다른 과일보다 신맛이 강하고 떫은맛이 있다. 신맛과 떫은맛은 음에 속하고 수렴한다. 그러나 술은 일단 양이기 때문에 매운맛을 가지고 있어 위액분비를 촉진하고 위장 운동을 활발하게 하여 다른 음식과 함께, 특히 고기와 함께 먹으면 음식에 양념을 뿌려 먹는 것과 같다. 술은 에너지 소모를 촉진시켜 기운이 생기게 한다. 기운이 생기면 기분이 좋아 즐거워진다.

3) 위스키

위스키는 불에 그슬린 참나무통에 숙성시켜서 색깔이 보드카보다 어둡다. 위스키는 보드카보다 음이라 할 수 있다. 음적인 어두운 지하실에서 오랫동안 저장시킨(음적인 과정) 위스키일수록 음양이 조화되어 맛이 좋다.

위스키는 원래 음인 맥주를 증류시킨 것이기 때문에 음적인 성질도 많이 띠고 있어 인체의 음 부위인 생식기로 내려가 성욕을 촉진시킬 수 있다. 그래서 약간의 위스키는 성욕 강화제로도 사용된다.

4) 보드카

보드카는 양 중에 양이라 기운이 올라가고 기분을 좋게 만드는 데는 최고다. 추운 지방에 살면서 생리기능이 침체되기 쉬운 러시아 사람들에게는 더없이 좋은 술이다.

너무 치우친 양이라 거부감이 있을 때는 에너지를 수렴시키는 음적인 맛인, 시고 쓴맛이 나는 레몬이나 라임을 섞으면 맛이 더욱 좋아지고 치우친 양이 일으키는 해가 적어진다. 위스키는 이미 음적인 맛이 들어 있어 레몬이나 라임을 섞지 않는다.

위스키는 음양이 어느 정도 조화되어 있어서 문제가 없으나 보드카나 진과 같은 백주는 빈속에 먹으면 맛이 없고, 폭탄과 같은 분해력이 있기 때문에 고기 안주를 같이 먹어 주지 않으면 대신에 위장이라도 분해시키려고 한다. 빈속에 백주를 먹으면 위궤양으로 가는 지름길이다. 그러니 고기의 소화제로는 백주가 최고이다.

3장

삼위일체(우주 · 지구 · 나)

I. 역경은 2와 3의 조합

하나가 둘을 낳고, 둘이 셋을 낳고, 셋이 만물을 낳았다. 一生二, 二生三, 三生萬物
_ 노자, 『도덕경』

하나에서 시작되었으나 (본래 그) 시작이 없다. 하나가 나뉘어 세 가지 극에 이르
나 그 근본이 다 소모됨이 없다. 一始無始一析三極無盡本 _『천부경(天符經)』

역경에서 태극은 음양으로 분화되고 음양은 사상으로 분화되고 사상
은 팔괘로 분화되고 팔괘는 64괘로 분화되는 것을 독자들은 알고 있을
것이다. 언뜻 보면 역경은 이진법으로 되어 있는 것 같지만 삼진법의 체계
와 조화를 이루고 있다.

이진법은 짝수의 변화이므로 물질의 구조(음)를 설명하는 데 사용하기
좋고 삼진법은 홀수의 변화이므로 물질의 작용(양)을 설명하는 데 편리하
게 이용된다. 우주 만물의 물질적 구조와 작용에서 작용의 시간에 따른
변화를 살펴보면 삼진법으로 되어 있고, 물질의 형체적인 구조를 살펴보
면 이진법으로 되어 있다.

그래서 역경의 괘는 이진법과 삼진법을 적절히 혼용하고 있다. 괘의 하
나하나를 효(爻)라 하는데 3개의 효가 모여서 8개의 괘를 만들고 이 3개의
효가 상하로 합쳐진 6개의 효가 64개의 괘를 만든다. 괘를 구성하는 효가
음양을 뜻하고 있지만 괘를 구성하는 방식 자체도 음양으로 되어 있다.

우주 만물의 구조와 변화를 음양으로 설명하려는 것이 역경인데 그
역경을 구성하는 괘의 구조도 물론 역경의 원리대로 되어 있어야 하는
것이 마땅하다. 한 개의 효는 음, 혹은 양 두 가지의 경우를 나타내지만

이것은 상, 중, 하 세 가지의 위치를 가지고 있고 이것이 다시 상괘와 하괘를 이루고 있다[그림 3.1].

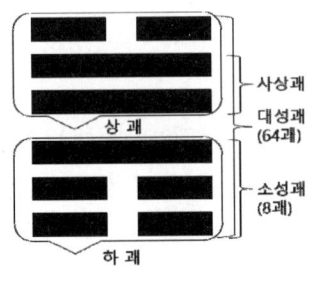

[그림 3.1] ©저자

우리는 숫자를 흔히 열 개로 알고 있는데 사실은 1, 2, 3이 기본적인 수이고 그 나머지 숫자는 1, 2, 3, 세 개의 숫자를 더하거나 곱한 것에 불과하다 4는 2×2이고, 5는 2+3이고, 6은 2×3이고, 7은 (2×2)+3이고, 8은 2×2 x2이고, 9는 3×3이고, 10은 (2×2)+(3×2)이다.

어느 수이건 2나 3을 더하거나 곱해서 만들 수 있으니 모든 수는 2와 3으로 구성되어 있다고 할 수 있다. 그래서 역경은 삼진법과 이진법의 적절한 조합이다.

삼차원 공간에 있는 것은 무엇이든지 x, y, z 좌표로 나타낼 수 있다. x는 -x와 +x로 되어 있고 y는 -y와 +y로, z는 -z와 +z로 되어 있다. 이것은 괘가 하나의 태극이고 만물을 여덟으로 나누었을 때 한 가지 경우를 나타내고 괘의 상중하 3개의 효가 음(-)과 양(+) 두 가지 대립하는 경우로 되어 있는 것과 같다[그림 3.2].

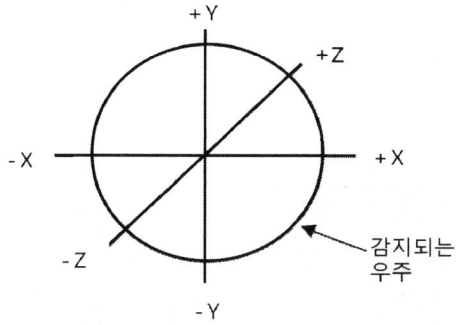

[그림 3.2] 공간 인식 좌표 ⓒ저자

역경에서 64개 효가 상하 두 괘로 되어 있는 것은 3차원 공간에 있어 그 존재를 감지할 수 있는 것(음)과 다른 차원에 있어 그 존재를 감지할 수 없는 것(양)의 변화 원리를 나타내야 하기 때문에 두 개의 괘가 짝을 이루게 한 것이다.

II. 삼태극

태극도가 음과 양, 단지 두 가지의 심벌로 이루어져 있어서 3을 표현하지 못하기 때문에 한국에는 삼태극도가 있다. 빨간색은 양의 심벌로서 하늘, 우주를 표현하고 파란색은 음의 심벌로서 땅을 표현하고 노란색은 음양의 중간 기운의 심벌로서 사람, 나를 표현한다. 역경에서 괘의 상효가 하늘, 중효가 인간(나), 하효가 땅을 나타내는 것과 같다.

한 효의 음양은 각기 해당하는 사물의 성질을 나타내지만, 그 효가 이루는 괘는 전체 우주의 구조를 나타낸다. 삼태극도는 음양만 있는 태극도에 '나'를 더 추가한 것이다.

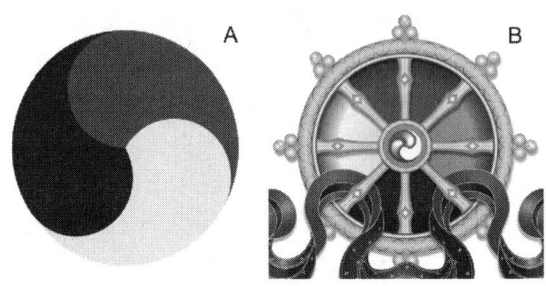

[그림 3.3-1] 삼태극 ©저자
[그림 3.3-2] 법륜(Dharma wheel) ©저자

인도나 티베트 사원에서 흔히 보는 법륜(法輪)은 삼태극을 사상과 팔괘로 더 분화시킨 심볼이다. 태극과 달마휠(Dharma wheel)이 같은 道를 나타내는 심볼이다([그림 3.3-1], [그림 3.3-2].

불교에 '일체유심조(一切唯心造)'라는 말이 있다. 우주 만물은 모두 나의 마음이 만들었다는 말이다. 우주의 만물은 내가 존재할 때 존재하는 것이고 내가 없을 때는 우주도 없어진다. 내가 없는 우주는 아무 가치가 없다.

양자역학에서 내가 볼 때는 입자의 세계가 존재하여 우주 만물이 형체를 가지고 있고 내가 보지 않을 때는 파동의 세계로 존재하여 일체의 사물이 없어진다. 그러니 나의 의지가, 마음이 세상을 만드는 것이다.

내가 없는 우주는 아무 가치가 없다. 남이 바라보는 우주는 내가 보지 않아 나에게는 존재하지 않으니, 나에게 아무 의미가 없다. 우주 만물을 인식하려면 내가 가장 중요하기 때문에 태극도에 나를 추가하였다.

한국의 궁궐에는 여기저기 삼태극 문양이 그려져 있다. 왕이나 신하가 삼태극의 의미를 새기라는 것이다. 왕좌를 보면 삼태극의 의미가 그림으로 투영되어 있다[그림 3.4].

[그림 3.4] 경복궁 근정전의 왕좌 ⓒ저자

하늘에는 음과 양을 뜻하는 해와 달이 그려져 있고, 땅에는 오행을 뜻하는 5개의 봉우리가 그려져 있고 그 중앙에 왕이 있다. 왕은 음양의 중심인 3에 해당한다. 왕좌의 아래에는 왕의 신하와 백성이 있다. 하늘과 땅의 이치를 잘 살펴서 백성을 다스리라는 의미가 담겨있다.

III. 우주의 3

원자에는 전자와 원자핵이 돌고 있으며 지구는 자전과 공전을 하고 있고 은하계도 공전을 한다. 모두 원운동을 하고 있는데 원은 360도이다. 인간이 만드는 구조물들은 거의가 3의 배수인 180도, 90도, 45도를 이루고 있다. 1년은 12개월이고 1월은 약 30일이며 1일은 24시간이고 1시간은

60분이며 1분은 60초이다. 모두 3의 배수이다.

　3은 양수로서, 형체(음)와 작용(양) 중에 작용을 잘 표현할 수 있다. 작용이 계속되려면 발동(양, 1), 환원(음, 2)의 대립되는 두 과정이 있어야 하고 서로 방향이 다른 이 두 과정을 전환하기 위한 중화(음과 양의 중간, 3) 마디가 있어야 한다. 이 마디가 통일 작용이 있는 태극이며 프랙탈 이론에 의해 우주 전체의 태극과 유사하다. 그래서 우주의 모든 작용(운동)은 3으로 대표되는 3의 배수로 표현된다.

　우주의 운동은 에너지와 형체 간의 상호전화의 반복이며 이것이 파동의 형태로 나타난다. 이를 상징하는 수의 세계에서는 양수와 음수의 반복으로 자연 수가 배열된다. 이를 역경에서는 "한 번 음이고 한 번 양인 것이 반복되어 지그재그로 가는 것을 일컬어 도라고 한다(一陰一陽之謂道)"고 했다. 여기서 지그재그를 물리학에서는 파동 그래프로 도시한다.

　동양에서 3은 인간의 숫자이다. 1은 하늘의 숫자이고 2는 땅의 숫자, 3은 하늘과 땅의 기운이 만나서 만드는 인간의 숫자이다. 하늘과 땅의 기운이 만나서 만드는 것은 인간만 아니라 지구상의 모든 것이다. 그 3은 인간뿐만 아니라 지구상에 있는 모든 것을 말한다. 모든 것들의 구조와 생리는 세 가지의 마디가 있다. 그것이 생물일 때는 그 마디가 뚜렷하다.

　사람이나 짐승 또는 곤충은 머리, 몸통, 다리 세 부분으로 되어 있다. 인체를 세로로(상에서 하로) 나누었을 때 세 부분으로 나누어지는 것이고 가로로(좌에서 우로) 나누었을 때는 두 부분으로 나누어진다.

　눈도 두 개이고 콧구멍도 두 개, 귀도 두 개이다. 입은 하나이나 좌우대칭으로 되어 있으니 두 개라 할 수 있고 목구멍의 생김새를 보면 목젖이 가운데 있어서 두 개였던 흔적이 있음을 알 수 있다. 팔다리도 두 개이고 몸통도 대칭으로 되었으니 두 개라 할 수 있다. 역경의 괘상이 우주 만물의 구조와 작동 이치를 설명하는 데 얼마나 적합하게 되어 있는지를 유추해 볼 수 있다[그림 3.5].

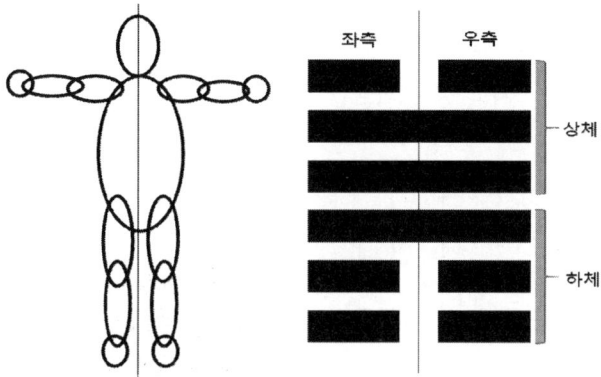

[그림 3.5] 인체의 3과 대성괘 ⓒ저자

IV. 우주의 코드 역경과 생명의 코드 유전자

사람의 얼굴 모습과 생리 변화가 서로 다른 것은 염색체에 있는 유전자가 다르기 때문이다. 유전자가 다르니 몸을 이루는 단백질과 세포가 달라지고, 호르몬과 효소가 다르니 사람들의 생리작용이 달라진다.

DNA를 이루는 뉴클레오타이드는 아데닌, 구아닌, 시토신, 티아민이라는 네 개의 염기 조합으로 이루어져 있다. 염기 조합의 최소 단위를 코돈*이라고 하며, 한 개의 코돈은 한 개의 아미노산에 대한 정보를 담고 있다. 단백질은 여러 개의 아미노산의 결합체이니 여러 개의 코돈은 하나의 단

---

* Codon(코돈): DNA를 전사하는 mRNA의 3염기 조합. 즉 유전 암호의 단위.

백질을 만든다.

　DNA는 두 가닥 염기의 띠가 나선형으로 꼬인 사다리 모양을 하고 있다. 좌측과 우측의 염기가 짝을 이루고 있다. 아데닌은 구아닌과, 시토신은 티아민과 짝을 이룬다. 짝을 이룬다는 것은 서로 대립되는 것을 뜻하므로 한쪽은 음이 되고 다른 한쪽은 양이 된다.

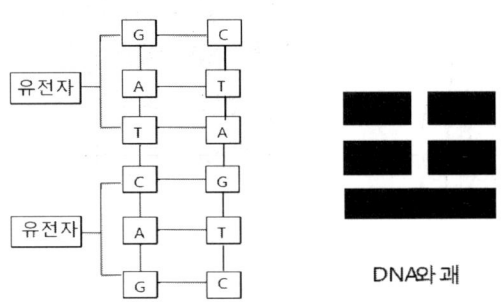

DNA와 괘

[그림 3.6] 유전자와 역경의 괘 ⓒ저자

　좌측이나 우측에 있는 염기의 띠는 복제되어 아미노산의 종류와 순서를 결정하게 되는데 세 개의 염기가 코돈이 되어 하나의 아미노산을 결정하게 된다. 곧 세 개의 염기가 하나의 유전자를 결정하는 것이다. 이것은 역경의 괘가 음양을 나타내는 효를 세 개 가지고 있는 것과 같다[그림 3.6].

　뉴클레오티드에는 세 개의 염기가 들어갈 수 있는 자리가 있고 각 자리에는 각각 네 종류의 염기가 들어갈 수 있으므로 64(4×4×4=64)개의 염기 조합이 생긴다. 어떤 생물이든 64개 이상의 코돈의 종류는 없다. 이것이 역경이 64개의 괘로 이루어진 이유이기도 하다.

　세포 하나에도 우주의 이치가 있고 인간 하나에도 우주가 있다는 역경의 이론대로 할 때 우주 만물 공통된 생성 이치의 패턴을 말해 놓은 역경과 생명 생성의 이치인 유전정보는 유사한 패턴을 보이고 있다. 우주 만물의 생성 패턴을 코드화한 역경과 생물 생성의 패턴을 코드화한 유전자 코드가 유사한 것은 당연하다.

V. 양자컴퓨터의 3

3은 양자컴퓨터에서도 중요한 숫자이다. 양자는 양자가 있다(1, 입자 상태, 양)와 없다(0, 파동 상태, 음)를 빠르게 반복한다. 너무 변화가 빨라 확정할 수 없는 상태는 중간의 상태, 통합의 상태이며 빠르게 돌아 음양을 구분 짓지 못하는 무극적 태극(3)의 상태이다. 이 상태를 양자의 중첩이라 하며 숫자로는 3이 이 상태를 대표한다.

일반 컴퓨터는 양 1과 음 0이 명확하게 구분 지어져 동작이 양자 컴퓨터에 비해 너무 느리다. 컴퓨터에 1과 0, 외에 3이 도입되며 기술의 혁신을 이룰 수 있다. 3은 신비(神秘—신이 감춘)의 숫자이다.

VI. 물질의 3

1. 물질의 삼태

우주에 존재하는 각 물질은 세 가지의 상태를 하고 있다. 고체(음), 액체(음과 양의 중간), 기체(양)의 상태이다. 물(액체)에 열을 가하면 수증기(기체)가 됐다가 열을 뺏으면 얼음(고체)이 되는 것이 하나의 예이다.

이런 상태는 동물의 세계에도 적용된다. 곤충은 애벌레의 상태로 물처럼 흐느적거리다가 때가 되면 번데기가 되어 얼음처럼 동작을 거의 중지하고 있다가 나비가 되어 수증기처럼 날아간다. 짐승이나 새는 어미의 뱃속이나 알에서 고체 상태였다가 태어나서 대부분 수분으로 된 신체로 활동성이 보다 나은 액체 상태로 있다가 죽어서 분해되어 기체 상태로 된다.

2. 원자의 3

3의 원리는 물 분자의 차원에서만 관찰되는 것이 아니라 원자의 차원에서도 볼 수 있다. 하나의 원자는 양성자, 전자, 중성자로 구성되어 있다. 이들을 전하(電荷)와 그 중량의 측면에서 보면 양성자는 양성의 전하(양)를 띠며, 전자에 비해 훨씬 더 큰(약 2천 배 정도) 중량을 가지고 있다.

반대로 전자는 음성의 전하(음)와 작은 중량을 가지고 있다. 한편, 중성자는 양성자와 거의 비슷한 중량을 가지고 있지만, 전하가 없으므로 음양의 중계자가 된다.

그러나 동작과 위치로 따지면 양성자와 전자 사이에는 체용의 법칙이 적용이 된다. 전자는 핵력에 위해 양성자와 중성자로 이루어진 원자핵의 주위를 돌고 있으며, 동작이 양성자에 비해 더 자유로워서 원자에서 원자로 이동할 수 있다. 그러므로 전자는 양적인 성질을 가지고 있다.

이와는 반대로 양성자는 중심에 있고 전자보다 더 무거우므로 음이 된다. 중성자는 이름 그대로 음양이 조화되어 있고, 양성자와 전자를 완화시켜 준다. 음양에 통일성의 中이 추가 되어 삼태극을 이루고 있다.

3. 화학구조의 3

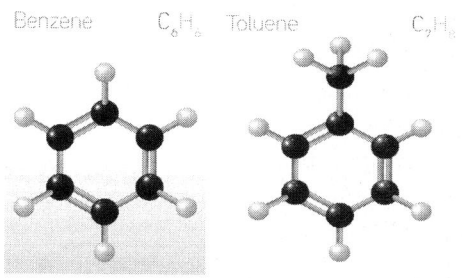

[그림 3.7-1] 벤젠의 6각 ©Shutterstock
[그림 3.7-2] 톨루엔의 6각 ©Shutterstock

생명체를 구성하는 중요한 성분인 유기물질들은 육각형의 구조를 가지고 있다. 성호르몬, 부신피질호르몬 등이 육각형의 구조를 가지고 있고, 고생대 생물이 변해서 된 석유의 주된 성분인 벤젠, 톨루엔 등도 육각형 구조를 가지고 있다([그림 3.7-1], [그림 3.7-2]). 우리 생활에 필수적인 플라스틱, 섬유, 약품 등 석유화학 제품도 그 원료와 같이 육각형 구조를 가지고 있다.

생명체를 이루고 있는 각 원소들의 양을 측정해 보면 탄소, 수소, 산소, 질소가 대부분을 이루고 있다. 세포를 이루고 있는 성분들인 탄수화물, 단백질, 지방이 대부분 이들 원소들로 이루어졌기 때문이다.

생명체의 생리는 탄소들의 분해(에너지의 생성)와 탄소들의 결합(세포의 형성)이라고 해도 좋을 정도로 생명체에서는 탄소가 중요하다. 탄소가 탄소끼리 결합할 때 여섯 개의 탄소가 그룹을 이루어 육각형의 구조를 만든다.

생명체의 원소로서 중요한 것은 탄소이지만 분자로서 중요한 것은 물이다. 물에는 육각수라는 물이 있다. 신선하고 적당한 온도를 가지고 있어 맛이 있는 이 물은 물 분자 세 개가 육각형 구조를 이루고 있다. 건강한 생명체에 존재하는 체액 속의 물은 육각수의 형태를 하고 있다[그림 3.8].

[그림 3.8] 육각수의 구조 ©Shutterstock

인체가 육각수의 물을 필요로 하기 때문에 육각수의 물맛이 좋고 육각수를 많이 마시면 건강을 지킬 수 있다. 이것이 생명을 이루고 있는 물질들의 구조는 3이나 3의 배수로 이루어져야 바람직하다는 또 하나의 증거이다.

이런 세부 구조가 밖으로 발현되어 육각형 구조를 가지고 있는 물질들이 많다. 벌집, 거북이 등껍질 무늬[그림 3.9], 수정 결정, 눈의 결정 등이 그것이다.

[그림 3.9] 거북이 등의 6각
©Shutterstock

VII. 상수학(象數學)에서 3의 의미

동양의 수리학(數理學)에서 홀수는 양의 수이고 짝수는 음의 수이다. 홀수는 혼자이기 때문에 불안해서 짝을 찾아 헤매기 때문에 움직임이 활발하니 양이다. 짝수는 짝이 있기 때문에 안정되어 움직임이 느리므로 음이다. 남녀가 싱글로 있을 때는 수척하다가(양) 결혼해서 짝을 찾으면 살이 찐다(음). 이것은 홀수는 양이고 짝수는 음이 되는 하나의 예이다.

역경을 수학으로 해석한 학문을 상수학(象數學)이라고 한다. 상은 심벌이라는 뜻이고 수는 숫자라는 뜻이다. 우주 만물의 구조와 작용을 숫자로 형상화하고 그 변화를 수학으로 계산하여 어떤 개체의 과거와 미래의 변화를 측정하는 것이다.

필자에게 역경을 가르친 선생님이 상수학의 정확성에 대한 재미있는 이야기를 해주셨다. 상수학의 대가인 아버지가 아들에게 상수학을 가르쳤다. 몇 십 년을 가르친 아버지는 마지막으로 아들을 시험했다. 앞뜰에 있는 대추나무에 열린 대추를 상수학으로 추정해 보라는 문제를 냈다.

아들은 그 대추나무의 상(象) 성질(괘)이 어느 수에 해당하는지 정하고 그 나무가 서 있는 곳은 방위 중에 어느 수(괘)에 해당하는지, 그 시간은 어느 수(괘)에 해당하는지 정했다. 그 후에 주판으로 그 나무의 수, 방위의 수, 시간의 수의 관계를 역경에 대입시켜 계산하여 2,884개라고 답했다.

이 주판이 계산하는 방식이 인공지능의 GPU가 계산하는 방식과 같다. 인공지능은 입력값과 결괏값만 알고 그 계산 과정은 역경이 없어 알지 못하고 설명도 하지 못 한다.

아버지도 계산을 해보니 2,885개가 나왔다. 이렇게 한 개가 차이가 나서 하인들을 시켜 대추를 모두 따서 세어보게 했다. 세어보니 2,884개와

벌레가 반쯤 파먹은 대추 한 개가 나왔다. 아들도 맞고 아버지도 맞는 답을 낸 것이다.

3은 새벽의 숫자이다. 새벽이란 지금은 밤의 어둠(음)과 낮의 밝음(양)을 가지고 있지만 계속해서 더욱 밝아져 가는 발전성이 있다. 그것은 동쪽의 기운이고 추움과 따뜻함을 둘 다 가지고 있는, 봄이 생(生)하는 기운이다.

3이라는 숫자의 의미는 통일, 조화, 생, 동쪽, 봄을 뜻한다. 1은 우주 전체를 뜻하는 태극의 숫자이고 통일과 조화를 뜻한다. 1은 음과 양을 반반씩 가지고 있고 3도 음과 양을 반반씩 가지고 있다. 그러나 3은 3을 말하기 전에 1에 해당하는 하늘(우주)과 2에 해당하는 땅을 생각해야 하지만 1은 1을 말하기 전에 2와 3을 생각할 필요가 없다.

1을 생각한 후에 2와 3을 1에 포함해 볼 수는 있다. 3은 1과 2 없이는 존재할 수 없지만 1은 2와 3이 없어도 존재할 수 있다. 사람은 우주와 땅 없이 존재할 수 없지만 우주는 땅과 사람 없이도 존재할 수 있다.

1은 모든 숫자를 포함하고 있으며 어떤 숫자든 1을 곱하면 변하지 않고 1을 더하거나 빼면 음양이 바뀐다. 즉 홀수가 짝수가 되고 짝수가 홀수가 된다. 이런 이유들로 3은 1에 비해서 음양이 다소 치우쳐 있어 통일의 수 1이 양의 대표가 아니라 다소 치우친 수 3이 양의 대표 숫자가 된다.

아인슈타인은 7년 동안 역경에 심취해 있었다고 한다. 그리고 그는 '역경은 우주를 숫자로 푸는 대수학'이란 말을 남겼다.

VIII. 인체 구조와 작용의 3

사람의 형체에서도 3의 구조를 찾을 수 있다. 이 책의 「서장」에서 설명했듯이 사람의 머리, 몸통, 사지, 또 체강도 모두 다 3의 구조를 가지고 있다(「서장」 [그림 16] 참조).

신체가 시상면으로 분할될 때(중간 부분이 위에서 아래로 분할됨) 거울처럼 대칭인 두 개의 반쪽이 생성된다. 인간에게는 눈이 두 개, 콧구멍도 두 개, 귀도 두 개, 팔도 두 개, 다리도 두 개 있기 때문이다. 입과 목과 같은 신체의 단일 부분도 대칭이다. 역경의 대성괘를 자세히 살펴보면 실제로 인체를 반영한다는 것을 알 수 있다([그림 3.5] 참조). 이는 역경의 원리가 우주 만물의 모든 현상을 설명하는데 그중 인체가 가장 표본적 모델임을 말해준다.

사람의 외부 구조뿐만 아니라 내부 해부학 및 생리학에서 3의 원리가 나타난다. 체세포는 겉에 있는 세포벽(양―흉강, 복강, 골반강의 겉에 해당), 그 안에 내용물(음―인체 세 강의 내용물인 장기에 해당), 그 둘을 컨트롤 하는 핵(中―두뇌)의 세 부분으로 이루어졌다.

체세포의 부위들만 세 단위로 나누어지는 것이 아니라 인체 해부학과 생리에서도 3의 원리를 찾을 수 있다. 그 예로, 인간의 두뇌를 비롯한 신경계와 내분비계, 피부의 구조와 작용이 3이란 수로 이루어진 것을 들 수 있다.

기독교에서 우주의 조절 체계인 신이 성부, 성자, 성령의 세 체계로 된 것처럼 인체의 조절 체계도 신경계(양), 내분비계(음), 그리고 시상하부(中―음양의 조화)의 세 부분으로 구성되어 있다. 시상하부는 뇌의 일부분이지만, 내분비계가 그 작용을 할 수 있게 해주는 호르몬 방출 인자들을 분비한다. 그러므로 시상하부는 신경계와 내분비계 양쪽에 해당하는 中의 성격을 가지고 있다.

신경계도 뇌, 말초신경, 중추신경의 세 단위로 구성되어 있다. 내분비계 또한 시상하부, 뇌하수체, 내분비선 상하의 축이 세 종류의 화학물질을 분비한다.

부신피질에 영향을 미치는 내분비 물질을 예로 든다면, 시상하부에서 분비되는 일종의 호르몬 방출인자인 부신피질 방출인자(corticosteroid releasing factor), 뇌하수체에서 분비되는 일종의 자극 호르몬인 부신피질 자극(adrenocorticotropic) 호르몬, 그리고 여러 다른 내분비선에 분비되는 일종의 최종 목적 호르몬(target hormone)인 부신피질(corticosteroid) 호르몬이 있다.

신경계 전체도 3의 체계로 구성되어 있지만 그중의 하나인 뇌도 각각 진화의 다른 단계를 나타내는 세 단위로 나누어진다. 첫 번째, 가장 오래된 뇌로서 망상계(R-complex—연수, 교) 혹은 '파충류 두뇌'라 한다. 그 부분은 공격적 행동 영역, 의식주와 사회제도의 설립에 중요한 역할을 한다고 말한다.

두 번째 부위는 변연계(limbic system) 혹은 '포유류 두뇌'라 하며 우리의 감정과 연결되어 있다. 이 부위는 동정심과 종족 보존 욕구 등 사회의식과의 관계를 주관한다. 마지막 부위는 신피질(neocortex) 혹은 '영장류 두뇌'라 하여 사고, 숙고와 언어 같은 더 차원 높은 뇌 기능을 담당하고 있다.

인체 내의 가장 활동적인 기관은 심장으로 양에 해당하고 가장 아래에 뒤쪽으로 깊숙이 있는 장기는 신장이며 음에 해당한다. 그 중간에 있는 췌장은 음양의 중간이다.

음양이 조화된 내분비선인 췌장에서도 3의 원리를 볼 수 있다. 예를 들면, 췌장은 세 가지 호르몬을 분비한다. 첫째, 당분을 혈액 속에서 빼내어 세포 속으로 투입시키는 인슐린, 둘째, 당분을 다시 혈액 속으로 수송하는 글루카곤, 그리고 이 두 호르몬을 조절하는 소마토스테튼이다.

이를 역경의 원리대로 해석하면, 포도당을 혈액에서 끌어내어 세포 내에 쌓아놓는 인슐린은 음, 포도당을 생산하여 혈관 내로 방출하는 글루카

곤은 양, 그리고 소마토스테튼은 음양의 중계자라 할 수 있다.

인체에는 더 많은 3의 해부학적 예들을 볼 수 있다. 근육세포는 골격근, 평활근, 심근으로 이루어져 있고, 혈액 또한 적혈구, 백혈구, 혈소판 세 가지 세포들로 구성되어 있다. 그리고 피부조직도 표피(epidermis), 진피(dermis), 피하(subcutaneous) 세 층으로 이루어져 있으며, 입안에는 이하선, 설하선, 악하선 세 가지 타액선이 있다.

지구상에는 피부색에 따라 흑인, 백인, 동양인, 홍인(아메리카 인디언)의 4대 인종이 존재하고 있다. 하지만 실제로 이 네 가지 피부색은 세 가지 물질의 배합으로 나타난다. 흑색의 멜라닌, 노란색의 지방질 그리고 적색의 헤모글로빈이다. 이 세 가지 색소의 여러 가지 비율의 배합에 의해 각각의 피부색이 결정된다.

즉, 세 가지 색소 중에서 한 가지의 우세가 각 인종의 특정한 피부 색깔로 나타나는 것이다. 예를 든다면, 멜라닌이 우세한 사람은 검은 피부를 갖게 되고, 헤모글로빈이 우세하면 적색으로 보이게 된다. 동양인의 피부는 지방 색소가 다른 색소보다 더 많고, 백인은 이 세 가지 색소가 모두 적다. 그러므로 피부 색깔에 구분이 있는 것 같아도 그 모두가 같은 성분을 가지고 있는 것이다.

IX. 심리의 3

3의 원리는 정신의 서양적 개념에서 흥미로운 모습으로 나타나고 있다. 두 명의 저명한 전문가, 프로이트와 스위스의 정신과 의사인 융은 3층, 혹은 세 가지 심적 상태로 되어 있는 인간 심리 작용의 틀을 만들었다.

프로이트는 의식, 잠재의식, 무의식의 차이를 규정했다.

역경의 용어로 이야기하면 의식은 지각 상태가 명백하므로 양이라 간주할 수 있다. 무의식은 숨겨져 있으며 그 작용이 불가사의하므로 음에 해당한다. 잠재의식은 무의식과 의식이 서로 통하게 하는 중계자로서 태극이라 간주할 수 있다.

보다 대중화되어 있고 널리 적용되는 프로이트의 구분법은 이드(id), 자아(ego), 초자아(superego)로 마음의 세계를 나누는 것이다.

한때 프로이트의 제자이며 동료였던 칼 융은 정신을 프로이트의 분류와 다르게 세 층으로 나누었다. 그는 정신의 세 층을 의식, 개인 무의식, 집단 무의식이라고 불렀다. 피라미드의 형태로 나타내면 의식은 끝 부분의 작은 위치를 차지하고, 더 큰 개인 무의식은 의식 밑에 있으며, 피라미드의 거의 전부를 차지하는 집단 무의식은 맨 밑에 위치하고 있다.

의식은 작용하고 있는 마음이다. 그것은 주위에 대한 인식이 개인에게 초점이 맞춰져 있는 것이다. 개인 무의식은 의식을 통과했건 안 했건 간에 우리 일생에서 얻은 기억, 상징적인 것들과 행동으로 가득 차 있다. 반대로 집단 무의식은 인간의 종족과 문화적 기억들뿐만 아니라 시간과 공간의 경계(한계) 없이 접근할 수 있는 삶의 전체적인 존재를 포함하는 정보의 광대한 저장 창고이다.

융은 역경에 깊은 관심을 가지고 있었다고 알려져 있다. 그는 역경을 열정적으로 공부했으며 빌헬름(Wilhelm)의 역경 번역서에 서문까지 썼다. 그가 열성을 쏟은 역경 공부는 그의 이론에 크게 영향을 주었을 것이다. 그는 필시 3단계 구조로 되어 있는 역경 사상을 그의 이론적 체계에 적용시켰을 것이다.

X. 판단의 3

운동경기를 할 때 볼을 누가 갖는가 결정하기 위하여 미국인들은 동전을 사용한다. 여기에는 승자와 패자만 있지 비긴 자는 없다. 흑백만 있지 회색은 없는 결정이다. 이 방법은 승자와 패자가 한 번에 결정이 나는 아주 실용적인 결정법이다.

흑백이 분명한 서양 사람들의 기질에 맞는 이런 결정법에서 보여지듯이 직선적, 논리적 그리고 분석적인 사고방식이 미국같이 부유한 나라의 찬란한 물질문명을 이룩하게 했다. 역경적 용어로 보면 동전을 던져서 하는 판단 방법은 음양을 분별하기 위한 것이다.

동양인들은 가위, 바위, 보를 한다. 가위는 보를 이기나 바위에 진다. 바위는 가위를 이기나 보에 진다. 보는 바위를 이기나 가위에 진다. 상대편 두 사람이 같은 것을 보여줄 때가 있는데 그 경우는 비긴 것으로 다시 한다. 가위, 바위, 보에는 음양 외에 음양 중간의 개념이 있고 흑백 외에 흑백의 중간(회색)이 있다. 이것은 흑백이 분명하지 않은 동양인들의 기질에 맞는 결정법으로, 중간에서 의미를 찾는 정신문명을 발전시킬 수가 있었다.

이기고 지는 것을 결정하는 요소가 두 가지인가 세 가지인가에 따라 의미하는 바가 크게 달라진다. 이것으로 2와 3의 차이점을 짐작할 수 있다.

도박의 도구로 발전하기도 한 주사위는 점을 치는 도구이기도 하다. 주사위도 중국에서 유래했다고 하는데 3의 배수인 6까지의 숫자가 적혀 있다. 지구상에서 바라보는 우주의 운행이 3의 마디로 이루어졌으니, 미래를 점치기 위해서나 중요한 판단을 내리기 위해서는 역경의 중괘(重卦)처럼 6개의 숫자로 만들어진 주사위가 적합하다.

XI. 정치의 3

앞의 「음양」 장에서 미국의 양당 제도의 성격과 삼권분립 정치 형태에 대해 이야기했다. 여기에서도 3의 원리가 있는 것을 볼 수 있다. 법을 시행하는 행정부는 양이며 법을 유지하고 해석하는 사법부는 음이 된다. 입법부는 음과 양의 양면이 있어서 태극이 된다. 입법부는 법을 통과시킬 수 있고 다른 두 부의 어느 누구든 탄핵할 수 있으므로 양쪽 부를 조절할 수 있는 권력이 있다.

더 나아가 각 부마다 3의 원리를 관찰할 수 있다. 예를 들자면 사법부 안에서 검사나 원고는 위법을 기소하는 행위를 시작하므로 양이라 할 수 있고 변호사나 피고는 자신을 방어하며 무죄를 입증하려 하므로 음이라 말할 수 있다. 판사는 중간에서 음, 양의 입장을 귀담아들으며 마지막 판결을 내린다. 그러므로 판사는 음, 양의 중계자가 된다.

동양의 정치에서는 왕이 있고 보통 그 밑에 왕에게 나라의 여러 가지 일에 충고, 혹은 조언을 하는 세 명의 신하가 있었다. 그것이 바로 영의정(음양의 중간), 좌의정(양), 그리고 우의정(음)이다.

헤겔은 그의 변증법을 통하여, 처음에 어떤 주장(正)이 생기면 그다음에는 정면으로 반대되는 주장(反)이 생기고 두 주장이 대립을 보이다가 결국 합치된 주장(合)을 내게 된다고 했다.

이 변증법을 서양의 정치사에 대입해 음양으로 풀어 볼 수 있다. 첫 단계에 왕이 국민을 억압하는 음적인 왕정 시대(정) 가 있으면 다음 단계는 시민의 항거로 나타난 양적인 시민사회(반)로 발전하다가, 결국은 태극인 공산주의(합)로 넘어간다고 보는 것이다.

그러나 공산주의는 완벽한 음양의 조화를 이루고 있는 것 같지만 사실상 불완전하다. 왜냐하면 사람의 삶은 생기를 위주로 하므로 자유(양)가 규제(음)보다 더 많아야 하나 공산주의는 인위적으로 인간의 자유를 너무 규제한다. 공산주의는 너무 규제(음)에 치우쳐 있는 것이다. 따라서 공산주의는 음양이 반반씩 완벽하게 조화되지 못했다.

XII. 연금술의 음양과 3

1625년 프랑크푸르트에서 발행된 『연금술 박물관』(*Museum Hermeticum*)이란 책에 [그림 3.10]이 실려 있다. 이 그림은 연금술사들의 우주관을 잘 표현한다. 음을 나타내는 밤과 양을 나타내는 낮이 좌우로 나뉘어 있다. 상하로는 하늘과 땅이 나뉘어 있다.

[그림 3.10] 연금술사들의 우주관 ©Bridgeman Images

땅의 양(陽) 한가운데는 남자가 해를 들고 있고, 음(陰) 한가운데는 여자가 달을 들고 있다. 사나운 사자(양)는 남자와 해를, 온순한 사슴(음)은 여자와 달을 들고 있다. 여자와 남자 사이에는 연금술사가 몸이 두 개이고 머리가 하나인 사자를 밟고 서 있는데 몸이 음양으로 나뉘어 있어 음양이 조화된 인간을 상징한다. 남자, 여자, 연금술사는 땅의 3을 의미하고 있다.

동양의 도사들은 복약(服藥)과 호흡, 명상을 통해서 음양의 편차를 교정하고자 했다. 이 그림을 보면 음과 양을 반반씩 가지고 있는 연금술사도 음양 조화를 꾀했음이 보인다. 연금술사나 도사가 음양의 조화를 이루면 신이 되어 전지전능(全知全能)해진다. 전지전능한 것은 신이며 하늘 가운데 음양이 조화된 자리에 위치하게 된다.

하늘의 가운데는 히브리 문자로 신이라고 쓰여 있고 음과 양, 양쪽에 신처럼 빛나는 상징물이 있는데 이 셋이 삼위일체를 상징한다. 그 주위에는 천사들이 빛을 발하고 있는데 그들도 음양이 갈려져 양의 편차가 크지는 않지만 있음을 보여주고 있다. 천사는 양이고 악마는 음이다.

인간의 주위에는 식물, 동물, 광물들이 있다. 연금술사 주위를 둘러싸고 있는 나무들에 쓰여 있는 기호는 연금술에 많이 쓰는 광물을 나타내는 기호이다.

연금술사 발 주위에는 땅의 음양 상징인 물과 불이 있다. 물과 불 옆에는 사상(四象)의 상징인 지(地), 수(水), 화(火), 풍(風)이 있다. 지·수는 음, 화·풍은 양측에 있어 음양의 분화 법칙에 잘 들어맞아 꼭짓점에 해를 놓고 화·풍을 모서리로 놓는 삼각형과 꼭짓점에 달을 놓고 지·수를 좌우 모서리로 하는 삼각형으로 표시해 보았다.

연금술사의 머리 위 신계(神界)와의 중간에는 연금술의 원리를 동심원에 나타내고 있다. 가장 중심에는 다섯 개의 삼각형이 있다. 음양의 조화를 내는 큰 삼각형이 가운데 있고 좌우에는 불안하고 동적이라 양을 나타내는 역삼각형과 안정되고 정적이라 음을 나타내는 정삼각형, 중간에는 두 삼각형이 포개진 도형이 있어 음양이 조화된 금(金)을(도교의 단[丹]) 상징하고 있다.

이 그림은 역경의 우주관을 너무나 잘 묘사하고 있다. 이 그림으로 미루어 볼 때 역경 이론으로 불로불사약 단을 만들던 동양의 도사들과 금을 만들던 연금술사들이 같은 수행을 하고 있었다고 생각할 수 있다. 과학의 어머니가 연금술이고 연금술의 어머니가 역경일 수도 있다.

뉴턴은 그 생애에 물리학을 연구한 시간보다 연금술을 연구한 시간이 많다. 동양의 학교에서 역경의 원리를 배우지 않고 과학을 배우게 한 공로자가 뉴턴이다. 뉴턴이 뉴턴 역학을 만들고 서양 문화가 동양 문화를 추월했다.

XIII. 피라미드의 3

3의 원리를 명백히 나타내는 것 중 하나는 이집트의 피라미드이다. 피라미드의 겉면은 네 개의 삼각형과 한 개의 사각형으로 이루어졌다. 피라미드를 가로로 자르면 그 단면은 사각형이고 꼭짓점을 포함할 수 있도록 세로로 자르면 삼각형이 된다. 사각형이 2를 나타내는 도형이라면 삼각형은 3을 나타내는 도형이 된다. 사각형은 4를 나타내는 도형이지만 2로 나누어지니 기본수로서 2를 나타내는 도형이다.

피라미드는 횡적으로는 2를 나타내므로 음, 종적으로는 3을 나타내므로 양인 구조물이다. 즉 우주의 기본적인 요소인 음과 양을 모두 가지고 있다. 횡적으로는 음과 양을 나타내는 이진법의 구조와 종적으로는 3의 배수로 효를 쌓아놓은 괘(8괘, 64괘)의 구조를 입체적인 도형으로 표시했다고도 할 수 있다. 피라미드는 2진법과 3진법으로 이루어진 우주 전체 구조의 기본 패턴을 상징하며 피라미드의 꼭짓점은 하층 구조물들을 통합하고 제어하고 있는 태극, 즉 신을 상징하고 있다.

XIV. 종교와 철학에서의 3

우리는 3의 원리나 삼위일체의 원리를 세상의 많은 종교와 철학에서도 찾을 수 있다. 그 이유는 먼저 언급했듯이 3은 신 혹은 하느님의 숫자이며 진리인 도와 태극을 나타내고 또 창조의 수, 통합의 수, 그리고 조화와 중도의 수이기 때문이다.

1. 헤겔의 철학과 3

3의 원리는 헤겔의 철학에 명백히 나타난다. 변증 논법이라는 것이 있는데 두 사람이 서로 틀린 관점을 토론하다가 결국 결론에 도달한다. 철학의 역사 전반을 통하여, 이 논법은 삶의 진실이나 현실을 찾으려고 시도하는 데 사용되어 왔다. 헤겔은 이 변증법을 즐겼으며 3의 원리를 그의 철학적 체계에 사용했다. 변증법은 헤겔의 논리에서 가장 핵심적인 것이다.

헤겔에 의하면 투쟁의 해결만이 인간 생각이 발전하는 유일한 길이다. 그리고 해결에 다다르는 것은 오직 정의 제시, 반의 반박 그리고 결과로 나오는 개념의 합이다. 일단 두 의견이 합으로 연결되면 변증법의 과정은 다시 시작된다. 이 세 부분의 철학적 원리는 3의 원리와 거의 정확하게 연관된다.

헤겔의 정은 1이며 양에 해당한다. 이것은 이미 알려져 있거나 진리로 생각되는 사실이다. 반은 투쟁을 일으키고 논쟁과 서로 연관을 맺는 과정을 시도하므로 2이고 음이 된다. 합은 3이며 태극이 된다. 왜냐하면 서로 반대되는 두 의견의 통합된 결과이기 때문이다. 합은 양쪽 논쟁(음양)의 구성요소를 가지고 있는 중심이 된다. 헤겔은 이 변증 양식의 마지막 결과는 삶의 절대적인 진실이라고 믿었다.

2. 기독교의 3

가톨릭에서는 기도하기 전에 성부, 성자, 성령 삼위일체를 외우며 머리, 배, 양어깨에 십자가의 상징을 만든다. 머리에서 복부로 수직선을 긋고, 이어서 좌측 어깨에서 우측 어깨로 수평선을 긋는다. 그다음에 양손을 심장 앞에서 합장하면 중심점을 표시하게 된다. 이때 머리는 성부(聖父), 복부는 성자(聖子―예수, 사람을 포함한 지구의 모든 것), 그리고 양어깨는 사람과 하느님을 결합해주는 성령(聖靈)이 된다.

십자가의 중심은 성자와 삼위일체가 결합한 심장이 된다. 즉, 좌측 어깨는 음, 우측 어깨는 양, 머리는 음과 양의 중간에 해당한다. 배는 형체를 가지고 있는 우주의 모든 것이 된다.

십자가를 긋는 것은 세 단계로 되어 있다. 첫 단계는 머리, 복부, 양쪽 어깨의 네 부위를 만진다. 이것은 역경 분화 법칙의 2에 해당한다. 세로선(양)과 가로선(음)을 교차시켜 피라미드의 밑변을 만드는 것과 같다. 두 번째 단계는 양손을 합장하여 기도하는 것이다. 이것은 피라미드의 꼭짓점을 만드는 것에 해당하며 3에 해당한다. 세 번째 단계는 여전히 합장하고 머리를 숙이는 것이다. 이것은 신과 합일하는 동작이고 1에 해당한다.

2와 3으로 이루어진 역경의 괘는 우주의 구조와 작용을 표현하는 상징인데, 다른 문화권에서는 삼각형이나 보다 입체적인 피라미드가 이를 상징한다. 십자가를 긋는 동작은 이런 상징들처럼 우주 만물의 기본 구조를 나타내며 신에서 하나로 통합됨을 뜻한다.

다음의 그림은 불가리아의 리라 수도원 벽화이다[그림 3.11]. 하나님 머리 뒤의 삼각형이 삼위일체를 표현한다. 하나님 밑의 새는 성령을 표현하고 인간과 하나님의 매개자 역할을 한다. 새 아래의 후광이 있는 인간은 예수님을 표현한다. 이 셋이 하나라는 것이 삼각형으로 표현된 것이다.

[그림 3.11] 불가리아 리라 수도원 벽화 ©저자

십자가 성호 긋기, 삼각형, 피라미드 이 세 가지 코드들은 만물이 본질

은 하나이지만 음과 양, 음과 양의 중간 세 가지로 관찰될 수 있는 역경의
이론과 비슷하다. 역경은 우주 만물의 변화 이론이 적힌 책이고 가톨릭은
우주 만물의 변화를 주도하는 하느님을 말한 종교이다. 다른 종교에서도
이와 같은 유사점을 찾을 수 있다.

3. 불교의 3

불교에서는 부처에게 염불할 때 합장을 한다. 왼손(음)과 오른손(양)이
합장(중)을 하면서 음과 양의 조화를 만들어 음양의 조화를 이룬 부처를
상징한다. 흔히 절의 대웅전에서 볼 수 있는 삼존불은 불교에서 3을 얼마
나 중시하고 있는가를 말해준다[그림 3.12].

[그림 3.12] 완주 금산사 삼존불 ©저자

불교에 의하면 살아 있는 존재가 있는 곳에는 세 영역 혹은 단계(층)가
있다고 한다. 첫 번째는 육체가 없는 순수한 영들이 살아가는, 실체나 형체

가 없는 층이다. 두 번째는 감각적 욕구가 없는 탈속적 존재가 사는 육체적 차원이다. 마지막은 현저한 육체적 존재들이 살아가는 욕망의 층이다. 이 층에서 동물과 사람이 살아간다.

또 다르게 3의 원리가 불교에서 나타나는 것은 트리카야(trikaya)라고 불리는 부처의 세 몸에 대한 교리이다. 육체적 몸, 정신적 몸, 도와 동등한 다르마(Dharma)라고 불리는 법의 몸이다. 이 세 몸은 불교 교리의 구제 과정에서 핵심적 역할을 한다.

탄트라 불교는 이 세 몸을 약간 다르게 이야기한다. 마음, 언어, 그리고 몸이다. 실제의 영적 수도에서 마음은 연상법(visualization)과 연결되어 있고, 언어는 주문을 외우는 것과 연관되며, 몸은 무드라(mudra) 혹은 손짓하고 연관되어 있다. 이 세 가지 수행은 몸 안의 기운을 바꾸어서 개인의 문제점을 극복해 더 높은 의식의 단계나 계몽으로 들어가게 한다.

탄트라 불교는 주문을 통한 수련을 위주로 하는 불교로, 언어를 중요시하여 마음과 육체 사이에 언어를 넣었는데 일반적인 분류 방식으로는 안 맞으니, 언어를 빼면 마음, 육체, 통합체라는 3의 구조를 갖게 된다. 또 탄트라 불교에서는 음양의 대립이 활동적인 남신과 수동적인 여신 형태의 성적 상징으로 자주 묘사된다. 두 대립은 두 신들의 황홀한 성적 포옹으로써 삼위일체가 되는 태극 하나로 모인다.

4. 신도의 3

일본의 전통적인 종교는 신도(神道)인데 이 종교의식은 우리나라 사람들에게 신사 참배로 잘 알려져 있다. 우리나라에서 뗏목을 띄우면 자연히 닿는다는 규슈의 '우사 신궁'에 가보면 모든 것이 3의 구조로 되어 있어 놀란다.

[그림 3.13] 신궁의 정문 도리이 (게히신사, 쓰루가시) ©저자

[그림 3.14] 평택의 향교 홍살문 ©저자

신도 참배자들은 참배하려고 손을 모으기 전에 손뼉을 두 번 친다. 그 다음 머리를 숙인다. 세 마디의 동작을 한다. 보통 촛불은 세 단위로 불을 붙이며, 향로들은 세 발로 되어 있다. 도리이라는 신궁의 정문은 위에 가로 두 개의 평행선과 아래 지평선 세 개의 선으로 이루어져 하늘, 땅, 인간을 나타낸다. 이것은 우주가 기본수들인 1, 2, 3으로 만들어진 것을 뜻한다.

이 세 개의 수평 구조물을 바치고 있는 두 개의 기둥이 있는데 이로써 2와 3의 우주 구조를 완성하고 있다. 또 자세히 보면 이 문은 하늘 천(天) 자를 형상하고 있다[그림 3.13]. 이것은 우리나라의 홍살문과 유래를 같이한다[그림 3.14].

또 그 안에는 피라미드형 돌로 만들어진 등이 있는데 그것은 사각형 (땅)의 토대와 불이 켜지는 꼭지 부분(하느님, 하늘)과 그 중간에 서 있는 네 개의 삼각형(인간)으로 되어 있다[그림 3.15].

[그림 3.15] 신사의 피라미드 석등 (기비츠신사, 오사카) ⓒ저자

신궁 제단으로 들어가는 문도 중간의 큰 문과 양쪽의 자그마한 문으로 3문을 이루고 있으며[그림 3.16], 제단 자체에도 세 개의 방이 있다. 중앙의 신이 기거하는 방 앞에 놓인 제단에는 신(道)을 상징하는 장식이 붙어 있다. 큰 원 속에 세 개의 원이 있는데 세 개의 원은 혜성처럼 꼬리가 있으며

[그림 3.16] 우사 신궁의 삼문 (규슈) ©저자

[그림 3.17] 우사 신궁(규슈)의 삼태극 황금 부조물 ©저자
[그림 3.18] 삼태극 북(일본민속박물관, 사쿠라이시) ©저자

회전하는 형태를 하고 있다[그림 3.17]. 이 똑같은 무늬를 북에서도 찾아

볼 수 있다[그림 3.18]. 이는 한국의 삼태극을 보다 입체적으로 나타낸 황동 부조물이다.

일본 신궁에는 3보가 있다. 동경과 검, 굽은 옥이다[그림 3.19]. 동경은 우주, 태양, 신의 상징이며 검은 남자(양), 옥은 여자(음)를 상징한다. 신의 삼위일체를 나타내기도 하며 태극, 음, 양의 3을 나타내기도 한다.

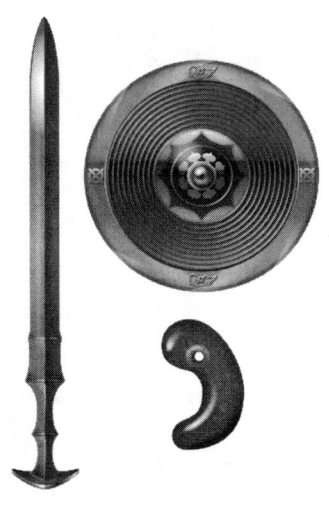

[그림 3.19] 일본 신궁의 삼보 ©123RF

5. 도교의 3

천부경을 비롯한 단군의 가르침이 우리나라 삼신산에서 시작되어 중국에서 꽃을 피운 것이 도교이다. 도교는 천부경처럼 3에서 시작되어 3으로 끝난다고 할 수 있다.

중국을 여행하다 유적지의 문이 [그림 3.20]과 같이 세 문으로 되어 있으면 도교 사원이나 도교와 관련된 유적지로 알면 된다. 우리나라와 관련된 유적지가 아닌가 살펴봐야 한다. 우리나라도 궁궐, 서원과 향교 등 교육기관, 신을 모시는 사당은 삼태극이 그려진 삼문으로 되어 있다.

[그림 3.20] 중국 도교의 발원지인 태산 도교 사원의
삼문(산동) ©저자

1) 정기신 (精氣神)

도교에서는 3가지 보물이 있다. 그것이 정기신이다. 세 가지 보물을 온전히 잘 유지해야 깨달음을 얻을 수 있다.

인체의 씨앗은 정(精)이다. 정(精)이란 글자는 쌀 미(米) 자와 푸를 청 (靑) 자가 결합된 글자이다. 쌀이 새파랗게 젊은 것을 뜻한다. 米란 글자는 음양이 조화된 자리(+)에서 사방팔방으로 에너지가 발산되는 형상을 하고 있다.

정이란 식물로부터 생성되기도 하고 동물로부터 생성되기도 하는 원초적인 기운인 원기가 형체로 생성되기 이전의 원료 상태를 말한다. 정은 기(氣)의 변형 상태이므로 다시 기로 변할 수 있다.

기(氣) 자에도 쌀 '米' 자가 들어 있다. 물이 주위의 상황에 따라 얼음이 되었다가 수증기가 되었다가 하는 것과 같다. 정이란 에너지가 물질화하기 직전의 에너지이고 기(氣)는 정(精)이 완전히 에너지로 변하여 활발한 활동을 하는 것이고 신(神)은 기(氣)의 맑은 부분으로 육체를 통제한다.

정(精)이 양화되어 기(氣)로 되고 기(氣)가 양화(분화) 되어 신으로 된다. 신은 음화(집중) 되어 기로 되고 기는 음화 되어 정으로 된다. 육체가 음이라 하면 에너지에 해당하는 정·기·신은 양이 된다. 양 중에 음양이 셋으로 갈라질 수 있다. 정은 양 중의 음, 기는 음양의 중간, 신은 양 중의 양이다.

동양에서는 마음을 정신(精神)이라도 한다. 한의학 고전에 뇌는 정명지부(精明之府 — 밝은 정의 집)라 하고 신명(神明)이 나온다고 한다. 정이 골수를 채우고 뇌는 골수의 바다(骨髓之海 — 골수가 모이는 곳)라고 한다. 한마디로 뇌는 정으로 만들어져 있다는 뜻이다.

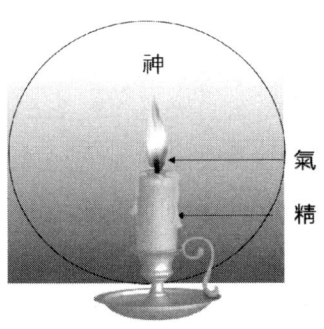

[그림 3.21] 정기신(삼보)의 관계
©Shutterstock / 글·배경 — 저자

정은 가장 음적인 장기인 신(腎)에 저장되어 있고 신(腎)은 생식기를 지배한다. 신에서 정이 저장되어 있고 정이 기로 변하여 활동을 시작하는 곳은 '생명의 문'이라는 뜻으로 '명문(命門)'이라 한다. 도를 닦는 사람들은 정기신(精氣神)을 삼보(三寶)라 하여 보물처럼 간직하려고 노력한다. [그림 3.21]은 정기신의 관계를 잘 밝혀주고 있다.

도를 닦는 사람들은 정을 될 수 있는 대로 많이 모아야 자기의 신(神)이 충만해지고 그 신을 하늘의 신과 교류시킬 수 있다.

2) 음식과 정(精)

정은 음식의 형태로 체내에 공급된다. 사람처럼 음양이 조화되어 있는 동물성 음식이 가장 좋은 정의 원료가 된다. 그러므로 이 정을 알아야 육류의 음양도 잘 파악할 수 있다.

제2장의 「맛의 음양」에서 말한 정력을 강하게 하는 요리들은 동양의 문헌에서 찾아보면 그 효능이 정을 많게 해준다고 되어 있다. 정이 많다는 것은 단순히 비아그라처럼 발기를 촉진시킨다는 것이 아니다. 정이 많으면 힘의 원천인 기가 많아지므로 피로를 느끼지 않고 의욕적으로 열심히 일할 수 있다. 영웅들이 호색한이 많은 것은 이런 이유에서이다.

정이 풍부하면 뇌의 기능이 좋아져 정신도 맑아진다. 도사들이 깨닫기 위하여 축정(蓄精)을 하는 이유가 여기에 있다.

알츠하이머 즉, 치매(망령) 병의 예방과 치료법은 정을 풍부하게 하는 음식이나 한약을 먹는 방법일 것이다. 정이 많아지면 생명이 연장될 것이고 나아가서는 깨달음을 얻을 수도 있다.

신성한 것과 거리가 멀더라도 실제로 정이 풍부한 음식을 이 주일 정도 먹고 나면 부인이 예뻐 보이고 마음이 풍족해서 이해심이 많아지고 머리가 맑아져서 실수가 적고 성생활이 흡족한 것을 느낄 수 있다. 발기가 잘 되는 것은 물론이고 섹스 시간이 길어지고 오르가슴이 강렬하다.

6. 힌두교의 3

3의 원리는 지고의 삼위일체인 브라만(Brahman), 시바(Shiva), 비슈누(Vishnu)가 있는 힌두교에서도 볼 수 있다. 브라만은 궁극의 현실이며 모든 현상의 영혼이나 내부의 본질을 나타낸다. 그러므로 브라만은 살아 있거나 살아 있지 않은 모든 것들에 존재하고 있다.

그것은 더욱 나아가 영원하며 무한하고 초월적인 모든 것을 포함(포용)하는 원리를 나타낸다. 모든 존재의 궁극적인 원인, 기반, 근원 및 목표가 된다. 브라만은 모든 것의 창조자(양), 보호자(음양의 중간), 재흡수자(음)가 된다. 그러므로 브라만은 우주의 궁극적인 모체인 태극이다.

태극에서 유래하는 상반된 기운인 음과 양같이 브라만도 시바와 비슈누로 나타난다. 비슈누는 종종 신의 창조물의 유지, 보존적인 면의 표현으로 간주되는 반면, 시바는 파괴적인 면으로 표현된다. 그러므로 비슈누는 양으로 간주 되고 시바는 음으로 간주된다.

삼위일체가 또 다르게 힌두교에서 나타나는 것은 현재 인도에서 최고로 숭배되는 세 신들인 시바, 비슈누, 샥티(Shakti)를 통해서이다. 시바는 파괴적인 면을 나타내지만, 그는 또 우주의 춤꾼, 즉 동적인 존재로 알려져 있고 창조의 신이다. 이 방면으로 보면 시바는 우주의 양 기운을 상징한다.

샥티는 신성한 어머니이며 시바의 부인이다. 샥티는 여성의 에너지를 상징하는 원형의 여신이므로 음이 된다. 그러므로 시바는 우주의 양 기운,

샥티는 음 기운, 그리고 비슈누는 우주 안에서 조화를 유지하므로 태극으로 간주할 수 있다. 그의 가장 중요한 직무는 세상의 신성한 명령(질서)을 보존, 혹은 보호하는 것이다.

[그림 3.22]는 인도 사람들이 집 앞에 그리는 콜람(kolam)이라고 부르는 만다라(부적)이다. 뜻을 아는지 모르는지 프랙탈 데이비드 별을 그리고 있다.

[그림 3.22] 인도 집 문 앞 땅에 그린 부적(콜람, 인도 센네이) ©저자

[그림 3.23] 힌두 사원 코끼리 상의 건괘
(인도 카팔리스와라르) ©저자

다음 사진[그림 3.23]은 인도 힌두교 사원 코끼리 상에 그린 주역 괘이다. 상중하 3 수평선으로 천지인을 나타내고 있다. 가운데 점은 피라미드의 꼭지점처럼 통합을 나타낸다. 개체의 모든 정보를 꾸리고 있는 씨나 알과 같다.

7. 유교의 3

유교에는 다양한 도덕적, 윤리적 교훈이 있다. 그중에서 3과 관련된 가장 핵심적인 것은 다음과 같다.

1) 삼강오륜(三綱五倫)

유교에는 삼강오륜이 있다. 이 중 삼강은 유교에서 중시하는 윤리를 구성하는 가장 큰 세 줄기를 뜻한다. 첫 번째는 군위신강(君爲臣綱)이고, 두 번째는 부위자강(父爲子綱)이며, 세 번째는 부위부강(夫爲婦綱)이다.

강(綱)은 글자 모양 즉, 글자의 상에서 보듯이 씨줄과 날줄로 이루어진 망과 같은 말이다. 대강이란 말에 '강'의 의미가 다 담겨있다. 경도 위도로 이루어진 지도와 같은 의미가 있다. 우주 전체의 모델이 태극인 것처럼 현대적 용어인 '모델(model)'이 '강'의 디지털적 의미를 정확히 표현한다.

삼강은 왕은 신하의 본보기(role model)가 되고, 아버지는 자녀의 본보기가 되고, 남편은 아내의 본보기가 되라는 유교의 세 강령을 말하고 있다.

군신의 관계와 부자의 관계는 종적인 관계이고 부부의 관계는 횡적인 관계이다. 종적인 관계 중에 군신의 관계는 집 밖의 일이므로 양이고 부자의 관계는 집안의 일이므로 음이다. 부부의 관계는 횡적인 관계라 차원을 달리하므로 음양의 중간이라 할 수 있다.

2) 중용(中庸)

유교의 큰 덕목으로 중용이 있다. 중용은 무조건 중간이란 말이 아니다. 중용을 얻기 위하여 반드시 양쪽 끝을 알아야 한다. 그 양쪽 끝은 태극의 음과 양에 해당하며 중용은 음양의 중간이란 말이 된다.

중용이란 서로 대립되고 있는 양쪽의 극단적인 것을 생각한 후에 그 중간을 선택하라는 말이다. 어떤 일이 이루어지는 것은 중간에서 이루어지기 때문이다. 어떤 물건을 매매할 때 매매는 파는 사람과 사는 사람이 원하는 가격의 중간에서 이루어진다. 제삼의 가격에서 매매가 이루어지는 것이다. 인체의 어떤 기관의 기능 항진과 기능 부전은 병이 되며 그 중간으로 되돌리는 것이 치료가 된다.

왕은 국가의 안정을 희생하고 발전을 원하는 당파와, 발전을 희생하더라도 안정을 원하는 당파 사이에서 중용을 택해야 정치를 잘할 수 있다.

일을 하는 데 있어서 너무 외향적인 성격은 일을 빨리 처리할 수는 있으나 실수하기 쉽고, 너무 내성적인 성격은 실수는 적은 대신에 일의 진전이 어려우니 그 중간쯤에서 일의 성격에 따라 대처하는 것이 바람직하다. 이것이 중용을 얻는 방법이다. 중용에는 음과 양이 포함되어 세 개의 요소가 있다고 생각해야 한다.

3) 지인용(智仁勇)

유교에는 또한 지혜(智), 어짊(仁), 용기(勇)라는 세 가지 미덕이 있다.

지는 옳고 그름을 가릴 줄 아는 마음이며 인은 가엾고 불쌍하고 측은히 여기는 마음이다. 용은 두려워하지 않는 마음인데 원래 의(義), 즉 옳지 못함을 부끄러워하는 마음에서 나왔다. 이러한 덕목은 서예, 의례, 마술(馬術), 궁술, 수학, 음악 등 6가지(3의 배수) 예술을 통해 획득된다.

위에 언급한 유교의 교훈들은 모두 하늘, 인간, 땅의 삼위일체 개념에 바탕을 두고 있으며 삼태극으로 상징된다[그림 3.24].

[그림 3.24] 창덕궁 비원. 계단과 문기둥 밑에 삼태극 문양들이 있다. 삼태극을 아는 것이 학문의 기본이라는 것을 강조한 것이다. ⓒ저자

8. 유대교의 3

다윗의 별(Star of David)은 유대교의 상징이며 3의 원리를 나타낸다[그림 3.25]. 별은 정삼각형(양)과 역삼각형(음)의 중복으로 만들어지므로 태극을 나타낸다. 각각의 삼각형 자체도 3의 원리를 나타낸다. 꼭짓점 부분은 태극이며 나머지 두 모서리는 음과 양을 나타낸다. 끝은 또한 하늘에 해당할 수 있으며 그런 경우 다른 두 모퉁이는 지구와 인간을 상징한다.

[그림 3.25] 다윗의 별이 그려진 이스라엘 국기 ©Pixabay

9. 삼위일체와 육각형 패턴

[그림 3.26] 헝가리 궁중 성당 현관문 ©저자

숫자 3 외에도 많은 동서양 종교에서는 우주와 신을 표현하기 위해 삼위일체, 육각형 문양을 자주 사용한다. 다음 세 그림은 다양한 삼위일체 패턴을 보여준다. 첫 번째[그림 3.26]는 헝가리 부다페스트에 있는 마티아스 교회(Matthias Church) 정문의 건축 디자인이다. 육각형 형식으로 삼위일체 기호를 표시했다.

　다음 두 장의 사진([그림 3.27], [그림 3.28])은 각각 한국의 금산사와 송광사의 문살이다. 다시 말하지만, 그들 각각에는 우주의 패턴이 그려져 있다. 부분이 전체의 구조 패턴을 갖고 있다. 부분의 삼각형은 전체 삼각형 패턴을 반복하고, 부분의 원은 전체 원형 패턴을 반복한다. 삼각형을 크게 보면 유대인의 '다윗의 별'이 있다. 천주교 성당이든 불교 사찰이든 이러한 문양을 만든 장인들은 우주의 공통된 패턴을 공유하고 있었을 것이다.

[그림 3.27] 완주 금산사 문살 ⓒ저자
[그림 3.28] 순천 송광사 문살 ⓒ저자

10. 세계의 삼위일체

　세계 곳곳에는 삼위일체를 나타내는 다양한 유물들이나 문양들을 볼 수 있다.

1) 종묘

[그림 3.29] 종묘의 삼태극 문양(우주, 조상, 건물 뿌리는 삼태극 프랙탈) ©저자
[그림 3.30] ©Shutterstock

한국에는 종묘라는 신성한 곳이 있다. 역대 왕들의 위패를 모시고 제사를 드리는 곳이다. 일본의 신궁이 여기서 유래된 곳이라 할 수도 있다. 여기에도 신과 우주를 상징하는 삼태극을 비롯한 3의 구조물들이 많다[그림 3.29].

종묘는 전 세계 유명 건축 거장들을 매료시킨 건축의 걸작이다. 어떤 사람들은 종묘를 아시아의 파르테논 신전이라고 불렀다[그림 3.30].

2) 마티아스 성당

[그림 3.31]은 헝가리 부다페스트 마티아스 교회 정문의 계단이다. 한국, 일본, 헝가리 모두 같은 모양의 삼태극, 즉 삼위일체 상징을 사용하고 있다는 점에서 매우 흥미롭다.

[그림 3.31] 헝가리 마티아스 성당 계단의 2와 3태극 문양
©저자

3) 뉴그레인지 무덤

[그림 3.32] 아일랜드 뉴그레인지 무덤의 삼태극 ©Shutterstock

아일랜드의 뉴그레인지에는 피라미드보다 오래된 무덤으로 알려진 거대한 무덤이 있다. 이 무덤을 만든 사람들에 대해서는 잘 모르지만, 동짓날 햇빛이 이 무덤 속을 15분간 비추게 설계한 기술로 보아서 이들이 원시인들이 아닌 문화인들이었다는 것은 학자들 간에 일치하는 견해이다. 여기

에는 [그림 3.32]와 같은 삼태극이 많이 그려져 있다.

4) 은나라 유적

[그림 3.33] 은나라 삼발 청동제기들(산동 박물관) ©저자

전설시대로만 여겨지던 중국의 은나라 유적이 최근에 황하 유역의 안양에서 중국 최초의 문자인 갑골문자(oracle bone script)와 함께 발굴되었다. 전례 없이 우수한 청동기들이 많이 출토되었는데 주로 세 발이 달려있다. 세 개의 받침대는 네 개의 받침대보다 불안한데 굳이 세 개의 받침대를 사용한 것은 신(우주)을 상징하기 위한 것이다[그림 3.33].

5) 아가멤논의 칼

다음 사진[그림 3.34]은 기원전 16세기 미케네 아가멤논의 칼이다. 전후좌우 삼태극 프랙탈 문양을 이루고 있다. 삼의 동심원 패턴이 전후좌우로 전체를 이루고 있다.

[그림 3.34] 미케네 아가멤논의 칼 ©저자

6) 금박 원형무늬

[그림 3.35] 미케네 무덤 금박 디스크 문양 ©저자

다음 사진[그림 3.35]은 기원전 1600년 그리스 아가멤논 무덤에서 나온
금박 디스크인데 별자리를 나타낸 것 같다. 동심원은 피라미드처럼 꼭짓
점에서 퍼져나가는 프랙탈 도형이다. 이것이 상하·좌우·전후 삼차원을 나
타내고 있다. 삼태극인 셈이다.

7) 기원전 3천 년의 토기

[그림 3.36]은 기원전 3천 년 일본 조몬 토기의 삼태극 문양이다.

[그림 3.36] 일본 조몬 토가의 삼태극 ©저자

8) 주나라 청동기

[그림 3.37] 주나라 청동기 태극 문양 (동경국립박물관) ©저자

[그림 3.37] 주나라 때 청동 제기로 오행 태극이 그려져 있다. 오행은 삼태극이 보다 분화된 형태이다.

9) 기원전 1700년 토기

[그림 3.38] 그리스 산토리니 선사시
대 토기의 삼태극 ©저자

마지막 그림[그림 3.38]은 그리스 산토리니 선사박물관의 기원전 1700
년 된 토기이다. 일본식 삼태극이 그려져 있다.

XV. 3의 중요성

3이라는 수의 중요성은 아무리 강조하여도 지나침이 없다. 만약 2라는
숫자가 음과 양이라는 상반되는 성질을 나타낸다면, 3은 그들의 통합을
나타낸다. 만약 2라는 숫자가 불화와 모순을 초래한다면, 3은 조화를 불러
일으킬 것이다. 음과 양의 숫자(1과 2)는 3이라는 수 안에 포함되어 있어서,
3은 전체를 나타내는 기본수로 간주된다. 또 상반되는 음과 양의 결합으로

만들어지므로 3은 출생이나 발생을 나타낸다.

　많은 종교들이 여러 가지 방면에, 다른 믿음과 관습에 3이라는 수를 중요하고 뜻깊게 사용하고 있다. 3은 우주의 상징 코드이며 하느님의 수이므로 종교적 상징과 기도에 대단히 상징적인 숫자이다. 3은 분열의 통일, 불화의 조화, 그리고 우주의 본성(실체)과 창조자를 상징한다.

　음양의 대립을 나타내는 2가 분열의 수라면 3은 통합의 수이고, 2가 갈등과 번뇌의 수라면 3은 조화의 수이고, 3의 숫자 안에는 1(세 개의 숫자가 있을 때는 양)과 2(음)라는 두 개의 대립적인 개체를 포함하고 있으므로 3은 전체를 나타내는 기본 숫자라고 할 수 있다. 3은 1과 2의 음양 대립으로 생성된 수이므로 생산을 나타낸다.

　분열의 통합자로서의 신, 갈등을 조화시키는 주체로서의 신, 우주 전체의 실체로서의 신, 우주의 생산자(창조자)로서의 신을 상징하는 숫자가 된다. 그래서 종교들은 3을 우주와 신을 상징하는 수로서 중요시하고 있다.

4장

사상(四象)

I. 사상의 종류

음 중에도 보다 양적인 것과 보다 음적인 것이 있다. 양 중에도 보다 양적인 것과 보다 음적인 것이 있다. 음 중의 양을 소음(少陰)이라 하고 음 중의 음을 태음(太陰)이라 한다. 양 중의 음을 소양(少陽)이라 하고 양 중의 양을 태양(太陽)이라 한다. 少陰에서 '少'란 조금이란 뜻으로 陰은 陰인데 그 음이 조금이란 뜻이다. 太陰에서 '太'란 많다는 뜻으로 陰은 陰인데 그 음이 많다는 뜻이다. 少陰, 太陰, 少陽, 太陽을 사상(四象)이라 한다.

음양이 네 개로 나뉘면서 음양의 상호대립, 상호전이, 체용법칙이 매우 복잡해진다. 음양은 대분이고 사상은 세분인데, 세분하면 세분할수록 개체 각각의 성질은 명확해져서 그 개체를 파악하고 다루기는 쉬우나 서로의 연관관계를 맺기는 매우 어려워진다. 이것이 과학과 철학, 서양의학과 동양의학의 차이점이기도 하다.

과학은 세분하는데 탁월하여 개체의 성질 파악에 정확하고 그 개체를 우리 생활에 잘 적용시켜 사용한다. 그러나 각 개체의 상호 연관성을 찾는 것은 부족하다. 즉, 우주 천체 현상과 소립자 세계의 현상이 서로 어떤 연관성이 있는지, 그것들은 또한 우리 주위의 현상과 어떻게 연결되는지 밝히기 어려워진다. 철학은 이러한 상호 관련성을 어느 정도 규명하고 있으나 정확하지 않다. 철학은 현상을 대분하기 때문에 그 개체의 성질을 정확하게 파악하기 어렵다.

사상으로 사물을 나누면 음양으로 나눈 것보다 그 성질이 더 명확해진다. 나누면 뚜렷한 특성이 드러나기 때문이다. 음양으로 사물을 나누는 것은 한 눈금이 1cm씩 표시된 자로 사물을 재는 것과 같으나 사상으로 사물을 나누는 것은 한 눈금이 0.5cm씩 표시된 자로 재는 것과 같아 보다 정확하다. 그러나 그 사물의 길이를 기억하고 머릿속에 그 길이를 떠올리기는 더 어렵다.

더욱 세밀한 자로 재면 그 길이를 소수점 이하까지 외워야 되고 따라서 그 길이가 어느 정도인지 감이 잡히지 않는다. 감이 잡히지 않는다는 것은 자기가 알고 있는 모든 사물의 길이와 비교되지 않는다는 것이고 자기가 알고 있는 사물과 연관이 되지 않는다는 것이다.

역경이 과학처럼 우주의 만물을 수없이 세분해 각기 다른 법칙을 적용시키지 않고 6번 세분하여 단지 64가지 괘로 분류하는 것은 그것이 사람이 기억하고 종합적으로 다룰 수 있는 최대의 숫자이기 때문이다.

우주 만물을 사상으로 나누려면 사상 개개의 특성을 알아야 한다. 음양의 조합이 태극을 이루는 것처럼 사상의 통합도 태극이 된다. 1년의 기후 변화를 태극이라 한다면 1년의 기후 변화를 사상으로 나눠볼 수 있다. 봄은 태양에 해당하고, 여름은 소양에 해당하고, 가을은 태음에 해당하고, 겨울은 소음에 해당한다.

여기서 계절의 순서에 따라 사상을 배열해 보면 太陽(봄)→少陽(여름)→太陰(가을)→少陰(겨울) 같은 순서가 된다. 少에서 太로 가는 것이 일반적인 순서라 少陽→太陽→少陰→太陰 순서가 아니어서 이 순서가 잘 이해가 되지 않을 것이다.

그러나 음양의 법칙을 잘 생각해 보면 이해가 간다. 봄→여름→가을→겨울은 작용적인 면의 순서이고, 太陽→少陽→太陰→少陰 순서는 물질적인 면의 순서이다. 여기서 음양의 많고(太) 적음(少)은 물질적인 면의 많고 적음이다.

太陽에서 陽이 많다는 것은 陽의 물질을 많이 가지고 있다는 것으로, 양물의 소모가 덜 일어나 아직 陽의 작용이 활발하지 않은 시작 상태이다.

少陽에서 陽이 적다는 것은 陽의 작용을 내는 물질을 이미 많이 써서 양물은 적으나 陽의 작용이 활발한 상태이다. 작용적인 면(활동 상태)이 아니라 물질적인 면(에너지의 보유량)으로 순서를 따질 때는 당연히 작용이 시작되는 太陽이 먼저고 작용이 활발한 少陽이 나중이다. 太陰과 少陰의 순서도 그렇게 이해할 수 있다.

1. 태양(陽)

太陽의 특성은 봄과 같다. 봄에는 겨울 동안 물질로 저장되어 있던 에너지를 쓰기 시작한다. 풀은 씨에 저장되었던 에너지를 써서 싹을 내기 시작한다. 나무는 뿌리에 저장되어 있던 에너지를 써서 싹을 내기 시작한다.

동물들은 겨울 동안의 칩거에서 벗어나 활발한 활동을 시작한다. 곰과 뱀, 개구리가 동면에서 깨어나 활동을 시작하는 현상이 태양의 상이다. 사람들도 겨울 동안 침체되어 있던 몸과 마음의 활동에 속도를 붙이기 시작한다. 겨울에는 몸과 마음이 얼어붙어 의욕이 줄어들고 따라서 활동이 적었으나 봄이 되면 의욕이 생기고 활동이 활발해지기 시작한다.

[그림 4.1] 태양의 괘 ⓒ저자

봄에 일어나는 이런 현상을 서양에서는 땅속에서 물이 솟아오르는 샘이나 줄어들었던 강철코일이 다시 펴지는 스프링(spring)에 비유했다. 주역에서는 봄의 이런 현상을 太陽이라는 괘로 표현했다[그림 4.1].

봄의 기운을 연상할 때 단지 싹이 돋아나는 것만을 생각해서는 안 된다. 새싹이 돋아나기 위해서 나무의 모든 기운을 수렴해서 씨에 저장해 두는 과정도 연상해야 한다. 봄을 연상하기 위해서 스프링이 튀어 오르는 것만 생각해서는 안 된다. 스프링이 튀어 오르기 위해서 스프링을 응축시키기 위한 힘이 가해졌다는 것을 생각해야 한다. 샘이 솟는 것만을 생각해서는 안 된다. 샘이 솟기 위해서는 빗물이 하늘에서 떨어져 지하로 스며든 것을 생각해야 한다.

경에서 말을 쓰지 않고 陰陽과 같은 부호를 쓰는 것은 말은 단지 그때 그 상황만 떠오르게 하기 때문이다. 음이나 양의 부호를 쓰면 음을 볼 때는 양을 생각하고 양을 볼 때는 음을 생각할 수 있다. 봄이 太陽이라고 하면 少陽, 太陰, 少陰과 구분되는 太陽의 특성을 생각할 수 있다. 그 특성이 빗물이 스며있다가 샘솟는 샘물 같은 것이고, 응축되어 있다 튀어 오르는 스프링 같은 것이며, 저장되었던 에너지가 싹으로 변하여 솟아오르는 봄과 같은 것이다.

太陽은 하루 중의 시각으로 말하면 동이 트는 새벽과 같다. 한밤중의 휴식을 끝내고 깨어나는 새벽이다. 밤이 낮으로 변하는 중간단계로서 음과 양의 성질이 공존한다. 한밤중에는 부교감신경이 주된 활동을 하여 에너지를 물질화하는 작용이 주로 일어난다. 성장호르몬은 주로 밤에 나와 뼈에 세포가 많아지고 키가 큰다. 당질 대사를 촉진시켜 에너지를 만드는 부신피질호르몬은 한밤중에 가장 적게 나오다가 새벽이 되면 많이 나와 낮 동안의 활동에 필요한 에너지의 생성을 촉진한다. 정지된 활동을 다시 시작하는 것이 새벽이고 밤 동안 물질의 형태로 모아 놓았던 에너지를 쓰기 시작하는 것이 새벽이다. 太陽의 작용은 새벽의 작용과 같다.

2. 소양(少陽)

소양의 특성은 여름과 같다. 여름에는 겨울 동안 저장되었던 에너지를 가장 활발하게 사용한다. 봄은 에너지를 사용하기 시작하지만, 쓰는 양이 적으나 여름에는 많은 양의 에너지를 활발하게 사용한다.

나무와 풀은 봄에 싹을 내지만 여름에는 가지와 잎이 쭉쭉 뻗어나가며 무성해진다. 봄의 싹은 초라하지만, 잠재된 에너지가 많다. 그래서 太陽이다. 여름의 가지와 잎은 무성하고 화려하지만, 잠재된 에너지는 거의 없다. 그래서 少陽이다. 에너지로 변할 수 있는 물질이 거의 없다는 뜻이다. 활발하고 크고 무성하고 화려한 것이 여름의 속성이며 少陽의 특성이다.

동물들은 여름에 활발한 활동을 한다. 생리적으로는 신진대사가 빨라 에너지의 소모가 많고 활동 영역이 넓어지고 운동량이 많다. 사람들도 집에 있기를 싫어하고 멀리 여행을 떠나고 싶어 한다. 더위를 피하려면 냉방이 잘 된 실내에 있는 것이 가장 효과적이나 들로, 산으로, 바다로 여행을 떠나고 싶어 한다. 인체 내의 에너지 소모량뿐만 아니라 자동차 휘발유의 소모량도 여름에 가장 많다. 정신적으로 의욕이 많아지고 육체적으로 활동이 많아지기 때문이기도 하다.

여름은 에너지가 極에 달하는 시점이기도 하지만 에너지를 물질화시키는 출발점이기도 하다. 陽極生陰의 이치에 의한 것이다. 그래서 여름에 해당하는 少陽의 괘상이 표가 되는 위에는 활발한 양이 배치되나 근본이 되는 아래는 허전한 음이다[그림 4.2].

[그림 4.2] 소양의 괘 ©저자

　이 괘는 바깥이나 상부는 양 작용(에너지 소모)이 활발하게 일어나고 있으나 하부나 속은 비어 있어 음 작용(물질화 작용)이 일어나고 있는 것을 나타낸다. 여름의 끝에 가을이 오듯 더위가 극에 달하면 비가 오고, 지금 하고 있는 일이 좋은 일만 일어나고 있으면 곧 나쁜 일이 시작되리라는 것을 예상해야 한다.

　여름은 그동안 벌어 놓았던 돈을 마구 쓰면서 쾌락을 사고 있는 중이라고 생각하면 된다. 돈이 바닥이 나면 다시 비장한 각오로 돈을 벌어야겠다는 생각이 들기 시작하는 그 시점이 여름이다. 돈을 열심히 버는 것이 가을이고 그 돈을 쓰지 않고 한곳에 모아 두는 것이 겨울이다.

　여름은 하루의 시간으로 말하면 정오를 전후한 시각과 같다. 햇빛이 눈 부신 대낮이다. 이때는 나무들이 탄소동화작용을 활발히 하고 사람을 비롯한 동물들은 새벽에 시작한 활동에 한창 가속도를 붙일 때이다. 사람은 정신활동이 극에 달해 머리의 회전도 잘 되고 기억력도 좋을 때이다. 공부를 하는 사람은 이때가 가장 공부가 잘 될 때라고 생각할 것이다.

　그러나 에너지 소모가 너무 많아 새로운 에너지를 보충받기 위해서 배가 고파지는 시기이기도 하다. 외부로부터 공급받는 물질을 에너지가 되기 쉬운 정제된 물질로 바꾸는 작용을 시작하는 때이기도 하다.

3. 태음(太陰)

태음의 특성은 가을과 같다. 가을은 여름 동안 소모만 했던 에너지를 수렴시켜 물질로 만드는 시기이다. 太陽은 물질 형태로 저장되었던 에너지를 사용하기 시작하는 특성이 있고 太陰은 에너지를 수렴하여 물질로 저장하기 시작하는 특성이 있으니, 太陽의 작용과 정반대가 된다.

가을에는 무성했던 풀이 시들기 시작하고, 낙엽이 지기 시작한다. 에너지의 공급이 더 이상 일어나지 않기 때문이다. 그 대신 에너지는 열매의 형태로 물질화된다. 이 물질의 저장 형태를 태음의 괘가 잘 보여주고 있다[그림 4.3].

[그림 4.3] 태음의 괘 ⓒ저자

봄에 줄기와 새싹으로, 여름에 잔가지와 잎으로 가던 에너지가 가을에는 잎이나 잔가지에서 큰 줄기 쪽으로 수렴된다. 겨울에는 그 에너지가 뿌리로 내려간다[그림 4.5].

가을의 수렴 작용을 생각할 때는 반대되는 봄의 발생 작용을 생각해야 하고, 여름의 에너지 소모의 극함과 물질화 작용의 시작은 겨울의 물질화 작용의 극함과 에너지화 작용의 시작을 생각해야 한다. 다른 계절의 특성과 구분되는 가을의 특성을 생각해야 태음의 특성이 이해된다.

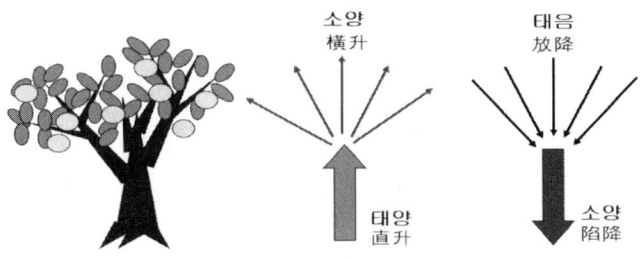

[그림 4.4] 나무 기운의 사상 ⓒ저자

태음은 하루 중 해 질 녘 전후에 해당한다. 낮 동안의 분주한 활동을 중단하고 휴식하기 시작하는 때이다. 에너지 소모를 중단하고 내일의 새로운 활동을 위해서 에너지 저장을 시작하는 시기이다. 낮이 밤으로 바뀌는 중간단계로서 음과 양의 성질이 공존하는 시기로 음과 양의 두 가지 속성이 있다.

당질 대사를 촉진시켜 에너지를 생산하는 호르몬인 부신피질호르몬이 적게 나오면서 잠이 오기 시작한다. 해가 지면 부교감신경이 주도한다. 동공이 좁아지며 눈을 감으려 하고 팔다리보다는 내부 소화기관의 운동이 활발해지며 외부로부터 영양물질을 받아들여 정제한다. 밤이 깊어지면 정자나 난자의 생산활동이 활발해지고 성적으로 흥분이 일어난다. 위의 현상은 모두 물질화 현상이 일어나는 것이다.

4. 소음(少陰)

소음의 특성은 겨울과 같다. 겨울에는 가을에 수렴하여 물질화시킨 에너지를 봄에 쓰기 위해서 저장을 한다. 보다 정제하고 압축시켜 폭발하기 일보 직전으로 만든다고 생각하면 된다. 에너지 덩어리인 열매와 씨는 땅에 떨어져 땅속에 파묻히고 겨울의 차가운 날씨는 열매와 씨를 얼려 더욱 압축시킨다. 나무의 생명 활동은 거의 뿌리에만 집중되어 있다. 나무의 기운이 뿌리에 저장되어 있다고 할 수 있다.

동물들은 덜 움직이고 덜 먹는다. 곰이나 뱀, 개구리는 먹지도 않고 잠만 잔다. 에너지를 저장만 해놓고 쓰지 않기 때문이다. 사람들은 무슨 일을 크게 벌일 의욕이 없고 봄이 오길 기다린다. 크리스마스 때 빨간 포인세티아를 좋아하고 집의 안과 밖을 전구로 밝혀 놓는 것은 음이 왕성한 계절에 모자라는 양을 보충하기 위한 사람들의 무의식적인 노력이다.

여름은 양이 왕성하여 에너지 활동이 극에 달하는 계절이라면 겨울은 음이 왕성하여 물질화 작용이 극에 달하는 계절이다. 陰極生陽의 법칙에 의해서 양이 소생하기 시작한다. 물질화된 에너지가 활동을 하기 시작한다. 시작만 할 뿐 활동은 속에서 시작하기 때문에 거의 보이지 않는다. 그것이 나타나기 시작하는 것은 봄부터이다.

[그림 4.5] 소음의 괘 ⓒ저자

양이 소생하는 상태를 주역의 괘에서 상징하고 있다. 少陰은 밖과 상부의 상태를 나타내는 上효는 陰이고 안과 하부를 나타내는 下효는 양이다[그림 4.5]. 양이 속에서 소생하는 상태를 나타낸다.

　보이지 않지만 하강하던 해가 자정에 방향을 바꾸어 상승하기 시작하는 상태가 少陰의 작용이다. 길어지던 밤이 동지부터 짧아지기 시작하는 것도 소음의 작용이다. 소음은 자정 전후 세 시간 동안의 한밤중과 같다.

　동물들은 잠에 깊이 빠져 팔다리의 에너지 소모가 거의 없는 때이다. 대신에 물질화 운동이 활발히 일어나서 아이들이라면 이때 키가 큰다. 성장호르몬이 가장 많이 나오고 에너지를 생산하는, 당질 대사에 관여하는 호르몬인 부신피질호르몬은 이때 가장 적게 나온다. 밤이 깊어져서 일어나는 정자와 난자의 생산활동과 성적 흥분은 부교감신경의 흥분으로 일어나는 현상인데 이것도 한밤중 소음의 작용이다.

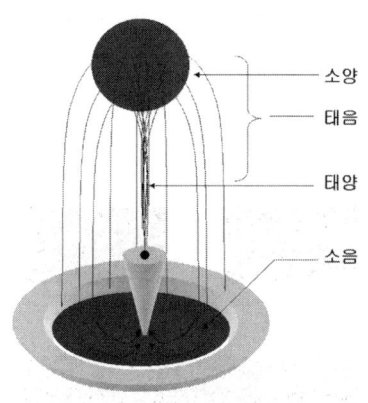

소양
태음
태양
소음

[그림 4.6] 분수의 사상 ⓒ저자

　각 사상의 상호관계는 분수대와의 비유로 더 쉽게 이해할 수 있다. 분수대 속에 있는 물을 겨울에 저장된 에너지라고 하면 분수대 물 꼭지에서 처음 물이 나오는 형상은 봄의 형상이고 세차게 뿜어져 하늘로 솟구쳐 퍼져나가는 형상은 여름 에너지의 형상이다[그림 4.6]. 올라가던 물이 힘을 잃고 땅으로 떨어지는 형상은 가을의 형상이고 그 물이 모여 있는 것은 겨울의 형상이다.

II. 사상의 상호관계

봄, 여름, 가을, 겨울이 한 주기를 이루듯이 태양, 소양, 태음, 소음은 한 주기를 이룬다. 지구의 공전궤도에 맞추어 그 주기를 그림으로 표시할 수 있다[그림 4.7].

[그림 4.7] ⓒ저자

음양의 이치를 태극도로 표시하듯이 [그림 4.7]은 四象의 이치를 표시하는 데 자주 이용된다. 여기서 원은 끝없이 사상이 순환되는 것을 나타낸다. 해가 지평선 너머로 떴다가(태양) 지평선 아래로 지는 것(태음)을 나타내기도 한다.

동양에서 방위는 위치를 나타내는 것 이상의 의미가 있다. 방위는 사물에 어떤 작용을 유발시키는 힘이 나오는 곳이다. 집이나 무덤이 길한 방위에 있는가를 살피는 풍수에서 방위는 아주 중요하다. 동쪽은 太陽의 작용이 나오는 곳이고, 남쪽은 少陽의 작용이 나오는 곳이고, 서쪽은 太陰의 작용이 나오는 곳이고, 북쪽은 少陰의 작용이 나오는 곳이다.

[그림 4.7]에서 수평선과 수직선은 태양과 태음, 소양과 소음의 陰陽 대립 관계를 표시한다. 수평선은 左右를 나타내고, 수직선은 上下를 나타낸다. 少陽은 上에 위치하고, 少陰은 下에 위치하고, 太陽은 左에 위치하고, 太陰은 右에 위치한다. 少陽과 少陰은 上下로 교류하며 太陽과 太陰은 左右로 교류한다.

四象을 생각할 때는 주기 중 先後 관계도 살펴야 하지만 같은 축상에 있는 대립 관계도 살펴야 한다. 陰陽이 서로 전화하듯이 사상도 서로 전화하는데, 주기의 순서를 따를 수도 있고 같은 축에 있는 사상끼리 전화할 수도 있다. 즉 少陽이 주기를 따라 太陰으로 전화할 수도 있고 上下 축을 따라 少陰으로 전화할 수도 있다. 그 반대 방향으로 전화할 수도 있다.

같은 축으로 대립시켜 보는 하나의 예를 들 수가 있다. 太陽에 속하는 사물은 겉은 뜨겁고 속이 찬 반면, 太陰에 속하는 사물은 겉이 차고 속이 뜨겁다. 少陽에 속하는 사물은 위는 뜨겁고 아래는 찬 반면, 少陰에 속하는 사물은 위는 차고 아래는 뜨겁다.

운동의 사상 순환을 그림으로 그리면 파동으로 나타낼 수 있다[그림 4.8]. 기준점 아래에서 기준점 위로 올라가는 단계가 太陽이고, 올라가는 것이 정점에 이르러 내려오는 단계가 少陽이며, 기준점 위에서 기준점 이하로 내려가는 단계가 太陰이고 내려가는 것이 최저점에 이르러 다시 올라가기 시작하는 단계가 少陰이다.

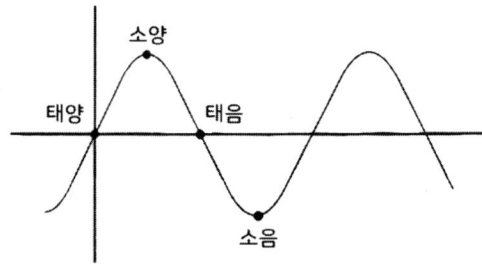

[그림 4.8] ⓒ저자

III. 만물의 사상 분류

사상 각각의 성질을 알았으니, 우주의 만물을 四象으로 나누어 볼 수 있다.

만물의 사상 분류				
	太陽	**少陽**	**太陰**	**少陰**
계절	춘	하	추	동
작용	생	성장	수렴	저장
방위	동	남	서	북
위치	좌	상	우	하
구성 원소	風	火	地	水
컴퓨터	입력장치 (키보드)	계산장치 (CPU)	출력장치 (프린터)	기억장치 (메모리)
절기	춘분	하지	추분	동지
하루	아침	대낮	저녁	밤중
감각기	耳	目	鼻	口
생리기능	신경기능	순환기능	소화기능	생식기능
정신상태	낙관주의	광증	염세주의	우울증

경제	경기회복	경제 호황	경기침체	경제공황
증권	활황	천장	불황	바닥
정치	수정공산주의	자본주의	수정자본주의	공산주의
인생	소년기	청년기	중년기	노년기
화학	약산성	산성	약알칼리성	알칼리성
물리	소리	빛	냄새	맛
우주 4력	전자기력	미력	중력	강력
발전원	풍력	태양력	석유	수력
도형	Δ	▽	○	·
光	靑光	赤光	黃光	黑光
동물계	양서류	조류	포유류	어류
식물계	풀	관목	키 큰 나무	이끼 버섯
남녀	남성적 여자	남자	여성적 남자	여자
스포츠	야구	농구	축구	골프
감정	怒	喜	哀	樂

1. 방위의 사상

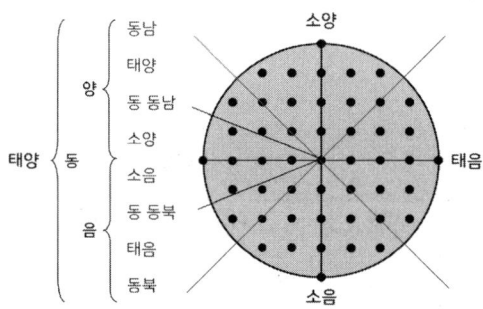

[그림 4.9] 방위의 사상 ⓒ저자

방위는 그 각도에 따라 360개로 나눌 수 있지만 동서남북 네 방위가 각 방위를 대표하고 있다. 우주의 만물도 헤아릴 수 없이 많이 그룹 지어 볼 수 있지만 성질이 비슷한 물체들을 네 개로 그룹 지어 四象이 대표할 수 있다. 동쪽에는 동북의 동쪽과 동남의 동쪽이 있는 것처럼 太陽에는

陰太陽과 陽太陽이 있다. 太陽 중에 陰的인 것과 陽인 것을 이름한 것이다. 더 나누어 보면 太陽 안에 또 四象이 있다. 太陽 中에 陽에는 太陽과 少陽이 있고, 太陽 中에 陰에는 太陰과 少陰이 있는 것이다. 동북에 동동북의 동쪽과 북쪽이 있고 동남에 동동남의 동쪽과 남쪽이 있는 것과 같다[그림 4.9].

1) 동쪽

해를 한자로 쓰면 太陽이다. 이것은 四象의 太陽과 일치한다. 무한한 에너지를 가지고 만물을 비추는 해의 형상이 사상의 太陽과 같다. 동쪽은 태양이 떠올라서 만물을 비추기 시작하는 곳으로 太陽에 속한다.

풍수에서 아이들은 太陽에 속하기 때문에 아이들 방은 동쪽에 둔다. 옛날 동양에서는 왕이 있는 궁전의 동쪽에 별궁을 만들어 왕자들이 기거하게 하였다. 아이들은 일찍 자고 일찍 일어난다. 해와 같이 행동한다. 아이들은 太陽의 기운을 가지고 있기 때문에 太陽의 기운을 받을 수 있는 동쪽에서 사는 것이 좋다. 동쪽은 태양이 떠오르기 시작하는 곳으로 사업을 시작한다면 동쪽에 침실을 두는 것이 좋다.

2) 남쪽

남쪽은 소양에 속한다. 남쪽은 북반구에서 태양 빛을 가장 오래 받는 곳이다. 그래서 가장 陽的인 곳이다. 그러나 陽이 이미 적어져 少陽에 속한다. 남쪽은 운동이 활발한 곳이다. 지구상에서 남쪽은 열대지방으로 수풀이 무성하고 동물도 번창하고 陽의 상징인 불(해)과 음의 상징인 물

(비)의 활동이 활발하다.

하고자 하는 일이 번창하기를 바란다면 사무실을 남향으로 하는 것이 좋다. 사무실의 입구와 창을 남쪽으로 내는 것이다. 집에서도 사업과 관계되는 일을 많이 한다면 거실을 남쪽에다 만들면 少陽의 기운을 받아서 활발한 활동을 할 수 있다.

집안의 가장이나 남자아이가 소극적인(음) 성격이라면 남쪽에 있는 거실에 오래 머무르도록 한다. 그냥 거실에 있는 것은 힘드니까 운동기구나 놀이기구를 가져다 놓으면 자연히 운동을 하게 된다.

비즈니스가 활발한 세계의 대도시들은 북쪽에 큰 산맥이 끝나고 남쪽으로 넓은 평지가 있는 곳에 건립되었다. 건물로 치면 남향에 있는 것이다. 이런 지형은 남쪽의 번창함이 있는 곳으로 활기가 차 있다. 에너지의 흐름이 크고 빠르다. 인간 세상에서는 돈이 에너지인데 이런 곳에는 돈이 많이 돈다.

에너지를 물질로 바꾸는 太陰의 성질을 잘 알고 자기의 마음을 太陰 성격으로 만들어 이런 곳에 가면 큰돈을 모을 수 있다. 太陰의 성격을 가진 사람이 이런 도시에 가면 돈을 버는 것이 양동이를 들고 돈이 흐르는 냇물에 가서 물(돈)을 떠오는 것과 같다.

옛날 동양에서는 궁전이 남향을 하고 왕의 의자는 남쪽을 보고 있었다. 남쪽의 기운을 받아 번창한 국가를 만들고자 했기 때문이다. 번창한 사업을 원한다면 북향한 점포나 사무실은 얻지 말아야 한다.

만약에 얻었으면 입구를 동쪽으로 바꾸고 창을 더 만들어 본다. 그것도 안 되면 태양 대신에 등을 많이 켜서 아주 밝게 만들고 난방시설을 잘해서 실내 온도를 좀 더 높여 놓는다. 少陽의 성질을 많이 가지고 있는 잎이 뾰족한 화초들을 많이 가져다 놓는다. 벽이나 가구들은 노란색 계통의 밝은색으로 바꾸고 될 수 있는 대로 인테리어 재료나 가구를 나무로 써야 한다.

화초나 나무는 少陽에 속한 생물로서 북쪽의 침체된 기운을 올려준다. 생명의 에너지를 북돋을 수 있는 비즈니스의 치어리더라고 생각하면 된다. 화초나 나무들을 바라보면서 아름다운 치어리더들이 당신의 비즈니스에 환호하고 있다고 생각하고 열심히 비즈니스에 매달리면 된다.

사업의 성격상 가능하다면 빠른 템포의 신나는 음악을 틀어 놓으면 좋다. 그러나 그것이 시끄럽고 지겨우면 안 된다. 포인세티아가 추울 때는 좋아 보이지만 더울 때는 좋지 않다. 추울 때 그것이 좋아 보이는 것은 겨울의 陰氣를 빨간 화초의 陽氣가 없애기 때문이다.

북쪽에 있는 음침한 사무실의 음기를 없애기 위하여 陽적인 음악을 틀어 놓으면 좋다. 비즈니스는 바빠야 하기 때문에 동물과 식물이 번창하고 바쁜 남쪽에 있는 것이 무엇보다 중요하다.

3) 서쪽

서쪽은 태음에 속한다. 서쪽은 해가 지는 곳이다. 낮이 끝나고 밤이 돌아오는 곳이다. 이곳에 있으면 활동을 멈추고 휴식에 들어간다. 노인은 서쪽의 방을 쓰는 것이 좋다. 조용히 쉬기에는 아주 좋은 곳이다. 밤새도록 일하고 잠을 푹 자고 싶은 사람은 서쪽 방에서 자는 것이 좋다. 불면증 환자도 서쪽 방을 쓰면 잠이 더 잘 온다. 서쪽에 방이 없으면 잘 때 머리를 서쪽에 두면 잠이 잘 온다.

반대로 잠이 많은 사람이나 게으른 사람은 서쪽 방을 쓰지 않는 것이 좋다. 활동을 멈추고 잠이 오게 하므로 안 좋다. 정력이 나빠서 발기가 되지 않는 사람은 서쪽 방을 쓰지 말아야 한다. 평상시 누워 있던 성기가

서는 것은 동쪽의 기운이다.

동쪽으로는 해가 뜨고 서쪽으로는 해가 진다. 남자들의 성기는 새벽에 꼿꼿하게 서는데 그것이 太陽의 기운이다. 이 太陽의 기운이 서쪽으로 가면 사그라진다. 서쪽은 해가 지는 위치이니 활동이 정지되고 발기가 더욱 안 된다.

발기가 쉽게 되나 너무 민감해서 쉽게 사정하는 사람은 서쪽 방을 써야 한다. 서쪽은 활동이 서서히 느려져서 정지하는 곳이니 서서히 달아올라서 오래갈 것이다.

살을 빼고 싶어서 다이어트를 하고 있는 사람은 서쪽 방을 쓰지 말아야 한다. 서쪽은 태음의 기운이 나오는 곳으로 에너지의 소모가 줄어들면서 물질화 작용이 일어나는 곳이다. 비만한 사람은 먹은 것이 에너지로 소모되지 않고 물질화 작용에 의해 지방이 몸에 쌓인다.

체육관을 하는 사람은 도시의 서쪽에 내지 말고 출입구를 서쪽으로 향하지 않게 해야 한다. 서쪽은 운동을 쉬고 싶은 곳이기 때문에 그 체육관에 가면 운동을 하고 싶지 않아진다. 회원 수가 줄어들 것이다.

많이 먹어도 살이 안 찌고 성격이 급하고 바쁘기만 하지 이루어 놓은 것이 없는 사람은 서쪽 방을 써야 한다. 이런 사람은 에너지화 작용만 일어나고 물질화 작용은 일어나지 않아서 살이 안 찌는 것이다. 매우 활동적이나 성과(결실, 과실)가 없는 것도 활동적인 양적 작용만 일어나고 거두어들여 열매를 맺는 음적인 작용이 일어나지 않기 때문이다.

운동을 쉬고 내실을 기하는 물질화 작용이 일어나는 서쪽에 있으면 살도 붙고 마음도 느긋해지고 실용적인 것만 생각하고 신중해진다. 낭만과 환상에서 벗어나 실용적인 일을 하고 감정보다 실리를 앞세우게 된다. 실리적이 되어 남의 눈치를 보지 않고 이득을 얻을 수 있으면 끝까지 하게 된다. 작은 사업을 하면서 돈을 많이 모은 사람의 거실이나 침실은 대부분 서쪽에 위치해 있다.

마음이 들떠서 밖에 나가 친구들과 놀기만 하고 가만히 앉아서 공부하는 것을 싫어하는 아이를 두었으면 방을 서쪽에 만들어 주어야 한다. 몇 달 지나면 방안에서 깊은 생각에 빠져 있는 아이를 발견할 것이다. 아이의 행동과 사고가 점잖아지는 것을 느낄 것이다.

서쪽은 활동을 중지하고 지난 일을 돌이켜 보는 곳이다. 시간으로 따지면 중년의 나이로서 그동안 이리 뛰고 저리 뛰느라 정신이 없었던 시절을 다시 돌이켜 보는 때이다. 이런 기운은 모두 태음의 기운으로 가을에 거울 앞에 선 중년의 여자처럼 차분히 앉아서 생각을 하게 만든다.

IQ는 높은데 노력을 하지 않아서 학교 성적이 부진한 아이가 서쪽 방을 쓰면 공부를 잘하게 된다. 밖에 나가 놀지도 않고 누워서 과자를 먹으면서 텔레비전 보는 것을 좋아하는 아이는 절대로 서쪽 방을 쓰게 해서는 안 된다. 이런 아이들은 태음의 성질이 많아 에너지는 소모되지 않고 물질화 작용만 일어나는 아이로서, 태음의 위치인 서쪽에 있으면 게으름이 더욱 심해진다. 동쪽 방을 쓰게 하여 활동적으로 만들어야 한다.

두꺼운 껍질에 싸여 발산하는 에너지를 많이 가지고 있는 견과류를 많이 먹는 것도 잊지 말아야 한다. 이런 아이들은 게을러서 공부하기 싫어할 수도 있으나 실리적이라 몸을 움직이지 않고 머리를 쓰는 공부만큼은 잘할 수도 있다. 다른 아이들보다 생각이 깊고 행동이 점잖으며 어른스러워 보이는 특징이 있다.

이처럼 아주 만족스러운 아이라도 원대한 이상과 낭만을 키워주고 운동에 취미를 갖게 하려면 방을 동쪽으로 옮겨 주는 것이 좋다. 동쪽으로 옮기는 것이 여의치 않으면 방을 밝게 하고 밝은 색깔의 색을 칠하고 가늘고 뾰족한 잎의 화분을 놓아주는 것도 좋다. 가구는 될 수 있는 대로 날렵한 현대적인 것이 좋다. 나무의 자연색을 그대로 나타낸 가구가 동쪽의 생기를 넣어준다.

4) 북쪽

북쪽은 소음의 기운이 나오는 곳이다. 북반구에서는 일조시간이 가장 짧은 곳이다. 만물이 잠에 빠져 죽은 듯이 있는 밤과 같은 곳이다. 陰적인 기운이 가장 많은 위치라 활동이 거의 정지되는 곳이다. 양의 기운이 아직 밖으로 나오지는 않지만 시작되는 곳이기도 하다.

부부의 침실은 북쪽에 있는 것이 좋다. 가장 조용하고 어두운 곳에서 자야 깊은 잠을 잘 수 있다. 잠에 잘 들지 못하는 사람은 서쪽 방이 좋고, 잠은 잘 드나 중간에 깨서 지속적인 잠을 자지 못하는 사람은 북쪽 방이 좋다.

서쪽은 음이 생기게 하여 잠이 들게 하지만 북쪽은 음이 많게 하여 잠이 지속되게 하는 방위이다. 동쪽은 양이 겉으로 드러나서 육체적인 활동을 시작하게 하고 북쪽은 그 양이 안에서 발동하게 한다. 주역의 少陰 괘에서 아래 효가 양인 것이 이것을 말해 준다.

북쪽은 몸의 가장 아래의 양이 소생하게 한다. 아래에서 생기는 욕망이 성욕이다. 북쪽에 침실을 두면 잠도 잘 잘 수 있지만 어둡고 조용한 곳에서 생기는 욕망도 일어난다. 부부는 성생활이 활발해야 한다. 활발한 성생활을 할 수 있는 곳이 북쪽의 침실이다.

성생활은 공개적으로 하는 것보다 은근하게 하는 것이 더 좋다. 성생활은 어느 스포츠 못지않게 강렬하지만, 스포츠와는 달리 철저히 감추어지는 이유가 陰 중의 陽이 활동하는 것이기 때문이다. 일반적으로 모든 활동은 공개해야 잘하는 일로 평가되는 현대에 와서는 어떤 활동이든 공개되어야 하는데, 유독 성생활만은 공개되는 것이 비도덕적인 이유가 무엇인가?

성교는 생명 창조를 위한 활동이다. 인체의 모든 정보를 구비하고 있어 음과 양이 50:50인 새 생명의 씨를 만들려면 주위의 영향이 음과 양의 한 주기를 돌아야 한다. 太陽, 少陽의 陽 과정과 太陰, 少陰의 陰 과정을 다 거치면서 음의 끝에 모든 물질화 과정을 마칠 때 완전한 생명의 씨가 탄생한다. 끝으로 일어나는 陰인 과정을 마치지 않고 陽인 활동이 중간에 일어나면 새 생명의 씨는 덜 익게 된다. 그래서 최대한 陰인 환경을 만들어야 한다.

남자는 陰인 환경이 되면 부교감신경이 흥분하고 에너지가 하강하여 아래로 모인다. 그 아래에 모인 에너지가 압력을 높여 가다가 탈출구를 찾으려고 하는 것이 성욕이다. 성욕이 발동되면 남자는 가장 음의 부위인 성기가 上部를 향하여 양적 활동을 하고(발기), 여자는 가장 양의 부위인 젖꼭지가 먼저 상부를 향하여 양적인 활동을 하나(젖꼭지의 상향 돌출), 여자의 가장 음부인 생식기는 아직 陰의 極에 이르지 않았기 때문에 음의 상징인 물만 흐르게 된다.

여자가 남자보다 늦게 흥분하는 이유는 陰이 많아 생식기의 양이 느리게 生하기 때문이다. 陰을 極에 이르게 하려면 음기를 더하기 위해 어둡고 숨을 수 있는 음적인 환경을 만들어 주어야 한다. 음이 많고 감추기 쉬운 북쪽에 침실을 두어야 한다.

남편이 다른 여자와 바람을 피우거나 여자가 다른 남자와 바람을 피우는 집은 침실이 남쪽이나 동쪽에 있는 경우가 많다. 침실이 남쪽이나 동쪽에 있으면 양이 성한 곳이기 때문에 陰인 성생활에 장애가 생겨 부부간 성생활에 만족을 얻지 못한다. 그래서 만족한 성생활을 위해서 陰인 스릴을 느끼는 몰래 하는 성생활을 찾아 나선다.

내가 잘 알지 못하는 것은 음이고 잘 아는 것은 드러나 있으므로 양이다. 모르는 여자는 보다 陰이기 때문에 더욱 끌린다. 모르는 여자의 음, 몰래 하는 음이 중첩될 때 더욱 강렬한 성욕을 느낀다. 그러나 횟수를 거듭할수록 그 여자도 신비감이 없어져 양으로 변해 시들해진다.

인간이 주는 음은 북쪽 방위가 주는 음보다 정도가 약하다. 남편이 음을 찾아다녀도 침실이 북쪽에 있다면 음적인 환경이 충족되어 그 남자가 곧 돌아온다. 북쪽의 침실에서는 성욕이 생겨 부인이 더욱 아름다워 보이고 성생활이 즐거워지니 다시 돌아올 것이다.

부부간의 식은 사랑을 다시 찾으려면 침실을 북쪽으로 옮겨야 한다. 성행위는 새로워야 한다. 항상 상대에 대해서 새로워야 한다. 모르던 음이 서서히 나타나도록 여러 겹의 포장지에 싸인 선물처럼 자신의 본 모습을 한 꺼풀 한 꺼풀 벗겨 보여야 한다. 항상 상대가 신비감을 갖게 해야 한다.

성생활은 소립자 연구 같은 것이다. 깊이 들어가면 갈수록 모른다. 그것을 도와주는 것이 북쪽의 기운이니 침실을 꼭 북쪽에 두는 것이 좋다. 그것이 여의치 않으면 벽의 색깔을 반드시 어두운 색으로 하고 어두운 색깔의 커튼을 친다. 등도 어둡게 하고 잎이 넓고 붉은 꽃이 피는 화초를 가져다 놓는다. 침대는 두꺼운 요로 푹신하게 하고 가구는 고전 적이고 편안한 것을 둔다.

여자는 항상 고전적인 향수를 쓰는 게 좋다. 향수는 원초적인 뇌의 성욕 중추인 간뇌를 자극하여 동물적인 본능을 발동시킨다. 클래식한 향수는 동물들이 교미할 때 맡는 암내와 유사하다. 그 향수는 사향노루의 암내 주머니인 사향의 향내를 모방한 것이 많다. 요즘 나온 향수들은 양적인 향으로, 뇌를 각성시키기 때문에 사람의 기운을 上部로 집중시켜 성욕을 줄어들게 만든다. 특히 비누나 치약, 박하류의 향기는 성욕을 없앤다.

여러 가지 향수를 쓰면서 남편의 성욕을 잘 관찰하여 강하게 반응하는 몇 가지를 골라야 한다. 남편이 어렸을 때 첫 번째로 성적 충동을 일으킨 냄새의 향수를 찾는다면 당신의 남편은 사랑의 노예가 될 것이다. 2장의 「음식의 음양」에서 소개한 검은 색깔의 음적인 음식물도 충분히 섭취하게 하는 것도 중요하다.

성격이 수줍고, 꼼꼼하며, 생각을 깊이 하고, 소화에 문제가 있는 사람은 북쪽 방을 쓰지 않아야 한다. 이런 사람은 少陰의 성격을 가진 사람으로서 북쪽 방을 쓰면 우울증에 빠지거나 자살하기 쉽다. 본래 성격에 양이 부족한데 북쪽의 음을 더해 주면 완전한 음이 되어 죽은 것과 같다.

북방은 활동을 정지시키는 곳인데 가뜩이나 소극적으로 활동이 적은 사람을 북쪽에서 자게 하면 죽이는 것과 같다. 본래 少陰의 성격을 가진 사람은 우울증 환자가 많은데 북쪽 방에서 자면 더욱 증세가 심해진다. 필자는 우울증 환자가 오면 제일 먼저 묻는 것이 침실의 위치이다. 침실을 남쪽으로 바꾸는 것만으로 우울증이 치료된 예가 많다.

우울증은 일조량이 적은 겨울에 더욱 심해진다. 우울증은 정신병 중에 소음에 해당하는 병이다. 몸과 마음을 움직이려 하지 않는 병이니 소음에 해당하는 겨울에 더욱 심해진다. 큰 거울을 가져다 놓고 형광 등을 밝게 비추면 인공 태양이 된다. 이를 음이 극성한 밤에 쪼이게 함으로써 우울증을 치료를 하는 방법이 있다. 그 치료법은 남쪽 방에서 하면 더욱 효과적이다.

평소에 추위를 많이 타고 손발이 차가운 사람은 인삼을 복용하고 마늘을 많이 먹으면 좋다. 인삼은 양을 보충하는 가장 좋은 약으로 중국 사람들은 효과가 좋은 인삼을 사기 위해 집을 팔기도 했다. 또한 陽的인 매운 음식을 많이 먹는 것도 좋다. 햇빛, 마늘 등은 陰的인 드라큘라가 싫어하는데 모두 陽的인 것이라 소음의 병인 우울증에 좋다.

성격이 명랑하여 친구들과 떠들고 밖에서 놀고 싶어 하는 아이들에게는 북쪽 공부방이 아주 좋다. 북쪽에 공부방을 만들어 준 것 하나로 일류 대학에 들어간 경우를 많이 보았다.

그러나 북쪽에 공부방이 있는데 졸면서 공부하지 않는 아이들은 성격이 수줍고 소화가 안 돼서 음식을 조금씩 먹는 아이들이다. 소음의 성질을 가지고 있어 생리 활동이 활발하지 않은 아이들로서, 소음에 해당하는 북쪽 방에 앉아 있으면 생리 활동이 더욱 느려져 잠만 온다. 이런 아이들의 공부방은 남쪽으로 옮겨야 한다.

남쪽은 소양에 해당하는 곳으로 少陰의 침체된 기운을 상쇄시킬 수 있다. 남쪽은 활동을 활발하게 하는 곳으로 남쪽에 공부방을 만들어 주면 이런 아이들의 생리 활동을 활발하게 함으로써 소화가 잘 되게 하여 식후에 생기는 졸음을 방지하고 뇌에 혈액순환이 잘 되게 하여 잠에서 깨어나게 한다.

수줍음도 에너지 활동이 미약해서 생긴다. 보통 술을 먹고 혈액순환이 좋아지면 수줍음이 없어지는데 수줍음은 양이 부족한 현상이기 때문이다. 양이 왕성하고 에너지화 작용이 활발한 남쪽에서 공부를 하면 잠이 오지 않고 뇌가 각성되어 공부가 잘 된다.

2. 빛과 색깔의 사상

우주의 만물은 크게 세 가지 요소로 구별된다. 시간의 사상은 작게는 아침, 오정, 저녁, 자정이지만 크게는 봄, 여름, 가을, 겨울이다. 방위의 사상은 동, 서, 남, 북이다. 색깔의 사상은 靑, 赤, 黃 혹은 白, 黑이다[그림 4.10]. 백색과 흑색은 흑색 색소가 있는가 없는 가의 차이이므로 두 가지 색깔이 아니라 한 가지 색이라 할 수 있다. 색깔은 수도 없이 많지만 단지 이 네 가지의 조합으로 이루어져 있다. 이 네 가지 색깔만 섞으면 어떤 색깔이든지 만들 수 있다.

[그림 4.10] 사상 태극 ⓒ저자

1) 푸른색 / 초록색

파란색은 太陽에 속한다. 봄의 색깔이다. 동양철학에서 파란색은 초록색과 별로 구별이 없이 사용된다. 봄에는 초록색이 주된 색깔이다. 산과 들이 초록색으로 되기 때문이다. 태양의 색깔은 푸른색이며, 푸른색이나 파란색을 가진 물질은 태양의 성질을 가지고 있다고 본다. 식물은 자라나는 성질이 있다. 자라나는 성질은 太陽의 성질로서 자라나는 식물은 초록색을 가지고 있다.

하늘이나 물은 푸른색을 띠고 있다. 본래의 색깔은 다르나 하늘과 물의 색이 푸른 것은 빛의 원천인 태양이 비추어 나오는 일반적인 하늘이나 물의 에너지가 팽창하는 색깔이기 때문이다. 밝은 초록색의 들판을 보면 몸속의 에너지가 팽창하여 적당히 소모되면서 마음이 넉넉해지며 미소를 짓게 된다.

2) 붉은색

빨간색은 불에 속한다. 여름에 한창 에너지의 소모가 활발할 때 나타나는 색이다. 에너지의 소모가 가장 활발하게 일어나는 것은 불인데 불의 일반적인 색깔이 적색이다. 아이들은 태양을 그릴 때 붉은색으로 그린다. 여름의 더움을 색깔로 표현한다면 적색으로 표현할 수 있다. 그래서 적색을 가진 것은 에너지 소모가 활발한 상태임을 알 수 있다.

동물의 내부는 빨갛다. 빠른 활동이 일어나고 있다는 것을 알 수 있다. 적색은 명도가 크다. 기운을 발산하고 있기 때문이다. 붉은 색깔을 띠고 있는 물체는 소양의 성질을 가지고 있어 활동성이 강하다는 것을 알 수 있다. 여자는 남자보다 꽃을 좋아한다. 여자는 음에 속해 양이 부족하기 때문에 양을 보충하기 위해 꽃을 좋아한다. 꽃의 대표적인 색깔이 붉은색이다.

색깔로 붉은색을 소양이라고 하지만 사실은 아주 밝은 색은 모두 소양의 색깔이다. 에너지 소모가 활발할 때 생기는 모든 색깔과 빛은 모두 소양이다. 태양, 불, 꽃, 피, 심장 등 에너지 소모가 활발하고 운동이 활발한 물체의 색깔이 적색이다. 붉은색은 사람을 흥분시키고 깜짝 놀라게 하여 활동하게 만든다.

소양은 양이 끝나고 음이 시작되는 성질이 있다. 활발한 활동이 서서히 느려지기 시작하는 시점이다. 강렬하게 타오르는 불꽃은 곧 꺼지고 태양은 지기 시작하며 꽃은 며칠 못 가서 시든다. 오랫동안 한곳에 붙어 있던 잎들은 단풍이 든 후로 곧 떨어진다. 폭등한 주식시세는 소양에 해당하며 큰 폭으로 떨어질 것을 예상할 수 있다. 그래서 오른 주식시세는 적색으로 표시한다.

3) 노란색

노란색은 태음에 속한다. 에너지를 소모하는 활동을 정리하고 물질로 만들어 놨을 때 나타나는 색깔이다. 즉, 결실의 색깔이다. 곡식들이 익었을 때 노란색을 띤다. 과일도 익었을 때 노란색을 띠고 있다. 노란색을 띤 물질은 에너지가 물질화된 것이라고 알 수 있다. 노란 과일은 음식이니 실제로 에너지가 저장되어 있다. 특히 호박은 주로 노란 색을 띠고 있는데 에너지의 물질화의 상징이다.

노란 호박을 보면 마음이 풍성해지고 기분이 좋아진다. 미국에는 핼러윈(Halloween)이라는 명절이 있다. 10월 30일로, 쌀쌀해지기 시작하는 때이다. 이 날은 귀신들이 모이는 날이라 한다. 아이들은 호박을 귀신 모양으로 파내어 등을 만들어 집을 장식하고 밤에는 귀신 복장으로 옆집마다 찾아다니며 사탕을 얻는다. 핼러윈에 아이들은 호박을 사면서 좋아한다.

아이들은 낮이나 여름에는 에너지를 소모하며 활동하고 밤이나 겨울에는 에너지를 거두어들여 세포가 많아지고 키가 자란다. 세포가 많아지고 키가 자라기 위해 서는 에너지가 저장된 형태인 음식이 필요하다. 노란 호박은 에너지가 잘 저장된 음식이고 핼러윈에 얻어 오는 사탕은 에너지가 당분으로 아주 잘 저장된 음식이다. 가을과 겨울에 키가 크느라고 부족하기 쉬운 영양분을 호박파이나 호박죽, 사탕 등의 과외 음식으로 보충하게 하는 풍습이 핼러윈이다.

한국에는 핼러윈이 없지만 가을과 겨울 사이에 아이들이 밥을 훔쳐 먹는 날이 있었다. 이날은 남의 집에 들어가 음식을 훔쳐 와도 죄가 되지 않는다. 성장하느라 부족하기 쉬운 영양분을 보충하기 위한 조상들의 배려이다.

역경의 기본 이론이 분명히 실크로드를 타고 그리스를 거쳐 서양에 전해졌을 것이다. 역경의 이론대로 불로장생의 약을 만들던 도사들이 서양에서 연금술사가 되었고 핼러윈을 만들었을 것이다. 창조의 상징으로 검은 옷을 입고서 동양의 역경적인 사고에 의해서 불로불사의 약을 만들던 도사들은 서양에서 마녀나 마술사의 이미지로 전락해 버렸을 것이다.

4) 흑색

흑색은 소음에 속한다. 에너지를 소모하는 모든 활동을 정지하고 물질로서 저장해 두고 봄을 기다리는 겨울의 색깔이고 밤의 색깔이다. 흑색은 활동이 정지됐을 때 나타나는 색깔이다. 나무가 타면 흑색으로 변한다. 석탄이 흑색이고 석유도 흑색이다.

겉은 에너지의 활동이 정지되어 흑색이지만 속에는 많은 에너지를 물질의 형태로 저장하고 있는 상태이다. 밤이 되면 거의 모든 활동이 정지된다. 그러나 식물이나 동물 속에서는 활발한 활동이 일어난다. 저장된 에너지가 압력이 높아지면서 새벽이나 봄에 솟구치기 위해 부글부글 끓고 있는 것이다.

검은색을 띤 물체를 보면 지금 활동은 정지되어 있지만 속에는 에너지가 내재되어 있어서 활동을 준비하고 있다는 것을 알아야 한다. 흑색은 그 활동성 정도에 따라서 백색과 흑색 사이에 있는 모든 색을 말한다. 흑색이 많을수록 활동성이 약하고 백색이 많이 섞여 있을수록 활동성이 강하다.

파랑, 빨강, 노랑에도 흑색이 섞여 있는 정도에 따라 그 활동성의 강약을 말할 수 있다. 파란색에 흑색이 많이 있으면 그 太陽의 활동이 약한 것이고, 흑색이 적게 섞이고 밝으면 밝을수록 太陽의 활동이 활발한 것이다. 다른 색깔들도 그 명암의 차이에 따라 활동성의 강약이 있다.

앞에서 쓴 것처럼 검은 것은 정력에 좋다. 겉이 음이라서 단단하기 때문에 분해·흡수가 느려 에너지를 많이 저장하고 있기 때문이다. 깊숙이 저장된 그 에너지는 발동이 느려 주로 인체의 아래 깊숙한 곳에서 밤에 발동하는 성적 에너지를 돋아준다. 해삼, 굴, 검은 돼지고기, 검정콩, 검정깨, 현미, 상어, 뱀장어, 홍합 등 검은 음식이 정력에 좋다.

검은 피부나 검은 머리를 가진 남녀가 성적으로 강하다. 성적인 욕망의 발동은 느린 편이나 성생활을 즐기며 오래간다. 검은 종마(black stallion)가 정력의 상징으로 알려진 것은 그 색깔이 의미하는 바가 크다.

우주에 존재하는 만물은 고유의 색깔이 있다. 이 색깔을 사상으로 나누어 보면 그 물질의 성질을 알 수 있다.

3. 소리의 사상

박자는 보통 네 박자를 한 묶음으로 한다. 그중에서 합창을 할 때는 네 가지의 음역이 있다. 소프라노는 太陽이고 알토는 少陽이며 테너는 太陰이고 베이스는 少陰이다. 이 네 가지가 소리가 날 때는 음과 양이 50:50의 조화음을 이루면서 아름다운 소리가 나온다. 이 화음이 우주의 조화된 음과 일치한다.

1) 사물놀이

한국의 민중음악 중에 사물놀이가 있다. 가죽으로 만든 북과 장고가 陰의 소리를 내고 놋쇠로 만든 타악기인 꽹과리와 징이 陽의 소리를 낸다 [그림 4.11]. 소리가 낮은 북은 陰 중의 陰이라 太陰이고 소리가 높은 장고는 陰 중의 陽이라 少陰이다. 소리가 높은 꽹과리는 陽 중의 陽이라 太陽이고 징은 陽 중의 陰이라 少陽이다.

사람의 몸은 머리통이 太陽이고 가슴은 少陽이며 배통은 太陰이고 골반통은 少陰에 속한다. 꽹과리를 마구 쳐댈 때는 머리통이 찌릿찌릿하고, 징을 마구 쳐댈 때는 가슴이 저려 오며, 북을 마구 쳐댈 때는 배통이 울렁거리고, 장고를 마구 쳐댈 때는 오줌이 나오려고 한다. 아마도 이 네 가지 악기의 주파수가 우리 몸의 네 가지 울림통에 동조되어 있는 듯하다.

아시아 전통 타악기 경연대회를 할 때 일본의 거대한 북을 보고 사람들이 감동하고, 인도의 각양각색의 타악기를 보고 감탄을 하는데 한국 사람 넷이서 조그만 타악기를 들고 들어와 마룻바닥에 나란히 앉을 때 사물놀이를 들어 보지 않은 사람들은 악기의 초라함에 실망한다.

이 네 가지 악기는 악보가 없이 고수가 그때의 흥에 맞추어 마음대로 두드리는데 그 음이 사람들의 몸체와 잘 동조되어 있어서인지 곧 청중의 몸과 마음이 음악 소리에 맞추어 꿈틀거린다. 연주가 끝났을 때는 어느 나라 사람들이건 막론하고 모두 기립하여 우레와 같은 박수를 보낸다.

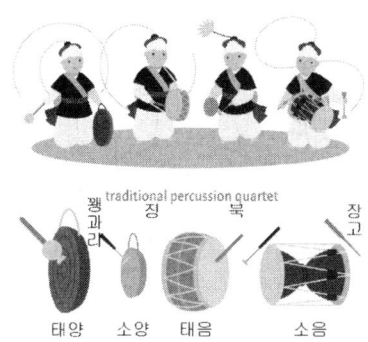

traditional percussion quartet

꽹과리   징   북   장고

태양   소양   태음   소음

[그림 4.11] 사물놀이의 사상 ©Shutterstock

2) 사물놀이와 치유

사물놀이 고수들은 악기로 병을 고칠 수 있다고 한다. 오래된 만성두통 환자를 승용차 속에 있게 하고 몇 시간 동안 꽹과리를 두들겨 대면 대부분의 두통이 사라진다고 한다. 오래된 만성 복통을 비롯한 소화기 질환에 같은 방법으로 북을 두드리면 대부분의 뱃속의 질환이 사라져 버린다고 한다.

한의학의 원리로 이해하면 이치에 닿는 말이다. 꽹과리 소리가 머리통과 공명이 되면 뇌가 흔들리면서 뇌의 혈액순환이 좋아지고 신진대사가 활발해진다. 대부분의 두통은 뇌에 혈액순환이 안 되고 신진대사가 활발하지 않아서 오는 질환이니 두통이 없어질 수 있다. 북소리가 배통과 공명이 되면 뱃속의 위장과 소장들이 흔들리고 간, 췌장, 비장들이 흔들리면서 소화가 잘 되고 혈액순환이 좋아진다. 그러면 많은 기능적 뱃속 질환은 사라진다.

사물놀이는 농악이라고도 하는데 어느 농부는 자기 논에 농약을 뿌리는 대신에 매일 꽹과리를 친 후, 농약을 뿌린 논과 수확량을 비교해 봤다. 매일 꽹과리를 쳐준 자기 논의 수확량과 농약을 뿌린 논의 수확량이 비슷했다고 한다. 음악이 농약과 같은 효과가 있는 것이다. 해충들이 자기 주파수와는 다른 꽹과리 소리를 견디지 못하고 죽거나 달아나 버렸을 것으로 여겨진다. 원시적인 생명체는 음(陰)이 많은데 꽹과리의 태양 음(音)이 이 해충들을 배격했을 것이다.

3) 불교의 사물

불교에서 모든 생명을 소리의 진동으로 교화를 시도하였다. 북은 나무의 테두리에 가죽으로 둘러싼다[그림 4.12]. 동물과 식물에 공명하는 소리가 난다. 소양은 생명이 움트는 봄의 기운이다. 소양의 진동을 내는 북은 동물과 식물의 생을 촉진한다. 여기서는 소리 전체를 구성하는 악기 구성이 바뀌므로 체용법칙에 의해 북이 태음 대신 소양이 된다.

[그림 4.12] 법고(공주 마곡사) ⓒ저자

쇠판은 운판(雲版)이라 한다[그림 4.13]. 소리가 날카로워 허공을 진동시킨다. 여름 같은 태양의 기운이다. 하늘을 나는 생물을 번성하게 한다.

[그림 4.13] 운판(완주 금산사) ⓒ저자

[그림 4.14] 범종(경주 봉덕사),
성덕대왕신종(聖德大王神鍾) ⓒ저자

종은 은은하게 가라앉는 소리가 난다[그림 4.14]. 쉴 새 없이 바쁜 사람의 뇌를 안정시키는 효과가 있다. 가을의 기운처럼 생명의 활동을 결실

맺고 쉬게 한다. 마음이 편해 살이 찌는 태음의 기운이다. 그림의 종은
예로부터 철 제련이 발달한 한국에서 가장 디자인이 좋고 소리가 이상적
인 성덕사의 1300년 된 종을 재현했다. 소리를 한번 들어보면 마음이 그렇
게 편해질 수가 없다. 휴식이 온다.

　　다음은 목어(木魚)이다[그림 4.15]. 나무의 속을 파서 만들었다. 둔탁한
저음을 내는데 음이 낮게 깔리니 땅 아래 물속의 생명을 번창하게 한다.
쉬면서 다음 생을 준비하는 소음의 기운이다.

[그림 4.15] 목어(완주 금산사) ⓒ저자

4. 미술의 사상

　　한국에는 전통학교(향교와 서원)가 아직 보존되어 있는 마을이 있다. 그
학교들의 특징은 대문에 큰 태극도가 그려져 있다[그림 4.16, 4.17, 4.18]. 학
교는 역경 교육에 궁극의 초점을 맞추고 있었다.

[그림 4.16] 광주향교 ©저자
[그림 4.17] 간성향교(고성) ©Shutterstock
[그림 4.18] 필암서원(장성) ©Shutterstock

    옛날 한국의 전통 학교에서는 책을 공부하는 외에 사군자를 그리는 미술교육도 했다. 봄의 상징인 매화, 여름의 상징인 난초, 가을의 상징인 국화, 겨울의 상징인 대나무 이 네 가지를 사군자라 한다[그림 4.19]. 네 가지의 신사(gentlemen)란 뜻이다. 이 네 가지 식물의 기품을 살펴 그림으로 잘 표현하면 사군자를 잘 친다고 한다. 이게 매화의 太陽 성질, 난초의 少陽

성질, 국화의 太陰 성질, 대나무의 少陰 성질을 교육시키기 위한 공부다.

[그림 4.19] 사군자 태극 ©저자

매화는 겨울의 매서운 추위를 이겨내고 제일 먼저 꽃을 피운다. 그만큼 싹을 틔우는 용출력이 강하다. 겨울 동안 저장되어 있던 에너지를 소모하여 꽃을 피우는 太陽의 상징이다.

난초는 잎이 사방으로 퍼져 나간다. 앞에서 소양을 분수로 도해할 때 사방으로 뻗쳐 나가는 물줄기에 비유했다. 난초의 모습이 이와 비슷하다. 난초는 여름에 에너지를 소모하여 식물들이 무성해지는 것을 상징한다.

국화는 색깔이 화려하지 않고 냉철하고 풍성한 느낌을 준다. 여름의 화려함을 정리하고 정신을 차려 결실을 맺는 太陰의 성질을 잘 표현한다.

대나무는 아주 추운 겨울에도 굴하지 않고 곧게 뻗어 나가는 기품이 있다. 그렇게 높이 서서 쓰러지지 않는 것은 뿌리의 강인함이다. 새로운 생을 기다리면서 에너지를 품고 모진 추위를 견디는 소음의 상징이다.

향교에서 어렸을 때 사군자 치는 법을 배워 늙어 죽을 때까지 취미로 삼는다. 이런 미술교육과 취미활동은 사상의 성질을 쉽게 습득하기 위한 방법이다.

5. 우주 구성요소의 사상

인도에서는 우주의 구성요소를 地, 水, 火, 風 네 가지로 보았다. 역경
의 관점에서 보자면 風은 太陽, 火는 少陽, 地는 太陰, 水는 少陰에 해
당한다. 지구상의 만물은 水에 의해서 자양되고, 火에 의해서 길러지고,
風에 의해서 운동하고, 地에 의해서 형체를 갖춘다.

이것은 원시적인 자연관 같지만, 과학적 용어로 대치하면 심오한 의미
가 있다. 이 자연관을 만들어낸 사람들이 현대에 다시 태어나 과학교육을
받았다면 다음과 같이 말할 것이다. "風은 에너지의 발동이고, 地는 물질
이고, 火는 에너지화 작용의 극치이고, 水는 물질화 작용의 극치이다."
이렇게 생각하면 원시적인 자연관이 곧 과학이 된다.

사람은 숨(風)을 쉬고, 물(水)을 먹고, 태양(火)의 햇빛을 받으며 땅(土)
에서 나는 과일과 씨를 먹고 땅에서 나는 동물을 잡아먹는다. 사람을 구성
하는 성분은 水와 火이며 地이며 風이다. 식물은 땅의 성분인 무기물질과
물을 빨아먹고 공기 중의 탄소를 흡입하여 탄소동화작용을 하여 자라며
열매와 씨를 맺는다.

산은 본래 흙으로 되어 있고 물에 의해 적셔지고 골짜기가 파이고 태
양에 의해서 데워졌다가 식어서 바위가 쪼개지고 바람에 날려 형체가 변
화된다. 그러므로 산을 구성하는 성분과 작용은 地水火風이 된다.

이렇게 우주의 만물을 네 가지로 보면 地(太陰), 水(少陰), 火(少陽), 風
(太陽)으로 되어 있고 둘로 나누어 보면 에너지(양)와 물질(음)로 되어 있다.
에너지와 물질은 둘이 아니고 하나이니 곧 太極이다. 결국 인도 자연철학

의 주종을 이루는 '4요소론'도 역경의 이론으로 해석될 수 있다.

太陽을 대표하는 물질은 에너지의 활동이 시작되는 風이고, 少陽을 대표하는 물질은 에너지가 왕성한 火이고, 太陰을 대표하는 물질은 물질의 대표인 흙(地)이다. 少陰을 대표하는 물질은 차가워서 다른 물질의 활동을 식히면서도 자신은 무한한 에너지를 내장하고 있는 물이다.

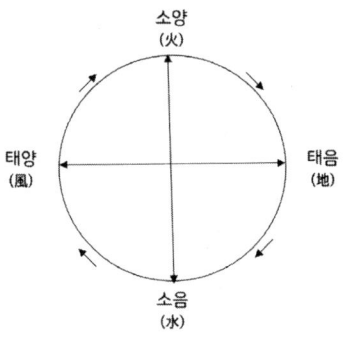

[그림 4.20] 지수화풍과 사상 ©저자

風은 火를 왕성하게 하고, 火의 끝은 재가 되어 흙이 되고, 흙은 속에 물을 가지고 있고, 물은 증발에 의해서 풍을 만드는 연속적인 주기를 구성하고 있다. 즉, "太陽→少陽→太陰→少陰"의 주기를 가지고 있다. 風은 흙을 무너뜨리고 흙은 바람을 못 움직이게 하는 太陽과 太陰의 대립 관계에 있고, 火는 水를 말려서 없애고 水는 불을 꺼버리는 少陽과 少陰의 대립 관계에 있다. '地水火風' 이론은 거의 사상이론과 일치한다고 볼 수 있다[그림 4.20].

6. 유전 암호의 사상

과학은 각 개인의 유전 암호를 구성하는 유기적 염기 배열의 변화를 통해 인간의 차이를 설명한다. 인간과 동물의 차이는 또한 인간 세포의 염색체를 형성하는 DNA를 구성하는 유기 염기 배열의 차이로 인해 발생한다. 네 가지 유기 염기는 개별적인 특성을 갖고 있으며 다르게 배열되면 생명체의 무한한 가능성을 만들어낸다. 궁극적으로 그들은 질병의 소인, 성별, 신체 구조, 뇌 화학물질 등에 책임이 있기 때문에 인간의 운명을 결정한다.

그 성질에 따라 아데닌, 구아닌, 시토신, 티민의 네 가지 염기가 사상에 할당될 수 있다. 사상이 음양과 구별되는 것처럼 네 가지 염기는 두 가지 모체 유기 화합물인 퓨린과 피리미딘에 속한다. 아데닌과 구아닌은 퓨린이고, 시토신과 티민은 피리미딘이다. 이들은 성질에 따라 음양(陰陽)으로 다시 나누어진다. 퓨린의 구조에는 9개(양수)의 원자가 있다. 따라서 아데닌과 구아닌은 본질적으로 양이다. 피리미딘에는 6개의 원자(음수)가 있으므로 시토신과 티민은 본질적으로 음이다.

사상 성분 중에서 태양은 더 큰 양이기 때문에 가장 강력한 에너지를 가지고 있고, 태음은 더 큰 음이기 때문에 가장 많은 질량을 가지고 있다. 아데닌은 세포 대사의 기본 에너지 단위인 ATP(아데노신 삼인산)의 주요 구성요소다. 그런 이유로 아데닌은 태양에 해당하고, 티민은 태양의 상보 쌍인 태음에 해당한다. 이는 염기의 DNA 결합에서 아데닌이 티민과 영구적으로 결합하기 때문이다.

따라서 구아닌은 소양에 해당하고 시토신은 소음에 해당된다. 다시 말하지만, 소양과 소음이 짝을 이루듯이 구아닌과 시토신은 서로 끌어당겨 결합한다. 이들이 유기 염기지만 이 또한 음양이 짝을 이룬 태극이다.

7. 만자와 사상

사상 태극은 일반 태극의 다음 단계의 분열을 나타낸다. 만자(나중에 나치에 의해 채택됨)는 사상을 단순화한 표현이다. 본질적으로 둘 다 자연의 네 가지 요소와 그 순환 운동을 나타낸다.

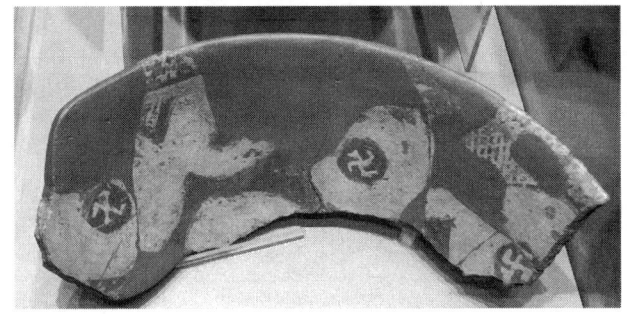

[그림 4.21] 만자 토기(소피아 고고학 박물관, 불가리아) ©저자

피타고라스는 만자의 좌측은 땅을 가리키고 우측은 하늘을 가리킨다고 했다. 그러니 음과 양이고 사상을 의미한다. 아래의 만자 토기[그림 4.21]는 세계에서 가장 오래된 만자 중에 하나이다(기원전 60세기). 고대인들이 태양이나 하늘을 상징하는 심볼로 썼다. 고대인들이 은하계를 보고 그린 것인지 은하를 닮았다[그림 4.22]. 태극이나 만자가 지구상의 마지막 빙하기 전 과학 문명의 산물이라면 태극이나 만자는 은하를 천체 망원경으로 관찰하고 그린 것이다.

[그림 4.22] 만자(卍字) 모양의 나선 은하 M106
(허블 사진 NASA) ©저자

[그림 4.23] 키클라데스 '프라이팬'(기원전
3000년), (아테네국립고고학박물관, 그리
스) ©저자

다음 키클라데스 '프라이팬'(Cycladic 'frying-pan') 동심원의 가장 중심
을 보면 태극의 음양 양쪽 머리가 서로 휘감고 돈다[그림 4.23]. 작은 태극의
모습을 하고 있다. 중심에서 주위로 퍼져 나가는 태극의 운동을 더욱 구체

적으로 표현하고 있다. 중심의 미세한 태극 운동이 점점 주위로 강한 영향을 끼치는 것을 표현한다. 사상의 괘 하나하나는 음양으로 이루어져 태극이라고 했다. 4개의 위치와 방향이 다른 동심원은 사상으로 이루어진 사상 태극을 그리고 있다.

[그림 4.24] 도자기 ⓒ저자

[그림 4.25] 바이킹의 사상 태극 방패
ⓒ123RF

이들 외에도 사상 상징이 전 세계적으로 많이 나타나는 것을 볼 수 있다.

사태극의 간단한 심볼인 만자는 기원전 7세기에서 8세기의 도자기에 새겨져 있으며[그림 4.24] 바이킹의 방패에도 사상 무늬를 볼 수 있다[그림 4.25].

[그림 4.26]은 한국 옛 기와 끝의 사상 태극이며 [그림 4.27]은 방패 중심 장식의 사상 태극이다. 둘 다 국립박물관에 전시되어 있다.

[그림 4.26] 옛 기와 끝의 사상 태극 ©저자
[그림 4.27] 방패 중심 장식의 사상 ©저자

IV. 사상의학

한국에는 사상의학이라는 독특한 한의학이 있다. 각 개인의 체질을 신체 구조의 특징과 성격에 따라 사상으로 분류해 같은 병이라도 체질에 따라 다른 치료 약을 쓴다. 한국에도 중국, 일본과 같이 전통 한의학이 있었으나 약 125년 전 이제마라는 한의사가 사상의학이라는 체질의학을 만들었다.

사상의학은 이론적으로는 역경의 이론에 잘 부합하고 임상적으로는 병이 생기기 전에 체질상의 단점을 보완하여 질병을 예방할 수 있는 장점이 있어 현대에 더욱 각광을 받고 있다.

전통의학은 질병 증상의 특징을 음양오행 이론으로 분류하여 진단하는 데 반해 사상의학은 조금 관점이 다른 역경의 이론에 따라 체질의 특징을 사상으로 분류하여 체질을 구분한 후에 병명을 예측한다. 그래서 전통의학은 증후의학이라고 하고 사상의학은 체질의학이라 한다.

현대의학에서는 질병의 원인을 크게 유전적인 소인과 환경적인 유인으로 구분한다. 한국의 전통의학은 질병의 환경적인 유인을 주로 다루며, 사상의학은 질병의 유전적인 요소를 중요시한다. 사상의학은 국기에 태극과 4괘를 그려 넣고 전통학교의 대문에 태극을 그려 넣을 정도로 역경을 지극히 숭상하는 한국인들의 독특한 의학이다.

1. 사상의학과 역경

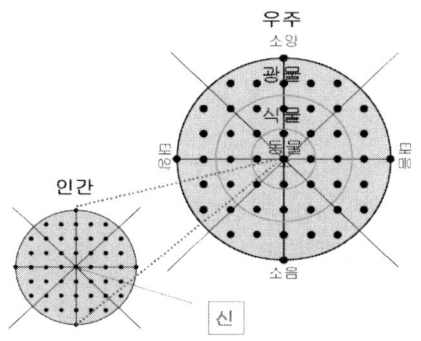

[그림 4.28] 음양 편차 좌표 ⓒ저자

사상의학의 우주관은 물론 역경의 우주관과 똑같다. 아직까지 역경의 우주관을 이해하지 못한 독자들을 위해 다시 한번 설명한다. 우주의 만물은 음양의 편차가 있다[그림 4.28].

동물은 양이 음보다 많다. 그 차이는 각 동물마다 다르지만 공통적으로 식물에 비해 항상 음보다 양이 많다. 띠를 나타내는 12가지 동물 중에 말은 가장 양이 많고, 쥐는 음이 가장 많아 음양의 편차가 가장 크다. 그래서 동물계 전체를 태극으로 볼 때, 말을 가장 양적인 동물이라 하고 쥐를 가장 음적인 동물이라 한다. 식물은 음이 양보다 많다. 그래서 동물은 활발하게 움직이고 식물은 움직이지 않는다(제1장 [그림 1.5] 「12가지 동물의 음양 편차」 참조).

식물도 그 종류에 따라 음이 양보다 많은 정도가 다르다. 먹으면 신진대사가 활발해지고 손발이 따뜻해지는 인삼은 춥고 습지에서 자라는 이끼보다 음이 양보다 많은 정도가 작다. 사람은 동물이나 식물에 비해서 음양의 편차가 작다. 동물이나 식물에 비해서 음과 양의 비율이 50:50에 가깝다.

우주의 만물 중에 음양의 편차가 가장 큰 것은 광물이다. 광물은 음이 양보다 아주 많은 것도 있고 양이 음보다 아주 많은 것도 있다. 광물 중에 바로 불로 변할 수 있는 유황은 양이 음보다 아주 많고, 매우 무겁고 차가운 수은은 음이 양보다 아주 많다.

우주 만물 중에 생물은 광물보다 음양의 편차가 적고 생물 중에 동물은 식물보다 음양의 편차가 적고 동물 중에 사람은 음양의 편차가 적어 음양이 거의 조화되어 있다. 그러나 정확히 50:50으로 조화된 것은 아니다. 정확히 음과 양이 50:50으로 조화된 것을 사상의학에서는 신(神)이라 한다.

1) 생물과 무생물의 차이

생물과 무생물의 차이는 음양의 편차가 작아서 음양이 어느 정도 조화되어 있는 것이 생물이고, 광물의 형태인 무생물은 음양의 편차가 아주 심한 것이다. 음양이 어느 정도 조화된 동물이나 식물은 생명이 있고, 음양의 편차가 아주 심해지면 생명을 잃게 되어 광물로서 존재하게 된다.

생물과 무생물의 차이는 생식으로 종족 번식을 할 수 있는가 없는가의 차이이지 주위의 사물을 인식하고 나아갈 바를 결정하는 능력이 있는가 없는가의 차이는 아니다. 음과 양의 법칙에 100% 음과 100% 양을 가진 물질은 존재하지 않는다. 음과 양의 편차가 있을 뿐, 어느 물질이든 음과 양을 함께 지니고 있다. 아주 극소량이라도 음과 양이 구비되어 있으면 의식이 있어 생각하고 결정을 내릴 수 있다.

자석을 아무리 잘게 잘라도 N극과 S극이 존재하고, 소립자를 아무리 잘라도 파동성과 입자성을 가지고 있는 것이 순음, 순양이 없다는 것을 증명한다. 광자의 두 구멍 실험이 보여주듯이 극소량이라도 음과 양이 구비되어 있으면 의식이 있어 생각하고 결정을 내린다.

2) 음양 편차와 진화

음양 편차가 많은 곳에서 적은 곳으로 발전되는 것을 생물학자들 중에는 진화라고 부르는 사람들이 있다. 광물에서 식물로, 식물에서 동물로, 동물에서 사람으로, 사람에서 신으로 진화한다고 한다. 그래서 그런지 수양이 많이 된 사람들은 성인으로서 신처럼 생각하고 행동한다.

사상의학에서는 음과 양이 50:50으로 조화된 사람을 '음양화평지인'(陰陽和平之人)이라 하여 神이라 한다. 신은 음과 양이 완전하게 조화되어 병이 없고 마음이 공평하여 어느 특정한 것만 좋아하는 욕심이 없다.

편애는 음양 편차의 발로로 필요 없는 욕심을 만들고 욕심은 죄악과 질병을 만든다. 그래서 음양 편차가 없어 편애가 없는 신은 병도 없고 영원히 살 수 있다. 그러나 인간은 다른 동물들보다는 음양의 편차가 적지만 있어서 욕심이 생겨나고 죄를 짓고 병이 생겨 이가 빠진 원판처럼 삐뚤삐뚤 굴러가다 100세를 못 넘기고 죽는다.

사람의 질병과 죄악은 타고나는 음양의 편차에 의해서 생긴다. 사람은 애초에는 신처럼 음양의 비율이 50:50으로 조화되어 만들어졌으나, 신의 명령대로 에덴동산에 있던 음양이 조화된 음식만 먹지 않고, 음양의 편차가 있는 선악과를 따먹어 음양의 편차가 생겼다. 만약 성경의 저자가 역경을 읽었다면 인간의 원죄를 음양의 편차로 설명했을 것이다.

3) 음양 편차와 질병

우주의 만물은 각기 다른 음양의 편차를 가지고 있다고 누누이 말했다. 음양의 편차를 가지고 있는 것은 반드시 어떤 특정한 작용이 일어난다. 음양이 조화를 이루었을 때 항상성(homeostasis)이 일어나고 음양이 편차되어 생리 이상으로 항상성 상태가 깨어지는 것이 병이며 그 병은 음양의 편차가 거꾸로 되어 있는 외부의 물질이 주입되면 치료될 수 있다.

예를 들어, 음과 양이 50±2:50±2로 균형이 잡혀 있을 때 일어나는 생리 변화가 음적 작용과 양적 작용을 40:60으로 만드는 바이러스의 침입으로 그 생리의 항상성이 깨져 병이 나면, 음이 60·양이 40인 약물이나 음식을 주입하거나 먹으면 항상성이 복구되면서 병이 낫는다. 우주의 만물은 각기 다른 음양의 편차를 가지고 있고 그 편차에 따라 작용이 일어나기 때문에 우주의 어떤 물질도 병을 고치는 약이 될 수 있다.

사람은 음양의 비율이 50:50의 완전한 음양 조화를 이루고 있지 않기 때문에 아무리 건강한 상태라도 질병의 근원을 가지고 있다. 양방적 검사에서 병이 없는 상태라도 언제 병이 될지 모른다. 양방적 검사는 음양의 편차를 정확하게 측정할 수 없기 때문에 양방적 검사에서 병이 없다고 하는 것이 음과 양이 50:50으로 조화되어 있다는 것은 아니다. 양방의 진단 기계는 음양이 많이 깨어져서 40:60이 되더라도 밖으로 질병이 표현되지 않으면 질병이 없다고 판정한다.

DNA가 변형된 후 암세포 하나가 한 개의 세포에서 MRI로 판단되는 단위인 1cm가 되는 데는 약 10년이 걸리고, 음과 양의 불균형이 15년이나 지속되어서야 병이라고 진단하게 된다. 그러므로 암이 $1cm^3$ 되면 이미 몇십 개, 몇 백 개의 세포가 혈관이나 림프관을 타고 벌써 전이되어 자라고 있다고 생각해야 한다.

4) 음양 편차의 조절

사상의학에서는 음양의 편차에 따라 음이 양보다 많은 사람들을 음인이라 하고 양이 음보다 많은 사람들은 양인이라 한다. 음인 중에 음이 점점 많아지는 경향을 보이는 사람을 태음인(太陰人), 음이 아주 많아졌다가 적어지기 시작하는 사람을 소음인(少陰人), 양이 점점 많아지는 경향을 보이는 사람은 태양인(太陽人), 양이 아주 많아졌다가 적어지기 시작하는 사람을 소양인(少陽人)이라 한다.

완전한 건강을 이루려면 아무 질병의 증상이 없을 때라도 자기의 음양 편차를 사상의학의 진단법에 의해서 알아내고 그 음양 편차를 조정할 수 있는 음식물을 먹어야 한다. 음인들은 음이 많고 양이 모자라는 사람들이니 평소에 음보다 양이 많은 음식을 먹어서 양을 보충해야 한다. 반대로 양인은 음이 부족하니 음이 많은 음식을 먹어야 한다.

곡식은 식물 중에서도 가장 음양의 편차가 적어 주식으로 쓸 수 있다. 쌀은 소양의 성질을 가지고 있어 그 반대가 되는 소음인의 모자라는 양을 보충해 주고, 밀은 태양의 성질이 있어 태음인의 모자라는 양을 보충해 줄 수 있다.

음이 많고 양이 모자라는 것이 심각해서 이미 병이 되었으면 양이 음보다 아주 많은 천연 약물을 먹어 병을 치료해야 한다. 병이 극심하여 죽을 지경에 있으면 음양 편차가 심한 광물성 독약을 써야 한다. 우리가 늘 먹을 수 있는 음식은 음양의 편차가 적어서 인체생리에 큰 변화를 주지 않으나 그래도 음양의 편차는 있어 체질에 맞추어서 먹어야 한다. 음식의 재료로 쓰이는 식물이나 동물은 사람보다 음양의 편차가 심하다.

음식물도 많이 먹으면 약 못지않게 사람의 음양 편차를 바꾸어 놓는다. 빠른 시간 안에 음양의 편차를 조정해 주려면 음양의 편차가 큰 광물성 약을 먹어야 한다. 동물이나 식물로 되어 있는 한약은 그 양을 많이 먹어야 하지만 양약은 그에 비해 아주 적은 양을 먹어도 빠른 효과가 있는 것은 음양의 편차가 심하기 때문이다.

한의학에서는 약과 음식물, 독물의 구분이 따로 없다. 음양의 편차가 적어서 늘 먹어도 사람의 음양 편차를 크게 만들지 않는 것이 음식물이고, 음양의 편차가 많아서 사람의 음양 편차를 크게 변화시키는 것이 약이고, 음양의 편차가 극히 심해서 사람의 음양 편차를 무생물 수준으로 만들어 빠르게 죽게 만드는 것이 독물이다.

음식물이나 약 만이 음양의 편차를 조정해 줄 수 있는 것이 아니라 모든 자극은 음양의 편차가 있어 사람의 음양 편차를 조절할 수 있다.

소리도 사상으로 나눌 수 있으니 각 체질의 음양 편차를 조정해 줄 수 있다. 빛, 냄새, 寒熱에 대한 피부의 감각, 계절의 음양 편차, 희노애락의 감정, 우리가 생각하거나 생각할 수 없는 우주의 모든 물질이나 현상은 음양의 편차가 있고 역경의 이론에 따라 음양으로 분류될 수 있으니 그 이론에 따라 사람의 체질을 조정해 줄 수 있다.

2. 사상인의 겉모습

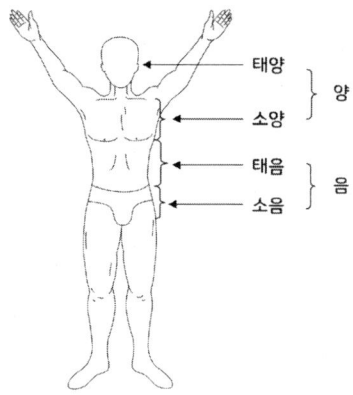

[그림 4.29] 인체의 사상 ©저자

전통 한의학은 증후의학으로서 증상의 한열, 맥의 강함과 약함, 병증 변화의 빠름과 느림이 중요하지만, 사상의학은 체질의학으로서 사람의 체격이 매우 중요하다. 전통 한의학은 기관의 기능 이상을 중요시하지만, 사상의학은 골격이나 기관 구조의 大小를 중요시한다. 구조를 보면 기능의 경향을 알 수 있다.

본래 타고난 성질을 알려면 빠르게 변화하지 않는 골격을 위주로 판단해야 한다. 생리 기능의 강약이나 질병의 증후는 변화가 빠르기 때문에 본래 가지고 있는 소질인 체질을 판단하는 데 적합하지 않다.

한국의 한의사들 중에도 사상을 분류할 때 그 사람의 성격이나 생리기능의 강약, 맥의 상태 등 시시각각으로 변하는 기능의 상태로 사상인을 분류하는데, 그것으로는 타고난 본래의 체질을 분류하기가 매우 어렵다.

인체의 몸체를 태극으로 보고 그 각 부위를 성질에 따라 사상으로 구분할 수 있다. 머리는 태양이고, 가슴은 소양, 배는 태음, 골반은 소음이다 [그림 4.29].

머리는 몸통으로부터 새싹처럼 솟아오른 형상을 하고 있고 가장 위쪽에 있어 양이지만 딱딱하여 아직은 양이 활짝 피지 못한 태양이다. 봄에 나온 꽃봉오리의 형상을 하고 있다. 가슴에는 팔이 달려 있어 양이 옆으로 퍼진 형상을 하고 있고 가슴은 뜨겁다. 목에서부터 팔이 달린 가슴을 보면 깔때기 같아서 양의 기운이 나팔처럼 퍼진 양상을 하고 있다. 따라서 가슴은 여름의 기운인 소양에 해당한다.

배는 둥글고 에너지의 저장 상태인 지방을 많이 가지고 있다. 가을의 풍성한 과실과 같다고 할 수 있으니 태음에 속한다. 골반은 차가운 엉덩이가 감싸고 있는 부위로 음에 속하는 다리가 달려 있으며 겨울에 에너지를 모두 저장하고 있는 나무의 뿌리를 연상시켜 소음에 속한다.

사상인의 체형은 일 년 동안 나무의 주된 활동을 사상의 틀로 생각해보면 쉽게 이해할 수 있다. 봄에 나무의 주된 활동 부위가 줄기가 된다. 이 부위에서의 활동은 곧장 올라가는 직승(直升)이 된다. 저장된 에너지가 뚫고 나가는 태양의 작용이다. 여름의 활동 부위는 잎, 잎에서의 작용은 퍼져 올라가는 횡승(橫升)이 된다. 무성하게 퍼져나가는 소양의 작용이다. 가을의 활동 부위는 열매, 열매에서의 작용은 퍼진 것이 모여 내려오는 방강(放降)이 된다. 태음의 작용이다. 겨울의 활동 부위는 뿌리, 뿌리에의 작용은 바로 아래로 빠져 내려오는 함강(陷降)이 된다. 소음의 작용이다.

1) 태양인

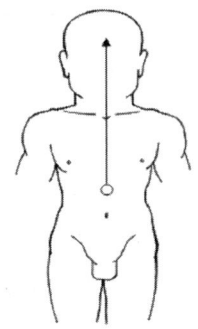

[그림 4.30] 태양인 ©저자

　태양인의 특징은 머리가 크다. 머리가 크다는 것은 뇌척수가 잘 발달되었다는 것으로 태양인은 머리가 좋다. 태양인은 우리가 흔히 생각하는 우주인의 모습을 하고 있다. 우주인을 실제로 보았다는 사람과 만화가들에게 우주인을 그리라고 하면 머리를 크게 그리고 배는 홀쭉하고 아주 약한 다리를 그린다[그림 4.30]. 미래의 인간상일지도 모른다. 노동은 모두 기계가 해줄 테니 팔다리는 별로 쓸 일이 없어 나약해지고 머리만 쓰니 머리만 커질 것이다.

　머리가 큰 태양인은 머리가 좋은 천재가 많다. 나폴레옹, 히틀러, 레닌, 베토벤, 고흐 등의 영웅과 천재들이 태양인이다.

　지나친 발달은 퇴화를 가져온다. 주식시장의 폭등 후에 폭락이 오는 것은 자연의 이치이다. 천재나 바보는 지나침의 선을 넘는 아주 작은 차이에서 오기 때문에 태양인은 뇌, 척수 계통에 이상이 있는 정신병자, 뇌성마비, 다운 증후군 환자에게서 많이 찾아볼 수 있다.

양이 강하면 음이 약해진다. 발생학적으로도 그렇고 한의학 이론에서 뇌, 척수, 뼈, 생식기는 같은 계통에 속한다. 태양인은 이 계통에 속하는 기관들 중 상부에 있는 기관에 기운이 몰린 사람들이다. 따라서 머리는 좋으나 생식기가 약해서 여성 태양인은 불임증이 많고 남성 태양인은 발기불능이 많다. 그래서 종족을 번식시키지 못하기 때문에 태양인은 만 명 중에 2~3명 정도밖에 되지 않는다. 특히 음에 속하는 다리가 약해서 병에 걸리면 다리가 마비된다.

체질은 반드시 유전되지 않지만 유전되는 비율이 높아 부모의 체질을 보고 자식의 체질을 유추할 수 있다. 태양과 반대가 되는 태음의 부위인 배는 홀쭉하고 허리가 약하다.

2) 소양인

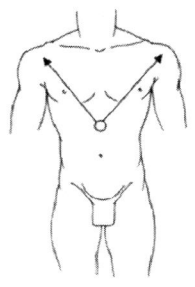

[그림 4.31] 소양인 ©저자

소양인의 특징은 가슴이 벌어져 있고 어깨가 크며 올라가 있다. 소양과 반대가 되는 소음의 부위인 엉덩이가 작다. 그래서 소양인의 몸통을 보면 역삼각형의 형태를 하고 있다[그림 4.31]. 가슴에는 심장과 폐가 있다.

소양인은 심폐가 튼튼해서 혈액순환과 영양공급이 잘 된다. 혈액과 영양 공급이 활발하니 에너지가 넘쳐 꼭 술 먹은 사람들 같다. 잘 떠들고 큰소리를 잘 친다. 항상 호언장담하며 매사를 긍정적으로 해석한다. 자기가 가장 잘난 사람이고 이 세상에 못하는 일이 없다.

만화영화에 가슴과 어깨에 힘이 많이 들어가고 힙은 거의 없는 수탉을 독자들은 보았을 것이다. 그것이 소양인 형체의 특징이다. 실제로 닭은 소양의 성질을 가지고 있어 소음인의 좋은 보약이 된다.

작은 둔부에 어깨와 가슴에 한창 힘이 들어간 엘비스 프레슬리나 '만사마' 정만호, '떠벌이' 노홍철, '국민엠씨' 유재석의 형체가 소양인의 대표적 겉모습이다.

그들은 화려하고 낭만적이며 낙천적인 삶을 산다. 양이 발달한 그들은 외모에 신경을 많이 쓰고 정의감이 강하여 명예를 존중하고 사교에 힘쓰나 음이 부족 하여 끝까지 그 일을 해내지 못한다. 양의 부위인 밖에만 정신이 팔려 안에 있는 자기의 건강이나 가족들을 돌보지 않는다.

소음의 부위인 골반이 작고 생식기능이 약하다. 그러나 조루가 있을 뿐, 자식을 못 갖는 것은 아니다. 태양인이나 소양인은 물질의 에너지화가 왕성한 사람이기 때문에 일반적으로 몸이 말랐다.

3) 태음인

태음인은 배와 허리가 발달한 사람들이다. 어깨나 엉덩이에 비해서 허리의 잘록함이 없다[그림 4.32]. 태음인은 가을의 물질화 기운을 가지고 있어서 살집이 풍성하다. 비만한 사람들은 태음인이 아주 많다. 체중 조절을 하여 금새 살이 빠지는 사람은 태음인에서 제외되며 일단 비만한 사람은 모두 태음인이다.

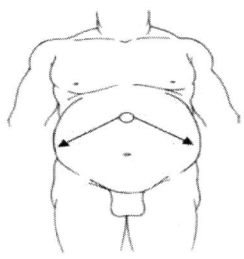

[그림 4.32] 태음인 ⓒ저자

물질화 작용이 강한 사람들이기 때문에 살이 찌지 않았더라도 몸통이 앞뒤와 옆으로 크고 뼈가 굵다. 일반적으로 키도 크고 체중도 많고 눈, 코, 입, 귀도 크다. 태음인은 그중에서도 배가 큰 사람들이다.

내장 기능으로는 소화기가 아주 잘 발달해 있다. 음식에 대한 욕심이 많아서 조금만 일을 하여도 쉽게 배가 고프고 필요 이상으로 많이 먹고 소화도 잘 시킨다. 양에 속하는 가슴 속의 심폐가 약해 혈액순환과 산소 공급이 잘 되지 않는다. 산소 공급이 잘 되지 않으니 영양분이 소모되어 에너지로 되지 않고 지방으로 쌓이기만 한다.

보통 태음과 대립되는 태양의 부위인 머리는 몸에 비해서 작다. 그러나 태음인은 형체가 발달한 사람으로 몸에 비례해서 머리통도 크다. 머리통의 살집이 많아서 오히려 머리가 크게 보인다. 뇌, 척수는 머리통에 비례해서 발달하니 머리가 나쁜 것은 아니나 생각하는 것이 물질적이다. 머리를 많이 사용하지 않으려 한다.

돈을 버는 일과 몸을 편하게 하는 일, 가족들을 편하게 하는 일 등, 꼭 필요할 때만 머리를 쓰고 창조의 예술을 하거나 남을 감동시키는 일 등에는 머리를 쓰려고 하지 않는다. 인간 사회의 에너지에 해당하는 돈을 자기 수중에 저장하는 일에만 머리를 쓴다.

밖으로는 재산이나 돈을 모아 놓지만 안으로는 에너지 소모를 줄여서 지방으로 쌓아놓는다. 안과 밖으로 물질화 작용만 일어난다고 할 수 있다. 그래서 태음인은 몸과 마음이 게을러서 거지가 되거나, 아니면 욕심이 많아 꾸준하게 재산을 모아 부자가 된다. 아주 실질적이라 명예나 낭만을 위해 돈을 낭비하지 않기 때문에 부자가 많다. 회사 사장들은 태음인이 많다.

오나시스, 정주영 등의 기업가도 태음인이다. 파바로티, 임웅균 등 성악가들 중에 태음인이 많은데, 낭만적이고 창조적이라 성악가로 성공하는 것이 아니라 배통이 커서 공명통이 좋아 아름다운 소리를 내기 때문이다. 태음인은 만화 캐릭터 중에 뽀빠이의 부르터스, 플린스톤의 남자주인공, 요기베어 같은 모습을 가지고 있다. 김준현, 유민상, 이영자, 이국주 등 뚱뚱한 코미디언들이 전형적인 태음인들이다.

4) 소음인

소음인은 골반과 엉덩이가 잘 발달되어 있다. 그래서 서 있거나 앉아 있는 모습이 아주 안정되어 있다. 소양의 부위인 어깨와 가슴은 좁아 보이고 엉덩이는 커 보인다. 소양인이 역삼각형의 몸체를 가지고 있다면 소음인은 삼각형(△) 몸체를 가지고 있다[그림 4.33]. 살이 별로 찌지 않았는데 유난히 엉덩이가 크고 다리가 굵은 사람들은 대부분 소음인이다.

흑인들은 엉덩이가 크고 다리가 튼튼하다. 어느 스포츠를 막론하고 다리가 튼튼해야 한다. 권투가 팔로 하는 운동 같지만, 다리가 강해야 잘할 수 있다. 펀치를 쓸 때 다리로 강하게 버텨 주거나 다리로 몸을 퉁겨 주어야 펀치에 힘이 있다. 그래서 다리가 강한 흑인들이 운동에는 탁월하다.

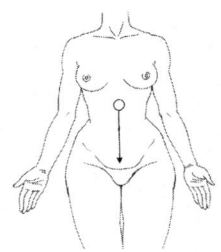

[그림 4.33] 소음인 ⓒ저자

수영을 하면 어깨가 커진다. 흑인들이 수영에서 부진한 것은 소음인들이 많아 어깨와 가슴이 약해서 그렇다. 흑인들은 다른 인종에 비해서 소음인이 많다. 소음인들은 겨울의 성질을 닮은 사람들로서 양이 모자라 불과 같은 매콤한 음식을 좋아한다. 흑인들의 음식이 매콤하다. 닭은 소양에 해당하는 음식인데 흑인들은 닭고기를 좋아한다. 필요한 양을 닭에서 얻는 것이다.

골반 속에는 생식기관이 들어 있다. 골반이 크다는 것은 생식기능이 좋다고 할 수 있다. 소음인들은 겨울을 닮아서 성격은 얌전하지만, 성생활을 아주 좋아하고 튼튼한 자식을 낳는다. 예전에는 한국에서 부모들이 며느리를 선택할 때 엉덩이가 크고 탄력이 있는가를 제일 먼저 보았다. 소음인이라 얌전하고 생식능력이 뛰어나야 강한 아들을 많이 낳을 수 있기 때문이다.

금발 머리를 가진 여자가 섹시하다고 알고 있는데 역경 이론에는 맞지 않는다. 머리는 가장 위쪽에 있으니 양이 극에 달하는 곳이다. 그래서 양극생음의 법칙에 따라 머리카락은 음에 해당한다. 겨드랑이나 음부에 나는 털은 모두 단단하고 어두워 음에 해당한다. 머리카락의 색깔이 짙을수록 음성이 강하다. 그래서 음에 해당하는 머리카락이 없는 대머리는 양의 성질을 가지고 있어 저돌적이다.

음이 많을수록 생식기는 발달해 있다. 음이 많을수록 섹스를 즐기며 몰입하고 성적 흥분이 오래간다. 머리카락의 색깔은 밝을수록 양의 성질을 가지고 있어 금발 머리 여자는 쉽게 흥분하고 적극적이나 금방 식는다.

3. 사상인의 성격과 행동

사상인을 체질에 따라 구분할 때 어떤 성격을 가지고 있는지 질문을 해서 그 성질을 알기란 아주 어렵다. 사람은 누구나 실수한 경험이 있으며 실수하는 것을 싫어하기 때문에 대부분 스스로 경솔하고 덤벙댄다고 생각한다. 경솔하고 덤벙댄다고 대답했다고 소양인이라고 판단해서는 안 된다.

사람들은 누구나 단호하게 결정을 내리지 못하기 때문에 대부분 스스로 우유부단하다고 생각한다. 우유부단한 성격이라고 대답했다고 소음인이라고 생각해서는 안 된다.

사람들은 자기의 속마음을 감추지 못해서 손해 본 경험이 있기 때문에 스스로 속마음을 잘 드러낸다고 생각한다. 속마음을 잘 드러낸다고 대답했다고 소양인이라고 판단해서는 안 된다. 사람들은 스스로 자기가 착해서 남들을 잘 도와준다고 생각한다. 그렇게 대답했다고 소양인이라고 생각해서는 안 된다.

성격을 파악하는 것이 체질 감별에 중요하지만, 사람들은 스스로에 대해서 착각하고 있기 때문에 물어보아서 성격을 파악하는 것에는 아주 신중해야 한다. 그냥 눈으로 보아서 그 성질을 판단하는 것이 중요하다. 처음에는 어렵지만 각 사상의 성질을 잘 알고 부단한 연습을 하면 묻지 않아도 개개인의 형체와 행동으로 그 성질을 정확히 알 수 있다.

1) 태양인

태양인은 봄을 닮은 성격이다. 충분히 저장된 에너지원이 있고, 그 에너지가 힘차게 분출하고 있어 원기 왕성하다. 그러니 항상 자신에 차 있고 일방적으로 에너지를 소모하는 방향으로만 가고 있으니 한가지 생각밖에는 하지 않는다. 그래서 결정이 시원시원하다.

태양인은 히틀러나 나폴레옹 같은 지도자가 될 수 있다. 사람들은 지도자의 명석한 두뇌에서 나오는 자신에 찬 결정을 따른다. 이럴까 저럴까 머뭇거리는 소음인이나 기운 떨어지면 처음 말을 번복하는 소양인 지도자는 잘 따르려 하지 않는다.

그러나 앞으로 갈 줄만 알지 뒤를 돌아보지 않는 일방적인 성격이라 명석한 두뇌에 지칠 줄 모르는 정력으로 성공을 하지만 때로 아주 큰 실패를 한다. 일이 잘 안 풀릴 때는 명석한 두뇌와 넘치는 에너지로 잘 풀어가지만 진짜로 큰일에 부딪혔을 때는 화약이 밀폐된 공간 안에서 터지는 듯한 대노를 하여 몸을 망가뜨린다.

봄에 에너지가 솟아오르기만 하고 아래로 저장될 줄은 모르듯이 항상 앞으로 나아가려고만 하고 물러설 줄 모른다. 남의 눈치를 보지 않고 용맹스럽고 적극적이고 남성 다우나 후회할 줄 모르고 독선적이다. 빨리 일을 끝내려는 급박지심이 너무 강하여 항상 그 마음에 밀려다닌다. 태음인처럼 항상 만만디 정신을 가지고, 가다 못 가면 쉬어 가고, 모든 상황을 너무 심각하게 여기지 않고 기분 전환을 위해서 오락을 즐기는 것이 필요하다.

자기가 태양인이라는 확신이 가고 급박지심이 있으면 주위의 태음인을 잘 관찰해 자기 성격과 다른 점을 항상 비교해 보아야 한다. 그래서 태음인의 장점을 닮으면 병이 생기지 않고 큰 실수도 저지르지 않게 된다. 그러면 타고난 부지런함으로 큰 재물을 모아 여생을 편하게 살 수도 있다.

2) 소양인

소양인은 여름에 에너지가 왕성한 것을 닮은 성격이다. 혈액순환이 잘 되고 영양 공급과 산소 공급이 잘 되니 꼭 술 먹은 것과 같다. 명랑하게 떠들며 신이 난다. 모든 일이 잘 될 것이라고 쉽게 생각한다. 자기의 능력을 과시하기 좋아한다. 어떤 사물을 묘사할 때는 극적으로 과장해서 표현한다.

자기의 감정을 숨기는 것을 아주 큰 수치라고 여긴다. 남이 잘못한 것이 있으면 바로 충고하고 자기의 잘못도 곧 털어놓는다. 소양인은 한낮처럼 밝기 때문에 감추는 것을 싫어한다.

누구에게 기술을 배우면 조금 배우고 다 알았다고 생각한다. 항상 새로운 일을 찾고 그 일을 시작했으면 금방 그만둔다. 어떤 일이 막히면 별것 아닌 것 가지고 화를 벌컥벌컥 잘 낸다. 소양인은 불의 성질은 가지고 있다. 한 번에 확 타올랐다가 금방 꺼져버리는 불의 성질을 닮았다.

성질이 급해 어떤 과정을 차근차근 잘게 끊어 보지 못한다. 자세히 보지 않고 대충 보는 것이다. 빠르게 대충 배우니 금방 다 알고 있는 것 같으나 세세한 부분은 모른다. 그 일을 시작해 보면 생각하지 않은 곳에서 막힌다. 성질이 급해서 그것을 뚫고 나가지 못한다. 에너지의 흐름이 막히면 그것을 뚫으려고 화를 낸다. 그래서 소양인은 벌컥벌컥 화를 낸다.

일을 할 때 항상 새로워야 꾸준히 하게 되는 것인데 이미 자기 생각에 모두 다 알아 버렸으니 재미가 없다. 자세히 알지 못하니 일을 하는 도중에 여러 가지 어려운 것이 많다. 그리고 그 옆에 있는 새로운 일이 하고 싶어진다. 그래서 소양인은 일을 벌려만 놓고 끝을 맺지 못한다. 소양인의 이런 성격을 용두사미 성격이라고 한다.

소양인은 남의 일은 잘 도와주나 자기 집의 일은 잘 돌보지 않는다. 밖에서는 소양인을 보고 착하고 인정 많은 사람이라고 칭찬을 하나, 집에서 부인과 아이들에게는 집안일 안 챙기고 바깥일만 돌보는 실속 없는 사람이라는 소리를 듣는다.

여름의 만물은 에너지가 바깥에만 왕성하고 안에는 부실하다. 그래서 소양인은 밖으로 남의 일만 잘 해주고 안의 자기 일은 소홀히 한다. 겉으로는 화려하고 고급 옷과 고급 차를 타고 있지만 모아놓은 재산이나 돈이 없어 아파트 임대비를 밀린다. 이것도 소양인의 외실내허한 예이다. 이런 성질은 겉과 상부가 양이고 속과 하부가 음이라 속이 빈 소양 괘(⚎) 모양으로 알 수 있다.

소양인은 항상 두려운 마음이 있다. 소양은 양이 극에 달해 음이 생긴다. 에너지 소모가 극에 달해 물질화 작용이 시작되는 성질이 있다. 에너지가 수렴되면서 일어나는 허전한 마음이 두려운 마음이다. 이 두려운 마음이 에너지를 수렴시켜 물질화 작용을 시작한다. 그래서 소양인은 하던 일을 포기하기를 잘 한다. 남의 일을 열심히 잘 해주다가도 중도에 그만두어 자기는 자기대로 도와주려고 손해를 많이 봤는데 그 사람에게 오히려 나쁜 소리를 듣는다.

소양인이나 태양인이나 다 같이 성질이 급하나 태양인은 급하면서도 어려운 일이 있을 때 그것을 뚫는 힘이 있다. 봄에 두꺼운 껍질을 뚫고 싹을 내는 돌파력이 있기 때문이다. 소양인은 난관에 부딪혔을 때 중도에서 그만둔다. 그것을 뚫을 수 있는 에너지를 이미 다 써버렸기 때문이다. 양이 극해서 음이 생기기 시작하면서 급한 마음에서 오는 추진력에 두려운 마음에서 오는 제동력이 가해졌기 때문이다.

태양인이나 소양인이나 화를 잘 내나 그 빈도가 다르다. 태양인은 강한 돌파력으로 사소한 일은 쉽게 돌파하기 때문에 사소한 일에는 화를 내지 않으나 뚫을 수 없는 큰 난관에 봉착했을 때는 매우 크게 화를 낸다. 그러나 소양인은 에너지를 집중시켜야 하는 돌파력이 약해 사소한 일에도 자주 화를 낸다. 그리고 그 일을 던져 버린다.

3) 태음인

태음인의 성질은 가을을 닮았다. 가을은 에너지를 수렴하고 물질화하여 결실을 맺는다. 태음인은 성격이 점잖고 신중하다. 경솔한 말과 행동은 하지 않는다. 결실에 해당하는 결과를 위하여 꾸준히 노력한다. 결과를 매우 중요시하기 때문에 위험 부담이 많은 일은 하지 않는다. 내 일신의 편함과 가족의 편함을 확보하기 위한 실속 있는 것이 지상 최대의 목표이다.

무슨 일을 시작할 때나 일을 진행하고 있는 도중에 일어나는 변수에 대하여 의심이 많고 겁이 많다. 나와 이해관계가 얽혀 있지 않은 사람의 일에는 별로 관심이 없다. 나와 나의 가족 이외의 국가와 민족을 위하는 일에는 별로 관심이 없다. 어떤 상황에 처해 있든지 자기의 이익을 챙긴다. 이런 성격들은 가을에 결실을 얻기 위한 작용처럼 결과를 얻기 위한 성향이다.

태음인은 욕심이 많고 자기의 뜻을 남이 알아차리는 것을 매우 싫어한다. 자기의 감정을 남이 아는 것도 싫어한다. 감추는 것이 이득을 얻는 것이기 때문이고, 그런 성격이 행동으로 나타나서 열쇠를 많이 들고 다니는 사람들이 태음인이다.

감춘다는 것은 에너지를 수렴하기 위하여 나오는 자연스러운 성격이다. 태음인들은 무엇이든지 아낀다. 밖으로 물건을 아끼는 것은 물론이고, 안으로 에너지를 아껴서 물질을 만들어 내려고 좀처럼 흥분도 하지 않고 몸을 될 수 있는 대로 움직이지 않는다. 여기저기 여행을 다니고 모험을 즐기기보다는 누워서 맛있는 것을 먹으면서 텔레비전 보는 것을 가장 큰 낙으로 여긴다.

태음인은 감각이 매우 둔하여 강한 자극이 아니면 반응하지 않는다. 소양인에게는 하늘이 두 쪽이 나는 자극도 태음인에게는 별것 아니다. 다른 체질 사람들이 호들갑을 떨고 정신이 없는데도 먹을 것 잘 먹고 잠도 잘 자며 틈나는 대로 오락도 즐긴다. 태음인에게는 별것 아니게 느껴지기 때문이다.

태음인들은 타고난 사업가들이다. 비즈니스에서는 흥정을 빨리 끝내 버리려는 성질 급한 사람이 불리하다. 태음인은 좋아도 크게 좋게 느끼지 않고 싫어도 많게 싫지 않다. 흥정을 오래 끌 수 있기 때문에 항상 현실을 직시하고 이득을 챙긴다. 본래 속마음을 드러내 놓지 않기 때문에 경쟁 상대가 그 사람이 무엇을 하고 있는지 몰라 경계하지 않는다. 둔해서 손님의 무례한 행동에도 화를 내지 않아 손님들이 좋아한다.

태음인은 미련하다. 세상은 역경의 법칙대로 음지가 양지되고 양지가 음지된다. 시세의 흐름에 따라 기민하게 움직이지는 못하는데 지금은 손해보는 것 같더라도 그냥 붙잡고 기다린다. 이게 의도하지 않아도 이득이 될 때가 많다. 이런 태음인의 성격과 행동이 결과를 좋게 만들어 태음인은 각계각층에서 성공한다.

그러나 아무리 좋은 물질도 붙잡고 있으면 썩게 마련이다. 부를 밖에 쌓아 두는 것은 좋은데 에너지를 지방의 형태로 배와 혈관 속에 쌓아두는 것은 나쁘다. 이것이 노폐물로 변해 중풍, 고혈압, 당뇨병과 같은 신진대사가 안 돼서 생기는 병이 태음인에게는 많다.

태음인이 건강해지려면 태양인을 닮아야 한다. 쌓아 놓은 물질을 태양인처럼 에너지로 만들어 쓰고 신진대사를 활성화시켜야 한다. 급박한 마음을 일으켜 신진대사를 활성화시키고 노폐물을 끼고 있지 말고 배출시켜야 한다. 가끔 화도 내야 하고 놀라기도 해야 한다. 그래야 생리 기능이 활발해진다. 건강해지기 위해서는 태양인과 소양인의 마음가짐을 닮아야 한다.

체질은 그 특유의 장단점이 있는 것이니 어떤 체질은 좋고 어떤 체질은 나쁜 것이 아니다. 어떤 특정 음식이 만병을 고치고 웃음 치료로 웃는 것이 만병을 고치는 것은 아니다. 소양인에게 좋은 음식은 소음인에게 나쁘고 웃는 것은 태음인이나 소음인에게는 좋으나 소양인에게는 나쁘다.

4) 소음인

소음인은 겨울의 성격을 닮았다. 겨울은 에너지를 저장만 하고 거의 쓰지 않는다. 속에서 에너지가 빠져나오려고 압력만 높이고 있을 뿐이다. 소음인은 성격이 수줍고 우울하다. 소음의 상징인 물과 같이 부드러우니 성격이 온순해 보인다. 음은 운동이 활발하지 않아 막혀서 융통성이 없고 고집이 세다.

아랫사람이 자기주장 없이 고분고분 시키는 대로 잘 따라 한다고 고집이 없다고 생각하면 크게 잘못 생각하는 것이다. 고분고분 따라 하는 사람들은 대부분 소음인들인데 사실은 사상체질 중에 가장 고집이 센 사람이다. 보통 때는 남의 말을 듣다가 한번 그것이 틀렸다고 생각하면 아무리 확실하게 증명해도 마음을 바꾸지 않는다. 틀렸다는 생각을 바꾸지 않고 무덤까지 가지고 가는 사람들이 소음인이다. 소음은 기화되지 않은 물질로 똘똘 뭉쳤기 때문이다.

양은 변화가 빠르지만 음은 변화가 느린 법이다. 양은 활동성이 강하고 음은 활동성이 약하기 때문에 그 변화가 느리다. 소음에 해당하는 시기인 겨울이나 밤에는 생각이 많이 생긴다. 그래서 소음인들은 생각이 많다. 생각이 많으면 결단을 못 내린다. 소음인들이 우유부단한 것이 그 때문이다. 소음인이 고분고분하고 자기주장을 하지 않는 것은 주장이 없어서가 아니라 주장을 저장하고 드러내지 않기 때문이다.

생각이 많아서 이해득실을 너무 따져 추진력이 약하다. 성격이 소양인처럼 급하지 않기 때문이기도 하다. 태양인처럼 한번 그 일이 옳다고 하면 그것이 옳다는 것 외에는 다른 것을 생각하지 못하기 때문에 그 일에 죽자고 매달린다.

그러나 소음인은 움츠러드는 성질이 많아 그 일의 어두운 쪽도 생각나고 밝은 쪽도 생각나기 때문에 이럴까 저럴까 망설이게 되어 추진력이 약해진다. 또 너무 꼼꼼하여 방금 한 일이 완전해질 때까지 다음 단계로 넘어갈 수 없어서 일의 추진이 느리다.

마음이 한번 상하면 그것이 머무는 시간이 길다. 느리게 변하는 것이 음이기 때문에 그 상한 마음이 오래가는 것이다. 부부 싸움을 한 후에 말을 오랫동안 안 하는 사람이 소음인이다. 한번 화를 내고 욕할 때는 그 사람을 죽일 것 같다가 몇 시간 후에 다정하게 대하는 사람은 소양인이다.

소음인은 남의 행동의 옳고 그름을 판별하기 좋아한다. 소양인도 마찬가지이다. 소음이나 소양 속에 음과 양은 다르나 少라는 공통점이 들어 있기 때문이다. 소음인과 소양인은 남의 일에 관심이 많다. 자기와 상관이 없는 일에 참견하기를 좋아한다.

참견하는 방식도 음과 양에 따라 다소 다르다. 소양인은 그 자리에서 남이 잘못한 것을 지적하고 소음인은 그 사람이 없는 곳에서 흉을 본다. 소양인이 적극적이라면 소음인은 소극적이다.

소양인은 항상 일의 좋은 쪽을 먼저 생각하나 소음인은 항상 나쁜 쪽을 먼저 생각한다. 컵에 반쯤 담긴 물을 보고 소양인은 반이나 남았다고 좋아하고 소음인은 반 밖에 남지 않았다고 슬퍼한다.

소양인은 생각과 행동이 빠르나 소음인은 느리다. 필자는 소음인인데 소양인 친구와 한 방을 쓴 적이 있다. 우리가 어디에 놀러 가자고 합의를 보면 내가 양말을 신고 있는 동안 그 친구는 차고에 나가 차에 올라타 있었다. 그 친구는 항상 열이 많아 창문을 열려고 했고 나는 추워서 창문을 닫으려 했다. 그 친구는 일을 일찍 시작해서 일찍 끝냈다. 일찍 자고 일찍 일어났고 나는 늦게 자고 늦게 일어났다.

식당에 가면 그는 주로 차가운 샐러드를 주문했고 나는 주로 따뜻한 수프를 주문했다. 토론을 할 때 그는 빠른 속도로 많은 말을 했으며 나는 느리고 차분한 어조로 말을 했다. 토론하는 동안 그는 쉽게 흥분했다. 그는 나에게 비밀이 없었고 모든 것을 털어놓았다.

수입은 나보다 적었으나 돈은 나보다 많이 썼고 나에게 음식이나 물건을 사주기를 좋아했다. 나에게 어려운 일이 생기면 자기 일처럼 생각하고 도와주었다. 식사하는 속도도 아주 빨랐고 방에서는 앉아 있는 시간보다 서 있는 시간이 많았다.

한번은 차의 앞 범퍼를 찌그러뜨려 온 적이 있었다. 1차선에서 앞의 차가 느리게 가서 경적을 울렸더니 그 차가 오히려 더욱 느리게 가서 화가 나 받아버렸다고 했다. 그의 소양의 성격을 한마디로 불에 비유할 수 있는데 독자들은 어떻게 생각하는가?

지금은 지독한 태음인 여자와 결혼해서 그의 성격을 고쳐가며 잘살고 있다. 태음인 부인이 그의 단점을 잘 보완해 주고 있다. 태음인의 음적 영향이 그의 에너지를 수렴해서 물질로 저축해 놓고 있는 것이다. 만약 그가 소양인 여자와 결혼했으면 그의 불같은 성격이 활활 잘 타오르고 있을 것이다.

4. 사상인의 생리와 병리

사상의학의 창시자인 이제마 선생은 태양인은 폐가 크고 간이 작고, 태음인은 간이 크고 폐가 작다고 했다. 태양인과 태음인의 체격과 성격의 특징이 폐와 간의 크기에 따라 나타나는 것이다.

동서양을 막론하고 사려 깊은 노인들은 사람의 얼굴을 보면 그 사람의 성격을 대충 안다. 주로 눈, 코, 입, 귀의 크기가 그 사람의 전체적인 얼굴의 인상을 결정한다. 즉, 부분의 각기 다른 구성 요소들의 조화를 보고 전체의 성질을 아는 것이다. 역경으로 말하면 사상을 보고 태극을 아는 방법이고, 물리학적으로 말하면 물질의 특징을 보고 그 에너지의 특성을 알아내는 것이고, 프랙탈 이론으로는 부분의 패턴을 보고 전체의 패턴을 아는 것이다.

사람의 특징은 얼굴에 가장 잘 나타나고 얼굴에는 눈, 코, 입, 귀의 네 가지 구성요소가 있다. 그 네 가지 구성요소의 특징을 살펴보면 그 사람의 체질을 알 수 있다. 체강 내의 중요한 장기의 형태를 알면 그 사람의 생리적인 특성을 알 수 있다.

복강 내에는 간(肝)·폐(肺)·비(脾)·신(腎)의 네 가지 중요한 장기가 있다. 심장은 중요하지만 일종의 기계적인 펌프이지 '간·폐·비·신'처럼 실질적인 장부는 아니다. 심장은 인체 장기 중에 가운데 있으며 음양이 치우치지 않고 조화되어 있기 때문에 체질을 구분하는 데는 살펴볼 가치가 별로 없다.

1) '간·폐·비·신'과 체용법칙

전통의학인 증후(證候)의학에서는 간을 木에 배속시키고 봄과 같은 기능이 있고, 폐는 金에 배속시키고 가을과 같은 기능이 있고, 비(췌장)는 土에 배속시키고 각 계절의 사이에 해당하는 기능이 있고, 신은 水에 배속시키고 겨울과 같은 작용이 있다고 기술한다. '木·火·土·金·水'는 다음 장에서 자세히 설명하겠다.

脾는 전통의학에서 土에 속하고 心이 火에 속하지만, 사상의학에서는 脾가 火에 속한다. 실제로 포도당 생산을 맡고 있으면서 소화기관을 관장하는 여름의 작용이 있다고 할 수 있다. 음양이 조화된 心을 土에 배속하고 脾가 火에 배속하니 전통의학과 心, 脾의 배속이 바뀌어 있다.

태양인은 폐가 크고 간이 작은 특성이 있다고 할 때 이것은 肺의 수렴 기능이 강하고 간의 발생 기능은 약하다고 생각해서는 안 된다. 폐와 간이 생겨날 때, 간의 에너지화 작용이 너무 강해 그것을 수렴하다 보니 폐가 커졌다고 생각해야 한다. 이것은 폐와 간이 생길 때의 작용이다.

폐는 가을의 작용을 가진 장기이므로 폐가 크면 가을의 기능이 활발하게 일어나지 않고 있다는 것을 의미한다. 에너지를 수렴하여 물질로 만들어 놓는 가을의 작용이 둔하다는 뜻이다. 이것이 전에 언급한 음양의 체용 법칙이다. 체용 관점에 따라 음양이 반대가 되어 밖의 형체가 크면 안의 작용이 약하다는 법칙이다.

형체적인 관점에서 肺大肝小는 작용적인 관점에서 폐의 기능은 약하고 간의 기능은 강하다는 말이 된다. 봄의 작용인 물질로 저장된 에너지를 사용하기 시작하는 기능은 강하고 가을의 작용인 에너지를 수렴하여 물질로 저장해 두는 기능은 약하다는 뜻이다.

한마디로 말해서 태양인은 간의 기능이 강하게 일어나고 폐의 기능은 약한 체질이고, 肝大肺小한 태음인은 폐의 기능은 강하게 일어나고 간의 기능은 약한 체질이다. 간과 폐는 서로 길항 작용을 하고 있기 때문에 두 기능을 모두 언급할 필요가 없으니 한 가지 기능으로 말하면 태양인은 간 기능이 강한 체질이고 태음인은 폐 기능이 강한 체질이라고 말할 수 있다. 또, 태양인은 봄의 작용이 활발한 사람이고 태음인은 가을의 기운이 강한 사람이라고 생각하면 된다[그림 4.34].

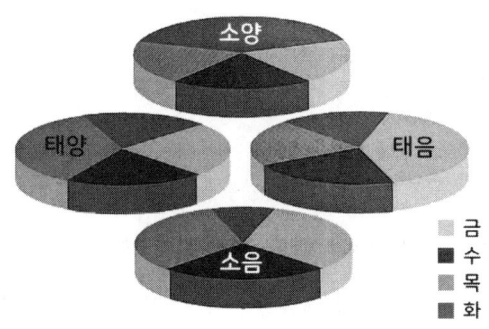

[그림 4.34] 사상인의 특징 ©저자

이제마 선생은 사상인의 특징으로 소양인은 脾가 크고 腎이 작은 사람이고, 소음인은 腎이 크고 脾가 작은 사람이라고 했다. 이럴 때는 소양인은 비의 기능이 강하고 신의 기능은 약하다고 생각하면 된다. 간과 폐는 양과 음의 활동을 진행하기 시작하는 기관이고 脾와 腎은 양과 음의 활동이 극에 이르는 기관이다. 간과 폐의 그룹과 비와 신의 그룹은 서로 대립되는 그룹이 된다. 하나는 음이고 하나는 양이란 것이다.

간과 폐의 그룹에서는 형체와 기능이 정반대가 되어 음양이 바뀌지만 비와 신의 그룹에서는 형체와 기능이 동일하게 된다. 그래서 脾大腎小한 소양인은 비의 기능은 강하고 신의 기능은 약한 체질이고 腎大脾小한 소음인은 신의 기능은 강하고 비의 기능은 약한 체질이다.

실제로 肺大肝小한 태양인은 폐의 영역인 머리통은 크고 목이 굵으며 간의 영역인 허리는 가늘고, 肝大肺小한 태음인은 허리는 굵고 머리는 몸에 비해 작으며 목이 가늘다. 脾大腎小한 소양인은 비의 영역인 가슴은 크고 신의 영역인 골반과 둔부는 작고 腎大脾小한 소음인은 그 반대가 된다.

2) 인체 기관의 사상

인체의 각 부분은 각자가 가지고 있는 형태와 작용의 성질에 따라 네 가지 그룹으로 나누어진다. 태양의 그룹에 해당하는 것은 폐, 소장, 머리, 귀, 神, 怒이고 소양 그룹에 해당하는 것은, 비, 위, 근육(살), 가슴, 어깨, 눈, 氣, 喜이다. 태음 그룹에 해당하는 것은 간, 담, 식도, 허리, 배, 코, 血, 哀이다. 소음 그룹에 해당하는 것은 신장, 방광, 골반, 둔부, 생식기, 입, 精, 樂이다[그림 4.35].

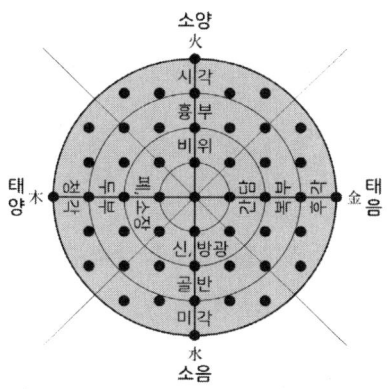

[그림 4.35] 인체 기관의 사상 ©저자

전통의학에서는 오장(五臟)을 매우 중요시한다. 국가의 일을 수행하기 위해서는 그 일들을 성격별로 나누어 각자 일을 분담하는 부서를 둔다. 내무부, 외무부, 국방부, 교통부 등이 그것이다. 인체생리의 특성을 사상으로 나누고 인체에 중요한 장기의 형체와 특성을 사상의 관점에서 살펴보면 각 장기가 분담하고 있는 전체 인체생리의 역할이 결정된다. 인체를 하느님이 설계했다면 그런 관점에서 각 장기를 만들어 놓았을 것이다.

간은 에너지의 원천이 되는 포도당의 저장과 소모를 관장하니 봄과 같은 태양의 생리작용을 하고, 폐는 산소와 이산화탄소를 관리하며 산소를 신체 각부에 공급하여 에너지를 쓸 것인가 저장할 것인가를 결정하니 가을과 같은 태음의 생리작용을 하고, 비는 소화기능을 모두 관리하여 계속적인 에너지를 공급해 주니 여름과 같은 소양의 생리작용을 하고, 腎은 인체 내의 물질들을 배설할 것인가 재흡수 할 것인가를 결정하여 물질 저장에 큰 역할을 하니 소음의 생리작용을 한다.

'간·폐·비·신'이 맡은 일을 성실히 수행할 때 인체의 생명이 유지된다.

태극의 음 속에 또 음양이 있고 양 속에 또 음양이 있는 것처럼 이 네 가지 기관은 기능을 수행하는 부속기관들이 있다. 세분화되어 있고 전문화된 태양에 속하는 것으로는 소장, 머리, 목, 귀, 神 등이 있고 태음에 속하는 것은 담, 허리, 배, 코, 혈 등이 있다.

3) 이목구비(耳目口鼻)

얼굴에 있는 감각기관인 耳目口鼻를 사상으로 나누어 보면 耳는 태양, 目은 소양, 鼻는 태음, 口는 소음의 성질을 가지고 있다. 태양인은 청각이 아주 발달해 있다. 태양인들은 음악성이 매우 뛰어나다. 베토벤이나 바흐, 드뷔시 등의 음악 천재들이 모두 태양인이다.

보는 것보다 듣는 것은 보다 시각보다 장애 받지 않고 멀리서 오는 정보를 감지할 수 있기 때문에 태양인들은 남보다 아는 것이 많고 창조적이며 생각이 크다. 태양인들이 창조적이고 천재적인 것은 그들의 청각이 발달했기 때문이다.

너무 지나친 것은 불안하여 쉽게 망가지기 때문에 청각이 발달한 베토벤은 말년에 귀머거리가 되었다. 어린아이들 중에 유난히 청각이 발달한 아이들이 있어서 남이 듣지 못하는 소리를 듣고 몸을 정지시켜 귀를 기울인다. 이런 아이들이 태양인이다.

소양인은 시각이 매우 발달해 있다. 소양인들은 눈이 반짝반짝 빛나고 쏘아 보는 것 같다. 눈에서 열기(빛)가 나오는 것 같다. 눈동자의 움직임이 빨라서 차를 타고 스쳐 지나간 것을 기억하고 있는 경우가 많다. 그러나 어떤 사물을 오래 주시하지는 않는다.

소양인의 눈동자가 빛이 나오는 것 같다면 소음인의 눈동자는 빛을 끌어당기고 있는 것 같다. 눈빛이 없어 졸린 것처럼 보인다. 자신은 열심히 강의를 듣는데 선생님이 졸리냐고 물어본다면 그 사람은 전형적인 소음인이다. 필자의 지인이 전형적인 소음인인데 그런 눈을 가지고 있다. 사람들이 자꾸 졸리냐고 물어봐서 신경질 난다고 한다.

여자 소음인들은 삼백안(三白眼)을 가진 경우가 많다. 눈동자의 위쪽은 눈꺼풀로 많은 부분이 덮이고 눈동자의 좌, 우, 아래쪽은 흰 각막이 드러나 아래의 깊숙한 곳을 응시하고 있는 것과 같아서 섹시하다는 말을 많이 듣는다. 실제로 눈은 관심 있는 부분을 자신도 모르게 주시하고 있다. 소양인의 관심은 陽의 부위인 밖을 주시하고 있기 때문에 빛을 내면서 쏘아보고 있는 것이고, 소음인은 陰 부위인 신장과 생식기 활동을 응시하고 있는 것이다.

사람의 성질은 얼굴에 가장 잘 나타나고 그중 눈빛에 잘 나타난다. 눈은 마음의 창이라고 한다. 얼굴은 신체 중에 가장 양적인 곳이고 눈은 그중에서도 가장 양적인 곳으로, 신체의 정보가 나오고 있다. 체질을 구분하기 위해서 눈빛의 사상을 판별하는 것이 매우 중요하다.

태음인은 에너지의 수렴작용이 활발한 사람들로서 눈빛이 흐리다. 봄의 작용이 강해서 에너지가 솟구칠 때 용기가 나오고 에너지가 수렴될 때는 겁을 먹는다. 태음인은 항상 겁먹은 눈을 하고 있다. 소가 겁먹고 눈을 깜박거리는 것과 같다. 사람의 눈빛을 피하는 소의 눈과 닮은 것이 태음인의 눈이다. 태음인의 눈동자에서는 겁을 내고 있다는 느낌을 받을 수 있다.

시각과 청각은 대립된 감각이다. 무엇을 보려고 할 때는 목을 빼고 빨리 다가간다. 활동적으로 된다는 것이다. 낯선 소리가 들리면 몸을 수그리고 몸의 모든 활동을 정지한다. 필자가 캘리포니아 대학에서 주로 한 실험은 인체에 여러 가지 자극을 주고 기능성 자기공명장치(functional MRI)로 뇌의 어느 부분이 흥분되는지 촬영하는 일이다. 시각피질이 흥분할 때는 청각피질의 흥분이 억제되고, 청각피질이 흥분할 때는 시각피질의 작용이 억제되는 것을 발견했다.

청각이 발달한 태양인은 내부의 양은 왕성하지만, 소양인처럼 그렇게 빛나지는 않는다. 빛은 나지 않지만, 넘치는 에너지를 가지고 있어서 항상 자신만만한 눈빛이다. 에너지가 퍼져나가는 감각기관인 눈은 소양에 속한다.

얼굴에서 가장 볼록한 부분인 코는 관상에서 재산의 많고 적음을 살피는 곳이다. 크고 넓은 코끝과 크고 단단한 콧방울을 가지고 있으면 항상 재산을 지니고 산다. 에너지를 거두어들여 물질화하는 작용이 강하다는 것이다. 에너지를 주로 소모만 하는 체질인 소양인의 코끝은 뾰족하다. 소양인은 돈을 많이 벌어도 많이 쓰기 때문에 모아놓은 재산이 없다. 얼굴 중에 물질이 풍부하여 두툼하게 나온 코는 태음에 속한다.

소음인은 입술이 두툼하고 크며 소양인은 입술이 얇고 작다. 입은 실제로 물질이 들어가는 곳으로 음에 속한다. 귀에는 소리의 파동이 들어가고 눈은 빛이 들어가고 코로는 물질의 분자가 들어가나 입으로는 물질의 큰 덩어리가 들어간다. 이들을 자극하는 것의 음양 속성을 따져보면 이 감각기들의 사상적 속성을 알 수 있다.

귀와 눈은 얼굴의 상부에 있어 양인데 양적인 소리와 빛의 파동 에너지를 받아들인다. 코와 입은 얼굴의 하부에 있어 음인데 음적인 물질의 분자와 물질 그 자체를 받아들인다. 양적인 자극 중에서도 빛은 그 속도가 빠르므로 양이 활발하고 少陽에 속하는 눈으로 들어가고, 소리는 그 속도가 빛보다 느리므로 양의 활동이 느리고 太陽에 속하는 귀로 들어간다.

물질의 분자인 냄새는 음의 활동이 아직 미약한 太陰에 해당하는 코로 들어가고 물질 덩어리인 음식은 음의 활동이 가장 강하여 少陰에 속하는 입으로 들어간다. 이것을 역경 이론에서는 물류상감(物類相感)이라 한다. 비슷한 것은 비슷한 것끼리 어울린다는 뜻이다.

인체의 세포들이 하나의 수정란에서 분화되어 똑같은 유전정보를 가지고 있으나 각기 성질이 조금씩 다른 수많은 세포가 된다. 그 세포들이 물류상감의 법칙으로 비슷한 세포들이 모여 간을 만들고 폐를 만들고 비와 신을 만든다.

이 네 가지 장기는 똑같지는 않으나 비슷한 성질을 가진 세포들로 이루어진 조직과 물질들과 감정으로 구성된다. 이 네 가지 장기가 인체의 생리를 네 부분으로 나누어 맡고 있으며 우리는 이 네 그룹의 음양적 속성을 따져 사상으로 이름 붙일 수 있다.

4) 식도, 위, 소장, 대장

입에서 항문까지 소화관으로 연결되어 있다. 목구멍과 식도는 太陰에 속하고 위는 少陽에 속하고 소장은 太陽에 속하고 대장과 항문은 少陰에 속한다.

목구멍과 식도는 체외의 물질을 체내로 끌어들여야 한다. 그 작용이 물질을 끌어들이므로 太陰에 속한다. 위는 음식물을 익혀서 분해시켜야 하므로 활동이 뜨겁다. 그래서 소양에 속한다.

소장은 물질에서 에너지원이 되는 포도당, 아미노산, 지방산 등을 흡수해야 한다. 겨울에 저장된 물질에서 에너지를 끌어내는 봄과 같은 작용을 하므로 소장은 太陽에 속한다. 대장과 항문은 음식물의 찌꺼기에서 물을 흡수하고 나머지는 배설하여 땅에 저장하므로 소음에 속한다.

태양인은 목과 식도의 기능이 약해서 음식을 먹지 못하고 잘 토하며 식도에 암이 생겨 죽는다. 소양인은 대장과 항문의 기능이 약해서 배설을 못하고 변비에 시달린다.

태음인은 소장의 기능이 약해 비타민, 미네랄을 흡수하는 데 장애가 생긴다. 비타민, 미네랄은 신진대사 작용에 촉매 역할을 한다. 신진대사가 원활하지 않으면 노폐물이 쌓여 내당증으로 인한 당뇨병에 잘 걸리고, 콜레스테롤을 분해하는 능력이 떨어져서 혈관에 쌓이게 되고 동맥경화가 된다. 소음인은 위가 약해 음식을 소화하지 못해 항상 소화불량을 호소한다.

5) 신·기·혈·정(神·氣·血·精)

인체도 크게 나누면 우주처럼 두 가지 물질로 이루어져 있다. 음에 속하는 형체와 양에 속하는 에너지로 이루어져 있다. 에너지는 그 상태에 따라, 네 가지의 양상을 가지고 있다. 그 활동 부위와 활동성에 따라 神, 氣, 血, 精으로 나눌 수 있다.

神은 정신활동을 말하는 것인데 겨울에 해당하는 精에서 나온 것으로 태양에 속한다. 태양의 부위인 머릿속 뇌에서 활동하나 그 최종의 관리는 폐에서 한다. 그래서 뇌세포는 산소가 공급되지 않을 때 세포 중에 가장 빨리 죽어 神이 사라지게 된다.

氣는 음식물이 분해되어 가장 먼저 생산하는 것으로, 이 경우의 기는 포도당이 분해돼서 생기는 에너지로서 ATP에 저장된 것을 말한다. 음식물 분해로 생기는 에너지이니 소양에 속하고 脾가 관리한다.

氣는 '⚞' 이런 아지랑이와 쌀 '米' 자가 결합된 글자이다. 쌀이란 물질 속에 저장된 에너지가 수증기처럼 피어오르는 것을 그린 한자이다. 실제로 쌀은 소화되어 포도당이 되고 포도당은 탄소 원자 6개가 결합된 물질이다. 氣는 쌀의 이 탄소 결합 에너지가 풀리면서 피어오르는 에너지가

ATP에 저장된 것을 말한다.

　血도 역시 음식물의 분해로 생산되는 많은 영양물질을 포함하고 있으니 에너지라고 할 수 있다. 氣와 血은 다 같이 음식물이 분해되어 생기는 영양물질인데 氣는 활동이 민첩하여 陽이고 血은 활동이 氣보다 느려 음이다. 血은 주로 혈관 분포가 많아 붉은 간에 저장되므로 태음에 속하고 간이 주관한다.

　精은 에너지의 형태를 띠고 있지만 곧 물질로 전환될 수 있는 에너지를 말한다. 에너지 중에 가장 음적인 것으로 정자와 난자가 되기 일보 직전 상태의 에너지이다. 정자와 난자로 변하지 않으면 신경세포로 변하여 精神 활동을 한다. 이 말은 즉, 神을 생산한다는 말이다. 가장 음적인 에너지이므로 소음에 속하고 腎이 관리한다.

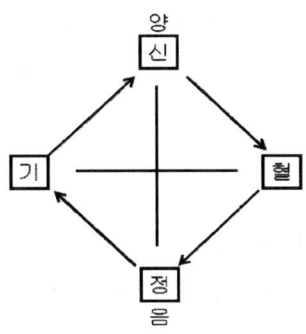

[그림 4.36] 신·기·혈·정 ⓒ저자

　神·氣·血·精의 에너지는 물, 얼음, 수증기처럼 본래 하나가 여러 상태를 보여주는 것이다. 精은 언제든지 신으로 변하고 氣는 언제든지 血로 변할 수 있다. 그 반대의 경우도 성립된다. 그 상태를 도해하면 하나의 형태가 나머지 세 가지의 형태로 언제든지 상황에 따라서 변할 수 있다는 것을 보여줄 수 있다[그림 4.36].

肺는 神을 통해서 작용하고, 脾는 氣를 통해서 작용하고, 肝은 血을 통해서 작용하고, 腎은 精을 통해서 작용한다.

태양인은 神이 풍부하여 머리가 좋고 창조적이고, 소양인은 氣가 풍부하여 술에 취한 사람처럼 기분이 좋고 낭만적이며 활동적이고 동작이 빠르다. 태음인은 血이 풍부하여 영양상태가 좋아서 뼈가 굵고 몸집이 크다. 소음인은 精이 풍부하여 정력이 좋고 튼튼한 자식을 낳는다.

반대로, 태양인은 血이 부족하여 몸집이 작고 수척하다. 소양인은 精이 부족하여 정력이 약하고 여자인 경우는 임신이 잘 안 되고 약한 자식을 낳는 경우가 많다. 태음인은 神이 부족하여 창조력이 약하고 예술성이 없고 눈앞에 당면한 것밖에는 생각하지 못한다. 소음인은 氣가 부족하여 항상 우울하고 소극적이며 활동이 느리고 답답하다.

6) 희노애락

인간의 감정에는 희·노·애·락의 네 가지 감정이 있다. 怒는 에너지 송출이 막혔을 때 뚫고 나가려고 일어나는 감정이고, 喜는 에너지가 전신에 잘 퍼져 나갈 때 나오는 감정이며, 哀는 에너지가 수렴될 때 일어나는 감정이고, 樂은 에너지가 충만할 때 일어나는 감정이다.

怒는 봄에 에너지가 물질의 겉껍질을 뚫고 나가는 것과 같은 감정이므로 태양에 속하고 肝에서 나오는 감정이다. 喜는 여름에 에너지가 잘 퍼져 나갈 때 나오는 감정이라 소양에 속하고 脾의 작용이 왕성할 때 나오는 감정이다.

哀는 가을에 에너지가 수렴될 때 나오는 감정으로, 떨어지는 낙엽을 보고 눈물을 질 때의 감정이라 태음에 속하고 肺의 작용이 왕성할 때 생긴다. 樂은 겨울에 곡식을 충분히 저장해 놓고 맛있는 요리를 먹을 때, 편하게 잠을 잘 때, 아름다운 상대와 섹스를 할 때 느끼는 감정이다. 신의 작용이 왕성할 때 생기는 감정이다.

너무 모자라거나 너무 지나치지 않은 怒는 간의 작용을 활발하게 하나 지나친 怒는 태양인의 간을 상하게 만들고, 肺를 약하게 만든다. 화내는 것은 건강에 좋지 않으니 상대를 불쌍한(哀) 마음으로 포용해야 한다.

너무 모자라거나 너무 지나치지 않는 喜는 脾의 작용을 활발케 한다. 그러나 지나친 喜는 소양인의 腎의 작용을 약하게 만든다. 요즘에 웃음클럽이 유행한다. 웃고 즐거우면 만병이 사라질 것 같지만 에너지가 너무 소모되어 신장이 상한다. 中을 얻지 못했기 때문이다. 뼈, 골수, 생식기가 같이 상한다. 조용히 명상하여 신의 저장 기능을 키워야 한다.

너무 모자라거나 너무 지나치지 않은 哀는 肺의 작용을 활발케 한다. 지나친 哀는 肺의 작용을 너무 활발케 하여 결국 폐를 상하게 만들고 간의 작용을 더욱 약하게 한다. 태음인으로 哀의 감정이 지나친 사람은 주의해야 한다. 까닭 없이 슬퍼지면 간이 많이 나빠진 것으로 판단하고, 간의 기능을 보하는 약을 먹고 즐거운 일을 가져야 한다.

너무 모자라거나 너무 지나치지 않은 樂은 腎의 작용을 활발하게 한다. 지나친 樂은 腎의 작용을 활발하게 하여 결국 腎을 상하게 만들고 脾의 작용을 더욱 약하게 한다. 지나친 樂을 경계해야 한다. 특히 樂이 지나치는 섹스에 너무 탐닉하지 않는 것이 좋다.

사서삼경 중에 하나인 『중용』에서는 희노애락이 마음속에서 일어났으나 아직 밖으로 나오지 않은 것을 중(中)이라 하고 밖으로 나왔으나 절도에 맞는 것을 화(和)라고 했는데 이것이 너무 모자라거나 너무 지나치지도 않아 몸에 좋은 희노애락이다.

7) 각 체질의 건강과 병의 상태

태양인은 기운이 올라가고서 내려오지는 않으니 대소변이 잘 나오지 않는다. 대변이 잘 통하고 소변이 시원스럽게 나오면 건강하다. 소양인은 불의 성질이 많아서 물을 말린다. 그래서 변비가 잘 생기는데 변이 잘 통하면 건강하다.

태음인은 에너지가 수렴되기만 하고 발산되지 않아서 병이 된다. 땀이 잘 나면 에너지가 잘 발산되는 증거로 건강하다고 할 수 있다. 태음인은 평상시 다른 체질보다 땀을 많이 흘린다. 그렇게 많이 나던 땀이 잘 안 나면 곧 고혈압, 심장병, 당뇨병, 중풍이 올 것을 예상할 수 있다.

소음인은 에너지를 저장만 하고 쓰려하지 않는다. 위장에 충분한 에너지가 공급되어야 위장의 운동이 활발하고 소화액 분비가 잘 돼서 소화를 시키는데 그렇지 못해 늘 소화가 안 된다. 소음인이 소화가 잘 되면 에너지가 충분히 공급된다는 증거이며 건강하다.

소양인은 여름에 해당하는 생리작용이 일어나고, 소음인은 겨울에 해당하는 생리작용이 일어난다. 소양인은 얼음물을 잘 마신다. 소음인은 얼음물을 싫어해서 음료수를 주문할 때 얼음을 빼 달라고 요구한다. 소음인이 얼음물을 잘 마실 수 있으면 위장에 에너지가 충분히 공급된다는 증거이다. 그래도 몸을 차게 하지 않는 것이 좋다.

태음인은 땀이 잘 안 나나 한번 땀이 흠뻑 나고 나면 몸이 가볍게 느껴진다. 에너지가 수렴되어서 땀이 잘 안 나는데 땀을 흘린다는 것은 에너지가 발산되었다는 것이며 땀과 함께 노폐물이 배출되고 혈관에 쌓여 있던 콜레스테롤이 혈액의 빠른 순환으로 씻겨 나간다.

소음인도 땀이 잘 안 나는데 아주 약해지면 식은땀이 아주 많이 난다. 그 이유는 약해지면 거리가 먼 피부까지 에너지가 못 가서 땀구멍을 여닫는 작용을 못 해 땀이 난다. 이렇게 땀이 날 때는 말할 기운도 없어 말소리가 기어들어 간다. 사우나를 하면 몸이 가볍고 기분이 좋다는 말을 듣고 땀을 흘려보니 오히려 몸이 무겁고 피곤한 사람은 소음인이다.

태음인은 에너지는 많으나 순환이 되지 않아서 기운이 없는 것처럼 몸이 무거운 것이고, 소음인은 소화기가 약해서 음식을 충분히 섭취, 소화, 흡수를 못 시켜 에너지가 부족해서 기운이 없는 것이다.

운동이나 사우나로 땀을 내는 것은 순환을 촉진하는 것으로 기운을 밖에서 보충해 주는 것이 아니다. 운동이나 사우나로 에너지 순환을 촉진시키는 것은 곧 에너지 소모를 의미한다. 그러므로 본래 에너지가 부족한 소음인은 땀을 억지로 흘리면 더욱 에너지가 소모되어 기운이 없다. 오히려 피곤을 느낀다.

태음인도 음인이라 하강 작용이 강하고 소음인도 하강 작용이 강해 설사를 잘 한다. 태음인은 물질을 거두어들여 쌓아 놓아 노폐물로 변해서 병이 된다. 땀이나 소변, 대변으로 노폐물이 빠져나가면 태음인은 좋다.

그러나 소음인은 본래 에너지가 부족하고 땀이나 소변, 대변으로 나갈 노폐물도 없고 땀이 나거나 대소변을 자주 보면 에너지가 같이 나가 힘이 없어진다. 땀이 나거나 설사를 하고 난 후에 기운이 없으면 소음인이고 몸이 가벼워지면 태음인이다.

5. 사상인 양생법

역경에서 완전한 건강의 비결은 타고난 음양의 편차를 줄여서 음과 양을 신과 같이 50:50을 이루는 데 있다. 음양을 조화시키는 방법은 세 가지가 있다. 타고난 성격을 스스로 교정하는 정신 수양과 모자라는 음양을 밖에서 섭취하는 음식과 약물요법, 외부에서 들어오는 빛·소리·냄새·맛·체감의 다섯 가지 자극을 조절하는 자극요법이다.

1) 정신 수양

병이 났을 때 치료를 받는 것은 건강을 회복시키는 방법 중 가장 나쁜 방법이다. 평소 체질에 맞는 음식을 먹는 것이 보다 좋은 방법이고 항상 자기의 성격을 고치려고 노력하는 것은 가장 좋은 방법이다. 각 체질의 사람들에게는 우선적으로 경계해야 할 네 가지 욕심이 있다. 태양인의 방종하고자 하는 마음과, 소양인의 과시하고 사치하고자 하는 마음, 태음인의 탐욕스러운 마음, 소음인의 안일 해지려는 마음이 그것이다.

(1) 태양인

태양인은 에너지를 방출시키고자 하는 간의 기능이 왕성하여 계획성이 없고 절도가 없다. 그것이 방종하고자 하는 마음인데, 방종하면 할수록 에너지의 방출이 왕성해지고 폐의 수렴 기능은 약해진다. 항상 방종을 경계하면 간의 에너지 방출이 느려지며 폐의 수렴작용이 좋아지고 생리기능의 음양이 조화를 이룬다.

(2) 소양인

소양인은 자기를 과시하고 사치하고자 하는 마음을 항상 경계하여야 한다. 에너지가 몸 밖으로 퍼져나갈 때 나오는 마음이 과시하고 사치하는 마음이다. 소박하고 단순한 것도 좋은 것이다. 소박하고 단순한 것에 가치를 둘 때 에너지가 모여 물질이 되고 그것이 자기의 근본이 된다.

(3) 태음인

태음인은 탐욕을 버려야 한다. 탐욕은 에너지가 수렴되어 물질로 쌓일 때 나타나는 심리 상태이다. 이 세상은 혼자만 사는 것이 아니다. 우주가 나의 몸과 같은 것인데 나 혼자만 재산을 독차지하고 있는 것은 내 몸의 한 부분에 암세포를 쌓아 놓고 있는 것과 같다. 암세포도 인체의 세포이니 그 각각은 쓸모가 있는데 인체 내의 분배법칙을 무시하고 인체의 한 부분이 욕심을 내어 세포들을 끌어모으고 있는 것이라 할 수 있다.

지방은 포도당의 저장 형태로서 돈처럼 아주 중요한 것이나 쓰지 않고 쌓아만 놓는 탐욕이 지속되면 적체되어 순환이 안 돼 고혈압, 심장병, 중풍을 만든다.

욕심은 견문이 좁아서 생기니 집에 누워 TV만 보지 말고 여행을 많이 다녀서 견문도 넓히고 직접적인 자극을 많이 받는 것이 좋다. 자극은 생리활동을 원활하게 하고 저장된 에너지를 쓰게 만든다. 골프 치며 운동하는 것보다 욕심을 내지 않는 것이 지방을 태워 버린다는 사실을 명심해야 한다.

(4) 소음인

소음인은 작은 것에 만족해 버리는 안일함을 경계해야 한다. 에너지 소모가 더 이상 일어나지 않을 때 만족함이 생기고 안일함이 생긴다. 자기의 생각과 자기가 가진 것에 대해 만족하고 더 이상 찾으려 하지 않는다면 다른 사람과 화합할 수 없는 고집쟁이가 된다.

작은 일에 만족하는 것은 몸과 마음을 꽁꽁 얼어붙게 만든다. 몸이 얼어붙으면 에너지 활동이 없어 소화가 안 되고 손발이 차고 항상 추워한다. 마음이 얼어붙으면 생각이 좁고 항상 남과 不和하고 안목이 좁아 평생을 열심히 살아봐야 그 노력한 것이 아무 가치가 없는 일이 될 수 있다. 소음인은 항상 안목을 크게 갖고 고집 피우지 말고 마음을 열어야 한다.

2) 성격과 사상 좌표

자신의 장단점을 정확히 판단하기란 매우 어렵다. 소크라테스가 "너 자신을 알라"고 했는데 그것은 자신의 음양 편차를 알라고 한 말과 일치된다. 자신의 음적인 성향을 X 좌표로 하고 양적인 성향을 Y 좌표로 했을 때 자신의 성격 특성을 XY 좌표상에 한 점으로 표시할 수 있으면 자신을 아는 것이다. 이 과정을 거친 사람은 곧 성인이 되는 시작이다.

끝없는 자기 수양을 통해서 못된 성격을 교정하여 그 점을 음양이 조화되어서 X, Y 좌표가 (0, 0)이 되는 곳으로 옮기면 음양의 조화를 이룬 신인(神人)이 된다. 이를 도표로 표시하면 [그림 4.37]과 같다.

[그림 4.37]의 자기 성격 좌표가 원 중심에 들어오면 건강하다. 소양인인 경우 과시하는 마음이 심하면 성격의 좌표 값이 커지고 병이 생긴다. 좌표 값이 (0, 0)으로 갈수록 좋다.

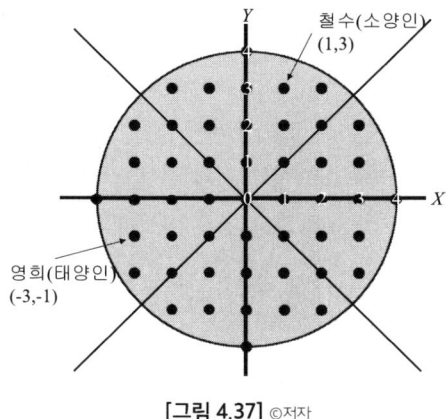

철수(소양인)
(1,3)

영희(태양인)
(-3,-1)

[그림 4.37] ©저자

자기 성격 좌표가 원 중심에 들어오면 건강하다. 소양인인 경우 과시하는 마음이 심하면 성격의 좌표 값이 커지고 병이 생긴다. 좌표 값이 (0, 0)으로 갈수록 좋다.

異

[그림 4.38] 갑골문자
異 ©저자

은나라 때 글자인 갑골문자 가운데 다를 이(異) 자가 아주 흥미롭다[그림 4.38]. 사람이 얼굴을 감싸고 황당해 하는 모습이다. 역경이 생성될 시기에는 머리를 하늘(우주)에 비유했는데 머리의 모습이 사상 태극, 혹은 사상 좌표를 형상하고 있다.

우주를 구성하는 사물이 서로 다르다는 것은 사물의 음양 편차가 다르다는 것이기 때문에 우주를 상징하는 머리를 사상 태극, 혹은 사상 좌표로 표현한 것 같다. 사물과 사물의 다른 점을 인식하는 것은 각 사물의 음양 편차를 찾아내어 사상 좌표 안에 손으로 지시(指示)하는 것임을 그림으로 표현한 글자이다.

3) 체질 개선법

음양의 성질을 잘 알고 사상의 성질을 잘 알면 자기 성격의 장단점을 잘 알 수 있다. 사회적으로 성공한 사람들은 성격만 분석해서는 체질을 판단하기가 어렵다. 자기의 단점을 고쳤기 때문에 성공한 것이다. 그러나 혹독하게 자기 수양을 하고도 성공하지 못한 사람이 많은데, 이것은 자기 성격의 단점을 어떻게 고쳐 나가야 하는지를 모르고 틀린 방향으로 고쳐 나갔기 때문이다. 음양과 사상을 알았다면 노력에 대한 결과를 얻었을 것이다.

남의 체질을 구별해 보면 자기의 체질이 보인다. 자신의 체질을 판단하는 것은 남의 체질을 판단하는 것보다 어렵다. 누구나 자기에 대한 편견과 환상을 가지고 있기 때문이다.

음양과 사상의 성질을 정확히 파악한 후에 다른 사람들의 체질을 감별해 보면 체질 감별하는 법이 나중에는 익숙해진다. 그렇게 한 후에야 자기의 체질을 제대로 알 수 있다. 소크라테스가 말한 자기 자신을 알게 된다.

자기의 체질을 정확히 판단 후 어느 것이 자기의 장점이고 단점이 되는지 알아본다. 자기가 소음인이라면 주위에서 소양인을 찾아서 그 사람을 선생님으로 모셔야 한다. 자꾸 그 사람을 닮으려고 노력할 때 자신의 음양 편차는 줄어들어 사회적으로는 성공하고 몸이 건강하게 된다. 자신이 태양인이라면 주위에서 태음인을 찾아서 선생님으로 모셔야 한다.

태양인의 단점은 태음인의 장점이 되고 태음인의 단점은 태양인의 장점이 된다. 태양인의 단점인 방종은 태음인이 배워야 하고 태음인의 단점인 탐욕은 태양인이 배워야 한다. 제멋에 겨워 사는 생활방식은 불나비가 불에 취해 불로 뛰어드는 것과 같다.

아무리 태양인이 태음인을 닮으려 해도 태음인은 될 수 없다. 아무리 탐욕스러워도 중에 이르지 태음인처럼 탐욕스러운 사람이 되지 않는다. 또 태음인이 아무리 방종해도 태양인의 방종을 따라가지 못한다. 즉 중간쯤 되어서 자기의 단점을 보완하는 정도가 되지 반대되는 체질의 단점까지 닮지는 않는다. 성격의 X, Y 좌표가 (0, 0)에 가까워지지, 그것을 넘어서 태양인 영역으로 넘어가지는 않는 것이다.

4) 체질과 정신질환

정신과에서 중요한 질병인 우울증은 음인인 소음인이나 태음인에게 주로 생기는 병이다. 에너지가 왕성하면 우울증은 생기지 않는다. 우울증 치료제는 인체 내부에 존재하는 마약인 엔도르핀이나 에피네프린 등의 모노아민의 효과를 지속시키는 약이다. 몸에 에너지가 많다는 착각을 일으키는 코카인이나 헤로인을 공급해 주는 것과 같은 효과를 낸다. 그것도 약이 간의 해독작용에 의해서 무독화 되기 전까지만 효과를 낸다.

우울증이 생기기 쉬운 소음인이 소양인 친구를 두고서 떠들고 돌아다니면 다 낫는 병이다. 그것이 힘들 때는 양을 보충해 주는 음식이나 건강식품을 먹으면 된다.

정신병 중 광증은 양인인 소양인이나 태양인에게 주로 생기는 병이다. 에너지는 넘치는데 그 에너지를 수렴할 줄 몰라 생기는 병이다. 소양인의 과시욕이 지나쳐 과대망상증을 만들기 전에 소음인 친구로부터 작은 일에 만족하는 법을 배운다면 이런 병으로 발전하지 않는다.

정신분열증은 음에서 양으로, 양에서 음으로 변화를 주도하는 작용이 강한 태음인과 태양인에게 많다. 편집증은 음증이라 고집스러운 소음인과 태음인에게 많다.

5) 각 체질에 좋은 식품과 약

한의학에서는 음식물과 약의 구분이 없다고 했다. 음양 편차가 적은 것은 음식이고 많은 것이 약이다.

(1) 태양인

태양인은 양이 왕성하여 열이 많은 체질이니 익힌 것보다 날것인 야채나 생선회가 좋다. 육류는 식물보다 양이 많으므로 좋지 않다. 매운 것은 가뜩이나 왕성한 에너지 활동을 더 왕성하게 하므로 좋지 않고 맛이 달지 않고 새콤한 것이 좋다. 새콤한 것은 기운을 수렴한다. 그래서 에너지 활동이 왕성한 여름에는 신 것이 좋다. 단 것은 양에 속하고 에너지원이 되므로 태양인에게는 안 좋다. 기름지지 않은 담백하고 새콤한 맛을 가진 음식이 좋다.

① 메밀

곡물류로는 메밀이 좋다. 메밀은 전분이 적어 에너지의 원천이 별로 안 되고 약간의 떫은맛이 있어 에너지를 수렴시킨다. 냉면은 메밀로 국수를 만들어 차가운 국물과 함께 먹는데 여름의 열기를 식혀 주는 음식이다. 냉면은 여름의 열기뿐 아니라 태양인의 열기도 식혀 줄 수 있다.

② 생선회

단백질원으로서는 고기보다 생선을 날로 먹는 것이 좋다. 생선은 물속에서 음의 작용을 많이 받고 자란 동물로서 본래 음이 많은데, 불(양)을 가하지 않고 날로 먹으면 태양인의 모자라는 음을 더욱 보할 수 있다.

③ 포도·다래·앵두·모과

채소나 과일은 고기나 곡류보다 좋으나 그중에서 포도, 다래, 앵두, 모과가 특히 좋다. 포도나 다래는 맛이 시고 넝쿨나무의 열매이다. 넝쿨은 상승하는 봄의 기운이 부족해서 쭉쭉 뻗어 올라가지 못하고 올라가려면 남을 끌어당겨야 하는, 수렴하는 기운이 강한 식물이다.

포도의 씨는 떫은맛이 있다. 떫은맛이 수렴하는 것은 다 알려진 사실이다. 태양인은 에너지를 수렴하는 작용이 부족하여 그 작용을 해줄 수 있는 포도를 좋아한다. 태양인인 나폴레옹은 포도주를 좋아해서 매일 많은 양의 포도주를 마셨다고 한다. 그것도 떫은맛을 제거한 고급 포도주가 아니라 떫은맛이 그대로 남아 있는 싸구려 포도주를 마셨다고 한다.

모과(木果)는 육질이 나무 같아 나무 과일이란 이름이 붙었다. 딱딱한 것은 음이 많은 것이고 모과도 떫은맛이 있으니 음적인 과일이다.

④ 솔잎

솔잎도 떫은맛이 있다. 뾰족한 것은 털과 같아 그 성질이 체표로 나간다. 그러나 약간 시고 떫은맛이 있어 체표에 있는 피부의 수렴작용을 돕는다. 겨울에도 잎이 떨어지지 않는 사철 푸른 나무는 그 변화가 다른 나무들보다 느리고 겨울과 친하니 음적이다. 그래서 태양인에게 부족하기 쉬운 음을 보해 줄 수 있다.

⑤ 오가피

약으로는 모과와 오가피가 흔히 쓰인다. 이들은 태양인의 약한 허리와 다리를 튼튼하게 해준다. 시베리아산 오가피가 인삼의 대용품으로서 효과가 있다고 하는데 믿을 수 없다. 과도한 영양공급으로 양은 점점 많아지나 음이 점점 줄어드는 현대인에게 음을 보하는 오가피가 좋을 수 있으나, 오가피는 태양인의 부족한 음을 보하는 약이고, 인삼은 소음인의 부족한 양을 보하는 약이니 같은 '두릅나무'과라도 두 식물의 효과 차이가 크다.

백인들은 황인종보다 태양인의 비율이 많으나, 그래도 다른 체질과는 비교가 안 될 정도로 적다. 오가피는 소양인에게도 어느 정도 효과는 있으나 체질을 막론하고 쓸 수 있는 약이 아니니 태양인이 아니면 먹지 않는 것이 좋다.

(2) 소양인

소양인은 여름을 닮은 체질이니 시원한 음식이 좋다. 익힌 것보다 날 것인 채소, 과일, 나물 종류가 좋다. 소양인은 에너지 소모가 많아서 에너지가 고도로 농축된 물질인 고기가 좋다. 소양인은 물질화 작용이 일어나지 않아 수척하므로 지방이 많은 고기가 좋은 보약이다.

① 돼지고기

고기 중에서 특히 돼지고기가 좋다. 소양인의 건강식품으로는 검은 색깔을 가진 동식물이 좋다. 검다는 것은 음이 많은 것이므로 소양인의 부족한 음을 보할 수 있다. 돼지는 뚱뚱하다. 뚱뚱한 것은 물질화 작용이 강하다는 것이다. 돼지는 소양인의 부족한 물질화 작용을 도울 수 있다.

② 보리

보리는 눈을 뚫고 싹이 나올 정도로 추위에 잘 견딘다. 보리가 일찍 싹을 내는 것은 물질을 저장하는 능력이 강해서 그 작용을 일찍 끝내고 싹을 내기 때문이다. 보리는 소화가 잘 되지 않아 위장에 가스가 많이 생기는데 이것은 보리가 잘 분해되지 않는 음의 속성을 가졌기 때문이다. 소양인은 보리를 먹어도 소화력이 왕성해서 가스가 생기지 않는다. 보리는 비의 작용을 느리게 함으로써 소양인의 빠른 신진대사를 느리게 할 수 있다.

③ 녹두

녹두는 성질이 차가워 소음의 성질이 있다. 그래서 녹두를 먹으면 대장의 기능이 활발해져 설사를 잘한다. 변비가 잘 생기고 생리기능이 상향하는 소양인에게는 녹두가 좋다.

④ 오이·상추·우엉

야채는 대부분 소양인에게 좋으나 특히 더욱 좋은 것은 오이, 상추, 우엉이다. 상추는 약간 쓴맛을 가지고 있다. 쓴맛은 물질이 연소되었을 때 나는 맛으로, 에너지가 더 이상 존재하지 않고 활동을 정지했을 때 나오는 맛이다. 야생 오이의 뒷부분 역시 쓰다. 모두 겨울의 기운을 가진 소음성 식물들이다. 우엉은 아주 긴 뿌리이다. 긴 뿌리는 땅의 깊숙이 저장된 기운을 가지고 있다. 또 우엉을 많이 먹으면 설사하기 쉽다. 늘 변비에 시달리는 소양인들의 생리를 바로잡을 수 있다.

⑤ 딸기

딸기는 낮은 키의 풀 열매이다. 나무에 비해 풀은 원초적이고 원초적인 것은 미분화 상태라 활동성이 적어 음에 속한다. 딸기는 씨가 겉에 있다. 급하게 땅에 떨어지려 하고 있다. 땅으로 떨어지려는 소음의 기운이 강한 열매이다.

⑥ 파인애플

파인애플은 아주 시원한 느낌이 있다. 쭉쭉 뻗는 파인애플 잎사귀와는 반대되는 기운이 가운데 맺혀서 만들어 놓은 것이 파인애플이다. 쭉쭉 뻗는 소양의 성질과는 반대되는 소음의 성질이 있는 과일이다.

⑦ 참외

참외는 오이와 거의 비슷하다. 이 참외는 오이와 비슷한 성질을 가진 노란 아시아 참외(은천 참외)를 말한다. 참외는 성질이 냉하고 씨가 많아 설사를 잘 일으킨다. 씨가 지향하는 땅에 묻히려는 겨울 작용이 많으니 소음 열매이다. 그러나 맛이 단 '캔탈롭'이나 '허니듀'라는 참외(멜론)는 태양성 과일로 태음인에게 좋다.

⑧ 굴·해삼·멍게·자라·거북이

굴은 색깔이 검고 콜레스테롤이 많다. 콜레스테롤은 잘 분해되지 않는 것으로 음적인 성질이 있다. 해삼과 멍게는 원시적인 동물이다. 원시적인 것은 변화성과 활동성이 느린 동물로 음에 속한다. 특히 바닷물 속에 있으니 소음에 속한다. 해삼은 색이 검고 멍게는 맛이 쓰다.

⑨ 맥주

술은 불과 같은 음식으로 신진대사를 촉진하므로 양적이다. 그래서 양인들에게는 술이 일반적으로 안 좋은데 겨울의 기운을 받고 자란 보리와 맛이 쓴 호프로 만든 생맥주는 소양인에게 별 무리가 없이 좋다. 호프는 수면제로서 효과가 좋다. 잠이 잘 온다는 것은 에너지 활동을 정지시키는 효과가 있는 것이다.

맥주를 먹으면 불과 같은 알코올 성분이 먼저 작용하여 얼굴이 빨갛고 열이 나고 활동이 왕성해지는 양적인 효과가 처음에 나타나나 맥주의 기본 원료인 보리와 호프의 음적인 효과가 나중에 나타나서 잠이 오게 하며 너무 많이 마시면 설사를 하게 한다.

(3) 태음인

① 견과류

태음인에게는 양을 보하면서도 심폐기능을 도와 혈액순환을 촉진시키는 음식이 좋다. 이 책 「음식의 음양」에서 말한 견과류가 특히 좋다. 호두, 잣, 땅콩, 아몬드 등의 견과류와 역시 딱딱한 껍질에 싸인 율무, 콩, 은행 등이 좋다.

딱딱한 껍질에 싸여 있는 씨들은 껍질의 강한 수렴작용에 대한 반발력이 있다. 즉, 에너지를 발산하는 효과가 있다. 두꺼운 땅을 뚫고 싹을 내는 태양의 작용을 두꺼운 껍질이 싸인 씨들이 가지고 있다. 이들은 모두 불포화지방인 식물성 기름을 함유하고 있어 동물성인 콜레스테롤이 잔뜩 쌓여 있는 태음인의 혈관을 청소한다.

② 소고기

태음인은 욕심이 많고 소화기능도 소양인 못지않게 좋아서 고기를 많이 먹으려 한다. 고기는 동물성 지방이 많아서 좋지 않으나 소고기와 사슴고기는 태음인에게 좋다. 소고기를 먹으면 가뜩이나 지방이 몸에 쌓여 있는 태음인에게 동물성 지방을 더해 주어서 안 좋지만, 소고기는 그 동물성 지방을 녹일 수 있도록 신진대사를 촉진하는 약으로서의 효과가 있다.

소는 행동이 느리고 체구가 크면서도 뿔이 나 있다. 체구가 크다는 것은 겨울 동안 땅속에 저장되어 있는 무한한 에너지에 비유될 수 있고 큰 머리통에 나와 있는 뿔은 봄에 땅속을 뚫고 나오는 새싹의 기운이 있다. 소는 태양의 성질을 가진 동물이라 할 수 있다. 그래서 소고기를 먹으면 봄의 작용을 관장하는 간의 작용이 활발해지며 태음인의 지나친 폐의 수렴작용을 상쇄시킬 수 있다.

소고기를 먹으면서 같이 섭취되는 동물성 지방은 간의 에너지화 작용으로 분해될뿐더러 이미 쌓여 있는 지방을 분해하여 에너지화하는 작용이 일어난다. 한국 사람들은 소머리를 삶아서 먹는 것을 즐기는데 태양의 기운을 취하는 데 아주 좋은 방법이다.

③ 녹용

태음인의 부족한 간의 기능을 강하게 하는 데 가장 좋은 약은 녹용이다. 사슴은 아주 예민한 동물이다. 작은 자극에도 잘 놀라 이리 뛰고 저리 뛰다 사육장의 벽에 부딪혀 죽기도 한다. 이렇게 잘 놀라는 것은 간의 기능이 좋아 에너지가 잘 방출되어서 그렇다. 그런 에너지가 얼마나 강한지 머리를 뚫고 올라와서 뿔을 만든다.

사슴은 동물 중에 가장 양적인 동물이고 사슴 중에서 가장 양적인 부분은 머리이며 머리 중에서도 가장 양적으로 솟아난 것이 뿔이다. 가을에 각질화되어서 떨어지는 녹각은 음의 성질이 가해져서 효과가 없다. 자극에 둔감하여 에너지화 작용이 일어나지 않아 모든 에너지를 물질로서 쌓아 놓는 태음인이 녹용을 섭취하면 사슴처럼 민감해지고 신진대사가 활발하여 혈관 속의 콜레스테롤과 지방이 분해되어 에너지화한다.

④ 웅담

웅담도 태음인에게 좋다. 곰은 태음 동물이다. 곰과 비슷한 신체를 가진 사람이 태음인이다. 이들은 곰이란 별명을 가진다. 거두어들이는 작용이 강해서 밖으로 팔다리 근육이나 체표로 나가는 에너지는 적어 신체가 뭉실뭉실 하고 행동이 굼뜨다. 에너지가 저장되는 겨울에는 밖으로 나가는 에너지가 없어 겨울 동안 계속 잠을 자야 하는 동물이다. 이런 동물을 잠에서 깨우고 에너지를 발동시키는 것이 간의 작용이고 이런 간의 작용은 담즙으로서 매개된다.

웅담은 태음인의 간 기능을 강화시킨다. 웅담을 복용하면 간 기능이 좋아지면서 콜레스테롤처럼 이미 노폐 물질로 변하여 毒으로 작용하고 있는 영양물질을 에너지화하여 해독을 한다. 웅담이 좋다고는 하지만 한 번 먹어서 체질이 완전히 바뀌는 것이 아니니 야생 곰을 사냥하지 않도록 하자. 흔한 돼지 쓸개도 에너지가 용출되는 작용이 있으니 돼지 쓸개를 곰 쓸개 같은 효과를 내는 방법을 연구해야 한다.

⑤ 배·매실·살구·자두

배나무, 매화나무, 살구나무, 자두나무는 거의 같은 과의 식물로서 여름에 잎이 나기 전에 꽃부터 피우는 성질 급한 나무들이다. 봄의 성질이 활발한 나무들로서 태양의 성질이 많다. 이 나무들의 열매는 씨를 간직하고 있는데 껍질이 아주 두껍다. 뚫고 나가는 힘이 특히 강해 혈관을 뚫는 약으로 쓴다. 과실은 단맛이 있고 태양의 성질이 강하여 태음인의 간을 보해 준다.

⑥ 고구마

고구마는 태음인에게 좋은 마의 일종으로 넝쿨식물의 뿌리이다. 줄기가 봄의 기운이 부족하여 곧게 뻗지 못하고 땅으로만 기니 뿌리는 반작용으로 그 줄기를 곧게 뻗어 올리려는 작용이 강하다. 그래서 고구마를 먹으면 간의 작용을 도울 수 있으나 약으로 쓰는 마(산약)보다는 그 기능이 약하다.

(4) 소음인

소음인은 항상 에너지가 부족하므로 바로 에너지로 변할 수 있는 단맛을 가진 식품이나 약이 좋다. 위장이 약해서 소화가 안 되면 아무리 좋은 약이라도 오히려 해가 된다. 그래서 소화가 잘 되고 소화를 촉진하는 약간 매콤한 맛이 있는 음식이 좋다.

① 쌀·망고·대추야자·귤·오렌지

곡물로는 쌀이 가장 좋다. 쌀은 단맛 외에 다른 맛이 섞이지 않아서 가장 소화가 잘 된다. 과일로는 따뜻한 성질을 가진 열대 과일들이 좋다.

그중에 망고, 대추야자 등이 좋다. 귤과 오렌지는 약간의 음적인 신맛이 있으나 맛이 달고 향기가 나서 소화를 촉진시킨다. 한의학에서 귤 껍데기는 소화제로 쓰이니 귤 껍데기를 제거하지 않고 통째로 삶아서 낸 오렌지 주스가 소화에는 귤보다 더 좋다.

② 닭고기·양고기

고기는 소음인에게 좋으나 소화가 안 되어서 오히려 좋지 않을 때가 있다. 돼지고기는 소화가 안 되므로 소음인에게는 안 좋다. 고기 중에 닭고기는 소화가 잘 되어서 소음인에게 아주 좋은 음식이다. 양고기도 고기 중에 맛이 달고 소화가 잘 되니 소음인에게 좋다. 양고기는 노린내가 있는데 역겹지 않은 냄새가 나는 식품은 분자활동이 활발한 식품으로서 분해가 잘 되어 소음인에게 좋다.

③ 멸치·조기·뱀·미꾸라지

생선은 일반적으로 물의 영향을 받아서 음적 성질을 가지고 있지만 멸치와 조기는 아주 양적인 생선이다. 멸치는 작고 동작이 민첩하고 밝은 색을 가졌다. 멸치를 잡아서 물 밖으로 꺼내어 보면 그 팔딱팔딱 뛰는 동작이 소양인을 연상케 한다. 멸치는 소화작용을 촉진한다.

조기(助氣)는 한자 뜻으로 기를 보조한다는 뜻이 있다. 소음인은 소화력이 약해 음식물을 소화·흡수하지 못해 기운이 없다. 조기는 소화력을 증진해 기운이 생기게 만든다. 실제로 조기를 소화력이 떨어진 병자에게 먹인다. 그 자체가 소화가 잘 될 뿐 아니라 멸치처럼 소화작용을 촉진한다.

뱀이나 미꾸라지는 소음인에게 좋다. 검은 색깔의 징그러운 동물이라 음적인 성질을 가지고 있지만 굴을 파고 사는 동물로서 뚫는 작용이 강하다. 음식물의 소화는 곧 그 음식물에 구멍을 내는 작용이라 할 수 있다. 이런 동물들은 陰 중의 陽인 동물로서 腎 중의 陽을 활성화시켜 준다. 곧, 부신피질호르몬을 생산시킨다.

한의학에서 신장은 겨울의 작용을 한다. 그전 세대의 겨울 작용을 거쳐 만들어진 씨, 사람에 있어서는 精을 간직하고 다음 세대를 위한 새로운 精을 만들어 보관하는 곳이다. 이 精은 원천적인 음과 양을 가지고 있다. 精을 만드는 데 필요한 원천적인 양은 부신이 관리하고 원천적인 음은 신장이 관리한다.

소음인은 신장의 陰 작용이 너무 왕성하여 비의 작용이 위축된 체질이다. 소음인의 체질을 바로잡기 위해서 비의 양을 도와줄 수 있는 음식을 먹는 것도 중요하지만 선천적인 신 중의 양을 補해 주는 음식을 먹는 것이 더욱 중요하다. 脾의 陽적 작용의 근본은 腎에 있는 원천적인 양의 도움으로 일어나기 때문이다. 원천적인 양을 가진 식품은 뱀이나 미꾸라지, 뱀장어처럼 음 중에 양을 가진 식품이다.

원천적인 양을 가진 식품은 정력을 좋게 한다. 소음인은 대체적으로 정력이 좋지만, 에너지가 꽁꽁 얼어붙어서 발동이 안 되는 경우가 많다. 탄약고에 탄약은 잔뜩 쌓아 놓고 있으나 싸울 생각이 없는 것과 같다. 소양인은 성적 흥분은 잘 되나 섹스할 때 필요한 에너지가 없다. 싸움을 잘 일으키나 탄약고에 탄약이 없는 것과 같다.

소음인이 섹스를 하면 오랫동안 즐길 수 있는데 성욕이 잘 안 나는 사람은 뱀이나 미꾸라지, 뱀장어가 좋다. 그냥 먹는 것보다 독한 술을 같이 먹어야 화약고에 불을 붙이는 것처럼 양을 발동시킨다.

채소로는 무, 양배추, 양파, 파, 마늘, 생강이 좋다. 무는 맛이 달면서도 매콤한 맛이 있다. 단맛이 있다는 것은 즉흥적인 에너지원이 되는 당분이 많다는 것이며 매운맛은 소화기능을 촉진시킨다는 것이다. 양배추 또한 달고 맛이 약간 맵다. 아주 소화가 잘 되는 채소다. 일본에서 한국 관광객이 꼭 사 오는 위장약이 카베진인데 양배추(cabbage)에서 추출한 성분이 주요한 재료이다.

양파와 파는 냄새가 강하다. 분자운동이 활발하고 소화를 촉진시킨다. 고기를 잘 소화시키기 때문에 고기와 함께 먹으면 고기가 맛있다. 양파와 파, 마늘은 거의 같은 과로 구근을 가지고 있고 불처럼 싹이 한 곳에서 사방으로 뻗어나간다. 매운맛이 있으며 냄새가 강하다.

미술의 사상에서 매, 난, 국, 죽 중에 난초는 소양의 성질을 가졌다고 했다. 난초는 양파, 파, 마늘처럼 구근에서 싹이 나서 줄기가 없이 날카로운 잎이 사방으로 퍼져 있다. 난초는 그 잎이나 뿌리에 신체에 필요한 물기와 단맛이 없기 때문에 식품으로 못 쓰지만 양파, 파, 마늘은 식품이 된다. 물과 영양분을 가지고 있고 강한 냄새와 매운맛으로 소화를 촉진시켜서 양념으로 쓴다.

이 중에서 마늘은 양적 성질이 가장 강해서 건강식품으로 요즘에 각광을 받고 있다. 이론적으로 모자라는 양을 보충해 주지만 실제로 마늘즙은 양적 성질이 강해 음적인 곰팡이나 박테리아, 바이러스 등의 미생물을 죽인다. 이 미생물들을 배양해 놓고 마늘즙을 떨어뜨리면 곧 미생물들이 죽는다는 사실은 널리 알려져 있다.

陽이 왕성한 식품이니, 먹으면 사람의 陽이 왕성해진다. 에너지가 발동되어 신진대사가 활발해지고 기운이 난다. 인체의 모든 기능이 활발해지니 물론 면역기능도 활발하여 병에 안 걸리고 병이 빨리 낫는다.

한국 사람들은 신화에 마늘이 나올 정도로 마늘을 좋아한다. 마늘이 안 들어 있는 음식이 없다고 할 정도이고 김치에는 아주 많은 마늘이 섞여 있는데 한식은 무슨 요리를 하든지 들어간다. 보통 한국 사람들은 김치 없이 식사를 하면 식사를 하지 않고 간식을 먹었다고 생각한다. 이는 한국인은 마늘 없이 식사할 수 없다는 말이다.

항생제가 없던 일제강점기에 이질이 한번 돌면 주로 일본 사람들만 이질에 걸려 죽었다고 한다. 의사들은 그 원인이 한국 사람은 매일 김치에 들어있는 익히지 않은 마늘을 먹어서 장에 침입한 이질균이 죽기 때문이라 했다.

마늘은 정력에도 좋다. 실제로 고기를 먹으면서 될 수 있는 대로 마늘을 많이 먹어 보면 그 효과를 경험할 수 있다. 생마늘을 먹으면 더욱 좋다. 한국 사람들은 고기를 구워 먹으면서 생마늘을 썰어 고추장에 찍어 먹는다.

정력제로 알려진 아로나민에서 마늘 냄새가 난다. 마늘을 먹으면 남자의 경우 아침에 발기가 잘 되고 지나가는 여자들이 예뻐 보인다. 주위의 여자들이 평상시보다 더 예뻐 보이는가 아닌가 하는 것이 혼자 측정할 수 있는 정력의 척도이다.

마늘과 고기를 먹는 것을 1주일 지속해 보고 비아그라를 먹는 것과 비교한다면 지속적인 효과는 마늘과 고기를 먹는 것이 더 좋을 것이다. 절에서 스님들은 마늘이 금기 식품으로 되어 있다. 성적 충동이 생겨서 수행을 방해한다는 이유 때문이다.

생강과 마늘이 모두 고기의 소화를 촉진시키는데 마늘은 소고기 소화에 좋고 생강은 돼지고기 소화에 좋다. 앞에서 말했듯이 고기는 소화가 문제라 소화를 촉진시키는 양적인 양념과 함께 쓰면 맛이 좋아진다. 소고기 요리에는 마늘을 넣어야 하고 돼지고기 요리에는 생강을 넣어야 맛이 좋아진다. 둘 다 맛이 맵고 냄새가 강해서 양적인 성질이 있고 소화를 잘 시키는 공통성이 있다.

그러나 마늘은 냄새가 멀리 퍼지고 구근을 가지고 잎이 날카롭고 한

곳에서 퍼져 나간다. 봄의 기운을 가지고 있다. 겨울 동안 딱딱한 씨껍질 속에 저장되었던 에너지를 뚫고 나오게 하는 太陽의 성질을 가지고 있어 같은 태양의 성질을 가진 소고기와 잘 어울린다.

생강은 냄새가 멀리 퍼지지는 않고 동그란 구근이 아니며 더욱 맵고 심이 있으며 잎이 마늘보다 넓다. 양적 성질이 보다 발전된 단계이며 에너지 활동이 활발한 여름의 기운을 가지고 있다. 소양의 성질을 가지고 있어 소음의 성질을 가지고 있는 돼지고기의 극적인 음을 상쇄시켜 소화를 촉진시키기 때문에 돼지고기가 맛있어진다.

소고기와 마늘은 같은 태양이고, 돼지고기와 생강은 반대되는 소음과 소양이라 이상하게 생각되는 사람은 태양, 태음과 소양, 소음이 서로 대립되는 성질이라 체용법칙에 의해 적용되는 음양이 반대가 된다는 것을 잊지 말기 바란다. 마늘은 소음인에게 좋은 음식이지만 그 성질이 태양과 소양 두 양의 성질을 모두 구비하고 있어 태음인에게도 좋다.

마늘이 아무리 효과가 좋아도 태음인이나 소음인에게나 좋지, 태양인과 소양인에게는 오히려 해가 된다. 가뜩이나 양이 많은 사람들에게 양을 더해 주기 때문이다.

건강해지려면 지금 현 상태에서 무엇이 먹고 싶은가를 항상 생각하여 지금 내 몸에 무슨 성분이 부족한가에 귀를 기울여 먹어 주는 것이 가장 중요하다. 건강한 상태에서는 아무리 이론적으로 좋다고 여겨지는 음식도 내가 싫으면 나의 건강에는 안 좋은 것이다. 자기 체질에 좋은 음식을 골라서 더 먹고 체질과 정반대되는 음식은 힘써서 피해야 한다.

태음인이라면 태양의 성질을 가진 견과류를 많이 먹고, 태음의 성질을 가진 포도나 버찌 등은 피해야 한다. 소양인이라면 소음의 성질을 가진 돼지고기, 보리쌀 등을 많이 먹고 소양의 성질을 가진 닭고기, 생강 등은 피해야 한다. 태양인에게 좋은 음식은 그 반대되는 체질인 태음인에게는 해롭고 마찬가지로 소양인에게 좋은 음식은 소음인에게는 해롭다.

체질에 맞는 음식			
	태양인	소양인	태음인	소음인
육류	없음	돼지고기, 오리, 달걀	버터, 우유, 치즈, 사슴고기, 쇠고기	닭고기, 양고기, 칠면조
어류 · 해조류	생선회, 조개	굴, 해삼, 멍게, 자라, 거북이	미역, 다시마, 김, 대구, 갈치	멸치, 조기, 뱀장어, 뱀, 미꾸라지
곡류	메밀	보리, 팥, 녹두	밀, 현미, 콩	쌀, 찹쌀, 된장
과일	포도, 머루, 다래, 키위, 앵두, 모과	참외, 사과, 파인애플, 딸기	견과류 (땅콩, 호도, 은행, 율무, 잣, 해바라기 씨), 배, 매실, 살구, 자두, 수박	복숭아, 망고, 대추야자, 귤, 오렌지
야채	모든 야채	오이, 상추, 우엉, 씀바귀, 감자	배추, 호박, 버섯, 미나리, 마, 고구마	무, 양배추, 파, 양파, 마늘, 생강
약주	포도주	복분자주, 맥주	맥주	백주 (고량주, 소주)
차	모과차	녹차	둥굴레차, 칡차, 커피	생강차, 쌍화차, 유자차
보약	솔잎, 오가피	숙지황, 산수유	녹용, 웅담, 사향	인삼, 황기, 당귀
해로운 음식	태음인 음식	소음인 음식	태양인 음식	소양인 음식

5장

오행(五行)

I. 음양 사상과 오행

木　　火　　土　　金　　水

오행 그림(목·화·토·금·수) ©저자

동양철학에서 음양론과 함께 오행론은 매우 중요하다. 동양철학을 음양오행론으로 이루어졌다고 말하기도 한다. 그러나 오행론은 주역에 한마디도 나오지 않는다. 오행이 주역에 나오지 않는다고 소홀히 할 수 없다.

동양에서는 우주 만물의 변화를 주역의 음양론으로도 설명해 놓았지만, 때에 따라 오행론으로도 설명해 놓았다. 오행론을 이해하면 주역을 이해하는 데 많은 도움이 된다.

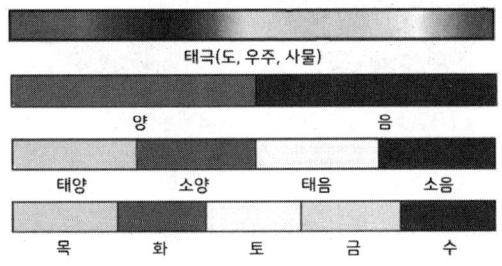

[그림 5.1] 삼라만상의 측정 단위 ©저자

어떤 사물의 형태를 파악하기 위해서 자로 잴 때 음양이라는 자와 오행이라는 자가 있다. 음양이 인치(inch)로 눈금이 표시된 자라면 오행은 센티미터(cm)로 표시된 자라고 할 수 있다. 사물의 형태를 나타내는 단위는 달라도 같은 크기를 말한다. 음양으로 표시된 자 중에는 눈금이 더욱 자세하게 표시된 자가 사상이며, 오행으로 표시된 자와 매우 흡사하다[그림 5.1].

어떤 사물의 성질과 그 사물의 변화하는 패턴을 주역에서는 음양, 사상, 팔괘로 설명하지만, 오행론에서는 목(木), 화(火), 토(土), 금(金), 수(水)라는 부호로 설명한다. 주역에서는 우주와 그것을 구성하는 만물이 음양으로 구성되어 있다고 하지만 오행론에서는 木, 火, 土, 金, 水의 성질로 구성되어 있다고 한다. 주역에서는 우주를 음양으로 이등분하지만, 오행론에서는 우주를 다섯 등분한다.

주역의 관점에서 음양론적으로 본 우주와 오행론적 관점에서 본 우주를 나타내면 [그림 5.2]와 같다.

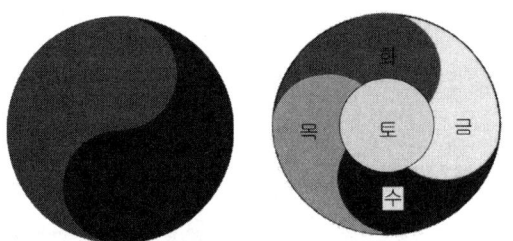

[그림 5.2] 음양론적 우주 — 오행론적 우주 ©저자

음양이 이원론적 관점이라면 오행은 오원론적 관점이다. 인치가 센티미터로 환산될 수 있듯이 오행은 음양으로 환산될 수 있다. 木·火는 양에 해당하고 金·水는 음에 해당한다. 土는 음과 양의 중간에 해당한다. 木은 양 중에 태양에 해당하고, 火는 소양에 해당하고 金은 음 중에 태음에, 水는 소음에 해당한다.

사상(四象)이 오행과 다른 것은 오행에는 음과 양의 중간에 해당하는 土가 하나 더 있는 것이다. 사상도 음양의 중간에 해당하는 부분을 내포하고 있지만 명시하고 있지는 않다. 土가 오행에 하나 더 있으므로 해서 사상과 오행의 작용 체계가 크게 달라진다.

사상에서 象이라는 뜻은 이미지(image)라는 뜻이고, 오행에서 行은 움직임(movement)이라는 뜻이다. 이미지의 의미는 형체와 연결되고, 움직임의 의미는 작용과 연결된다.

형체를 보면 그 작용을 알 수 있고 작용을 보면 그 형체를 유추할 수 있지만 형체의 속성을 파악하기 위해서는 四象의 관점으로 이해하는 것이 좋고 작용을 파악하기 위해서는 오행의 관점으로 이해하는 것이 좋다. 그래서 사상과 오행이 서로 비슷하지만 하나가 없어지지 않고 동양철학은 음양오행론으로서 양립한다.

四象에서 음양의 중간에 해당하는 土가 없는 것은 아니다. 사상 중에 한 가지를 생각할 때는 항상 전체 사상을 고려한 사상의 한 가지를 생각해야 하는데 사상의 전체가 土에 해당한다. 명시를 하지 않았을 뿐이지 항상 전체의 음양 조화의 상태를 나타내는 土가 존재한다.

오행론 없이 주역만 가지고도 우주 만물의 법칙을 나타낼 수 있다. 그러나 오행론을 함께 이해한다면 만물의 작용을 보다 쉽고 빠르게 이해할 수 있다.

II. 오행의 종류와 성질

1. 木

나무는 자라나는 성질이 있다[그림 5.3]. 자란다는 것은 움직임이 시작되는 상태이다. 나무나 풀 뿐만 아니라 우주 만물 중에 움직임이 시작되는 것은 木에 속한다.

계절 중에는 만물의 활동이 시작되는 봄이 목에 속하고 방위 중에는 해가 뜨는 방위인 동쪽이 木에 속하고 오장 중에는 간이 木에 속한다. 얼굴에서는 눈이 木에 속한다. 색깔 중에는 녹색이 木에 속하고 맛에서는 신맛이 이에 속한다. 太陽에 속하는 것은 모두 木에 속한다.

[그림 5.3] 나무 ©저자

2. 火

불은 밝고 뜨겁고 움직임이 활발하고 일정한 형체가 없고 쉽게 사라진다[그림 5.4]. 우주 만물 중에 여름의 성질로 대표되는 少陽의 성질이 곧

火의 성질이다. 木과 火는 陽에 속하는데, 木은 양의 시작인 태양이고 火는 양의 절정인 소양이다.

방위 중에 햇볕이 잘 드는 남쪽이, 오장 중에 뜨거운 심장이, 얼굴에서는 가장 뜨거운 舌이 火에 속한다. 색깔 중에 赤色이 火에 속하고 맛에서는 쓴맛이 火에 속한다.

[그림 5.4] 불 ©Shutterstock

3. 金

쇠는 무겁고 차며 단단하고 안정되어 있다[그림 5.5]. 우주 만물 중에 이런 속성을 구비한 것은 모두 金에 속한다. 이런 속성들은 모두 음에 속하는 성질로 金은 陰에 속한다. 가을의 작용으로 대표되는 太陰이 金에 속한 것으로 에너지가 물질화 되는 시작의 단계이다. 물질이 에너지화 되는 시기인 木과는 성질이 반대가 된다.

에너지를 소모하여 물질이 에너지화되기 시작하는 木과 에너지 소모를 중단하고 에너지가 물질화되기 시작하는 金은 그 성질이 반대가 된다. 목과 금은 서로 싸우는 상극이라고 한다. 실제로 나무는 쇠도끼에 잘려져 나간다.

　방위 중에 해가 지는 쪽인 서쪽이 金에 속한다. 오장 중에 폐가 金에 속하고 얼굴 중에 코, 색깔 중에 흰색, 맛에서는 매운맛이 金에 속한다.

[그림 5.5] 쇠 ©Pixabay

4. 水

[그림 5.6] 물 ©Shutterstock

　물의 전체적인 속성을 말할 때는 한 잔 컵의 물이 아니라 바닷물을 연상하면 이해가 쉽다. 바닷물은 차고 어둡고 가라앉으며 무엇이든지 저장하고 잠재된 힘이 엄청나다[그림 5.6]. 이 모든 속성이 음에 해당하니 물은 陰에 속한다.

금과 수가 陰에 속하는데, 금은 陰이 시작되는 태음에 속하고 수는 陰이 절정에 이르는 소음에 속한다. 겨울의 작용으로 대표되는 소음이 수에 속한다.

에너지 활동이 절정에 이르는 火와 물질화 작용이 절정에 이르는 水는 그 성질이 반대가 된다. 그래서 화와 수는 상극이 된다. 실제로 불은 물을 끼얹으면 꺼진다.

방위 중에 가장 춥고 어두운 북쪽이 수에 속하고 오장 중에 가장 검고 가장 깊숙한 곳에 있는 콩팥이 수에 속한다. 얼굴 중에는 뒤에 있고, 깔때기 모양을 하고, 소리가 들어가는 귀가 수에 해당한다. 색깔 중에는 흑색이 수에 속하고 맛은 짠맛이 수에 속한다.

5. 土

[그림 5.7] 땅 위의 모든 구성물이 혼합된 흙 ©저자

土가 추가되어 오행이 되었기 때문에 土의 의미는 중요하다. 땅 위의

모든 구성물이 혼합된 것이 흙이다[그림 5.7]. 흙에는 나무의 성분, 불의 성분(화산, 지구 속의 마그마), 쇠의 성분, 물의 성분이 다 있다. 차가운 곳도 있고, 뜨거운 곳도 있고, 가벼운 곳도 있고, 무거운 곳도 있고, 어두운 곳도 있고, 밝은 곳도 있다. 흙의 성질은 음의 성질과 양의 성질이 모두 있다.

우주 만물 중에 음과 양의 중간 성질을 가진 것은 모두 土에 속하고, 우주 전체, 지구 전체, 인간 전체는 모두 음양이 조화되어 있어 土에 속한다. 태극 속에 음과 양이 있어 태극 전체는 土에 속한다. 하늘은 양에 속하고 땅은 음에 속하지만, 그 중간에서 양(兩)쪽의 영향을 받는 생물들은 土에 속한다.

불에 물을 대면 불이 꺼지고 나무에 쇠도끼를 부딪히면 나무는 죽으나 흙에는 어느 것을 가까이 대어도 그것을 배척하지 않는다. 土의 장점은 덕이다. 모든 것을 포용하고 기르는 것을 유교에서는 덕이라 하여 인간이 갖추어야 할 가장 큰 미덕으로 친다.

유교의 많은 경전들은 결국 이 덕을 예찬하고 꼭 지녀야 된다는 것을 역설하고 있다. 또 유교에서는 인간이 따라야 할 행동으로 중용을 제시하고 있는 데 이것이 土에 해당한다. 지나치지도(陽) 모자라지도(陰) 않는 것이 중용(土)이다.

흔히 읽히는 유교의 경전들은 주역의 괘와 음양오행에 대하여 자세히 설명하고 있지도 않고 윤리를 설명하는 데에 이런 부호를 쓰고 있지도 않다. 그러나 주역과 음양오행을 모르면 유교 경전의 진정한 뜻을 알 수 없다.

우주의 만물을 공평하게 다스리고자 하는 하느님의 마음이 道이며, 태극이고, 토이다. 하느님은 인간만을 사랑하는 것이 아니기 때문에 인간도 죽어야 하고 병들어야 한다. 이것이 우주에 선과 악이 공존하는 이유이기도 하다. 못난 자식이나 잘난 자식이나 모두 사랑하는 어머님의 마음이 토이다. 그래서 동양은 물론 서양에서도 흙을 어머니에 비유한다(Mother Earth).

계절 중에는 봄에서 여름으로, 여름에서 가을로, 가을에서 겨울로, 겨울에서 봄으로 변하는 환절기가 토에 해당한다.

봄의 작용이 너무 강하면 달래서 여름이 시작되게 하고, 여름의 작용이 너무 강하면 에너지를 다 써서 없어져 버리므로 달래서 가을로 변화시켜 물질로 저장하기 시작하게 한다. 가을의 작용이 너무 강하면 달래서 겨울이 시작되게 하고, 겨울의 작용이 너무 강해서 활동이 정지될 때에 이르면 에너지를 분출시켜 봄의 작용을 다시 시작하게 한다.

생명의 작용이 한쪽으로 직선운동을 한다면 한순간에 없어져 버린다. 土의 작용은 구심력과 같아서 그 직선운동의 방향을 바꾸어 생명이 계속해서 반복되도록 한다. 원자, 분자, 지구, 태양계, 우주가 없어지지 않고 원운동을 하는 것은 土의 작용이 있기 때문이다. 그것이 태극의 운동이기도 하다. 쉬지 않고 운동만 하는 것은 금방 분해되어 없어져 버린다. 쉬기만 하고 운동을 하지 않는 것은 죽은 것이다.

토의 작용은 쉬고 있는 것(음)을 운동하게 하고(양), 운동하고 있는 것은 (양) 쉬게 한다(음). 앞으로 가는 것(양)은 살며시 끌어당겨서 뒤로 가게 하고 뒤로 가고 있는 것(음)은 슬며시 당겨 앞으로 가게 한다. 이렇게 하여 우주 만물의 운동을 끊임없이 순환하게 한다. 직선 운동을 원 운동하게 하거나 스스로 돌게 한다(1장 [그림 1.7] 참조). 土는 곧 생명의 힘이라 할 수 있다.

木, 火, 金, 水의 네 가지 작용이 균형을 이루도록 한다. 木이 너무 왕성하면 火로 변하게 하고, 火가 너무 왕성하면 金으로 변하게 하고, 金이 너무 왕성하면 水로 변하게 한다. 木이 너무 왕성하면 반대작용인

金이 약하기 때문이니 金을 북돋아 木을 누르고, 火가 너무 왕성하면 반대작용인 水가 너무 약한 것이니 水를 북돋아서 火를 줄인다. 이처럼 土는 木, 火, 金, 水의 균형을 잡는 역할을 한다.

土는 木, 火, 金, 水의 균형을 잡고 통제하는 것이 임무이므로 허브로서 중앙에 위치한다. 木이 左, 火가 上, 金이 右, 水가 下라면 土가 그 중앙이고 木이 東, 火가 南, 金이 西, 水가 北이라면 土가 그 중앙이다. 그래서 土에는 상하좌우, 동서남북의 중앙을 뜻하는 십자가가 있다. 하늘의 중앙이 아니라 땅의 중앙이라는 뜻으로 십자가 아래에 지평선을 그렸다[그림 5.8].

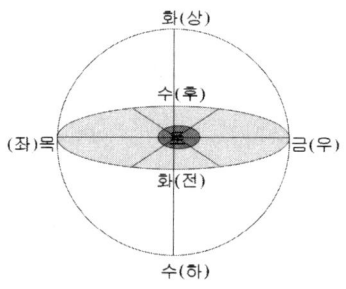

[그림 5.8] ©저자

고대 동양의 통치 체제는 국가는 중앙에 왕이 있고 그 위에는 하늘(우주의 법칙, 하느님)이 있어 왕이 그 뜻을 따르고, 左에는 좌의정과 右에는 우의정이라는 재상이 있어 그들의 도움을 받고, 아래에는 백성이 있어 그들을 다스렸다. 이런 정치체계에서는 왕이 土가 된다.

몸에는 사지(四肢)가 있어 육체 운동을 한다. 手는 陽이고 足은 陰인데, 활동이 부자유스러운 左手는 陰이고, 활동이 자유로운 右手는 陽이 된다. 발 중에서 활동이 자유로운 右足은 음 중에 양, 활동이 부자유스러운 左足은 음 중에 음이 된다. 그래서 左手는 木, 右手는 火, 右足은 金, 左足은 水가 된다[그림 5.9].

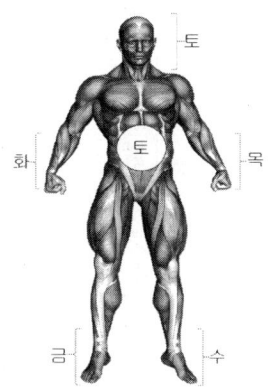

[그림 5.9] 사지의 오행 ©Shutterstock

몸에는 그림과 같이 5개의 돌출부가 있는데 이 돌출부들을 오행에 배속시킨다면 머리는 土가 된다. 운동의 중심은 머리가 되나, 영양공급의 중심은 배가 된다. 그래서 몸에서 土는 그 관점에 따라 두 개가 있다.

손가락 중에 엄지는 어머니를 뜻하고 土에 속한다. 엄지는 다른 네 손가락과 긴밀하게 협동작용을 하나 다른 손가락은 옆에 있는 손가락 외에 접촉하기가 힘들다. 五臟 중에 가운데 있고 다양한 소화효소를 분비하고 에너지의 원천이 되는 당을 대사하고 인슐린을 분비하는 췌장은 토에 속한다. 색깔 중에 황색은 토에 속하고 맛 중에 단맛이 토에 속한다.

주위에서 흔히 보는 사물이나 작용을 오행의 속성에 따라 분류해 보면 다음과 같다.

오행	木	火	土	金	水
계절	춘	하	환절기	추	동
방위	東	南	中央	西	北
	左	前	中央	右	後
	左	上	中央	右	下
작용	생(生)	장(長)	화(化)	수(收)	장(藏)
	上昇	分散	調和	聚合	下降
기후	風	熱	濕	燥	寒
五臟	肝	心	脾	肺	腎
五官	眼	舌	口	鼻	耳
五体	筋	脈	肌肉	皮	骨
감각	시각	미각	촉각	후각	청각
五腑	膽	小腸	胃	大腸	膀胱
감정	怒	喜	思	悲	恐
맛	신맛	쓴맛	단맛	매운맛	짠맛
색깔	靑	赤	黃	白	黑
소리	호령	웃음	노래	통곡	신음
냄새	노린내	탄내	향내	비린내	썩은 내
액	눈물	땀	침	콧물	가래
동물	파충류	조류	포유류	갑각류	어류
숫자	3, 8	2, 7	5, 10	4, 9	1, 6
모음	에	이	아	오	우
음	각(도)	치(레)	궁(솔)	상(라)	우(미)
도형	△	▽	○	□	·
손가락	장지	검지	엄지	약지	소지
음질	알토	소프라노	테너	바리톤	베이스
나무	가지/줄기	꽃(잎)	줄기기저부	열매	뿌리
사람	왼손	오른손	머리	오른발	왼발

III. 오행의 법칙

오행에는 구성원 서로가 도와주거나 견제하는 관계 법칙이 있다. 도와주는 관계를 상생(相生) 관계, 견제하는 관계를 상극(相克) 관계라 한다. 陰

이 陽을 生하고 陽이 陰을 生하는 상호전환 법칙은 상생(相生)에 해당하고 양이 음을 만나서 상대적 대립하는 것은 상극(相克)에 해당한다[그림 5.10].

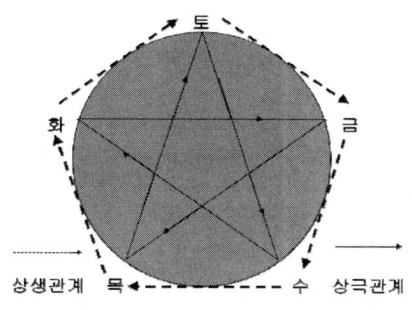

[그림 5.10] 상생과 상극 관계 ©저자

1. 상생

木은 火를 生하고, 火는 土를 生하고, 土는 金을 生하고, 金은 水를 生하고, 水는 다시 木을 生하여 한 주기를 이룬다. 五行은 변화하는 과정을 말하는데, 相生 관계에 있는 오행은 같이 있을 때 도움을 받는 母子 관계로 비유되기도 한다. 木은 火로 변하고, 火는 꺼져서 재가 되는데 재는 곧 흙이 된다. 재가 퇴비로 좋은 것은 흙과의 동질성 때문이다.

흙이 다져지면 돌이 되고 돌 속에 쇠가 있는 것을 土가 金을 生한다고 한다. 金은 녹아서 물처럼 흐르는데, 녹아서 水흐르는 이치가 얼음이 녹아서 물이 되는 것과 같아서 금은 수를 생한다고 한다. 같은 속성이 있는 사물들을 한 그룹으로 만드는 오행론에서 고체의 상징인 金이 액체의 상징인 水로 변한다는 말이 그리 이해하기 힘들지 않다. 또한 물리적 세계에서는 금속광석이 있는 곳에서는 항상 물이 발견된다. 나무는 물을 먹고 나무의 몸을 키워 나가니 물이 나무로 변화된다고 할 수 있다.

木, 火, 土, 金, 水는 단지 지구를 구성하는 물질과 현상의 상징일 따름이지 木이라고 하여 꼭 나무만을 말하는 것이 아니다. 木의 성질을 가진 우주 구성 물질과 그 작용들의 그룹을 대표하는 것이 木이다.

木은 물질이 에너지가 되고 에너지가 물질이 되는 과정에서 물질이 에너지화 하기 시작하는 물질들과 현상이라고 생각하면 쉽게 이해가 된다. 금은 에너지가 집결되어 물질이 되기 시작하는 물질들과 그 현상이라 할 수 있다. 목의 속성은 태양에 해당하고 금의 속성은 태음에 해당한다. 사상 장에서 자세히 설명하였으니 다시 참조해 보기 바란다.

相生은 예를 들어 간이 목에 속하는데, 간이 병들어 간에 울혈이 생기면 심부전(心不全)이 생기기 쉽다. 이것을 '木'병이 '火'병을 '生'했다고 한다.

나무가 어느 지역에 너무 많아져서 산소의 농도가 높아지면 산불이 나기 쉽다. 이것도 木生火의 한 예이다. 이 산불의 목적은 나무를 태워 이산화탄소를 늘려 산소(陽)와 이산화탄소(陰)의 양이 조화를 이루게 하기 위한 것이다. 나무가 불이 되는 것은 土가 중계를 한다. 오행 중에 하나가 너무 왕성하면 균형을 유지하려고 다른 것으로 변화시키는 것이 土이다.

나무는 어머니이고 불은 자식인데 어머니는 자식을 도와주려 한다. 어머니는 자기 몸으로 갈 영양분을 소모하여 자식을 만든다. 그런 후에 자신의 모든 것을 주면서 기르다가 자식이 독립할 때쯤 되면 사라져 버린다. 이런 관계가 相生 관계이다.

2. 상극

火는 水가 견제하고, 水는 土가 견제하고, 土는 木이 견제하고, 木은

金이 견제하고, 金은 火가 견제하여 한 주기를 이룬다. 만물과 오행은 서로 도와줄 때도 있지만 서로 적대할 때도 있다. 음양이 서로 끌릴 때도 있지만 서로 배척할 때도 있는 것과 같다.

오행은 만물의 공통 패턴을 도시하고 있다. 그 패턴이 보여주려 하는 것이 상생과 상극이고 그 작용을 土가 매개한다. 이 토의 의미를 부각시켜 사상에 토를 추가시킨 이론이 오행이다.

남녀가 만나면 서로 끌리지만 남과 남이 만나면 여자를 차지하기 위해서 견제한다. 이 견제의 법칙을 잘 나타낸 것이 相克이다. 相生은 앞으로 나아가게 하고(陽의 방향, 生으로 향한 방향) 相克은 뒤로 물러서게 한다(陰의 방향, 死로 향한 방향).

이 相生·相克 작용에 의해서 어느 운동도 진동운동을 하게 된다. 相生은 나가게 하고(원운동의 원심력, 젊었을 때 멀리 나가고 싶어 하는 마음), 相克은 돌아오게 한다(원운동의 구심력, 늙었을 때 돌아오고 싶어 하는 본능).

상생과 상극에 의해서 만물은 원운동이 일어난다. 전자는 핵 주위를 돌며 아주 작은 원운동을 하고 있고, 원운동 하는 전자를 가진 핵은 분자 격자의 한 점을 중심으로 원운동을 하고 있다. 원운동을 하는 분자를 가진 세포들도 주위의 장애물만 없으면 원운동을 한다.

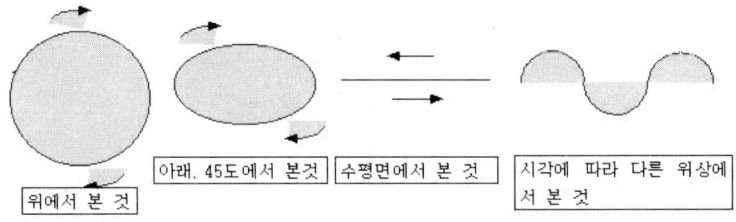

위에서 본 것 아래, 45도에서 본것 수평면에서 본 것 시각에 따라 다른 위상에서 본 것

[그림 5.11] 원운동이 진동으로 보이는 과정 ⓒ저자

적혈구·백혈구는 주위에 장애물이 없는 세포들로 혈관을 따라 원운동을 한다. 세포를 가진 동물들도 태어난 곳에서 출발하여 잠자는 자리 주위를 원운동 하다가 결국 죽을 때는 태어난 곳 주위로 돌아오게 된다. 원자와 분자처럼 육안으로 볼 수 없을 때는 원운동이 진동(왕복운동)처럼 보일 확률이 높다[그림 5.11].

이 진동의 영향이 밖으로 퍼져 나갈 때 시간에 따른 운동 형태의 변화가 파동의 형태로 감지될 수 있다. 양자의 중첩(quantum superposition)도 너무 빨라 볼 수 없어 그렇지 음양의 속성이 그리 빨리 변화하는 것도 원운동을 하고 있다 봐야 한다. 결국 파동은 원운동을 시간에 따라 펼쳐 보인 것에 불구하며 이 원운동은 음양, 사상, 오행의 요소를 가지고 있다.

원운동은 상생과 상극의 벡터(vector)의 합으로 일어난다고 할 수 있다[그림 5.12]. 생만 있고 克이 없으면 운동이 한쪽으로만 일어나 결국 사라져 버린다. 克이 있어야 원운동이 일어나 운동이 영원히 반복된다. 이 상생상극의 운동을 주재하는 주체는 土이며 태극이고 목적은 음양의 조화를 위한 영원한 운동이라고 할 수 있다.

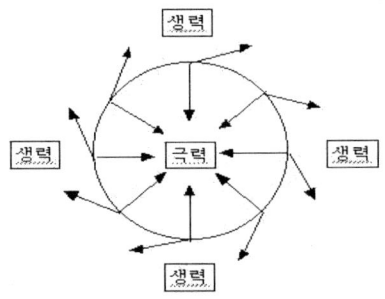

[그림 5.12] 상생상극의 원운동 ©저자

원운동 하는 부분의 개체는 음양이 50:50으로 완벽히 조화되어 있을 때 완벽히 제자리에서 원운동을 하고 영원하다. 그러나 음양에 편차가 생기면 위치를 이동하며 원운동이 일어나고 결국 소멸된다. 위치를 바꾸며 일어나는 원운동이 골뱅이 같은 나선형(spiral)의 운동이다.

이 상생상극이 있어야 하는 이유는 우주가 반복적인 원운동의 세대교체를 통하여 영원히 존재하기 위함이다. 相生과 相克이 없으면 삶도 없고 죽음도 없다. 陰陽은 끊임없이 반복되는데 相生은 陽, 相克은 陰이 된다.

물을 먹고 자라나는 나무는 쇠의 가지치기를 받아야 곧게 자란다. 나무가 타서 생기는 불은 물의 견제를 받아야 오래 탄다. 화가 변한 재로 비옥해진 흙은 나무의 뿌리가 박혀야 홍수에 유실되지 않는다. 흙이 변해 생긴 쇠는 불로 제련되어야 그 가치가 있다. 水의 속성을 가진 물은 흙의 통제(제방, 흙의 높고 낮음)를 받아야 고여서 썩지 않고 흐른다.

상극을 하는 물질은 상극을 받는 물질에 해를 끼치며(악을 행하는) 싫은 존재이지만 전체로 볼 때는 이롭게 하는(선을 행하는) 좋은 존재가 된다.

어려운 환경에 처했거나 주위의 사람이 자신을 괴롭히고 있다면 "이것이 나를 克하여 단련시키고 있구나"라고 생각하면서 적극적으로 대처해 나가면 앞으로 상향하는 원운동의 기회가 오고 마음의 평화를 얻을 수 있다.

IV. 하도와 낙서

음(--), 양(-)의 부호는 역경에 처음으로 등장하고 오행을 나타내는 부호는 하도와 낙서라는 전설적인 그림에서 처음 나타난다. 하도는 황하에서 나온 신비로운 말에 그려진 그림이고, 낙서는 중국의 낙수라는 호수에서 나온 신성한 거북이 등에 그려진 그림이다.

당대 사람들은 신이 내려준 그림이라 생각하고 그 그림의 뜻을 연구하여 음양, 오행, 팔괘, 십진법의 숫자를 만들어 냈다고 한다.

이 두 그림을 볼 때마다 어떻게 우주 삼라만상의 변화하는 이치를 단순해 보이는 그림 두 장에 이렇게 잘 표현할 수 있을까 감탄하게 된다. 처음 이 그림들을 보았을 때는 이까짓 것이 무슨 의미가 있나 싶었는데, 설명을 듣고 이해하고 나서는 그 뜻을 외우기에 바빴다.

몇 년 후에 이 그림들을 다시 보았을 때는 이것에 대해 몇 쪽의 글을 쓸 수 있었고, 몇 년 후에 다시 보았을 때는 몇십 쪽의 글을 쓸 수 있었다.

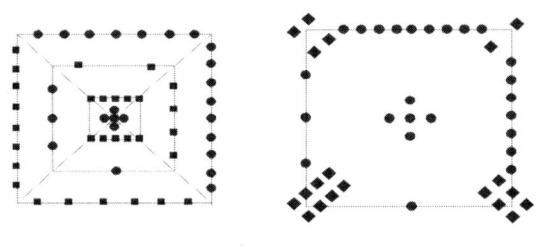

[그림 5.13] 하도 — 낙서 ⓒ저자

간단히 하도와 낙서에 대해 설명하자면 다음과 같다. 하도와 낙서를 보기 위해서는 먼저 숫자의 음양오행 배속을 알아야 한다. 짝수는 안정되어 움직이지 않는 상황을 나타내므로 음의 숫자이다. 그래서 검은 색으로 표시했다. 홀수는 불안정하여 움직이는 상황을 나타내므로 양의 숫자이며 흰색으로 표시했다[그림 5.13].

1. 하도

하도에서 1, 6은 水를 나타내는 숫자로서 북방 혹은 아래에 배속했다. 2, 7은 火를 나타내는 숫자로서 남방 혹은 위에 배속했다. 3, 8은 木을 나타내는 숫자로서 동방 혹은 좌측에 놓았다. 4, 9는 금을 나타내는 숫자로서 서방 혹은 우측에 배속시켰다. 5, 10은 토를 나타내는 숫자로서 중앙에 배속시켰다.

우리는 주위의 동서남북에서 다른 기운을 느낄 수 있다. 북쪽에서 느끼는 기운을 水라 하고 남쪽에서 느끼는 기운을 火라 하고 동쪽에서 느끼는 기운을 木이라 하고 서쪽에서 느끼는 기운을 金이라 하고 중앙에 조화된 가운을 土라 한다.

우주 만물은 양인 에너지와 음인 물질, 두 형태로 존재한다. 에너지는 물질로 변하고 물질은 에너지로 변한다. 이 에너지를 동양에서는 기(氣)라 하고 물질은 형(形)이라 하였다.

기에 구별이 있는데 그 구별된 기를 숫자로 표현할 수 있다. 형도 구별이 있는데 그 구별된 형 역시 숫자로 표현할 수 있다. 그래서 안에 있는 에너지의 숫자와 밖에 있는 형체의 숫자를 짝으로 각 방위에 배열시켰다. 기의 수는 생하고 있는 수라 하여 생수(生數)라 하고 형을 나타내는 수를 완성된 수라 하여 성수(成數)라 한다.

하도에서 안에는 에너지를 표시하는 생수 1~ 5를 배열시켰고, 밖에는 형체를 표시하는 성수 6~10을 배열시켰다. 하도에서 생수와 성수를 안과 밖에 음양을 달리해서 짝으로 그리고 있다. 그 에너지가 양의 성질이 있다면 형체는 음의 성질이 있고, 형체가 양의 성질이 있으면 에너지는 음의 성질이 있는 체용법칙을 나타냈다.

고요하고 깜깜한 북쪽의 기운을 1이라 하고 그 반대가 되는 남쪽의 기운을 2라 하고 1과 2가 교류하여 생긴 동쪽의 기운을 3이라 하고 3과 반대가 되는 서쪽의 기운을 4라 하고 그 네 가지 기운을 모두 가지고 있는 5를 중앙에 그려 놓았다.

중앙 토는 생수에서 성수의 변화를 중개한다. 그래서 5에 1을 더한 6을 다시 북쪽에, 5에 2를 더한 7을 남쪽에, 5에 3을 더한 8을 동쪽에, 5에 4를 더한 9를 서쪽에, 5위 5를 더한 10을 중앙에 배속시켰다.

하도는 1과 2가 서로 마주 보며 대립하고, 3과 4가 대립하는 음양 관계를 표시하고 있고, 같은 동쪽이라도 양수인 3과 음수인 8의 음양 대립 관계, 같은 성질이라도 음수인 4와 양수인 9의 음양 대립 관계를 표시하고 있다.

이런 대립 관계는 수극화, 금극목 등의 상극 관계를 말하는 것이고 해가 뜨는 방향으로 한 바퀴 도는 상생 관계와 양은 음이 되고 음은 양이 되는 상호전환 관계를 나타내고 있다.

양에 속하는 동방과 남방에 배열된 숫자의 합이 밖에 15, 안에 5, 합쳐서 20이 되고 음에 속하는 서방과 북방에 배열된 숫자의 합이 밖에 15 안에 5 합해서 20이 된다. 이로써 음과 양의 균형을 나타내고 있다.

목, 화, 금, 수의 성질과 수량이 다르지만 결국 木·火는 양으로서 음인 金·水의 성수 합 15를 모두 가지고 있어 土의 생수 5와 성수 10의 합과 같다. 중앙 토는 음양이 조화되어 있음을 수와 위치로써 표시하고 있다.

우주를 구성하는 다섯 가지 대표적 물질이 제각기 음양의 구성 비율에 따라 다른 형체(성수로 나타낼 수 있음)와 다른 기운(생수로 나타낼 수 있음)을 갖고 있으나 그 개체가 태극이기 때문에 음과 양으로 구성되어 있고 그 개체가 모인 전체도 태극이라 陰을 합한 것과 陽을 합한 것이 결국 같아서 우주가 균형을 이루고 있다는 것을 나타냈다.

또한 중앙의 土는 우주 전체의 모델이 되며 그 토는 우주의 균형을 주재하고 있다는 것을 나타냈다.

2. 낙서

낙서는 하도와 같은 수로서 다른 모형을 그리고 있다. 이런 다른 점이 시사하는 바가 크다. 하도에서는 두 개의 수를 동서남북, 중앙에 안과 밖으로 배열하고 있는 데 반해서 낙서는 양수를 동서남북에, 음수를 그 사이의 방위에 배열하고 있다.

순서는 시계방향으로 볼 때 음수는 양수를 선행하고 있다. 이것은 음에서 양이 나온다는 것을 나타내고 있다. 음과 양이 또한 각 방위를 돌며 번갈아서 순행하고 있다.

하도가 상생의 순서로 돌아가고 있다면, 낙서는 상극의 순서로 돌아가고 있다. 하도가 공간을 점유하고 있는 형체를 말하고 있다면 낙서는 시간에 따라 변하는 에너지를 나타내고 있다.

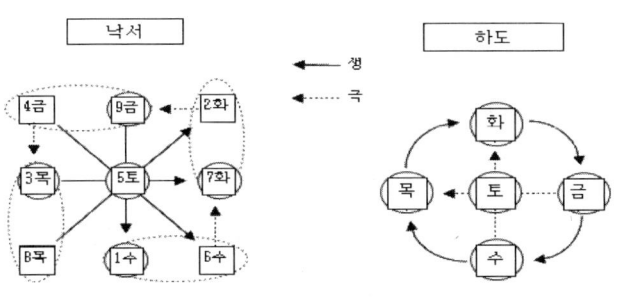

[그림 5.14] ©저자

하도에서 북방의 수는 마주 보이는 남방의 수와 대립 관계를 이루나 낙서에서는 마주 보이는 방위에 하도에서 이웃하는 수를 배열하고 있다. 하도에서는 1과 2가 마주 보고 있으나 낙서에서는 1과 2가 이웃하고 있어 순서의 전후가 바뀌어 있다. 하도에서는 3과 4도 대립하고 있으나 낙서에서는 이웃하고 있다[그림 5.14].

하도에서는 시계방향에 따라 木, 火, 金, 水의 상생 순서대로 배열되어 있으나 낙서에서는 대각선으로 대립하는 방향으로 木, 火, 金, 水가 배열되어있다. 하도에서는 대립되는 방향으로는 水·火, 金·木 상극의 순서대로 배열되어 있으나 낙서에서는 시계 반대 방향으로 水克火, 火克金, 金克木의 상극 순서대로 배열되어 있다.

하도에서는 양인 木·火와 음인 金·水가 이웃하면서 그 수의 합이 같은 20으로서 대립하고 있으나 낙서에서는 마주 보면서 대립하는데 그 숫자의 합이 10으로서 순간순간 통일을 이루고 있다[그림 5.15]. 土는 중간에 10의 평균에 해당하는 5로서 그 가운데 있다. 이것은 土가 중심에서 음양 운동의 조화를 주재하고 있는 것을 뜻한다.

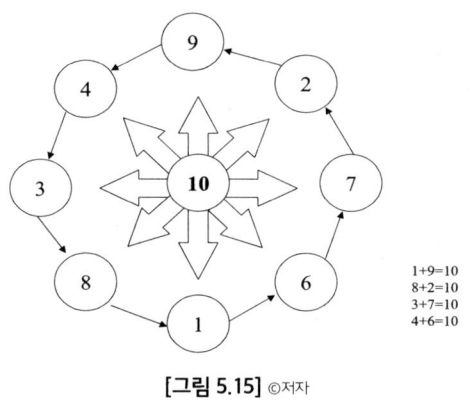

1+9=10
8+2=10
3+7=10
4+6=10

[그림 5.15] ⓒ저자

운동의 양인 木·火의 숫자의 합이 20이고, 음인 金·水의 합이 20이라 대립 관계를 이루고 있지만 木·火와 金·水가 하도처럼 이웃하여 있지 않고 마주 보며 대립하고 있다. 태양인과 태음인의 경우 간이 金이고 폐가 木인 이유는 낙서를 살펴보면 잘 이해할 수 있다.

3. 하도와 낙서의 상관관계

하도는 숫자를 사방으로 배열하여 사상과 오행 이치의 근본이 되고, 낙서는 숫자를 팔방으로 배열하여 팔괘 이치의 근본이 된다.

하도와 낙서에는 1에서 10까지 각 숫자가 가지고 있는 이치도 있고, 음양의 상호 대립·전이 관계도 나타내고 있고, 음양과 土가 이루는 3극 관계도 있고, 사상의 동서남북의 이치도 있고, 오행의 상생상극의 이치는 물론, 팔괘와 중앙의 의미를 더한 구궁의 이치와 각 이치의 서로의 관계가 이 두 장의 그림에 함축되어 있다.

음양의 단순함으로부터 우주 만물의 복잡함에 이르기까지 그 모두를 표현하고 있다. 이 책은 주역의 개론만 설명하고 있기 때문에 더 이상 자세하게 설명하지 못하는 것이 아쉽다.

정리하자면, 하도가 형체를 설명하고 있다면 낙서는 작용을 설명한다. 하도는 정적인 상태를 나타내고, 낙서는 동적인 상태를 나타낸다. 하도에는 음의 이치가 있고, 낙서에는 양의 이치가 있다. 하도는 상생의 이치를 설명하고, 낙서는 상극의 이치를 설명한다.

V. 색깔의 오행

색깔에는 靑, 赤, 黃 三色과 명도가 높을 때 나타나는 색인 백색, 명도가 낮을 때 나타나는 색인 흑색이 있다. 각 색의 오행적 특성을 설명하기로 한다. 또한 동물에게는 물체의 색깔을 보고 그 물체의 작용을 예측하는 본능이 있는데, 각 색깔이 일으키는 반응을 아래에 덧붙인다.

1. 적색

동양철학에서 불의 붉은 색, 태양의 붉은 색, 피의 붉은 색, 꽃의 붉은 색을 말한다. 어느 물질도 활발한 운동이 일어나고 있을 때는 熱이 나고 열이 나면 붉은색으로 변한다. 이것은 양이 절정에 이를 때 나는 색으로, 오행 중에 火에 속한다.

붉은색을 가진 물질은 에너지 운동이 활발하게 일어나고 있다고 할 수 있다. 불이 가장 대표적이며 불에는 활발한 에너지 활동이 있다. 우리 주위에서 가장 붉은 것은 태양이라 할 수 있고 가장 큰 에너지 활동이 일어나고 있다.

몸에서는 심장에 있는 피가 가장 붉으며 가장 빠른 활동을 하고 있다. 식물 중에서는 고추가 붉은색이며 사람이 고추를 먹으면 땀이 나고 혈액순환이 활발해진다.

실제로 붉은 조명 밑에 있는 사람들은 흥분하며 체온이 올라간다. 동물은 붉은 것을 보면 불과 피의 이미지를 느껴 흥분한다. 투우에서 소를 흥분시키기 위해 붉은 천을 쓴다. 실제로 불과 피는 에너지 활동이 극에 이르는 화에 속하여 활발한 활동을 한다.

2. 흑색

밤의 어두운색, 숯의 검은 색을 말한다. 에너지를 소모하는 활동을 정지하고 있을 때는 검은색이 나타난다. 검은색은 음이 극한 상태일 때 나타나는 색으로, 오행 중에 水에 속한다. 검은색을 가진 물체는 다른 색깔을 가진 물체보다 활동이 느리다고 할 수 있다.

陰의 성질을 가지고 있기 때문에 빨아들이는 능력도 있다. 그래서 숯은 정수기에 들어가 물속에 있는 여러 불순 물질을 흡착시킨다. 실제로 조명을 어둡게 하면 사람들 마음이 차분해지고 잠이 온다. 몸과 마음을 쉬고 싶으면 집안의 조명을 어둡게 하고 벽이나 가구의 색깔을 어두운 색깔로 해야 한다.

죽음의 색깔은 흑색이기 때문에 장례식에서는 검은색의 옷을 입는다. 식물의 에너지 활동이 가장 활발한 시기는 꽃이 필 때인데 꽃은 밝은 색깔이고, 에너지 활동이 정지하고 있는 색깔인 검은 색 꽃은 없다. 오장 중에 콩팥이 제일 색깔이 어둡다. 콩팥은 숯처럼 불순 물질을 걸러낸다. 일생 중에 노년기는 활동이 가장 느린 시기로 노인의 피부는 아기들에 비해서 어둡다.

사람은 검은 것을 보면 어둠과 죽음의 이미지를 생각하며 두려워한다. 검은 것은 죽음의 색깔로서 에너지 활동을 정지시킨다. 인간은 생과 반대되는 작용이 일어나는 흑색을 보고 두려움을 느낀다. 검은 고양이와 박쥐, 악마의 검은 옷, 드라큘라의 검은 망토 등 검은색 물체는 사람에게 공포를 느끼게 한다.

검은색을 가진 물체는 에너지 활동을 정지시켜서 인간의 생을 빼앗을 것 같아 두려움을 느낀다. 삶과 죽음의 차이는 에너지 활동인데 검은색은 이것을 느끼게 하고 산 사람은 본능적으로 이를 꺼리게 된다.

3. 청색

청색은 동양철학에서 봄의 색깔인 녹색을 의미한다. 청록색을 연상하면 적당하다. 청색은 양의 활동을 시작하는 색깔로 오행 중 木에 속한다.

녹색을 보면 밖에 나가고 싶고, 일을 하고 싶은 생각이 든다. 들판의 푸름을 보면 청춘의 활기가 생각난다. 녹색의 이런 성질은 겨울 동안의 긴 잠에서 깨어나 봄에 싹을 틔우는 나무의 성질과 일치한다. 녹색은 하늘을 향해 자라나는 나무의 색깔이기도 하다.

산과 들의 푸른 색은 젊은 시절의 꿈과 활발한 활동을 생각하게 한다. 가라는 신호등이 녹색인 것은 녹색이 이제 기다림을 멈추고 움직이기 시작하라는 느낌을 주기 때문이다. 우리는 녹색을 가진 물체가 봄의 작용인 木의 작용을 한다는 것을 본능적으로 안다.

4. 백색

어떤 물체가 무지개색인 태양 광선의 색을 반사하기만 하고 흡수하지 않을 때 나타나는 색이다. 에너지 활동이 정지되기 직전의 색이다. 이런 색을 가진 물체는 곧 에너지 활동을 중지하고 수축되기 시작한다. 노인들의 머리카락이 백색으로 변하는 것은 이제 그만 머리카락의 활동을 중지하려고 하기 때문이다.

사람이 백색을 보면 마음이 맑고 순수하고 고요해진다. 백색은 주로 바탕색으로 넓게 퍼지며 스스로를 드러내 놓지 않는다. 백색의 이런 성질은 활발한 활동을 중지하고 쉬기 시작하는 금의 성질과 부합된다.

결혼식 날 신부가 흰색 드레스를 입는 것은 이제 경망스럽게 활동하던 것(木·火의 활동)을 중지하고(金의 작용) 결혼을 해서 아기를 생산(水의 작용)하여 어머니가 되겠다는 표시이다.

또한 흰색을 보면 눈에 덮인 산과 들을 생각하고 고요함과 적막감을 느낀다. 청결함과 순수함도 느끼는데, 모두 활동이 정지되었을 때 느끼는 감정들이다.

5. 황색

조화와 안정, 풍요의 색이다. 흙의 일반적인 색이고, 불변과 풍요의 상징인 황금의 색이기도 하다. 누렇게 익은 곡식과 풍성한 과일의 색깔이다. 황색을 띤 물체를 보면 어렸을 때 어머니를 보는 것 같이 마음이 편해진다.

왕이 금관을 쓰고 황금 장식을 쓰는 것은 황색은 土의 색깔로서, 사방의 기운을 통치하는 물체의 색깔이기 때문이다. 여러 가지 색깔을 가진 소량(희귀)의 금속 중에 황색을 가진 금이 귀한 것은 황금의 황색이 어머니와 흙을 대할 때 느끼는 풍요와 안정을 나타내서 누구나 좋아하는 색깔이기 때문이다.

황색을 가진 물체는 土에 속하여 음이나 양, 혹은 木, 火, 金, 水 한쪽에 치우친 성격을 가진 물체들 사이의 분쟁을 해결하고 조화시킨다. 흙의 황색은 봄, 여름의 푸른색과 가을과 겨울의 서리나 눈에 덮인 흰색 사이를 중재하여 조화를 이루고 밤의 흑색과 낮의 적색 사이를 중재하여 조화를 이룬다.

사람은 황색을 보면 벼가 익어 누렇게 변한 들판을 생각하고, 풍요와 안정과 조화를 생각한다. 그래서 황색을 가진 것은 귀하게 여기고 가까이 가려고 한다. 일반적으로 황색을 가진 것은 냄새가 향기롭고 맛이 달며 소리가 나면 음계 중에 가운데 음을 낸다.

그러나 황색을 가진 것 중에 역겨운 냄새와 쓴맛이 있는 것이 있다. 대변은 그래서 사람들이 피하려 한다. 황색을 가졌지만 맛이 쓰고 악취가 나서 토의 모든 속성을 구비하지 않았기 때문이다.

황색은 목, 화, 토, 금, 수가 모두 들어있기 때문에 본능적으로 느끼는 황색 물체가 지니는 기능적 특징은 강렬하지 않다.

6. 색동옷

[그림 5.16] 색동옷을 입은 아이
(국립민속박물관) ⓒ저자

우리는 어렸을 때 색동옷을 입고, 색동으로 채색된 팽이를 쳤다. 색동옷이란 소매와 허릿단에 무지개 모양으로 7가지 색깔이 따로 장식된 옷이다[그림 5.16]. 그러다가 초등학교의 자연 시간에 우리의 눈에 보이는 모든 물체는 고유의 색깔을 가지고 있고, 그 색깔은 태양의 빛에서 나오는 무지개 색깔의 일부분이라는 것을 배웠다.

고등학교에서는 불경에 나오는 '色卽是空', '空卽是色'이라는 말을 배웠다. 8만 권의 불경 중에서 불교의 핵심적 가르침을 가장 잘 표현하고 있는 이 구절의 의미를 알려고 애쓸 때면, 어린 시절 팽이를 치던 생각이 나곤 했다.

한국의 아이들이 색동옷을 언제부터 입었는지는 모르지만, 아이들에게 색동옷을 입히는 데는 역경의 이치를 자연스럽게 알게 하려는 우리 조상들의 뜻이 있을 것이다.

빨강, 파랑, 노랑 삼원색의 물감을 모두 섞으면 검은색이 생기고, 빨강, 파랑, 초록 삼원색의 빛을 섞으면 흰색의 빛이 된다. 빛이 없으면 검은색(음), 빛이 아주 많으면 흰색(양), 빛이 중간이면 삼원색이 된다.

인간을 중심으로 보는 우주는 이런 빛깔체계로 되어 있다. 위에는 흰색의 태양 빛이 있고, 중간의 땅에는 삼원색과 흰색, 검은색 5가지 색깔이 혼합되어서 이루어진 동물, 식물, 광물 등이 있고, 땅속 깊은 곳에는 검은색이 있다.

우주의 만물은 다섯 가지 색깔의 조합에 의해 각기 다른 색깔을 가지고 있다. 백만 가지 서로 다른 색깔을 가지고 있는 백만 가지의 서로 다른 물질들은 그 고유의 성질이 있고 그 고유의 작용이 있다. 그 작용이 색깔로 나타나기 때문에 앞에 쓴 것처럼 색깔을 오행으로 분석해 보면 그 작용을 알 수 있는 것이다.

다섯 가지 기본 색깔을 알면 만물의 다섯 가지 기본 성질을 알 수 있어, 아이들에게 색동옷을 입힌 것은 색동과 그 색동의 바탕이 되는 흰색 천, 옷이 더러워졌을 때 검은색, 이 다섯 가지 기본색의 변화를 아이들의 옷을 통해 자연히 알리려 한 것 같다.

물론 삼원색과 그 삼원색의 일차적인 중간색(녹색, 보라색, 주황색)은 화려한 양적인 색깔이라 음적인 어른들보다 양적인 아이들이 좋아하기 때문에 색동옷을 입힌 이유도 있다.

7. 색동 팽이

각양각색의 물질을 싣고 있는 지구는 돈다. 작게는 물질을 구성하는 전자도 돌고, 분자도 서로 부딪히지만 않으면 돈다(소용돌이와 분자의 자전). 크게는 달도 돌고, 혹성도 돌고, 태양도 돌고, 우주도 돈다. 도는 물질들은 구형을 하고 있다. 지구도 둥글고, 별도 둥글고, 태양도 둥글다.

도는 팽이는 원자의 상징이고 지구의 상징이고 우주의 상징이다. 아이들은 팽이에 색동물감을 칠하고 돌리는데 각양각색의 만물을 싣고 돌아가는 지구를 돌리는 것과 같다. 색동의 팽이를 돌리는 것은 작은 우주를 돌리는 것과 같다. 역경이 음양이라는 부호로 우주를 나타내고 있으면 팽이는 색깔과 모형으로 우주를 나타내고 있다[그림 5.17].

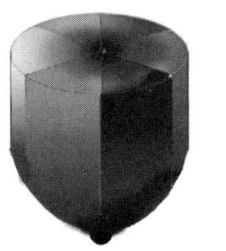

[그림 5.17] 팽이의 색즉시공 ⓒ저자

팽이는 중심에 있는 쇠(음)와 곁에 있는 나무(양)로 만들어졌다. 원심력에 의해 나무는 밖으로 튀어 나가려 하고 쇠는 구심력으로 인해 안으로 들어가려 한다. 나무와 쇠는 반대되는 성질이 있다(金克木). 그 증거로써 색칠한 팽이가 돌면 중심으로 갈수록 색깔이 어둡고 밑으로 갈수록 색깔이 어두워진다.

팽이를 반구로 생각할 때 적도(팽이의 상부 평평한 면)의 요란한 색깔들은 곧 남극(중심 쇠)의 검은 점으로 변한다. 이 팽이도 색즉시공, 공즉시색을 나타내고 있다.

각기 다른 색깔과 형체를 하고 있는 만물은 결국 같은 물질로서 보는 각도에 따라 잠시 다르게 보일 뿐이다. 결국 우주는 한 덩어리이고 나와 전혀 달라 보이는 나의 적도 한 몸체일 뿐이라는 것을 팽이가 가르치고 있다.

팽이의 찬란한 무지개색은 팽이의 제일 아래 원운동 중심의 검은 점(음, 블랙홀)에서 확장되어 출발한 양적인 단면(색깔)에 불과할 뿐이고 관점에 따라 검은 점이 되었다가 요란한 색깔의 세계가 되기도 한다.

우리가 현재 보고 있는 다양한 색상의 세상은 음이 양으로 변하고 양이 음으로 변하는 어느 시점의 어느 공간의 한 단면일 뿐이다. 단지 변화의 시간이 팽이처럼 짧지 않고 길 뿐이다. 팽이의 변화는 짧고 실제 세상의 변화는 몇십 년, 몇 백 년에나 끝나는 슬로우비디오 같다.

팽이는 멈추었다가 또 돌고, 파란색·노란색·빨간색의 위치는 동쪽에 있다가 서쪽에 있다가 순간순간 변한다. 팽이가 돌면 파란색은 노란색과 섞여 초록색이 되고, 노란색과 빨간색이 섞여서 주황색이 되고, 빨간색과 파란색이 섞여 보라색이 되고, 혼합된 색깔이 또 서로 혼합된 수없이 많은 색깔로 되었다가 결국 검은색의 한 점으로 집중된다.

색동 팽이는 우주의 심벌로서, 팽이를 돌리는 것은 우주를 돌리는 것이고, 돌고 있는 팽이의 색깔 변화를 바라보는 것은 우주의 삼라만상을 바라보는 것이 된다.

절의 어둡고 육중한 분위기를 아는 사람들은 절집의 화려한 치장(단청)에 놀란다. 이것도 팽이처럼 안으로 空을 깨우친 부처님의 근엄함과 밖으로 단청의 화려함을 조화시켜 공즉시색, 색즉시공의 교훈을 준다[그림 5.18-1, 5.18-2].

[그림 5.18-1] 인천 전등사의 단청 ©저자
[그림 5.18-2] 인천 전등사의 단청 ©저자

VI. 소리의 오행

움직이는 것은 모두 소리가 난다. 물체가 지구처럼 너무 크거나 원자처럼 너무 작으면, 그 소리는 우리가 들을 수 있는 주파수 영역에서 벗어나기 때문에 들을 수 없다. 여러 가지 계측장비를 쓰면 소리는 파동 형태를 나타낸다. 이렇게 생각해 보면 소리, 색, 냄새, 맛이 크게 다르지 않다.

물질의 가장 작은 단위는 양자이고, 양자는 입자와 파동의 두 가지 면을 가지고 있다. 따라서 존재하는 모든 물질은 파동으로 나타나고 파동은 측정될 수 있다. 그 파동 중에 20~20,000Hz 주파수를 가진 파동만이 우리의 고막을 진동시켜 들을 수 있다.

파동으로 존재하는 모든 것(결국 모든 물질)을 오행에 따라 다섯 가지 성질로 나누어 보면 가청 주파수 안에 들어오는 소리는 생명체와 밀접한 관계가 있어 음양이 조화된 土에 속한다. 쥐나 모기를 초음파를 발생시켜 쫓아 버리는 경우가 있는데 이것은 가청 주파수를 벗어난 파동은 음양의 편차가 커서 생명을 위협할 수 있어 생물이 피하는 것이다.

가청 주파수보다 주파수가 작은 파동은 음에 속하고 큰 파동은 양에 속한다. 음 속에 음과 양이 있는 것처럼 土 속에 木, 火, 土, 金, 水가 있다. 土에 속하는 가청 주파수 영역의 소리를 오행으로 다시 나누어 볼 수 있다.

그중 사람이나 동물이 내는 소리는 土에 속한다. 천둥이나 지진의 소리는 만물을 각성시켜 변화가 일어나게 하므로 木에 속하고 비가 오는 소리, 시냇물이 흐르는 소리, 파도 소리는 水에 속한다. 쇠가 부딪혀서 나는 맑은 소리는 金에 속하고 자동차 가는 소리, 기계 돌아가는 소리, 소방차 사이렌 소리, 화산 폭발 소리, 버너의 소리는 火에 속한다.

사람이나 동물의 소리를 다시 오행으로 나눌 수 있다. 그중에서 가장 음양이 조화된 사람의 목소리가 土에 속한다. 사람의 목소리 중에서 노래 하는 소리가 그중에 土에 속하고, 화가 나서 소리 지르는 것은 木에 속하고, 즐거워 웃는 것은 火에 속한다. 사람은 에너지를 왕성하게 쓸 때는 즐거워서 웃음소리가 절로 나온다.

울음소리는 金에 속한다. 울음은 에너지 사용이 거의 불가능하여 기운이 갇혀 있을 때 간헐적으로 나는 소리이다. 火에 속하는 어깨가 金에 싸여 축 늘어져서 나오는 소리이다. 신음 소리는 죽어갈 때 나는 소리이다. 에너지가 완전히 없어지려고 하거나 속에 완전히 갇혀 있을 때 나는 소리이다. 신음 소리는 두 가지가 있다. 아파서 나는 소리와 성교할 때 흥분하여 내는 소리이다.

水를 음양으로 나눌 수 있는데, 水의 작용이 시작되어 절정에 이르기까지는 陰水이고 절정에 이른 후에 木이 되기까지는 陽水이다. 아파서 내는 신음 소리는 에너지가 끊어질 때 나는 소리이니 陰水에 속하고, 섹스할 때 내는 신음은 水의 작용이 절정에 이르러 에너지가 다시 소생하는 소리이니 물질을 에너지로 만드는 陽水에 속한다.

노랫소리는 土에 속하는데 土에는 다시 木, 火, 土, 金, 水가 있어 5음계로 나눌 수 있다. 한국 음악은 5개의 옥타브로 되어 있고, 각 옥타브마다 5개의 음계가 있다. '木' 옥타브에 木, 火, 土, 金, 水가 있고, '火' 옥타브에도 오행이 있고, 土에도, 金에도, 水에도 오행이 있다.

土에 해당하는 음은 궁(宮)음이라 하고, 火에 해당하는 음을 치(徵)음, 金에 해당하는 음을 상(商)음, 水에 해당하는 음을 우(羽)음, 木에 해당하는 음을 각(角)이라 한다. 궁이란 궁궐로서 궁은 가운데 土의 위치에 있고, 조절과 통제를 하는 왕이 사는 곳으로 土에 속한다. 아기가 엄마를 부를 때 그 음도 궁(宮)음이라 한다.

　서양 음악의 7음계는 5음계에 반음이 두 개 더 합해진 것인데, 사람이 만든 음악을 연주하는 데는 7음계를 쓰는 것이 편리할지 모르나 자연이 만든 음악을 표기하고 만물의 이치를 측정하는 데는 5음계가 더 좋을 것이라고 생각된다.

VII. 냄새의 오행

　냄새는 물질의 분자가 떨어져 나와 콧속의 신경을 자극할 때 생긴다. 물질마다 냄새가 달라 냄새를 알면 어느 물질인가를 알아낼 수 있다. 냄새가 없는 물질도 있기는 하나 인간이 냄새를 못 맡을 뿐이고 후각이 예민한 개는 냄새를 맡는 경우도 있다. 냄새도 다섯 가지의 기본 냄새가 있다. 이 다섯 가지의 냄새들이 혼합되어 아주 다양한 냄새를 만들어 낸다.

　잘 익은 과일이나 꽃의 향기는 土에 속한다. 냄새가 좋은 물질은 먹을 수 있는 것이고 생명을 이롭게 한다. 먹을 수 있는 것은 유기체(organic compound)로서 음양이 조화되어 있다. 음양의 편차가 심한 것은 인체에 해를 주므로 냄새가 나쁘다.

　타는 냄새는 火에 속한다. 고무나 플라스틱이 타는 냄새는 맡기가 역겹다. 그러나 고기가 약간 타는 냄새는 좋게 느껴진다. 고기는 영양분이 농축되어 있어 소화(분해)하기 힘들다. 고기를 약간 태우면 소화가 잘 되기 때문에 고기가 약간 타는 냄새는 좋다. 빵은 고기보다 소화가 잘 되기 때문에 빵 익는 냄새는 좋고 빵 타는 냄새는 별로 좋지 않다.

　한약에서 소화를 촉진하는 약을 쓸 때 약간 볶아서 타는 냄새가 나게 해서 쓴다. 약이 陰적 성질이 많아서 소화에 장애가 생길 것 같으면 약간 태워서 쓰는 것이다. 한의학에서 위는 음식을 분해시키기 위해서 익히고 썩히는 작용을 한다고 한다.

익히고 썩히기 위해서는 열이 가해져야 하기 때문에 음식에 미리 열을 가해 타는 냄새가 나면 그 음식은 맛이 있어지고 소화가 잘 된다. 태우지 않았더라도 물질에서 탄 냄새가 난다면 그 물질은 에너지화 활동이 왕성하여 火에 속한다고 추정할 수 있다.

썩는 냄새는 水에 속한다. 어떤 유기물질도 죽어서 활동이 정지되면 썩는다. 썩는 냄새는 생명 활동이 정지될 때 나는 냄새이고 水에 속한다. 썩는 냄새가 나는 물질은 먹지 않는다.

그러나 동물이 병들어 열이 많이 나고 변비가 있고 너무 땀이 나면 썩는 내가 나는 물질을 약으로 먹어 열을 식힐 수 있다. 동물의 생리기능이 음양이 조화된 土의 상태에 있지 않고 火 쪽으로 치우쳐 있으면 썩은 물질을 먹어 水克火를 하고자 하기 때문이다.

노린내는 털 달린 동물들의 냄새이고 가축병원에 들어갔을 때 나는 냄새이다. 동물들은 자기 냄새는 익숙해져 맡지 못하고 다른 종류의 동물 냄새는 잘 맡는다.

필자가 미국에 가서 처음 영화관에 갔을 때 속에 노린내가 가득했다. 미국 사람들도 아시아인의 영화관에 오면 저희와 다른 아시아인의 노린내를 맡을 것이다. 그러나 미국인과 아시아인의 체취가 같은 노린내에 속하지만, 꽃향기나 썩은 냄새와는 다를 것이다.

여러 가지 노린내는 모두 木에 속한다. 타는 냄새처럼 에너지 활동이 불처럼 왕성하지는 않지만, 에너지 활동이 활발한 동물에서 주로 나는 냄새이다.

비린내는 金에 속한다. 비린내는 날고기나 생선에서 나는 냄새이다. 활발한 에너지의 활동이 느려지기 시작할 때 나는 냄새이다. 동물이 죽어서 썩기 전에 나는 냄새이고, 물속에 사는 동물(水 중의 양은 거의 金에 가깝다)에서 나는 냄새이다. 비린내가 나는 물질은 이제 에너지 활동이 느려지고 물질화 작용이 일어나고 있는 상태라고 할 수 있다.

VIII. 맛의 오행

맛은 물질의 성질을 구별하는 데 아주 중요한 역할을 한다. 특히, 음식이나 한약은 생체이기 때문에 성분을 분석하여 약효를 알아낼 수 없다. 한약에서 무슨 성분이 있기 때문에 그 약재는 무슨 작용이 있다고 하는 것은 우스운 말이다. 이렇게 말하는 것은 미국의 뉴욕 번화가를 밤에 가서 많은 거지들을 보고 미국은 거지들만 사는 곳이라고 하는 것과 같다.

생체를 구성하는 물질에 어떤 한쪽 방향의 성질이 있으면 반드시 그 반대되는 방향으로 작용하는 반물질이 존재한다. 그래야 생체의 작용이 어느 한 방향으로 치우치지 않고 살아갈 수 있다.

생물과 광물이 다른 점은 생물은 음양이 조화되어 있어서 한쪽 방향의 작용만 일어나지는 않는다는 것이다. 한 약초를 구성하는 성분들은 각기 다른 맛을 가지고 있는데 그 맛들이 조화를 이뤄 한 가지 종합적인 맛이 난다.

컴퓨터에 달린 프린터에서 인쇄되어 나온 그림을 확대해서 보면 각기 다른 색깔의 점(pixel)들로 이루어져 있다[그림 519]. 그 점들은 다섯 가지 색깔을 나타내고 있을 뿐인데, 전체적으로는 어떤 형태의 그림을 보여준다. 맛도 이것과 같다.

(이 그림을 몬로의 얼굴이라 할 수는 없다.)

[그림 5.19] ©HP 프린터 광고

인삼에 컴퓨터 그림의 점(pixel)처럼 64개로 크게 구분되는 성분이 있다고 하자. 각 성분은 각기 다른 맛이 있다. 그 맛들이 모여 전체적인 하나의 맛을 만든다. 그 맛이 오행 중에 어디에 속하는지 알면 인삼의 전체적인 효과를 알 수 있다.

그러나 인삼의 64개 성분 중에 하나나 둘을 골라서 맛을 보고 전체를 모르는 상태에서 그 부분적인 맛이 인삼 전체의 맛이며 인삼은 그 맛에 상당하는 효과가 있다고 보는 것은 잘못이다. 이것은 컴퓨터 사진의 한 점이나 두 점의 색깔을 보고 전체 사진이 그 점들의 색깔로 되어 있다고 말하는 것과 같다.

생물과 생약은 물처럼 성분이 거의 같은 단일 물질이 아니다. 여러 가지 성분을 샘플로 선택해 봐도 되나 선택되지 않은 성분이 전체에 강력한 작용을 할 수 있다.

생체를 완전히 분석하여 성분들을 모두 밝혀내지 않는 한 몇 가지 부분적 성분을 밝혀내는 화학적 분석만으로서 전체의 약효 추정은 불가능하다. 맛에 의한 전체적 분석만이 생약의 약효 측정을 가능하게 한다.

약효를 더욱 잘 분석하기 위해서는 전체적인 색깔도 오행으로 분류하고 전체적인 냄새도 오행으로 분류해 가능하다면 '핵 자기 공명 분석기'(NMR spectroscopy)*를 동원하여 원자 단위의 파동과 전체적인 혼합 파동을 오행으로 분석하면 더욱 그 약효를 정확히 알아낼 수 있다.

신맛은 木에 속하고, 쓴맛은 火, 매운맛은 金, 짠맛은 水, 단맛은 土에 속한다. 나무의 열매가 과일로 변하는 과정 중에 있는 덜 익은 과일은 시다. 이것을 나무의 맛은 시다고 표현한 것이다. 불에 탄 물건의 맛은 쓰다. 그래서 불의 맛은 쓰다고 했다. 쇠를 혀에 대보면 약간 짜릿한 맛이 있다. 이래서 쇠 맛은 맵다고 했다.

물 중에 큰물인 바닷물은 짜다. 그래서 물맛은 짜다고 했다. 흙의 맛은 달다. 실제로 황토를 맛보면 설탕물의 단맛 같지는 않지만 약간의 단맛이 있다. 흙에서 나는 것 중에 가장 대표적인 것이 곡식이고 곡식의 맛은 달다. 그래서 흙 맛을 달다고 했다.

맛은 인체에 들어와서 반대작용이 일어난다. 물질의 오행과 작용의 오행이 체용법칙에 의해 반대가 되기 때문이다.

木의 맛인 신맛은 金의 작용인 에너지를 수렴시키는 작용이 있다. 金

* NMR(Nuclear Magnetic Resonance) Spectroscopy: 원자들은 각기 다른 축으로, 각기 다른 방향으로 회전하고 있다. 이렇게 각각 다른 형태의 회전 운동을 하면서 서로 다른 자기적 성질을 가지고 있다. 이런 원자들에 강한 자장을 주면 원자들의 중심축이 일렬로 배열된다. 일렬로 배열된 상태에서 수소 원자가 공명할 수 있는 고주파를 주면 중심축이 90도로 기울어졌다가 고주파를 끄면 에너지를 발생하면서 서서히 돌아온다. 각 원자는 주위의 결합 물질과 상태에 따라 돌아오는 속도가 다르니, 각 원자가 회복되면서 나오는 에너지를 시간에 따라 분석하면 물질의 분자구조를 추정할 수 있다. 원하는 물체를 64x64개의 점(Pixel)으로 나누어 각 점마다 다른 파동 에너지를 측정하여 흑백 명암으로 나타내면 각 점은 그 점에 해당하는 구역의 다른 분자구조를 반영하기 때문에 그 물체의 단면 이미지를 얻을 수 있다. 이것을 MRI라 한다. 각 원자가 내는 에너지의 파동을 분석할 때 화학적 구조물과 연관 짓지 말고 오행과 연관 지으면 물질의 오행 상태를 알 수 있다.

의 맛인 매운맛은 木의 작용인 에너지를 활성화시키는 작용이 있다. 火의 맛인 쓴맛은 水의 작용으로써 에너지 활동을 저지시키는 작용이 있다. 水의 맛인 짠맛은 火의 작용인 에너지 활동을 절정에 달하게 하는 작용이 있다.

맛에 대한 자세한 설명은 2장의 「음식의 음양」과 이 장의 마지막 부분에 있는 「맛의 약효」를 참조하기를 바란다.

IX. 인체 생리의 오행

四象은 타고난 장기의 강약을 알아내는 데 우수하고, 五行은 장기의 현재 작용과 서로의 상호 관계를 표현하는 데 우수하다. 『황제내경』이라는 한의학의 경전에서는 인체의 생리, 병리, 약리, 진단의 빠른 변화를 사상 대신에 오행으로 설명하고 있다.

1. 오장(五藏)

형체는 언제든지 에너지로 변하고 에너지는 뭉쳐서 형체가 되므로 형체를 잘 보면 작용을 알 수 있고, 에너지가 만들어 내는 작용을 잘 보면 형체를 알 수 있다. 동양의학에서 인체는 피라미드처럼 부분이 전체의 기본 요소들을 가지고 있으므로 인체를 소우주라 한다.

우주가 木, 火, 土, 金, 水에 속하는 다섯 가지 그룹의 물질로 되어 있고 오행의 원리에 따른 작용이 일어나고 있다면 인체도 木, 火, 土, 金, 水에 속하는 다섯 가지 그룹의 물질로 구성되어 있고 오행의 원리에 따른 생리가 일어난다.

복강과 흉강은 인체의 중심이다. 이 속에 있는 장기가 오행을 대표한
다. 心은 붉은 피를 몸 전체로 펌프질하는 세상의 큰불인 태양과 같아서
여름에 해당하는 火에 속한다. 여름처럼 인체 내의 에너지 활동을 왕성하
게 하는 일을 담당한다.

腎은 체강에 있는 장기 중에 가장 어두운 색깔을 하고, 가장 아래 깊숙
한 곳에 있다. 그 작용도 물에 해당하는 소변을 만드는 작용을 하고 겨울
에 해당하는 水에 속한다. 겨울처럼 인체 내의 물질화 활동을 왕성하게
하는 일을 담당한다.

肺의 색깔은 백색이고 제일 상부에서 주전자의 뚜껑처럼 흉강을 덮고
있다. 주전자 뚜껑처럼 활발한 에너지인 수증기를 모아 물로 만들어 밑으
로 떨어뜨리는 작용을 한다. 산소와 이산화탄소 비율을 조절하는 데 에너
지화와 물질화를 조절한다. 에너지를 물질로 바꾸는 작용은 가을에 해당
하는 金의 작용에 있다. 폐는 금에 해당한다.

肝은 신장과 심장의 중간에 있다. 색깔은 보라색인데 인체 내부는 피
색깔 때문에 모두 붉으므로 보라색에서 붉은색을 빼면 木의 색깔인 파란
색이 남는다. 생긴 모습은 木의 형태인 뾰족한 역삼각형을 하고 있어 신장
에 저장된 에너지를 위로 심장에 전달할 것 같이 생겼다.

간은 물질의 형태로 저장되었던 글리코겐을 포도당으로 바꾸니 물질
을 에너지로 변화시키는 봄의 작용을 한다. 그래서 肝은 木에 속한다.

脾는 비장이 아니라 췌장인데 위로는 심장, 아래로는 신장, 좌로는 간
의 중간에 있으니 중앙의 土에 속한다. 황색을 띠고 있고 많은 소화효소를
분비하여 음식물을 소화시켜 인체 각부에 영양을 대주는 어머니 같은 기
능이 있다. 토의 작용을 한다. 또 음식물에서 영양분을 뽑아내는 역할뿐

아니라 인슐린을 분비하여 생명 유지에 꼭 필요한 당 대사를 조절한다.

인슐린은 세포 내로 포도당을 끌고 들어가는 가장 중요한 작용을 하여 나머지 네 장기의 세포에 포도당을 공급하는 중요한 역할을 한다. 脾는 황색을 띠고 중앙에 있으며 조절 기능이 있으니 土에 속한다.

2. 오장의 상생 작용

생리 활동에는 두 가지 목적이 있다. 하나는 현재의 생명을 유지하는 것과 또 하나는 다음 생명을 준비하는 것이다. 현재의 생명을 유지하는 것은 심장이 담당하고, 다음 생을 준비하는 것은 신장이 담당한다.

심장은 火에 속하는 장이고, 신장은 水에 속하는 장이라 한의학에서 인체의 생리를 '수화교제'(水火交際)라는 한마디로 정의한다. 역경에서는 우주 운동을 한마디로 수화교제라 하고 있다.

생명의 유지를 위해서 심장은 에너지원의 체내 섭취, 분해와 정제, 각 세포로의 공급 및 세포 내에서의 에너지 이용을 모두 관리하고 있다. 심장의 관리 내용은 고분자에서 저분자로, 저분자에서 에너지로 변환시켜 생명 활동을 영위하게 하는 작용을 한다.

반면에 신장의 관리 내용은 에너지에서 저분자로, 저분자에서 고분자로 변환시켜 하나의 세포를 만드는 작용을 한다. 그 작용의 자세한 내용은 이 책의 2장 「음양」 '인체 생리의 음양'에서 소개했다.

심장의 작용은 '기화(氣化) 작용'(양)이라 하고 신장의 작용은 '형화(形化) 작용'(음)이라 한다. 기화 작용은 심장에서 주로 하지만, 나머지 네 개의 장이 도와주고 있다. 음양이 조화된 土에 해당하는 脾의 활동은 크게 두 가지가 있다. 췌장액을 분비하여 음식물을 분해시키는 기화 작용과 인슐린과 글루카곤을 분비하여 당분 대사를 조절하고 세포를 살찌우는 형화 작용이다.

인체 생리의 양대 작용인 기화 작용과 형화 작용을 태극과 오행의 상생에 따라 그림을 그려 보면 [그림 5.20]과 같다.

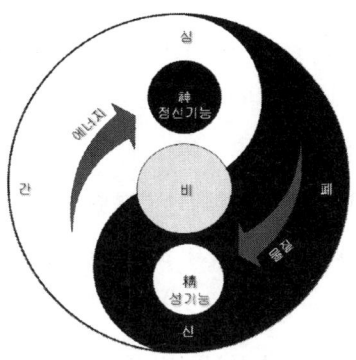

[그림 5.20] 오장의 태극 ©Pixabay / 저자

脾는 음양이 조화되어 상향하는 작용과 하향하는 작용이 함께 있다. 그래서 위아래로 곡선이 그려진다. 肝은 心의 기화작용을 돕고(木生火), 肺는 腎의 형화 작용을 돕는다(金生水).

陰이 極해서 나오는 흰 점은 精이고 陽이 極해서 나오는 검은 점은 神을 나타낸다. 精神이 합하여 의식 세계를 만든다. 精은 척수에서 나오고 神은 뇌에서 나온다.

살아 있으려면 에너지가 필요하다. 이 에너지의 배급은 심장이 맡고 있다. 에너지는 간에서 지방, 단백질이 분해되거나 당 분해작용이 일어나서 저장되었던 탄수화물인 글리코겐이 포도당으로 변해서 혈액에 공급되어야 심장이 이 포도당을 배급할 수 있다. 이 과정이 木生火 작용이다.

간의 분해작용은 신장이 피에서 필요 없는 노폐 물질을 걸러내고 재흡수된 지방, 단백질, 포도당을 간에 공급해야 가능하다. 신과 같이 水에 속하는 부신에서 분비되는 부신피질호르몬과 아드레날린이 같이 공급되어 주어야 간에서 분해작용이 활발하다. 이것이 水生木 작용이다.

기화 작용 중 중요한 부분의 하나가 외부로부터 에너지원인 음식물을 섭취하여 분해, 흡수하는 것이다. 이 작용은 비가 맡고 있다. 췌장액이 많이 나오고 글루카곤이 잘 분비되어 당질 대사가 일어나야 기화의 에너지원인 포도당이 된다.

음식을 섭취하면 췌장액이 분해해서 포도당을 만들어 혈액 속으로 투여한다. 그러면 심장이 이 포도당을 피에 실어 각 세포에 배급하여 비를 돕는다. 이 작용 火生土이다.

기화 작용의 최종 과정은 포도당을 세포 내로 들어가게 하고 폐가 산소를 공급하여 에너지로 변화시키는 일이다. 포도당을 세포 내로 끌어들이기 위해서는 비의 도움이 필요하다. 비는 인슐린을 분비하여 포도당이 세포 내로 들어가기 쉽게 한다. 이 작용이 土生金이다.

腎은 陰에 속하는 장이기 때문에 기화 작용에서는 큰 역할을 하지 못한다. 그러나 새 생명을 창조하는 형화 작용에서는 매우 큰 역할을 한다. 신장에 속하는 부신을 한의학에서는 '생명의 문'(命門)이라고 부른다. 생명이 창조되는 곳이다.

에너지를 물질로 변화시켜 저장했다가 필요할 때 다시 쓰고 현 생명을 유지하기 위해서 교체되는 세포를 만드는 일이 腎이 주관하는 물질화 작용, 형화 작용이지만 이 형화 작용의 최종 목표는 생식세포를 만드는 것이다.

水 중의 음에 속하는 腎은 肺의 도움을 받아 물질을 저장한다. 폐는 산소와 이산화탄소의 교환을 주관하는데 혈액 속에 들어오는 이산화탄소

와 산소의 비율을 조정할 수 있다.

호흡운동의 조절로 산소의 공급을 늘리고 이산화탄소의 공급을 줄이면 氣化작용이 일어나고, 이산화탄소의 공급을 늘리고 산소의 공급을 줄이면 형화 작용이 일어난다. 호흡을 천천히 하면 형화 작용이 일어나서 에너지가 물질로 저장되고 결국 새 생명 창조의 기초가 된다. 肺는 오장 중에 유일하게 그 기능을 의지대로 조절할 수 있다.

형화 작용이 일어나면 생리 활동은 느려지나 에너지의 축적이 일어나 생식세포를 비롯한 세포의 생산이 많아진다. 이렇게 하여 줄어드는 세포보다 교체되는 세포가 많아지면 이들 새 세포로 새 몸을 만들 수 있다.

노화는 죽어가는 세포의 비율이 새로 생기는 세포의 비율을 초과할 때 생기는데 이런 자연스러운 노화현상은 호흡을 천천히 하고 숨을 깊게 쉬어서 막을 수 있다.

여기에 명상까지 하여 생리 활동뿐만 아니라 생각도 느리게 하면 인간의 생각이 아니고 우주의 생각인 영감을 얻을 수 있고 나아가서는 깨달음을 얻을 수 있다. 이것이 역경의 대가들인 도사들이 제시한 건강법이고 젊어지는 법이며 거듭나고 깨달음을 얻는 길이다.

노화를 막는 방법으로 해를 볼 수 없는 동굴 속에 몇 달 동안 사는 실험을 한 적이 있다. 연구 결과 동굴 속에서 몇 달 동안 사는 것이 노화를 둔화시킨다는 결론을 냈다. 이것은 陰인 환경을 만들면 호흡이 느려지고 생리 활동이 느려져 새로운 세포의 생성 비율이 높아지기 때문이다.

양계장에서 산란율이 떨어지는 닭을 몇 주일 동안 어두운 곳에 집어넣고 먹이도 최소한으로 주면 산란율이 높아진다고 한다. 이는 이와 같은 이치로 陰적인 환경을 만들어 생식세포를 많이 만들게 한 것이다. 숭어는 산란기가 되면 눈에 흰 막이 덮여 앞을 잘 볼 수 없다. 이 또한 생식세포를 많이 만드는 형화 작용을 촉진시키는 방법이다.

생식세포를 만드는 것은 腎이지만 에너지를 물질로 변화시켜 생식세포의 기초 물질이 되게 하는 것은 肺이다. 이것을 오행의 용어로는 金生水라 한다.

폐의 기능으로 저장한 에너지는 지방의 형태로 소화기관 주위와 근육 주위에 저장하거나 글리코겐의 형태로서 간에 저장하는 작용이 신의 작용이고 그 물질들을 이용하여 생식세포와 체세포를 만드는 것이 부신의 작용이다.

이런 작용은 주로 성호르몬인 스테로이드호르몬이 매개하는데(촉매 역할), 이 호르몬들이 콜레스테롤을 원료로 부신과 신에 속하는 고환, 난소에서 간의 生하는 작용을 받아 만들어진다. 간은 生, 심은 長, 비는 化, 폐는 收, 신은 藏을 맡고 있다.

3. 오장의 상극 작용

오장 중에 심장은 작용이 정지하면 사람이 바로 죽는 기관이므로 매우 중요하고, 태양처럼 신체 각부에 에너지를 공급하며 가장 활발하게 움직이는 기관이다. 그래서 일국의 왕에 비유할 수 있다.

火는 水의 조절을 받는 것이 오행의 원리이다. 신장은 ACE라는 효소를 분비하여 혈관을 수축시키고 심근 활동에 중요한 역할을 하는 전해질인 나트륨, 칼륨, 칼슘 등을 조절하여 심장의 활동을 조절한다.

한의학에서 腎이라 하면 부신도 함께 일컫는데, 부신은 水의 陽 기능을 맡고 있고, 腎은 水의 陰 기능을 맡고 있다. 부신은 아드레날린과 알도스테론이라는 호르몬을 분비하여 심장 박동을 촉진시키고, 혈액의 나트륨

함량을 많게 하여 혈압을 높인다.

肝의 기능은 폐의 조절을 받고 있다. 간의 작용에서 가장 중요한 것은 포도당을 태우는 화로인 구연산 회로(TCA cycle)와 전자 전이 통로(electron transport channel)를 돌려서 에너지 형태인 ATP를 만드는 것이다. 이 구연산 회로와 전자 전이 통로에 폐의 작용에 의한 산소 공급이 제대로 되지 않으면 아주 적은 양의 ATP밖에는 생성할 수 없다. 이것이 金克木 현상이다.

肺의 기능은 심장의 조절을 받고 있다. 폐의 주된 기능인 산소와 이산화탄소 교환은 폐포에 있는 모세혈관의 혈류량에 달려 있다. 심장의 작용에 의해서 폐포에 혈액 공급이 잘 되면 肺는 그 기능을 활발히 이행하고, 그렇지 않으면 그 기능을 이행하기 힘들다. 이렇게 肺의 작용을 心이 조절하는 것이 火克金 현상이다.

腎의 기능은 脾의 조절을 받고 있다. 脾에서 생산되는 인슐린은 세포 내로 포도당이 들어가는 것을 관리한다. 포도당이 세포 내에 들어가는 것은 나트륨과의 교환에 의해서 생긴다. 腎에서 소변이 배설되는 것은 나트륨의 양에 달려 있다.

나트륨이 주성분인 소금을 많이 먹으면 붓고 혈압이 높아지는 것은 나트륨이 물과 결합하여 신장에서 물을 배출하지 않아서 그렇다. 신장의 기능은 나트륨이 조절하는데, 나트륨의 조절은 나트륨의 섭취를 담당하는 소화기관(脾)의 몫이다. 결국 신장의 기능을 비가 조절하는 것으로, 이 현상이 土克水 현상이다.

한약에서 土의 성질을 가진 약이 감초인데, 감초를 많이 먹으면 腎의 기능이 떨어져 수분 저류 현상이 나타난다. 시중에서 파는 쌍화탕에 빨간 글씨로 써 있는 감초의 부작용이다. 이것은 토극수 현상으로, 최근에 알려진 사실을 단지 오행론 하나만으로 몇 천 년 전에 유추할 수 있었다는 것이 놀랍다.

脾의 기능은 肝의 조절을 받는다. 脾는 글루카곤과 인슐린을 생산하여 포도당의 세포 내 공급의 조절을 맡고 있는데, 간에 저장된 탄수화물인 글리코겐과 지질, 단백질을 포도당으로 변환시켜야 실제로 脾의 기능을 완수할 수 있다. 비의 기능은 결국 肝의 조절을 받고 있다. 이 현상이 木克土이다.

건강의 거대한 적인 당뇨병 치료법 연구에서 의학자들의 관심은 비장에만 집중되어 있다. 대부분 노인성인 이차성 당뇨병을 보면 인슐린을 분비하는 랑게르한스섬 세포들은 이상이 없다. 비장에 이상이 없기 때문에 학자들이 관심을 비를 조절하는 간에 돌린다면 머지않아 효과적인 치료법을 찾아낼 수 있을 것이다.

4. 정(精), 성교와 뇌

생식기, 뇌, 척수, 뼈, 골수는 모두 水에 속하여 신이 관리하는데 특히 뇌척수와 생식기는 성질이 비슷해서 그 성분이 서로 교환될 수 있다. 신이 저장한 물질 중에 精이라는 인체의 가장 핵심적인 물질이 있어 생식세포가 되거나 뇌, 척수, 신경 계통을 형성하는 세포가 된다. 精은 아낄수록 좋은데 도인이나 스님, 신부들이 결혼을 하지 않는 이유가 여기에 있다.

생식세포와 성 에너지를 성교로 소모하면 뇌나 신경을 만들 수 있는 물질이 줄어든다. 성교를 하지 않으면 그 가장 핵심적인 물질이 뇌나 신경의 발달에 사용된다.

과도한 성생활 후에는 몸도 피곤하지만, 머릿속이 빈 것 같고 기억력이 떨어지고 신경 작용이 둔해서 여기저기 잘 부딪히고 자율신경이 실조

되어 물을 먹다 기침을 하고 식은땀이 나고 화끈하게 열감이 올랐다 내렸다 하는 것을 느꼈을 것이다.

이런 현상들은 갱년기 여성들이 여성 호르몬이 부족했을 때 나타나는 현상들이기도 하다. 정이 부족해 생기는 이런 현상들은 水의 성질이 있는 한약을 먹거나 사슴의 골수에 해당하는 녹용을 먹으면 없어진다.

현대의학에서 성교를 많이 할수록 정력이 좋아지고 정자 수가 많아진다고 말하는데 이것은 노화를 촉진하는 지름길이다. 정은 수에 속하는 에너지이기 때문에 정이 부족하면 수가 화를 견제할 수 없어 화에 해당하는 성욕이 쉽게 발동한다. 정력이 넘쳐서 성욕이 발동하는 것이 아니라 헛기운이 발동하는 것이다.

수는 2세의 생명을 만드는 중요한 에너지라 부족하면 가장 먼저 공급된다. 수가 부족하면 수를 생산하기 위해 오행 중에 수에 속하는 기관들이 일을 많이 하여 이들의 치우친 발달을 초래할 수 있다. 이것은 전체의 균형을 깨는 것이고 수 에너지 소모가 너무 많아 결과적으로 전체적인 에너지 부족을 초래한다.

회복 기능이 좋은 20대에는 상관없으나 회복 기능이 좋지 않을 때는 생리기능의 저하로 일찍 노쇠하고 쉽게 병에 걸리게 된다.

5. 뇌의 계발: 명상과 단전호흡

도인이나 스님, 요기들이 하는 복식호흡과 명상은 과학적으로 생각하면 뇌를 개발하는 것이다. 사람의 뇌는 단세포 동물 때부터 자극을 받을 때마다 그 대처하는 방법을 AI처럼 신경망을 하나하나 짜는 것으로써 기록하고 있다.

사람의 수정란이 어머니 자궁 내에서 개체발생이 계통발생을 거듭하는 동안에 인간으로서 받을 수 있는 자극만으로 깨어난 신경회로를 중심으로 신경망이 다시 짜진다.

본래 인간의 뇌는 우주에서 일어날 수 있는 모든 자극에 의해서 형성된, 우주를 모두 감지할 수 있는 신경망으로 되어 있는데 지구상의 어느 국한된 지역에, 작은 사회 그룹에 가해질 수 있는 자극에 한해서 극히 일부분의 신경망만 깨어난다.

우리가 20~20,000Hz의 소리만 듣고 6,000~7,000Å의 빛만 볼 수 있는 신경망만 되살아난다. 그래서 국한된 것만 인식할 수 있고 국한된 자극에 대처할 수 있는 명령만을 내리게 된다. 그러나 우리가 뇌에 충분한 영양분과 산소를 공급하고 우주의 모든 자극에 공명하려고 노력한다면 우주 전체를 감지하고 그것에 대한 명령을 내릴 수 있는 본래의 신경망이 되살아날 것이다.

성경의 언급대로 인간이 하느님과 똑같이 창조되었다면 우주 전체를 감지하는 하느님의 뇌와 우리의 뇌가 똑같을 것이다. 우리도 뇌를 계발시키면 우주를 감지하고 우주 전체를 내 손 움직이듯이 움직일 수 있을 것이다. 나의 적도 내가 감지하고 있는 나의 한 부분이니 내 몸 아끼듯이 사랑할 수 있을 것이다.

신경을 집중하면 이름 모를 산속 바위의 느낌을 전달받고 바위가 원하는 것을 들어줄 수 있을 것이다. 우주의 모든 것이 내 것인데 남의 돈을 빼앗아 자기 앞에 놓는 것은 왼손에 든 돈을 오른손으로 옮겨 드는 것과 같아 그 돈을 빼앗으려고 왼손을 죽이는 일은 없을 것이다.

역경의 대가인 도인들은 뇌를 계발시키는 방법으로 숨을 천천히 깊이 쉬며 세상의 복잡한 생각을 그만두고 우주에 몸을 맡기고 조용히 앉아 있을 것과 섹스를 금할 것을 제시하고 있다. 이것은 불교의 '참선', 인도의 '요가', 기독교의 '기도와 묵상'과 같다.

성인들이 제시한 뇌 계발 방법을 현대의학적으로 생각해 볼 수 있다. 뇌 혈류량 조절은 뇌 손상 환자의 치료에 중대한 관건이기 때문에 그 기전이 잘 밝혀져 있다. 숨을 천천히 쉬면 처음에는 혈액 중에 이산화탄소의 비율이 높아진다. 그러면 뇌혈관이 이완되어 많은 혈액이 뇌로 흘러 들어간다.

복식호흡은 배에 압력을 주는 것이기 때문에 복강 내로 들어갈 혈액을 짜서 뇌로 보낸다. 그 압력으로 뇌혈관은 산소 공급이 많아져도 열린 채로 있다. 가부좌를 틀고 앉는 것은 근육의 분포가 많은 다리의 혈관을 압박해서 머리로 가게 한다.

산소가 혈액 속으로 주입되는 곳은 폐포인데 폐포는 평상시의 호흡으로는 100%의 폐포들이 공기에 의해 부풀어지지 않는다. 숨을 인위적으로 깊이 들이마시면 폐의 모든 폐포가 부풀어서 충분한 산소가 혈액 속으로 들어간다. 뇌세포는 충분한 영양과 산소를 동맥으로부터 받고 뇌세포 대사 찌꺼기는 정맥 속으로 내보내서 뇌가 활발하게 활동할 수 있다.

정신과 육체 운동을 정지하고 고요히 앉아 있으면 불필요한 에너지 활동이 중지되어 물질로서 축적된다. 그 에너지가 물질화한 것 중에 정미한 것(정)은 성세포나 뇌, 척수, 골수를 만든다.

성세포와 성 에너지로의 소모가 없으므로 뇌, 척수의 구성 물질이 만들어지고 보다 많은 산소를 운반할 수 있는 적혈구를 생산하는 골수를 만든다. 이것을 『도장경』(道藏經)에서는 "정을 전환시켜 뇌를 보한다"라고 한다.

이 현상을 五行 이론으로 말하면 金生水(단전 호흡으로 이산화탄소를 축적하여 정을 생산)의 극치가 된다. 인체의 생리를 오행으로 처음 설명한 『황제내경』에서는 腎은 精을 저장하고, 心은 神이 거주하고, 神의 집은 뇌(腦)라고 했다. 동양에서 마음을 精神이라고 한다. 신의 에너지와 심의 에너지가 합한 것이 마음이다.

도통이란 폐의 운동인 복식호흡을 하면 腎의 精이 만들어지고 신의 精은 뇌가 되어 神을 만드는데 그 신이 우주의 신과 같게 되는 것을 말한다.

이 본래의 신경망이 계발될 수 있게 하려면 뇌에 충분한 산소와 영양분을 공급하고 뇌의 생성 작용을 촉진시켜야 한다. 뇌에 생성 자극을 주기 위해서는 우주의 소리를 들으려고 노력하거나 피부로 느끼려고 노력해야 한다(불교의 관법[觀法]).

또 머릿속에서 빛을 보려고 하거나(한국의 원상법[原象法] 木火土金水가 조화된 음으로 이루어진 주문을 외워 몸을 음양이 조화된 공명통으로 만들고 우주의 파동과 공명시켜야 한다(탄트라).

X. 병리와 치료의 오행

병은 오장(五臟) 중 하나 혹은 몇 개의 장의 기능이 너무 강하거나 약해서 생긴다. 예를 들어 심장의 기능이 약한 것도 병이고 너무 강한 것도 병이다. 심장이 병들면 心이 대표하는 心에 속하는 모든 개체들이 병든다.

心이 너무 강해서 병이라는 것은 心의 펌프질 능력이 강하다는 것이 아니라 다른 오행의 세력보다 심장의 기능이 강해서 전체적인 균형이 깨지고, 병리적으로는 그 그룹의 개체들에 과열 증상이 나타나는 것이다.

心의 기능이 다른 장보다 강하면 심장으로 대표되는 心의 그룹에 있는 小腸, 舌, 脈, 血, 神이 같이 병든다. 小腸은 한의학에서 수분 대사에 관계하는데 火가 왕성하면 소변이 붉고 소변볼 때 통증이 있다. 혀는 혓바늘이 돋거나 붓고, 붉어지고, 아프다.

맥은 火가 있으면 터지기 쉽고 血에 火가 있으면 압력이 높아져 코피, 위장 출혈이 있다. 神은 차가운 것을 좋아하고 뜨거운 것을 싫어하는데, 火가 왕성하면 정신이 불안, 초조하고 안절부절못하여 잠이 안 오고 정신분열증이 되기 쉽다.

심장의 기능이 너무 왕성하면 火克金하여 폐병이 생기기 쉽다. 류마티스성 열로 이첨판 폐쇄부전이 생기면 좌심실에서 좌심방으로 피가 역류하고 폐동맥에 혈류 정체가 생겨 폐병이 된다. 이것이 火克金 현상이다. 이럴 때는 폐를 치료하는 것이 아니라 심장을 치료한다.

병의 원인은 외인(外因)과 내인(內因), 불내외인(不內外因)이 있다. 외인에는 風, 寒, 暑, 濕, 燥, 火가 있다. 이것들은 부적절한 기후를 뜻하는 말이나 실제로는 사람에게 영향을 미치는 지구의 6가지 세력이다. 오행으로 분류하면 風은 木, 寒은 水, 暑는 火, 濕은 土, 燥는 金에 속한다. 火는 그대로 火에 속한다.

1. 외인(外因)

인체에는 오장이 있어 오행의 생리기능을 담당하고 있고 우주에도 다섯 가지 주체세력이 있어 오행의 다섯 가지 나누어진 운동을 하고 있는데, 그것이 인체에 영향을 미칠 때는 지구의 제한된 특성(음양의 편차) 때문에 6가지 세력으로 변형되어 나타난다. 이것을 육기(六氣)라 하는데 지구상에는 원래 태양의 세력이 너무 강해서 한 개의 火로는 火의 영향력을 표현하기 부족하여 또 하나의 火를 더 둔 것이다.

오행의 성질을 가지고 있는 육기 중에 본래는 陰에서 발생하는 陰火로서 룛는 군왕의 火라 하고, 더해진 火는 陽火로서 신하의 火라 한다. 火의 작용은 신하의 火가 주로 하고 군왕의 火는 중대한 결정만 한다.

인체의 세포 하나가 자체의 결함에 의해 병들기도 하지만 대부분 주위의 영향에 의해서 좌우된다. 동양에서는 인체의 질병을 인체만의 관점에서 보지 않았다. 인체는 우주의 한 개 세포에 불과하므로 우주 운동의 각기 다른 세력을 오행으로 나누어 그룹 짓고, 그 오행 세력이 인체에 미치는 패턴을 살펴보고 인체의 질병과 연관시켜서 보았다.

현대의학에서 질병이 생기면 어떤 세균에 의해서 생겼는지, 어떤 독물에 중독되었는지, 어떤 항원에 의해서 알레르기를 일으켰는지, 어떤 부위의 노쇠 현상으로 생겼는지 병의 원인을 찾는다. 그러나 몇몇 병원균을 발견한 것 외에 병의 궁극적인 원인을 아는 것은 아주 적다. 병의 원인을 아는 몇 안 되는 병을 제외한 대부분의 병이 '원인 미상'으로 기록된다.

어느 때 어느 지역에서 유행한 감기가 어떤 바이러스에 의한 것이라 해도 그것은 그 병의 원인을 안 것이 아니다. 왜 그 바이러스가 그때 그 지역에 유행했는가를 알아야 그것을 피해 갈 수 있기 때문이다.

그 바이러스 유행에 대한 음양오행론적 시나리오는 이렇다. 우주의 오행 다섯 가지 세력에는 각기 음적인 세력과 양적인 세력이 있어 실제로는 열 가지의 세력이 있다. 이것이 해마다 번갈아 자기 실력을 발휘하는 위치에 온다.

지구에도 오행 다섯 가지의 서로 다른 세력이 있다. 그 다섯 가지 세력 중에 火의 세력은 너무 강렬하여 둘로 나누었다. 임금 火와 신하 火이다. 그래서 여섯 가지 세력이 있다. 이것은 각기 음과 양이 짝을 이루고 있어,

지구에는 모두 12가지 세력이 존재한다.

이 12가지 세력의 성질을 알기 쉽게 하기 위해 주위에서 흔히 볼 수 있는 동물의 서로 다른 성질과 짝지어 놓았다. 그것이 쥐, 소, 호랑이, 토끼, 용, 뱀, 말, 양, 원숭이, 닭, 개, 돼지이다. 이 12가지 세력이 매해 번갈아 그 해를 지배한다.

동양의 달력은 숫자로 된 그 해의 연도 옆에 우주의 그 해를 지배하는 세력의 이름과 지구의 그 해를 지배하는 세력의 이름이 합쳐서 적혀 있다. 2024년의 이름은 갑진년(甲辰年)이다. 우주의 세력 甲과 지구의 세력 辰이란 이름이 달마다 붙어 있고 날마다 붙어 있고 시간마다 붙어 있다.

이 우주의 오행 세력 이름을 간(干)이라 하고 지구의 오행 세력 이름을 지(支)라 하고 이를 합쳐서 간지라 한다. 지금 이 시각의 간지를 써보면 해, 달, 일, 시간에 따라 네 개의 간지가 나온다. 해의 간지 세력은 1년 내내 발휘되고 달은 그달에, 일은 그날, 시간은 그 시간에 영향을 미친다.

이 네 개의 간지를 음양오행으로 바꾸어 놓고 상생상극 관계를 따져 보면 그 시간에 나에게 영향을 미치는 우주와 지구의 세력을 알 수 있다. 이것은 나의 생리작용을 변화시킨다.

내가 평소에 태양인이라 木의 작용이 왕성한데 그해의 간지가 木火, 그달의 간지가 木火라면 그 시간에 나에게 미치는 영향은 木의 기능이 너무 왕성해서 火를 만들고 태양인인 내가 거의 타죽을 정도가 된다.

태양인이라 양은 많고 음은 적은데 木火로써 양을 더해 주고 있으니 양의 부위인 머리가 터져나갈 듯이 아프고 뇌는 비정상적으로 흥분되어 미쳐 버리고 평소에 음의 작용을 받지 못해 약한 다리는 더욱 힘이 없고 마비되어 못 쓰게 된다.

그때 나에게서 뇌염 바이러스가 검출되었다고 하자. 동네에 뇌염모기가 들끓어서 모기에 한두 번 물리지 않은 사람들이 없는데 어떤 사람은 뇌염에 걸리고, 어떤 사람들은 걸리지 않는 것은 외부의 그 세력이 미치는 영향에 대한 감수성의 차이 때문이다. 뇌는 水에 속하나 몸의 가장 상부에 있고 아주 빠른 정신활동을 하므로 水 중의 火에 속한다.

뇌염을 옮기는 모기는 동작이 빠르고 가벼우며 날아다니므로 火에 속한다. 원래 모기는 장구벌레가 변형된 것으로 水에 속한다. 모기는 水 중의 火에 속한다고 할 수 있다. 바이러스는 원래 덜 진화된 동물로서 水에 해당하나 열병을 일으키므로 火에 속한다.

뇌염과 모기와 바이러스는 오행론으로 비슷한 성질을 가지고 있기 때문에 서로 모인다. 水中의 火가 조금 발전된 것이 木인데, 뇌염은 木이 왕성한 태양인과 소양인에게 감염된다. 태음인들은 음기가 많고 金氣가 강해서 木을 이기기(金克木) 때문에 뇌염 바이러스에 감염되지 않고, 만약 태음인에게 감염되었더라도 바이러스는 금방 죽는다.

지구상의 지역은 시간이 다르고 동서남북의 오행적 특성이 다르므로 어느 지역은 뇌염모기가 극성을 부리고 어느 지역은 뇌염모기가 발생하지 않는다. 시간에 의한 오행 분석에, 지역에 의한 오행 분석, 체질에 의한 오행 분석을 해주어야 정확한 발병기전을 알 수 있다.

2. 내인(內因)

怒, 喜, 思, 悲, 恐(혹은 驚)의 5가지 감정의 과잉으로 오장이 상하는 것을 내인이라 한다. 화를 한꺼번에 지나치게 내면 木의 기능이 지나쳐서 간이 병든다. 간의 과잉 작용이 생기는 것이다. 기쁨(喜)이 지나치면 심장이 빨라지고 혈관이 이완되어서 오행의 조화가 깨져 병이 된다. 생각(思)

을 지나치게 하면 부교감신경이 흥분하면서 복통이 일어나고 土에 속하는 脾의 작용이 강해져 토하거나 설사하기 쉽다.

지나치게 슬퍼(悲)하면 호흡이 느려지고 기관지가 수축하고 가슴이 답답해진다. 그래서 肺의 기능이 떨어진다. 여기서 기능이 떨어진다는 말은 산소의 공급 기능이 떨어진다는 말이고 수렴작용에 해당하는 이산화탄소의 공급 기능은 좋아진다.

공포(恐)에 질리면 부교감신경이 자극을 받아 방광 벽의 근육을 수축시키고 교감신경은 그 기능을 잃어버려 방광 괄약근이 열리기 때문에 오줌을 싼다. 지나친 두려움이 오면 신장의 기능이 활발해져 소변을 자주 본다.

水에는 陰이 극에 달하기 전과 陽이 시작되는 두 가지 단계가 있는데 두려움 恐은 이 陰이 極에 달하기 전에 나타나는 감정이고, 놀라움(驚)은 양이 시작되는 단계에서 나타나는 감정이다. 두려워하고 있으면 부교감신경의 흥분이 극에 달한다. 그러다 놀라면 부교감신경의 활동이 갑자기 차단되어 도발적으로 교감신경이 흥분한다.

감정이 일시적으로 폭발하면 그에 속하는 오행 작용의 일시적 과잉 현상이 나타나나 그것이 오랫동안 지속되거나 자주 반복되면 그에 속하는 오행의 작용이 약해진다. 오행 작용의 과잉 현상을 실(實)이라 하는데 이것은 陽에 해당하고, 오행 작용의 약한 현상을 허(虛)라고 하며 陰에 해당한다. 또한 허한 것은 보(補)하고 실한 것은 사(瀉)하여 치료할 수 있다.

슬픈 감정이 많아 우울증에 걸린 사람은 金의 작용이 지나치므로 火의 감정인 기쁨을 주어 火克金의 원리로 치료할 수 있다. 우울증 환자를 기쁘게 할 수 있는 火에 속하는 모든 것을 총동원해야 한다.

가장 큰 火인 햇볕을 많이 쬐게 하고 햇볕이 잘 드는 남향집에 살게 하고 실내 온도를 높이고 양인 친구를 불러 노래 부르고 즐거운 게임을 하고 코미디 영화를 보고 전자 게임을 하고 인삼차나 생강차를 마시고 카레 라이스를 먹고 매일 어느 정도의 거리를 달려서 심장의 활동이 활발하게 하여 불과 같은 생리작용이 일어나게 해야 한다.

뜨겁고 건조한 지역에서 자란 꽃이나 껍질로 만든 향을 태워 그 냄새를 맡게 한다. 소리, 빛깔, 냄새, 맛 중에 火에 속하는 것을 총동원하면 효과가 빠르다. 그러나 지속적이어야 한다.

火克金으로 金이 克을 받을 때는 金의 子인 水가 어머니의 복수를 위해서 칼을 갈고 있다. 火의 세력이 약해질 때를 기다려 水가 커져서 水克火를 하면 火가 약해져 우울증은 재발된다. 이것을 방지하기 위해서 水에 속하는 소리, 빛깔, 냄새, 맛을 제거해야 한다. 이런 치료 법칙을 허할 때는 補其母, 즉 "그 어머니를 補한다", 실할 때는, 寫其子 즉 "그 아들을 寫한다"라고 한다.

웃고 다니면 어떤 병이든지 없어진다고 하는데 그것은 단순한 발상이다. 매일 즐거워서 웃고 다니는 소양인에게는 너무 웃어서 에너지 소모가 많아 물질이 부족(陰이 부족)해서 병이 생긴다. 허리, 무릎관절이 일찍 노쇠하는 병이 생기기 쉬운데 너무 웃고 다니느라 에너지를 소모만 하고 저장해 놓지 않아 陰의 부위에 해당하는 허리와 무릎에 영양공급이 부족해서 생기는 병이다.

소양인의 병은 웃으면 웃을수록 심해진다. 웃음이 지나치면 心의 화가 너무 왕성해진다. 心이 너무 왕성해지면 직접 心을 사하기 위해서 心에 속하는 모든 것을 삼가는 것은 치료 효과가 약하고 길게 가지 않는다. 火를 克하는 水를 보하는 것이 급하다.

무서운 영화나 소설을 보고 무서움을 느껴야 한다. 집을 어둡게 해야 하고, 가구는 오래되고 포근하여 水에 속하는 것을 쓰고, 음악 중에 水에 속하는 음이 낮고 느린 음악을 들어야 하며, 너무 톡톡 털어 깔끔 떨지 말고 다소 더럽고 썩은 냄새가 나는 것도 건강을 위해서 받아들여야 부족한 水가 길러진다. 水에 속하는 검은 색깔의 현미, 돼지고기 같은 음식을 많이 먹어야 한다.

또 火의 자식인 土를 사해야 한다. 그래야 토가 약해지는 것을 막기 위해 어머니인 화가 토를 돕다가 점점 약해진다. 토를 약하게 하기 위해서는 일을 시작하거나 일하는 중간중간 마음을 가다듬고 생각을 많이 해야 한다. 이런 습관이 토를 약하게 하지만 화가 강한 소양인에게는 화를 줄어들게 한다. 이것이 너무 기뻐서 생기는 병을 치료할 수 있다.

3. 불내외인(不內外因)

불내외인은 내인이나 외인 어느 것에도 속하지 않는 것을 말한다. 일을 많이 해서 피곤해서 생긴 병, 섹스가 과도해서 오는 병, 교통사고 등의 상해, 음식을 먹고 배탈이 난 것 등 감정에 의한 내인도 아니고 외부 환경의 침입으로 인한 외인도 아닌 것이 불내외인이다.

XI. 진단의 오행

동양의학의 진단 방법에는 망(望), 문(聞), 절(切), 문(問)이 있다. 望은 색깔과 형체를 보아서 어느 오행이 강한가 약한가를 아는 것이다. 聞은 소리를 듣고 냄새를 맡아서 어느 오행이 강한가 약한가를 아는 것이다.

切은 만져 보아서 어느 오행이 강한가 약한가를 아는 것이고, 問은 물어서 어느 오행이 강한가 약한가를 아는 것이다.

1. 망진(望診)

망진은 제일 먼저 눈동자의 빛을 본다. 눈에서 빛이 나면 생명의 에너지(양)가 충분한 것이다. 빛이 약하면 생명의 에너지가 약한 것이다. 그다음 얼굴의 색깔을 본다. 붉으면 火가 왕성하다. 푸르면 木이 왕성, 노랗다면 土가 왕성, 백색이면 金이 왕성, 어두운색이면 水가 왕성하다.

두 색깔이 섞여 있으면 그 색이 속하는 오행의 상생상극을 따져서 병의 예후를 알 수 있다. 오줌, 가래, 분비물의 색깔을 가려서 어느 기운이 왕성한가도 알 수 있다.

2. 문진(聞診)

문진은 소리와 냄새를 통해서 오행 강약을 알아낸다. 예를 들어, 목소리가 怒한 것 같으면 木, 웃는 것 같으면 火, 말을 느리게 하고 말끝을 흐리거나 또 노래 같은 목소리면 土, 우는 것 같으면 金, 신음 소리 같으면 水가 왕성한 것이다. 기침 소리, 심장 뛰는 소리, 꼬르륵거리는 장명음 등을 분석해도 5장이 병든 것을 알 수 있다.

또 환자의 체취, 구취, 분비물과 배설물들의 냄새를 맡아 오행의 강약을 파악한다. 냄새가 강하면 주로 열, 습열(濕熱)이나 실증(實證)을 나타내고 냄새가 약하거나 없으면 한, 습, 혹은 허증(虛證)을 나타낸다.

먼저 언급했듯이 오행적 분류가 냄새에도 적용된다. 예를 들어, 노린내는 목에 속하고, 탄 냄새는 화, 향기는 토, 비린내는 금, 그리고 썩은 냄새는 수에 속한다.

3. 절진(切診)

절진은 눌러봐서 병을 아는 방법이다. 피부를 만져 보아 물렁물렁하고 힘이 없으면 허, 단단하고 탄력이 있으면 실이다. 눌러보는 부위는 오장이 있는 부위도 있고 오장의 작용과 밀접한 부분인 경락도 있다. 맥을 눌러서 진찰하는 맥진도 여기에 속한다.

흉강 속의 장기들은 우주를 닮아 우주의 오행이 적용되고 흉강 밖은 지구를 닮아 지구의 오행 법칙이 적용된다. 지구의 오행에는 火가 하나 더 있어서 6개의 오행(6氣)이 있고 각 오행에 陰陽이 있어 12개의 가지가 된다. 그래서 12개의 경락이 있다.

1) 경락이란?

경락이란 흉복강 밖에 있는 체간과 머리, 팔다리를 오행의 법칙에 의해서 구역으로 나눈 것에 불과하다. 지구에는 사방이 있고 팔다리에는 사지가 있다. 상지는 陽, 하지는 陰이다.

우주가 본체가 되면 지구는 작용이 된다. 그래서 지구에 해당하는 경락은 우주에 해당하는 흉복강 속의 내장부와 연결되어 있다. 흉복강 내의 장기들 중 실질 장기들은 장(臟)이 되고 딱딱하여 음에 속한다. 속이 빈 장기들은 부(腑)가 되고 물렁물렁하여 陽에 속한다.

장은 음이니까 팔다리, 머리, 체간(torso)의 어두운 면인 안쪽과 연락되며, 부는 양이니까 팔, 다리, 머리, 체간의 밝은 면인 외측과 연락된다.

흉강 내에 있는 장의 작용은 팔의 안쪽에 나타나고, 복강 내에 있는 장기의 작용은 다리의 안쪽에 나타난다. 흉강에 있는 장기 중에 심장은 가장 작고 안쪽에 있으므로 팔을 내리고 섰을 때 팔의 안쪽 가장 뒤쪽(음의 부위)에 나타나고, 폐는 크고 가장 바깥쪽에 있으니 팔 안쪽의 가장 앞쪽에 나타난다.

5장의 5행을 6기에 맞추려고 하니 맞지를 않는다. 그래서 6장을 만들었다. 그것이 심포(心包)인데 심장을 싸고 있는 심막, 지방과 굵은 혈관들이다. 이것은 지구의 오행에서 상화(相火)에 해당한다. 팔 안쪽의 중간에 나타난다.

똑같은 원리가 다리에도 적용된다. 복강 내장의 작용은 다리의 안쪽에 나타난다. 간은 가장 크고 앞에 있으므로 다리의 안쪽 가장 앞쪽에, 신장은 음의 장이고 가장 뒤쪽에 있으므로 다리 안쪽의 가장 뒤쪽에 나타난다. 비는 중간에 있으므로 다리 안쪽의 중간에 나타난다.

흉강에는 부(腑)가 없어서 심장과 같은 화에 속하는 소장과, 폐와 같은 금에 속하는 대장, 심포(心包)와 같은 상화(相火)에 속하는 삼초(三焦)가 팔의 바깥쪽에 나타난다. 짝을 이루는 장기(폐─대장, 심─소장, 심포─삼초)에 따라 팔의 바깥쪽과 안쪽, 前, 後, 中間이 결정된다.

손의 겉은 陽에 속하고 손바닥은 陰에 속한다. 손바닥의 엄지손가락 쪽 도톰한 부위는 肺의 작용이 나타나는 부위 중 하나이다. 이곳이 어두운 색을 나타낸다면 金의 작용이 陰쪽으로 기울어져 있다고 진단한다.

현대 병리학적으로 말하면 혈관 내의 이산화탄소 축적이 많고 폐의 기능이 떨어져 있다는 것을 말할 수 있고 눌러봐서 탄력이 없다면 산소와 영양공급이 부족한 상태이니 폐가 虛하다고 할 수 있다. 폐가 虛하다는 것은 금의 작용이 약하다고 이해해야 오행의 상생상극을 알 수 있다.

팔다리나 몸통의 특정한 부위를 눌러봐서 환자가 압통을 느끼면 오행 중에 어느 것에 이상이 있는지 알 수 있다. 그곳이 肝의 작용이 나타나는 곳이라면 눌렀을 때 그것을 좋아하는지 싫어하는지를 가려서 肝의 기능이 자극받기 좋아하는 木의 기능 부족(허)을 나타내는지 木 기능의 중단을 원하는 木 기능 과다(실)인지를 알 수 있다.

눌렀을 때 환자가 좋아하면 木이 자극받기 원하므로 木 기능의 부족 상태이고 눌렀을 때 환자가 싫어하면 木의 운동이 자극을 받아 더 활발해지는 것을 싫어하는 것이니 木 기능이 과한 상태임을 알 수 있다.

경락의 주행 부위를 눌러 경락이 속한 장부의 허실을 알 수 있고 경락과 관계없이 배를 눌러 진단을 할 수도 있다. 이때 배는 [그림 5.21]처럼 태극이 된다. 배꼽과 검상돌기 중간은 중앙이므로 土의 상태를 알 수 있다. 좌측은 木이고 우측은 金이 된다. 배꼽 아래는 복부의 하부이므로 水가 된다. 검상돌기 근처는 상부이므로 火가 된다.

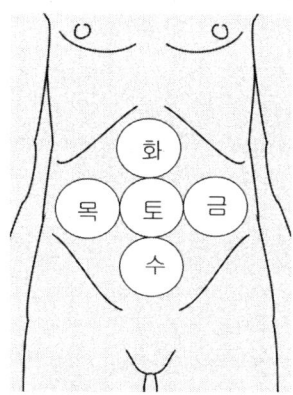

[그림 5.21] 복부의 오행 ©Pixabay

각 부위를 눌러봐서 환자가 좋아하면 기능 부족이고, 싫어하면 기능 항진이다. 안의 내장 상태가 나타나는 체표부는 내장의 상태를 알 수 있기도 하지만 반대로 그곳에 자극을 받으면 그 밖의 자극을 안으로 전달하여 내장의 활동을 조절하는 통로이기도 하다.

눌러서 좋아할 때 침으로 부드러운 자극을 가하면 그 연결된 장이 활발한 활동을 한다. 눌러서 싫어하면 그 장기의 활동이 너무 지나쳐 더 이상 빨리 활동하기를 싫어하는 것이니 침으로 환자가 싫어하는 강한 자극을 가하면 그 장기가 일시적으로 활발한 활동을 하다가 그것이 극에 달해 국면이 바뀌어 활동이 느려진다.

2) 침과 한의학의 치료 방법

침은 자극요법이다. 자극은 말에 박차를 가해 빨리 달리게 하는 것과 같다. 힘이 좋고 튼튼한 말에게는 발로 차는 것이 효과적이나 기운이 없고 노쇠한 말은 당근을 주어야 빨리 달리는 데 효과적이다. 당근으로 유인하는 것이 아니라 당근을 먹여야 한다.

기운이 없고 노쇠한 말은 박차를 가하거나 채찍으로 때리면 있는 힘을 다 쓰고 결국 주저앉아 버린다. 영양공급을 해서 에너지가 생겨야 달릴 수 있는 상태가 된다.

절진에 의거한 치료는 항상 이런 것을 염두에 두어야 한다. 자극을 받으면 활발하게 움직일 수 있을지, 자극을 받으면 잠시 활발하게 움직이다가 결국 움직임을 중단할지를 판단해야 한다. 이 판단은 그 장기로 공급되는 에너지의 양으로 결정된다.

자극을 받고 활발하게 움직일 수 있는 것은 에너지 공급이 적당할 때이고 자극을 받고 잠시 움직이다가 움직임을 포기하는 것은 에너지 공급이 아주 적을 때의 상태이다. 이럴 때는 몸 밖에서 에너지를 공급해 주어야 한다.

이런 경우 음식물을 주면 되지만 음식물은 오장에 골고루 에너지가 공급되게 한다. 음식물을 잘 먹어도 다른 장은 에너지 공급이 잘 되는데 유독 한 장만 에너지 공급이 안 되는 장이 있다면 그 장의 에너지만을 집중적으로 공급할 수 있는 한약을 먹어야 한다.

음식물과 같이 오장의 한 부분이 아니라 전체 에너지를 보충하는 한약을 흔히 보약이라 하는데 인삼은 土의 성질을 많이 가지고 있어 脾에 에너지 공급을 많이 시킨다. 土에는 음양이 고루 들어 있고 나머지 오행이 들어 있어 결국 전체를 활성화시킨다.

오가피는 러시아 학자들의 동물실험에서 인삼에 버금가는 효과가 있다는 결과가 나와서 건강식품점에서 각광을 받고 있는데, 오가피는 토가 아니라 金의 성질을 많이 가지고 있어 폐에 에너지 공급을 집중시킨다. 비의 기능이 좋아 음식을 잘 먹고 다른 기능은 다 좋은데 유독 폐의 기능이 안 좋아서 배의 오른쪽을 눌렀을 때 기분이 좋으면 오가피를 먹는다.

폐의 부위를 눌렀을 때는 좋아하고 검상돌기 아랫부분은 心의 부위인데 이곳을 눌렀을 때 손을 대지도 못하게 거부한다면 심의 작용이 너무 세어 火克金하고 있는 상황이니 이때는 손을 대지 못하게 하는 부분을 침으로 강하게 자극하면 강하게 활동하던 火가 극에 달해 국면이 바뀌어 평상시의 상태로 돌아가고 폐가 힘을 다시 찾게 된다.

오행 중 하나에 에너지가 너무 많이 공급되는 상태를 實, 너무 적게 공급되는 상태는 虛라고 한다. 이것은 부분적인 虛實을 말한다. 오행 모두에 에너지 공급이 충분한 상태를 실, 오행 모두에 에너지 공급이 부족한 상태를 허라 할 때도 있는데, 이것은 전체적인 허와 실이다.

전체적인 허가 있을 때는 어떠한 자극도 금한다. 이때는 배의 어느 부분을 눌러도 물렁물렁하고 환자가 좋아한다. 그러나 누르는 사람의 손이 차갑거나 조금만 세게 눌러도 싫어한다. 또 눌러주는 것이 잠시 좋았다가 곧 싫어진다.

이것은 전체적인 에너지 부족으로, 에너지를 밖에서 공급해야 한다. 비가 약해서 밥맛이 없고 소화도 못 시키는 경우가 있다. 이럴 때 쓸 수 있는 것이 인삼이다. 또 거식증은 살찌는 것이 두려워 먹기를 거부하는 병인데, 일단 극심한 상태가 되면 입원 치료를 받아도 반수 이상이 갑자기 죽는다.

죽기 전에는 위기를 느끼고 먹으려 하나 이미 소화기능이 퇴화되어 먹지를 못한다. 이때는 극도로 허한 것을 보하는 인삼이 효과적이다. 실제로 인삼이 많은 거식증 환자를 살리고 있다.

한의학 책에 침은 瀉는 해도 補할 수 없다고 하나 실제로는 보하는 수기법이 있다. 補할 수 없다고 하는 것은 전체적인 허를 補할 수 없다고 하는 것이고 침에서 補하는 수기법은 부분적인 허를 보하는 것이다. 에너지를 다른 곳에서 끌어와서 허한 곳에 채우는 것이다.

인체에 외부로부터 에너지를 공급할 때에는 꼭 음식물이나 한약을 먹어야만 공급되는 것은 아니다. 물론 정맥주사로 포도당을 공급할 수도 있고 자극받기 좋아하는 체표에 온열을 가할 수도 있다.

전체적인 에너지가 바닥난 상태가 아니면 열에너지가 부족한 사람은 굉장히 높은 온도의 열 자극도 좋아한다. 에너지가 충만한 젊은이들은 싫어하는 열탕을 에너지가 부족한 노인들은 즐긴다. 고 에너지의 파동을 인체의 한 부분과 공명시켜 에너지를 공급할 수도 있다. 중국의 기공사들이 쓰는 방법이다.

한의학의 치료 방법은 크게 침, 뜸, 한약 세 가지가 있다. '一침二구三약'이라고 해서 발병 초기에는 침을 쓰고, 다음은 뜸을 쓰고, 마지막으로는 약을 쓰라는 말이다.

병이 처음 시작되어 에너지가 아직 부족하지 않을 때는 침을 쓰고, 병을 퇴치하려고 에너지가 어느 정도 소모된 다음에는 열에너지를 공급하고 생리 활동을 촉진시키는 뜸을 쓰고, 마지막으로 에너지가 고갈되면 밖에서 에너지와 물질을 공급하는 약을 쓴다. 여기서 말하는 약은 주로 보약을 말한다.

약에도 사하는 약이 있는데 이것도 일시적으로 어느 한 오행의 활동을 강하게 한다. 그러나 약의 힘이 떨어지면 그 오행의 활동이 다시 침체되는데 그 오행을 자극하여 일을 시켰으니 에너지가 부족하게 된다. 그래서 사하는(에너지를 빼는) 약이라 이름이 붙는다.

진단은 경락이나 배만을 만져서 하는 것이 아니다. 부분 속에는 전체의 정보가 들어 있기 때문에 어느 부분을 진단해도 목, 화, 토, 금, 수의 허실을 진단할 수 있다. 자석을 아무리 잘게 잘라도 N·S극이 존재하듯이 어느 부분에도 오행이 있다.

3) 이침과 수지침

프랑스의 어느 양방 의사는 귀가 태아 모양으로 생겨서 인체 전체를 대표하기 때문에 귀를 통해 인체 전체의 질병을 진단하고 치료할 수 있다는 가설로 이침(耳針)이라는 것을 만들었다. 이침 이론에는 오행이 없다. 그러나 사물은 비슷한 종류끼리 서로 감응한다는 '물류상감'(物類相物)의 법칙이 있다.

귀의 움푹 팬 곳은 체강에 해당하고 그곳에 있는 침점으로 오장을 진단하고 치료할 수 있다. 귓바퀴 뒤는 등허리에 해당하고 귓밥은 머리에 해당하여 안면과 머리 병을 진단하고 치료한다. 귓밥에 연결된 능선은 목과 척추에 해당하고 척추의 끝 좌우의 능선은 팔다리에 해당한다.

수지침도 물류상감의 법칙과 프랙탈 원리로 만들어졌다. 손바닥 한가운데는 오장이 있고 장지의 끝은 머리, 장지의 양옆 손가락은 팔이고 엄지와 새끼손가락은 다리가 된다. 손등은 등이 된다.

따라서 손바닥만을 가지고 오장을 진단할 수 있다. 손바닥 한가운데는 土에 해당하고 좌는 木, 우는 金에 해당한다. 土의 위쪽 장지 아래는 火, 土의 아래쪽 손목 위는 水에 해당한다[그림 5.22].

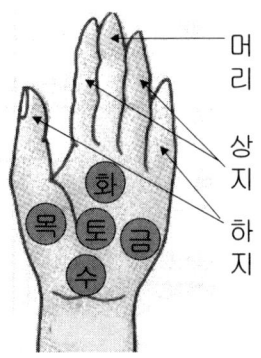

[그림 5.22] 수지침의 원리 ©저자

복진처럼 눌러서 쾌감과 불쾌감으로 木, 火, 土, 金, 水의 세력균형과 각 오행의 허실을 판단하고 직접 그곳에 침을 놓아 그 자극을 내장에 전달시킬 수 있다. 배우기 쉽고 빠른 효과가 있어 세계적으로 각광을 받고 있다.

신과 같은 경지에 있는 성인들이 역경의 이론으로 몸 전체에 오행을 배열하여 경락체계를 만들어 놓고 진단과 치료 방법을 기록했는데 그것을 틀렸다고 부정하는 것은 옳지 않다. 역경을 조금만 더 공부해 보면 그 이론의 잘못을 이해할 것이다.

아무리 부분 속에 전체의 정보가 들어 있지만, 부분을 보고 전체를 판단하는 것보다 전체를 보고 전체를 판단하는 것이 물론 옳다. 부분의 패턴을 보고 전체의 패턴을 알 수 있지만 전체를 볼 수 있는데도 불구하고 부분을 보고 전체를 유추하려고 애쓰는 것은 홀로그래피 영상(필름)을 일부러 잘라 보는 것과 같아 희미한 영상을 얻을 수밖에 없다.

하느님과 인간은 똑같이 만들어졌다. 인간은 하느님과 똑같이 목·화·토·금·수가 있으나 단지 작고 우주의 일부분이기 때문에 목·화·토·금·수의 비율이 20:20:20:20:20이 되지 않고 각기 개성에 따라 약간의 편차가 있어 오행 중 하나가 우세하다.

이것은 인간도 목·화·토·금·수가 있지만 전체가 아니라 우주의 부분이기 때문에 전체의 한편의 위치에 존재하고 따라서 木·火·土·金·水의 편차가 있는 것이다. 그래서 인간은 불완전하여 욕심을 부리고 죄를 짓고 병에 걸린다[그림 5.23].

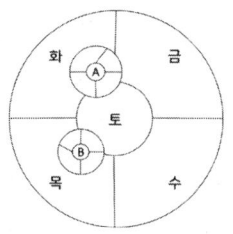

[그림 5.23] 신(우주) ©저자

인간 A : 완전한 오행의 조화인 '토'보다 '화'의 세력이 조금 강하다.

인간 B : '토'보다 목의 세력이 조금 강하다. 인간은 모양이 신(우주)과 같으나 전체의 부분이라 오행의 편차가 있다.

손 하나의 오행을 보고 전체를 진단하는 것은 그림에서 보듯이 A라는 사람의 오행 편차를 분석해 전체 오행의 편차를 말하는 것과 같다. A라는 사람과 우주는 처해진 환경이 다르기 때문에 오행이 비슷하기는 하나 다르다. 손만 보고 전체에 대해서 말하는 것은 간 세포 하나만 오행을 분석해 보고 인간 전체의 오행 편차를 말하는 것이 된다.

4) 맥진

만져 봐서 진찰하는 절진 중에 가장 중요하게 여기는 것은 맥진이다. 인체 생리는 다이내믹하게 움직이는데 직접 그 움직임을 볼 수 있는 것이 옛날에는 없었다.

심장은 지구의 태양과 같이 중요하고 火에 속하는 장으로, 움직임이 매우 활발하다. 다른 장의 영향에 민감하게 반응한다. 신체의 각 부분에서 일어나는 상황을 신경을 통해서 보고받고 필요한 물질을 피에 실어 보내기 때문에 한의학에서는 심장을 군왕에 비유한다.

한의학에서 심장이라 하면 혈액을 펌프질하는 심장을 말하는 것이 아니라 뇌의 활동인 神(火 중의 水)이 주체가 되는 군왕의 장을 말한다. 인체 각부의 상황은 신경계를 통해서 감지하고 그에 대한 반응이 심장의 맥박 형태로 나타나는데 이것을 감지할 수 있는 곳이 손목 위의 요골동맥 부위이다. 이곳의 맥박을 유심히 관찰하면 심장의 동태를 알 수 있고 나아가서는 뇌의 상태를 알 수 있다.

진맥하는 것을 인터넷을 보는 것과 비교된다. 터미널 모니터를 보는 것이 진맥하는 것이고 심장의 동태는 인터넷 중계회사에 있는 서버에 저장되며 이것을 각 터미널 컴퓨터에서 볼 수 있다. 진맥하는 것은 인체 구석구석의 정보가 심장의 박동 형태로 기록된 것을 보는 것이다.

인터넷을 하면 가만히 앉아서 세계 각지에서 일어나는 정보를 훤히 들여다보듯이 맥을 잡고 있으면 인체 구석구석에서 들어오는 정보를 훤히 들여다볼 수 있다.

그러나 맥에서는 아날로그 신호가 들어온다. 아날로그 신호를 이진법에 의해 디지털 신호로 바꾸어야 한다. 아날로그 신호를 디지털 신호로 바꾸려면 음양의 디지털 신호로 이루어진 역경을 거쳐야 한다. 역경이 '아날로그─디지털 컨버터'(analog─digital converter)이다. 이렇게 얻은 디지털 신호는 컴퓨터로 처리해야 모니터의 화면으로 나온다.

심장의 박동 형태는 인터넷으로 들어오는 신호보다 훨씬 복잡해서 보통 컴퓨터로는 읽을 수가 없다. 아직까지 가장 우수한 컴퓨터인 두뇌를 써야 인체의 구석구석을 들여다볼 수 있다.

인터넷은 불완전하다. 지구상의 실제 정보의 극히 일부분밖에는 알 수 없고 양자역학적 차원에서 분석된 우주의 완전한 정보까지 따진다면 불확정성의 원리가 적용된다. 어차피 불가능하니 통계 처리할 수밖에 없다. 그것이 오행이라는 디지털 기법으로 대충 나누어 미루어 짐작하는 방법이다.

왼쪽은 해가 떠오르는 방향이라 왼손의 요골동맥의 맥박은 水, 木, 火를 살피는 데 적합하다. 오른쪽은 해가 지는 방향이라 오른손의 요골동맥의 맥박은 相火, 土, 金을 살피는 데 적합하다.

맥을 보는 위치의 순서는 [그림 5.24]처럼 지구의 오행인 六氣의 순서를 따른다. 우주의 영향이 지구에 들어와 변형되는 것처럼 심장 운동의 파동이 손으로 들어와서는 맥의 파동으로 변형되기 때문에 六氣의 법칙이 적용된다.

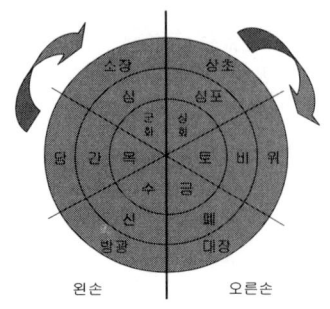

[그림 5.24] 운기의 운행 순서 ©저자

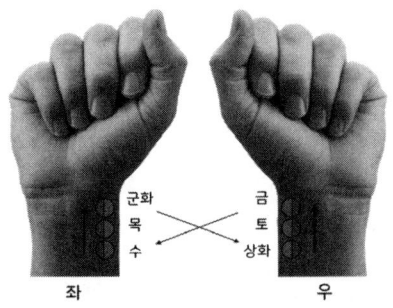

[그림 5.25] 맥의 순서 ©저자

[그림 5.24]와 [그림 5.25]를 비교해 보면 右手에서 볼 수 있는 오행의 순서가 바뀌어 있다. 6기의 운행은 좌로 올라가서 우로 내려오는데 혈액의 흐름은 동일하게 심장에서 한쪽 방향으로 내려온다. 그래서 6기의 하강하는 방향을 상승하는 방향으로 바꾸면 [그림 5.25]에서 보는 五行의

위치가 된다.

　오행에 해당하는 부위를 눌러봐서 그 감촉의 강약으로 오행 상호 간의 세력균형을 알 수 있다. 맥에는 음양으로 대립적인 세 가지 요소가 있고 이들의 조합으로서, 주역의 팔괘에 해당하는 8가지 맥의 양상을 만들 수 있다. 맥의 3요소에는 부침(浮沈), 지삭(遲數), 강약(强弱)이 있다. 이를 그림으로 그려보면 [그림 5.26]과 같다.

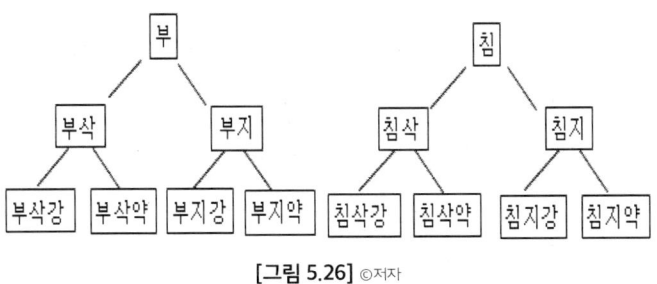

[그림 5.26] ⓒ저자

　부와 침은 맥이 느껴지는 부위가 겉인가 속인가를 나타낸다. 파형의 파고(amplitude)에 해당한다. 부는 병이 표(表) 부, 팔다리, 체간, 머리의 경락 부위에 있다는 것을 나타낸다. 침은 병이 이(裏) 부, 체강 내의 장기에 있다는 것을 나타낸다. 지삭은 리듬을 말한다. 지는 기능이 저하되어 차가워진 상태이다. 삭은 기능이 항진되어 열을 내는 상태이다.

　강약은 누르는 손가락에 닿는 감촉이 탄력이 있는가 없는가를 나타낸다. 强에는 혈관 내 속이 차고 맥이 길고, 매끄러운 감촉도 포함된다. 弱에는 혈관 내 속이 비고 맥이 짧고 피의 흐름이 칼로 드드득 긁는 듯한 거친 감촉도 포함된다. 강은 에너지 공급이 충분한 상태, 약은 에너지 공급이 부족한 상태이다. 오장은 같은 陰이고 육부보다 단단하므로 沈의 상태에서 잘 나타나고, 육부는 양이고 부드러우므로 浮의 상태에서 잘 나타난다.

맥의 6가지 부위에 부침, 지삭, 강약을 살펴서 각 장부의 상태를 알아 낼 수 있다. 처음 잡아보면 서로 다른 맥 사이의 차이를 잘 모른다. 정상적 인 맥과 병적인 맥의 차이도 모르겠고 정상적인 맥 중에서 木 부위의 맥상 과 火 부위의 맥상의 차이도 잘 모르겠고 계절에 따라 달라지는 맥의 차이 도 잘 구분이 가지 않는다.

필자가 미국에 처음 가서는 비슷한 키에 비슷한 나이의 백인 남자의 얼굴은 누가 누군지 가리기가 매우 힘들었다. 졸업사진 앨범에서 아침에 만나 인사한 사람의 얼굴을 찾으라면 거의 불가능했다. 시간이 흐르면서 많은 백인들을 보니 이제는 그 사람의 체질은 물론이고 관상을 볼 정도가 되었다. 개를 한 번도 키워 본 적이 없는 사람은 똑같은 종류의 개를 보면 서로를 구분하기 힘들다.

만 명의 맥은 잡아봐야 맥의 기본을 알 수 있다고 한다. 처음에는 陰 맥과 陽 맥만 구분되나 그 후 많은 환자를 진단해 보면 四象이 구분이 가고 그 후 더 많은 환자를 진단하면 팔괘 맥이 구분되며 차차 64가지의 맥이 구분이 가고 끝없는 노력을 하면 오장육부의 움직임이 머릿속에서 동영상처럼 떠오를 것이다.

4. 문진(問診)

문진은 환자에게 물어봐서 진찰하는 것이다. 통증이 있으면 복부의 오 행 부위 중에 어느 부위의 통증인가를 알아내고, 눌렀을 때 좋은가 싫은가 를 물어봐서 병들은 오행의 허실을 알아낸다. 통증이 팔다리에 혹은 머리 에 있으면 어느 경락이 흐르는 곳인가 알아내어 어느 오행의 작용이 나타나는 부위인가 찾아내고 눌러보아 한·열, 허·실을 알아낸다.

구토를 하면 식전에 토하는지(脾虛) 식후에 토하는지(脾實), 토할 때 먹은 것을 토하는지 건구역질만 하는지, 토할 때 토사물이 분사하는 것처럼 나오는지(實熱) 나오긴 나오는데 잘 나오지 않는지(虛寒), 신경질이 잘 나고 입이 쓴 증상이 같이 있는지(木克土)를 물을 수 있다. 질문은 오행 중 어느 곳의 허실과 오행의 상생상극 관계를 알 수 있는 질문을 한다.

좋아하는 음식을 물어서 오행의 허실을 알 수도 있다. 단맛의 맥주보다 쓴맛의 맥주를 좋아하고 맛이 쓴 진한 커피에 설탕이나 크림을 넣지 않으면, 쓴맛을 먹어 가능한 생리 활동을 정지시키고자 하는 것이니(수극화 상황) 환자가 화가 왕성한 것임을 알아야 한다.

고춧가루나 겨자 등 매운 음식을 좋아하면 매운맛을 먹어 과한 수렴 기능을 정지시키고자 하는 것이니(화극금 상황) 환자가 金이 너무 왕성한 것임을 알아야 한다. 평소 신 음식을 즐기고 식초를 쳐서 먹기를 좋아하면 木이 너무 왕성한 것이다. 단 것을 좋아하면 土의 기능이 약한 것이다. 젓갈류의 짠 것을 좋아하면 水의 기능이 왕성한 것이다.

XII. 오행에 의한 약효 추정법

우주에 오행이 있고, 지구에 오행이 있고, 인간에 오행이 있어 서로 통하듯이 식물에도 오행이 있다[그림 5.27].

가지와 줄기는 식물의 근에서 봄에 곧게 올라오므로 목이고 식물의 잔가지와 잎은 여름에 퍼지므로 '화'이고, 꽃도 가장 밝은 색을 가지고 있어 '화'이다. 열매는 가을에 수렴되어 뭉치므로 금에 속하고 열매 속의 씨는 겨울에 땅속에 저장되므로 수에 속한다. 땅속의 뿌리는 식물의 시작이고 가장 아래에 있으므로 수에 속한다.

식물은 土의 특징을 갖고 있는 부분을 찾기 힘들다. 토는 오행 운동의 중심이기 때문에 형체보다는 작용을 분석할 때 쓰인다. 식물은 土에 대한 의존성이 강하므로 실제 흙이 식물의 토로서 작용할 수도 있다. 굳이 토에 해당하는 부분을 말하자면 뿌리와 줄기의 중간이라 할 수 있다. 그 부분이 인삼처럼 통통하다면 그 식물의 통통한 뿌리는 사람의 토를 보(補)해 줄 수 있다.

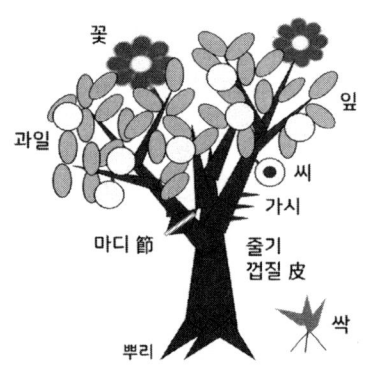

[그림 5.27] ⓒ저자

1. 식물의 체용론

뿌리의 형체로 말하면 수가 되지만 작용으로 말하면 식물의 영양분을 외부에서 조달하므로 脾와 같은 기능이 있어 토라 할 수 있다. 잎을 형체로 말하면 화이지만 작용으로 말하면 이산화탄소와 산소의 출입을 맡고 있어, 폐와 같은 기능이 있으니 금이라 할 수 있다. 여기서 수와 토가 상극 관계이고 화와 금이 상극 관계이다. 형체와 작용은 음양이 바뀌기 때문이다.

동물의 폐는 산소를 받아들이고 이산화탄소를 버리는데 식물은 이산화탄소를 받아들이고 산소를 버린다. 동물은 양이고 식물은 음이라 그 작용이 정반대이기 때문이다. 식물은 음식이나 약으로 쓸 때에는 그 식물을 위한 작용을 쓰지 않고 죽은 상태의 형체를 쓴다. 그래서 식물의 오행은 형체를 따른다.

2. 보약(補藥)과 사약(瀉藥)

한약 중에 단맛을 가진 것은 음식물과 같아서 에너지원이 되므로 허한 것을 보한다. 서양 생약이 동양 한약과 다른 것은 보약이 아주 적고 독성으로 병을 치료하는 독약이 대부분이라는 점이다.

보약은 음식물과 비슷하여 전체적으로 영양을 주지만, 음식물보다는 약간의 음양 편차가 더 있어 오장 중에 편중되어서 1~2개의 장만 집중적으로 더 영양을 준다. 음식처럼 매일 먹을 수 있고 대부분의 성분이 간의 해독작용을 거치지 않는다.

사약(瀉藥)이란 음식물과 달라 매일 먹을 수 없고 음양의 편차가 커서 효과가 빠르나 일종의 독이라 간이 해독을 한다. 그래서 약의 효과는 간이 해독하기 전까지만 있어 해독되면 효과가 없어지고 약을 중단해도 효과가 없어진다. 보약은 약을 중단해도 효과가 지속된다. 자세한 것은 이 책 2장의 「음식의 음양」을 참조하기를 바란다.

3. 맛의 약효

약의 효과를 추정하는 데 가장 중요한 것은 맛의 오행 분석이다.

1) 단맛

단맛은 土의 맛이다. 단맛은 흙이 식물에 영양분을 주는 것처럼 인체에 에너지나 물질을 더해 준다. 한의학에서 보(補)라는 것은 실제로 에너지나 에너지가 되는 물질을 인체 밖에서 인체 내로 더해 주는 작용을 말한다. 사(寫)라는 것은 약이나 자극이 에너지나 물질을 땀, 구토, 설사, 이뇨, 사정을 통해서 빼내거나 생리 활동을 자극해서 에너지나 물질을 소모시키는 것을 말한다.

보약이란 일단 단맛이 주된 맛이고 어디를 보하느냐에 따라 다른 네 가지 맛이 섞인다. 예를 들어 약간 쓴맛이 섞이면 水를 같이 보하고 약간 매운맛이 섞이면 木을 함께 보한다.

단맛이라고 꼭 설탕 맛처럼 달아야 되는 것은 아니다. 밥의 맛은 실제로 달다고 할 수 없으나 다른 네 가지 맛과 비교해 보면 단맛이라고 할 수 있다. 실제로 밥은 침과 섞여 시간이 지나면 과당으로 변하고 좀 더 소화되면 포도당이 되어 설탕처럼 아주 달다. 단맛을 가진 약은 꿀, 인삼, 당귀, 연자육, 화분, 메이플 시럽 등이 있다.

2) 쓴맛

쓴맛은 火의 형체(고기 탄 맛)에서 나는 맛이지만 인체에 들어와서는

水의 작용을 한다. 수의 작용이란 겨울과 같은 작용을 하는 것이다. 겨울에는 모든 활동이 얼어붙는다. 특히 화의 작용에 해당하는 염증을 수극화 작용으로 식힌다. 물의 흐름도 동결시켜 물이 흘러들어 모이는 부종을 없애고 지혈하고 화농이 터져 진물이 흐르는 것을 그치게 한다.

소화·흡수는 토의 작용으로 이루어지는데, 쓴맛을 가진 한약을 먹으면 수극화하여 토를 생하지 못해 소화 장애를 일으킨다. 쓴맛을 가진 한약은 복통, 구토, 설사를 일으키기 쉽다. 쓴맛을 가진 한약으로는 초용담, 골든실, 치커리 등이 있다.

3) 짠맛

짠맛은 水의 형태(바닷물)에서 나는 맛이지만 인체에 들어와서는 화의 작용을 한다. 화의 작용이란 여름과 같은 작용이다. 여름에는 모든 활동이 왕성하다. 인체에서 여름의 활동은 심이 주도하는데 실제로 소금을 많이 먹으면 혈액의 양이 많아지고 혈액의 양이 많아지면 심장의 박동이 강해진다.

심장이 약하게 뛰는 심부전 중에는 폭스글로브(Foxglove)라는 풀에서 얻어진 디기탈리스(Digitalis)를 쓰는데, 심장근에 소금의 성분인 나트륨을 오래 정체시켜 심장을 강하게 박동시킨다. 이는 짠맛이 화의 작용을 강하게 한다는 증거이다.

동물은 식물보다 활동이 왕성하기에 짠맛의 원천인 소금의 함량이 많고, 고깃덩어리는 곡류보다 소화되기 어려운 물질이기 때문에 화의 작용을 가진 소금과 함께 먹어야 분해가 잘 된다.

에너지를 수렴하여 딱딱하게 만드는 작용은 금의 작용이고 짠맛을 가진 한약은 화의 작용으로 화극금 하여 물질을 분해한다. 그래서 과일이나 야채보다 소화가 어려운 곡류나 콩, 고기를 먹을 때는 그 분해를 돕는 소금의 섭취가 필수이다. 약간의 짠맛이 있는 토마토가 그래서 콩이나 고기 요리와 잘 어울린다.

주된 맛이 달고(토—전체적 보) 약간의 쓴맛(수)과 약간의 짠맛(화)이 있으면 수 중의 화를 보한다. 수 중의 화는 精이며 정력을 좋게 한다.

소금은 한약처럼 생체가 아니고 광물이기 때문에 화의 성질이 지나쳐 독성이 있다. 대나무는 수에 속하는 나무라 소금이 지닌 화의 지나친 작용을 수극화하여 누그러뜨릴 수 있다. 그러나 대나무는 생체라 그 작용이 약하다. 소금의 독을 없애려면 불로 소금을 달구어 화의 작용을 극에 이르게 하면 소금 중에 있는 극렬한 성분은 폭발하여 사라진다.

소금을 화(火)와 죽(竹), 이 두 가지로 해독을 함께 하는 법이 있다. 소금을 죽통에 넣고 불에 달구었다가 대나무가 다 타면 다시 새 죽통에 넣어 달구기를 아홉 번 한 것을 죽염이라 한다. 소금은 바닷물의 精으로서 그 독을 없애 죽염을 만들면 생명의 근원인 사람의 精을 보할 수 있다.

이것은 자동차의 배터리를 교환하는 것처럼 인간의 수명이 다해서 거의 다 방전된 생명의 불을 다시 왕성하게 할 수 있다. 다시 젊어지고 모든 노쇠로 인한 병을 치료할 수 있다고 하나 젊어지는 것은 그렇게 간단하지 않다.

짠맛은 병 치료에는 상당한 효과가 있으나 화를 왕성하게 하여 혈액량을 많게 하고 심장 박동을 강하게 하므로 혈압을 높인다. 혈압이 높으면 신장의 기능을 저해하므로 부종이 생긴다. 정을 보하고 발기불능을 치료하는 한약은 화를 돋구는 약으로서 토마토처럼 달면서도 약간 짠맛이 있다.

4) 매운맛

매운맛은 쇠의 형체 자체의 맛이나 인체 내에 들어와서는 木의 작용이 있다. 木의 작용이란 봄의 작용이다. 봄은 겨울 동안 저장해 두었던 본래 물질을 에너지로 변환시켜 활동을 시작하게 한다. 소화는 물질을 분해해서 에너지를 만드는 작용이라 木의 작용이라 할 수 있다. 그래서 매운맛을 가진 한약은 소화작용을 촉진하여 양념으로서 음식과 함께 먹는다.

木의 작용은 목생화하여 언제든지 화의 작용으로 변할 수 있다. 화의 작용은 에너지의 배급과 활성화이고, 木의 작용은 에너지의 조달을 담당한다. 에너지의 조달은 밖에서 공급해 주는 것이 아니라 물질의 형태로 저장되었던 에너지를 에너지 형태로 변환시키고 화의 작용의 도움을 받아 배급한다.

고추, 후추, 생강, 정향, 계피 등 매운맛을 가진 한약은 물질을 분해시켜 에너지를 만드는 소화작용을 돕고 생리기능을 활발하게 하고 혈액순환을 촉진시킨다. 소화작용이 활발해지면 소화불량, 복통, 구토, 설사가 치료되고 혈액순환이 활발해지면 차가울 때, 습기가 있을 때 심해지는 관절통, 생리통, 신경통 등이 없어진다.

물질에서 에너지를 만들 때는 물질 속에 구멍이 작게 뚫리고 그곳으로부터 에너지가 새어 나가면서 구멍이 점점 커지는데 이것도 목의 작용이다. 즉, 구멍을 뚫는 작용도 木의 작용이다.

콜레스테롤로 막힌 모세혈관에서 콜레스테롤을 에너지로 분해시켜 뚫는 것도 木의 작용이고 세 기관지가 막히는 것을 뚫는 것도 木의 작용이고 땀구멍이 막혀 있는 것을 뚫어 땀을 내는 것도 木의 작용이다.

따라서 매운맛을 가진 한약은 혈액순환을 왕성하게 하고 막힌 것을 뚫어 콜레스테롤을 낮추고 천식을 없애고 가래를 제거하고 땀이 나게 한다. 精에서 목의 작용은 성 에너지를 활성화하여 정력을 높이고 성기의 혈액순환을 좋게 하여 발기불능과 불임을 치료하는 것이다. 그러나 매운 맛을 가진 한약은 에너지 소모를 촉진하여 虛證을 악화시킨다.

  5) 신맛

  신맛은 木의 형태(나무가 에너지를 수렴하여 과일로 만들기 시작하는 덜 익은 과일)의 맛으로 인체 내에 들어와서는 금의 작용이 있다. 금의 작용이란 가을의 작용이다. 가을은 에너지를 수렴, 물질화하여 동물은 활동이 둔해지고 식물은 성장을 중지하고 열매를 맺는다.

  에너지 활동이 왕성한 여름에는 신 것이 맛이 있다. 에너지의 지나친 소모는 인체의 건강을 해치므로 수렴해서 저장해 놓고 싶은 생리적 본능이다.

  운동이나 일을 많이 해서 에너지 소모가 많을 때는 물이 먹고 싶은데 그냥 물보다 약간 짠맛(水, 아주 짠 맛은 음극생양으로 火)과 소모된 에너지를 보충하기 위한 단맛(土)과 에너지를 수렴하기 위한 신맛(金)의 맛들이 섞여야 맛이 있다. 이것이 스포츠음료이다.

  신맛은 그 작용하는 힘이 약해 떫은맛이 결합되어 있는 경우가 많다. 덜 익은 산딸기가 대표적이다. 산딸기는 씨가 많아 精을 보한다. 精을 보하기 위해서는 에너지를 수렴해야 하기 때문에 맛이 시고 떫어야 한다. 그래서 보약으로 쓸 때는 덜 익은 산딸기를 쓴다.

  보하는 한약에서 기본적인 단맛 없이 신맛만 있는 것은 크게 가치가 없다. 몸속에 있는 에너지를 수렴해서 저장해 놓는 것보다 밖에서 공급하는 것이 효과적이기 때문이다.

신맛은 대부분 머리, 팔, 다리, 체간의 체표 부의 에너지를 수렴하여 체강 내로 집중시키는 작용을 한다. 이때는 체표 부의 에너지 활동은 저지 시키지만 체강 내에서는 활발한 활동을 도와주기 위하여 신맛에 향기가 있는 경우가 대부분이다. 레몬, 라임, 자몽, 탱자, 유자가 여기에 속한다.

4. 열매

금에 해당하는 열매는 일차적으로 사람의 금인 폐를 보한다. 폐의 작용은 에너지를 물질화하는 것인데 식물의 열매는 폐의 물질화 작용을 도와준다. 아이들 중 밥보다 과일을 좋아하는 아이들이 있는데 이런 아이들은 금의 작용이 부족한 아이들이다.

아이들은 인생의 단계 중에서 목에 해당한다. 목이 많은 체질은 이 작용이 지나치면 병이 될 수 있는데 이런 아이들은 스스로 치료하기 위해서 과일을 많이 먹는다.

특히 금의 작용(뻗어나가는 목의 작용을 저지하는 작용)이 강해 하늘을 향해 곧게 올라가지 못하는 덩굴나무의 열매는 金의 작용이 강하다. 덩굴나무의 열매인 포도나 다래(키위 종류)는 태양인의 부족한 금의 작용을 보완할 수 있다.

1) 토마토

과일은 금에 속하여 고기하고 잘 안 어울린다. 매운맛을 가진 양념들은 목 혹은 화의 성질이 있어 고기의 소화를 촉진시키기 때문에 고기와 섞어 먹는데 과일은 고기와 섞어 먹지 않는다. 유독 토마토만 고기하고 섞어 먹는데, 토마토는 금에 속하지만 겉과 속의 색이 모두 붉어 화가 금을 이긴다. 그래서 소화를 촉진할 수 있다.

또한 과일 중에서는 제일 짠맛을 가진 과일이다. 짠맛은 화의 성질이 있어 딱딱한 것을 분해시킨다. 경험적인 직감으로 알아낸 것이지만 토마토에 소금을 더 넣고 열기를 가한 토마토케첩을 만들면 고기를 녹이는 양념 못지않다.

프랑스의 한 암 환자 요양소는 암 치료 약의 주종이 토마토이다. 다른 음식은 거의 안 먹고 토마토만 먹는데 많은 암 환자가 치료되었다고 한다. 암은 일반적으로 화로 대표되는 생명 에너지가 거의 없어지기 시작하는 50대부터 걸리는 병이다.

토마토는 과일로서 영양을 주고, 화의 성질이 있어 생명의 불을 붙이며, 짠맛으로 딱딱한 것(암)을 부드럽게 하니 암이 치료될 수 있다.

2) 산사(아가위 나무 열매)와 고추

산사도 빨갛다. 열매가 작고 당도가 떨어지니 토마토만큼 식품으로 사용하지 않는다. 아가위(Hawthorn)의 잎은 가시가 있다. 잎은 화에 속하는데 그 잎이 뾰족한가 혹은 넓은가를 관찰하여 화의 성질이 강한가 약한가를 정한다. 잎의 질이 건조해서 뻣뻣한가 물기가 많아 부드러운가도 화의 성질이 강한가 약한가를 결정짓는다.

아가위의 잎은 얼마나 화가 강하면 잎이 뾰족하다 못해 가시까지 돋았다. 그 화가 강하여 金의 작용을 가진 열매까지 빨갛지만 맛은 금의 작용을 가진 신맛이다.

고추는 열매가 빨갛고 매운맛을 가졌지만, 잎은 물기가 많고 매우 부드러워 한국에서는 잎을 식용할 정도이다. 그래서 고추도 사람이 그 불에 타 죽을 정도는 아니다. 고추가 심장 박동을 활발하게 하고 콜레스테롤을 낮추고 혈액순환을 촉진시켜 신경통에 좋다는 것은 이미 알려져 있다.

산사도 같은 화에 속하는 심장과 혈관의 작용을 돕는다. 매운맛을 갖지 않고 오히려 신맛을 가지고 있어 고추처럼 즉각적인 효과는 없으나 효과가 오래간다. 고추가 심장 활동을 촉진시키는 것은 말을 채찍으로 때리는 것과 같고 산사는 당근을 먹이면서 달리게 하는 것과 같다.

산사는 신맛이 있어 심계항진, 협심증, 빠른 심장 박동 같은 심장병에 좋고 콜레스테롤을 낮추고 동맥벽에 붙어 있는 찌꺼기를 제거한다.

5. 꽃

1) 홍화

꽃은 색깔도 밝고 냄새도 강해서 화에 속한다고 했다. 꽃 중에서 아주 빨갛고 꽃잎도 뾰족뾰족한 홍화라는 것이 있다. 꽃은 화에 속하는데 이 꽃은 그중에서도 빨간 꽃이니 화 중의 화이다. 그러나 벌레가 잘 끼어 죽어서 그런지 약간의 썩은 냄새가 난다. 썩은 냄새는 냄새 중의 수에 속한다고 했다. 피는 수 중의 화이다. 그래서 홍화는 혈액순환을 촉진한다.

타박상으로 죽은 피가 생겼을 때 술을 넣고 다려서 먹으면 멍든 것도, 부은 것도, 아픈 것도 빨리 없어진다. 생리통에도 좋고 생리가 없을 때도 이것을 먹으면 생리를 한다. 자체 산소 공급을 못 받아 약한 모세혈관을 터뜨려 정체된 피를 출혈시키고 새로운 모세혈관을 만든다. 혈액순환이 너무 활발해서 지혈이 잘 되지 않는 사람은 금해야 한다.

아기가 태어날 때쯤 되면 태반의 혈관들이 시들어 떨어지려고 한다. 아기를 낳으려고 어느 정도 자궁수축이 이루어지면 태반이 자궁벽에서 떨어진다. 이때 홍화는 자궁수축을 활발하게 하여 태반이 자궁벽에서 잘 떨어지게 한다.

스위스에는 만삭의 임신부가 가서 피자를 먹으면 그날 이후로 진통이 시작된다는 유명한 피자집이 있다. 아기가 나올 때를 지나면 시들은 태반으로부터 영양공급을 제대로 받지 못해 아기가 수척해진다. 이것을 방지하기 위해 많은 임신부들이 때가 지나면 이 피자집을 찾는다. 조리법을 공개했는데 자세히 보니까 홍화가 들어 있었다.

산후에 태반이 나오고 자궁이 제자리로 돌아갈 때, 이미 출혈이 되어서 자궁에 고여 있던 검붉은 피는 시원하게 나와야 좋다. 이것이 제대로 안 나오면 아기를 낳을 때와 같은 진통이 계속된다. 이 진통의 특징은 낮에는 괜찮다가 밤에만 아기 낳을 때와 같은 진통을 한다는 것이다. 이런 경우에 산부인과에서는 자궁을 벌려 긁어내는 소파수술을 한다.

그렇게 해도 밤마다 아기 낳는 것과 같은 진통을 호소하는 부인이 필자에게 찾아왔다. 이런 경우는 환자의 자궁이 약해서 수축을 못하고 모세혈관이 약해서 터지기 쉬워 정체된 피가 생기기 때문이다. 그래서 피를 보하고 혈액순환을 촉진하며 자궁을 수축시키는 당귀와 홍화를 처방했다.

그랬더니 그날 저녁 새까만 피가 조금 나오더니 진통이 없어졌다고 그다음 날 와서 고마워했다. 산부인과를 다니면서 한 달이나 고생한 것이 신기하게 나았다고 좋아했다.

2) 라벤더와 재스민(Lavender, Jasmine)

꽃을 쓰는 허브 중에 라벤더나 재스민은 꽃의 향기를 쓴다. 일단 꽃은 식물의 가장 陽的인 부위로서 사람의 가장 양적인 부위인 머리로 약효가 작용한다. 냄새가 나는 것은 활발한 분자 운동을 의미한다. 그래서 향기는 사람의 에너지 활동을 활발하게 한다.

한의학 이론에 "통(通)하면 통증이 없고 통하지 않으면 통증이 있다"라는 말이 있다. 향기는 머리의 혈액순환을 촉진시키고 뇌의 세포들을 쉬게 한다. 뇌 세포들이 일을 많이 해서 배가 고파 아우성치다가 밥을 먹고 나면 잠잠해지는 것과 같다.

이런 원리로 머리를 많이 쓰는 일을 하다가 머리가 아프면 밖에 나가 산소를 마시면 통증이 가시고 가벼워진다. 라벤더나 재스민은 이런 효과가 있다.

라벤더 오일은 옷이나 직물을 좀이 갉아먹지 않게 한다. 좀은 분화가 덜 된 음적인 동물이기 때문에 양적인 향기를 독으로 여긴다. 그러나 음이 극성해지는 밤에는 음이 극도로 달해 음물인 좀이 불을 원해서(양이 필요) 불을 보고 달려가다 타 죽는다.

나프탈렌, 스모크, 생강, 마늘, 정향, 캄포 등 냄새가 강한 것은 방부 효과가 있는데 이것은 어둡고 습한 것을 좋아하고 분화가 덜 되어서 음적인 미생물을 쫓아 버리거나 죽이기 때문이다.

라벤더 오일을 몸에 바르면 신경통, 관절통, 삔 데 등이 좋아진다. 향기가 나는 오일을 바르면 모두 이런 효과가 있다. 이들이 멘소래담, 안티푸라민 등의 주성분이다. 이것들은 기침이 날 때 빨아먹는 사탕의 주성분이기도 하다.

기침도 오행이나 팔괘로 나누어야 하지만 복잡하여 간단히 음(허), 양(실)으로 나누어 볼 수 있다. 양적인 기침은 감기가 들어 열이 나고, 머리가 아프고, 목이 붓고 아프며, 기침할 때 가래소리가 많이 나는 기침이다. 이 때는 음적인 기침에 쓰는 견과류, 코데인 등을 써서는 안 된다. 병이 오래 가고 더욱 심해진다.

향기 나는 리콜라 기침 사탕을 먹으면 그 향기에 의해 병균이 죽고, 혈액순환이 좋아지고, 머리 아픈 것이 없어지며, 울혈이 없어지고, 염증이 가라앉고, 향기가 세기관지를 이완시켜 가래를 잘 배출되도록 한다. 안티 푸라민을 가슴에 바르면 그 효과는 증가된다. 오한이 있으면 아스피린의 원료가 되는 버드나무 껍질을 같이 복용하면 아주 좋은 감기 치료가 된다.

향기라고 다 에너지를 활성시키는 것은 아니다. 냄새는 오행에 따라 5가지로 나누지만 크게 음양으로 나눌 수 있다. 라벤더, 재스민(아카시아꽃 향기), 박하, 유칼립투스, 장뇌 등 따라가면서 맡으려 하는 양적인 향기가 있고 시체 썩는 냄새, 썩은 달걀이나 쓰레기 수거통 냄새 외에, 한약의 패장, 삭은 홍어의 냄새처럼 맡으면 곧 피하려 하는 음적인 냄새가 있다.

양적인 냄새를 맡으면 생명의 에너지가 팽창하고 음적인 냄새를 맡으면 생명의 에너지가 수축한다. 양적인 냄새는 생명의 냄새이고 음적인 냄새는 죽음의 냄새이다.

3) 패장초

패장(마타리)이라는 한약은 이름 그대로 썩은 된장 냄새가 난다. 해로운 물질이 침입했을 때 사람은 두 가지 이유로 고통받는다. 하나는 해로운 물질이 사람의 조직을 손상시켜 고통을 받고 다른 하나는 그 해로운 물질을 쫓아내려고 염증 반응을 일으켜 염증의 4대 증상인 붓고 뜨겁고 빨갛고 아파서 고통받는다. 전쟁이 나면 군인은 전방에서 적의 공격을 받아 고통받으며 국민은 전쟁에 필요한 물자를 수송하느라고 고통받는 것과 같다.

알레르기는 밖에서 침입한 적이 별것 아닌데 필요 이상으로 과잉 방어하다 고통을 받는 경우이다. 병균 중에는 자멸하는 병균이 있다. 어느 시간이 되면 스스로 죽어 버린다. 이런 병균에 과잉 반응하다 자폭하는 경우가 있고 벌에 한방 쏘였다고 아나필락시스(과잉 알레르기 반응)를 일으켜 폐가 부어서 질식해서 죽을 때도 있다.

이런 과잉 염증 반응을 느리게 하기 위해 쓰는 한약이 패장이다. 이 역겨운 냄새가 나는 약은 생명 활동인 방어 작용을 수축시켜 항염증 효과가 뛰어나다. 역겨운 냄새는 사람의 생리기능에만 해를 주는 것이 아니다. 생명 에너지를 동결시켜 생명체는 모두 얼어붙는다. 병균도 죽일 수 있고 독소도 활동이 미약해진다. 이 허브는 늑막염, 맹장염, 종기 등 제반 염증에 좋은 효과가 있다.

4) 꿀벌 화분(Bee Pollen)

꽃 중에 일부분만 쓰는 약이 있다. 꿀벌 화분이다. 벌이 이 꽃 저 꽃을 다니면서 다리에 묻은 화분 덩어리를 모아놓은 것이다. 이것은 꽃의 수술의 꽃가루이니 사람의 정자에 해당한다. 그것도 음양의 편차가 있는 하나의 꽃의 에센스가 아니라 다양한 종류의 꽃, 수많은 꽃가루를 모아 섞어놓은 것이니 음양이 더욱 조화되어 있다.

성 세포는 간 세포나 심장 세포 등 다른 체세포보다 더 전체적이며 음양이 치우치지 않은 정보를 가지고 있다. 그래도 개개인에 따라 음양의 편차를 가지고 있는데 이것들을 한꺼번에 모아놓으면 더욱 그 편차가 줄어든다.

벌 화분을 먹는 것은 太極 중에 양이 극성 할 때 생기는 陰의 한 점을 먹는 것이다. 그 한 점도 꽃에 따라서 음양의 편차가 나는데 편차가 없는 土를 먹는 것이다.

꿀벌 화분은 몸 전체에 에너지를 공급해 주고 튼튼한 면역 체계를 만들어 주는 인기 있는 건강보조식품이다. 이것은 현대 영양학에서 권장하는 단백질, 탄수화물, 지방의 비율을 가장 이상적으로 가지고 있으며 비타민이 풍부하고 거의 모든 미네랄, 희소 성분 효소, 단백질을 가지고 있다. 이 말은 꿀벌 화분이 土에 속하며 음양의 편차가 없음을 과학적으로 말해 준다.

이렇게 음양이 조화된 음식은 오행 중에 土의 작용을 보해 준다. 土는 어머니와 같아서 극렬한 것을 싫어한다. 지구상의 물질 중에 그 성질이 한쪽으로 치우친 것이 독이다. 土는 구심력이라 그 진행 방향을 슬며시 반대로 바꾸는데 이것이 해독작용이다. 꿀벌 화분은 실험과 임상 연구에서 방사능과 화학적인 독성을 무력화시키는 효과가 밝혀졌다.

土는 항상성(homeostasis)을 관장한다. 양의 에너지화 작용이 지나치면 음의 물질화 작용으로 변화시키고, 이것이 극에 달하면 에너지화 작용으로 변화시킨다. 이 작용이 항상성 작용이다. 항원이 들어오면 몸을 해치는 능력을 정확히 판단하고 이것을 쫓아낼 수 있는 만큼의 염증 반응을 일으키는 것이 면역기능의 항상성인데 이 기능이 망가지면 알레르기 반응을 일으킨다.

알레르기 반응은 과잉 반응으로, 이 한 마리 잡으려고 초가삼간 태우는 염증 반응이다. 항상성이 제대로 유지되면 우리는 따로 한약이나 양약을 먹을 필요가 없다. 인체에 필요한 것이 있으면 원하는 물질을 보면 눈에 번쩍 뜨이고 냄새가 좋고 먹고 싶어져 음식으로 필요한 성분을 보충하게 된다.

새 기계라 항상성 기능이 좋은 어린 시절에는 음식으로 보충이 안 되면 흙이라도 주워 먹는다. 土의 기능인 항상성 기능만 좋으면 그 병이 나타나기 전에 약이 되는 음식을 먹기 때문에 병이 나지 않는다.

앞에서 암을 돌아온 탕자에 비유했다. 정상세포가 항상성의 제어를 받지 않고 저만 살겠다고 영양분을 독차지하고 주위의 눈치도 안 보고 증식만 하는 것이 암이다. 土의 작용을 튼튼하게 함으로써 암도 치료될 수 있다. 土의 작용은 혈압이 높은 사람은 낮추고 혈압이 낮은 사람은 높이고 살이 찐 사람은 살을 빼고 살이 빠진 사람은 살을 찌우게 한다.

단전호흡과 명상을 해보면 살이 찐 사람은 밥맛이 없어지고 빼빼 마른 사람은 밥맛이 생긴다. 살이 찐 사람은 몸에 더 이상 영양분을 쌓아놓을 필요가 없는데 土의 작용에 이상이 생겨서 영양과잉인데도 식욕이 당기고 밥을 자꾸 먹는 것이다.

약은 음양의 편차가 많으면 많을수록 효과는 빨리 나타난다. 꿀벌 화분은 음양의 편차가 적어 효과가 느리다. 효과를 보려면 몇 년을 먹을 생각을 해야 한다.

6. 잎

잎도 화에 속하나 전체적으로 에너지 활동을 촉진시키고 머리나 뇌에 미치는 작용은 덜하다. 알파파, 유칼립투스(eucalyptus)가 대표적이고 고투

콜라(gotu cola), 은행잎 등은 머리에 미치는 작용이 크고 잎이면서 작용이
특이하다.

1) 로즈메리(Rosemary), 차이브(Chive), 타임(Thyme),
   마저럼(Marjoram), 정향(Clove)

향이 나는 허브는 음식 맛을 돋구어 준다. 火의 성질이 있어 소화작용
을 활성화시킨다. 고기를 불에 구워야 맛이 있는 것은 구운 고기가 분해되
기 쉽기 때문이다. 서양 허브의 火가 고기를 구운 것처럼 냄새와 맛을
좋게 한다.

허브가 잎이나 잔가지에서 냄새가 나면 火에 火를 더한 것이다. 냄새
가 나는 것은 물질의 분자운동이 활발해서 그 물질 분자가 코를 자극하기
때문이다. 분자운동이 활발한 것은 에너지화 작용이 많이 일어나는 물질
로서 섭취되면 사람의 에너지화 작용을 촉진한다.

2) 차

차는 잎이 작고 뾰족하다(화). 차는 잎(화)을 쓰는데 차의 성질을 더욱
강화하기 위해서 어린잎을 쓴다(목). 이는 木生火를 얻기 위함이다. 차의
성질은 에너지 활동을 활발히 하여 생리기능을 활성화시킨다.

전체적인 생리기능을 활성화시키나 특히 뇌의 생리기능을 활성화시키
니 각성이 된다. 차를 마시고 혈액순환이 좋아지면 각 세포가 산소와 영양
분을 받아 일시적으로 피로가 풀리고 일할 의욕이 생기고 용기가 난다.

차나무의 어린잎을 주로 쓰니 木의 기운이 강해서 몸통에 난 싹에 해

당하는 머리와 손발에 산소와 영양공급이 잘 된다. 뇌세포에 산소와 영양공급이 좋아지니 머리가 맑아지고 몸이 가벼워진다. 차나무도 생명체이기 때문에 극적인 火의 작용은 스스로를 해칠 수 있어 차 속에 떫은맛을 내는 탄닌(金) 성분으로 火를 수렴시키고자 한다.

사람이 차를 쓰는 것은 차의 火를 쓰고자 하는 것이다. 탄닌은 인체의 화를 돋구어 주는 데 방해가 된다. 그래서 火克金 하기 위해서 차를 볶거나(녹차) 찐다(홍차). 인위적인 노력은 불완전해서 그래도 탄닌이 차에 남아 있다. 만약 차에 탄닌이 없었더라면 차는 코카인 잎이나 마리화나처럼 뇌세포의 흥분 작용이 지나쳐 환각작용을 일으킬 것이다.

차는 설탕을 타서 먹어야 좋다. 녹차에는 목의 색인 푸른 색이 들어 있으니 목극토 해서 설탕과 잘 안 어울리나 화의 색인 홍차는 설탕과 잘 어울린다. 차의 火가 에너지 활동을 활발히 시키나 음식이나 보약이 아니라서 에너지원이 필요하다. 그래서 에너지원이 되는 설탕과 함께 마셔야 맛이 있다.

인체는 직감적으로 차의 과도한 火가 인체를 결국 해치기 때문에 그 火를 수렴시킬 수 있는 신맛을 먹고 싶어 한다. 따라서 홍차는 레몬과 함께 먹어야 맛이 있다.

녹차는 홍차처럼 오랫동안 불을 가하는 것이 아니라 아주 순간적으로 불을 가해 볶기 때문에 차의 본래 색인 녹색이 남아 있다. 녹색의 날것은 익은 것보다 음적 성질이 강하다. 따라서 녹차는 에너지 활동을 촉진하는 효과가 잠시 나타났다가 없어져 곧 안정되고 잠이 오게 된다.

녹차는 피로회복제, 두통약, 신경안정제, 수면제로 쓰였다. 그러나 녹차도 사하는 약이고 독성(caffeine)이 있어 식물의 약효를 역경의 원리로 알아낸 도인들은 녹차를 독약에 해당하는 하품(下品) 약으로 그 가치를 절하시켰다.

3) 담뱃잎

담뱃잎은 넓다. 화 중의 음에 속한다. 담배는 냄새가 난다. 그 냄새는 향기에 해당해서 처음에는 계속해서 그 냄새를 맡고 싶으나 나중에는 역겨워진다. 개는 담배의 냄새를 싫어하나 염소는 좋아해서 담배를 먹는다.

지구의 오행에서 다른 오행은 陰과 陽 두 개씩 있는데 土는 네 개가 있다. 그중에 염소와 성질이 같은 양(羊)에 해당하는 세력은 火와 金 사이에서 火가 金으로 변화하는 작용을 주도한다.

土는 陰陽이 조화되어 陰의 성질도 가지고 있고 陽의 성질도 가지고 있어 장점만 가지고 있는 것 같지만 양쪽이 균형을 이루어 그 활동이 정체되는 단점이 있다. 토는 자기가 맡은 일을 촉진하는 자극을 받기 좋아한다.

그래서 염소는 담배를 먹어 火에서 金으로 변하는 작용을 활발히 하고 싶어 하지만, 金에서 水로 변하는 작용을 주도하는 개는 담배를 싫어한다. 담배의 성질이 개의 성질과 다르기 때문이다. 음양이 조화된 사람이 담배를 먹으면 처음에는 냄새로 화의 작용이 활발히 일어나지만, 넓은 담뱃잎의 금의 작용으로 에너지 활동이 곧 수렴된다.

담배는 냄새의 짧고 빠른 火의 성질로서 작용하기 때문에 다려 먹어서는 짧고 빠른 火의 작용을 할 수 없다. 피워서 그 火의 성분이 바로 실핏줄의 혈액 속으로 스며들어야 한다. 그러면 뇌세포가 火로 활성화되어 뇌활동이 빨라 계산과 기억이 잘 되고 기분도 좋다.

심장의 혈액순환도 잘 되고 기관지가 확장되어 각 세포가 산소와 영양분 공급을 잘 받아 힘이 생기고 피로도 회복된다. 소화기관의 세포들도 활발히 활동하여 소화를 잘 시킨다. 소화가 잘 되어 고기를 많이 먹은 후에 오는 느글거림이 없어진다. 폐는 기관지가 확장되어 가스교환이 충실하게 이루어진다.

그러나 이것은 火가 주도하는 잠깐 동안이고 곧 金이 주도하여 모세혈관이 수축하고 각 세포에 산소와 영양공급이 안 되어서 몸과 머리가 무겁고 피곤해진다. 소화기관의 활동이 다시 둔화되어 속이 메슥거린다. 폐는 기관지가 수축하여 가슴이 답답하고 가래가 많이 생긴다.

이때 담배를 다시 한번 피면 다시 火가 주도되면서 火克金의 상태로 되니 머리가 가볍고 혈액순환이 잘 되어 몸도 가벼워지고 의욕도 생긴다. 그래서 담배는 습관성이 있다.

4) 알로에(Aloe Vera)

알로에는 뜨겁고 건조한 사막에서 자라는 식물이다. 이런 기후에 생존하기 위하여 잎의 껍질이 두껍고(수분의 증발을 막기 위하여) 음의 형태인 넓은 잎 속에 많은 수분을 저장하고 있다. 이것은 잎이라는 火의 부위에서 주위에서 가해지는 火에 저항해서 일어난 강한 金의 작용이 만들어 낸 결과이다.

알로에 잎 속에는 金의 작용이 만든 水가 저장되어 있다. 그래도 잎은 火의 성질이 있고 세력은 약하지만, 火克金의 반발력이 있어 잎에 뭉뚝한 가시 모양의 돌기가 있다. 이 돌기의 火의 성질은 알로에의 금과 수의 작용을 활성화시킨다.

火의 작용은 퍼지는 속성이 있어 잎을 쓰면 사람의 피부에 주로 작용한다. 사람 피부는 金의 계통에 속하는데 외부로부터 가해지는 火나 내부의 火 작용에 의해서 손상된다. 잎 속의 水에 해당하는 맑은 즙은 상처나 화상을 치료하는 데 아주 뛰어난 효과가 있다. 火를 제거하는 것은 水이고 피부를 새로 만드는 것은 金의 작용이기 때문이다.

한의학에서 大腸은 피부처럼 金 계통에 속하는데, 여기에 火가 가해져 火克金 하면 변비가 생긴다. 알로에는 水克火하여 변비를 치료할 수 있다. 알로에 중에 색깔이 陰의 색깔인 갈색이 나거나 맛이 쓴 것이 있는데 이것은 변비에 더욱 효과적이고 급성으로 오는 소화관 궤양에도 큰 효과가 있다. 궤양은 소화관 피부의 염증(화)인데 알로에의 金水 효과가 이를 덮는다.

7. 뿌리

뿌리는 水에 속한다. 뿌리 중에 水의 작용을 하는 쓴맛을 가진 뿌리는 水의 작용이 더욱 강하다. 겨울에는 땅이 얼어붙고 火의 활동이 강한 동식물은 살아남지만, 火가 약한 미생물들은 죽기 쉽다.

골든실, 민들레 뿌리, 초용담, 치커리 등 쓴맛을 가진 뿌리는 火의 작용이 지나쳐서 생긴 제반 염증을 강한 水의 작용으로 소염(水克火)하여 치료한다.

염증은 병균을 제거하기 위한 생리현상으로 염증 반응을 저지시키면 병균은 더욱 기승을 부리게 되는데 너무 강한 水의 작용은 병균도 얼어붙게 한다. 실제로 병균을 배양하여 그 뿌리들의 진액을 뿌려보면 병균들이 죽는다. 항생제들은 쓴맛을 가지고 있는데 水의 작용이 있기 때문이다.

1) 민들레 뿌리(Dandelion)와 마리화나(Marijuana)

민들레는 잎이 넓고 아주 부드럽다. 한국에서는 물에 삶아 쓴맛을 조금 빼고 나물로 먹는다. 토끼가 이 풀을 아주 좋아한다. 토끼는 눈이 빨갛다. 사람도 술을 많이 먹으면 눈이 빨개진다.

반면에 마리화나는 잎이 별처럼 뾰족하다. 하지 때 꽃이 피는데 그때 딴 꽃과 꽃 주위의 잎이 가장 환각작용이 강하다. 잎이 뾰족한 것이 火이고 하지 때가 火이고 꽃과 잎이 火이다. 당연히 사람의 水 중의 火인 뇌 속에 들어가 기능을 상승시키고 머리 중에서도 불이 나와 눈을 빨갛게 만든다.

음양이 조화된 인간에게는 쓰게 느껴지는 이것은 지구 오행 중에 木에 속하고 火가 많아 눈이 빨간 토끼에게는 달게 느껴질 것이다. 토끼는 불을 끄기 위해서 水의 작용을 하는 쓴맛이 필요하다. 마리화나의 독은 火인데 水인 민들레 뿌리를 먹으면 그 독이 제거될 것이라고 생각된다.

민들레 뿌리는 불과 같은 생리 활동인 염증을 제거하는 능력이 있다. 간의 염증에 효과가 있고 신장의 작용을 더 활발히 하고 신장의 염증을 치료한다. 민들레 뿌리를 잘라보면 흰 즙이 나온다. 이 흰 즙은 사람의 피에 해당한다. 흰색은 金의 색깔로 청결을 의미한다. 그래서 민들레 뿌리는 혈관 내로 들어가 차갑게 하여 '혈액 청결제'라는 별명이 붙었다.

서양의 허브 책에서 쓴맛을 가진 것은 식욕을 좋게 하고 소화작용을 촉진한다고 되어 있다. 이것은 아주 경계해야 할 문구이다. 쓴 것은 실제로 침과 소화액 분비를 촉진시킨다지만 후추나 생강, 고추처럼 소화액 분비를 자극하는 것은 아니다. 쓴 것이 소화가 안 되기 때문에 소화를 제대로 시키기 위하여 소화액을 더 분비시키는 것이다.

이것은 평소 원기 왕성하고 소화기관이 튼튼해서 음식을 잘 먹는 사람(태음인, 소양인)에게 해당되는 말이다. 평소 늘 기운이 없고 소화기관이 약해 음식을 조금 먹고, 조금 많이 먹으면 배탈이 나는 사람(소음인)이 소화기를 좋게 하기 위해서 민들레 뿌리나 초용담 등의 쓴 약을 먹으면 火의 작용이 적어서 소화가 안 되는 사람의 火를, 바람에 흔들리는 촛불처럼 일순간에 꺼버린다.

소화기가 약해서 소화가 안 되는 사람의 대부분은 水가 많고 火는 적은 소음인인데 "쓴 약은 소화를 촉진하고 밥맛을 좋게 한다"라는 말만 믿고 쓴 약을 먹으면 소화기 병이 더욱 악화된다. 이런 사람은 인삼이나 마늘, 생강 등 火를 돋구는 약을 먹어야 한다.

2) 인삼(人蔘)

인삼은 3 수를 숭상하는 우리 한민족과 역사를 같이하며 음양이 조화된 식물이라 음양이 조화된 수, 3(參)이란 이름을 갖게 되었다. 오행론에서 木의 수 3이 아니라 천부경에서 음양의 조화 수 3이란 뜻이다.

인삼은 半陰半陽의 지역에서만 자란다. 빛이 너무 많이 쪼이는 곳에서도 안 되고 그늘이 너무 진 곳도 안 된다. 음양이 조화된 土의 성질을 가지고 있는 뿌리이다. 그 뿌리의 색깔이 土의 색인 황색이다.

인삼은 한 개의 큰 줄기 중간에 양의 숫자인 3개의 가지가 있고 각 가지마다 土의 숫자인 5개로 갈라진 잎을 가지고 있다. 그리고 빨간 꽃과 열매를 맺는다. 인삼은 土中火의 성질을 가지고 있는데 인삼의 뿌리를 쓰는 것은 인삼의 에너지가 뿌리에 잘 저장되어 있기 때문이지 뿌리의 水 작용을 쓰기 위한 것이 아니다.

인삼은 달면서 약간의 매운맛과 쓴맛을 가지고 있다. 이 약간의 쓴맛이 뇌를 안정시키는 효과를 내고 약간의 매운맛이 혈액순환을 촉진시킨다. 그리고 주가 되는 단맛은 土에 속하여 소화기를 튼튼하게 하여 밥맛이 좋고 소화가 잘 되게 한다.

몸을 전체적으로 튼튼하게 하는 데는 인삼이 가장 좋다. 일단 소화기가 튼튼해지면 음식 섭취가 많아지고 소화·흡수가 잘 되고 그 영양분으로 나머지 기관들을 튼튼하게 한다.

인삼처럼 좋은 약도 모든 병을 치료할 수 없다. 脾는 튼튼한데 腎이 안 좋거나 木의 기능은 강한데 金의 기능이 안 좋은 사람들의 병은 치료할 수가 없다. 인삼은 土中의 火를 강하게 하기 때문에 水 기능이 약한 사람은 火가 더욱 강해지고 水는 더욱 마른다. 金 기능이 약한 사람은 양의 기능은 더욱 강해지나 金이 더욱 약해진다.

인삼은 보하는 약이다. 일단 먹으면 모든 생리기능이 촉진된다. 생리기능이 너무 왕성해서 문제인 모든 급성염증은 악화된다. 인삼을 먹으면 사람만 생리기능이 왕성해지는 것이 아니다. 병균도 인삼을 먹고 왕성해진다.

그러나 면역 체계가 약해서 생긴 병과 염증이지만 발적, 부종, 통증, 국소 발열이 거의 없는 만성 염증에는 인삼이 극적인 효과를 나타낸다. 병균에 의한 염증이 분명한데, 무슨 항생제를 써도 치료가 되지 않고 위장장애만 보이는 사람은 항생제를 먹으면서 인삼을 같이 복용해 보라. 현저한 효과가 있을 것이다.

인삼은 土의 작용을 보하기 때문에 항상성 작용이 제대로 안 되는 병증을 치료할 수 있다. 고혈당과 저혈당을 반복하는 당뇨병, 저혈압이나 고혈압을 반복하는 자율신경계의 이상, "추웠다 더웠다"하는 호르몬의 분비 이상, 변비와 설사를 반복하는 과민성 대장 증후군, 제반 알레르기 등을 치료할 수 있다.

해독도 土의 작용이기 때문에 화학요법, 방사선요법으로 오는 부작용, 마약을 끊은 후에 오는 금단 현상도 치료할 수 있다. 전반적인 쇠약 때문에 수술을 할 수 없는 환자는 인삼을 몇 주일 복용하면 수술할 수 있는 정도가 되고, 수술 후에 회복이 안 좋은 사람은 인삼이 회복을 촉진시킬 수 있다.

극도로 허약한 상태에서는 체질을 불문하고 인삼이 효과가 있지만 소음인 체질이 아니면 어느 단계에서 火가 왕성해 머리가 아프거나 눈이 빨갛거나 가슴이 답답해진다. 이때는 인삼 투여를 중지하고 체질에 맞는 약으로 바꾸어야 한다.

3) 당귀

당귀의 잎은 넓고 부드럽다(음). 꽃은 희고 작은 꽃이 뭉쳐서 피는 '총상화'이나 초라하다(음). 당귀도 인삼처럼 뿌리가 통통하고 단맛이 있으나 뿌리에 습기가 많다. 당귀도 土의 성질이 많은 약이나 향기가 나고 맛이 약간 매워 土 중의 木에 속하고 물기가 많아 水에 속한다.

인체의 물인 피를 많게 해주면서 향기와 매운맛의 양적인 작용으로 피를 잘 순환시킨다. 실제로 적혈구의 숫자와 관계없이 어지럽고 안색이 창백하고 팔이 저리고 가슴이 두근거리는 빈혈 증상을 없앤다.

인삼은 남성들의 육체적 과로에서 오는 모든 증상이나 이것으로 기인한 모든 감염, 염증 등을 치료하고 당귀는 여성들의 월경 출혈과 출산으로 오는 빈혈의 증상이나 이것으로 기인한 모든 감염과 염증을 치료할 수 있다.

한의학에서 남성 환자의 질병을 치료할 때는 제일 먼저 과로로 인한 기허(氣虛)의 증거를 찾아보고, 여성들의 질병을 치료할 때는 월경과 출산으로 인한 혈허(血虛)의 증거를 찾아야 한다는 법칙이 있다.

감염이나 염증은 土의 기능인 항상성이 정상적일 때는 대부분 섭취된 음식물의 약효로 우리가 인식하지 못하는 사이에 자연히 치료된다. 그러나 남성의 경우에는 과도한 육체적인 노동과 성생활 과도로 인한 에너지 낭비가 회복되지 못했을 때 병균이 침입해서 우리가 인식할 수 있는 질병을 일으킨다.

여성의 경우에는 다달이 있는 월경과 임신, 출산으로 인한 피의 낭비가 회복되지 못했을 때 병균이 침입해서 우리가 인식할 수 있는 질병을 일으킨다.

남성의 에너지 낭비를 회복할 수 있게 하는 대표적인 약이 인삼이고 여성의 피 소비를 회복할 수 있게 하는 약이 당귀이다. 병이 인삼, 당귀로 치료될 수 있는 때를 놓치고 더 깊이 들면 이런 虛로 인한 병도 사상과 오행에 따라 더 세분해서 이에 맞는 약을 써야 하지만 초기에는 인삼, 당귀가 좋은 효과를 발휘한다.

한의학에서 인체의 허약한 틈을 타고 병이 들어오는 것을 허사(虛邪)라 하고, 튼튼한데도 병을 일으키는 병을 실사(實邪)라 한다. 허사에는 인삼, 당귀 등의 보약을 써야 하지만 실사에는 사(瀉)약(대부분의 서양 허브들이 여기에 속한다)을 써야 한다. 실사에 이 약들의 힘이 부족하면 현대의학의 항생제나 항암제 등의 독약(음양의 편차가 아주 심한 약)을 써야 한다.

이렇게 해도 안 되면 수술로 병소를 도려내고 보약으로 회복을 시킨다. 또는 보약을 쓰면서 병을 제거하는 사약을 같이 쓴다.

알레르기, 퇴행성 질병, 암 등은 대부분 인삼과 당귀로써 치료할 시기를 놓친 虛에 속한다. 여러 가지 보하는 한약을 조합해서 환자의 체질과 병 증상의 사상과 오행에 적합한 약을 구성해야 하고 한편으로는 병을 공격할 수 있는 약들이 가해져야 이런 병들을 치료할 수 있다. 한의학에는 주역의 원리를 이용한 복잡한 처방 구성법이 있다.

당귀는 모든 월경 장애에 탁월한 효과를 발휘한다. 월경통, 월경 지연, 월경 과소, 월경 전 증후군 등의 월경 질환과 자궁 출혈, 월경 과다, 배란 장애, 질염, 불임 등의 생식기 질환에 좋다.

차거나 날이 습할 때 더 심해지는 신경통에도 효과적이다. 그러나 반드시 어지럽고 팔다리가 저리고 심장이 두근거리는 빈혈 증세를 동반하고 맥이 약하고 속이 빈 상태가 있어야 쓸 수 있다.

4) 마늘

마늘은 뿌리이면서 냄새가 심하다. 그 냄새는 향기가 아니며 사람들이 맡기를 싫어하는 역겨운 냄새다(水). 그러나 식품이기 때문에 단맛이 있고 매운맛이 섞여 있다. 싹은 줄기가 없이 잎이 뿌리에서 뾰족뾰족 나온 난초 같은 잎이다.

난초는 火의 성질을 가진 대표적인 식물인데 난초 비슷한 식물은 火의 성질이 있다. 마늘은 水 중의 火 성질을 가진 뿌리이다. 水 중의 火인 마늘은 腎 중의 火인 부신의 작용으로 정력을 보하는 효과가 있다.

마늘은 한국의 건국 신화에 등장하고, 주역을 만든 것으로 알려진 전설상의 황제, 복희씨도 즐겨 먹은 음식이다. 마늘의 효과가 서양에 알려지기 전에도 한국에서는 아로나민이라는 마늘을 원료로 만든 정력제가 대중화되었다.

손발이 차고 아랫배가 찬 형수가 아기를 못 갖자, 어머니는 마늘 100 뿌리를 다려서 형수에게 먹이셨는데, 그것을 먹은 형수는 두 달 후에 아기를 가졌다.

水 중의 火는 태극도 중에 陰이 極해서 생기는 한 점의 陽으로서, 精이라 불린다. 精은 에너지가 물질화되기 일보 직전의 에너지로서, 이 精이 생식세포를 만들고, 섹스할 때의 에너지로 쓰고 남는 것이 있다면 새로운 세포를 만든다.

精이 부족하면 일할 의욕이 없고 섹스하고자 하는 의욕도 없고 생식세포도 제대로 만들지 못하여 불임이 된다. 이 精을 만드는 재료를 공급해주는 한약이 마늘이다. 精은 氣로 변하고 氣는 神으로 변하기 때문에 精은 氣에 해당하는 에너지의 원천이 되고 神에 해당하는 정신의 재료가 되기도 한다.

물질이 냄새가 강한 것은 분자의 활동이 활발하게 일어나고 있는 것으로, 냄새가 나는 마늘은 활성화되기 쉬운 精을 공급한다는 것을 의미한다. 생리작용의 활성화를 촉진하는 마늘은 물론 면역 체계를 활성화시켜 살균작용도 한다. 마늘은 精도 공급하고 살균도 하니 어떤 병도 치료할 수 있을 것 같지만 이것도 보하는 한약이다.

火가 너무 강하고 水가 부족하여 기화 작용만 주로 일어나는 소양인을 인삼보다는 덜해도 기화 작용이 더 왕성하게 만든다. 또한 水를 보하기는 하나 水 중의 火를 보하기 때문에 기화 작용이 많아 보하기보다는 소모시키는 것이 많다.

5) 생강

생강은 뿌리 중에 유난히 울퉁불퉁하다. 우주의 상징이자 종교의 심벌(원, 염주, 묵주)은 동글동글한 구가 연결되어 있다. 둥글다는 것은 土의 작용인 구심력이 강해서 그렇다. 생강은 좋은 냄새가 나고 맛이 맵다. 덩이뿌리이기 때문에 土의 작용을 촉진하는데 매운맛과 자극적인 냄새로 소화기관을 자극한다.

생강이 음식에 속하지만, 쌀이나 밀처럼 많은 양을 늘 먹을 수 있는 것이 아니며 맛과 냄새가 매우 자극적이어서 보약은 아니다. 생강의 맛과 냄새에 의한 소화기관의 활성화는 일시적이고 효과는 곧 중단되어서 보약의 조건을 만족시키지 못한다.

소화기관의 자극은 결국 소화기관의 에너지 부족을 초래한다. 생강이 瀉하는 약에 속하지만, 음식이라 서양 허브들처럼 심하게 사하는 약은 아니다.

생강은 감기 들어서 오한이 날 때 다려서 먹으면 증세가 훨씬 적어진다. 실제로 살균효과도 있다. 입덧, 차멀미 등의 구역질에도 생강이 좋다. 고기 요리를 할 때 생강을 넣고 요리를 하면 맛이 좋아질 뿐 아니라 고기에 번식하는 병원균들을 살균하는 효과가 있다.

일식집에서 생선회나 초밥을 먹을 때 생강과 파의 흰 부분이 나온다. 생선회나 초밥은 익히지 않았기 때문에 소화가 안 되고 눈에 보이지는 않지만 병균이 살기 쉽다. 이때 생강이나 파를 먹으면 소화도 잘 되고 병균도 죽는다. 생강과 파의 냄새와 맛이 陽에 속해 소화를 촉진하고 陰的인 병균을 죽이기 때문이다.

생각을 많이 해도 소화기가 나빠지기 쉬운데 생강이 이것을 방지한다.

공자는 생각을 많이 해서 소화기능이 좋지 않아 생강을 설탕에 잰 과자 생강(편강)을 늘 먹었다고 한다.

8. 씨

씨는 뿌리와 같이 水에 속한다. 뿌리의 水는 영양분을 빨아올리는 뿌리의 성질처럼 올라가는 작용이 있는 데 비해서 씨의 水는 땅에 떨어지는 씨의 성질처럼 내려가는 작용이 있다.

1) 연자육(연꽃의 씨)

연은 연못에서 자라고 잎이 둥글고 넓다. 水에 속하는 식물이다. 빨갛고 심장을 닮은 꽃을 피운다. 푸른 물속에 피어 있는 한 송이의 연꽃은 태극도에서 陰이 極할 때 생기는 한 점의 양 그대로이다.

불교에서 연꽃은 부처님 마음이라 하여 숭상하고 동양에서 '부처님 오신 날'에는 연꽃 모양의 등을 만들어 절 주위에 걸어둔다. 이것은 水가 절정에 이르는 때인 크리스마스에 촛불을 켜고 온통 빨간색 리본, 빨간색 포인세티아를 장식하는 것과 같다. 이 모두가 '수화교제'라는 역경의 진리와 이들 종교가 표방하는 소위 '물과 불로 거듭나는 것'을 상징한다.

연꽃을 먹으면 부처님 마음이 생겨날 것 같으나 그렇지 않다. 연꽃은 水 中의 火가 있는 것이 아니라 火만 있다. 연꽃을 잎, 줄기, 뿌리 전체를 먹으면 水 中의 火를 취할 수 있으나 그렇게 하기는 힘들다. 연 전체의 精을 모아놓은 것이 연의 씨이다. 연에서 피어오르는 부처님 마음을 먹으려면 연의 씨를 먹어서 내 몸속에 피어오르게 하면 된다.

에너지(陽)를 쓰는 약은 효과는 빠르나 오래가지 않는다. 물질(陰)을 쓰는 약은 효과는 느리나 오래간다. 연의 精인 연의 씨에는 원초적 음과 양이 있어 다 같이 뇌세포에 산소와 영양을 주어 명상을 돕고 마음을 편하게 한다.

보할 때는 연자육에서 배아를 제거하고 쓴다. 배아는 맛이 써서 心火를 瀉하는 효과가 있다. 잔잔한 연못의 물과 같은 부처님 마음처럼 마음을 편하게 하지 않고, 욕심을 부려 폭풍우 속의 바닷물처럼 마음을 괴롭혔을 때는 마음에 火가 생긴다. 얼굴이 붉고 혀가 갈라지고 혓바늘이 돋고 입이 쓰면 마음의 火가 병이 된 증거로, 연자육 배아의 쓴맛으로 火를 꺼야 한다.

연자육은 연꽃을 피우기 위한 영양분을 모아놓은 것이기 때문에 그 자체는 맛이 달고 土에 속한다. 여기서 단맛이란 밥의 단맛으로 설탕의 단맛이 아니다. 보약이 되는 데 쓴맛의 배아가 섞이면 瀉하기 때문에 補에 방해가 되므로 연자육을 쓸 때는 배아를 제거한다.

연자육은 土에 속해 소화기를 튼튼하게 하고 약간의 떫은맛이 있어 金의 수렴작용을 도와 肺를 튼튼하게 하고 본래 물의 성질이 있어 신장도 튼튼하게 하고 겉이 붉어 심장을 튼튼하게 한다.

부분 속에는 전체가 들어 있기 때문에 역경의 대가는 식물 전체를 보지 않고 길에서 주운 종류를 알 수 없는 씨 하나만 가지고 그 형체, 색깔, 맛, 냄새, 질을 역경의 이론으로 분석하여 그 씨가 무슨 효과가 있는지를 알 수 있다.

연자육은 소화기를 튼튼하게 해서 만성 설사를 그치게 하고 만성 기침을 그치게 하고 心과 火가 약해서 오는 유정, 몽정을 그치게 하고 약한 심장을 튼튼하게 하여 작은 자극에도 가슴이 뛰는 것을 그치게 한다.

2) 보리싹(Barley Grass)

보리는 곡식 중에 수에 속한다. 곡식 중 가장 소화시키기 어렵다. 보리는 쌀보다 싸서 예전에는 가난한 사람들이 보리밥을 먹었다. 가난한 아이들은 표시가 났다. 소화가 안 되어서 방귀를 많이 뀌고 다녔다.

요즘은 보리가 다이어트 식품으로 각광을 받고 있다. 소화가 안 되어서 배가 오랫동안 부르고 탄수화물의 비율이 쌀보다 적고 섬유질이 많아 변비가 생기지 않는다.

위의 설명 모두가 보리가 응축되는 水의 성질을 가졌다는 것을 말해 준다. 그 응축력을 뚫고 나오는 녹색의 싹은 木의 작용이 아주 강하다. 눈 속을 뚫고 제일 먼저 나오는 싹이 보리 싹이다. 木으로 대표되는 생명력이 강해서 아주 혹독한 환경에서도 잘 자란다.

보리의 이러한 강인한 생명력을 높이 산 로마의 검투사들이 힘과 정력을 위해서 보리싹을 먹었다고 한다. 보리는 水가 많아 소양인에게 좋지만, 싹은 木이 많아 태음인에 좋다.

태음인은 에너지를 거두어서 물질로 만드는 금의 작용이 많아 에너지가 퍼지게 하는 순환기에 문제가 있다. 물질을 쌓아 놓기만 하니 뚱뚱하고, 혈관에 콜레스테롤이 많아 동맥경화증, 협심증, 심근경색, 뇌졸중 등이 생긴다. 뚱뚱해서 당뇨병도 잘 생긴다.

수축한 폐에 산소가 들어가는 것은 보리 싹이 보리를 뚫고 나와 퍼지는 것과 같은 木의 작용이고, 팽창됐던 폐가 수축되면서 이산화탄소가 나오는 것은 金의 작용이다.

세 기관지가 수축되고 이완되지 않는 기관지 천식은 金의 작용이 지나친 태음인에게 온다. 태음인이 보리 싹을 많이 먹으면 이런 병들을 예방하거나 이미 이 병이 걸린 사람들은 치료될 수 있다. 무 싹인 알파파(alfalfa)도 거의 이런 작용이 있다.

9. 껍질

껍질은 두 가지의 오행이 있다. 콜크 층의 겉껍질은 金에 속하고 나무 줄기 쪽의 속껍질은 木에 속한다. 껍질을 쓰는 허브 중에는 요힘베 껍질과 버드나무 껍질이 유명하다.

대부분의 껍질을 쓰는 약은 속껍질을 써서 木 작용을 사용한다. 木의 성질이 있어 처음에는 에너지를 활성화시켜 활발한 생리기능을 발휘하게 하나 나중에는 에너지가 소모되어 생리기능을 저하시킨다.

1) 서양 버드나무 껍질 (Willow Tree Bark)

서양 버드나무 껍질은 아스피린을 함유한 원식물로서 유명하다. 버드나무 껍질이나 요힘베 껍질은 둘 다 속 껍질이라서 木의 작용이 강해 木生火로 심장박동과 혈액순환을 활발히 하여 체온을 높인다. 체온이 높아지면 다음 단계로 땀을 흘린다.

다른 것이 있다면 버드나무는 물이 많은 곳에 산다. 잎이 뾰족 뾰족하지만 잔가지가 땅으로 늘어져 있다. 버드나무는 뿌리도 陰이 많고 잎이나 잔가지도 陰이 많다.

버드나무 껍질의 속껍질을 써서 木 작용을 써보지만, 그것은 잠시이고 곧 陰이 된다. 발열과 오한이 함께 있을 때 이것은 진액을 마르게 하는 진정한 체온의 증가가 아니기 때문에 木과 火로써 에너지 활동을 왕성하게 시키면 열이 조금 더 나다가 열이 절정이면 水로 변하게 된다. 즉, 땀이 나면서 水의 작용으로 생리기능이 완만하게 되며 체온이 정상체온으로 떨어진다.

이것은 해열제의 관점에서 설명한 것이고 면역기능의 강화 관점에서 설명할 수도 있다. 우리 몸에 병균이 침입하면 면역 시스템의 보고를 받은 뇌는 면역 물질의 활성화와 필요한 물자의 빠른 공급을 위하여 체온을 올린다. 체온이 한 번에 잘 올라가면 약을 먹지 않아도 면역기능이 활성화되면서 침입한 병균이 죽고 한차례의 땀이 나며 체온은 정상으로 된다.

그러나 체온이 한 번에 잘 올라가지 않으면 발열을 하되 오한이 함께 있다. 이때 버드나무 껍질을 복용하면 에너지 활동이 왕성해지고 심장박동이 늘고 혈액순환이 활발해지면서 체온이 올라가고 체온이 올라간 증거로 땀이 난다.

이어 면역 시스템이 활성화되어 침입한 병균을 죽이면서 에너지 활동이 정상화되어 체온이 떨어진다. 이것이 아스피린의 효과로서 대표되는 버드나무 껍질의 효과이다.

버드나무 껍질의 효과는 木의 작용으로 에너지를 활성화하여 혈액순환을 활발하게 하는 데 있는 것이지 불에 물을 끼얹는 것처럼 체온을 떨어뜨리는 데 있지 않다. 정상적인 체온은 아스피린을 먹어도 체온이 더 이상 떨어지지 않고 이상적으로 높은 체온만 떨어진다.

피가 엉겨 덩어리가 되어 혈관을 막는 중풍이나 심장마비에 아스피린이 예방효과가 있는 것으로 밝혀졌다. 아스피린을 혈전증 예방약으로 하루에 하나씩 먹는 것은 버드나무 껍질이 단순히 체온을 식히는 약이 아니라는 사실을 말해 준다.

적은 양을 사용하면 혈액순환을 촉진하여 피가 엉겨 붙지 않게 하고 많은 양을 사용하면 혈액순환을 더욱 활발하게 하여 땀이 나고 체온이 떨어지게 한다.

발열하면서 오한이 나는 병균의 침입 초기 과정에 아스피린을 쓰면 체온이 정상으로 떨어져 다시 오르지 않으나 오한이 없는 발열에 아스피린을 쓰면 아스피린이 독으로 간주되어 간의 작용에 의해서 해독되기 전까지만 체온이 떨어졌다가 간에서 해독되어 아스피린의 효과가 없어지면 체온이 다시 오른다.

따라서 아스피린으로 대표되는 버드나무 껍질의 효과는 혈액순환 촉진에 의한 면역기능의 활성화에 있지 체온의 강하에 궁극적인 효과가 있는 것이 아니다.

역경으로 사물을 해석하면 과학에 의한 단편적인 발견보다 전체로서 서로 연관되는 더 많은 정보를 알 수 있다. 아스피린의 진통·소염 효과는 버드나무 껍질의 혈액순환 촉진에 있다.

통증 부위에 혈액순환이 잘 되면 면역기능이 활성화되어 병균은 죽고 산소와 영양물질의 공급이 좋아져 손상된 염증 부위가 빨리 복구된다. 이 소염 작용은 버드나무의 木火작용 뒤에 오는 水의 작용이다.

타이레놀은 진통·해열만 되고 아스피린은 진통·해열·소염이 된다. 아스피린은 식물에서 추출된 물질이고 타이레놀은 순수한 합성 물질이다. 합성 물질은 효과는 강렬하나 치료 범위가 다양하지 않고 부작용이 크다. 자연 물질은 효과는 약하나 치료 범위가 다양하고 부작용이 적다.

아스피린 대신에 버드나무 껍질을 쓰는 것은 치료 효과는 적으나 아스피린의 화학 물질인 살리실산(salicylic acid)이 일으키는 위염이나 위궤양은 일어나지 않는다. 버드나무 같은 생체에는 음양이 어느 정도 조화되어 있어서 어느 한 성분이 한쪽으로 치우친 극렬한 작용을 하면 그 반대 작용을 하는 성분이 있으므로 그 작용을 중화시킨다.

살리실산(salicylic acid)이 산성이니 그것을 중화시키는 알칼리성의 단일성분 혹은 복합 성분들이 있다. 약리적으로 소화성 궤양을 치료하는 약은 알칼리성이다.

10. 수지(樹脂)와 수액(樹液)

식물의 껍질에서 나오는 수지와 수액으로 유향, 몰약, 메이플시럽 등이 있다.

1) 유향과 몰약

유향, 몰약은 지금은 서양 한약에서 흔히 쓰이지 않지만, 옛날에는 성경에 나올 정도로 흔하게 쓰였다. 동방 박사들이 중동에 성인이 나실 것을 천문으로 판단하고 예수님이 탄생하시는 날 예루살렘으로 갔다.

그들이 예수님에게 준 선물이 황금과 유향과 몰약이다. 황금은 돈 대신에 준 것이고 유향과 몰약은 산후에 생기는 죽은 피를 제거하고 진통하며 산후의 상처를 빨리 아물게 만드는 약이라 준 것이다. 동양에서는 유향과 몰약을 이런 용도로 써왔다.

별자리의 동태를 역경의 원리로 분석하여 미래의 변화를 추정하고, 유황과 몰약을 산후병 치료 약으로 쓴 동방박사들은 역경의 도사들임에 틀림이 없다.

유향과 몰약은 유향과 몰약 나무껍질에 상처를 내서 받아낸 나무의 진액이다. 나무의 진액은 사람의 피에 해당한다. 유향과 몰약은 향기가 난다. 이 향기는 혈액순환을 활발하게 한다.

혈액순환이 활발하면 죽은 피가 없어지고 통증이 제거된다. 상처에 혈액 공급을 원활히 함으로써 상처 복구에 필요한 물질을 풍부하게 공급해주므로 상처를 빨리 아물게 한다. 이런 효과로 유향과 몰약은 홍화처럼 산후와 타박상에 처방된다.

2) 단풍나무 수액(Maple Syrup)

메이플시럽은 진액의 이동이 활발한 봄에 단풍나무에 상처를 내고 받아낸 단풍나무 진액이다.

맛이 달아 팬케이크에 뿌려 먹는다. 달고 특별히 오행의 한쪽으로 치우친 맛이 없어 土를 보한다. 단풍나무는 잎이 별 모양이다. 뾰족한 것은 火인데 뾰족한 것이 5개로 오행의 조화를 이루고 있어 土에 속한다. 火中의 土라고 할 수 있다.

메이플시럽은 수액이라 사람의 피에 해당하고 봄에 활동이 활발하고 껍질에서 얻기 때문에 목의 성질이 있다. 이 모든 사실을 조합해 보면 메이플시럽은 土를 보해 소화기를 튼튼하게 하여 음식의 소화 . 흡수가 잘되게 하고 튼튼한 소화기가 얻어낸 영양물질로 피를 많이 만들고 木과 火의 작용으로 혈액순환을 활발하게 한다.

메이플시럽은 성질이 너무 순하여(음양이 조화되어 있어서) 약으로서의 가치는 적고 효과가 너무 느려 한의사들에게 인기가 없으나 고로쇠나무 수액이라 하여 민간에서 신경통 치료제로 썼다.

신경통은 주로 노인에게 생기는 다양한 관절(허리, 무릎)의 통증인데 많이 움직여서 피로하면 더 아프고 쉬면 덜 아프고 날씨가 흐리거나 차가우면 더 아프고 뜨거운 물로 목욕해서 혈액순환이 잘 되면 덜 아프고 주물러 주면 덜 아픈 통증이다.

이것은 현대의학적으로는 퇴행성 질환으로서 허증(虛證)의 통증으로, 피가 많아지고 혈액순환이 잘 되면 좋아지는 통증이다. 메이플시럽은 허증 통증에 당귀처럼 빠른 효과는 없어도 당귀처럼 소화 장애가 생기지 않아 좋다. 연골의 손상이 크게 심하지 않으면 신경통에 메이플시럽을 꾸준히 복용하면 완치될 수 있다.

6장

팔괘(八卦)

I. 팔괘

이제 우주 전체를 8가지로 나누어 보자. 각 사상을 음양, 둘로 나누어 각기 두 개씩의 괘를 만들면 4×2=8개의 괘가 나온다.

사상을 음과 양으로 더 분화시킨 것이 팔괘이다. 옛 어른들이 역경을 공부할 때 외우는 방식이 전해 내려온다. 팔괘 이름 순서에 번호를 붙여 "1건천(乾─天), 2태택(兌─澤), 3리화(離─火), 4진뢰(辰─雷), 5손풍(巽─風), 6감수(坎─水), 7간산(艮─山), 8곤지(坤─地)"라고 외운다.

순서에 따라 太陽(⚌)에서 건(☰)과 태(☱)가, 少陽(⚎)에서 이(☲)와 진(☳)이, 소음(⚍)에서 손(☴)과 감(☵)이, 태음(⚏)에서 간(☶)과 곤(☷)이 분화된다. 또 팔괘의 형태를 "건삼련(乾三連), 곤삼절(坤三切), 감중련(坎中連), 이허중(離虛中), 태상절(兌上切), 간상련(艮上連), 진하련(辰下連), 손하절(巽下切)"이라고 외운다.

사상을 오행으로 바꿀 때는 형체(음)의 관점에서 보느냐 작용(양)의 관점에서 보느냐에 따라 목과 금이 바뀌듯이, 사상을 팔괘로 전환시킬 때는 사상이 바뀐다. 팔괘에는 형체의 관점에서 그린 복희 팔괘와 작용의 관점에서 그린 문왕 팔괘가 있기 때문이다.

4계절의 기운은 작용이고 그에 해당하는 사상은 태양을 봄의 기운(동쪽)으로, 태음을 가을의 기운(서쪽), 소양을 여름의 기운(남쪽), 소음을 겨울의 기운(북쪽)으로 생각했다. 그러나 팔괘의 형체가 되는 복희 팔괘에 사상을 맞추어 보려면 우리가 알던 사상의 괘 모양이 바뀌어야 한다.

복희 팔괘도에서는 여름의 형체 자리에는 봄의 기운을 나타내는 사상(⚌)이 들어와야 하고, 봄의 형체 자리에는 여름의 기운을 나타내는 사상(⚎)이 들어와야 한다. 또한 겨울의 형체 자리에는 가을의 기운을 나타내는 사상(==)이 들어와야 하고 가을의 형체를 나타내는 자리에는 겨울의 기운을 나타내는 사상(==)이 들어와야 한다.

이것은 陽 에너지가 저장된 상태의 관점에서 보느냐 아니면 陽 에너지가 활동하는 상태의 관점에서 보느냐에 따라 ==과 ==의 위치가 바뀌고, 陰 에너지가 활동하는 상태의 관점에서 보느냐 아니면 陰 에너지가 저장된 상태의 관점에서 보느냐에 따라 ==과 ==이 달라지기 때문이다.

이 책의 사상 장에서 말한 사상의 괘는 에너지가 저장된 상태를 나타내는 괘이고 이 장에서 말하려는 사상의 괘는 에너지의 활동 상태를 나타내는 괘이다. 에너지의 저장 상태 측면에서 에너지의 활동 상태 측면으로 관점이 바뀌었다면 선후의 괘 위치뿐만 아니라 '상효'와 '하효'의 위치도 바뀌어야 한다.

따라서 太陽(=)과 太陰(==)의 괘 모양은 상하가 같으니, 상하가 바뀌어도 괘의 모양은 똑같지만 少陽(==)과 少陰(==)은 반대의 괘 모양을 하게 된다. 즉 少陽은 ==이 되고, 少陰은 ==이 돼야 한다. 이것을 태극과 관계 지어 도식화하면 [그림 6.1], [그림 6.2]와 같다.

[그림 6.1]은 팔괘의 프랙탈 패턴을 알기 쉽게 도해한 것이고 [그림 6.2]는 우주, 인간, 지구가 프랙탈 구조로 존재하는 모습이다. [그림 6.2]는 3층으로 구성되어 있다. 가운데는 '태극' 층이고 중간은 '사상' 층이고 가장 바깥은 '팔괘' 층이다. 중심에서 바깥으로 갈수록 보다 분화되어 있다.

인간은 중심에 해당하는 체강 내에 심장과 신장이 있어 태극과 같은 음양 작용을 하고, 그 주위에 사상에 해당하는 동심원이 있어 심장과 신장을 포함하는 오장 전체의 형체와 작용을 하며, 그의 밖에는 팔괘에 해당하는 동심원이 있어 심장, 신장, 오장을 포함하여 전후, 좌우, 상하, 안과 밖을 연결하는 경락과 그것이 영양하는 머리, 팔, 다리, 체간이 형태와 작용을 나타내고 있다.

지구의 중심에는 분화가 안 된 물질들이 태극처럼 한 덩어리가 되어 섞여 있고 다음 층에는 중심보다는 분화가 더 된 물질이 있고, 그다음 층에는 동물, 식물, 광물과 기체들이 있다.

우주는 중심에 블랙홀과 화이트홀이 태극처럼 활동하고 있고, 그 주위에는 동심원을 그리는 사상과 팔괘 모양 층들이 있고 그 층마다 보다 많이 분화된 물질을 가지고 있을 것이다. 우주 전체를 알지는 못 하지만 역경의 원리대로 이루어진 체계를 가지고 있을 것이다. 부분적으로 얻어진 우주에 대한 사실들이 역경의 원리에서 벗어난 것이 없다.

우주의 생김새와 원자의 생김새가 크게 다른 것 같으나 그것은 통일되지 않은 단편적인 기준을 가지고 미시적이고 분석적으로 보았을 때 생각이다. 역경의 원리같이 전체적인 기준을 가지고 거시적이고 통합적으로 보았을 때는 둘 다 부분 구성 요소들이 핵을 중심으로 자전하며 동심원을 그리며 공전하는 패턴일 것이다.

별과 별 사이의 큰 공간은 전자와 핵 사이만큼의 간격이 만들어 내는 원자와 원자 사이의 간격이 된다. 별과 그 위성들의 자전·공전이 핵과 전자들의 자전·공전과 거의 같다.

역경은 5천 년 동안 최고의 책으로 인정되어 왔다. 지구가 원판형이고 태양이 지구를 돌고 있다고 생각할 때는 잠시 동안 틀렸다고 생각되던 주역 원리가 생물학과 물리학이 발달하면 할수록 보다 정확한 사실로 인정되고 있다.

공자는 이 책을 엮은 가죽끈이 닳아 세 번이나 끊어지도록 읽었으며 그 속의 진리를 다 깨우치지 못하고 죽는 것이 아까워 사람의 수명이 짧은 것을 한탄했다. 라이프니츠, 테슬라, 아인슈타인, 닐스 보어가 말년에는 역경을 깊이 연구했고 주역에서 말하는 원리를 상보성 이론, 상대성 원리, 통일장 이론 등으로 표현했다.

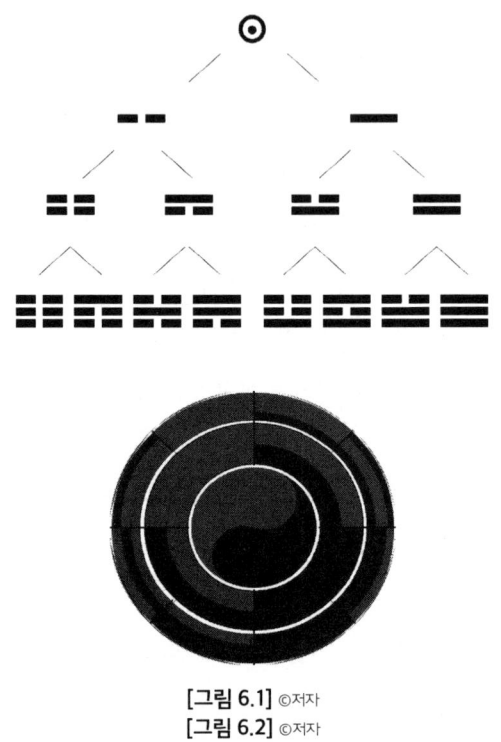

[그림 6.1] ©저자
[그림 6.2] ©저자

II. 팔괘의 뜻

괘를 그릴 때는 밑에서부터 그린다. 건괘(☰)를 그린다면 가장 아래 효인 (—)을 먼저 그리고, 다음에 중간 효인 (—)을 두 번째로 그리고, 마지막으로 가장 윗 효인 (一)을 그린다. 괘를 보는 방법은 두 가지가 있다. 한자처럼 괘가 이루는 형상을 보는 것과 음과 양이라는 두 가지 세력이 上, 中, 下 혹은 天의 자리, 人의 자리, 地의 자리에 위치해서 나타내는 작용을 본다.

세 효의 개체가 나타내는 각 효의 형상을 분석해서 볼 때도 있고, 세 효가 혼합해서 만들어 낸 형상을 전체적으로 볼 때도 있다. 세 효 중에 한 효가 주체가 되어서 나타내는 작용을 전체적으로 볼 때도 있고 세 개의 각 효가 협동으로 이루어 내는 작용을 전체적으로 볼 때도 있다. 상괘와 하괘의 전체를 보고 그에 해당하는 사건 내용을 적어 놓은 것을 '단사'(彖辭)라 하고 각 효에 해당하는 문장을 적어 놓은 것을 보고 '효사'(爻辭)라 한다.

지금까지는 음양의 성질에 대해서 주로 설명했다. 음양도 형체가 있다. 음의 형체를 --으로 간단하게 그릴 수 있다. 이 형체가 나타내는 의도는 다음과 같다.

첫 번째, 중간에 빈 곳이 있는 형체이다. 빈 곳이 있기 때문에 빨아들이고 모은다. 속이 빈 만큼 겉은 더욱 견고하다. 빨아들이는 것, 모으는 것은 아래에 위치해야 효율적이다. 그래서 음은 내려간다. 빨아들이는 것은 감추기 때문에 어둡다. 빨아들이는 것은 움직이지 않는 것이 효율적이다. 그래서 음은 움직이지 않는다.

두 번째, 두 개가 짝을 이루고 있다. 짝을 이룬 것은 움직이길 싫어한다. 결혼한 사람들은 안정된 것을 좋아하고 모험하길 싫어한다. 남녀 짝을 이룬 사람들은 어두운 곳을 좋아해서 어두운 집 속에 있기를 좋아한다. 짝을 이룬 것은 일어서길 싫어하고 자세를 낮추기를 좋아한다.

양의 형체를 나타내 보면 一으로 그릴 수 있다. 이 형상에서 두 가지

양의 특징을 유추해 낼 수 있다.

첫 번째, 중간이 채워져 있다. 속이 찬 것은 밖으로 나오려고 한다. 움직이고 싶어 한다. 밖으로 나오려면 올라가는 것이 좋다. 속이 찬 것은 속의 내용물이 에너지 형태로 조금씩 스며 나오기 때문에 밝다.

두 번째, 둘이 아니라 하나이다. 아직 짝을 찾지 못했다. 짝을 찾아 움직인다. 독신자(single)들은 집에 가만히 있지 않고 짝을 찾아 자꾸 밖으로 나온다. 그들은 눈에 띄는 옷을 입기를 좋아해서 밝은색 옷을 좋아한다. 눈에 띄는 행동을 한다.

맨 위에 있는 효는 겉이고 맨 아래에 있는 효는 속이다. 혹은 중간 효가 속이고 위와 아래에 있는 효가 겉일 때도 있다. 맨 위에 있는 효는 미래이고 중간 효는 현재이고 맨 아래 효는 과거이다.

주역은 중국의 전설시대에 쓰인 책인데 그때는 사람의 생각을 기록하는 세 가지의 문자가 있었다.

첫 번째는 지금 중국 사람들이 쓰고 있는 한자이다. 그것은 표현하고자 하는 것을 그렸다. 형체가 있는 것은 그대로 그렸고, 형체가 없는 것은 몇 가지 형체를 조합해서 그 뜻을 나타냈다.

두 번째는 생각을 말로 표현하고 그 소리의 기본 요소를 나타내는 부호를 조합해서 말소리를 기록했다. 초성, 중성, 종성이 결합된 소리글자인 옛한글(가림토 문자)을 말한다.

세 번째는 주역의 괘이다. 보통 사람은 이해하기 힘든 초능력자의 생각을 기록했다. 우주의 삼라만상 변화 패턴을 괘로써 기록했다. 우주의 삼라만상 변화 패턴은 우리의 생각을 벗어나는 것이기 때문에 한자나 한글로써는 모두 다 표현할 수 없었다. 그래서 부호에 해당하는 괘로 도시했다.

과학의 발달로 옛날 사람들이 볼 수 없고 느낄 수 없는 만물의 현상을 기록하기 위하여 현대의 과학자들이 화학식이나 수식을 동원하는 것과 같은 방법이다.

화학식이나 수식은 만물의 현상 일부분만을 표현할 수 있고, 기록할 수 있다. 원래 괘를 만든 취지가 우주 삼라만상 전체에 공통적으로 적용되는 변화 패턴을 보여주기 위한 것이기 때문에 주역의 괘는 어느 물체나 작용도 다 표현하고 기록할 수 있다.

우주에 존재하는 모든 것을 표현하려면 모든 수를 동원해야 한다. 모든 수를 기록해야만 우주 전체를 표현할 수 있다. 수를 가지고 우주 전체를 표현할 수는 있지만 일반적인 사람의 두뇌는 한계가 있어 너무 많은 숫자를 동원하면 머릿속에 우주 전체가 정리되어 이해되지 않는다.

괘는 우주 만물 전체의 형체나 작용을 64그룹으로 나누어 표현한다. 그래서 부분을 자세히 표현하기는 힘들지만, 전체를 표현할 수 있다.

전설시대의 세 가지 기록 방법 중 옛한글은 소리를 표현하기는 좋지만 뜻을 표현하기 어렵다. 한자는 뜻을 표현하기 좋지만 소리를 표현하기 어렵다.

먼저 한자의 심(心)을 생각해 보자. '심'이란 소리를 듣고는 사람들마다 조금씩 다른 의미를 떠올린다. 사람마다 해석이 조금씩 다르기 때문이다. 그러나 심(心) 자를 보면 개개인의 두뇌 속에 저장된 심(心) 자에 대한 생각을 떠올리는 것 말고도 심(心)이란 글자를 만든 사람의 뜻(definition)을 함께 읽을 수 있다.

그러나 괘를 보면 일상생활의 어떤 사물이나 작용이 떠오르지 않는다. 괘는 생각 하나하나에 대한 기록도 아니고 뜻이 한 번에 드러나는 것도 아니어서 일상생활에 대한 기록으로서는 아주 부적합한 문자이다.

일상생활에 필요하지 않은 문자이지만 학문의 목적인 진리 탐구를 위해서는 아주 적합한 문자이다. 화학식이나 아인슈타인이 상대성 원리를 증명하기 위해 사용한 고등수학의 방정식처럼 진리를 기록하기에는 우수한 문자이다.

읽는 법을 배우는 것은 고등수학의 방정식보다 어렵지만 어렵다고 내던져 버릴 수 없다. 헤겔, 아인슈타인, 라이프니츠, 닐스 보어 등 진리 탐구에 목말랐던 학자들처럼 여기서 정반합의 원리, 상대성 이론, 이진법, 통일장 이론, 상보성 이론 등의 보물을 캐내야 한다.

태극, 음양, 사상을 읽는 법을 배웠으니 주역의 알파벳은 끝났다. 이제 단어를 배울 차례이다. 팔괘 읽는 법을 배워 보자.

1. 태(☱)괘 와 간(☶)괘

태괘의 형체만 보면 무엇을 연상할 수 있는가? 옛날 사람들은 연못을 연상했다. 상효는 겉이라고 했다. 겉의 가운데가 비어 있어 물이 고일 수 있다. 그 속에는 무엇이 들어 있는가? 두 개의 에너지 덩어리가 들어 있다.

출렁이는 물이 보인다면 지금까지 공부를 잘한 사람이다. 주전자 속의 끓는 물이 보이는 사람도 공부를 잘한 사람이다. 휘발유가 가득한 연료 탱크를 연상하는 사람은 아주 우수하다. 주역을 읽어서 현대과학을 발전시킬 만한 싹이 보이는 사람이다.

그러나 이 괘만 보고 판단하기는 힘들다. 음양을 비교해 보아야 한다. 팔괘도에서 대각선 방향에 있고 각 효의 음양이 바뀐 간(☶)괘를 보자. 이것을 보면 무엇을 생각할 수 있는가? 옛날 사람들은 산이라 했다. 산은 겉이 뾰족 뾰족한데 겉에 해당하는 상효는 평평하여 산을 닮지 않았다.

태괘는 건괘 옆에 있어서 양에 해당하니까 상효를 위주로 보았지만 간괘는 곤괘 옆에 있어서 음에 해당하니 하효를 위주로 본다. 음이 두 개가 조용하고 굳건하게 있다. 빨아들이는 힘이 강할 것이나 맨 위에 뚜껑이 덮여 있다. 뚜껑은 가운데가 빨려 들어가면서 찌그러져 들어가고 음의 두 기둥은 굳건하게 양을 받치고 있어 산의 고요함, 굳건함, 튼튼함을 보이고 있다.

　태의 형상은 연못이고 바다이다. 낮은 곳에 위치하면서 모으고 끌어들이는 것이 그 작용이다[그림 6.3]. 간의 형상은 산이다[그림 6.4]. 높은 곳에 위치하면서 식물과 동물의 집이 되고 그들을 보살핀다.

[그림 6.3] 태의 형상인 연못(규슈 히코산) ©저자

[그림 6.4] 간의 형상인 산(설악산) ©저자

2. 진괘(☳)와 손괘(☴)

진괘는 상효와 중효가 음이고 하효가 양이다. 옛사람들은 진괘를 보고 번개라 했다[그림 6.5]. 태괘에서 하나 있는 음 위주로 본 것처럼 진괘에서도 하나 있는 양을 위주로 본다. 번개는 비가 오려고 하늘이 어두울 때(위의 두 개의 陰) 밝은 빛이 순간적으로 하늘을 가르고 땅에 벼락을 친다(아래에 있는 陽).

[그림 6.5] 진괘 ©저자

진괘를 번개라고 해서 번개만 연상해서는 안 된다. 씨가 땅속에 겨울 동안 묻혀 있다가 봄에 싹이 트고 있으나 아직 땅 밖으로 나오지 않은 것을 연상할 수도 있다. 뱀이 겨울 동안 잠을 자다가 봄에 땅 밖으로 나오려고 꿈틀대는 것도 연상할 수 있다.

터지기 전의 화산에서 가스와 용암이 틈새로 새면서 들먹들먹하는 것도 진괘의 기상이다. 태아가 자궁 속에서 꿈틀대는 형상이고 병아리가 알을 깨고 나오려 하는 상태이기도 하다. 종기가 성할 대로 성해서 구멍이 생기고 고름이 나오려고 하는 것도 진괘가 대표한다.

우주의 만물에 공통적으로 일어나고 있는 패턴을 표현하는 괘가 어느 한 가지 사물만 표상해서는 한자와 다를 바가 없다. 팔괘 중에 한 괘는 우주의 모든 사물과 현상 중 1/8을 그룹 지어 대표하고 있으니 진괘를 번개라고만 생각해서는 안 된다.

진괘의 형상은 번개이지만 작용은 움직임(動)이 된다. 그 움직임은 위의 두 음 사이로 뚫고 나오려고 꿈틀거리는 것이다. 새싹, 뱀, 용암, 고름이 그것을 둘러싸고 있는 고체(음)를 뚫고 나오려는 움직임이다. 물리적 현상으로 말해 보면, 물이 끓을 때 첫 번째로 올라오는 기포의 움직임이기도 하고, 맥주병을 딸 때 나오는 기포의 움직임이기도 하다.

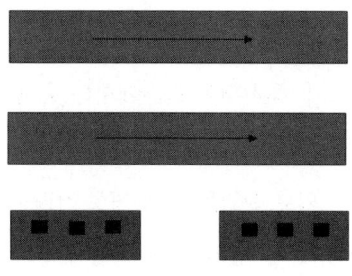

[그림 6.6] 손괘 ©저자

진괘와 효들이 정반대인 괘는 손(☴)괘이다. 한 개 있는 음이 주체가 되나 음이라 큰 작용을 나타내지 못한다. 음은 주로 끌어모으고 빨아들이는 작용이 있고 그 작용 방향은 하향해서 상효가 음이면 태괘처럼 작용이 크나 하효가 음이면 작용이 크지 않다. 작용 방향이 하향이라 밑에 있어서는 별로 가치가 없기 때문이다.

손괘의 형체를 보고 옛사람들은 바람이라고 했다. 바람은 형체는 없는데 작용만 나타나고, 그 작용은 주로 위에서 나타난다. 주로 물체들의 위에서 수평 이동하면서 작용이 나타난다. [그림 6.6]을 보면 손괘가 건물이나 바위, 산(陰)에서 수평으로 부는 바람을 나타내고 있다는 것을 알 것이다.

태괘에서 양들은 그릇(음)에 담겨 있고, 연못(음)에 고여 있고, 연료 탱크(음)에 담겨 있지만 손괘에서 양들은 그릇, 연못, 연료 탱크 밖으로 나와서 흩어져 있고, 탱크 밖에 나와서 활발한 작용을 하고 있다. 진괘에서 밑에 있는 한 개의 양은 나와 보려고 꿈틀대지만, 손괘에서 위에 있는 두 개의 양은 음의 제지에서 벗어나 활발한 활동을 하고 있다.

태괘나 간괘는 연못과 산으로서 움직임이 없으나 진괘와 손괘의 작용은 활발히 움직인다. 그러나 그 움직임의 방향이 다르다.

진괘에서는 양이 뚫고 나오려고 하는 움직임이니 그 움직임의 방향이 수직이고, 손괘에서는 움직임의 방향이 수평이다. 이미 뚫고 나와 흩어져서 일어나는 움직임이기 때문이다. 진괘에서는 움직임이 한 곳에 집중되어 있지만 손괘에서는 여러 곳에 흩어져 있다.

한의학에서는 병의 외부 원인을 크게 여섯 가지로 분류하는 데 그중에 풍이라는 원인이 있다. 풍은 병의 증세가 갑자기 나타나며 병소가 어느 한 곳에 고정되어 있지 않고 여러 곳에 흩어져서 나타나는 것을 일컫는다.

종기처럼 한 곳에서 발열하지 않고 몸 전체가 발열하여 신체 여러 부분이 아픈 감기도 풍에 의한 것이고, 갑자기 정신을 잃고 쓰러진 후에 신체 여러 부분에 다발적으로 마비가 오는 뇌혈관 장애(stroke)도 풍에 의한 것이며 신체 여러 부분에 발진이 생기거나 염증이 생기는 알레르기성 피부병도 풍에 의한 것이라고 생각한다. 질병을 팔괘로 분류한다면 손괘에 해당하는 질병들이다.

진괘의 움직임은 주위의 음에 의해 제어된 움직임이나, 집중된 움직임이기 때문에 폭발력이 있다. 손괘의 움직임은 아래의 미약한 음의 통제를 벗어난 양의 움직임이기 때문에 뿌리가 없는 움직임이라 힘이 없어 파괴력이 약하다.

그러나 바람이 작용하는 방향이 한 방향으로 작용하지 않고 반대 방향으로 작용하는 바람(음)을 만나면 본래 미약한 음이 회복되면서 무서운 파괴력의 토네이도(북미의 회오리바람)로 변한다. 통제력을 벗어난 움직임은 모두 손괘에 속한다.

예를 들어 바람났다는 말이 있다. 불륜을 저지를 때는 자기 집이라는 음적인 장소에서 섹스(움직임)를 하지 않고 밖에서 섹스를 하기 때문에 바람이 본래 생긴 곳을 떠나 떠도는 것과 같다.

옛 어른들은 여자가 집에서 살림살이에 마음을 두지 않고 밖의 사회생활에 마음을 두면 바람이 들었다고 말한다. 이것은 풍선에 헬륨가스를 불어 넣어 끈(음)을 달지 않았을 때와 같은 움직임이며 손괘에 해당한다.

수직 움직임이라도 통제가 없으면 바람이다. 사회생활에서 나타나는 주식이나 부동산 투기 붐을 바람이라고 한다. 빨리 왔다가 빨리 사라지는 것이 정처(음) 없이 흘러 다니는 바람과 같은 움직임이기 때문이다.

가수나 배우가 대중의 인기를 얻는 것을 뜬다고 한다. 대중의 인기가 급속히 와서 정처 없이 흘러 다니다가 급속히 가는 속성이 있기 때문이다. 이런 것들은 모두 손괘에 속하는 움직임이다.

움직임 중에 자동차나 탱크의 움직임은 수평운동이지만 무거움(두 개의 음) 속에서 일어나는 움직임이라서 진괘에 속한다. 군대가 행진하는 것은 통제된 움직임이기 때문에 진괘에 속한다. 시위나 인기가수의 야외 콘서트에 모여든 군중의 이동은 통제되지 않은 움직임이라 손괘에 속한다.

직장 상사가 자기에게 못되게 구는 것을 보고 속을 부글부글 끓이는 것은 통제된 행동이며 진에 속하나, 화를 내고 감정이 폭발해서 행동을 하는 것은 손괘에 속한다.

화를 내고 날뛰다가 여자는 울고(음) 남자는 다리(음)에 힘이 없어 주저 앉아 있거나 찬물을 마시는 것은 모자란 음을 손괘에 보충하기 위한 행동 이다. 냉수 먹고 속 차리라는 말은 두서없는 움직임이 손괘의 상(象)에 해 당하는 행동이므로 음을 보충하라는 뜻이다.

3. 건(☰)괘와 곤(☷)괘

건은 양이 상중하로 겹쳐 있는 괘이다. 양은 물리학적으로 말하면 에 너지에 해당되고 음은 물질에 해당한다. 양은 밝고 위에 있으며 움직임이 활발하고, 음은 어둡고 아래에 있으며 움직임이 없거나 활발하지 않다.

사람의 주위 환경 중에 가장 밝고 움직임이 활발하고 위에 있고 눈에 보이지 않으나 만물을 주도하는 에너지에 해당하는 것이 하늘이다. 그래 서 건은 하늘을 상징한다.

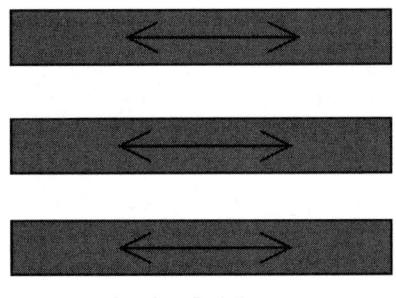

[그림 6.7] 건괘 ©저자

[그림 6.7]처럼 건은 수평선이 세 개 그어져 있다. 지평선 위로 층층이

나타난 하늘의 형상을 볼 수 있다. 평행한 수평선은 서로 만나지 않고 무한하게 계속된다. 끝이 없는 하늘의 형상을 잘 표현하고 있다.

곤은 음이 상중하로 겹쳐져 있는 괘이다. 사람의 주위 환경 중에 어둡고(땅 속은 어둡다) 움직임이 느리고 아래에 있고 눈에 가장 많이 띄고 단단한 것은 땅이다. 그래서 곤은 땅을 상징한다. [그림 6.8]처럼 곤은 끊어진 세 개의 선이 그어져 있다. 선을 블록으로 확대해 보면 여섯 개의 블록으로 되어 있다. 딱딱하고 울퉁불퉁한 땅의 모습을 그대로 표현한다.

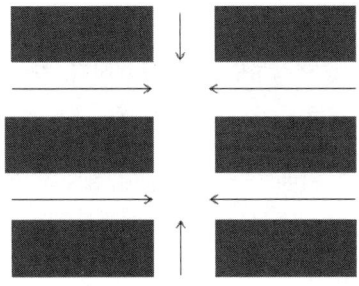

[그림 6.8] 곤괘 ⓒ저자

양효는 음효처럼 가운데가 비지 않아서 속이 꽉 찬 형상을 하고 있다. 속이 찬 것은 팽창한다. 세 개의 양효가 상중하로 겹쳐 있는 것을 보고 화이트홀에서 팽창하고 있는 우주를 본 사람이면 이 책의 공부를 잘한 것이다. 자기가 하고 있는 분야에 역경의 원리를 적용할 수 있는 사람이다.

이런 사람이 컴퓨터의 구동 방식에 역경의 원리를 적용한 AI를 만들었다. 데이터들을 컴퓨터에 주고 컴퓨터가 그 데이터들의 패턴을 찾아내 AI를 만든 사람이나 사물의 상을 보고 패턴을 찾아내어 그것을 역경의 원리에 연결시킨 사람이 같은 일을 하는 사람이다.

음효는 가운데가 비어 있어 다른 물체를 끌어들이는 형상을 하고 있다. 세 개의 양효가 가운데가 비어 있으면 3개의 효 사이로 구멍이 생긴다. 이것을 보고 빛과 시간을 비롯한 만물을 빨아들이는 블랙홀을 연상하는 사람도 역경의 천재이다.

건괘를 보고 뇌 신경계를 연상하면 더 훌륭하다. 하늘의 모습을 감지하기 위하여 눈(하늘의 빛 에너지)과 귀(하늘의 소리 에너지)로 가지를 뻗고, 땅의 모습을 감지하기 위하여 코(땅의 냄새 분자)와 입(맛 분자)으로 가지를 뻗고, 사람의 각 부분을 감지하기 위해서 전신으로 신경가지를 뻗고 있는 뇌는 사방으로 팽창하는 건괘를 닮았다.

곤괘를 보고 자궁을 연상하면 더욱 훌륭하다. 자궁은 수정란을 잉태하기 위해서 상부로는 동맥을 통해 피를 빨아들이고, 좌우로는 나팔관을 통해 난자를 빨아들이며, 아래로는 질을 통해 정자를 빨아들인다. 상하좌우로 구멍이 나있는 곤괘와 닮았다. 자궁의 삼각형 구조의 세 개의 구멍은 세 개의 효를 닮았다.

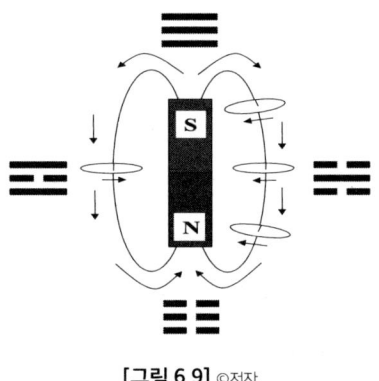

[그림 6.9] ⓒ저자

지구를 태극이라 할 때 건괘는 북극처럼 S극이 되고, 곤괘는 남극처럼 N극이 된다. 자기는 S극인 북극에서 분출하고 N극인 남극에서 흡인한다. 따라서 북극은 팽창하는 건을 닮고 남극은 흡인하는 곤을 닮았다.

전기는 자기가 흐르는 방향에 직각이 되게 순환한다. 이(☲)와 감(☵)은 건과 곤에 [그림 6.9]처럼 수직 방향에 위치하므로 전기의 전위는 이와 감이 된다. 이 네 가지 괘는 태극기에 있는 4정괘이다.

화학에서 산은 이온 상태에서 H+를 방출하고 알칼리는 H+를 흡입한다. 산은 수소 양성자를 방출하므로 건이고, 알칼리는 수소 양성자를 흡입하므로 곤이 된다. 건은 세 개의 양으로 이루어져 있으므로 강한 산이고 곤은 세 개의 음으로 이루어져 있으므로 강한 알칼리가 된다.

정치적으로 생각하면 건은 여당이고 곤은 야당이다. 공간적으로 생각하면 건은 넓이가 되고 곤은 높이가 된다. 건은 수평선 세 개가 상중하로 그어졌으니 넓이가 되고 곤은 탑을 쌓아 올린 것 같으므로 높이가 된다. 인체 생리적인 관점에서 보면 건은 생기가 되고 곤은 사기가 된다.

생기와 사기는 우주에도 적용이 된다. 만물을 만드는 세력은 건이고 만물을 파괴하는 세력은 곤이다. 성경에서는 하느님이 건과 곤을 모두 포함하는 태극이라면 건은 천사들이 되고 곤은 마귀들이 된다. 건은 선을 행하는 주체이고 곤은 악을 행하는 주체이다.

역경 원본에서 효를 부를 때는 숫자로 부른다. 첫 번째, 두 번째 효라고 부르지 않고 양효일 때는 첫 번째 9, 두 번째 9라고 부르고 음효일 때는 첫 번째 6, 두 번째 6이라고 부른다. 독자들은 홀수는 양의 수이고 짝수는 음의 수인 것을 기억할 것이다.

홀수의 첫 번째 수는 1이나, 1은 전체의 수이기도 하므로 모호하여 사물을 분별하여 상징하는 효의 이름을 붙이는 데에는 적합하지 않다. 그래서 두 번째 홀수가 3이니 3을 쓰는데 괘에서 효는 세 개가 되므로 '3×3=9' 가 된다. 결국 9가 양효의 이름이 된 것이다. 짝수의 첫 번째 수는 2이고 괘는 세 개의 효가 있으므로 '2×3=6'이 되어 6이 음효의 이름이 됐다. 곤 괘를 이루는 블록들의 개수이기도 하다.

성경에서 마귀들은 666 숫자를 달고 있다고 하는데 이것은 곧 곤을 나타내는 것이기도 하다. 사해문서와 같은 성경의 다른 판본들을 살펴보면 천사들은 999를 달고 있다고 쓰여 있을 것이다.

건은 창조하는 일을 하고 곤은 파괴하는 일을 하나 파괴는 곧 창조를 위한 것이다. 곤의 파괴는 순간적으로 일어나는 것이 아니라 파괴 쪽으로 방향을 이끌고 있을 따름이며, 순간적이고 실제적인 작용을 하는 것은 움직임을 담당하는 진(번개)과 손(바람)이다.

곤의 파괴 작용은 봄에 만물을 창조하기 위하여 가을에 파괴하는 자연의 법칙을 생각해 보면 이해할 수 있다. 가을에 잎은 시들시들해지고 가지는 말라 죽어 가는 것이 파괴이지만 이것은 열매를 맺어 봄에 새 생명을 창조하기 위한 것이다. 가을의 파괴 작용은 실은 곤이 주도를 하는 것이다. 봄의 창조 작용은 곧 건이 주도한다.

건은 양이 세 개라 움직임이 활발하다. 인간 사회에서는 부지런한 것이 건에 해당한다. 곤은 음이 세 개라 움직임이 아주 느리다. 인간 사회에서는 게으른 것이 곤에 해당한다.

건의 성질은 아버지처럼 강하고 곤의 성질은 어머니처럼 부드럽다. 강한 것은 에너지가 밖으로 팽창하는 것이고 부드러운 것은 에너지가 안으로 흡인되어 결집한 것이다. 건과 곤의 작용으로 인해 밖으로 보이는 질감이다.

쇠가 건에 속한다고 하면 솜은 곤에 속한다. 단단하고 반짝반짝 빛나는 것이 건에 속하면 부드럽고 어두운 색깔의 물질은 곤에 속한다. 수정이나 다이아몬드가 건에 속한다면 숯은 곤에 속한다. 다이아몬드와 숯은 같은 탄소 분자로 된 물질이라도 성질이 극과 극이다.

생체 내의 어떤 성분의 분자구조를 알아낸다고 해도 그 성질을 추정하여 약으로 이용하거나 산업에 이용하는 것은 또 다른 차원의 이야기이다. 분자구조를 알아내는 것과 성질을 알아내는 것이 그다지 크게 연관되지 않는다.

그러나 어떤 물질을 분석하는 과정에서 그 단계 단계에 보이는 물질을 음양으로 분별하여 팔괘로 나누면 어느 단계나 각 1/8에 해당하는 각 물질의 성질을 파악할 수 있다.

건은 사람의 머리에 해당하고 곤은 사람의 배에 해당한다. 인간은 하늘과 땅을 닮았다. 주역의 원리에 의하면 사람의 머리는 둥근 우주의 모형을 닮았다. 머릿속의 뇌는 인체의 각 부분의 자극을 지각하고 그에 대한 명령을 내려 인체를 통제하고 있는데 뇌의 그 기능도 인체를 비롯한 만물에 대한 통제를 하고 있는 우주(하늘)의 기능과 닮았다. 그래서 머리는 건에 속한다.

배는 둥글지만 평평하게 느껴지는 것이 땅의 모습을 닮았다. 지구는 지구상의 만물을 보호하고 영양하는 어머니와 같아서 영어권의 사람들은 지구를 '어머니와 같은 땅'(Mother Earth)이라고 부른다. 뱃속에 있는 장기들도 음식물을 소화·흡수하여 인체의 각 부분에 영양을 공급한다. 배는 이런 면에서 지구(땅)를 닮았으며 곤에 속한다.

4. 이(☲)괘와 감(☵)괘

이괘는 밖이 되는 상효와 하효가 양이고 속에 해당하는 중효가 음이다 [그림 6.10]. 밖의 양은 팽창하고 있고 속의 음은 미약하나마 밖으로 팽창하는 양들의 작용을 흡인하여 붙들고 있다. 이괘를 보면 밖은 밝고 온도가 높으나 속은 밖보다 어둡고 온도가 낮은 불을 연상할 수 있다.

[그림 6.10] 이괘 ⓒ저자

우리는 어렸을 적에 일식 때 해를 보기 위해서 유리를 촛불에 대서 그을음으로 유리를 검게 했다. 촛불에 유리조각을 대보면 불속 한가운데 있는 검은 색의 탄소 성분이 다량으로 묻어 나왔다. 불의 겉은 밝고 붉어서 양이지만 속은 검어서 음이라는 증거이다. 그 후 주역에서 이괘가 불이라는 것이 쉽게 이해가 됐다.

[그림 6.11] 감괘 ⓒ저자

감괘는 밖의 두 효가 음이고, 속의 한 효가 양인 괘이다[그림 6.11]. 음이 위아래로 에너지를 흡인하고 있고 속은 양이 있어 미약하나마 팽창하려고 기회를 엿보고 있는 형상이다.

예를 들어 물의 표면장력을 실험하기 위해서 물방울을 기름종이 위에 떨어뜨리면 동그란 물방울이 반짝반짝 빛난다. 이 물방울은 표면에 있는 음의 흡인력과 내부에 있는 양의 팽창력이 만든 현상이고, 두 음이 겉에 있으나 어둡지 않고 투명하며 반짝이는 것은 속에 양이 있어서 그렇다.

위에서 말한 것은 작은 물방울에 대한 것이고 큰 강물이나 바닷물은 평소에는 느리고 부드러우며 어둡고 조용한 음의 속성을 그대로 가지고 있다. 그러나 홍수가 나거나 해일로 하늘에서 강하게 떨어지는 비의 양세력과 지진으로 인한 양 세력이 추가되면 물속에 있는 양이 발동하여 그 움직임이 빠르고 파괴적으로 된다. 감괘가 손괘나 진괘로 바뀌는 순간이다.

이괘가 불이라고 불만 생각해서는 안 된다. 큰 불은 태양이므로 이는 태양이다. 태양에도 속에 음에 해당하는 흑점이 있다. 우주는 광대하나 우리들에게 미치는 영향은 태양이 가장 크다.

건은 일종의 세력이고 건의 일을 주로 수행하는 것은 이이다. 건의 일은 주로 이가 도맡아 한다. 산업 중에는 전자산업이 불이다. 변화가 빠르고 급속도로 발전한다. 전자산업의 발전을 보고 있는 것은 마치 불을 보고 있는 것과 같다.

침 자극에 대한 뇌의 반응을 실험하기 위해 전라도의 광주과학기술원에 머문 적이 있다. 광주의 모산(母山)인 무등산은 아주 밋밋하고 힘이 잠재된 '土'산이었다. 팔괘로는 곤에 해당한다. 土나 곤은 재물에 해당하는 것이므로 광주는 예로부터 부자가 많이 나왔다.

마주 보는 山은 바위들이 아주 뾰족뾰족하여 불의 형상을 하고 있는 山이었다. 그 화산 앞으로 첨단 공업단지가 조성되었고 그 안에 광주 과학기술원이 있었다.

광주과학기술원 옆에 명당 자리로 보이는 곳이 두 군데 있는데, 그 명당 자리를 차지하고자 하는 묘들이 공동묘지처럼 가득했다. 그 묘들은 공업단지가 조성되면서 새로 난 길에 의해 이리 잘리고 저리 잘려서 황폐하기 그지없었다.

주역의 원리에 따라 땅을 분석해 보면 어느 곳에 묘를 쓰면 죽은 시체가 생기를 받거나 어느 곳에 집을 지으면 그곳에 사는 사람들이 생기를 받아 운명이 좋아지는지 알 수 있다. 이 학문을 풍수라 한다.

풍수에 명당은 크게 둘로 나뉘는데, 묘가 들어설 자리는 음택이라 하고 집이 들어설 자리는 양택이라 한다. 양택과 음택이 비슷비슷하여 그것이 양택의 자리인지 음택의 자리인지 헷갈릴 때가 많다.

전자산업으로 부자가 될 공업단지가 들어설 양택 자리를 불처럼 빠르게 부자가 되는 묏자리로 착각하여 묘를 쓴 것이다. 옛날의 풍수사들이 전자산업이라는 것이 불처럼 빨리 부자가 되는 것이라는 사실을 몰랐던 것이다. 특히 이 과학기술원은 불 중의 불인 광통신 분야의 세계적인 권위자들이 연구하고 있는 곳이다.

광주의 풍수를 이(離)괘라 보고 불처럼 빨리 부를 이루는 지역이라서든 빛처럼 빠른 전자산업이 발달할 지역이라서든 그 지역을 광(光)주라 한 풍수사들의 역경 경지가 놀랍다.

광섬유를 타고 지나가는 빛, 구리철사를 타고 가는 전기가 불에 해당하는데, 가운데는 움직임이 둔한 물질(음)로 되어 있고 그 주위를 움직임이 빠른 빛이나 전기(양)가 지나가고 있으니, 이것들이 모두 이괘에 해당한다.

감이 물이라고 물만 생각해서는 안 된다. 구름, 안개, 흐린 날씨도 감이 된다. 이들은 작은 물방울의 모임이니 작은 물방울 하나하나가 감이기도 하지만 전체가 부드러운 물이면서도 가볍고 이리저리 몰려다니는 양의 속성이 있다. 이에 해당하는 태양을 가리고 있다가 태양이 강하게 비칠 때는 사라진다. 이와 감은 서로 대립하기 때문이다.

기름과 지방도 감에 해당한다. 상온에서 액체의 상태로 있는 것은 기름이고 고체의 상태로 있는 것은 지방이다. 기름이 감 중의 양이라면 지방은 감 중의 음이 된다.

기름은 물의 모든 속성을 가지고 있다. 성질이 부드러워 일정한 모양을 이루지 않고 흘러 다닌다. 음의 성질은 양보다 딱딱한 것인데 부드러워 일정한 모양을 이루지 않고 있는 것은 양의 속성이나 그래도 눈에 보이는 물질이기 때문에 음에 속한다. 그래서 기름은 겉은 양이고 속은 음인 이괘에 속할 수도 있다.

지금까지 팔괘를 말하기 전까지는 음양을 말할 때 양은 부드럽고 음은 딱딱하다고 했다. 음의 대표인 물을 말할 때 그 이론이 맞지 않아 의문을 가진 사람이 많을 것이다. 음양이나 사상으로 말할 때는 그것이 팔괘보다는 포괄적인 용어이기 때문에 어떤 특정한 사물을 가장 적합하게 표현하지는 못한다. 그러나 팔괘로 분류하면 보다 적합하게 표현할 수 있다.

감은 겉이 음이고 속이 양이라 물의 차가움과 고여 있는 물의 고요함(음)과 무한한 에너지가 잠재되어 이리저리 일정한 모양 없이 흘러 다니는 물(양)을 잘 표현하고 있다. 물이 전체적으로는 음이지만 활동적인 것은 물의 잠재된 일부분의 성질이 양이기 때문이다.

기름은 바로 불로 변할 수 있어서 물보다는 양적인 성질이 있으나 만물을 팔괘로 나눌 때는 당연히 감에 속한다. 지방은 딱딱하지만 약간의 열만 받으면 바로 액체로 변하니 감에 속한다.

한의학 고전에 뇌, 골수, 뼈, 신장이 모두 水에 속하는 조직이며 기관이라고 했다. 이것은 주역의 감괘를 염두에 두고 한 말이다.

인체에서 水에 속하는 기관의 대표는 신장인데 신장은 물방울 모양으로 생겼다[그림 6.12]. 신장이 심장과 동맥과 정맥으로 연관되어 있지 않다면 신장은 그 응축력으로 물방울처럼 구형을 하고 있었을 것이다. 신장의 최소 단위인 사구체도 물방울처럼 응축력에 의해 실핏줄이 공 모양으로 엉켜 프랙탈 패턴을 하고 있다. 그 실핏줄 속을 흐르는 것은 밝고 빨라서 양의 속성을 가진 피이다.

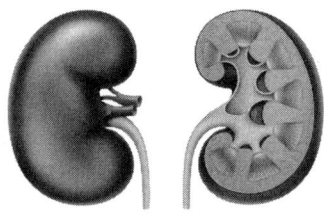

그림 6.12 신장 ©sh

뼈와 골수는 한 개체로 볼 수 있다. 겉은 딱딱하여 음의 형체를 하고 있고, 속에는 지방질로 차 있어서 양의 성질을 가지고 있다. 감을 연상할 수 있는 조직이다. 뇌는 일종의 골수이다. 딱딱한 뼈에 둘러싸인 지방질이다.

뇌나 골수의 주성분은 지방인데 지방 자체가 감이고 딱딱한 뼈(감의 두 음), 두부처럼 유동성 있는 지방질이 속에 차 있는 뇌(감의 양)인 머리도

감이다. 뇌 수술을 할 때 보면 뇌 중에서도 지방 분포가 가장 많은 신경섬유 부분은 부드럽기가 순두부 같다. 순두부를 먹어 본 사람은 뇌의 백질 부분의 질감을 정확히 연상할 수 있을 것이다.

신장은 매우 두꺼운 지방층으로 싸여 있다. 중요하나 깨지기 쉬운 것을 포장할 때 스티로폼을 두껍게 싸고 상자에 넣는데 신장은 그런 형태를 하고 있다. 지방은 신장을 단지 보호하는 것만 아니라 지방 대사에 신장이 큰 역할을 하고 있는 것 같다.

젊었을 때는 신장의 작용이 지방을 신장의 안과 밖으로 분리하고 있으나 에너지가 감소되는 노년기에는 신장 속 사구체 내에 지방이 차면서 동맥경화를 일으킨다.

골수도 적혈구나 백혈구의 생산이 활발하지 않을 때는 지방으로 채워진다. 한의학의 고전인 『황제내경』에서는 수에 속하는 조직, 기관들과 지방과의 관계를 감괘로 인식하고 있었던 것 같다.

심장과 혈관은 화에 속하는 기관이고 조직이다. 심장과 혈관 속에는 피가 들어 있다. 그 색깔이 붉고 운동성이 강해서 화에 속한다. 그러나 피의 본질은 水이다. 이것은 피가 이괘에 해당한다는 것을 잘 나타내 준다. 심장은 두꺼운 근육층에 둘러싸여 쉴 새 없이 움직인다. 그 속에는 본질이 빨개서 화인 피가 들어 있다. 그러므로 심장도 겉이 양이고 속이 음인 이괘의 형상과 잘 부합된다.

이괘와 감괘의 성질은 명확히 구분된다. 이는 밝고 감은 어둡고, 이는 아름답고 감은 추하다. 이성의 통제력이 추가되지 않은 감성적인 아름다움은 불처럼 밝고 화려한 것이다. 그래서 이의 성질은 아름답다. 아름다운 것은 이에 속한다.

물이 추한 것은 아니지만 감괘의 양은 속에 있고 그 세력이 둘이 아니라 하나이기 때문에 두 개의 음에 대적하기 힘이 든다. 따라서 그 양이 약해지거나 세력을 발휘하지 못하기 쉽다.

그래서 물은 오염되기 쉽다. 오염된 물은 색이 검고 악취가 나며 추하기 이를 데 없다. 불은 새로운 불이나 오래된 불이나 아름다울 뿐이다. 추한 것은 감에 속한다. 소변이나 대변은 감의 작용에 의해서 만들어진 것이면서 추하기 때문에 감에 속한다.

이는 긴장되어 있고 감은 느슨하다. 불은 촛불처럼 끝이 모이고 물의 겉은 조여지지 않고 느슨하다. 불이 생기자마자 흩어져 사라지지 않고 계속 존재하는 것은 이괘 속의 효인 음이 이 불을 흡인력으로 통제하기 때문이다.

물은 겉이 느슨하여 퍼져 있어 스스로의 형체가 없다. 물이 많을수록 활동성이 강한 양효가 협동하여 팽창력(퍼지는 힘)을 더 쓰기 때문이다. 적은 물은 물방울로서 형체가 있는데, 적어질수록 속에 있는 양효 단독으로는 밖으로 팽창하는(퍼지는) 세력을 나타내지 못하기 때문이다. 그래서 이괘의 겉은 긴장되어 있고 감괘의 겉은 느슨하다.

이괘에 속하는 것들은 긴장되어 정확하고 질서가 있으나, 감괘에 속하는 것들은 느슨하여 부정확하고 질서가 없다. 컴퓨터를 비롯한 전자기기들은 정확하고 질서가 있지만 물을 먹고 사는 생명체들은 전자기기에 비교하면 감에 속하므로 불규칙하고 질서가 없어 깊이 연구하면 할수록 예측하기 힘들다. 이의 질서와 정확성은 간의 정확성보다 경직되어 있지 않고 감의 무질서는 손(巽)의 무질서보다 정도가 덜하다.

일하는 것은 이괘에 속하고 휴식하고 있는 것은 감괘에 속한다. 일하는 것은 이괘의 겉에 있는 두 양에 속하고 쉬는 것은 감괘의 겉에 있는 두 음에 속한다. 부지런하게 일하는 것은 건괘에 속하고 끊임없이 쉬고 있는 것은 곤괘에 속하는데 건괘와 곤괘의 일과 휴식은 순음·순양이기 때문에 중단이 없고 이괘와 감괘의 일과 휴식은 중단이 있다.

III. 복희 팔괘와 문왕 팔괘

전설상의 황제인 복희는 하도를 보고 팔괘를 처음 만들었다. 역경을 만들었다는 말은 없으나 역경의 괘들은 복희가 그려 넣은 것 같다. 누가 팔괘를 그렸는지 누가 역경의 괘를 만들었는지는 크게 관심을 가질 필요가 없다. 그것보다 중요한 것은 그 괘들의 뜻을 아는 것이다.

분명히 알아야 할 것은 역사학자들이 언급한 역경은 아주 피상적인 일면만을 말한 경우가 많다는 것이다. 서양식 교육을 받은 동양의 학자들에 의한 서양식의 분석적인 연구 방법이 역경에도 적용되면서 역경의 괘, 그 자체의 심오한 뜻은 서양의 책처럼 글자로 자세히 적어 놓지 않았으므로 무시되고 지금까지 많이 알려진 유교와 관련된 글자들만 해석되고 있다.

논문의 형식을 갖추기 위해 역경에 나와 있는 글자의 해석에만 주로 매달리는 역사학자들을 비롯한 전문가들의 논문에서는 역경의 진정한 뜻을 찾아보기 힘들다. 다른 사람들이 이렇게 생각했으니, 그와 같거나 비슷한 내 생각이 옳다는 식의 논문으로는 보통 사람들이 생각할 수 없는 도에 대해 말할 수 없다.

역경의 이론을 수학적으로 풀어놓은 동양의 수학책들에 대한 오해가 많다. 논문 중에는 동양의 수학책 가장 처음에 나오는 역경에 관한 부분은 이해할 수 없으니 무시하고, 뒷부분에 나오는 초등학교 아이들도 계산기를 두드려서 계산할 수 있는 부분만 언급하면서, 몇 천년 전의 원시인들도 이런 것을 할 수 있었다고 쓴 것들이 있다.

역경의 이론에 의해서 우주 삼라만상의 변화를 파동의 원리로 풀어놓은 율려 책들은 음악 역사학자들에 의해서 알 수 없는 첫 부분 내용은 무시되고, 뒤에 나오는 노랫가락 몇 구절만 알려지고 있다. 전체적으로 도를 표현하는 역경을 구절의 일부분만 들어 원시시대의 역사학적인 관점에서 바라보는 것은 이제 그만 하였으면 좋겠다.

주나라 문왕이 64괘를 우주의 원리에 맞추어 배열하였고 각 괘에 맞는 주나라 사회상을 들어 설명했고 그의 아들 주공(周公)은 각 효에 설명을 붙였고 공자가 그것을 연구하면서 「십익(十翼)」이라는 설명서를 덧붙인 책을 냈는데 그것이 현재의 주역이다.

복희 팔괘는 선천 세계의 원리이고 문왕 팔괘는 후천 세계의 원리이다. 선천 팔괘는 지금의 우주 만물이 자리 잡기 이전의 원리를 표현한 괘의 배열[그림 6.13-A]이고 후천 팔괘는 지금의 우주 만물이 자리 잡은 후에 작용하는 이치를 표현한 괘의 배열[그림 6.13-B]이라고 한다.

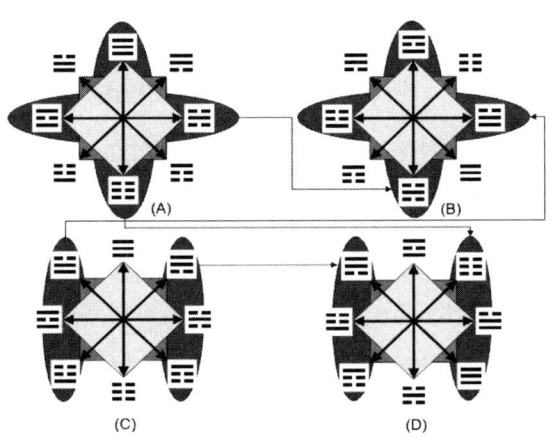

[그림 6.13] ⓒ저자

우주 만물에 공통적으로 적용되는 원리인 도를 그림으로 표현할 때 복희 팔괘는 형체를 위주로 한 것이고 문왕 팔괘는 작용을 위주로 한 것이다. 복희 팔괘는 우주 전체의 원리이고 문왕 팔괘는 지구의 국한된 세계에 작용되는 원리이다.

복희 팔괘는 음양이 50:50 균형을 이루는 상태에서 일어나는 변화의 원리이지만, 문왕 팔괘는 우주의 한 부분에 있어 음양이 약간 편차를 가진 지구나 사람에게서 일어나는 변화의 원리이다.

복희 팔괘는 지구의 중심축이 수직 상태에 있을 때 일어나는 변화의 원리이고, 문왕 팔괘는 지구의 중심축이 기울어져서 나타나는 변화의 원리이다. 중심축이 기울어져 있으면 우주 전체와는 다르게 지구에 음양의 편차가 생겨 우주 전체보다는 복잡한 변화가 일어난다. 따라서 우주 전체와는 조금 다른 지구의 변화를 이해하는 데는 복희 팔괘가 맞지 않아 문왕 팔괘를 만들어 사용했다고 한다.

주나라 때는 문왕 팔괘가 지축이 기울어진 지구상의 변화를 읽는 데 적합했으나, 지축이 바로 섰을 때 지구의 변화를 읽는 데는 문왕 팔괘가 적합하지 않다. 그래서 한국의 김일부 선생은 정역 팔괘를 그렸다. 지축이 바로 섰을 때 지구상의 만물 변화를 읽는 데는 정역 팔괘가 맞다. 이 책에서는 지면 관계로 자세히 다루지 않겠다. 자세한 64괘 해석과 함께 후일로 미룬다.

지금까지는 복희 팔괘에 대해 주로 설명했기 때문에 이제부터는 문왕 팔괘를 설명하면서 복희 팔괘와의 차이점을 들겠다. 우선 복희 팔괘의 4정괘[그림 6.13-A]와 문왕 팔괘의 4정괘[그림 6.13-B]를 비교해 보자.

이와 감괘가 문왕 팔괘에서는 복희 팔괘의 건·곤괘의 위치에 들어왔다. 복희 팔괘는 주로 여덟 가지 세력의 위치를 배열한 것이고 문왕 팔괘에서는 여덟 가지 변화의 단계를 배열한 것이다. 복희 팔괘가 8개의 세력 장(場)을 배열한 것이라면, 문왕 팔괘는 그 세력에 따라 변화하는 실체를 표현한 것이다.

세력을 나타내는 것은 하늘과 땅인 건곤이 주된 세력이 되나 변화 단계에서는 하늘과 땅은 순음·순양이기 때문에 움직임이 적어 작용의 단계로서는 별로 가치가 없다.

순음·순양은 다른 것의 작용을 도와줄 수는 있어도 스스로 작용하기는 힘들기 때문이다. 순음·순양은 음양의 투쟁이 없기 때문에 정체돼서 그 스스로가 움직이기는 힘들다.

그래서 작용의 원리를 나타내는 문왕 팔괘에서는 건과 곤이 4정위에서 물러나서 비교적 정체된 위치인 4간위에 배치되게 된다. 4정위 중에 작용의 가장 중요한 자리인 남북에는 이괘와 감괘가 들어선다.

사람에게 직접적으로 영향을 미치는 것은 우주 전체(건)보다 태양(이)이 중요하다고 했다. 불의 본질인 태양에 해당하고 두 양의 중심에 음효가 끼어서 음과 양의 투쟁 활동이 활발한 이가 양의 운동을 활발하게 하는 남쪽에 들어온다.

마찬가지 이유에서 물의 본질인 감이 음의 작용을 주도하는 북쪽에 들어온다. 감에서 이에 이르는 작용을 중계하기 위해서는 번개를 상징하며 양의 소생을 주관하는 진괘가 동쪽에 들어온다.

우주를 대표하는 각 형체의 정해진 위치를 나타내는 복희 팔괘에서는 이가 동쪽에 있었는데, 역동적이어야 하는 문왕 팔괘도에서는 태양을 나타내는 이보다 더욱 역동적인 진이 동쪽에 들어온다. 문왕 팔괘에서는 서쪽에도 보다 음의 작용이 활발한 괘가 들어와야 하므로 연못이나 바다를 뜻하는 태괘가 들어온다.

[그림 6.13-C]에서 보듯이 진괘나 태괘는 복희 8괘에서 다이내믹한 4간위의 동쪽에 위치하나 문왕 팔괘에서 진과 태가 동쪽과 서쪽을 차지하게 된다.

문왕 팔괘도의 4간괘[그림 6.13-D]를 보면 손괘 외에 움직임이 별로 없는 건(하늘), 곤(땅), 간(산)이 들어온다. 4간위는 움직임이 활발한 자리로서 이곳에 움직임이 별로 없는 곤, 간이 위치하면 활발하게 움직이게 된다.

복희 팔괘에서 4간위 중 서쪽에 있던 간(間)괘인 손과 간은 문왕 팔괘 중에 움직임이 활발한 동쪽에 위치하게 된다. 복희 팔괘에서 움직임이 별로 없는 자리에 있던 손과 간이 문왕 팔괘에서는 움직임이 활발한 상태로 배열된 것이다.

형체에 의한 팔괘의 배열도인 복희 팔괘도에서는 진괘와 손괘가 서로 효가 반대되기 때문에 대립적으로 배열시켜 놓았지만, 작용에 의한 팔괘의 배열도인 문왕 팔괘도에서는 진괘와 손괘를 움직임이 활발한 위치인 동쪽과 남동쪽에 이웃시켜 배열해 놓았다. 건과 곤도 복희 팔괘도에서는 대립시켜 놓았지만, 문왕 팔괘에서는 움직임이 형체로서 수렴된 위치인 남서쪽과 북서쪽에 이웃시켜 배열해 놓았다.

원래 팔괘는 전쟁 때 군사를 배치시키는 대형(진법)으로 그대로 응용되는데, 복희 팔괘도가 평화 시의 군사 배치도가 된다면 움직임이 빠른 문왕 팔괘도는 전쟁 시의 군사 배치도가 된다. 팔괘의 방위와 가운데 방위를 합하여 9궁이라 하는데 일종의 전쟁 시뮬레이션 게임인 바둑은 이 9궁의 게임이다. 자세한 것은 뒤에 설명하겠다.

복희 팔괘도에서 연관이 있는 괘(음양)들이 짝을 이루어 문왕 팔괘도로 배치된다. 건곤은 순음, 순양이라 그 움직임이 너무 둔하여 정위에서 간위로 바뀌는 것도 부족하여 상하로 뒤집어 놓았다. 상에 있던 건은 하로 가고, 하에 있던 곤은 상부로 갔다.

　나중에 나오지만, 64괘 중 상에 건이 있고 하에 곤이 있는 괘는 그 이름이 비(否), 막혀 있다는 뜻이다. 하가 건이고 상이 곤이면 태(泰), 편안하다는 뜻이다. 건과 곤은 위치가 뒤바뀔 때 서로 작용이 교류되어 좋은 것이다.

1. 문왕 팔괘도와 사계절

　팔괘도도 사상처럼 작용의 8단계로 순환을 한다. 복희 팔괘도 같으면 건에서 곤이 되었다가 다시 건이되는 것을 반복한다. 복희 팔괘도가 주로 공간을 나타내는 데 편리하다면 문왕 팔괘도는 주로 시간을 나타내는 데 편리하다. 감을 겨울로 하고 이를 여름으로 하여서, 그에 따른 단계 단계의 변화를 생각해 보자([그림 6.13]의 B와 D).

　감에서 속에 있던 양효가 간에서는 땅의 표면으로 나오려고 한다. 감에서 속 깊은 곳에 간직한 씨가 간에서 발아하기 시작하는 형상을 하고 있다. 감이 겨울에 해당하고 간은 봄과 겨울의 중간에 해당하듯, 간에서는 아직 싹이 땅속에 있지만 봄에 해당하는 진에서는 이미 땅 밖으로 나왔다. 형체는 간에서 싹이 더 많이 자란 것 같지만 맨 위에 있는 양은 힘이 없어 그 싹이 아직 나오지 못한 것으로 표현된다.

　진에서의 양은 맨 아래에 위치하여 강한 힘이 있으므로 이미 땅 밖으로 나와서 그 전체 크기의 1/3 정도 자란 것으로 표현된다. 그렇게 땅 밖으로 나온 양이 점점 자라서 활발하게 퍼져 나온 것을 손의 형상으로 표현한다. 손은 봄과 여름의 중간으로, 나무의 잎과 가지가 큰 줄기(아래 음) 위로 무수하게 퍼져 있는 것(위의 두 양)을 표상하고 있다.

여름에 해당하는 이괘에 이르러서는 이미 상하가 모두 양으로 변해 있다. 양의 극치를 이루고 있는 상태이다. 속의 미약한 음까지 양으로 변하면 생물체는 그 자리에서 생명을 잃는다. 생명체는 순(100% 음이나 양)이 있을 수 없기 때문이다.

감에서 가운데 양인 씨앗이 발아하기 시작하려면 건(3양)의 도움을 받아야 하고 이에서 가운데 음을 보존하여 새 생명을 시작하려면 곤(3음)의 도움을 받아야 한다. 이것은 생명 순환의 가장 중요한 단계로서 건(하늘)과 곤(땅)이 주도하는 것이다. 그래서 건과 곤이 이와 감 옆에 자리하게 된다.

이가 변해서 감으로 변하는 중간에는 태가 위치하게 된다. 태는 가을에 해당하는 작용으로서 상부에 위치한 음의 구멍에 양을 잔뜩 모아놓은 상태를 하고 있다. 나무에 달려 있는 열매를 상징한다. 그 열매의 속에는 다음 생을 위한 씨와 영양분(두 개의 양)이 들어 있다. 건은 가을과 겨울의 중간으로 태괘에 양이 하나 더해져 양이 가득한 상태이고 이 힘이 감의 발아 작용을 도와주게 된다.

곤은 이에서 싹튼 음이 가득한 상태로서, 이것이 태의 양을 물질로 가두는 작용을 도와주게 된다. 곤이 있는 위치는 서남쪽에 해당하고 초가을에 해당하는 곳으로, 생을 다시 시작하는가 마는가가 달려 있는 중요한 위치이고 시간이다. 강한 음 작용이 있어야 아주 강한 기세로 활활 타오르는 이괘의 불을 수렴할 수 있다. 금화(金火) 교역이 일어나는 시간, 혹은 위치라는 이름이 붙여진 단계이다.

수도자에게는 자궁에 해당하는 곳에 양의 씨(丹)를 뿌리고 양을 기르다 불길에 싸여 죽거나 수도에 실패하는 단계로서, 강한 음 작용인 곤의 작용을 준비하지 못하면 위험한 단계이다. 사회 현상으로는 혁명이 일어나는 위치이다. 손에서 활발해진 군중 데모가 이 위치에서 극을 이룬다.

"강한 반대 세력에 의해서 진압 당하던가", "새로운 정권이 들어 오던가" 하는 힘이 발휘되는 시점이다.

이것이 오기 전에 이 단계에서 피비린내 나는 살육이 벌어진다. 초목은 이 단계에서 그해의 생을 끝마치게 된다. 이런 시련에서 살아남은 생물은 좋은 씨를 생산하고 살아남지 못한 것은 도태된다.

곤은 에너지가 물질로 수렴되는 것을 좋은 위치에서 도와주고, 건은 물질이 에너지화하는 것을 도와준다. 에너지화하는 것이 식물에서는 싹이 트는 현상으로 나타난다. 정선되지 않은 씨를 땅속에 뿌리면 발아율이 저조하다. 씨를 정선하는 것은 곤의 작용이고, 배아가 두꺼운 씨껍질을 뚫고 나갈 수 있는 힘을 주는 것은 건의 작용이다. 발아율을 높일 수 있는 것이 건곤의 작용이다.

건곤이 위치한 단계는 사느냐 죽느냐 하는 아주 중요한 단계이다. 이런 중요한 이유로 서남쪽에 곤, 서북쪽에 건이 위치하게 된다.

복희 팔괘에서는 상하로 마주 보는 괘의 효가 문왕 팔괘에서는 정반대로 바뀌어서 대립 관계를 이룬다. 복희 팔괘에서는 감과 이가 좌우에서 대립 관계를 이루다가 문왕 팔괘에서는 상하로 대립 관계를 이루고, 진과 태는 좌편에서 상하로 대립하다 좌우로 대립되고, 간과 손은 우편에서 상하로 대립되다가 문왕 팔괘에서는 좌편에서 상하로 대립된다.

2. 복희 팔괘의 관계

건괘는 하늘이고 곤괘는 땅이라 상하로 대립되고 있다. 태괘는 연못이고 간괘는 산으로서 움직이지 않고 가만히 있고, 진괘와 손괘는 움직이는 성질이 있다. 태괘와 간괘가 고요한 성질로서 진괘와 손괘의 움직임에 대립되고 있다. 태는 간에 대립되고 진은 손에 대립되는 태간진손을 4간(間)괘라고 하는데, 4정(正)괘인 정남북과 정동서의 건곤감리와 대립되고 있다[그림 6.14].

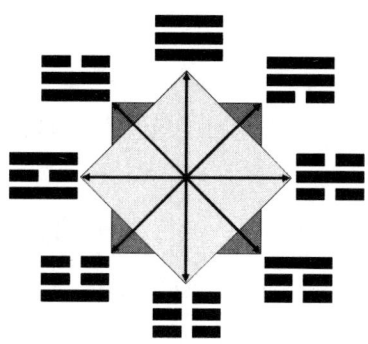

[그림 6.14] ©저자

건곤감리는 동서남북 정방 위에 있어서 변화의 세력을 형성하고, 태간진손은 건곤감리의 사이에 있으면서 변화를 직접 담당하고 있다. 이러면 4정괘는 음이고 태간진손은 양이 된다.

[그림 6.14]에서 보는 것처럼 진은 곤과 이의 중간 과정이고, 태는 이와 건의 중간 과정이고, 손은 건과 감의 중간 과정이고, 간은 감과 곤의 중간 과정이다. 이런 과정을 거쳐 건은 위에서 아래 방향으로 변화하면서 곤이 되고, 곤은 아래에서 위 방향으로 변화하여 건이 된다.

IV. 사대 원소와 팔괘

인도에서는 우주의 만물이 지수화풍(地水火風) 네 가지로 이루어졌다고 한다. 이 넷은 4장 「사상」에서 언급한 데로 사상에 해당한다. 진괘·손괘는 風에 속하며, 건괘·곤괘는 地에 속한다. 감괘, 태괘는 水에 속하고 이괘·간괘는 火에 속한다. 지수화풍을 물질의 원소로서 물질적 관점에서만 해석하는 경우가 많은데 작용적 관점에서 생각해 보면 팔괘에 연결시킬 수 있다.

진괘와 손괘는 모두 움직이는 성질이 있기 때문에 風에 속한다. 건괘는 하늘이고, 곤괘는 땅인데 地라는 것은 사람이 살고 있는 환경을 뜻하므로 건괘와 곤괘가 地에 속한다. 실제로 하늘을 구성하는 별들은 흙으로 되어 있는 경우가 많다.

감괘는 물이므로 水에 속하고, 태괘는 연못이나 바다이므로 水의 그룹에 속한다. 이괘는 불이므로 火에 속하고, 간괘는 땅에서 하늘로 솟아오르는 형체와 작용이 있어 火에 속한다.

V. 가족과 팔괘

가족의 구성원과 팔괘를 관련시켜 보면 팔괘의 성질을 이해하기 쉽다. 가족은 작은 사회이기 때문에 우리에게 친근한 가족관계에 팔괘를 적용시키면 팔괘의 이해가 쉽다.

음양으로 분류할 때만 해도 음을 말하면 양이 떠오르고 전체가 생각났는데 팔괘가 되니까 어떤 한 괘에 대해서 생각하면 나머지 7괘와의 관계가 잘 떠오르지 않는다. 8개로 분류해도 전체적인 연관관계가 생각되지 않으니 끝없이 나누는 과학이 얼마나 전체를 소홀히 하는지 이해가 갈 것이다.

우선 간단하게 팔괘와 가족관계를 연결 짓는 방법을 소개하겠다. 건은 아버지이고 곤은 어머니이다. 나머지 여섯 괘는 두 개의 같은 효와 한 개의 다른 효로 이루어져 있음을 알 수 있다. 여기서 한 개의 다른 효가 남녀를 결정짓는다.

음효이면 딸이고 양효이면 아들이다. 한 개의 다른 효가 작용의 주체이기 때문에 두 개의 같은 효들보다 중요시한다. 하효는 과거이고 먼저 긋기 때문에 첫 번째 아들이나 딸이고, 중효는 중간 아들이나 딸이고, 상효는 막내아들이나 딸이다.

1. 태괘와 간괘

태(☱)괘는 상효가 두 양과 다른 음이니까 막내딸이 된다. 오빠 둘에 딸 하나 있는 집 딸의 일반적 성질을 떠올리면 태괘의 성질을 알 수 있다. 귀여움을 독차지하므로 콧대가 높다. 태괘의 양을 속에 숨기고 있는 것이 자존심이다. 주위 사람들이 도와주므로 독립심이 없고 의존성이 강하다.

태는 주위에서 필요한 것을 끌어들이는 형상이다. 셋째인 막내딸은 주위의 사랑을 끌어들이는 매력이 있다. 태괘는 가족 구성원 중의 막내딸이기도 하지만 20세 안쪽의 어린 여자이기도 하다. 어린 여자들은 아름다우면서(양) 수줍음(음)을 타는 것이 남자를 끌어들이는 매력이다.

가족 구성원뿐만 아니라 소규모의 비즈니스를 운영한다고 할 때, 종업원들을 팔괘로 분류하면 종업원들 각자의 적성을 파악하기 쉽고 그 적성에 따라 일을 맡겨야 능률이 오른다. 그중에 꼭 여자가 아니라도 태괘처럼 자존심이 강하고 주위 사람들의 주의를 많이 끌고 자기를 드러내지 않는 사람은 태괘로 분류할 수 있다.

간(☶)괘는 상효가 양이니까 막내아들이 된다. 딸이 둘 있는 집안의 막내아들이다. 막내아들은 귀해서 모든 일을 누나들이 처리해 준다. 막내아들은 그저 가만히 산처럼 움직이지 않는다. 여성화되어 투쟁적이지 못해 주로 손을 움직여 무엇인가 만드는 것을 좋아한다. 여자처럼 착실하고 꼼꼼하기는 하다. 사회적으로는 20세 전의 어린 남자다.

자기를 과시하기 위해서 애를 쓰나(겉은 양) 아직은 받쳐주는 힘이 부족하다(두 개의 음이 양으로 변하려면 오랜 시간이 걸린다). 종업원 중에 꼼꼼하고 열심히 일하나 스케일이 크지 않고, 배짱이 없고, 잘하려고 열심히 뛰어다니나 아직 힘이 없는 사람이 간괘에 속한다.

2. 건괘와 곤괘

가족관계에서 건은 아버지가 된다. 하늘과 땅이 교류하는 중에 만물이 소생하듯이 아버지인 건과 어머니인 곤이 교류하여 만물이 소생한다. 나머지 6개의 괘는 건곤이 교류하여 생긴 괘이다. 건과 곤은 만물 변화의 양대 세력의 장을 형성하고 나머지 여섯 개의 괘는 변화하는 중에 거쳐가는 단계이며 작은 주체세력이 된다.

건은 순양이고 곤은 순음이기 때문에 건과 곤에 해당하는 사물은 분별하기 쉽다. 건은 아버지이지만 남자도 된다. 곤은 어머니이지만 여자도 된다. 변화하는 과정 중의 한 단계로 생각하면 건은 늙은 남자이고, 곤은 늙은 여자이다. 늙어서 남성 호르몬과 여성 호르몬의 분비가 적어지기 시작하면 남성은 여성화하고 여성은 남성화하여 곧 반대의 성질로 변하기 시작한다.

3. 진괘와 손괘

진괘는 장남에 비유된다. 장남은 동생이 둘 있는 집안의 장남이다. 동생들을 보살피기 위해서 부지런하고 책임감 있게 행동해야 한다. 장남(☳)은 여동생이 둘이 있기 때문에 이런 남자다운 행동은 더욱 돋보인다. 아버지(☰)가 되기 위해 아버지의 책임감과 행동을 배우고 있는 중이다.

손괘는 장녀에 비유된다. 장녀는 남동생이 둘 있는 집안의 장녀이다. 잠재된 강한 에너지의 발동에 의해서 통제력에서 벗어나는 행동을 하는 동생들을 부드럽게 타일러야 한다. 동생들의 활동이 좋은 방향으로 가도록 온갖 뒷바라지를 해야 한다. 이런 일은 어머니가 하는 일로서, 장녀(☴)는 어머니(☷)가 되기 위해서 어머니의 일을 배우고 있는 중이다. 아직은 어머니 역할에 실수도 많고 힘도 적다.

4. 이괘와 감괘

가족관계에서 이는 중간의 딸이고 감은 중간의 아들이다. 중간의 딸은 오빠와 남동생의 사랑을 받는다. 오빠의 모험적인 행동이 사랑스러운 여동생을 위해서 자제되고 남동생의 약한 행동을 독려한다. 장녀처럼 두 동생들을 위하여 자기를 희생하지도 않고 막내딸처럼 사랑을 받기만 하고 딸로서의 역할을 게을리하지도 않는다.

중간의 아들은 누나와 여동생에게 활기를 준다. 누나는 동생의 앞길을 열어주기 위해 부지런히 활동하며 남동생의 활력을 받아 타고 난 수줍음이 적어지고 활동을 보다 많이 하게 된다. 중간 아들은 여동생에게 활발한 활동으로 본을 보이며 여동생의 침체된 활동을 활성화시킨다.

그러나 두 자매(감의 위·아래의 음효)의 활동은 여자이기 때문에 타고난 대로 소극적이다. 중간 아들은 장남처럼 힘이 있고 활동적이지 못하고 막내아들처럼 자기를 나타내려고 무진 힘을 쓰지 않는다.

VI. 직업의 팔괘

중국 대륙을 첫 번째로 통일한 진시황은 독재를 행하면서 국민의 일상 생활에 필요한 책 외에 모든 책들을 불태워 버렸다. 국민의 정치·사상적 성숙을 두려워한 것이다. 특히 역사, 철학, 종교, 정치 서적들이 불태워졌는데 역경 책은 여기에 속하면서도 불태워지지 않았다.

역경이 점에 관한 책으로 인식되어 있었고, 점에 관한 책은 그 당시 생활에 필수적이었기 때문이다. 전쟁을 하기 위해 군사를 파견할 때도 점을 치고 내보냈고, 국가의 대사를 결정할 때도 점을 쳤다. 국민의 생활도 점을 치는 것이 습관화되어 있었다.

역경이 통치자의 독재에 항거할 수 있는 이론적 바탕을 가장 분명하게 제공할 수 있는 책이면서도 불태워지지 않은 커다란 이유는, 역경이 점을 보는 책으로 위장된 형식을 갖추고 있었기 때문이다. 역경이 만들어진 후 괘나 효에 대한 설명이 글로써 덧붙여지면서 점서의 형식을 갖춘 것은 괘나 효의 설명을 붙인 역경의 대가들이 후대의 진시황이 책을 불태워 버릴 것을 예측했기 때문일 것이다.

역경이 현대에 들어와서 동양인들에게 관심이 없어지는 것은 사람들이 미신적인 점을 치는 일에 흥미가 없어졌기 때문이다. 이제 역경이 불에 태워지지는 않았지만 사라지게 생겼다. 예전의 장점이 지금의 단점으로 변한 것이다.

우리는 역경을 배울 때 역경의 대가는 점을 치지 않는다는 말을 배웠다. 역경을 가지고 점을 치는 것은 역경의 이치를 모르기 때문이다. 역경의 괘나 효에 대한 설명에는 우주 만물의 자연적 성질이나 현상에 대한 설명은 적고, 사회생활을 하는 데 이렇게 하면 길하고 저렇게 하면 흉하다는 말들이 주로 나온다. 『서경』이라는 역사책의 글귀로 역경의 괘를 풀어놓았다고 한다.

지금도 한국, 중국, 일본의 역경 연구 학자들의 대부분은 역경의 글귀에만 매달려 있어서 역경을 자연과학적 용어로 풀어놓은 책이 나오지 않았다. 과학자들이 역경의 기초적인 원리를 과학에 적용시킨 단편적인 글은 조금 있다. 그러나 역경에 대한 연구의 깊이가 얕아서 아쉽다.

1. 건(乾 ☰)

역경을 글로 해석하는 점에 관한 연구는 잘 되어 있어 직업을 팔괘로 분류한 기록은 많다. 이것을 살펴보면 괘의 성질에 친숙해진다. 건은 순양이 세 개 겹친 괘이다. 하늘과 머리를 상징한다. 통치자는 건에 해당한다. 어느 분야에서든지 우두머리는 건에 해당한다.

체질로서는 태양인에 해당하는 사람들이 순양이기 때문에 주위의 충고를 받아들이지 않아 독재자가 되기 쉽다. 나폴레옹, 레닌과 히틀러는 전형적인 건의 성질을 가지고 있는 독재자이다.

건은 양만 3개 있으니 에너지가 충만하여 매우 부지런하다. 음이 하나라도 있어야 재산을 끌어모으는데 음이 없으니 청렴결백하다. 음이 있어야 남의 충고를 받아들이는데 음이 없으니 독재자가 되기 쉽다.

양은 죽음이 아닌 생명을 상징하고 생명은 창조이다. 하느님의 기능만을 괘에 배속한다면 건에 배속된다. 하느님이 인간 세계의 평범한 사람들과 같이 산다면 건에 속하는 직업을 갖는다는 것이다. 하느님은 태극으로, 팔괘를 모두 포함하고 있다.

하느님은 통치자이며 창조자이니 아주 전형적인 건이 된다. 창조를 잘하는 예술가들도 건에 속한다. 고흐, 베토벤 등이 건에 해당하는 예술가들이다. 이들은 두뇌와 예술은 뛰어나지만, 건의 순양은 타협하지 못하므로 생애가 순조롭지 못하다.

양이 많아 앞으로 빠르게 달려가나, 남들이 그 세계에 미처 가보지 못했기 때문에 사람들은 그들의 예술적 가치를 알지 못한다. 죽은 후 몇십 년이 되어야 그들의 예술성이 이해되는 작가들이 건에 해당하는 예술가들이다.

머리를 많이 쓰고 창조를 하는 발명가, 학자들도 건에 속한다. 교류와 전기 모터를 발명한 테슬라, 에디슨, 아인슈타인, 라이프니츠, 닐스 보어 등도 여기에 속한다. 그 당대에 인정받지 못하는 사람일수록 더욱 전형적인 건에 해당한다. 이런 아주 특출난 발명가는 팔괘에서의 건이 아니라 64괘 중 건이다. 상하에 건이 중복되어 있는 중(重)괘로서 건에 해당한다.

그들은 순양이라 학문에 대한 불같은 열정이 있고 진리를 위해서는 목숨도 초개같이 여긴다. 코페르니쿠스도 여기에 해당한다. 한글을 만든 세종 때 '이순지'라는 천문학자가 있었는데 그보다 백 년 전에 지동설을 주장했다. 주장한 것이 아니라 태양 중심을 지구를 비롯한 행성들이 도는 것을 그의 책에서 당연하게 기술했다.

2. 곤(坤 ☷)

곤은 음이 세 개가 포개져 있고 위치가 낮은 땅에 해당하며 배에 해당한다. 음은 활동이 느리고 어둡고 추하고 낮으며 정신보다는 물질에 해당한다. 체질로서는 태음인에 해당하는 사람들이 곤에 속한다.

곤에 속하는 대표적인 직업은 소규모 비즈니스의 주인이다. 이들은 실속 없는 명예보다는 실질적인 물질의 풍요에 항상 관심이 쏠려 있다. 자존심은 잃어도 그 대가로 얻는 부만 축적하면 된다. 곤은 땅이라 낮고 무엇이든지 끌어들이기 때문에 이해심이 풍부하다. 땅이 만물을 싣고 어머니처럼 잘 보살피는 것과 같다.

부동산 중개업, 건물 임대업도 곤에 속하는 직업이다. 투쟁적이지 않기 때문에 이들은 항상 여유가 있고 사람들을 편안하게 해준다. 음은 움직임이 느리니 게으른 것이 이들의 단점이다. 실속 없는 일을 할 때는 한없이 게으르지만 돈이 되는 일에는 돈을 좋아하는 만큼 몸을 부지런하게 움직인다.

3. 이(離 ☲)

이는 겉은 양이고 속이 음이며 불에 해당한다. 화려하고 빠르게 움직이고 인기를 누리는 직업이 이에 속한다. 가수, 배우, 방송인 등이 이에 해당하는 직업이다. 그들은 불처럼 아름답고 화려하며 변화의 흐름이 빠르고 남의 눈에 띄도록 돋보여야 성공한다. 이의 속은 음이라 사람의 주의(인기)를 빨아들여야 성공하는 것이 이괘에 속하는 직업이다.

불과 같은 성격을 가지고 있으며 동작이 빠르고 돋보이는 소양인 체질에 적합한 직업이 이괘에 속한다. 상품의 가치를 잘 보여주어야 성공하는 세일즈맨도 이괘에 속한다. 빠른 변화에 대처해야 하는 컴퓨터 관련 업종 종사자도 이괘에 속한다.

4. 감(坎 ☵)

감은 겉이 음이고 속은 양이며 물에 해당한다. 겨울처럼 느리고 꼼꼼하며 차분하고 실수가 없어야 성공하는 직업이 감에 속한다. 성직자, 선생님, 회계사, 은행원, 수리공, 세공 기술자 등이 감에 속한다. 물처럼 차분해서 실수가 적어야 성공하는 직업들이다.

돋보이는 노래와 연기로 사람들의 시선을 끄는 직업과는 정반대에 속하는 직업들이다. 이괘에 속하는 직업들은 모험이 많을수록 성공하나 이 직업들은 모험이 적을수록 성공한다. 이괘에 속하는 직업들은 여기저기 많이 돌아다닐수록 성공하나 감괘에 속하는 직업들은 차분히 자리를 잡고 앉아 생각을 해야 성공을 한다. 이괘에 속하는 직업들은 화려하나 감괘에 속하는 직업들은 소박하다.

5. 진(震 ☳)

진은 위에 두 개의 음이 있고 아래의 하나의 양이 위로 올라가려고 움직이는 형상이며 번개를 상징한다. 새로운 발견을 많이 해야 하는 직업이 진에 속한다. 발명가, 탐험가가 전형적으로 진에 속하는 직업이다.

회사라면 기획 부서가 진에 속한다. 여러 분야의 아이디어맨들도 진에 속한다. 새로운 종교를 갖게 만드는 사람인 선교사들도 여기에 속하고 새로운 사회를 건설하려는 혁명가도 진에 속한다.

진에 속하는 직업을 가진 사람은 새로운 생각을 가지고 새로운 행동을 해야 성공한다. 진은 하나의 양이 두 개의 음을 뚫고 나가는 형상이다. 이것을 용감하다고 한다. 일단 용감해야 하는 군인이 진에 속한다. 그중에서도 돌격부대는 가장 전형적이다. 갱들도 진에 속한다.

6. 태(兌 ☱)

태는 위에 한 개의 음과 아래에 두 개의 양이 있다. 잠재된 에너지를 가지고 있는 잔잔한 연못을 상징한다. 가을에 해당하며 끌어모으는 성질을 가지고 있다. 재산을 많이 모은 재력가들이 여기에 해당한다. 돈을 많이 가지고 있는 은퇴자도 여기에 해당한다. 태는 끌어모으는 성질이 있어 호텔, 음식점 등의 접객업소도 태괘에 속한다.

재산가들은 속이 꽉 차 있기 때문에 겉(上이 음효)은 매우 검소하다. 아무것도 배우지 못하고 가진 것도 없는 젊은이들(속이 음)이 머리를 물들이고, 옷을 찢고, 쇠사슬을 걸치고 다니는 것이지, 속에 에너지에 해당하는 돈이 가득한 사람들은 스스로 만족하기 때문에 남이 알아주는 것을 바라면서 겉에 신경 쓸 필요가 없다.

부동산 투자가, 광산 주인 등이 여기에 속한다. 진괘에 속하는 직업은 새로운 것을 찾아 부단히 노력해야 성공할 수 있지만 태괘에 속한 직업은 될 수 있는 대로 경거망동하지 않고 가만히 있어야 그릇 속의 물을 엎지르지 않는다.

7. 손(巽 ☴)

손은 위에 두 개의 양과 아래 한 개의 음이 있어 바람을 상징한다. 이리저리 옮겨 다니는 형상을 하고 있다. 거처를 많이 옮겨 다녀야 하는 무역업, 물품을 유통시키는 도매업, 해외 파견 근무자, 출장이 잦은 사원, 사진기자, 운수업, 해운업, 선원, 운전기사, 택배 기사, 배달원 등이 손에 해당하는 직업이다.

한곳에 오래 있으면 답답한 사람들이 이런 직업에서는 성공한다. 이런 사람들은 가정에서는 성공하기 어렵다. 가정은 한곳을 지켜야 하는데 바람과 같은 습성이 몸에 밴 사람은 가정생활이 답답하고 집에 있기를 싫어한다.

가수나 배우, TV 탤런트는 그들의 재능이 화려하고 아름다워야 하는 속성 때문에 이괘에 속하지만, 그들이 추구하는 인기가 바람처럼 변화가 심해서 손괘에도 속한다. 손의 움직임은 뿌리 없는 움직임이기 때문에 그 변화를 예측하기 힘들다. 이 직업을 가진 사람은 바람을 타고 떠올라 좋아만 하지 말고 바람이 불지 않을 때를 대비해야 한다.

8. 간(艮 ☶)

간은 위에 하나의 양과 아래 두 개의 음이 버티고 있어 산을 상징한다. 굳건한 조직, 국가, 회사를 상징하기도 한다. 변화가 적고 안정적인 괘이다. 변화가 적은 안정된 직업이 간에 속한다. 공예품을 만드는 사람, 조립 공장의 공원, 건축가, 건설 시공사. 치과의사, 외과의사 등이 간에 속한다. 감의 직업과 간의 직업이 비슷하나, 감의 직업은 스케일이 작고 더 움직임이 적은 직업이다.

9. 결론

팔괘의 뜻을 아는 것으로 끝나는 것이 아니라 8패를 자기 분야에 어떻게 적용시키느냐가 중요하다. 일단 자기의 전공 분야에서 중요한 요소를 팔괘로 나누어 보면 전공 분야의 각 요소들이 이루는 전체적인 연관관계가 한눈에 들어온다.

그리고 한 그룹의 요소들을 따로 떨어뜨려 놓았을 때 전체 중에 어떤 조각에 해당하는지를 알 수 있다. 그 그룹의 요소들이 자기 전공 분야 전체 중에 어디에 해당하는지 뿐만 아니라 우주 전체 중에 어느 한 점을 차지하고 있는지 우주 좌표상에 한 점을 찍을 수 있다.

자기가 하고 있는 일의 성질이 우주 좌표 중에 어디에 해당하는지 모르고 일을 하는 것은 지도 없이 항해하는 것과 같다. 밤낮 없이 그 일에 매달려 봤자 한순간에 배가 박살이 나는 결과를 초래하게 되어 있다.

우주 좌표상의 한 점을 수학적으로 계산해서 정확하게 찍을 수는 없다. 양자역학을 전공한 사람 외에 대부분의 사람들이 수학적으로 계산해서 정확한 점을 찍으려 한다. 원자 주위를 도는 전자의 위치를 정확히 알 수는 없다. 단지 확률로써 대충 알 뿐이다. 확률로써 대충 아는 데는 주역의 원리가 적용된다.

먼저 전체의 위치 중에 둘로 나누어 둘 중 어느 위치에 올 것인가를 확인해 보고, 확인이 되면 그 위치를 다시 둘로 나누어 그 둘 중 어디에 들어올 것 인가 확인해 보고, 확인이 되면 그 위치를 다시 둘로 나누어 확인해 보면 그 위치가 전체 중의 1/8로 정확해진다. 이것이 팔괘에 의한 확률이다.

64괘로 나누면 그 위치는 더욱 정확해진다. 이 법칙은 우주 전체의 법칙이며 우주 중의 어느 부분에도 적용되는 법칙이기 때문에 이 법칙을 사용하면 우주 전체의 좌표 중에 한 점을 찍을 수 있다.

덧셈, 뺄셈을 배웠다고 항상 맞게 계산하는 것은 아니다. 무수히 많은 연습문제를 풀어봐야 맞게 계산할 수 있다. 팔괘를 알았다고 제대로 적용시키는 것이 아니다. 주위의 무수히 많은 것들의 형상을 괘로 분류해 보아야 한다.

VII. 인체의 팔괘

인체의 신체와 생리에 각각 팔괘를 배속시킬 수 있다.

1. 인체 형상의 팔괘

1) 건괘와 곤괘

머리는 건이 되고 배는 곤이 된다. 머리는 실제로 위에서 보면 전두골, 두정골, 후두골의 세 부분으로 나뉘며 각 부위가 둥글어서 세 개의 양이 합쳐진 양상을 하고 있다. 건괘를 형상하고 있는 것이다[그림 6.15].

배는 몸통을 말하는 것으로 몸통은 흉강, 복강, 골반강으로 되어 있다. 속에 빈 공간이 있으므로 각 체강이 가운데가 빈 음효로 표현되며, 3음이 겹친 곤이 된다.

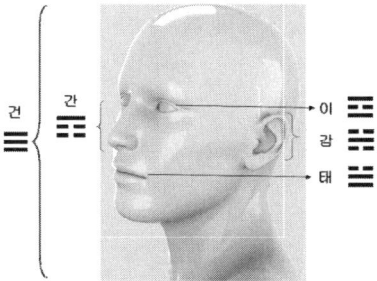

[그림 6.15] 머리와 얼굴의 팔괘 ©Shutterstock

2) 이괘와 감괘

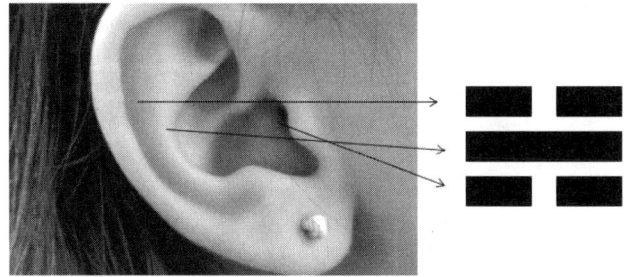

[그림 6.16] 감괘와 귀 ©Shutterstock

눈은 이괘를 닮았다. [그림 6.15]처럼 눈동자는 검으니 음이고 눈동자의 위아래는 희어서 양이 된다. 동물의 눈은 밤에 보면 밝게 빛난다. 눈이 불처럼 밝고 아름답다. 이렇게 눈은 이괘의 성질을 모두 갖추었다.

귀는 감을 닮았다. 귀를 자세히 보면 [그림 6.16]과 같이 귓구멍은 쏙 들어가서 음이고, 그다음 밖으로 원형의 돌출부가 있어서 양이 되며 그

돌출부 바깥은 또 들어가서 음이 된다. 감괘의 형상을 나타내고 있다. 귀는 구멍이 머릿속으로 깊이 뚫려 강한 흡인력이 작용할 것 같은 형체를 하고 있다. 감괘는 강한 흡인 작용이 있으니, 귀의 작용과 일치한다.

3) 태괘와 간괘

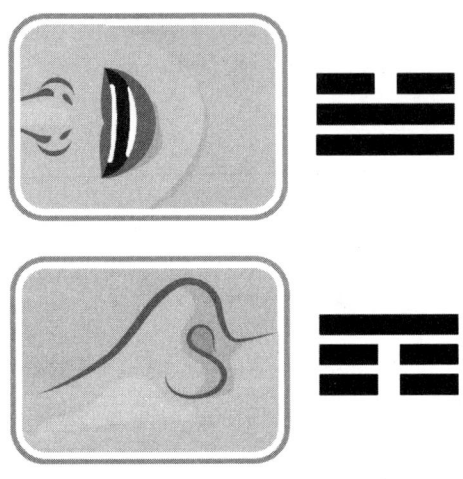

[그림 6.17] 태괘와 입 ©Shutterstock
[그림 6.18] 간괘와 코 ©Shutterstock

　　입은 움푹 파여 태괘의 형체를 하고 있다[그림 6.17]. 여자의 성기도 마찬가지다. 즉 연못의 형체를 하고 있는 것이다. 입은 에너지원이 되는 음식물을 빨아들여 자기의 세포를 만들고, 여자의 성기는 양물이라고 하는 남자의 성기 혹은 陰中의 陽인 精을 받아들여 2세의 세포를 만든다. 모두 양을 빨아들이는 태괘의 작용과 일치한다. 음효인 상효가 빨아들이는 작용의 주체가 되고 빨아들인 형체는 두 개의 양(에너지원인 음식물, 양물ㅡ정)

이 된다.

코는 간괘를 닮았다. 코의 가장 윗부분은 오뚝하여 산을 닮았다. 간은 산을 상징하고 있는데 코는 산의 형상을 닮았으니 간괘에 해당한다. [그림 6.18]에서 보듯 콧구멍과 콧방울은 간괘의 형상을 그대로 나타낸다.

간괘는 또 인체에서 위쪽에 붙어 있으면서 아주 활동적인 손과 팔에 해당한다. 활동성이 강한 손이나 팔이 간의 작용의 주체인 양효인 상효가 된다. 이 손과 팔의 활동 바탕은 두 개의 음(몸통과 다리)이다. 움직임이 손이나 팔에 비해 느린 몸통이 중효, 다리가 하효에 해당한다. 상지만 볼 때 손은 활동적이라 양(상효)이고 전완과 상완은 이에 비해 비활동적이라 음(하효)이 된다.

4) 손괘와 진괘

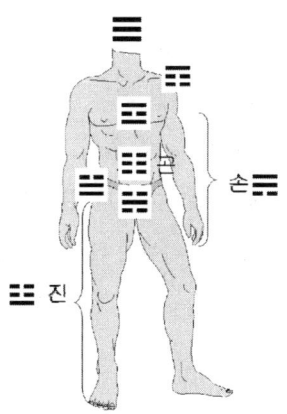

[그림 6.19] 인체 형상의 팔괘 ©저자

상지는 손괘의 형상을 하고 있다. 상지는 손과 전완, 상완 세 부분으로 되어[그림 6.19] 손을 들었을 때 이 중 가장 윗부분에 있는 손은 매우 활동적이라 양이 되고, 중간에 있는 전완도 이에 못지않게 활동적이라 양이 되며, 상완은 덜 활동적이라 음이 된다.

완골(carpal bone)은 형태가 미분화된 상태로 운동이 자유롭지 않아 음이고, 중수골(metacarpal bone)과 손가락들은 운동이 자유로워 손만 손괘가 될 때도 있다. 상지의 이와 같은 형태는 손괘를 닮았다.

하지는 가장 아래에 활동성이 비교적 자유로운 발과 활동성이 자유롭지 못한 중간의 다리와 맨 위의 대퇴 세 부분으로 되어 있다. 발은 양이 되고 다리와 대퇴는 음이 되어 진괘를 닮았다[그림 6.19].

2. 인체 기능의 팔괘

신체의 각 부분을 형상에 따라 분류하는 방식은 종래의 역경 연구 학자들이 전통적으로 행해 온 분류 방식이다. 머리가 중요하지만, 너무 많은 괘들이 머리에 몰려 있다. 기능적인 면도 고려해서 머리와 몸통을 사상장에서 하듯이 네 부분으로 나눌 수 있다.

4정괘가 머리와 몸통에 배속된다. 4간괘는 팔, 다리, 어깨와 궁둥이에 배속된다. 움직임이 둔한 4정괘는 역시 움직임이 둔한 머리와 몸통에 배속되고 움직임이 활발한 4간괘는 역시 움직임이 활발한 상지와 하지에 배열된다.

1) 4정괘: 건곤감리

머리는 건이 되고 가슴은 이가 되고 배는 곤이 되며 골반은 감이 된다.

머리는 신체 전체를 통제하니 하늘에 해당하는 건이고, 배는 영양분을 소화·흡수하므로 땅을 닮아 생명을 자양하는 곤에 해당한다.

가슴은 불처럼 뜨거운 감정이 있는 곳이고 심장과 폐의 순환 기능이 만물에 에너지를 공급하는 해와 같아 이에 해당한다. 水의 작용을 주관하는 골반은 자궁과 대장이 있으며 배출과 생식기능을 담당하므로 감에 해당한다.

2) 4간괘 : 태간진손

어깨는 몸통과 팔을 연결하는 곳으로, 움직임이 둔한 몸통 쪽(하)은 음에 해당하고 움직임이 활발한 팔 쪽(상)은 양에 해당하여 아래에 두 개의 음과 위에 한 개의 양효로 되어 있는 간괘가 된다.

궁둥이는 위로 몸통과 아래로 다리를 연결하는 부분으로, 몸통 쪽(상)은 움직임이 둔해서 음이 되고 다리 쪽(하)은 움직임이 활발하여 양이 된다. 그래서 궁둥이는 위의 효가 음이고 아래의 두 효가 양인 태괘에 해당한다.

활발한 괘인 손과 진은 상·하지에 표상(表象)하는데, 위에 있으며 움직임이 가벼운 상지는 손이 되고, 아래 있으며 움직임이 무거운 하지는 진이 된다.

3. 오장 생리기능의 팔괘

1) 건괘와 곤괘

인체의 중심은 두 곳에 있다. 신체의 전체를 지각하고 이에 대한 명령을 내림으로써 신체 전체를 통제하는 뇌가 하나의 중심이고 머리, 팔, 다리의 중심이 되는 몸통이 또 하나의 중심이다. 몸통은 팔다리에서 오는 자극에 대한 반사의 중심과 자율신경 분포의 중심이 되고 머리, 팔, 다리에 대한 영양과 산소 공급의 조절로써 신체 전체를 통제한다.

뇌는 정신의 중심으로 건에 해당하고, 몸통은 육체의 중심으로 곤에 해당한다. 이들 서로 성질이 다른 두 중심은 북극과 남극처럼 세력의 두 중심이 될 뿐 직접적으로 일을 수행하지는 않는다. 실제로 생리작용을 수행하는 것은 심장과 신장이다.

2) 이괘와 감괘

심장은 불에 해당하는 피를 관리하므로 이에 해당하고, 신장은 물을 관리하므로 감에 해당한다. 신장의 작용은 심장에 미치고 심장의 작용은 신장에 미치는데 그것을 수행하는 장기는 간과 폐이다. 인체의 생리를 한마디로 심장과 신장의 교류에 의한 '수승화강(水升火降)'이라 했다. 이것은 이괘와 감괘에 의한 수승화강이라고 다르게 표현할 수 있다.

3) 진괘와 태괘

간은 봄에 해당하는 작용을 하는 기관으로서 올라가는 작용을 수행하므로 진괘에 해당한다. 폐는 가을에 해당하는 작용을 하는 기관으로서 내려가는 작용을 주관하므로 태괘에 해당한다. 태괘는 상효의 음으로 에너지를 흡인하는 형상을 하고 있는데 위에서 아래로 산소를 빨아들이는 폐의 형상과 부합된다(5장 「인체 생리의 오행」 참조).

4) 간괘와 손괘

신장의 작용은 겨울과 같은 작용으로 겨울 동안 에너지를 물질의 형태로서 저장해 놓았다가, 봄과 같은 작용을 하는 간의 작용에 의해서 에너지화하는 데 그 작용이 쉽지 않다. 명문(門)이라는 부신에 해당하는 기관이 촉매에 해당하는 호르몬을 분비해서 도와주어야 한다. 이 부신의 작용이 간괘의 작용이다.

지구상에서는 태양의 작용이 강력하여 하나의 화로서는 부족하여 심장의 군화를 돕는 재상의 화가 하나 더 있다고 했다. 그 재상의 화가 아래에서는 명문인데 부신에 해당하는 기관으로서 신장을 돕고, 위에서는 심포인데 심막과 대동정맥, 갑상선에 해당하는 기관으로서 심장을 돕는다.

심포는 해부학적으로는 심막(pericardium)을 말하지만, 한의학 고전에서는 심포의 기능이 사실은 갑상선 기능과 대동정맥, 심막의 기능을 합쳐서 말한다. 전신 세포로의 에너지·영양·산소 공급은 갑상선 호르몬이 분비되어 주어야 가능하다. 이 갑상선과 심포 기능이 손괘의 작용이다. 이 작용들은 [그림 6.20]와 같이 도식화할 수 있다.

이 도표에서 팔괘의 동서남북의 위치는 바뀌었지만 인체의 상하좌우에는 이런 위치가 옳다. 건곤은 일단 양대 세력으로 작용하고, 실제로 일하는 것은 여섯 가지 6기에 따른 기관이 된다. 건은 명문, 복부(자율신경계), 간, 심, 심포가 작용하는 기화 작용에 영향을 미치고 곤은 폐, 신의 물질화 작용에 영향을 미친다.

지금까지 인체의 팔괘 배열을 세 가지 경우로 살펴보았다. 첫 번째는 인체의 형상을 팔괘의 형상과 비교하여 팔괘를 배열하였고, 두 번째는 인체의 기능을 참조하여 팔괘를 배열하였으며, 세 번째는 인체의 오장 생리

기능을 팔괘의 기능과 연관 지어 배열하였다.

　음양의 분별에서 무슨 관점으로 음양을 구분하느냐에 따라 음양이 바뀌듯이 어떤 관점으로 팔괘를 배열하느냐에 따라 팔괘의 배속이 달라진다. 작용의 관점에서 팔괘의 음양을 구분하느냐 형체의 관점에서 팔괘와 음양을 구분하느냐에 따라 팔괘의 음양에 해당하는 인체의 부위가 달라진다.

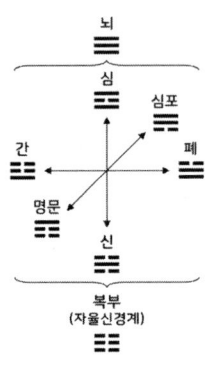

[그림 6.20] ⓒ저자

VIII. 동물과 팔괘

　팔괘는 보편적으로 적용이 가능하므로 동물과의 관계를 통해 이 개념을 더 잘 이해할 수 있다. 각 괘는 특성과 성격에 따라 특정 동물에 해당한다.

1. 태괘와 간괘

　태괘는 동물로서는 양(羊)이 된다. 양은 겉으로는 매우 유순하다. 유순한 것은 비활동적인 것으로 陰이다. 양고기는 陽적인 냄새인 노린내가 난다. 속이 양이기 때문이다. 그래서 겉은 음, 속은 양인 태괘가 양을 상징한다.

간괘는 동물로서는 개가 된다. 개는 겉으로 행동이 민첩하여 양에 속한다. 그러나 행동이 민첩한 육식동물과는 아주 다르게 교미할 때는 시간이 길다. 개의 가장 본질적인 성질이 음이기 때문이다. 그래서 겉은 양이고 속은 음인 간이 개를 상징한다.

2. 진괘와 손괘

진괘에 해당하는 동물은 용이다. 용은 물속에서 100년 이상을 사람 눈에 띄지 않고 산다. 물속의 늙은 어류나 뱀과 악어 같은 파충류가 변해서 용이 된다. 용의 왕은 수중 세계를 다스린다. 용은 사람 눈에 띄지 않고 하늘로 올라가야 신이 되고 영원히 살 수 있다.

용은 하늘로 올라가는 그날을 위해서 아주 오랫동안 물속에서 기다린다. 용으로서의 가치는 물속에서 오래 기다리다가 물에서 하늘로 올라가는 것에 있다. 진괘에서 위의 두 陰은 물속을 뜻하고 맨 아래의 陽은 물속에 숨어서 꿈틀대는 용을 상징한다. 용이 물 밖으로 나가 하늘로 오르려고 하는 작용이 진괘의 작용이다.

밝은 깨달음(음에 의해 가려지지 않은 純陽의 상태)을 얻기 위하여 자궁에 해당하는 아랫배 가장 깊숙한 곳에서 원기(life energy)를 키우는 수도자를 용에 비유한다. 어렸을 때부터 어려운 의사나 변호사 자격시험에 합격하기 위하여 오랫동안 공부하고 있는 수험생도 용에 비유한다. 백성들이 원하는 바를 모아서 하늘에 비는 제정일치 시대의 왕도 용에 비유한다. 모두 진괘에 해당하는 사람들이다.

손괘에 해당하는 동물은 수탉이다. 닭은 체구에 비해 울음소리가 아주 크고 널리 퍼진다. 그리고 지나치게 흥분하기 쉽고 용맹스러워 자기 몸을 돌보지 않고 싸운다. 실체는 약한 닭일 뿐인데 닭으로서는 실속 없는 만용이다. 이런 수탉의 성질과 같은 필요 이상의 과도한 행동(overaction)이 손괘에 해당한다.

3. 이괘와 감괘

동물로서는 꿩이나 열대의 아름다운 조류가 이에 속하고 거북이 같은 파충류가 감에 속한다. 조류는 하늘에서 서식하며 아름답고 활동이 활발하다. 파충류는 추하고 특히 거북이나 악어는 물에 살며 행동이 느리다. 포유류는 음적인 동물인 돼지나 쥐가 감에 속한다.

파충류나 조류는 알로 2세대를 탄생시킨다. 알은 생식을 담당하고 있는 감의 산물이며, 딱딱한 껍질 속에 유동성이 있는 감의 형체를 하고 있다. 감과 이는 서로 대립되지만 다른 괘에 대해서는 형체와 작용의 관계로서 같은 종류로 분류된다. 그래서 파충류와 조류는 알을 낳는 공통성이 있다.

4. 건괘와 곤괘

건에 속하는 동물은 말이고 곤에 속하는 동물은 소이다. 말은 움직임이 빠르고 근육질의 형체를 하고 있어 부지런하고 강한 건의 성질과 잘 부합한다. 또한, 말은 몸을 굽히거나 가만히 앉아 있는 것을 싫어하는 경우가 많으므로, 이는 건과 관련된 특성이기도 하다. 반면에 소는 유순하고 움직임이 느리며 행동보다는 고요함을 선호하므로 곤의 안정적인 성질을 가지고 있다.

5. 전설상의 동물들과 팔괘

한국의 고대 왕들의 무덤에는 전설상의 동물들이 그려져 있다. 離(문왕 팔괘)나 건(복희 팔괘)의 위치인 남쪽에는 하늘을 나는 새이며 일종의 불사 조인 봉황[그림 6.21]이 그려져 있고, 坎(문왕 팔괘)이나 곤(복희 팔괘)의 위치 인 북쪽에는 거북이 몸에 뱀의 머리를 가진 현무[그림 6.22]라는 동물이 그려져 있다.

 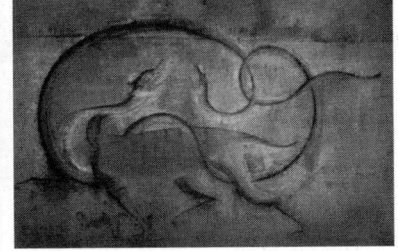

[그림 6.21] 봉황 ©국립중앙박물관 [그림 6.22] 현무 ©국립중앙박물관

주작은 남방의 기운을 주재하는 수호신으로 불의 속성을 가지고 있고 여름을 관장한다. 에너지의 활동이 극한 상태를 나타낸다. 풍수에서는 불 사조처럼 재생과 갱신을 뜻하며, 또 불의 속성인 아름다움과 우아함, 그리 고 변화, 열정과 활력을 상징한다.

현무는 북방의 기운을 주재하는 수호신으로 물의 속성을 가지고 있고 겨울을 관장한다. 행동은 느리지만 뱀의 영리한 머리(양)를 가진 동물이다. 곤의 게으름을 상징하고 있다. 곤이 게으르다고 아무 쓸모 없는 것이 아니라 음이 극에 달해서 생기는 뇌는 아주 영리하므로, 음도 그 주어진 조건에서 자기의 일을 충실히 행하면서 기다리면 거북이 몸에 뱀의 머리 같은 음양이 조화된 좋은 결과를 가져온다. 풍수에서는 감과 곤의 속성인 인내, 지혜, 안정성, 장수 및 보호와 견고한 기초를 상징한다.

동쪽에는 용[그림 6.23]과 서쪽에는 백호[그림 6.24]가 그려져 있다. 문왕 팔괘로는 진과 태에 해당하는 동물들이다.

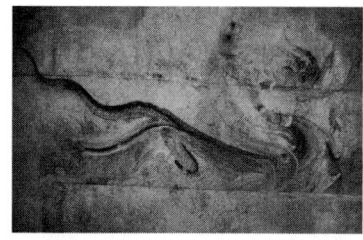

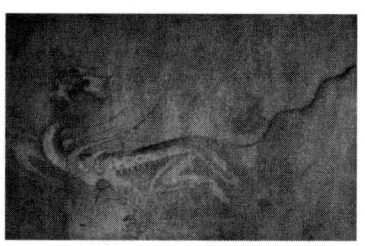

[그림 6.23] 청룡 ⓒ국립중앙박물관   **[그림 6.24] 백호** ⓒ국립중앙박물관

청룡은 동방의 기운을 주재하는 수호신으로 목의 속성을 가지고 있고 봄을 관장한다. 물에서 하늘을 향해 솟구쳐나가는 용은 생성과 뚫고 나가는 힘, 즉 물질을 에너지화하는 작용을 시작하는 봄의 기운을 상징한다. 물질에 저장되어 있던 에너지를 방출하여 새싹을 움트게 하고 동물이 활동을 시작하게 한다. 이 동방목과 봄의 기운을 풍수에서는 힘과 용기, 번영과 행운으로 해석하며 청용을 가장 강력하고 상서로운 양의 상징으로 간주한다.

백호는 서방의 기운을 주재하는 수호신으로 금의 속성을 가지고 있고 가을을 관장한다. 백호는 수렴하고 결실을 맺는 힘 즉 에너지를 물질화하는 작용을 시작하는 신이다. 에너지를 수렴하여 열매를 맺게 하고 생을 죽이는 기운이 있어 낙엽이 지고 동물들의 활동을 줄이고 겨울을 준비하게 한다. 그래서 풍수에서는 백호를 전쟁의 신으로서 악령을 쫓아내고 부, 풍요와 행운을 가져다준다고 한다.

IX. 자연환경의 팔괘

[그림 6.25] ©저자

복희 팔괘에서 팔괘가 상징하는 사물의 형상을 잡아 괘의 위치에 배속시켜 보면 [그림 6.25]처럼 된다. 이렇게 하면 사람에게 영향을 미치는 8가지의 자연환경이 구비된다.

우선 사람의 위에는 하늘이 있고 아래에는 땅이 있다. 하늘은 사람에게 햇빛과 산소를 주고, 땅은 사람에게 물과 영양분을 준다. 하늘의 햇빛은 태양에 해당하며 불을 상징하는 이괘가 맡고, 산소는 바람에 해당하는 손괘가 맡는다. 땅의 물은 감괘가 맡고, 영양분은 밭에 해당하는 산이 맡는다 [그림 6.26].

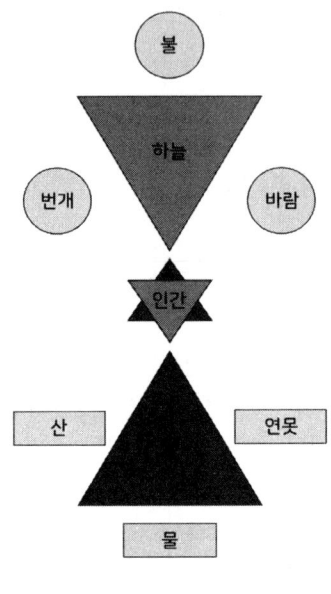

[그림 6.26] ©저자

땅은 높은 땅인 산과 낮은 땅인 연못으로 이루어져 있고 물이 그 사이를 흐른다. 하늘은 위에서 아래로 작용하는 번개와 아래에서 위로 작용하는 바람이 있고, 바람과 번개 사이에 불이 있다. 땅에서는 산이 물을 만들고 연못이 물을 모아놓는다. 하늘에서 번개는 불을 만들고 바람은 불을 도와서 활활 타게 만든다.

하늘에는 번개와 바람이 있어 대립적으로 존재하면서 인간에 필요한 불을 작용시키는 것이고, 땅은 산과 연못이라는 대립적 구성성분이 있어 인간에게 필요한 물을 작용시킨다. 이렇게 인간에게 영향 하는 대표적 사물의 형상과 팔괘를 대입해 보면 팔괘 각자의 상(象)을 알 수 있다.

[그림 6.27]에서 보듯이 사람에게 영향을 직접적으로 미치는 것은 하늘과 땅을 제외한 6가지 기운이 된다. 인체를 소우주로 보는 한의학에서는 인체에 영향 하는 이 6기를 오장과 체표를 연결하는 경락의 이름에 넣어 부르고 있다. 그 6기와 팔괘의 관계는 다음과 같다.

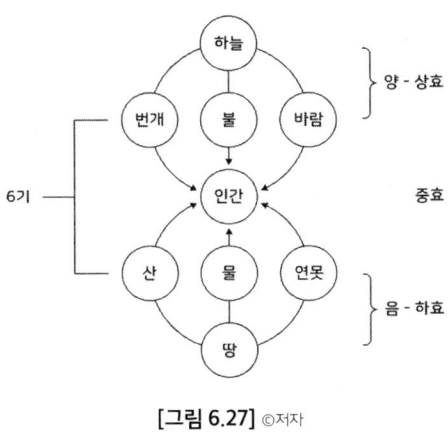

[그림 6.27] ©저자

불은 임금의 화(군화-君火)이고, 번개는 신하의 화(상화-相火)이고, 바람은 풍목(風木)이다. 물은 한수(寒水)이고, 산은 조금(燥金)이고, 연못은 습토(濕土)가 된다.

우주나 인체생리, 태극의 작용은 수승화강(水升火降)이라고 했다. 水升은 땅의 구성요소인 산과 연못이 시키는 것이고, 火降은 하늘의 구성요소인 바람과 번개가 시킨다.

하늘의 구성요소인 바람과 번개는 만물을 움직이게 하는 공통적인 작용이 있으나 바람은 땅에서 하늘 쪽으로 움직여 날려 버리고, 번개는 하늘에서 땅 쪽으로 파괴시킨다. 주로 움직이지 않는 만물을 변화시키는 일을 맡고 있다. 이 두 가지는 새로운 것의 창조를 위해 작용한다.

팔괘의 순서에서 보면 위에서 아래로 내려오던 팔괘의 순서가 네 번째의 진에서 갑자기 위로 올라가 손이 다섯 번째가 되는데 이렇게 순서가 변화하는 것은 진과 손이 변화를 담당하기 때문이다.

땅의 구성요소인 산과 연못은 만물을 정지하게 하는 공통적인 작용이 있다. 산의 작용은 땅에서 하늘로 작용하여 물의 수평 선상의 이동(완만하게 흐르는 강물)을 정지시키고, 연못의 작용은 하늘에서 땅으로 작용하여 움직이는 동물이나 물의 수직 이동(높은 곳에서 흐르는 계곡물)을 막는다. 그 결과 그 물로 동물과 식물들을 양육한다.

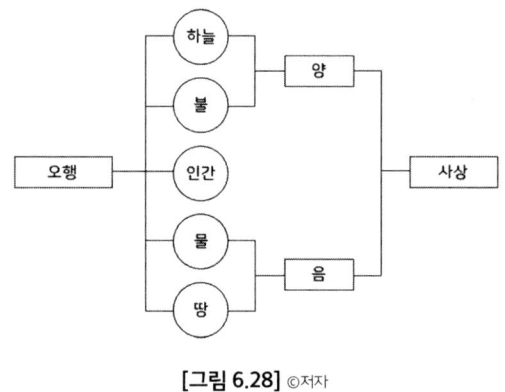

[그림 6.28] ⓒ저자

[그림 6.28]에서 수직적인 연관관계가 있는 가지는 오행이 된다. 사람은 음양의 중간이므로 토가 되고 문왕 팔괘에서 하늘은 감(坎) 옆에서 木

의 작용을 하고 땅은 이(離) 옆에서 金의 작용을 한다.

X. 음악의 팔괘

이 책의 2장 「율려와 황종」에서 음악은 통치 수단과 수도의 한 방법으로 쓰였다고 했다. 음악은 파동으로서, 진동하는 소립자로 이루어진 백성들과 수도자를 공명시켜 백성들의 음양 편차나 수도자의 음양 편차를 바로잡을 수 있다.

양쪽으로 치우친 음색을 가진 악기는 음쪽으로 치우친 성향의 사람들에게 모자라는 양성 파동을 채워 줄 수 있고, 음쪽으로 치우친 음색을 가진 악기는 양쪽으로 치우친 성향의 사람들에게 모자라는 음성 파동을 채워 줄 수 있다. 음양이 조화된 음악을 들려주어 사람들을 공명시키면 사람들의 음양이 조화되어 사악한 마음이 없는 완전한 인간이 된다.

사람들은 원래 우주 전체의 패턴을 가지고 있기 때문에 항상 음양이 조화되고 싶은 성향이 있다. 그래서 본능적으로 음양이 조화된 음악을 듣고자 한다. 그러나 그 경향은 시대에 따라 출렁거려서 음쪽으로 약간 치우치거나 양쪽으로 치우칠 때가 있지만 음양이 조화되고자 하는 근본은 변함이 없다. 왕들에게는 백성들의 음양 성향을 파악하여 이것을 바로잡을 수 있는 중심음(황종음)을 잡는 것이 아주 중요했다.

음양이 조화된 음악을 듣고 노래하고 춤을 추면 마음이 즐거워진다. 왕은 백성들을 교육시키고 법률을 제정하여 법을 어긴 자는 잡아 가둘 필요가 없다. 그저 왕은 중심음 하나 제대로 잡으면 되고, 백성들은 이 중심음에 맞추어 음악을 만들어서 노래하고 춤을 추면 된다.

이러면 몸과 마음의 음양이 조화되어 우주 전체를 사랑하는 신과 같은 마음으로 국가와 자신을 위해서 일하는데 무슨 법률이 필요하겠는가? 법률(法律)은 필요 없고 율려(律侶)만 알면 된다. 그래서 역경에 의한 통치가 성행하던 옛날에는 태평성대의 기준이 백성들이 왕의 존재를 인식하지 못하고 노래하고 춤만 추면 될 때라고 생각하였다.

고대 왕들은 음악을 중시했기 때문에 종묘 의식에서 제례악이 매우 중요하다. 음악은 파동으로 이루어진 영혼들에게 직접 교통할 수 있고 음양이 조화된 아름다운 음악으로 선대 제왕들을 즐겁게 했다. 종묘 의식에서 악기들이 내는 음색의 음양 속성을 잘 구분하여 각 방위에 배치시킨다[그림 6.29]. 문헌에 기록된 악기의 팔방 배치를 보면 악기의 음색의 속성을 알 수 있다.

여덟 가지 소리 원천에 대한 전통적인 목록*				
소리의 원천	방위	계절	악기	복희 괘
1. 돌	서북	가을 ─ 겨울	경(磬)	☶
2. 금속	서	가을	종(鐘)	☱
3. 비단	남	여름	금(琴) 또는 슬(瑟)	☰
4. 대나무	동	봄	적(笛) 또는 관(管)	☳
5. 나무	동남	봄 ─ 여름	어(敔)	☴
6. 가죽	북	겨울	고(鼓)	☵
7. 표주박	동북	겨울 ─ 봄	생(笙)	☶
8. 흙	서남	여름 ─ 가을	훈(壎)	☷

* 조셉 니덤, 『중국 과학과 문명(축약본 2): 수학, 하늘과 땅의 과학, 물리학』 (서울: 까치, 2000), 438.

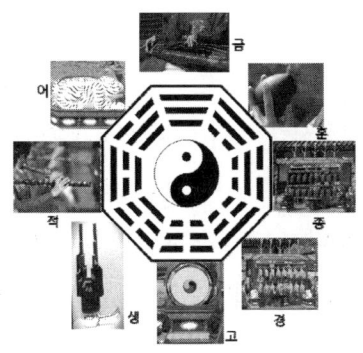

[그림 6.29] 전통 악기의 팔괘
©Pixabay(태극), Shutterstock(악기)

종묘에는 매년 제례가 있는데 64명의 관리가 동양 오케스트라의 궁중 음악에 맞춰 춤을 춘다[그림 6.30]. 역경이 64개 괘로 우주의 변화하는 모습을 보여준다면, 종묘의 춤은 64개 괘의 다양한 움직임을 인간의 동작으로 보여준다.

[그림 6.30] 종묘제례 ©Shutterstock

XI. 64괘

팔괘를 3번 더 분화시킨 것이 64괘이다[그림 6.31]. 우주 삼라만상을 그 형상에 따라 64그룹으로 나눈 후 각 그룹의 변화를 예측한다. 8개 그룹으로 나누는 것도 어렵다. 64그룹은 8배로 어렵고 헷갈린다. 그래서 공자가 가죽끈이 3번 닳아 없어질 때까지 읽어도 이해하지 못해 한 번 더 읽지 못한 것을 아쉬워했다.

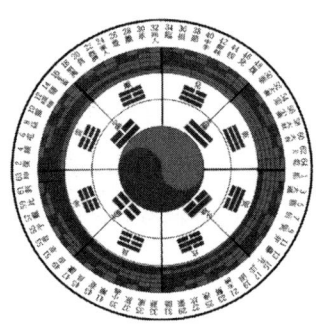

[그림 6.31] 64괘 원도(圓圖) ©저자

나무만 보다 보면 숲을 보지 못한다. 역경 원문은 64 각론에 해당하는 나무 하나하나만 기술하고 있다. 공자가 십익에서 총론에 해당하는 것을 써놓았는데 역경 효사를 읽는 것만큼 어렵다.

주역을 공부하는 많은 분들이 총론의 기초지식 없이 64 각론만 이해하려 애쓰고 있다. 이 책은 주역의 괘를 읽을 수 있는 기초지식을 자세하게 설명했다.

공자도 이해하지 못한 주역 원문을 자세하게 설명할 수는 없고 지금까지 설명한 기초지식으로 괘상만 간단히 설명하겠다. 괘상을 더욱 명확히 터득하려면 기초가 튼튼해야 한다.

64괘 각론은 AI와 협업 중이다. AI는 수학적이고 논리적이고 디지털 적인 데이터를 가장 잘 이해한다. AI에 주역의 64괘를 데이터로 교육시키 면 주역의 핵심 패턴을 금방 도출해 낼 수 있다. 이 패턴으로 주나라의 역사를 교육시키면 주역의 원문을 아주 잘 이해할 것이다. 그런 후에 주역 의 원문에 대한 후속책을 쓸 것이니 그때까지 기다려 주시길 바란다.

실생활에 적용하는 디지털 음양 사고는 팔괘로도 충분하다. 매사에 탁 월한 관점을 가질 수 있다.

1. 乾(건)

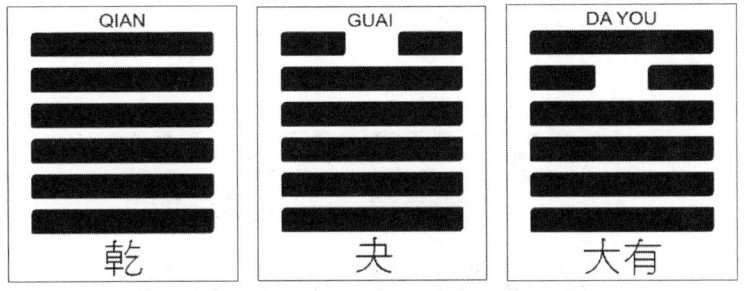

[그림 6.32] 乾 — 夬 — 大有 ©저자

1) 乾(건, 강력하다)

에너지 덩어리인 하늘을 뜻한다. 양효로만 되어 있어 그 팽창력은 강 력하다. 화이트홀의 폭발 작용과 같은 상이다.

2) 夬(쾌, 터지다)

주역의 괘에 대한 설명은 양 위주로 되어 있다. 아래 다섯 개 양이 위에 하나 남은 음의 통제를 벗어나 터지려고 하는 형상이다.

3) 大有(대유, 크게 있다)

하늘 위에 있는 태양이다. 태양이 자기의 실력을 충분하게 발휘할 수 있는 위치를 얻었으니 크게 가지고 있는 것이다. 5효는 임금의 자리인데 임금이 음효라 빨아들이고 다섯 개의 에너지가 충만한 양들을 가지고 있으니 크게 가지고 있는 것이다. 양이 음처럼 오랫동안 보존되는 물질이 아니라 부자라고 하지는 않았다.

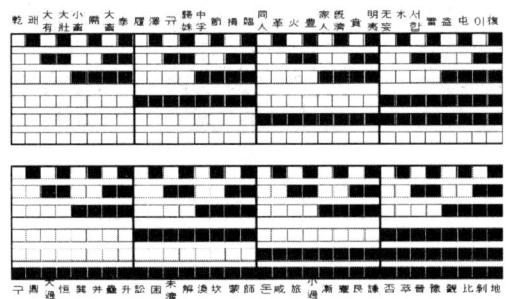

[그림 6.33] 64괘 방도(方圖) ©저자

수직으로 여섯 개의 사각형이 한 괘를 이루고 있다. 흰 사각형은 양이고 검은 사각형은 음이다. 64괘의 이름이 있으며 수평으로 64괘 배열이 수학적인 규칙성을 보여주고 있다.

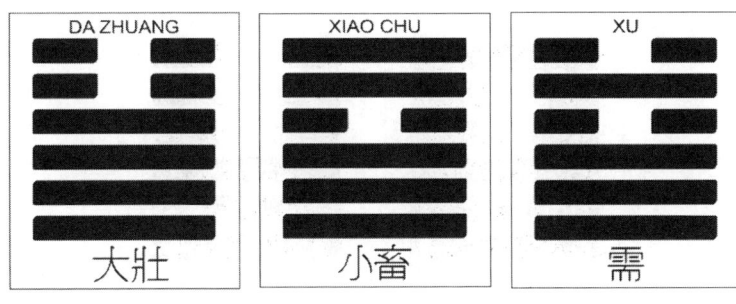

[그림 6.34] 大壯 — 小蓄 — 需 ⓒ저자

4) 大壯(대장, 크게 씩씩하다)

양이 왕(제 5효) 밑으로 가득 차 있다. 큰 힘을 쓴다.

5) 小蓄(소축, 작게 축적되어 있다)

하늘 위의 바람이다. 바람이 땅 위에서 불면 물질들을 낮은 구덩이나 산 밑에 쌓아놓는다. 바람이 높게 하늘에서 부니 쌓아놓은 것이 아주 작다.

6) 需(수, 수요)

물이 하늘에 있으니 비가 고루 뿌려 만물이 수요하는 물을 공급해 줄 수 있다.

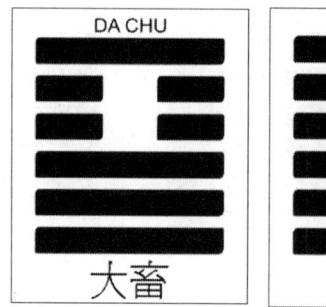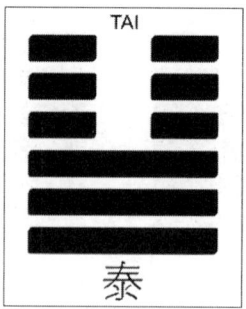

[그림 6.35] 大畜 ― 泰 ⓒ저자

7) 大畜(대축, 크게 축적되어 있다)

하늘 위의 산이다. 아주 큰 산이므로 크게 쌓아놓은 것이다.

8) 泰(태, 태평하다)

하늘 위에 땅이 있다. 하늘과 땅이 교류가 잘 되고 있는 상태이다. 하는
일이 순조로우니 마음이 태평하다.

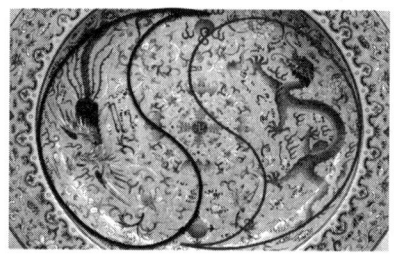

[그림 6.36] 중국 황제의 접시
(대만국립고궁박물관) ⓒ저자

용은 올라가고 봉황은 내려오는 형상을 하고 있다. 우주와 국가가 잘 다스려지고 있음을 상징한다.

2. 兌(태)

[그림 6.37] 履 — 兌 — 睽 ©저자

1) 履(이, 덮는다)

연못 위에 하늘이 있다. 태괘는 속에 양들을 모아 놓은 형상인데 더 모아 들이고자 하는 것(건 — 3양)들이 이미 그 위를 뚜껑처럼 덮고 있다.

2) 兌(태, 연못)

연못이 겹쳐 있다. 많은 것을 모을 수 있다.

3) 睽(규, 어긋나다)

태양이 바다 위에 떠올랐다. 화살이 활을 떠난 모습이고 로켓이 바다 위로 발사된 모습이다. 다 큰 여자가 시집가는 양상이다. 서로 분리되는 양상이다.

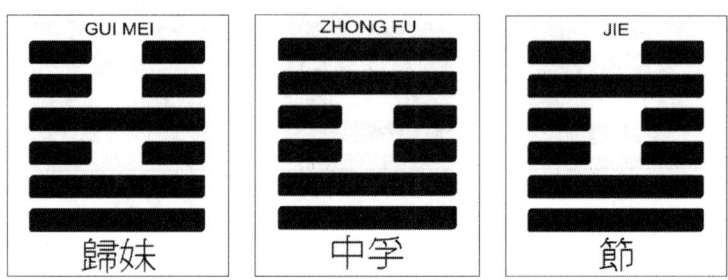

[그림 6.38] 歸妹 — 中孚 — 節 ⓒ저자

4) 歸妹(귀매, 시집간 누이가 돌아온다)

연못 위의 번개이다. 번개는 원래 비가 올 때 생기는 것인데 비는 연못이 증발하여 생긴다. 비와 함께 번개가 연못 위에 치는 것은 수증기가 본래 떠난 곳으로 돌아오는 것이다. 마치 시집간 누나가 돌아오는 것과 같다.

5) 中孚(중부, 중간이 미쁘다)

부의 갑골문을 보면 유방의 상부를 손으로 잡고 아기(자)에게 젖을 먹이고 있는 모습이다. 이 세상에서 가장 사랑스러운 모습은 아기가 젖을 먹고 있는 것이라고 한다. 부의 갑골문 상부는 유방이 부풀은 형상을 문자화한 것이다. 괘 모양을 보면 상하의 각 두 효는 양이고 가운데 두효는 음이다. 꼭 찐빵이나 만두같은 형상을 하고 있다. 중부 괘에서 겉은 유방이고 가운데는 젖으로서 중부괘는 중앙이 가치가 있다.

6) 節(절, 절도)

연못 위의 물이다. 물이 연못에 담기므로 물의 형체가 만들어진다. 물이 구속되어 형체가 생기니 절도가 생긴 것이다.

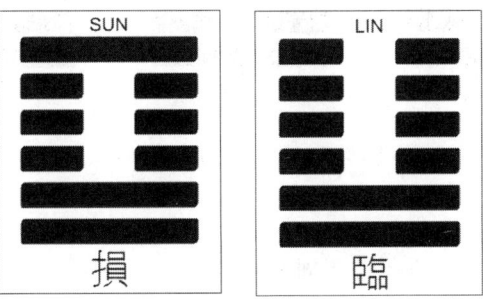

[그림 6.39] 損 ― 臨 ©저자

7) 損(손, 모자란다)

연못 위의 산이다. 산과 연못은 서로 대립되는 데 같이 있으면 손해가 난다. 산이 연못에 잠겨 섬을 이루니 땅이 많이 손실된 것이다.

8) 臨(임, 접근해 있다)

연못 위에 땅이 있다. 연못의 물이 접근해 있는 형상이다. 하괘의 양이 자라면서 하괘를 양으로 다 채우며 상괘로 접근하고 있다.

3. 離(이)

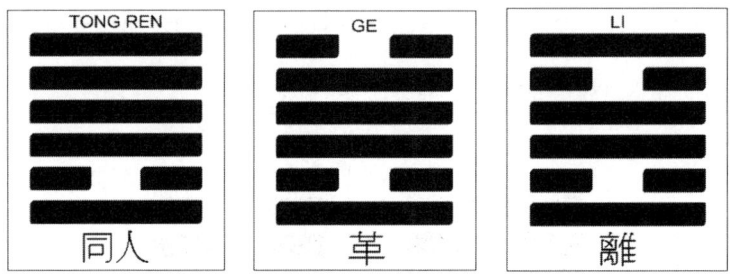

[그림 6.40] 同人 ― 革 ― 離 ©저자

1) 同人(동인, 동지와 함께 한다)

하늘 아래 태양이 있다. 태양과 비슷한 성질이 있는 것이 하늘 아래에 있다. 이것은 동지와 함께 하는 것이다.

2) 革(혁, 혁신)

연못 아래 태양이 있다. 해가 뜨면 어두움은 사라진다. 혁신되는 것이다. 여름의 화가 금의 작용으로 수렴되는 형상이다. 사회 현상에서 대표적인 금의 작용을 혁신이라 한다.

3) 離(이, 갈라지다)

불이 겹쳐 있다. 아름답고 움직임이 활발하다. 움직임이 활발한 것은 서로 불처럼 갈라진다.

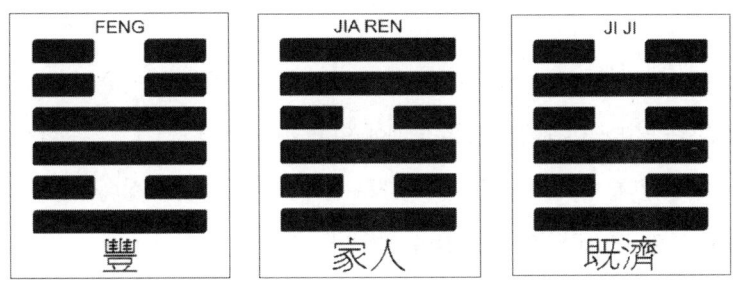

[그림 6.41] 豊 ― 家人 ― 旣濟 ©저자

4) 豊(풍, 풍요)

번개 아래에 태양이 있다. 번개는 불을 일으키는 것인데 이미 불(번개 ―음화) 주위에 불(태양―양화)이 있으니 풍요롭다. 이사 간 친구의 집을 방문하면서 성냥을 사간다. 귀신, 병균 등의 모든 음적인 기운을 성냥의 양으로 물리치고, 돈을 불이 붙는 것처럼 순식간에 벌라는 의미이다. 불은 풍요를 상징한다. 아래에 있는 태양은 은은한 태양이고 작물에 이롭다. 위에서는 번개가 치고 비가 오니 작물이 풍요롭다.

5) 家人(가인, 한집에 있는 사람)

불 위로 부는 바람이다. 문왕 괘도에서 하늘의 구성요소 중 바람은 불의 작용을 담당하는데 둘 다 상부에서 작용하니 한집 사람처럼 협동하는 형상이다.

6) 旣濟(기제, 이미 다스려졌다)

불 위의 물이다. 물의 본래 속성은 아래로 내려가고 불의 본래 속성은 위로 올라간다. 이괘에서 불은 아래에 있고 물은 위에 있으니, 수승화강을 할 수가 있다. 변화가 우주의 목적대로 순조롭게 진행되는 상태이다. 그러므로 이미 다스려졌다는 이름을 붙였다.

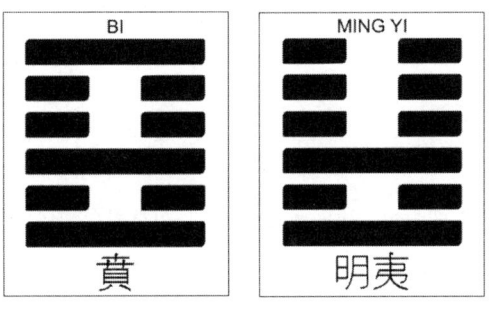

[그림 6.42] 賁 — 明夷 ©저자

7) 賁(비, 꾸미다)

산 밑에 불이 있다. 불길이 산으로 크게 번질 것이 분명하다. 산 아래의 불이 커져 올라가는 것은 산을 아름답게 꾸미는 형상이다(賁, 꾸밀 비).

8) 明夷(명이, 밝은 동이족)

땅속의 태양이다. 은허의 유적을 남긴 전설시대의 주역들은 동이족인데, 이 괘사를 붙일 때쯤 지금 중국의 주류 민족인 한족에 밀렸던 것 같다. 동이족은 지금 땅속에 숨을 죽이고 있는 태양이니 앞으로 밝은 태양으로 떠오를 것을 암시한 형상이다.

괘의 이름을 붙인 것은 주나라 문왕이다. 『맹자』의 「이루장구하(離婁章句下)」편에 순임금은 동이인이고, 주의 문왕은 서이인(西夷人)이라 했다. 이족이 한족에게 눌려 있는 상황을 명이괘로 나타내고자 한 것 같다.

4. 震(진)

1) 无妄(무망, 망령됨이 없다)

하늘 아래 번개가 있다. 진괘 속의 한 개의 양이 건괘 속의 세 개의 양 앞에서 양의 위력을 과시하고 있는 형상이다. 무장 군인들 앞에서 깡패가 용맹을 과시하는 형상이다. 망령 된 행동이다. 망령됨이 없게 해야 한다. 망령되면 다친다.

2) 隨(수, 따른다)

연못 아래 천둥이 있다. 천둥은 빗속에서 생긴다. 연못이나 호수에서 증발한 물이 천둥을 만든다. 이것은 천둥이 물을 따르는 형상이다.

3) 噬嗑(서합, 아래·윗니를 마주친다)

위에는 陽火인 불이 있고 아래에는 陰火인 천둥이 있다. 서로 손발이 잘 맞는다. 마치 아래, 윗니가 협조해서 움직이는 것과 같다.

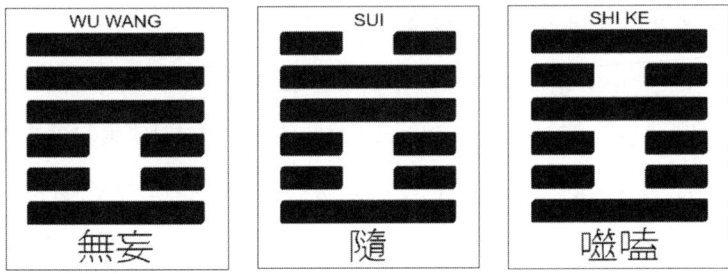

[그림 6.43] 无妄 — 隨 — 噬嗑 ©저자

4) 震(진, 진동·천둥)

두 개의 천둥이 겹쳐 있다. 가장 천둥과 가까운 변화를 진괘가 형상(形象)한다.

5) 益(익, 더한다)

바람 아래 천둥이다. 날씨가 흐리고 바람이 불고 천둥이 친다. 상승효과가 더욱 증가하는 상태이다.

6) 屯(둔, 진을 치다)

물속에 천둥이 있다. 물속에 있는 천둥은 진을 치고 화력을 숨기고
전투를 준비하고 있는 형상이다.

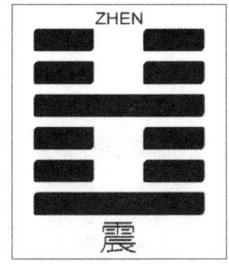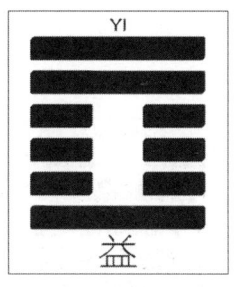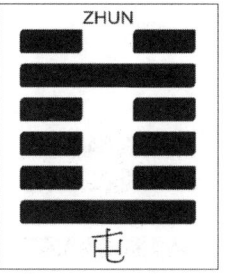

[그림 6.44] 震 — 益 — 屯 ©저자

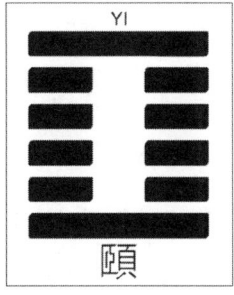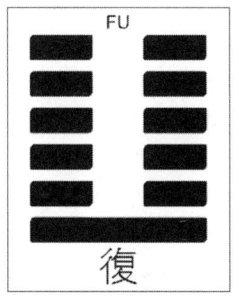

[그림 6.45] 頤 — 復 ©저자

7) 頤(이, 턱)

괘를 자세히 보면 윗니와 아랫니가 가지런한 턱처럼 생겼다.

8) 復(복, 돌이키다)

음효만 있는 곤괘에서 양이 이제 회복되기 시작하는 상태이다. 땅속의
천둥이니 힘을 쓰려면 한참 기다려야 한다.

5. 巽(손)

[그림 6.46] 姤 — 大過 — 鼎 ©저자

1) 姤(구, 시집간다)

옛날 동양에서는 시집살이가 아주 고통스러운 것이었다. 교통이 발달
하지 않아 친정과 자주 왕래할 수도 없고 통신수단이 없어 시집가는 것은
고립되는 것이다. 더욱이 중매결혼으로 신랑 얼굴도 한번 못 보고 결혼을
하는 경우가 많았다.

시집에 가면 모두 낯선 사람, 낯선 환경(자기는 음인데 주위는 모두 양이다)
과 만난다. 자기의 일거수일투족을 주시하고 있다. 시집간 사람의 위치는
가장 아래에 있다. 얼마나 고통스럽겠는가?

2) 大過(대과, 큰 실수)

연못 아래 바람이 분다. 연못 아래에 바람이 불어서는 아무 가치가 없다. 파도를 일으켜 물을 순환시킬 수 없기 때문이다. 위치의 잘못이 만들어낸 큰 실수이다.

3) 鼎(정, 솥)

불 아래 바람이 분다. 이런 현상은 솥에서 일어난다. 솥은 불 아래 바람이 불도록 설계되었다. 그래서 이 괘는 정을 상징하고 있다. 아주 일이 잘 되고 있는 상태이다.

[그림 6.47] 恒 — 巽 — 井 ©저자

4) 恒(항, 늘 같은 상태)

천둥 밑에 바람이 분다. 천둥과 바람이 함께 있는 것은 항상(恒常) 있는 정해진 이치이다.

5) 巽(손, 바람)

바람과 바람이 겹쳐 있다. 손괘로 분류되는 다른 일곱 개의 괘는 바람과 비슷한 성질을 가진 괘들이다. 바람이 두 개 겹쳐 있는 손괘는 바람과 비슷한 것이 아니라 거의 바람과 같은 상태를 나타낸다.

6) 井(정, 우물)

물 밑에 바람이 있다. 샘물은 뿜어낼 수 있는 동력이 있는 것이다. 물 밑의 바람은 물이 아래에서 뿜어져 나오는 것이다. 솟아오르는 샘물을 칸 막이를 쳐서 보호해 놓은 것이 우물이다. 그래서 정괘는 우물을 상징한다.

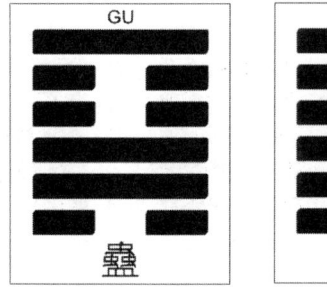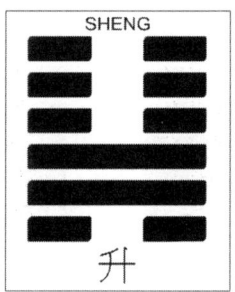

[그림 6.48] 蠱 — 升 ©저자

7) 蠱(고, 벌레가 먹는다)

산 아래에 바람이 분다. 산이 조금씩 깎여 나가는 작용이 벌레가 먹어 들어가는 것 같은 형상이다.

8) 升(승, 오른다)

바람이 땅속에 있다. 두 양이 세 개의 음 아래에 있다. 세 개의 음은 중간이 비어서 연통과 같다. 이럴 때 바람은 당연히 올라간다.

6. 坎(감)

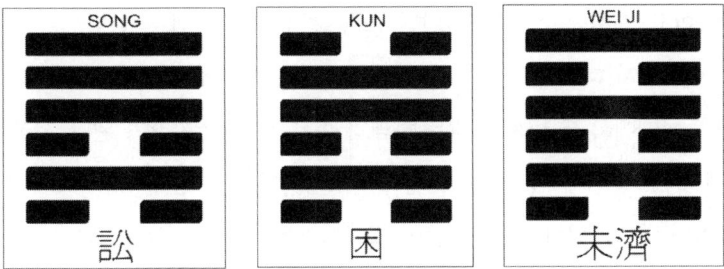

[그림 6.49] 訟 — 困 — 未濟 ©저자

1) 訟(송, 소송)

하늘 아래 물이 있다. 하늘에 구름이 가득 낀 상태이다. 하늘은 햇빛을 쬐는 것이 주된 작용인데 구름이 방해한다. 하늘의 작용을 방해하는 것이 하늘에 대하여 소송을 하고 있는 것과 같다.

2) 困(곤, 곤란하다)

연못 아래 물이 있다. 감의 주된 효인 양효가 올라오려 하는데 위에서 물을 빨아들이는 태가 있어 곤란하다. 빠져나오려는 양이 갇혀 있다.

3) 未濟(미제, 아직 다스려지지 않았다)

불 아래 물이 있다. 불은 위로 올라가고 물은 아래로 내려가서 서로 분리되고 순환되지 않고 있는 상태이다. 아직 다스려지지 않았다. 이런 상태를 다스리는 것이 국가의 왕이고, 우주의 신이고, 질병을 치료하는 의사이고, 도를 닦는 수도자이다. 모두 중심이며 土에 속한다.

아래에서 다섯 번째 효는 상괘의 중심으로 황제에 해당하며 양이 돼야 한다. 아래에서 두 번째 자리는 하괘의 중심이며 봉건제후가 된다. 황제는 음이 되고 봉건제후는 양이라 전혀 다스려지지 않은 상태이다. 부인은 밖에 나가 돈을 벌어 오고 남편은 집에서 살림을 하는 상태이다.

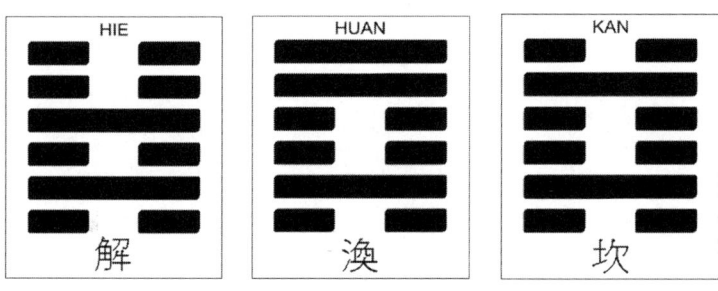

[그림 6.50] 解 — 渙 — 坎 ©저자

4) 解(해, 해결한다)

물 위에 천둥이 있다. 물로 적셔 흐물흐물하게 하고 천둥으로 흔들어 대면 풀리지 않는 것이 없다.

5) 渙(환, 바꾼다)

물 위에 바람이 분다. 바람이 물을 휘저어 서로 바뀌고 섞이게 만든다.

6) 坎(감, 물)

물이 겹쳐 있다. 이 괘는 거의 물에 해당하는 상태를 나타낸다.

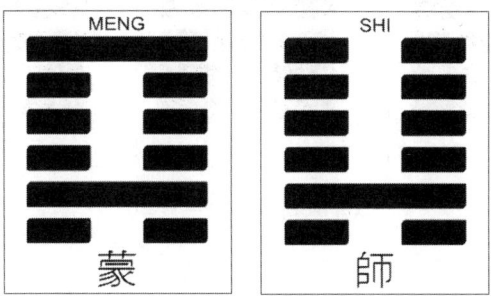

[그림 6.51] 蒙 — 師 ⓒ저자

7) 蒙(몽, 몽매하다)

물이 산 아래에 있다. 이제 산에서 빠져나온 물로서 바닷물과 합치려면 몽매하고 갈 길이 멀다.

8) 師(사, 선생)

땅속의 물이다. 깨끗하다. 깨끗한 것은 선생이 갖추어야 할 덕목이다. 여섯 개 효 중에 양이 하나이다. 하괘의 중심 효라 아직 깨지 못한 음들을 지도해야 한다. 이는 선생이 할 일이다.

7. 艮(간)

[그림 6.52] 遯 — 咸 — 旅 ⓒ저자

1) 遯(돈, 돼지를 몰고 간다)

하늘 아래 산이다. 산이 하늘을 향해 높아지고 있는 형상이다. 위에 네 개의 양이 있고 두 개의 음이 아래에서 위로 발전하고 있다. 아직 그 힘이 약해 돼지를 몰고 가듯이 갈팡질팡 속도가 더디지만, 하늘을 향해 산이 올라오고 있다.

가기는 싫지만 가지 않으면 안 되는 상황. 양을 선호하는 입장에서 음이 발전하는 것은 바람직하지 못하지만, 파괴와 죽음을 상징하는 음이

자라나는 현실을 직시하고 대처를 위해 바삐 움직여야 한다.

2) 咸(함, 모두·전체)

산 위에 연못이 있다. 간괘는 남성의 성기를, 태괘는 여성의 성기를 상징한다. 남성과 여성의 성기가 결합하고 있는 상태다. 음양을 모두 가지니 이는 태극이고 전체이다.

3) 旅(여, 여행)

산 위의 불이다. 불은 원래 낮은 곳에서 나야 위력이 있다. 산꼭대기에서 나는 불은 주위에 불을 퍼뜨리기 어렵다. 자리를 잡지 못하고 이리저리 여행을 다니는 것과 같다.

4) 小過(소과, 작은 과실)

산 위에 번개가 있다. 산이 번개에 맞는다. 과실이나, 늘 있는 일이니 큰 과실이 아니고 작은 과실이다.

5) 漸(점, 점점)

산 위에 부는 바람이다. 산 위로 올라갈수록 점차 세어진다.

6) 蹇(건, 발을 절뚝거린다)

　산 위에 있는 물이다. 한 방향으로 내려가거나 고요히 있지 않고 좌충우돌하면서 내려가는 것이 다리를 절고 길을 가는 것과 같다. 힘들게 일을 진행하는 상태를 나타낸다.

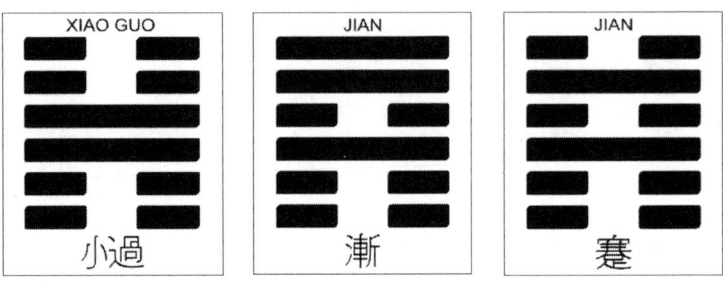

[그림 6.53] 小過 — 漸 — 蹇 ⓒ저자

7) 艮(간, 산)

　산이 겹쳐 있다. 답답한 상태이다. 비슷한 상황이 아니라 정확히 산에 해당하는 상황을 나타낸다.

8) 謙(겸, 겸손)

　땅 아래 있는 산이다. 땅보다 높으면서 땅 아래에 위치하는 것은 겸손이다.

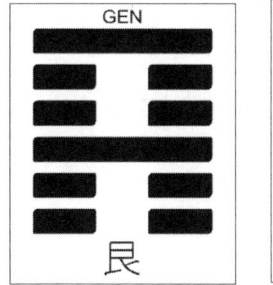
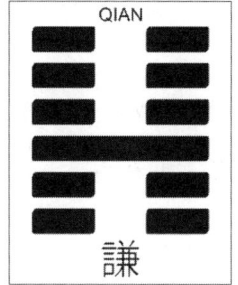

[그림 6.54] 艮 — 謙 ©저자

8. 坤(곤)

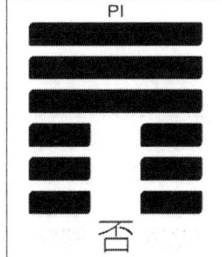
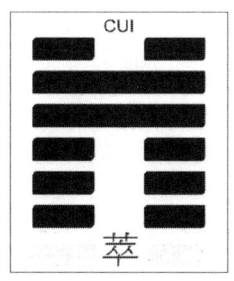
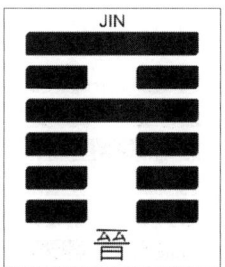

[그림 6.55] 否 — 萃 — 晉 ©저자

1) 否(비, 막혀 있다)

하늘이 위에 있고 땅이 아래에 있다. 하늘은 내려오고 땅은 올라가야 하는데 교류가 되지 않고 막혀 있다. 당연한 위치이나 이런 상태에서는 움직임이 막혀 있다. 변화하는 중에 이런 상태에 있으면 좋지 않다.

2) 萃(췌, 작은 것들이 모여 있다)

연못 아래 땅이 있다. 연못 아래에 있는 땅은 수분 공급이 잘 돼서 풀들이 촘촘히 모여 있다.

3) 晉(진, 나아가다)

땅 위에 태양이 떴다. 앞으로 계속 전진한다. 와야 할 것이 와서 점점 그 힘을 더해 가고 있는 형상이다. "해가 떠오르는 본거지"라는 뜻을 가진 일본이라는 이름이 진을 형상하면서 지은 이름이다.

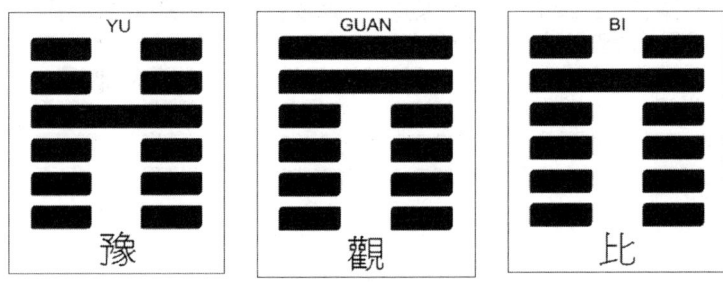

[그림 6.56] 豫 — 觀 — 比 ©저자

4) 豫(예, 예상한다)

땅 위에 천둥이 있다. 천둥이 그 효과를 많이 발휘할 수 있는 곳에 있는 것이니 미리 그 천둥의 위치를 예측할 수 있다. 예상해서 그런 곳을 피해야 한다.

5) 觀(관, 별 관심 없이 보다)

바람이 땅 위에 있다. 바람이 땅 위를 정처 없이 부는 것은 관광여행을 다니는 것과 같다.

6) 比(비, 비교하다)

땅 위에 물이 있다. 물은 철저하게 높은 곳에서 낮은 곳으로 흐른다. 높은 곳과 낮은 곳을 비교해서 흐른다고 할 수 있다. 흐르는 물이 나아갈 때 사물을 비교하는 듯이 사람이 나아갈 곳을 비교해 보고 나아가야 한다.

맨 아래 효부터 다섯 번째 자리는 군자의 자리이다. 그 자리에 양이 들어와야 바람직하다. 아래 두 번째 효가 음이면 상하 괘의 음양이 조화되어 더욱 좋다. 그러나 왕이 너무 음에 둘러싸여 있다. 왕은 이들을 잘 다스려야 하는데 이들의 음양 편차를 잘 비교하여 적절한 임무를 주어야 한다. 이런 형상에서는 주위의 비교가 중요하다.

7) 剝(박, 껍질 벗어지다)

땅 위에 산이 있다. 음의 세력이 밑에서부터 차올라 여섯 번째 양효만 남아 있다. 곧 박리될 상황이다. 예스맨(yes-man)들만 키운 독재자의 말로이다.

8) 坤(곤, 땅)

땅이 둘 겹쳐 있다. 음효로만 이루어진 괘로서 그 흡인력이 강력하다.
블랙홀은 곤의 작용이며 중력의 원천인 만유인력이 여기에서 나온다.

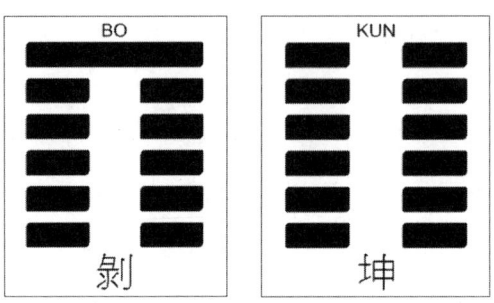

[그림 6.57] 剝 ─ 坤 ©저자

XII. 군주괘

주역 64괘 중에는 음양 변화의 흐름을 한눈에 잘 알 수 있는 12가지
괘가 들어 있다[그림 6.58]. 이 12괘는 1년 12개월과 하루 중의 12시간을
잘 나타내 준다[그림 6.59]. 주역은 우주 만물의 형체나 작용, 어느 것에나
적용되는 보편적인 법칙인 만큼 어느 것이나 형상할 수 있는 괘들의 집합
이기도 하다.

별들의 운동은 여섯 개의 마디가 있고 이 별들의 운동이 변화를 주도
하기 때문에 운동을 나타내는 12가지 괘를 뽑아 군주괘라 한다. 군주는
왕이란 뜻이다.

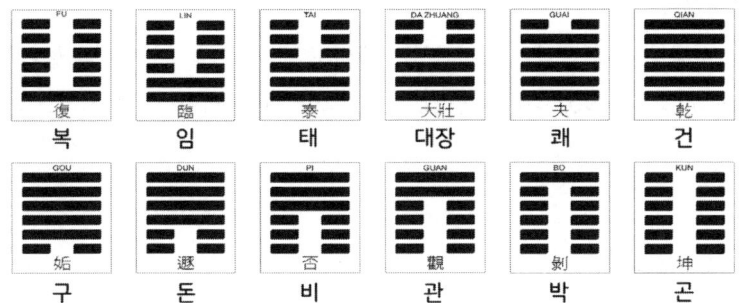

[그림 6.58] 12군주괘 ⓒ저자

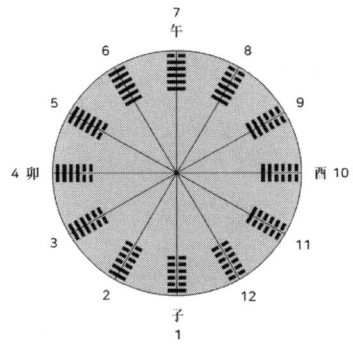

[그림 6.59] 12군주괘와 시간 ⓒ저자

1) 1월 復(복)

이 괘는 동짓날 이후에 양이 나오는 것을 상징하고 있다. 서서히 해의 길이가 길어지기 시작한다. 음이 극에 이르러 변하기 시작하는 것을 표상한다. 양이 다시 회복된다는 의미에서 '복'이라는 이름을 붙였다. 아직 느끼지는 못하지만, 추운 겨울이 가고 따뜻해지기 시작하는 때가 이 괘에 해당한다.

자동차가 막 움직이기 시작하는 때이고 전기기계에 전원이 막 들어간 상태이다. 인생에서 사람의 나이에 비유하면 7세 전까지의 시기이다. 하루 중 시간은 1~3시 사이이다.

2) 2월 臨(임)

양이 7세 정도로 자란 때이다. 이제는 양이 뿌리를 내린 상태이다. 곧 하괘인 태가 건으로 변해서 건곤이 서로 대립하게 된다. 계절로는 초봄에 눈 대신 비가 오는 시기이다. 7세 정도 나이에 해당하므로, 유아기에 때때로 생명을 위협하던 잦은 질병에서 벗어나 죽을 염려가 별로 없는 때이다. 하루 중 3~5시, 인생으로는 7세 이후의 시기이다.

3) 3월 泰(태)

양이 전체 괘의 반을 차지했다. 낮과 밤의 길이가 같아지는 춘분에 해당한다. 음과 양이 반반씩 균형을 이루는 때는 평화롭기 때문에 태평하다. 인생은 14세 후의 시기로 활동이 아주 왕성하다. 하루 중의 5~7시, 해가 뜨는 때이다.

4) 4월 大壯(대장)

양이 이제 네 개이고 음이 두 개이다. 양은 에너지원으로서 그 기세가 크게 힘차다. 계절로는 늦은 봄이다. 인생은 21세 후의 시기이다. 하루 중

7~9시이다. 4월은 피가 끓는 계절이며 이달에는 젊은이들이 용감하게 독재(상부의 두 음)에 항거하는 사건이 많이 일어난다. 사일구 의거는 대장괘에 해당한다.

5) 5월 夬(쾌)

이제 양이 다섯 개가 되고 음이 하나 남았다. 활을 활시위에 걸어 마음껏 당겨 놓고 있는 상태가 쾌이다. 하나 남은 음이 활이 튕겨 나가는 것을 막고 있다. 계절로는 초여름에 해당한다. 인생은 28세 이후, 하루 중 9~11시이다.

6) 6월 乾(건)

모두 양으로 변했다. 계절로는 낮이 가장 긴 하지가 된다. 양이 극한 상태의 표상이다. 인생은 35세 이후, 하루 중 12시 전후이다.

7) 7월 姤(구)

음이 소생하기 시작한다. 시집간 여자가 낯선 환경에 처해지는 상태를 표상한다. 치솟아 오르던 주가가 주춤하는 첫날이다. 인생은 42세 전후로, 음은 노화를 뜻하고 노화가 시작된다. 오후 1~3시 사이에 해당한다.

8) 8월 遯(돈)

이제 음이 2개가 되어 자리를 잡았다. 요즘의 인생으로 말하면
'7×7=49'세 정도 되는 때로 노화가 자리를 잡은 시기이다.

9) 9월 否(비)

위에는 3개의 양효가 있고, 아래는 3개의 음효가 있어 음양이 균형을
이루고 있다. 그러나 양은 위에 있고 음은 아래에 있어 서로 교류가 없다.
그래서 막혀 있다고 했다. 낮과 밤의 길이가 같은 추분에 해당한다. 인생으
로 말하면 '7×8=56'세이다. 이제 노화가 심하다. 하루 중의 시간은 저녁
5~7시 사이에 해당한다. 밤이 시작되는 시간이다.

10) 10월 觀(관)

양이 두 개이고 음이 넷이다. 양이 임금의 위치를 차지하고 있으나
실권은 없다. 커가는 음의 세력을 그냥 바라만 볼 뿐이다. 대세는 음으로
기울어졌고 양이 명맥만 유지한다. 계절로는 늦가을 서리가 내리는 시기
이고, 인생으로는 '7×9=63'세에 해당한다. 노년기에 들어섰고 하루 중의
시간은 저녁 7~9시이다.

11) 11월 剝(박)

양이 하나 남아 곧 떨어져 나가게 되어 있다. 왕위까지 적의 세력에

빼앗겼고 형식적으로 전왕을 대우해 주고 있는 현상이다. 계절로는 초겨울의 눈이 처음 내리는 시기이고, 인생으로는 '7×10=70'세에 해당한다. 인생을 마감할 준비를 할 때다. 하루 중의 시각은 밤 9~11시 사이로 밤이 깊은 시각이다.

12) 12월 坤(곤)

완전히 음으로 변했다. 하루 중 밤의 길이가 가장 길어지는 때이다. 인생으로 보면 이미 숨이 끊어진 상태이다. 시간은 밤 12시 전후이다.

7장

천부경(天符經)과 역경

I. 천부경과 역경

一
始無始
一析三極無
盡本天一一地一
二人一三一積十鉅無
匱化三天二三地二三人二
三大三合六生七八九運三四成
環五七一妙衍萬往萬來用變不動本
本心本太陽昂明人中天地一一終無終一

[그림 7.0] 천부경 81자 全文 ⓒ저자

천부경이 실제로 단군의 가르침을 적어놓은 경전인지 알 수 있는 증거
는 없으나 역경의 관점으로 볼 때 역경이나 역경의 근본인 하도·낙서보다
는 오래되었으며, 보다 경지가 높은 진인의 글인 것을 알 수 있다. 역경·하
도·낙서·천부경은 일맥상통하는 내용이라, 한 가지 내용을 이해하면 다른
경전도 이해할 수 있어 도가 통하지 않았어도 그 진위와 쓰인 선후를 알
수 있다.

지금 세계 고고학계에서 황하문명은 한족의 문명이 아니라 동쪽의 이
방인(동이족)들의 문명이라는 것이 정설로 되어 있다. 중국은 황하 유역의
동이족을 본격적으로 축출하기 시작한 한나라 이후에 우리의 역사를 날조
해 왔다.

한국의 힘이 날로 쇠약해지면서 날조된 역사서를 믿던 지배계급은 중
국의 한족 문명에 동화되었으나 민초들 혹은 단군시대부터 내려오던 원시

도교의 수도자 집단이며 화랑(花郎)에서 유래한 낭가(郎家 — 일본에서는 사무라이)들은 천부경의 원리대로 이루어진 민속문화를 오늘날까지 지키고 있다.

우리는 예로부터 마을 뒷산에는 당곳을 지어 천신에 해당하는 상당신(上堂神 — 환인, 환웅, 단군, 산신까지)을 모시고, 마을 한가운데에 소도라는 신앙 중심의 터에서는 지신에 해당하는 하당신(下堂神 — 솟대, 장승, 선돌, 돌탑에 깃들어 있다고 생각)을 모시며 그 사이에서 사람들이 살았다[그림 7.1]. 이것은 천부경의 원리인 우주의 패턴 3을 마을에서 실현한 것이다. [그림 7.2], 7.3과 7.4는 솟대의 영향을 받은 다른 유적들이다.

[그림 7.1] 솟대와 장승 ⓒ저자

사진 중앙에는 솟대가 있다. 꼭대기에 있는 새는 신령계를 넘나들며 신과 마을 사람들 사이의 전령사 역할을 한다. 그 옆에는 장승이 있다. 천하대장군(양)은 세상을 다스리는 신이고, 지하여장군(음)은 땅을 다스리는 신이다.

[그림 7.2] 캐나다 인디언 토템폴(장승) ©Shutterstock

모양은 장승과 솟대를 합친 형태이다.

[그림 7.3] 마티아스 대성당의 첨탑
(헝가리 부다페스트 성삼위일
체 광장) ©Pixabay

십자가에 달린 새는 솟대와 같은 전령사이다. 일반적으로 성령을 상징한다. 원래 헝가리 부족인 마자르(말갈)족은 솟대를 기억하는 것 같다.

[그림 7.4] 독일 마인츠 대성당의 솟대
©저자

프랑스 노트르담 대성당의 십자가에도 새가 달려있다. 텡그리칸을 믿었던 훈족의 종교적 신념이 기독교와 결합한 것으로 보인다.

[그림 7.5] 무당 옷의 5색과 삼지창의 3
(일본 국립역사민속박물관, 사쿠라이시) ©저자

각 가정에는 다락에 천신에 해당하는 신줏단지를 모셨고, 장독대나 부엌에도 지신에 해당하는 터주를 모셨으며, 그 사이에 사람들이 거주했다. 이것도 부분 속에 전체의 패턴인 3을 실현한 프랙탈 패턴인 것이다.

이런 우주의 패턴과 같은 환경을 만들어 놓고 그 속에서 살면 우주와 충돌하지 않게 되어 사람의 언행이 카오스 이론의 나비 효과처럼 액운이 되어 돌아오지 않는다. 하당신의 제사는 주로 무당이 굿을 하며 받들었는데 그들은 삼원색의 옷을 입고 삼지창을 들고 춤을 춘다[그림 7.5].

II. 천부경은 부적이며 주문

천부경은 우리 단군 사상의 근원을 이루는 경전이다. 환인천제(하느님)의 아들 환웅이 태백산 신단수에 내려올 때 천부인(天符印) 세 개를 가지고 내려온다. 천.부.인은 일종의 부적이다. 부적이란 암행어사의 마패 같은 것으로, 왕이 특별 임무를 띠고 어느 지역에 파견되는 관리에게 왕의 수하에 있는 군대를 지휘할 수 있도록 권력을 위임했다는 징표이다.

종이가 없던 시기에는 점토에 글이나 부호를 그리거나 옥쇄를 찍어 둘로 쪼개어 반은 왕이 가지고 반은 파견되는 관리에게 주었다. 부적의 진위를 가리기 위해서 두 쪽을 맞추어 보는데 서로 맞는 것을 '부합(符合)'이라 한다. 지금은 그런 전통이 많이 사라졌으나 아직 옥황상제의 이름으로 귀신에게 명령하기 위하여 부적을 사용하는 풍습은 남아 있다.

신선술(황제와 노자의 앞 글자를 따서 황노술이라고도 한다)의 유명한 고전인 『포박자(抱朴子)』에 보면 신선술의 원조인 "황제가 청구(靑丘~백두산 주위)를 지나다 자부선인을 만나 삼황내문(三皇內文)의 가르침을 받고 만신을 부리게 되었다"라는 구절이 나온다. 여기서 '삼황내문'이 우리 동이족의 경전이고 이것은 신을 부릴 수 있는 일종의 부적임을 알 수 있다. 환웅이 가지고 온 천부인일 수도 있다.

중국의 문명이 황제로부터 시작된 것으로 여겨지고 있는데 황제의 스승은 동이인이고 동이의 경전을 공부하였다는 내용을 중국의 책인 『포박자』에서 말하고 있는 것이다.

이름에서 알 수 있듯이 하느님의 권리를 위임할 만큼 신성한 경전이 천부경이다. 그러니 하늘의 원리와 부합되는 경전이다. 환웅시대부터 전해져 온 우리 조상의 가장 심오한 가르침으로서 최치원이 적어놓은 것이 지금까지 전해 내려오고 있다.

천부경은 일종의 부적이고 주문으로, 신의 세계에 통하는 글이고 말이다. 아마존 나비의 한 번 날갯짓이 뉴욕에 폭풍우를 몰고 오듯이 천부경은 파동 덩어리로서 우주에 파문을 일으키는 파동 생성물이다. 카오스 이론에서 말하는 큰 변화를 일으키는 초기 변화 인자(초깃값)에 해당한다. 아마존 나비의 날갯짓이 음양의 편차가 있는 파동을 일으킨다면 천부경의 파동은 음양이 조화된 파동을 일으킨다.

본래 우주는 한 덩어리지만 음양에 따라 둘로 분류해 볼 때 부적은 직접 물질계(음)에 파동을 일으키기도 하고, 정신계(읽는 사람의 마음이나 우주의 마음 — 양)에 파동을 일으켜 우주 전체에 영향을 미치도록 한다. 이 가능성은 양자역학에서 양자의 중첩과 얽힘 현상으로 증명된다.

천부경은 다른 부적처럼 만신 중에 음양의 편차가 각양각색인 일 신(神)을 움직이는 부적이 아니라 우주 전체에 해당하는 만신(萬神)을 움직이는 부적이기 때문에 음양이 조화되어 있다. 읽는 사람의 마음에 음양이 조화된 파동을 일으키기 위하여 글의 내용이 음양의 조화가 중요하다는 것을 강조하고 있다.

III. 천부경의 핵심 숫자는 3

중(中)을 얻기 위해서는 양 극단을 알아야 한다. 이 양쪽 극단이 음과 양이다. 이것을 숫자로 표현하면 1, 2, 3이 된다. 3은 음양의 중간을 표시하는 수로서 매우 중요하다. 겨우 81(9×9) 자로 우주의 공통 패턴을 말하는 천부경에서도 3이 얼마나 중요한지 3을 아낌없이 여덟 번 반복해서 쓰고 있다.

우리의 문화와 문명은 3의 문화라 할 수 있다. 가깝게는 말과 글에서, 멀리는 도구나 건축물에서 수없이 발견된다. 3신, 3진(性, 命, 精) 등 단군과 직접 관련된 신의 세계는 말할 것도 없다. 삼신, 정기신(精氣神) 삼보, 도교 사원의 삼문(三門), 삼발 솥(鼎), 삼배(三盃, 三拜), 삼지창, 솟대의 세 마리 새, 신라 금관의 삼지창 모양,『삼일신고』등의 한국의 원시 도가서는 물론이고 팔만대장경만큼이나 많은『도장경』에 나오는 도가 용어는 거의 3이거나 3의 배수로 이루어져 있다.

우리말에서 3은 숫자의 대명사로 쓰인다. "구슬이 서 말이라도 꿰어야 보배", "수염이 석 자라도 먹어야 양반", "가위, 바위, 보 삼세 번", "369, 369 게임", "삼천갑자 동방삭이", "삼척동자도 안다", "눈에 삼삼하다"….

한글의 구조 속에서도 3을 발견할 수 있다. 한 글자가 초성·중성·종성 세 개의 음으로 이루어져 있고, 가장 기본이 되는 모음은 수평선이며 음에 해당하는 '으'와 수직선이며 양에 해당하는 '이'와, 그 중간에 해당하는 '아래아'로 되어 있다. 수평선인 '으'는 위로 '아래아'가 결합되어 양에 해당하는 소리인 '오', 아래로 아래아가 결합되어 음에 해당하는 소리인 '우', 그리고 그 중간 소리인 '으'로 3의 체계를 가지고 있다. 수직선인 '이'는 좌로 아래아가 결합되어 음에 해당하는 소리인 '어'와 우로 아래아가 결합되어 양에 해당하는 소리인 '아'로 3의 체계를 가지고 있다[그림 7.6-1].

3이지만 상하좌우, 동서남북, 4의 체계를 가지고 있어 한글 모음도 삼천양지 우주 구성의 공통 패턴을 보여준다[그림 7.6-2].

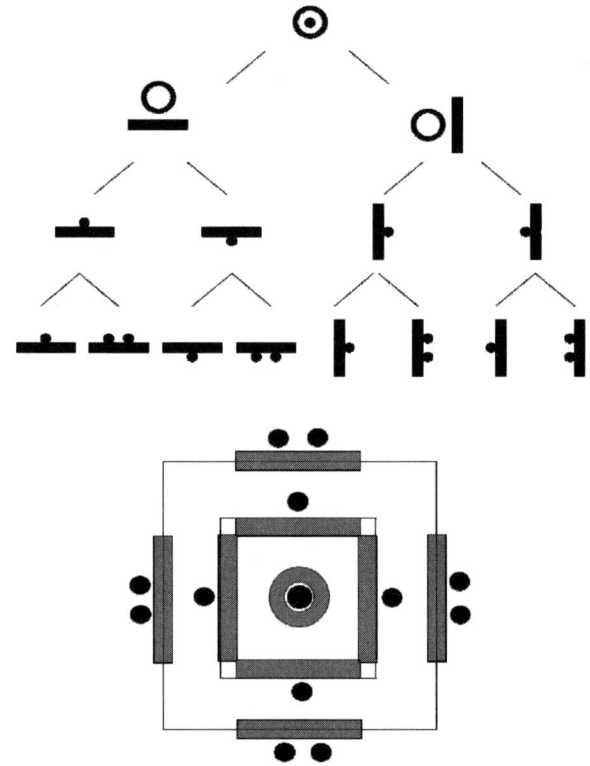

[그림 7.6-1] 한글 구조 속의 3의 체계 ⓒ저자
[그림 7.6-2] 한글 구조 속의 4의 체계 ⓒ저자

가장 대표적인 것은 중국에는 없는 삼태극이고 이외에도 3으로 이루어진 구조물들은 이 책의 3장에 열거한 것 외에 수도 없이 많다. 예를 들어, 지성소의 촛대인 '메노라' 역시 숫자 3의 구조를 가지고 있다[그림 7.7].

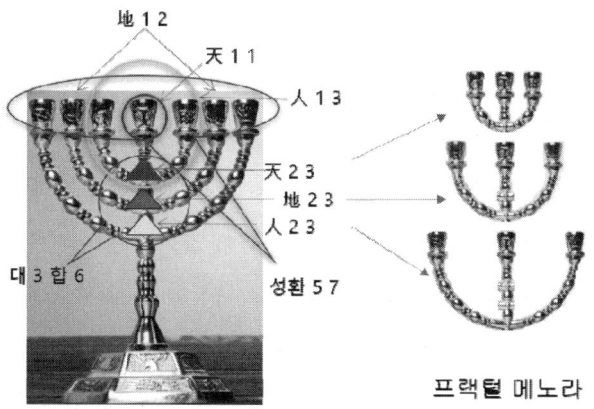

[그림 7.7] 유태인의 상징 메노라(Menorah)의 천지인 3 프랙탈 ©Shutterstock

IV. 천부경은 중(中)의 사상

천부경에 따르면, 하늘과 땅 사이의 중간에서 태어난 사람의 숫자인 3은 중(中)을 나타내는 숫자이다. 하늘과 땅 사이의 중이기도 하고 음과 양 사이의 중이기도 하다. 음양을 공부하는 역경도 음양의 양 극단을 공부해 중을 얻기 위한 것이다.

역경을 많이 읽어 가죽끈이 3번 끊어지도록 역경을 사랑하고, 고향인 구이(九夷 — 이것도 3수) 나라에 살고 싶어 하던 공자는 천부경의 가르침을 받거나 천부경의 3의 문화 속에서 살아 중을 깨 달았을 것이다. 그래서

"인간으로서 중을 얻은 이"의 뜻인 '중니(仲尼)'라는 호를 갖게 된다. 중국어에서 '니'는 뜻이 없다. 한국어에서 사람을 나타내는 조사 '이'소리를 한자로 표기한 것이다.

공자는 자신처럼 어려운 역경 공부를 통하여 중을 어렵게 얻지 않고 사람들이 쉽게 얻어 실생활에 널리 사용하게 하기 위하여 그와 그의 제자들은 『중용(中庸)』을 집필했다.

천부경의 핵심 수인 3에 충실하여 '역', '학' 등 세 개의 낱음을 늘 사용하고 있는 한국 사람들은 전통적으로 음에 관한 감각이 뛰어나다. 말을 통한 중의 중요성을 교육하는 것보다 음양이 조화된 중의 파동을 백성들의 몸에 직접 투여하는 것이 중요하다고 생각한 공자는 율려와 황종의 지식으로 시경에 음악을 붙여 정리했다.

우리는 천부경의 영향으로 중을 얻은 음악을 가지고 있으나, 본래 음양이 조화된 말을 사용하지 않고 음(陰) 쪽으로 치우친 말('상음[商音]' — 오음 중에 금에 해당하는 음)을 사용하는 한족들의 음악은 고저장단의 폭이 작아서 노래와 연주가 단조롭다. 중국의 전통 오페라인 경극을 관람한 사람들은 변화무쌍한 소리 변화 중에서도 중음을 잃지 않는 우리 판소리와 비교해 보면서 그들 파동 세계의 단조로움을 파악하게 될 것이다.

중국 사람들은 공자묘 제례에 쓰는 음악조차 잃어버려 우리의 종묘제례악을 주도하던 악사들이 중국에 가서 가르쳐 주고 왔다고 하니 천부경의 중의 숫자 3에 충실한 것이 얼마나 중요한지 알 수 있다.

『맹자』의 「이루장구(離婁章句)」에 보면 순임금은 동이인이라고 기록되어 있다. 순임금은 공자가 요임금과 함께 가장 성군으로 받드는 분이다. 기록 속에서 발견할 수는 없지만 순임금에게 왕위를 물려준 요임금도 동이인임이 틀림없다. 요임금이 한족이라면 아무리 덕망이 있다고 해도 이

민족인 순임금에게 왕위를 물려주었을 리가 없다. 오늘날 이민의 천국인 미국에서도 본국에서 태어나지 않은 사람은 대통령이 될 수 없다.

요임금이 순임금에게 왕위를 물려주면서 한 말이 "유정유일(惟精惟一)하고 윤집궐중(允執厥中)하라"이다. 오로지 정(精)과 1을 받들고 진실로 그 중을 잡으라는 뜻이다. 천부경 81자의 요지를 이 여덟 자로 표현한 것이다.

인체의 본인 정과 우주의 본인 1을 정의하고, 인간이 지향해야 할 일을 강조했다. 한민족의 韓 자는 하나라는 의미가 있다. 훈족도 스스로를 한이라 불렀다고 한다. 그래서 영국에서 훈족을 한스(Hans)라 한다. 하나 1을 지독히 숭상하는 민족이다.

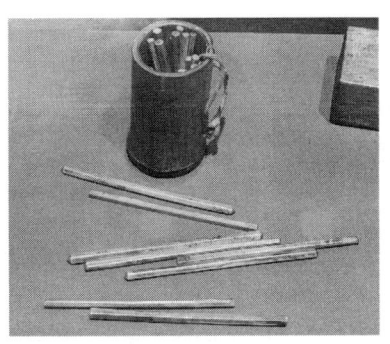

[그림 7.8] 산가지(국립민속박물관) ©저자

한국의 상수학자들은 상수를 계산하고 점괘를 뽑는 산가지(대나무나 뼈 따위로 젓가락처럼 만든 수효를 셈할 때 쓰던 물건, [그림 7.8]로 요임금의 말과 천부경의 뜻을 [그림 7.9]와 같이 표현한다. 이것이 '중'(中) 자의 기본이 되고, '수'(數) 자의 기본이 된다. '수' 자에서 '여'(女) 자는 흐트러진 산가지를 표현하는 그림으로, 우주는 흐트러진 산가지처럼 질서가 없어 보이는데 중심을 잡아 질서 있게 우주를 문자로써 표현하고 있는 것이 '수'자라는 뜻이다.

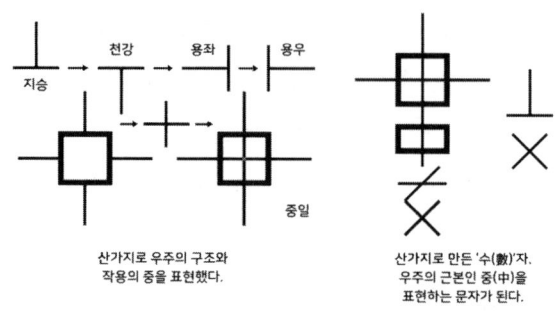

산가지로 우주의 구조와
작용의 중을 표현했다.

산가지로 만든 '수(數)'자.
우주의 근본인 중(中)을
표현하는 문자가 된다.

[그림 7.9] ⓒ저자

V. 천부경은 기본 수학

천부경은 수학의 근본으로, 역경 피라미드 체계에서 태극에 해당하며 법의 모법인 헌법과 같다. 『주비산경(籌備算經)』이나 『구장산술(九章算術)』, 『황극경세(皇極經世)』와 같은 동양의 수학책들은 헌법을 토대로 한 법률책과 같다.

아인슈타인은 "역경은 우주의 원리를 표현하는 대수학 책"이라 했다. 수는 알지만 상(象)을 모르는 서구인들이 이해할 수 있도록 역경을 아주 적절하게 표현한 말이다. 눈에 보이는 형체는 이름을 붙여서 말로 표현할 수 있지만 형체가 만들어지기 이전의 파동 세계의 기(氣)는 상이라는 부호(괘)나 수의 체계로써 보여줄 수밖에 없다.

소립자의 모호한 파동(氣)이 태극, 음양, 사상으로 분화하듯이 점점 분화되고 물질화되어 각자의 물질로 형체를 갖춘다. 우주에 물질들은 그 수가 많지만 그렇게 분화하기 전의 파동으로 있을 때는 그 수가 많지 않다. 이 단계의 물질 파동 상태를 氣라 하고 이 기가 뿌옇게 형체를 보이고 있는 상태를 상(象)이라 한다.

이 상은 아직 형체로 분화하지 않아 음양, 사상, 팔괘처럼 몇 가지가 되지 않는다. 형체로 분화가 덜 된 기(파동)의 상을 잡아 괘로 나타낸 것이 역경이고 이 상을 수로 나타낸 것이 천부경이다.

한국에는 형이상학적 세계와 형이하학적 세계를 나타내는 세 가지의 도구가 있었다. 첫 번째가 상이고, 두 번째가 언어(소리글과 뜻글, 말)이고, 세 번째가 수이다. 주역의 괘는 상으로써 형이상학적 세계를 그려내는 시스템으로 쓰였고, 언어는 형이하학적 세계를 표현하는 데 쓰였다.

수는 형이상학적·형이하학적 세계 모두를 표현할 수 있다. 우리가 학교에서 배우는 수학은 양을 측정하고 표현하는 시스템으로, 형이하학적 세계에서 쓰이는 수이고, 천부경에서 쓰이는 수는 형이상학적 세계에서 쓰이는 수이다.

동양철학에서 흔히 '무'라고 하는 형체가 없이 에너지로만 차 있는 상태에서, 에너지가 물질화하여 형체로 보이기까지에 이르는 과정을 설명하는 데는 그 단계마다 적합한 용어가 있다. 물질화(분화)가 시작되는 첫 단계는 수의 시스템 패턴으로, 형체가 보이기 전에는 역경의 괘와 같은 상(象)의 시스템 패턴으로, 이미 형체가 되어서 눈에 보이면 언어의 시스템 패턴으로 표현하는 것이 적합하다.

수, 상, 언어가 서로 다른 것이 아니다. 언제든지 다른 시스템으로 번역될 수 있다. 단지 그 용도의 적합성이 다를 뿐이다. 숫자로써 물질 세계를 표현할 수 없는 것이 아니고, 말로써 기의 세계를 표현할 수 없는 것이 아니다. 단지 오해가 생기기 쉬워 표현하기가 조금 어려울 뿐이다.

여기서 수의 시스템은 우리가 서양식 교육을 받으면서 배운 물건을 세고 계산하기 위한 수의 시스템이 아니다. 형체 이전의 기의 세계에서 일어나는 패턴을 표현하기 위한 수의 시스템이다. 그렇다고 우리가 배운 수학과 완전히 다른 것은 아니다. 수의 시스템 중에서 천부경에서 말하는 수는 수의 피라미드 프랙탈 구조에서 꼭짓점에 가까운 차원의 시스템이고, 학교에서 배운 수학은 땅에 닿아 있는 밑변 근처 숫자들의 운용 방식이라 할 수 있다.

물질화 이전의 기의 세계를 나타내는 상은 이스라엘 국기의 육각형별이나 불교의 만(卍) 자, 화학의 여러 기호(C, O, H), 역경의 괘와 같은 부호로서 실재 세계에 존재하지 않는 형상을 표현한 것이다. 육각형별이나 만자는 일사불란한 패턴을 보여주는 시스템을 가지고 있지 못하나 역경의 상들은 그런 시스템을 지니고 있다. 이 시스템도 물질의 세계를 표현하지 못하는 것은 아니다.

역경의 상 시스템은 천부경의 수 시스템보다 진화한 시스템이라 할 수 있다. 천부경은 10까지의 수를 사용하고 있지만 역경은 64괘, 384효를 쓰고 있다. 많은 수를 사용한다고 꼭 좋은 것은 아니다. 언어의 시스템은 수도 없이 많고 서양식 수학은 언어보다 많은 수를 쓰고 있지만 기나, 마음을 표현하는 데는 부적합하다.

천부경은 시(始), 종(終)의 시간과 천·지·인이라는 공간과 본·심·중이라는 시공의 합일체를 들어 0·1에서 10까지의 각 숫자에 대한 정의를 내리고 있고, 그 숫자들의 속성을 통해 인간의 핵심인 마음과 태양계의 핵심인 태양, 본(本)이라는 한 덩어리 우주의 속성 간의 상호 연관관계, 그 구성원리와 작용 원리를 밝히고 있다. 즉 81자로써 우주 만물의 구성과 작용의 공통 패턴을 말하고 있는 것이다. 말하자면 천부경은 손가락으로 셀 수 있는 아주 친근한 수를 사용하여 도를 말하고 있다고 볼 수 있다.

VI. 수와 우리 민족

우리말에는 수를 빼면 말하는 것 자체가 어려워질 정도로 상수학 용어가 넓고 깊게 스며들어 있다. 도인들의 용어라고 볼 수 있을 정도로 수와 관련된 말이 많다.

"할 수 있다", "그럴 수 있다", "무슨 수를 써야지", "수작하고 있다", "그래봐야 별수 없다", "수 쓰지 마라", "구설수에 말리지 마라", "고수이다", "재수있다", "운수 나쁘다", "실수(失數)한다", "사람이 분수(分配된 數)를 알아야지", "수가 훤히 보인다" 등 일상생활에 흔히 쓰는 말이 다름 아닌 도인들의 수리학 용어임을 봐도 우리 조상들이 얼마나 수리학에 밝았는지 알 수 있다.

천부경과 같은 수학 경전을 민족의 가장 중요한 경전으로 여겼으니 수리학 용어를 일상생활에 자연스럽게 쓸 수 있었고, 이런 일상 언어들을 통해 실생활에 활용하던 복잡한 수리학이 있었음을 알아낼 수 있다.

삼성반도체가 그들의 노력으로 그냥 만들어진 것이 아니다. 동이족(東夷族) 나라 한국이 양궁 강국으로 그냥 만들어진 것이 아니다. 삼성은 상을 1과 0, 이진법 숫자로 변환하여 그 계산을 가장 빠르게 하는 기계를 만든다. 한국은 반도체 산업이 가장 빠르게 성장했는데 상과 수를 다루는 역경과 천부경이 있는 민족이기 때문이기도 하다. 상수에 밝은 조상들이 만든 유적만 봐도 象數 패턴이 AI가 패턴을 인식하듯이 뇌 신경망에 그냥 각인이 된다.

동양의 상과 수는 우주의 프랙탈 체계의 각 차원의 공통 패턴을 표현하고 있다. 천부경과 역경은 같은 내용을 말하고 있으며, 단지 쓰는 용어만 다를 뿐이다. 역경의 태극은 천부경에서 일, 무극은 무, 음은 지, 양은 천, 인은 음양이 조화된 그 중간으로 용어가 바뀐다. 역경이 우주 만물의 공통 프랙탈 패턴을 도시하고 있는 것처럼 천부경도 프랙탈 패턴을 수로써 보여주고 있다.

VII. 천부경의 기하학

기본수는 기본 도형을 나타낼 수 있다. 1은 1차원의 점이나 점이 모인 선분을 나타내고, 2는 2차원의 면, 3은 3차원의 공간을 나타낸다. 2차원의 면이나 3차원의 공간은 모두 점의 집합으로 이루어졌으니 2차원도 3차원도 점(1)이라고 할 수 있다.

많은 숫자 중에 0 다음으로 가장 먼저 생긴 수가 1이다. 하늘은 우주를 뜻하는데 우주 만물 중에 가장 먼저 생긴 것이므로 1에 해당한다. 만물은 처음에 점에서 출발하므로 점을 1이라 할 수 있다. 1은 점으로 형상화할 수 있고 우주 만물 중에는 하늘이 여기에 해당한다.

1 다음으로 생긴 수이며 1과 최초로 짝을 이루는 수가 2이다. 2 이상의 수를 생각하지 않을 때는 1이 없이 2를 생각할 수 없으므로 2 속에는 1도 포함되어 있다. 우주 만물 중에 두 번째로 크며 우주 다음에 생성되고 하늘과 짝을 이루는 땅이 2에 해당한다. 2는 점으로 생성된 2개 이상의 선분들이 이루는 면을 대표할 수 있다.

2 다음으로 생긴 수가 3이며 3은 1과 2의 개념 없이는 홀로 존재할 수 없다. 그래서 3은 1과 2를 포함한다. 점과 면을 바탕으로 생겨난 것이 공간이다. 그래서 3은 공간으로 형상화되고 우주 만물 중에 사람이 여기에 해당된다. 인간의 측면에서 바라본 우주의 구성요소 중, 세 가지 주요 요소로 하늘·땅·인간을 들 수 있고, 그 순서를 들라면 하늘이 1·땅이 2·인간이 3이 된다.

도덕경에서는 3이 만물을 생한다고 하였다. 사실 3은 만물의 수이나 인간은 하늘과 땅 사이의 만물을 대표하므로 보통 인간의 수를 3이라 한다. 사람을 뜻하는 인(人)자 만을 쓰지 않고 하늘과 땅 사이라는 뜻인 간(間)자를 붙여서 인간이라 한다. 사람을 인이라 하지 않고 인간이라고 하는 것은 인간과 만물을 포함하는 3이라는 의미가 내포된 것이다.

흔히 천부경을 원(圓), 방(方), 각(角)의 원리라 한다. 원은 점이 팽창한 동그라미이고 방은 사각형이고 각은 삼각형이다. 손가락으로 셀 수 있는 숫자로 우주를 표현할 수 있듯이 원, 방, 각이라는 기본 도형의 변형과 조합으로 만물의 형상을 그려낼 수 있다. 그래서 숫자와 기본 도형은 상호 전환될 수 있다.

1은 분화가 덜 된 점의 상태로 팽창하거나 수축하는 형상으로서 원이고, 2는 두 선분이 서로 대립되는 형상으로서 사각형이고, 3은 선이 대립과 수축, 팽창을 동시에 지니고 있는 형상으로서 삼각형이 된다. 천부경에서는 1·2·3 수로써 상징하여 하늘은 원이고, 땅은 방이고, 인간은 삼각형이라고 간주한다. 하늘과 땅, 인간의 모습을 실제로 그렇게 그릴 수 있어서 아이들도 본능적으로 알 수 있는 내용이다. 동양 고전에서 자주 언급되는 천원지방(天圓地方)도 여기에서 유래한다.

피라미드는 원방각이 가장 조화롭게 조합된 형태이다. 천부경에서 말하는 우주의 원리가 도형으로 가장 잘 표현되어 있다. 장수왕릉을 비롯해서 그 주위에 있는 피라미드 모양의 2만여 기의 고구려 적석총도 천부경의 원리를 형상화한 것이다[그림 7.10].

[그림 7.10] 장수왕릉(장군총) ©Shutterstock

피라미드에서 가장 위의 꼭짓점은 1이고 하늘이며, 수평 단면에서 보이는 사각형은 2이고 땅이며, 수직 단면에서 보이는 삼각형은 3이고 인간이 된다(天一一 地一二 人一三). 피라미드를 수평으로 삼 등분했을 때 생기는 세 피라미드는 天地人을 나타낸다. 형상이 생기기 이전에 원방각으로 이루어진 우주의 기본 패턴이 형상으로 나타난 이후로는 천지인 각자에 내재되어 있다는 의미를 수평으로 삼등분한 피라미드가 보여주고 있다.

색깔에 삼원색이 있고 그 외의 다른 색깔은 삼원색의 혼합에 의해서 생기듯이 모든 숫자들은 1과 2를 더하거나 곱해서 생긴다. 숫자의 대표인 1과 2에서, 2는 숫자의 끝이자 시작이라 이런 의미가 있는 0으로 바꿀 수 있다. 그러면 기본 숫자가 컴퓨터에서 쓰는 1, 0의 디지털 숫자가 된다.

컴퓨터는 우주의 모든 물질을 1, 0의 조합으로 나타낸다. 컴퓨터는 우주에 존재하는 모든 것을 1과 0으로 코드화하여 읽고, 기억하고, 계산한다.

1, 2는 너무 포괄적이라 물체의 성질을 세분하기 힘들어 역경에서 실제로 쓰는 숫자는 두 번째 짝수(음)인 4와 두 번째 홀수(양)인 3이다. 역경의 괘는 두 개(음양)의 변화를 세 개(x, y, z)의 좌표에 그린 우주를 코드화하여 표현하고 있다.

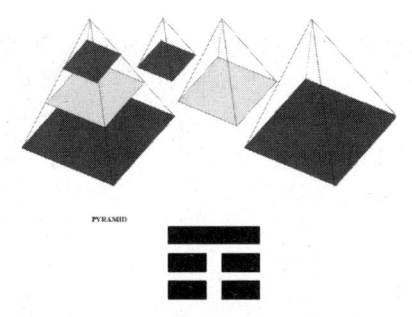

[그림 7.11] 조화된 우주의 상징인 피라미드 ©저자

역경의 괘는 음양을 나타내는 부호를 삼층으로 쌓아서 우주 만물의 공통 패턴을 도시하고 있는데 피라미드는 삼각형(양)과 사각형(음) 도형을 코드화하여 우주 만물의 공통 패턴을 도시하고 있다. 역경에서는 음 속에 음과 양이 있고 양 속에 음과 양이 있어 이런 패턴으로 끊임없이 분화하는 우주를 표현하고, 부분 속에 전체가 든 프랙탈 우주를 표현한다[그림 7.11].

피라미드를 위에서부터 수평으로 잘라보면 계속적으로 커지는 피라미드가 생긴다. 아무리 잘게 쪼개도 전체의 성질을 가지고 있는 프랙탈 우주를 나타내고 있다. 정사각형도 삼각형도 결국 한 점(꼭짓점)에서 나왔다는 것을 나타낸다. 팽이의 찬란한 색깔도 팽이의 아래쪽에 있는 중심 쇠의 검은색에서 나온 것과 같은 이치다. 평평한 사각형(陰의 수)은 안정되어 움직임이 없는 陰을 표현하기 쉽고 비스듬히 서 있는 삼각형(陽의 수)은 불안해서 움직이는 陽을 표현하기 편하다.

이 3과 4의 원리는 한국불교에 잘 자리 잡고 있다. 삼존불과 사면불은 고대 신라의 수도인 경주에 위치한 남산에서 볼 수 있다[그림 7.12]. 3과 4의 숫자가 잘 표현되어 있다.

[그림 7.12] 삼존불과 사면불 ⓒ저자

신라 미추왕릉 근처에서 출토된 장식보검에도 천부경의 핵심 원리가 그대로 표현되어 있다[그림 7.13]. 천지인을 나타내는 세 개의 삼태극이 있다. 각 삼태극 속에 천지인 세 개의 무늬가 있는데 이 세 개의 삼태극은 "天二三 地二三 人二三"을 나타내고 있다. 삼태극들 테두리에는 상하로 28개씩의 구슬이 박혀 있는데, 하늘의 별자리 28수(宿)를 나타내는 것으로, 별자리가 동서남북 4방에 일곱 개씩 있어 일곱 개의 주기를 형성한다(運三四成環五七). 좌우로는 아홉 개씩 구슬이 있어 천지인의 상하관계를 표시한다.

[그림 7.13] 신라 황금보 검의 삼태극(국립중앙박물관) ©저자
[그림 7.14] 신라 금관의 3 프랙탈(국립중앙박물관) ©저자

신라 천마총에서 나온 금관의 형상도 천부경의 기본 원리를 나타내고 있다[그림 7.14]. 머리에 쓰는 원형 관을 중심으로 세 개의 가지가 위로 뻗어 있고 아래로는 두 개의 구슬 줄이 내려와 있다. 원형 관은 하늘을 나타내고 아래로 내린 두 개의 구슬 줄은 부드러운 땅을 나타내고 위로 소생한 세 개의 가지는 인간을 뜻한다.

인간에는 인 중 천지일이 있어 가운데로 한 가지가 올라와 있고 양옆으로 두 가지가 올라와 있다. 옆의 가지는 사슴뿔 모양으로 둘로 갈라져 있다. 인간 중에 땅을 나타낸다. 인간의 가지들은 합하여 3(중앙의 1, 좌우에 2가지)이면서 5(중앙의 1, 좌우에 2가지씩 2개)를 나타내고 있다. 가운데 가지는 인간 중에 하늘을 나타내는데 인간 중의 하늘도 3으로 되어 있어 산(山)자 모양의 세 마디를 보여주고 있다. 이들은 역경과 천부경에 잘 나타나 있는 프랙탈 구조를 보여준다.

천부경의 구절 중에 성환오칠(成環五·七)을 숫자로서 이해하려면 어렵지만 도형으로 풀어보면 이해가 쉽다.

대다수 하늘의 별들은 태양보다 밝고 커서, 수많은 별들이 뜨는 밤이 낮보다도 밝고 뜨거워야 할 텐데 그렇지 않은 것은 왜일까? 어느 학자는 [그림 7.16]처럼 별들이 프랙탈 형태로 적당히 떨어져서 배열되어 있기 때문이라 했다. 우주를 태극으로 음양의 기본 요소만 그리듯이 우주의 별들을 원방각의 기본 요소로 그려보면 [그림 7.15]와 같다.

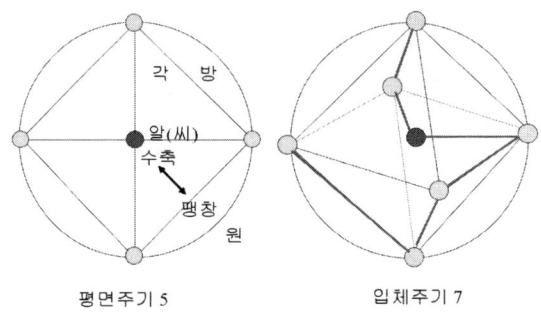

평면주기 5   입체주기 7

[그림 7.15] 성환 5·7 ⓒ저자

이것을 평면으로 보면 그림처럼 다섯 개의 점이 나오고 입체로 보면 일곱 개의 점이 나온다. 각(3)과 방(4)이 운행되어 이루는 원 속의 점들이다. 일곱 개의 점들을 연결시켜 보면, 우주를 주재한다고 해서 우리 민속신앙에서 섬기던 북두칠성의 형상을 이룬다.

[그림 7.15]의 왼쪽은 천부경의 기본이 되는 도형으로서 가운데 점은 1을 나타내고 상하나 좌우의 두 점은 2를 나타내며 중심점을 포함한 3점은

3을 나타낸다. 가운데점은 보통 알이라 하는데, 동물에서는 알이고 식물에서는 씨로서 둘을 합하여 씨알이라고도 하며, 마음의 알은 얼이라 한다.

점점 팽창하여 바깥의 삼각형, 사각형이나 원으로 발전할 수 있고 삼각형, 사각형이나 원이 수축되어 이 점으로 다시 퇴화할 수도 있다. 사람은 생과 사(인간의 모든 정보를 수렴하여 씨를 만드는 과정)를 반복하고 우주는 팽창과 수축을 반복하는 데 이것을 도형으로 보여주고 있다. 천부경에서는 팽창하는 것을 일묘연만왕만래(一妙衍萬往萬來)라 하고 생과 사, 팽창과 수축을 반복하는 것을 '일시, 일종(一始, 一終)'으로 표현하였다.

천이삼·인이삼(天二三·人二三)이라 사람의 운행 시간은 별의 운행이 만들어내는 하늘의 시간과 같다. 그래서 한국에서 사람이 죽는 것을 운명(運命)을 다했다(終)고 한다. 하늘이 명령한 운행 시간을 끝냈다는 뜻이다. 또 칠성판을 진다고 한다. 시신을 칠성을 그린 판 위에 놓고 묻는다. 죽으면(종) 다시 하늘의 칠성에 맞추어 운행을 다시 하라(시)는 염원이 있다.

VIII. 기본수 1, 2, 3이 만들어내는 변화

천부경은 앞부분에서 우주의 구성과 기본수에 대한 정의를 내리고 중간 이후부터는 그 수의 운용을 말하고 있다. 그중에 運三四成環五七은 3(양수)과 4(음수)가 운행되어 5 내지 7의 주기를 이룬다는 의미로, 역경이나 여타의 상수학책에서는 흔히 볼 수 있는 개념이 아니어서 이해하기가 매우 어렵다.

그러나 실제로 현실 주변에서 일어나는 현상들을 주의 깊게 살펴보면 이 말이 아주 잘 들어맞는 것을 알 수 있다. 특히 『황제내경』에 불쑥 튀어

나오는 12 경맥의 생성 원리 배경은 역경의 대가들도 몰라 의아해하는
부분인데, 천부경에서 그 해답을 제시해 주고 있는 것이다.

1. 3(양)과 4(음)가 이루는 체계

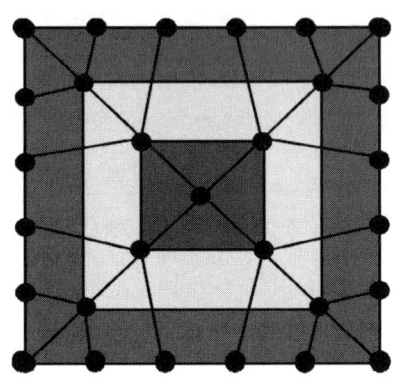

윷판의 운 3 4

[그림 7.16] 4방 3점의 프랙탈 구조인 윷판
ⓒ저자

역경의 괘	세로(양)로 3진법(3, 6), 가로(음)로 이진법(2, 4)
피라미드	세로(양)로 3각형, 가로(음)로 4각형
윷판	4방의 3점 구조[그림 7.16]
동이의 건축물	3층으로 지어진 4각형 건축
DNA의 기본 구조	3개의 염기로 이루어진 코돈, 4종류의 염기

인간의 형체	4마디의 척추(경추, 흉추, 요추, 천추)와 3마디로 갈라지는 몸통(흉부, 상복부, 하복부), 3마디로 이루어진 4지, 3마디로 이루어진 4개의 손가락, 역술가들은 이 12마디를 엄지손가락으로 짚어가면서 하늘과 땅의 운행 마디인 10간 12지를 계산한다.

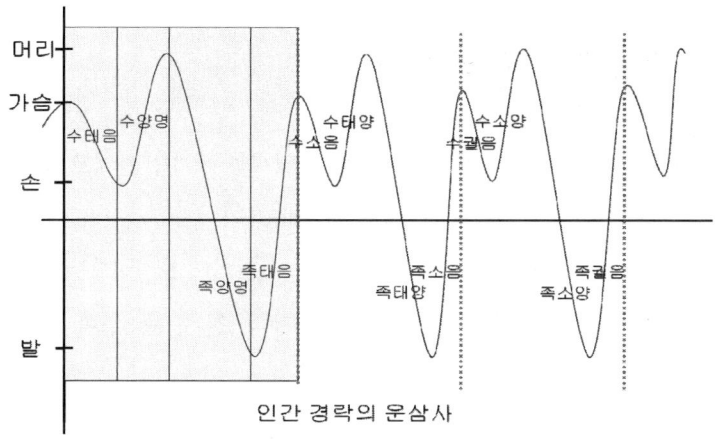

[그림 7.17] 인간 경락의 운삼사 ⓒ저자

12경맥의 기본 구조	4개 경맥이 이루는 3번의 순환[그림 7.17]

수태음 폐경 — 수양명 대장경 — 족양명 위경 — 족태음비경
수소음 심경 — 수태양 소장경 — 족태양 방광경 — 족소음심경
수궐음 심포경 — 수소양 삼초경 — 족소양 담경 — 족궐음 간경

공간의 기본 구조	3개의 축(x, y, z)과 4개의 단면 영역
집의 일반적인 형태	삼각형으로 이루어진 지붕, 사각형으로 이루어진 벽

1년의 기본 구조	세 달로 이루어진 사계절
12지의 기본 구조	해자축 — 수, 인묘진 — 목, 사오미 — 화, 신유술 — 금 3개의 지지가 4마디를 이룬다.
시간의 공약수 3과 4	12달, 24절기, 24시간, 60분, 60초

2. 5와 7이 이루는 순환 체계

순환하여 고리(Circle)를 만드는 것은 5나 7의 주기를 가지고 있다. 이것을 천부경에서는 성환오칠(成環五七)이라 한다.

24절기에서 1절기는 3후로 되어 있는데 1절기가 15일이므로 1후는 5일, 3한(寒)과 4온(溫)이 두 번 순환되는 기간이 1절기, 곧 5일이 3번 순환한 것이 1절기이다.

음력으로 1월은 28일로 되어 있는데 7일이 네 번 순환한 것이 한 달이다. 하늘에는 해(일), 달(월)과 화성·수성·목성·금성·토성의 오성을 합해서 칠성이 있어 우주 변화를 주재한다. 이 변화의 주기를 본떠서 일주일을 만들었다.

북반구의 하늘에는 북극성을 중심으로 네 변방에 일곱 별씩, 28개의 별이 있다. 한 계절에 7개 별자리가 바뀐다. 7개 별 단위가 4번 순환하면 1년이 된다.

북두칠성은 28자리의 기본 패턴이고 우리 민족의 신앙 대상으로 후에 불교의 칠성각에 흡수된다.

일주일(7일)이 52번 순환하면 1년이 된다.

사람에게는 7개의 구멍이 나 있어 우주와 기를 교환하며, 심장에는 7

개의 동정맥(상·하대정맥 2개, 폐동맥 2개, 대동맥, 폐정맥 2개)이 있어 7가지 감정을 표출한다.

우주의 운행 주기를 5운(運), 만물의 운행 주기를 5행(行)이라 한다. 사람의 손은 손가락이 5개씩 2개, 발은 발가락이 5개씩 2개이다. 체강 내의 5장과 각 경맥에 있는 5수혈은 체내·외의 기를 순환시킨다.

IX. 수도법으로서의 천부경

천부경의 핵심 요지는 '앙명인중천지일(昻明人中天地一)'로서 사람이 곧 하늘(人乃天)이니 우주의 본일(本一)인 마음을 받들어 밝혀서 사람 속의 우주와 합일해야 한다는 것이다. 이것이 탱그리(Tangri, 단군)를 신으로 모시던 티베트인들에게는 대아(大我)의 깨달음으로, 복희의 부인인 여와의 후손들인 유대인들에게는 "인간은 하느님과 똑같이 창조됐으니 내가 곧 하느님인 것을 믿고 마음을 하느님처럼 너그럽게 가져 온 우주를 내 몸처럼 사랑하라"는 가르침으로 전해졌다(내가 아버지 안에 있고 아버지가 내 안에 있다. — 요한복음 14장 11절).

이 같은 가르침의 당위성을 입증하기 위해 천부경에서는 수의 개념을 사용하여 다음과 같은 논리를 펼치고 있다.

一始無始 一析三極 無盡本
만물은 1에서 시작되었고 이것은 곧 무에서 시작된 것이고 이 1은 세 가지 극으로 나누어지지만 그 근본에서 벗어나는 것은 아니다.

天一一 地一二 人一三

1이 3으로 갈라져 처음(1)에 1의 성질을 가진 하늘(전체이면서 2에 대해서는 양),
2의 성질을 가진 땅(음), 하늘과 땅 사이에 있어 3의 성질을 가진 인간으로 분화
된다(사람도 하늘과 땅처럼 1이 분화되어 이루어졌으니, 하늘과 동격이란 뜻).

一積十鉅 无櫃化三

그 1이 불어나서 10으로 커져도 궤짝에 있는 것처럼 더 이상 불어나지 않는 것이
아니라 더욱 불어나는데 그 패턴은 3을 단위로 변화한다.

天二三 地二三 人二三

하늘에도 2번째로 1이 분화된 전체의 패턴인 3의 성질이 있고, 땅에도 3이 있고
사람 속에도 3이 있으니 1이면서 3으로 대별되는 하늘·땅·인간에게도 3의 패턴
이 있다. 역경의 2의 패턴으로 말할 때 음 속에 음양이 있고 양 속에 음양이 있는
것과 같다.

大三合六生七八九

하늘과 땅의 큰 3은 합하여 6이 되는데, 여기에 인간의 1(하늘 — 양)이 합해지
면 7, 2(땅 — 음)가 합해지면 8, 3(인간 — 중)이 합해지면 9가 생겨난다. 인간
마음의 음양적 성향에 따라 하늘과 땅, 우주 만물이 달리 보인다.

運三四 成環五七一妙衍

3과 4의 성질을 가진 구성요소가 번갈아 가면서 운행되어 5나 7의 주기를 이루
는데 이것도 1이 다른 형태로 운행되는 것에 불과하다.

萬往萬來 用變不動本

만 가지 물질과 현상이 나타났다가 사라지는 것을 반복해도 그것은 나무의 잎이 봄에 솟아났다가 가을에 사라지나 나무의 뿌리는 그대로인 것처럼 그 쓰임만 변하는 것일 뿐 그 근본은 흔들리지 않는다.

本心本太陽昻明人中天地一

그 근본은 마음이며 태양처럼 모든 변화의 근본이 된다. 그러니 마음을 떠받들어 밝혀서 마음이 사람 속에 있는 우주의 근본인 1과 합하게 해야 한다[그림 7.18].

一終無終一

그 마음속의 1도 끝나는데 그 끝나는 1도 무이다. 곧 1로 다시 시작된다.

[그림 7.18] 일본 신사의 신 거울
(규슈 후쿠오카, 다자이후 텐만구신사) ©저자

일본 신사에서는 신의 형상 대신 거울을 신처럼 모시고 기도를 드린다. 일본어로 신은 '카미'이고, 거울도 '카미'이다. 거울은 태양과 마음을 상징한다. 그래서 동이족 무당이나 왕은 가슴에 거울을 달았다. 이는 신이 깃든 인간의 마음을 태양과 우주에 일치시키는 행위이다. 태양계가 인체라면 태양은 인체의 심장이 된다 (본심본태양앙명인중천지일).

천부경을 깊이 공부하기 전에는 역경의 2진법과 두 개의 3효로 이루어 진 괘의 숫자가 지닌 의미에 많은 의문이 있었다. 천부경을 읽고 그 의문 을 풀 수 있었다. 동양학은 역경의 이치를 모르고는 논할 수 없으며, 천부 경을 읽지 않고는 역경을 논할 수 없다.

8장

삶 속의 주역

I. 주역과 피라미드

어느 문화나 자기 문화를 상징하는 심벌이 있다. 그중 대표적인 심벌은 신이나 우주의 원리를 보여준다. 동양의 대표적인 심벌은 태극도이고 우주 변화의 원리를 상징한다. 태극도는 주역의 원리를 도시한 대표적인 심벌이다. 그 심벌들은 숫자들과 결합되어 있다.

숫자도 도형 못지않게 어떤 사물의 형체나 작용을 표현한다. 필자의 주역 선생님들은 주역을 한마디로 말하면 '3천양지(3天2地)'의 원리라고 하셨다. 하늘은 3의 숫자로 되어 있고 땅은 2의 숫자로 되어 있다는 말이다. 3이란 수는 양수로서 양을 표현하는 수이고 2는 짝수로서 음을 대표한다.

3이란 수로 표현할 수 있는 도형은 삼각형도 되고 'π=3.14'로서 원도 된다. 2란 수로 표현할 수 있는 가장 작은 도형은 사각형이다. 서양에서는 이제서야 그린피스니 뭐니 하며 환경에 대한 관심이 커지고 있으나, 동양에서는 예부터 환경에 대한 관심이 매우 컸다. 자연환경이 파괴되고 있다는 위기감 때문이 아니라 자연환경의 변화하는 이치를 잘 파악하여 이에 따라 살아가는 것이 가장 옳은 삶의 방법이기 때문이었다.

풍수는 일종의 환경학이다. 주역에 의한 아주 복잡한 이론이 있지만, 가장 적합한 환경에 집을 짓고, 가장 적합한 환경에 죽은 사람을 묻기 위한 것이다.

산 사람이 사는 집이나 죽은 사람이 묻힐 무덤은 양적인 하늘의 영향과 음적인 땅의 영향을 균형 있게 받는 곳이 좋은 곳이다. 죽은 사람을 이런 장소에 묻으면 그 죽은 사람의 영혼이 편하며(음양이 조화된 지천 태괘를 보라), 죽은 사람과 같은 기로 이루어진 후손들이 이 기의 공명을 받아 음양이 조화된다는 동양의 이론이다.

사람이 음양의 조화가 이루어진다는 것은 그 사람의 단점이 고쳐진다는 것이고 음양이 조화되게 조상의 묘를 잘 쓴 사람은 부자가 되거나 권력을 갖게 된다는 것이다. 이집트 문명에도 이런 이론이 있는지는 알 수 없지만 피라미드[그림 8.1, 8.2, 8.3, 8.4]를 만든 동기는 죽은 사람의 평안을 위한 것이다. 피라미드는 분명 하늘과 땅을 상징하는 것이라는 유추하에 주역의 원리대로 피라미드의 의문점을 풀어보면 아주 잘 풀린다.

동서고금을 막론하고 수평선은 땅을 상징하고 수직선은 하늘을 상징한다. 피라미드의 꼭짓점이 하늘을 상징한다는 견해에는 이의가 없을 것이다. 피라미드의 바닥은 땅을 상징할 것이다. 꼭짓점은 분화하기 이전의 혼몽한 상태를 나타낸다. 태극을 나타내는 것이다.

[그림 8.1] 이집트 피라미드 ©123RF
[그림 8.2] 멕시코 치첸이트사 피라미드 ©123RF

[그림 8.3] 바빌론의 피라미드(키루스 왕릉)
©Shutterstock

[그림 8.4] 석촌동 백제 피라미드 ©Shutterstock

태극 속에는 64괘가 있듯이 이 꼭짓점 속에는 우주의 축소판인 피라미드 전체가 들어 있다. 피라미드의 어느 부분을 수평으로 잘라도 작은 피라미드가 있다. '태극→사상→ 팔괘→ 64괘'의 단계에서도 어느 단계나 각 부분이 음과 양으로 구성되어 있어, 부분 속에 전체가 들어 있음을 보여준다.

피라미드를 정면에서 보면 삼각형이 보이는데 맨 위의 꼭짓점은 하나로 하늘이고, 맨 밑의 두 꼭짓점은 2로 땅을 나타내고, 전체의 꼭짓점은 3으로 하늘과 땅의 교합으로 생겨난 사람이나 만물의 숫자가 된다. 피라미드를 꼭짓점을 중심으로 위에서 보면 [그림 8.5]나 [그림 8.6]이 나타난다. 주위의 꼭짓점은 사상이 되고 그 중심의 꼭짓점을 더해 보면 오행이 된다. [그림 8.5]와 [그림 8.6]처럼 4정괘와 4간괘를 합쳐보면 팔괘도가 된다.

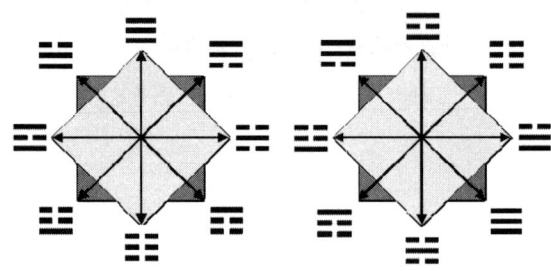

[그림 8.5] (좌) ©저자
[그림 8.6] (우) ©저자

주역 이론은 하도와 낙서 그림을 편집해서 만든 이론이다. 이처럼 피라미드의 생성 원리를 여러 각도에서 살펴보면 주역 이론과 똑같다. 주역이 만물의 공통 패턴을 도시하고 있어 어디에나 적용시킬 수 있기 때문에 피라미드의 생성 원리와 같은 것인지, 피라미드를 만든 사람이 주역을 알고 있었는지는 알 수 없다.

II. 주역과 가톨릭의 묵주

원고 집필 중 가톨릭의 묵주를 보고 깜짝 놀랐다. 묵주가 하도, 낙서나 주역 이론의 전부를 아주 잘 보여주고 있기 때문이다. [그림 8.7]을 보면 묵주는 십자가에서 분화하여 점점 더 많은 숫자의 구슬로 발전한다. 여기서 구슬 하나하나는 전체를 나타내는 태극이다.

[그림 8.7] 가톨릭의 묵주 ©저자

십자가는 수평선과 수직선이 합치되는 모형이다. 수평선은 음의 상징이며 땅이다. 수직선은 양의 상징이며 하늘이다. 음과 양이 만나는 점이 태극이며 하느님이고 우주이다. 십자가의 돌출 부분 넷은 사상이고 그 중심부 土를 합치면 오행이 된다. 묵주 전체로 볼 때는 십자가 전체가 태극이며 하느님이고 우주가 된다. 이런 원리를 시간적 분화로 표현하기 위하여 시간을 만드는 별들을 상징하는 구슬로써 다시 표현하였다.

십자가 다음에는 한 개의 구슬을 달아 태극을 표시하였고 그다음은 하늘, 인간, 땅, 세 개를 달아 우주를 표시했다. 성부·성자·성령은 삼위일체를 뜻하는데 성부는 하늘의 신이고, 성자는 인간의 신이고, 성령은 땅의 신이 된다.

그리고 많은 구슬을 늘어놓아 큰 원을 그리는데 거기에는 다섯 개의 마디 구슬로써 오행을 표시하였다. 오행 속에 또 오행이 있는 것을 표시하기 위해 각 마디마다 열 개의 구슬을 달아 놓았다. 각 오행이 음과 양으로 분화한 10간이나, 하도의 5개 생수와 5개 성수를 표시한 것이다.

이 묵주도 주역이나 피라미드처럼 하도와 낙서의 조합이라고 볼 수 있는데 하도, 낙서를 보고 만든 것인지의 여부는 알 수 없으나 같은 의미를 내포하고 있다. 기독교에서 십자가는 예수님이 십자가에 못 박혀 돌아가셨기 때문에 기독교의 상징으로 쓰인다고 한다. 그러나 분명 그보다는 더 깊은 뜻이 있을 것 같다는 생각이 든다.

가톨릭에서는 신부들이 중국에 선교사로 가서 주역 공부를 많이 했다고 한다. 예수님이 태어나셨을 때도 동방박사들이 왔는데 실크로드를 통한 동서 교류에서 동양학자들이 최고의 책으로 여기는 주역 책이 서양에 전해지지 않았을 리 없다.

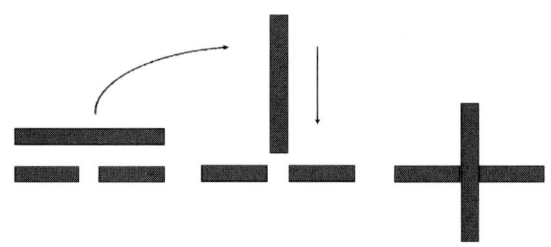

[그림 8.8] 십자가와 괘 ©저자

사실 양효는 수직으로 세워야 양의 동적인 성질이 더욱 잘 표현된다. 음과 양은 서로 만나게 되어 있으니 양효를 끌어모으는 성질이 유발되는 음효의 빈틈으로 양효를 밀어 넣으면 십자가가 된다[그림 8.8]. 주역의 괘는 그저 형태만 그려져 있는 데 반해, 십자가는 양효와 음효의 성질과 작용까지 잘 표현하고 있는 아주 우수한 심벌이다.

III. 성소와 주역

동양을 여행한 사람들은 위인들의 신위(神位)를 모시는 사당을 볼 수 있었을 것이다. 사당은 오래되었으면서도 잘 보존되어 있어 관광 명소가 된 곳이 많다. 엘리자베스 영국 여왕도 한국의 풍속이 잘 보존된 안동의 하회 마을을 다녀간 적이 있다. 이곳에는 한국의 유명한 유학자 류성용 선생의 사당이 있다.

성경에도 이런 곳에 대한 기록이 있다. 하느님의 보좌가 있는 이른바 '성소'라는 곳이다. 구약 시대에는 12지파 유대인들의 마을 한가운데에 하느님의 명령으로 성소(the Holy Place)를 만들었다. 사면에 장막을 치고, 그 중앙에 둘로 나뉜 성소가 있다[그림 8.9].

[그림 8.9] 성소의 전경 ©Shutterstock

[그림 8.10] 성소의 내부 ©Shutterstock

성소의 두 칸 중 더 깊은 쪽에 있는 칸은 지성소(the Holy of Holies, [그림 8.10]로, 성궤[그림 8.11]가 모셔져 있는데 성궤 안에는 하느님의 십계 명이 적힌 돌비석과, '만나'라는 물과 아론의 싹이 난 지팡이가 들어 있고 성궤 위에는 하느님의 보좌가 있으며 하느님의 보좌 위에는 '쉬카이나'라 는 빛이 있다. 이 빛은 천사의 날개로 가려져 있다(출애굽기 25장).

[그림 8.11] 성궤 ©123RF
[그림 8.12] 신여(성궤와 유사한 일본 신사의 오미코시) ©저자

현재는 12지파 중에 2지파만 존재하고 있다. 유다 지파(Tribe of Judah) 와 베냐민 지파(Tribe of Benjamin)이다. 그래서 이스라엘에는 세계를 다니 면서 잃어버린 10지파를 찾아다니는 랍비들이 있다. 이들이 일본에 와서

이 오미코시(신여[神輿]를 보고 놀랐다[그림 8.12]. 너무 성궤와 닮았다. 특이한 것은 밖에 삼태극 세 개가 그려져 있다. 거리와 세월의 격차를 감안할 때 너무 닮았다.

이 성소의 조감도를 보면 주역의 원리를 나타내고 있다. 가운데 성소는 태극에 해당한다. 성소도 둘로 나뉘어 있고 태극도 음양 둘로 나뉘어 있다. 성막은 사방으로 둘러져서 사상에 해당한다. 성막 밖에는 유대인의 12지파가 산다. 64괘 중에 64괘를 대표하는 12군주괘가 있다고 했다. 유대인의 12지파는 12군주괘에 해당하며 땅의 기운인 6기를 음과 양 둘로 분화시킨 12가지 기운인 12가지 동물에 해당한다.

성경에는 12제자, 12샘물, 12기둥이 있어 12라는 숫자의 의미가 큰데, 주역의 원리에 의하면 주역 64괘 중 6효로 이루어진 괘 하나를 이루는 숫자이기도 하다. 6개의 자리에 들어오는 음이나 양, 두 가지 경우인 12를 뜻한다($6 \times 2 = 12$). 12는 우주의 기본 수인 삼천양지를 곱한(3×4) 수이기도 하다. 12라는 수는 64괘처럼 각기 다른 모양을 지닌 우주 만물을 나타내는 수가 된다. 하느님이 우주를 창조하실 때 6일 동안 만드신 것과 일맥상통한다.

지성소 중에 하느님 자리는 태극도의 양이 극할 때 나오는 한 점 같은 곳이다. 한의학에서 신 계통(水)에 속하면서도 상부에 있는 뇌와 같은 곳이다. 부분 속에는 전체가 있는 법이라 지성소에는 다시 오행에 해당하는 것들이 있다. 성막 속은 평면적 배열이지만 지성소 속은 上下로 입체적으로 배열된다. 성막이 수평 선상의 배열이라면 성소 속은 수직 선상의 배열이 되어 십자가의 의미를 또 한 번 연상시켜 준다.

위 [그림 8.11]에서 보여주는 성궤에는 土에 해당하는 하느님의 보좌와 그를 덮고 있는 천사의 날개와 신의 광채인 쉬카이나라는 火가 있다. 궤 속에는 木에 해당하는 아론의 지팡이와 비처럼 내려 水에 해당하는 만나,

金에 해당하는 십계명 돌비석이 있다.

하찮은 아론(모세의 형)의 지팡이가 왜 성스러운 성궤 속에 들어 있을까 하고 의아해하는 사람이 많다. 하느님이 죽은 나무로 만든 지팡이에서 싹이 나게 하여 기적을 보여주셨기 때문이기도 하지만 오행 중에 木을 구비하기 위함이기도 하다.

또한 십계명을 새긴 돌비석에도 전체가 들어 있다. 주역의 이론을 한마디로 '삼천양(2)지'라 말했다. 일반적으로 추측하기에는 하느님이 십계명을 새긴 돌비석을 내려주실 때 한 개의 돌에 10개의 계명이 적힌 돌을 내려주실 것으로 생각된다. 두 개에 나누어 십계명을 적었다면 한쪽에 다섯 개씩 적었으리라 짐작하기 쉬우나 정작 십계명은 두 쪽의 돌비석에 한쪽에는 여섯 개, 다른 한쪽에는 네 개의 계명이 적혀 있다.

하늘이 내려준 하도와 낙서 형상을 보고 주역의 팔괘 오행을 만들었다고 했다. 십계명에는 하도, 낙서와 같은 뜻이 담겨 있다. 두 쪽의 돌비석은 음과 양(하늘과 땅)을 뜻하고, 여섯 개의 십계명은 세 개의 음과 양으로서 하늘의 수를 뜻하고, 네 개의 십계명은 두 개의 음과 양으로서 땅의 수를 뜻한다. 즉, 주역의 삼천양지를 나타내고 있다.

만나는 하느님께서 내려주신 생명의 물이나, 물이 식물 속에서 변형된 식품으로서 5행 중에 생명을 자양하는 물에 해당한다. 이 3가지는 땅의 물질로서 정육면체의 궤에 들어 있다. x, y, z 좌표의 3차원 공간이며 팔괘가 배열되는 정육면체의 공간도 그 의미하는 바가 크다.

이 성궤 위의 중앙에 하느님께서 앉아 있는 상징적인 보좌가 있고 그 위에 불에 해당하는 빛이 있다. 하느님은 중앙이며 음양이 완전히 조화된 土에 해당한다고 했다. 이렇게 지성소는 오행이 입체적으로 구성되어 있다([그림 8.9] 참조).

성소의 구조는 철저하게 주역의 원리에 의해 지어진 동양의 궁궐이나 신을 모신 사당의 구조와 비슷하다.

[그림 8.13] 평택 진위 향교의 괴목(회화나무) ⓒ저자

성궤나 지성소에 쓰는 목재는 acacia 나무인데 한국에서는 괴목(槐木)이라 부른다. 신의 나무라는 뜻이다. 꽃이 만나처럼 아이들의 배고픔을 덜어주던 아카시 나무와 비슷하여 구분이 어렵다. 태극이 그려져 있는 사당, 절, 궁궐 앞마당에 반드시 심는다[그림 8.13]. 괴목은 부적을 인쇄하는 도장의 재료이다. 괴목에 얽힌 설화가 아주 많은데 여기서는 줄인다.

역경의 저자인 복희의 아내 이름은 한국에서 발음이 여호와 하나님과 같다. Jehovah에서 J가 약화되어 Y가 되고, V가 약화되어 W가 되는 것은 지구상 언어에서 나타나는 흔한 현상이다. Yehowah는 복희 부인 여와와 같은 발음이 된다. 비교 언어학에서 여호와와 여와는 같은 발음으로 생각한다.

이 여호와 하나님은 성소의 입구 커튼을 적색·청색·자주색 실로 짜라고 지시한다. 이것은 한국의 사당 문에 태극을 그려놓은 것과 같다. 청색은 음, 적색은 양, 자색은 청과 적이 섞인 색으로 중을 의미한다.

성소에 모셔진 하느님의 앞뜰에서는 제사장들이 위 [그림 8.9]처럼 매일 번제(燔祭)라는 제사를 드린다. 제사를 드릴 때 활활 타는 불을 피우는데 그 뒤에는 맑고 그득한 물이 한 솥 떠져 있다. 정화수를 떠놓고, 촛불을 켜놓고 기도 들이는 것과 같다. 그런 의식은 우주가 돌아가는 이치이며 인간이 물과 성령의 불로서 거듭나기 위해서 요구되는 수승화강을 상징한다.

주역을 만든 바탕이 된 하도와 낙서는 하느님이 주셨으니 결국 주역은 사람들을 일깨우기 위하여 하느님이 만드신 것이다. 이처럼 성경의 내용과 주역의 내용은 같다. 독실한 기독교인들에게는 동양의 고전을 설명한 이 책이 신성을 모독하고 있는 것으로 보일지 모르겠다.

필자는 하느님의 신성을 모독할 뜻은 없다. 본의 아니게 이 책이 그렇게 보였다면 심심한 사과를 드린다. 오히려 어렸을 때는 교회를 나갔으나 성경이 논리적이지 않아 교회를 떠난 많은 사람들에게 성경이 논리적이라는 생각이 들게 하고 싶을 뿐이다.

IV. 바둑과 팔괘

바둑은 서양 사람들에게는 잘 알려져 있지 않지만 한국, 일본, 중국에서는 아주 인기 있는 게임이다. 일본 사람들은 바둑을 '고'라 부르는데 미국 사람들 중에도 이 게임을 즐기는 사람들이 있다.

전설시대에 아주 정치를 잘한 임금인 요임금(공자가 가장 존경한 임금)이 머리가 둔한 아들을 위해 머리가 좋아지라고 만들었다 한다. 이 게임을 하면 머리가 좋아진다고 알려져 있어 우리나라에서는 초등학교 아이들을 가르치는 바둑학원이 성행했다. 또한 바둑에 관한 내용만 방송하는 케이블 TV도 있다.

일본은 바둑에 관한 열기가 더 뜨겁다고 한다. 서양 장기와 비슷한 동양 장기도 인기가 있는데 전략이 바둑보다는 단순하여 인기 면에서 바둑에 뒤진다. 동양의 프로 바둑기사들이 참가하는 대회에는 상금이 몇 백만 불이 된다. 한국에도 이런 바둑대회가 여러 개 있다. 이렇게 인기 있는 바둑에서 바둑판이 무엇을 뜻하는지는 모른다. 대충 하늘의 별자리를 보고 만들었으리라 추정할 뿐이다.

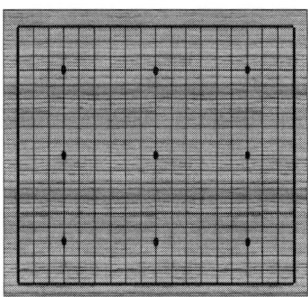

[그림 8.14] 바둑판 ⓒ저자

[그림 8.14]에서 보듯이 바둑판은 가로 18칸, 세로 18칸으로 되어 있다. 줄은 가로 19줄, 세로 19줄로 되어 있다. 수직선과 수평선들이 만나는 교차점에 바둑알을 놓는다. 바둑알을 놓을 수 있는 자리는 '19×19=361개'이다. 그리고 바둑판에는 9개의 점이 찍혀 있다. 바둑에는 태권도의 띠처럼 급수가 있다.

급수가 높은 사람과 급수가 낮은 사람이 같이 바둑을 둘 때, 급수가 낮은 사람은 바둑알을 몇 개 더 두는데 이때 놓는 자리가 점이 있는 자리이다. 이곳에 먼저 놓는 것이 유리하다. 바둑판이 이렇게만 그려져 있으니 평생 동안 바둑만 연구하는 사람들도 바둑판이 무엇을 의미하는지 모른다.

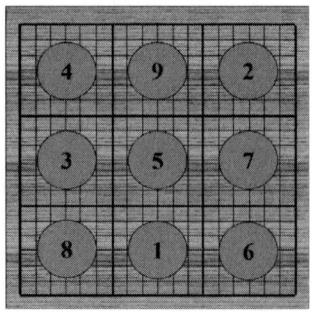

전설시대에 생긴 게임이니 주역의 효수대로 6칸씩 굵은 줄을 그어 보
자. 정확히 아홉 칸으로 나누어진다. 하도, 낙서 중에 낙서 그림이다. 변화
가 심한 게임이니 작용을 나타내는 문왕 팔괘의 바탕이 되는 낙서 그림이
나오는 것이다. 둘레의 팔방에 팔괘가 들어간다. 번호를 적어 보면 바로
낙서이다[그림 8.15].

대립되는 방위의 숫자 합이 10이고, 가운데 있는 숫자는 그것의 평균
인 5가 된다. 이 9개 지역을 9궁이라 하는데 오행의 상생상극처럼 변화가
다양하여 천문, 지리, 점, 정치, 전법 등에 다양하게 쓰인다.

가운데는 중궁이라 하여 오행의 土에 해당하며 음양이 조화된 위치이
다. 십자가의 중간에 해당하는 신의 자리이다. 土이며 태극에 해당하는
자리이니 전체의 정보를 가지고 있다. 이 중궁도 가로로 6칸, 세로로 6칸
으로 되어 있어 4칸씩 나누어 보면 또 9궁이 나온다[그림 8.16].

바둑판에서 가장 가운데 점을 천원(天元)이라 하는데 하늘의 근본이란
뜻이다. 바둑판의 전체 정보가 모두 다 들어 있는 점이다. 우주 전체, 피라
미드의 꼭짓점에 해당하는 태극이다[그림 8.17].

바둑을 둘 수 있는 교차점은 상하·좌우에 다른 교차점이 있어 대각선

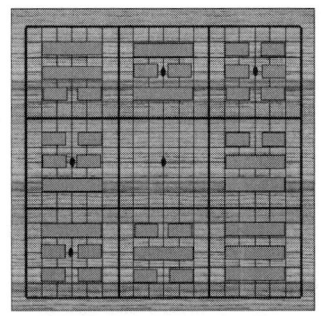

[그림 8.16] 바둑판의 문왕 팔괘 ⓒ저자

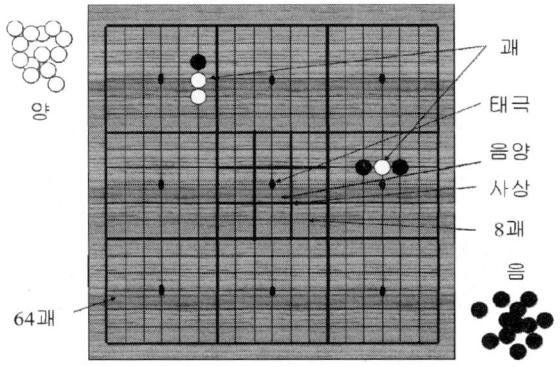

[그림 8.17] 바둑의 주역 ⓒ저자

으로 음양 짝을 이루고 있는데 천원 점만 짝을 이루지 않는다. 음양이 조화된 곳이기 때문이다. 이 점을 빼면 바둑 놓는 점은 360개가 된다. 이것은 365일에 해당한다. 주역의 효는 '64×6=384개'가 있는데 건곤감리는 뜻만 있지 실제 존재하지 않으므로 빼면 '384-(6×4)=360'이 나온다. 바둑 놓는 자리는 주역의 효에 해당하는 것이다.

바둑은 흰 돌(양)과 검은(음) 돌로 둔다. 한 사람은 흰 돌이 든 그릇을, 상대 사람은 검은 돌이 든 그릇을 가지고 번갈아 놓는다. 이것이 주역의 괘를 그리는 것과 같다. 번갈아 놓는 것은 "도는 음과 양이 번갈아 간다"라는 법칙에 부합된다. 세상은 음과 양의 싸움이며 선과 악의 싸움을 벌이는 바둑판이다.

하느님 심판 아래 천사와 악마가 검은 돌과 흰 돌을 번갈아 놓으면서 하느님의 세상 통치를 시뮬레이션하는 게임이 바둑이다. 상대편 바둑알을 포위해 포로로 잡고 그 포위한 지역을 차지하게 된다. 더 이상 바둑 둘 자리가 없으면 누가 많은 지역을 차지했느냐로 승부를 가른다.

[그림 8.18] 바둑 어원인 밭둑 ⓒShutterstock

우리나라 사람들은 '고'를 '바둑'이라 부른다. 밭둑[그림 8.18]에서 유래된 말이다. 밭이나 논은 다른 사람의 땅과 경계를 짓기 위해 둑을 쌓는다. 산 위에서 본 밭둑이 바둑판과 같아서, 밭둑이라 이름 붙였을 것이다. 중국 사람들은 '웨이치'라 부르는데 본래 중국말 '위기(圍棋)'에는 밭둑을 나타내는 부분이 없다.

사서삼경 중의 하나인 『맹자』에는 순임금은 중국의 한족이 아니라 한국과 일본의 기원 종족인 동이족이라는 기록이 있고, 바둑을 만든 요임금은 순임금에게 임금 자리를 물렸으니 동이족이었을 것이고, 바둑은 동이

족 놀이이다. 곤지리(坤之理)는 아이들이, 바둑은 어른들이 우주 변화의
원리를 시뮬레이션 해보는 놀이이다. 그 원리가 역경과 같으니 역경을 놀
면서 배우는 놀이다. 오징어 게임이나 아파트 같은 한국 게임이다.

한국의 바둑 기사 이세돌이 AI를 이긴 유일한 인간이다. 음양의 흰
돌과 검은 돌, 이 두 돌이 아닌 음양이 조화된 이세돌이 AI를 이긴 것이
우연이 아니다.

V. 윷놀이

한국에는 윷이라는 게임이 있다. 한국말로 6을 '육' 혹은 '여섯', '엿'이
라고 발음하는데 거기에서 유래한 이름이다. 둥근 나무토막 두 개를 반으
로 쪼개 네 토막을 만들어 주사위처럼 던진다. 한 토막의 나뭇조각에는
두 면이 있다. 둥근 양(陽)면과 평평한 음(陰)이다. 네 개의 나무토막을 던
지면 다섯 개의 경우가 생긴다. 세 개의 양과 한 개의 음을 도(돼지), 두
개의 양과 두 개의 음을 개, 한 개의 양과 세 개의 음을 걸(양), 네 개의

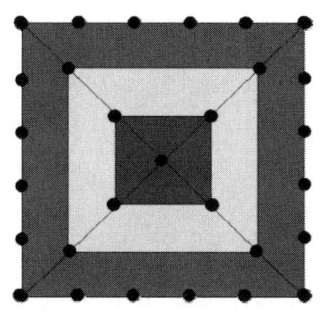

[그림 8.19] 윷판 ©저자

음을 윷(소), 네 개의 양을 모(말)라 한다.

이 게임은 음양과 수리, 계산과 나아가서는 역경을 배울 수 있게 고안된 게임이다. 윷은 게임뿐만 아니라 주역의 64괘를 뽑아보는 도구로도 쓰였다. 깊이 관찰하면 윷의 말판[그림 8.19]도 하도와 마찬가지로 피라미드의 생성 원리를 담고 있음을 알 수 있다. 수평으로 세 번 자른 피라미드를 꼭짓점에서 내려다보면 윷판이 나온다. 피라미드나 윷판이나 역경의 패턴을 보여주는 조형물이니 형태가 비슷할 수밖에 없다.

VI. 도리도리 짝짜꿍

옛날 우리나라의 왕과 신하들은 역경의 대가였다. 관리를 등용하는 시험이 그날 주어진 제목을 가지고 시를 짓는 것이었다. 역경에서 말하려고 하는 우주 만물의 보편적 법칙인 道를 그 시에 얼마나 잘 적용시키고, 잘 표현하고 있는가를 채점하여 관리로 등용시켰다. 그렇게 해서 뽑힌 관리들 중에 교육을 담당하는 우수한 사람들은 아이들에게 교육적인 놀이를 만들어서 우주 변화의 이치를 자연스럽게 교육시켰다.

역경을 교육시키는 놀이들을 다 소개하려면 책을 한 권 따로 써야 할 것이므로 그중에 대표적인 것 몇 개만 소개한다. 아기가 머리를 자기 목의 힘으로 들고 있을 때쯤 되어 '도리도리'라고 어르면 아기는 머리를 좌우로 회전시킨다. 말을 아직 하지 못하지만 자기가 '도리도리'라는 말에 반응하는 것을 어른들이 좋아한다는 것을 안 것이다. '도리도리'는 도래도래(道來道來)가 아기 듣기 좋게 변한 말로 도가 온다는 뜻이다.

『황제내경』에 우주는 둥글고 머리는 우주를 본떠서 둥글다는 구절이 있다. 머리가 곧 우주라는 뜻인데, 머리를 돌리는 것과 '도가 온다'는 것이 일치함을 가르치고 있다. 도리도리 놀이의 목적은 근육을 제어할 수 있는 두뇌 발달을 촉진시키기 위함이겠으나 거기에 철학적 의미까지 부여하여 그런 이름을 붙여준 것이다. 도리도리는 음양으로 분화하기 전 도, 태극의 동작이다.

'도리도리'를 할 줄 알면 다음은 '짝짜꿍짝짜꿍'을 시킨다. 짝짜꿍은 손바닥을 마주치는 동작이다. 짝짜꿍짝짜꿍이라는 말을 반복하면 아기는 손뼉을 치며 좋아한다. 짝짜꿍은 "짝을 맞추어 쿵 하는 소리를 낸다"라는 뜻이다. 음양의 화합을 뜻한다. 목보다 더 분화되었으나 손가락보다는 덜 섬세한 팔의 근육을 움직이는 행동을 통해 뇌의 발달을 촉진시키기 위한 동작이다.

아기가 이 두 가지 동작을 배우면 '도리도리'와 '짝짜꿍'을 구분할 줄 알게 된다. 둘을 구분할 줄 안다는 것은 음양을 분별할 줄 알게 됨을 의미하며, 뇌의 판단 기능도 발달된다.

위의 두 동작을 할 수 있으면 '쥐엄쥐엄'을 시킨다. 쥐엄쥐엄은 양쪽 주먹을 쥐었다 폈다 하는 동작이다. 보다 분화된 근육인 손가락 운동을 시켜서 뇌의 미세한 통제기능을 발달시키기 위한 동작이다. 쥐엄쥐엄은 손가락을 쥐는 음의 동작과 펴는 양의 동작을 통합하는 삼의 동작을 의미한다.

우주에 해당하는 머리를 처음 돌리기 시작하는 봄의 작용(도리도리)과, 손뼉을 치며 동작을 크게 하며 좋아하는 여름의 작용(짝짜꿍짝짜꿍) 다음에 오는 쥐엄쥐엄은 가을에 에너지 수렴 동작이기도 하다. 여름 동안에 분산된 에너지를 보자기로 싸서 수렴하여 물질로 만드는 가을의 작용을 상징한다.

쥐엄쥐엄을 할 줄 알면 '곤지곤지'를 시킨다. 곤지곤지는 왼손 손바닥을 펴고 오른손 검지를 펴서 왼손바닥에 반복해서 닿게 하는 동작이다. 곤지는 두 개의 한자로 이루어진 말인데 곤은 주역의 팔괘 중 땅을 뜻하는 곤괘를 말하고 지(地)는 땅이란 뜻이다. 곤지 중에 지(至)는 '도달한다'라는 뜻도 있어 '곤지'란 "땅에 이른다"라는 뜻도 된다. 도래도래의 하늘의 도가 땅에 이른다는 뜻이다.

곤지곤지는 오른쪽 손(양) 손가락을 한 개만 펴서 왼쪽(음) 손바닥(평평한 땅을 상징)에 반복해서 접촉시키는 매우 미세한 동작이다. 아주 미세한 신경망이 구성되어야 가능한 동작이고 이런 동작을 반복함으로써 오차가 없는 안정된 신경망이 구성될 수 있다.

아기가 스스로 인식하고 있는 미세한 손가락 움직임을 반복하게 되면 뇌 신경망(neural network) 연결 패턴이 정확하게 구성된다. 곤지곤지는 두 뇌의 발달에 큰 역할도 하지만 가을에 수렴된 에너지를 땅속 깊이 저장하는 겨울의 동작이고 땅의 수 '4'에 해당하는 동작이다.

25년 전 일본의 박람회에 칼날 위를 걸으면서 팽이를 돌리는 로봇이 선보였다. 로봇이 칼날 위에서 중심을 잃고 떨어질 때마다 로봇의 뇌에 해당하는 전자회로의 연결을 이리저리 옮김으로써 이것을 가능하게 만들었다.

이것이 AI의 가장 기본 개념이다. 이 개념은 뇌 신경세포의 가지돌기 연결 방식을 본뜬 것이다. 아기는 태어나서 만나는 모든 자극에 대한 대처를 수상돌기 연결 패턴으로 기록한다. 엄마가 뭐라 뭐라 말하면 우선 멀뚱멀뚱 쳐다본다. 그러다 아무 반응이나 해본다. 손을 저어 보기도 하고 꿈틀거려 보기도 하고 얼굴의 이런저런 표정을 지어 보기도 한다. 이것이 자극에 대한 결과이고, 이 결과는 뇌의 신경세포 가지돌기 연결 조합으로 임시 기록을 남긴다.

아기가 여러 표정을 짓다 어쩌다 웃었더니 엄마가 너무 좋아한다. 이게 강렬한 자극으로 돌아왔고 이런 강렬한 자극은 아기 뇌의 신경세포 가지돌기의 연결을 확정 짓는다. 이렇게 신경세포 연결이 공고해지면 엄마가 그 행동을 보일 때마다 영락없이 웃음을 발사한다.

신경세포 가지돌기 연결은 한 번에 확정 지어지는 것이 아니다. 칼날을 걷는 로봇의 전기회로 연결처럼 결과에 따라 계속 수정 해나간다.

자극의 입력값을 신경세포 가지돌기 연결 조합으로 바꾸는 것이 역경의 괘와 같은 코딩이다. 이 연결이 점점 복잡해지고 세밀해지는 것은 역경의 괘가 음양, 사상, 팔괘로 세분되는 것과 같다.

지금까지 컴퓨팅은 인간이 찾아낸 패턴으로 프로그램을 만들어 컴퓨터에 일을 지시하는 것이었는데, AI는 다양한 자극에 해당하는 데이터를 입력하면 그 패턴을 스스로 찾아낸다. 그리고 이 패턴에 따라 로봇 팔에 일을 시키는 결과를 낸다.

이 패턴을 찾아내기 위해 다양한 데이터를 입력시키고 결과가 원하는 대로 나오도록 전기회로 연결을 수도 없이 수정한다. 이렇게 얻어진 전기회로 패턴이 AI의 모델이며 이것이 칼날을 걷는 로봇의 전기회로 패턴이고 아기 두뇌의 신경세포 수상돌기 연결 패턴이고 이 패턴이 역경이 도시하고 있는 만물 변화의 공통 패턴이다.

AI는 이 패턴을 찾기 위해 수억 번, 수 조 번의 통계적 회로 연결 조합을 바꾼다. 이것을 가능하게 한 것이 GPU 칩의 발달이다. 아기의 뇌는 이보다 많은 가지돌기의 조합을 한다. 처음부터 이렇게 하는 것이 아니라 음양, 사상, 팔괘 기하급수로 늘어나는 뇌 성장을 한다.

AI에 딥 러닝을 시키듯이 아기들 뇌 성장을 시키는 방법이 놀이를 통한 뇌 성장 방식이다.

VII. 주역과 여러 문명의 태극

[그림 8.20]은 기원전 16세기 미케네 문명 유물이다. 그 금 칼자루에 3개의 동심원이 서로 연결되어 있다. [그림 8.21]도 주위 무덤에서 출토된 미케네 문명 유물이다. 동심원이 삼각, 육각으로 연결된 프랙탈 도형을 하고 있다.

[그림 8.20] 기원전 16세기 미케네 문명의 칼자루 삼태극
(아테네 국립고고학박물관) ©저자

[그림 8.21] 분화하는 원형 프랙탈 태극도를 닮은 미케네
금박(아테네 국립고고학박물관) ©저자

[그림 8.22]의 도자기는 그리스 크레타섬 헤라클리온 박물관의 기원전 17세기 도자기이다. 서로 반대로 도는 동심원이 서로 띠를 두르고 있다. 산토리니, 크레타 주변 미노아 문명 유물의 아주 흔한 문양이다. 이들 동심원은 만물 변화의 핵심과 시작을 표현하고 있다. 알고 있었는지 모르겠지만 은하계, 태양계 모습을 그려 우주 만물 변화의 중심을 표현하고 있다.

[그림 8.22] 헤라클리온 박물관 도기의 삼태극
(크레타, 그리스) ⓒ저자

[그림 8.23]은 한국 궁궐 도서관의 입구 문 기둥의 태극 문양이다. 역시 여느 태극처럼 우주 변화의 핵심을 표현하고 있다. 동서양이 모두 우주

[그림 8.23] 비원 궁중 서원 문의 삼태극. 헝가리 궁중 성당 문의 삼태극과 다르지 않다. ⓒ저자

변화의 핵심을 동심원으로 표현하고 있다. 변화가 중심에서 시작하여 주위로 퍼져 나가는 것을 표현하고 있다. 모두 왕이 쓰는 문양들로서 왕은 민중의 중심으로 변화의 핵심을 바르게 파악하라는 의미도 담고 있다.

동서양 동심원에서 차이나는 것이 있다. 서양의 동심원은 가장자리가 막혀 있지 않고 연속되어 있다. 반면 동양 동심원은 원으로 막혀 있다. 동심원 문양은 우주 변화를 설명하는 모델인데 서양 동심원은 오픈 모델이고 동양 동심원은 폐쇄 모델이다. 동양은 음양 사상 팔괘 하는 분화를 64괘까지만 시킨다는 의미가 있다. 서양은 무한대까지 분화를 시킨다는 것을 암시하고 있다.

이것이 동양 학문과 서양 학문의 차이이다. 동양인들은 서양 학문이 처음 소개되었을 때 과학이라 불렀다. 과는 '나눈다'는 뜻이고 학은 'Study'라는 뜻이다. 서양 학문은 우주 변화를 아주 세분해서 다룬다는 뜻이다. 동서양의 학문하는 방식, 패러다임 차이가 우주 변화의 핵심을 나타내는 심볼의 차이에서 비롯되었다.

보태는 글

주역의 道人, 나의 스승님들

저자 이성환은 여러 스승들로부터 주역에 관해서 배웠다. 이 책에 게재된 주역에 관한 새로운 견해의 대부분은 그분들 중에서도 다음에 소개되는 두 분의 스승님들로부터 전수받은 것으로, 삼가 이 책을 두 분께 바치고 싶다.

권태훈 선생님

진시황 이전의 중국 사람들은 발해만 동쪽에 삼신산(三神山)이 있어 신선들이 살고 있다고 생각했다. 『산해경(山海經)』이라는 중국의 아주 오래된 고전에 그 구절이 나온다. 또한 『황제내경』을 편찬했으며 중국의 시조로 추앙받는 황제(黃帝)가 백두산 부근의 청구(靑邱)라는 곳에 있는 신선 자부선인(紫府仙人)에게 도를 배웠다는 기록이 『포박자』라는 책에 나온다. 『포박자』는 수행법과 도사들의 행적을 기록한 중국의 고서이다.

중국 사람들은 백두산을 장백산이라고 부르며 한국 사람 못지않게 신성시한다. 우리나라 국가의 첫 구절이 '백두산'으로 시작될 정도로 한국 사람들이 백두산을 신성시한다는 것은 말할 것도 없다.

권태훈 선생님은 백두산 신선들의 도통을 이으신 분이었다. 저자가 한의과 대학에 다닐 때였다. 『황제내경』에 기(氣)라는 용어가 나오지만 실제로 느낄 수 없어 그 기를 느끼기 위해 많은 도사들을 찾아다니며 도를 닦았다.

기를 단전에 모아 단련을 시키던 중 그 기에 의해서 만들어진 불을 조절하지 못해 병이 들었다. 그 치료를 위해 만나 뵙게 된 것이 권태훈 선생님과의 첫 만남이었다. 선생님은 80세가 넘은 연세에도 주름살 없는 얼굴에 긴 백발과 수염이 신선의 모습을 연상하게 했다.

선생님은 호흡하는 법과 '원상법'이라는 정신 집중법을 가르쳐주셨다. 그리고 힘이 2배, 4배, 10배로 배가되는 약 만드는 법을 가르쳐 주셨다. 앞에서 소개한 '원상법'이란 양미간, 뇌 속 깊숙한 곳에 정신을 집중하면 화면이 떠오르는데 그 화면을 통하여 원하는 것을 볼 수 있는 방법이다.

수행자가 얼마나 열심히 수련했는가에 따라 화면의 선명도가 결정된다. 수련을 열심히 하면 그 보고자 하는 것이 해상도 높은 컴퓨터의 화면처럼 선명하다. 현재 일어나고 있는 일을 보는 것은 간단하고 과거를 보는 것은 조금 어렵고, 미래를 보는 것은 아주 어렵다. 또한 현재와 얼마나 시간 차가 있는가에 따라서도 그 어려운 정도가 결정된다.

선생님은 4,000여 년 전 전설시대 때의 이야기를 자주 들려주셨다. 얼마나 자세하고 실감나게 들려주시는지 우리들은 선생님의 머릿속에 소니 TV가 있다고 말하면서 웃곤 했다. 선생님은 당신의 전생 이야기도 해주셨는데 바로 전 전생에는 중국에 살았고 신의 말을 받아쓰는 여자였다고 하셨다.

선생님께서 젊으셨을 때, 화면에 나오는 대로 전생의 동네를 찾아가셨다고 한다. 살던 집에 가서 누구의 후생이라고 밝히니 가장 나이가 많은 사람이 "어느 방에 살았느냐?", "늘 쓰던 붓을 가져와서 써봐라", "평소의 습관은 어땠는가?" 등 등을 물어봤다고 한다. 화면에서 본 대로 말하니

"당신은 나의 할머니였다"라면서 집안 식구들을 불러 모아 절을 올렸다고 한다.

선생님은 호흡법을 어머니에게서 처음 배웠다고 하셨다. 처음에는 글 읽는 것을 배웠는데, 어머니는 글을 읽을 때 머리가 맑아야 한다고 하시며 호흡법을 가르쳐 주셨다고 한다. 그러던 어느 날 무심코 책을 쳐다보는데 책의 맨 뒷장이 보였다. 그때부터 한번 책을 보면 사진이 찍히듯이 그 책의 내용이 기억됐다고 한다. 그 후 빠른 속도로 책 만 권을 외웠다고 하셨다.

우리에게 당신이 어려서 도 닦을 때 선배들이 보여준 기적을 들려주실 때는 그분들의 이름 석 자를 정확하게 말씀하시곤 했는데, 그 말씀이 너무 생생해서 마치 방금 전의 일을 이야기하시는 것 같았다. 도저히 82세 노인 의 말씀이라고는 믿어지지 않았다. 선생님 당신의 초능력에 대해서는 한 마디도 듣지 못했으나, 선배나 동료들의 행적에 관한 말씀들은 중국 무협 영화를 보는 듯한 놀라운 내용들이었다.

중국 영화에 나오는 도사들의 초능력처럼 판에 박힌 얘기가 아니라 우리가 영화나 책에서 전혀 보지 못한 기상천외한 초능력들에 관한 흥미 진진한 실화들이었는데, 그런 초능력이 어떻게 가능한지를 여쭤보면 설명 할 때 구사하는 용어는 과학적인 용어가 아니었지만 설명 내용은 매우 논리적이고 과학적이었다.

축지법이라 알려진 빠른 속도의 이동법은 대부분 속보법을 말하는 것 이라고 하셨다. 바람의 저항을 줄이기 위하여 몸통을 옆으로 돌려 한쪽 어깨가 앞쪽을 보게 하고, 숨이 깊어지고 폐의 호흡에 방해를 주지 않기 위해 양쪽 팔을 옆으로 동시에 들었다 놓았다 하면서 걷는다. 무릎을 많이 구부려 자세를 낮추고 발로 미는 힘을 크게 한다. 실제로 이런 자세로 걸 어보면 뛰는 것보다 효율적이라는 것을 알 수 있다.

폐활량을 늘리기 위해 운모를 먹고, 다리 힘을 기르기 위해 구리와 철분을 먹여 키운 닭의 피를 먹는다. 이런 방법들은 모두 산소와 영양분을 보다 많이 실어 나를 수 있도록 적혈구를 증가시키는 방법이다.

힘이 2배·4배·10배로 배가되는 약들도 대부분 독성이 강한 광물성 약이었는데, 만드는 방법은 그 독성을 제거하고 원하는 광물의 성분을 강화시키는 것이다. 축지법으로 줄을 맞추어 행진해 가는 독립군들을 일본 군대가 말을 타고 쫓아오다가 포기했다고도 하셨다.

선생님께서 들려주시는 한국 도인들의 이야기가 중국 무협 소설이나 영화보다도 재미있고, 선생님의 '원상법' 화면을 통해 본 한국의 미래가 너무나 고무적이어서, 선생님의 말씀을 책으로 내자고 권했으나 아직 때가 아니라고 거절하셨다. 그 후 우리가 학교 공부에 바빠 자주 찾아뵙지 못하던 중에 한 작가를 시켜 소설 형식으로 책을 내게 하셨다. 단(丹)이란 이 책은 베스트셀러가 되었고 단전 호흡 붐이 일게 했다.

선생님께선 우리에게 직접 주역을 가르쳐 주시지는 않았지만, 당신의 말과 행동에는 주역의 이론이 가득 차 있었다. 따라서 제자들은 그냥 자연스럽게 주역을 배우게 된 셈이다. 필자가 미국에 체류하느라 선생님의 임종을 지켜보지는 못했지만, 필자에게 선생님은 결코 돌아가신 것이 아니다. 원하면 언제든지 뵐 수 있기 때문이다. 선생님이 주신, 지금은 비록 낡았지만 '소니 TV의 화면'을 간직하고 있으므로….

선생님이 돌아가신 후에 백두산에 가보았다. 혹시나 선생님의 사제들이나 제자들이 남아있지 않을까 해서였다. 다행히 선생님의 인도가 있어 한 분을 찾았다. 그는 젊었을 때 백두산 국경 경비대 장교였는데 하루는 어떤 노인이 불법적인 곰 사냥을 한다고 신고가 들어와 출동했었다고 한다.

어떤 노인이 잣나무 위에 올라가 잣을 따고 있었는데 나무에서 나무로 다람쥐처럼 건너 뛰어다니고 있었다는 것이다. 잣나무에서 내려온 노인은 중국 장교인 그가 한국 사람임을 알고 한번 찾아오라고 하면서 군사 지도에 한 점을 찍어 주셨다고 한다.

그는 그 노인이 보통 사람이 아님을 간파하고 곧 찾아가서 그 노인의 제자가 되었다는 것이다. 그 노인은 권태훈 선생님과 같은 스승에게서 도를 배운 사형(師兄)이었다. 그리고 그 도(道)는 황제(黃帝)가 청구를 여행하다 자부 선생에게 배운 바로 그 도였다.

그 노인은 술을 좋아하였는데 아무리 술을 퍼마셔도 항아리는 항상 술이 가득 차 있었다고 한다. 아랫동네의 술집에서 술을 푸는 순간 그 술이 이동되어 오기 때문이라고 했다. 산속에서 생선회가 먹고 싶으면 200km 떨어진 바다에서 산 생선을 잡아 놓았다고 했다.

그 노인은 103세로 돌아가셨는데, 돌아가시기 전에 그와 함께 백두산 깊은 곳의 한민족 보물창고에 들어가 거기에 보관된 비행접시를 타고 적국인 중국인 신분으로 한국 곳곳을 여행했다고 한다. 그 비행접시 속에는 아무런 작동장치가 없었으며, 그들의 생각만으로 작동되었는데 비행접시는 단지 그들의 몸을 보호했을 뿐이라고 했다.

그 비행접시는 레이더에 잡히지 않았기 때문에 마음 놓고 날아다녔다고 한다. 버뮤다 삼각지에 가보니 사라진 선박과 비행기가 하늘에 정지된 채 고정되어 있었다고 한다. 다른 차원을 보고 말하는 것 같았다.

권태훈 선생님은 이 책을 쓰는 데 많은 도움을 주셨다. 필자가 과학 공부를 위해 미국으로 떠나기 전, 선생님을 못 뵙고 떠나게 되었는데 출국 바로 전날, 필요한 물건을 사기 위해 종로 5가 한의원 골목을 지나가게 되었다. 해가 질 무렵이었는데 돌연 저 앞에서 걸어오고 계신 선생님이 보였다. 인사를 드리려고 다가가려는데 발이 움직이지 않았고 말도 떨어지지 않았다. 그저 놀라고만 있는 사이에 선생님은 사라져 버리셨다.

아마도 생전에 다시 필자를 못 볼 것 같아 잠시 모습을 보여주신 것으로 생각된다. 그 후에도 필자가 어떤 문제를 골똘히 생각할 때면 아이디어를 내주셨고, 아주 꼭 막혀서 '원상법'을 행하면 화면에 나타나 원하는 것에 대답해 주셨으며, 필요한 자료는 어느 틈엔가 필자 손에 들려졌다.

이재형 선생님

이재형 선생님은 왜정시대 때 일본의 가장 좋은 고등학교를 수석으로 졸업하게 되어 있었다. 졸업 전날 교장이 조용히 부르더니 일본 최고의 명문 학교에서 한국인이 수석 졸업을 하는 일은 있을 수 없으니, 차석으로 양보하면 미국 유학을 시켜 주겠다고 해서 미국으로 유학을 가셨다.

UCLA에서 법학 박사 학위를 받고, 프랑스 소르본 대학에서 강의를 하셨다. 왜정시대에 한국에 돌아와 아주 능력 있는 검사로서 바쁜 생활을 하고 있을 때, 고향에서 잘 알던 한 장님이 찾아와 "너처럼 머리가 좋은 사람은 동양 학문을 해야 한다"라고 권했다.

선생님은 동양 학문은 허구의 세계에 빠진, 실질적 학문이 아니니 배울 필요가 없다고 대답하셨다. 그 장님이 "내가 저 산의 바위를 주문을 외워 이 마당 위에 떨어뜨려 놓으면 동양 학문도 실질적인 학문임을 믿겠느냐?"라고 해서 선생님은 "그러겠노라" 대답하셨다.

장님이 주문을 외웠는데 그 바위가 정말로 마당의 당신 발 앞에 떨어졌다고 한다. 그래서 제자가 되겠다고 간청하니 그 장님은 자기도 선생님의 삼촌에게 배웠으니 삼촌에게 가서 직접 배우라고 했단다. 그 후로 선생님은 집 뒤의 산에 토굴을 두 개 파서 하나는 책을 쌓아놓는 서고로 쓰고, 다른 하나에서 기거하기 시작하셨다. 희귀한 책을 구하기 위해 중국의 시골 동네까지 구석구석 뒤졌다고 하셨다.

선생님을 처음 뵈었을 때의 인상은, 체구가 작은 양반이 꼭 원숭이같이 생겼는데 눈이 반짝반짝 빛나는 것이 보통 사람이 아니었다. 주위 사람들 말에 따르면 그분의 머릿속에는 몇 만 권의 한자로 된 고서가 들어 있다고 했다. 강의하실 때는 항상 칠판에 한문을 외워서 써놓고 설명을 하시는데 그 내용이 너무나 새로웠다.

한의학에 관한 강의였는데, 필자도 다양한 종류의 한의학 고전을 읽었지만, 어떤 한의학 고전보다도 수준 높은 내용이었다. 그분 옆에만 있으면 항상 새로운 내용을 듣게 되어 늘 정신이 혼란스러웠다. 말씀하시는 내용의 50%도 이해하지 못하고 오지만 이해하는 내용은 모두 새로운 것들이었다. 도대체 그 출처가 어디인지 알 수 없었다.

『황제내경』에 관한 주석 책은 필자가 모두 살펴보았지만, 선생님의 강의 내용은 역대의 『황제내경』 주석가들보다 훨씬 뛰어난 것이었고, 한 구절마다 문자 그대로 해석하는 방법, 도가적 수도법의 일환으로 해석하는 방법, 한자 하나하나를 부수로 분해하여 주역적으로 해석하는 방법(파자[破字] 등으로 다양하게 설명하여 주셨다.

『황제내경』 소문 뒷부분 「오운육기」 편은 수학적이고 천문학적인 내용이라 아주 어려운 부분이다. 역대 주석가들의 주석을 보면 더 헷갈리는데 선생님의 해석은 너무도 명확했다. 중국이나 일본의 저명한 학자들의 『황제내경』 해석서도 봤지만 역시 박사와 초등학생만큼의 차이가 났다.

필자는 다른 제자들보다 늦게 공부를 시작했는데, 다른 제자들이 말하기를 선생님의 비결은 옆의 서고에서 나온다고 했다. 그러나 어느 누구도 그 서고에 들어가 본 적이 없었고 그래서 심지어는 선생님이 돌아가시기를 기다리는 제자도 있었다.

선생님은 법학을 하신 분이라 자연과학 쪽은 전혀 모르셨다. 그러나 동양 학문이 깊어지면 깊어질수록 동양 학문을 더 잘 이해하기 위해서는 과학을 알아야 한다는 생각이 들었다. 나중에 혼자서라도 책을 보면 많은 것을 발견할 수 있으리라는 생각이 들 때쯤, 미국으로 의학을 배우러 간다고 선생님께 하직을 고했다. 선생님은 아쉬워하시면서도 그렇게 해야 한다고 말씀하셨다.

토굴 속에서 노인은 생리가 역행하기 때문에 역치법(반대로 치료하는 법)으로 담배를 많이 피워야 건강해진다면서 선생님이 개발한 약물에 담배를 담갔다 말려서 줄담배로 피우시며 강의하시던 모습이 지금도 생각난다. 매주 목요일이면 토굴 속 옷장에서 구겨진 양복을 꺼내 입으시고 중절모에 지팡이를 짚고 미군 병영 내에 있는 미국 메릴랜드 대학 분교에 법학 강의를 하러 산을 내려 가시던 모습이 눈에 선하다.

선생님은 우리나라 좌도방의 도통을 이으신 분이라고 한다. 도가에는 우도방과 좌도방이 있는데 우도방은 호흡법·명상법 위주로 수련을 하여 깨달음을 얻으려는 방법이고, 좌도방은 주문·부적·역수(易數─주역과 수리철학) 위주로 수도를 하는 방법이다.

선생님은 항상 귀신을 한 명 데리고 다니셨다. 모르는 것이 있을 때는 물어보시기도 하고, 때로 학문에 대해 심히 극한 토론을 벌이시기도 했으며, 서로 미워하여 몸싸움을 벌이실 때도 있었다. 추운 날씨에 토굴 속에서 난로도 없이 지내시는 것이 안타까워 제자들이 연탄을 때는 온돌을 놓아드렸다. 선생님은 싫으시면서도 제자들이 토굴 속에서 배우면서 추울까봐 그 제의를 받아들이셨다.

그러고는 얼마 되지 않아 중풍에 걸리셨는데 중풍의 원인이, 귀신이 잘못을 저질러 심히 나무랐더니 그가 공격을 해왔다는 것이었다. 중풍으로 쓰러지시자 귀신이 미안하다고 사과하면서 한약 처방을 하나 써왔는데, 도저히 의학이론에 맞지 않아 그 약을 먹기를 거부하시다가 너무나 강력히 권유하여 결국 드셨더니 나았다고 좋아하셨다. 극적인 회복이었다.

선생님을 항상 곁에서 시봉 하며 선생님을 너무 잘 아는 무녀 제자가 하나 있었다. 눈이 많이 내린 어느 날 아침에 문안 인사를 드리러 토굴을 찾았더니 선생님은 전날 밤 12시쯤에 문중의 제사가 있어 떠나셨다고 했다.

태백산에서 제사를 지내는데 문중 분들이 모두 모이는 자리라 눈보라가 심히 몰아치는데도 불구하고 떠나셨단다. 필자는 안절부절못하고 걱정하는데, 선생님이 순간이동으로 태백산에 떨어지는 순간 눈에 미끄러져 넘어지실 것 같다고 무녀 제자는 걱정하고 있었다.

필자는 태백산 속의 광산촌에서 한의사로 일한 적이 있는데 그곳에는 무당들만 사는 골짜기가 있었다. 그곳에서 동자 귀신 데리고 다니는 법, 종이에다 창고를 그려놓고 재물을 꺼내는 법, 주문 등 온갖 잡술이 적혀 있는 책을 어렵게 구해서 선생님께 보여드렸더니 웃으시며 당신이 젊었을 때 다 해보았는데 실제로 된다고 하셨다.

창고의 문을 그려놓고 그 문을 열고 물건을 꺼내는 것을 해봤는데 정말 물건이 꺼내지더란다. 그 문을 열고 들어가는 것은 금기인데도 불구하고 들어가 봤더니 남의 집 창고였다고 하셨다. 그러나 그런 잡술에 신경을 쓰면 공부에 진전이 없으니 하지 말라고 하시면서도 책 욕심에 그 책을 복사하시겠다고 해서 복사해 드린 적이 있다.

한번은 필자가 미국에서 잠시 귀국했다가 재입국 비자를 받지 못해 일 년을 기다린 적이 있는데, 그것을 보고 동료 제자들이 선생님께 축지법으로 비자 없이 미국에 갈 수 없겠느냐고 물었다. 선생님께서는 갈 수는 있지만 그것은 축지법으로서가 아니라 "신(神)들이 던지는 것"이라 하셨다. 그러나 너무 멀기 때문에 한 번에 갈 수는 없고 하와이까지 가서 다시 미국 본토로 들어가야 한다고 하셨다.

선생님은 인간에게 만유인력 등의 아무 힘도 작용하지 않는 '공망'이라는 공간과 시간을 손가락으로 계산해 내셨다. SF소설에서 말하는 4차원의 문이 열리는 시간을 계산해 내서 그 문으로 들어갔다가 미국으로 가는 것을 "신이 던진다"라고 표현하신 것 같다.

이 책을 두 분 선생님께 바치고 싶다.

인터넷 주역 상담

저자 이성환 선생은 '주역과 도'에 관한 홈페이지를 개설하여 네티즌들과 열린 교류를 갖은 바 있다. 거기에서 나온 질문에 대한 답이 아래와 같다.

> 저는 현재 풍수 인테리어와 관련해서 논문을 준비하고 있는 학생입니다. 우리나라의 **풍수와 역경**과는 관련이 있나요? 정말 과학적인지, 어떻게 하면 그 방법을 알 수 있을지 궁금하네요.

역경은 사서삼경 중의 하나입니다. 사서삼경은 서당에서 배우는 교과서로, 고등학교 교과서 수준의 책입니다. 이 책들을 우선 달달 외우고 나서 한의학, 풍수, 천문 등 전문 과목을 배우는 것입니다.

옛 풍수 교과서들은 역경의 총론 정도는 아는 것을 전제로 쓰여 있습니다. 그러니까 역경을 모르고 풍수를 공부하는 것은 초등학생이 대학 건축학 교과서를 해독하려 애쓰는 것과 같습니다. 역경은 우주 만물의 공통 패턴을 부호로 도시한 책이고, 그 패턴의 과학성은 그런 패턴을 찾던 현대 물리학의 대가들이 인정했습니다.

풍수 인테리어에 관한 자료를 얻고 싶다면 다음 사이트에 들어가 보세요. http://www.lillian-too.com.

그리고 'Feng Shui'로 더 검색해 보세요.

인테리어 풍수에 관한 책은 다음과 같습니다.

『기와 생활풍수 인테리어』, 이재석, 보성출판사.

『Practical Feng Shui』, Simon Brown, Ward Lock 출판사.

『Interior Design with Feng Shui』, Sara Rossbach, The New York Times.

의(醫) 역학이란 무엇입니까?

의 역학이라는 것은 역경을 연구하고 의학과의 관련을 알아보는 학문입니다. 원래 한의학에 의 역학이라는 분야는 없습니다. 그러나 한의학은 전문 과학이고 역학은 기초과학이기 때문에 『의학입문』이라는 책에서도 의학은 역학이라고 분명히 동일시하고 있습니다.

우리가 어떤 물질의 성질을 파악하려면 자로 재고 저울로 무게를 단 다음 그 결과를 수치로 바꾸어 놓습니다. 이때 우리는 그 수치를 미터나 그램으로 표기하거나 인치나 파운드로 표기합니다.

같은 사람의 질병을 규명할 때도 서양의학은 물리, 화학, 생물, 수학 등의 기초과학 용어를 이용하여 표기하고 동양의학은 음양, 사상, 오행 등의 역학 용어를 사용하여 표기합니다. 그래서 한의학을 이해하기 위해서는 물리, 화학, 생물, 수학 등의 기초과학을 공부하는 만큼 기초역학도 공부해야 합니다.

대학에서 전문 서적인 서양의학 책을 보려면 초등학교, 중고등학교에 다니면서 기초과학인 물리, 화학, 생물, 수학 등의 기본 지식을 익혀 두어야 합니다. 마찬가지로 한의학 책을 보려면 12년 동안 이와 같은 방법으로 기초과학인 역경을 공부해야 합니다.

그러나 요즈음 한의학을 공부하는 사람들은 초등학교, 중·고등학교 과정에서 기초과학인 물리, 화학, 생물, 수학만을 배운 상태에서 곧바로 한의학 책을 이해하려고 하고 있습니다. 그래서 한의학 해석이 구구 각각이고 역경만을 공부한 옛사람들이 보았으면 배꼽을 잡고 웃을 엉터리 해석들이 너무도 많습니다.

일반적으로 옛 한의학 서적 저자들은 역경을 알아야만 이해할 수 있는 한의학 내용들을 자세한 설명 없이 기술하고 있습니다. 그들 당대에는 역경에 대한 지식이 기본 교양에 속해서 그 당시의 독자들은 별 어려움 없이 이해했기 때문입니다.

그러나 오늘날 서양식 기초교육을 받은 현대인들이 12년에 걸친 교육 과정을 통해 기초과학은 배웠으나 역경에 대한 지식은 거의 전무한 상태에서 곧바로 한의학 서적을 보려고 하는데, 이것은 초등생이 대학의 서양 의학 전문서를 이해하려 드는 것과 같습니다.

동양의 기초과학인 역경은 여러 전문 분야에 적용되어 왔습니다. 역경이 정치와 윤리에 적용된 것을 성리학, 운명을 점치는 분야에 적용된 것을 사주추명학, 지리·환경에 적용된 것을 풍수, 질병의 치료에 적용된 것을 한의학, 음악에 적용된 것을 '율려'라 하였습니다.

한의학의 한 분야로 시기에 따라 유행하는 질병을 점치는 '오운육기'라는 것이 있는데, 여기서는 사주추명학에서 주로 다루는 10간 12지를 사용하고 있고, 한 일파에서는 인체의 질병과 치료를 역경의 전문용어인 팔괘와 64괘로써 설명하기도 합니다. 한의학 중에 이런 부분만 추려서 '의역학'이라고 부르기도 하나, 근자에 통용되는 용어입니다. 주로 사주추명학을 하는 사람들이 다루는 부분으로 자칫 현대의학적 해석이 결여되기 쉽습니다.

주역이나 음양오행설을 정립할 당시에는 **지동설이 아니라 천동설의 관점**에서 하늘의 이치를 파악했던 것 아닙니까? 천동설의 관점에서 하늘의 이치를 파악했다면 근본적 오류가 있고 하위로 전개되는 개념들은 모두가 틀린 것이 아닙니까? 어찌 바라봐야 하는지 궁금합니다.

음양론에 의하면 우주는 氣(양)와 形(음)으로 이루어져 있습니다. 형은 기의 응집에 의하여 생기고 기는 형의 분산에 의해서 생깁니다. 이 사실은 양자역학에 의해서 증명이 되었습니다. 물질을 양자 수준으로 쪼개면 결국 진동하는 에너지라는 것이 밝혀졌습니다.

형은 이처럼 기의 변화로 생기는데 이 기가 형으로 변화하는 데는 패턴이 있습니다. 눈에 보이는 물질세계는 형(形)이라 하고, 형이 되기 전 눈에 보이지 않는 기의 세계를 상(象)이라 합니다. 이 상의 패턴을 도시하는 것이 역경입니다.

태극이라는 혼몽한 기가 조금 더 물질화한 것이 음양이고 '4상-8괘-64괘'를 거쳐 비로소 눈에 보이는 물질로 변한 것이 형의 세계입니다. 천동설, 지동설 하는 실제 형의 세계를 그려내려면 요즈음 흔한 컴퓨터처럼 128메가 바이트의 분화는 해야 지동설이 맞다는 것을 확실히 할 수 있습니다.

역경은 6비트의 초보적 분화를 한 것으로 단지 상의 세계의 패턴만을 그릴 수 있습니다. 프랙탈 이론에 의하면 부분 속에도 전체의 패턴이 있어서 상의 패턴이 곧 형의 패턴인 것입니다. 형의 세계를 대충 알 수는 있으나 정확하지 않습니다. 그래도 세종 때 천문학자 이순지는 역경의 패턴으로 코페르니쿠스 보다 100년 앞서 지동설을 발견했습니다.

천동설 지동설은 아주 많이 형체로 분화된 별의 작용이 맞는가 틀리는가를 가리는 것입니다. 주역은 형체가 생기기 전에 기의 상을 보는 것입니다. 이 상을 보고 만들어진 법칙이 더 분화된 형체들 판별에서 틀렸다고 이 법칙이 틀린 것이 아닙니다.

사람들이 미개해서 하늘이 도는 것이라고 착각한 것이 역경의 패턴이 잘못되어 틀린 것이 아닙니다. 마치 더하기 곱하기를 아이들이 잘못해서 틀렸다고 더하는 법, 곱하는 법이 틀렸다고 하는 것과 같습니다. 역경은 문제 푸는 방법입니다. 결과가 틀린 것은 사람이 상을 잘못 잡고 계산을 잘못했기 때문입니다.

우리나라처럼 사계절이 뚜렷한 곳에서는 봄·여름·가을·겨울을 태양·소양·태음·소음으로 잘 설명할 수 있지만, 적도 근처나 극지방 같은 곳에서는 **어떻게 사상을 구별하고 설명할 수 있습니까?**

지도상으로 적도인 곳이라도 지구가 23.5° 기울어져 있기 때문에 빛의 조사가 파동처럼 출렁입니다. 느끼기 어렵지만 계절의 변화가 있다는 것입니다. 저도 적도 근처에 살아본 적이 있습니다. 처음에는 계절의 변화를 감지할 수 없이 덥기만 했는데, 몇 년 살다 보니 여름에는 덥고 겨울에는 몹시 추운 걸 느낄 수 있었습니다.

이처럼 이 세상은 음과 양으로 구분되지만, 순음·순양(100% 음·양)이란 없습니다. 항상 음과 양의 편차가 있습니다. 날씨의 그 편차로 그 지역의 사상을 설명할 수 있습니다.

역경의 **프랙탈 구조**는 우리나라에서 처음으로 발견됐나요? 음양을 나타내는 태극이나 건곤감리 괘도 우리나라 국기의 모양인데…. 중국에서 발견한 것을 우리 국기에 응용한 건지, 아니면 다른 나라에서도 이미 프랙탈 구조를 발견했던 것인지요?

프랙탈 구조는 역경의 기본 구조로, 이전에는 단지 그 구조가 정식으로 명명되지 않았을 뿐입니다.

만물은 음양의 두 요소를 지니고 있으며 각 요소가 하나의 태극이라는 것은 역경의 기본 상식입니다. 우주 전체로 보아도 화이트홀의 폭발과 블랙홀의 흡입이라는 음양의 두 요소를 지니고 있고, 지구도 북극의 S극과 남극의 N극으로 지구자기의 흡입과 배출을 하고 있으며, 인간도 코와 입을 통한 흡입, 항문과 요도를 통한 배출을 하고 있어 음양의 두 요소를 지니고 있습니다.

더 잘게 나누어 분자, 원자, 양자로 나누어도 이들 또한 음과 양을 구비한 '태극'입니다. 양자가 파동성(에너지적인 요소―양)과 입자성(물질적인 요소―음)의 양면성을 가지고 있다는 것은 양자역학의 기본입니다. 결국 우주를 구성하고 있는 가장 작은 단위도 음과 양이 혼합되어 있는 태극이라는 것입니다.

우주의 어느 차원, 어느 단위, 어느 부분이라도 전체의 패턴인 음양의 양면성을 가지고 있습니다. 우주 만물은 각자가 태극이면서 우주 전체라는 태극을 이루고 있어 우주의 프랙탈 구조를 형성합니다.

현대과학에서 프랙탈 이론이 나오기 전까지는 이 역경의 패턴을 프랙탈 패턴이라고 부르지 않았습니다. 단지 역경을 잘 이해하고 있는 학자들 사이에서 공감대가 형성되어 있었을 뿐입니다. 제가 역경이 프랙탈 패턴으로 이루어졌다고 생각하고 있을 때 역경을 공부한 서양 학자들도 같은 생각을 갖고 있었으니까요.

역경을 만든 분은 복희라고 전해지는데 이분은 동방의 신으로 우리와 같은 동이족이라고 추정되고 있습니다. 그래서인지 우리는 조상 대대로 역경을 깊이 숭상해 왔습니다. 따라서 국기에도 역경의 가장 기본 개념인 태극과 건곤감리의 괘를 그려 넣게 되었다고 봅니다.

> 선생님은 **태음**은 가을이고 해 질 녘 전후라고 하셨습니다. 그런데 대부분의 책에서는 태음을 겨울로 해석하고 있습니다. 어떤 게 맞는 것일까요?

음양에는 체용법칙이 있습니다. 동일한 사물의 음과 양을 형체적 관점에서 보느냐, 작용적 관점으로 보느냐에 따라 반대가 되거나 순서가 바뀌는 법칙입니다. 겨울은 작용적 관점으로 볼 때는 태음이고, 형체적 관점으로 볼 때는 소음입니다.

겨울은 음이 가장 왕성한 계절이니 음이 가장 활발한 태음이고, 여름은 양이 가장 활발한 계절이니 양이 가장 활발한 태양입니다.

그러나 형체적 관점으로 볼 때는 겨울은 음이 작아서 소음이 됩니다. 에너지와 형체의 관점에서 활동적인 에너지는 양이고 활동이 둔한 형체는 음이라 할 때, 겨울은 응축되는 계절이라 만물의 형체가 어둡고 작습니다. 나무들도 앙상하고 동물들은 야위어 있습니다. 그래서 천고마비의 계절이고 결실의 계절인 풍성한 가을은 형체가 커서 태음이고, 겨울은 형체가 작아 소음입니다.

체용법칙을 알면 겨울이 태음이나 소음인 것 둘 다 맞습니다.